한반도 분단의 기원

나남
nanam

나남신서 2012

한반도 분단의 기원

2019년 7월 25일 발행
2020년 8월 15일 2쇄

편찬	동서대 일본연구센터
지은이	오코노기 마사오 (小此木政夫)
옮긴이	류상영·서승원·심규선·양기호·이영채·최경원·최희식
발행자	趙相浩
발행처	(주) 나남
주소	10881 경기도 파주시 회동길 193
전화	(031) 955-4601 (代)
FAX	(031) 955-4555
등록	제 1-71호 (1979.5.12)
홈페이지	http://www.nanam.net
전자우편	post@nanam.net

ISBN 978-89-300-4012-9
ISBN 978-89-300-8001-9 (세트)

나남신서 2012

—

한반도 분단의 기원

오코노기 마사오 지음

류상영 · 서승원 · 심규선 · 양기호
이영채 · 최경원 · 최희식 옮김

나남
nanam

The Origins of The Korean Division
The Struggle between Independence and Unification

이 책의 한국어판은 아시아연구기금(ARF)의 2019년도 연구비 지원을 받아 수행한
연구결과입니다.

추천사

장제국 동서대 총장

오코노기 마사오 교수는 국제정치 학계가 공인하는 일본 최고의 한반도 문제 전문가이다. 한·일 관계, 북핵을 비롯한 북한 문제, 한국 내 정치상황 등 한반도 관련 뉴스가 등장하면 한국과 일본 언론이 가장 먼저 찾는 취재원이자 단골손님이다. 또한 국내외 한반도 관련 회의에서는 기획단계부터 섭외대상 단연 1위이기도 하다. 그가 학계는 물론이고, 한국의 정관계에 이르기까지 폭넓고 다양한 인맥을 가지고 있다는 것은 잘 알려진 사실이다. 오코노기 교수에 대한 높은 선호도는 그가 가진 해박한 한반도 관련 지식과 국제정치학적 통찰력에 기인한다고 보아야 할 것이다.

그러한 그가 작년(2018년) 10월 일본에서 《한반도 분단의 기원: 독립과 통일의 상극》〔朝鮮分斷の起源—獨立と統一の相克(慶應義塾大學法學硏究會, 2018)〕이라는 또 하나의 대작을 펴냈다. 방대한 자료를 분석한 이 저서는 한반도 분단에 대한 본격적인 연구라는 정평과 함께 일본 학계에서 이미 큰 반향을 일으키고 있다. 이 저서의 높은 학문적 가치를 평가하여 한국의 몇몇 뜻있는 학자들이 힘을 모아 한국어로 번

역하기로 했고, 드디어 한국 독자들에게 선보이게 되었다. 한국어판은 오코노기 교수를 아끼고 사랑하는 한국인들이 그동안 그가 보여 준 한국 사랑과 탁월한 학문적 공헌을 기리면서, 감사의 마음을 전하는 아름다운 선물이기도 하다.

이 책은 몇 가지 측면에서 매우 중요한 의미를 가진다. 첫째는 오코노기 교수의 평생 연구주제인 '한국전쟁' 연구의 일환이라는 점이다. 그는 이미 오래전에 《한국전쟁: 미국의 개입과정》〔朝鮮戰爭―米國の介入過程(中央公論, 1986)〕이라는 책을 출판하여 한국전쟁 연구에 큰 획을 그은 바 있다. 1970년에 공개된 방대한 양의 미국 외교문서를 미국 현지에서 장기간 머물며 분석하여 체계적으로 집대성한 위대한 연구 업적이다. 해방 직후 남한이 미 군정하에 있을 당시, 미국은 한반도 문제에 있어서 냉전의 도래라는 시대적 상황을 고려해 정치적 개입이 필요하다는 입장과 전략적 관점에서 불개입이 바람직하다는 입장이 팽팽히 맞서는 일종의 '상극'의 딜레마에 빠져 있었다고 저자는 밝혔다. 미국은 그러한 상극에 대한 타협으로 남한에 적정 규모의 경제적 및 군사적 원조는 하되 미군은 철수한다는 결정을 내렸고, 실제 1949년 5월 미군을 철수시켰다. 그 결정이 1년 후인 1950년 6월 한국전쟁의 발발로 이어진 것은 주지의 사실이다.

《한반도 분단의 기원》은 《한국전쟁》이 분석한 것보다 앞선 시대, 즉 제2차 세계대전 종전 시점으로부터 미·소 냉전이 개시되던 시기를 집중 분석해 한반도 분단의 과정을 설명하면서, 한반도 분단이야말로 한국전쟁의 더 근본적 원인이라는 사실을 밝혀냈다. 그는 종전에서 냉전으로 옮겨가는 전환기적 공백상황에서 미국의 이념주의적 발상과 소련의 지정학적 불안감이 서로 첨예하게 충돌함으로써 결국 한반도 분단이 초래되었다고 분석했다. 그러한 의미에서 이 책은 앞서 펴낸 《한국전쟁》보다 더 근본적인 한국전쟁의 원인을 찾아낸 중요한 연구서라고 할 수 있겠다.

또한 한국인들의 주요 관심사인 해방 후 한국 민족주의자들의 역할을 규명한 것도 시사하는 바 크다. 국내파 여운형을 중심으로 한 좌파 민족주의자들의 발 빠른 기회주의적 움직임, 국제적 신탁통치를 구상한 미국과 김구를 중심으로 한 대한민국 임시정부 간의 긴장, 소련을 등에 업은 김일성과 미국을 배경으로 한 이승만의 등장 등은 독립과 통일이라는 또 하나의 '상극'관계를 탄생시켰다. 즉, '독립을 달성하려면 통일이 불가능해지고, 통일을 실현하려면 전쟁이 불가피해지는 불편한 상태'가 형성되었고, 이것이 바로 한반도 분단으로 이어졌다는 것이다. 결국 거대한 국제정치적 전환기에도 철저히 분화하고 분열했던 한국 민족주의자들이 영향력을 끼칠 수 있었던 공간은 매우 제한적이었다는 것이다.

안타깝게도 한반도 분단상태는 지금도 계속되고 있다. 최근 북핵 문제를 둘러싸고 남·북, 북·미, 북·중, 북·러, 북·일 관계가 복잡하게 얽혀있다. 모두 한반도 분단이 원인이다. 이러한 가운데, 날로 첨예해지는 미·중 대결은 거대한 지각충돌을 예고하고 있다. 그럼에도 여전히 지속되는 남북 간 이념 대결과 혼란한 국내 정치상황은 또 다른 상극을 만들어 낼지 모른다. 그 상극이 무엇이 되건, 강대국들은 결국 타협하려 할 것이고 이는 한반도의 운명에 큰 영향을 미칠 것이다. 오코노기 교수의 연구는 한반도에서 상극 구조가 발생하는 상황은 우리에게 결코 바람직하지 않은 전개임을 시사한다.

비스마르크는 "어리석은 자는 경험에서 배우고, 지혜로운 자는 역사에서 배운다"고 했다. 그러한 점에서 이 책이 한국인들에게 주는 메시지는 매우 강렬하다고 하겠다.

이 책이 일본에서 출간된 2018년에 남북이 정상회담을 시작했고 이어 북미정상회담이 싱가포르에서 열려 한반도 문제가 새삼 국제적 관심을 끌었다. 2019년에도 남북한 간에, 또한 북미 간에 북한의 비핵화 문제 및 한반도 평화공동체 구축을 향한 대화를 진행하는 가운데 한국에서도 이 책이 번역 출간됨으로써 관련 학계 및 일반 독자들에게도 한반도 정세의 본질을 파악하는 데 큰 도움이 될 것으로 기대한다.

마지막으로 이 책이 나오기까지 기획 단계부터 총감독 역할을 한 정구종 동서대 일본연구센터 고문, 번역을 비롯하여 모든 원고를 감수한 심규선 서울대 일본연구소 객원연구원, 바쁜 시간을 쪼개 번역에 참여해 준 류상영 연세대 교수, 서승원 고려대 교수, 양기호 성공회대 교수, 이영채 일본 게이센여학원대 교수, 최경원 일본 규슈대 교수, 최희식 국민대 교수께 감사드린다.

끝으로 한국어판 출판을 위해 연구기금을 조성해 준 아시아연구기금 문정인 이사장과 출판 지원에 협조해 주신 동아시아재단의 공로명 이사장님을 비롯한 관계자 여러분께도 깊은 감사를 드린다.

한국어판 서문

이 책의 일본어 원서가 도쿄 게이오기주쿠대학 출판회에서 간행된 것이 2018년 10월 중순이다. 그때부터 10개월도 되지 않는 짧은 기간에 한국어판이 나온다는 사실이 나에게는 놀라운 일인 동시에 더없는 기쁨이다. 책의 출판을 위해 수고해 준 장제국 동서대 총장, 정구종 한일문화교류회의 위원장, 조상호 나남출판사 회장께 깊이 감사드린다.

한국어판 출판을 기획하고 실제로 실행에 옮긴 것은 정구종 위원장이었다. 또 류상영 연세대 교수, 서승원 고려대 교수, 양기호 성공회대 교수, 이영채 일본 게이센여학원대 교수, 최경원 일본 규슈대 교수, 최희식 국민대 교수는 이 책의 번역 출간을 위해 귀중한 시간을 내줬다. 모두가 예전에 게이오기주쿠대학 미타캠퍼스에서 공부한 적이 있는 인연 때문이다. 심규선 서울대 일본연구소 객원연구원은 번역의 통일과 교정, 그 외의 모든 것을 맡아 줬다. 책 전체를 수차례나 주의 깊게 체크해 원본의 오류까지 정정했으니 틀림없이 이 책을 가장 잘 이해하는 최고의 독자일 것이다.

책에 대해 한마디 하자면 나는 한반도 분단을 독립과 통일의 비(非)

9

양립성, 즉 "독립을 달성하려고 하면 통일을 할 수 없고, 통일을 하려고 하면 전쟁이 불가피해지는 불편한 상황"이라고 정의하고, 그 기원에 대해 국제정치사의 관점에서 서술했다. 분석의 시각과 결론은 프롤로그와 에필로그에, 동기에 대해서는 저자 후기에 기술한 대로이다. 전체는 독립된 6개의 장으로 되어 있다. 나에게 이 책은 제2의 박사학위 논문이다.

전체적 특징은 한반도 분단을 제2차 세계대전의 종결에서부터 미·소 냉전의 시작까지 일련의 프로세스 속에서 파악하고 해석했다는 것이다. 주지하는 바와 같이 루스벨트 대통령이 제2차 세계대전에서 윌슨 대통령이 주창한 민족자결이나 영토불확대 원칙에 따라 싸운 데 반해, 지정학적 불안에 위협을 느낀 스탈린 수상은 소련 주변에 자국의 안전에 기여할 공간을 확보하는 데 집착했다. 이 두 안전보장관의 대립은 제2차 세계대전이 끝나감에 따라 현저해졌고, 최후의 전장이라고 상정할 한반도에서 군사적으로도 균형을 이룬 것이다. 그 과정에서 결정적인 역할을 한 것이 원자폭탄의 개발과 그것을 히로시마와 나가사키에 연속적으로 투하한 일이었다. 한반도에 있어서 원자폭탄은 '해방의 병기'인 동시에 '분단의 병기'였던 것이다. 38도선 설정은 그에 따른 역사의 한 단면이었다.

그 후 유럽 냉전이 심해지고 미국과 소련 간의 경계선이 고정되면서 1946년 3월에 38도선은 전 세계적인 미·소 대립의 무대 중 하나가 됐다. 처칠 수상이 발트해의 슈체친부터 아드리아해의 트리에스테에 이르는 '철의 장막'에 대해 연설하며 한반도를 언급하지는 않았지만, 38도선은 철의 장막의 동아시아 판이 되었다고 해석해야 할 것이다. 결과적으로 볼 때, 특히 소련에서 볼 때, 모스크바 외상회의와 서울에서의 미·소 공동위원회는 한반도 냉전을 시작하기 위한 준비이자 절차였던 것처럼 여겨진다. 해방 후 남북한의 격렬한 좌우 대립도, 북한에서의 급진적 토지개혁도, 그러한 미·소 대립을 무대로 전개된 것이다. 이에 대해서는 이 책의 본론을 참조해 주길 바란다.

어찌됐든 일본인 학자의 현대사연구가 한국어로 출판되는 것이어서 어떤 평가를 받을 것인지, 기대와 불안이 교차한다. 아니, 불안이 더 크다고 해야 할 것이다. 그러나 생각해 보면 이 책은 저자 단독의 업적이 아니다. 본문에서 인용했듯 심지연, 강성윤, 방선주, 이완범, 서중석, 정용욱, 정병준, 김성보, 전현수, 류길재, 박명림 박사 등의 뛰어난 연구가 없었다면 이 책은 나올 수 없었다. 따라서 저자는 이 책을 학술을 통한 한·일 대화의 한 예로 생각하고 있다. 또 저자는 청년기에 연세대학에 유학했고, 귀국 후에도 수많은 한국인 교수로부터 가르침을 받아 왔다. 그중에는 이미 타계한 김준엽, 이호재, 추헌수, 구영록, 김남식 선생을 비롯해 서대숙, 이정식, 이홍구, 김달중, 안병준, 한승주, 이상우, 손세일, 김학준, 최상용, 김영작, 장달중, 유영익, 강만길, 최장집, 하영선, 윤영관, 문정인, 김기정, 윤덕민 선생 등이 있다. 그리고 최서면, 강인덕 선생으로부터도 많은 지도를 받았다. 지금까지의 사심 없는 교류에 진심으로 감사드린다.

끝으로 한국어판 출판은 아시아연구기금(ARF)과 동서대 일본연구센터 및 동아시아재단이 조성한 연구비의 도움을 받았다고 전해 들었다. 이 면을 빌려 감사의 뜻을 전하고 싶다.

2019년 5월, 일본 지바현 이치카와시 우거에서

오코노기 마사오

옮긴이 서문

거칠게 말해 역사는 시간, 환경, 사람이 만든다. 70여 년 전의 시간, 환경, 사람은 모두 한반도에 불리했다. 해방은 갑작스럽게 찾아왔고, 강대국들의 의도는 우리의 희망과는 달랐으며, 그런 불리함을 극복할 지도자도 우리에겐 없었다. 그 결과가 남북 분단이었다.

그런 사실조차 우리는 나중에야 알게 된다. 학자들의 연구와 이런 책을 통해 비로소…. 문제는 우리가 지금 70여 년 전과 똑같은 실수를 저지르고 있지 않느냐는 것이다. 한국은 보기 드문 성취를 이뤘으나 남북 분단상태와 한반도의 지정학적 구조는 당시와 별반 달라진 게 없다. 그러니 남북 분단과정은 관 속의 역사가 아니라 소생시켜야 할 역사다. 우리 곁에 두고 끊임없이, 그리고 준엄하게 질문을 던져야 한다. 그런 문제의식이 이 책을 번역하게 된 까닭이다.

저자는 미국, 한국, 일본, 중국, 러시아의 일차자료와 공문서, 논문, 저서, 대중매체, 자료집, 자서전 등 다양한 자료를 씨줄과 날줄로 엮어 한반도 분단과정을 치밀하게 재구성했다. 나는 이 책을 번역하며 곧바로 다큐멘터리로 만들 수도 있겠다고 생각했다. 책이 사실관계를 설명하는 뼈대만 아니라 그 뼈대를 움직이는 살과 실핏줄까지 담고 있기 때문이다. 그래서 학술적 가치가 더욱 돋보인다. 한 가지 사안을 시간, 환경, 사람의 관점에서 다각도로 조명함으로써 다큐멘터리적 현장감과 박진감을 더하고 있다는 뜻이다.

동시에 학자가 아닌 나로서는 외국인 학자가 다른 나라를 연구해서 최고 권위자라는 말을 들으려면 어느 수준까지, 어떤 태도로 연구해야 하는지에 대해 어렴풋한 해답을 얻은 것 같기도 하다.

책이 두꺼워 혹여 독자들이 부담을 느낄지도 모르겠다. 이 책에는 다양한 인물과 사건, 다양한 논의와 정책 판단이 등장한다. 그러나 그런 것에 얽매일 필요는 없다. 지금 이 책을 읽어야 할 이유는 앞서 언급했듯 과거를 복기하기 위해서가 아니라 과거가 현재에 던지는 질문에 해답을 찾기 위해서다. 그렇다고 100퍼센트의 정답이 있을 리도 없다. 다만 고민하지 않은 선택은 좋은 선택이 아니다. 그러니 숙독을 하면서 당시의 사안들을 지금, 여기, 우리와 겹쳐 보는 것만으로도 족하다.

당연한 얘기지만 이 책은 여러 사람의 수고를 거쳐 빛을 보게 됐다. 추천사와 한국어판 서문에 헌사가 들어 있으므로 여기서는 생략한다. 저자는 이 책을 학술을 통한 한·일 대화의 한 예라고 했다. 7명의 옮긴이들도 그 말에 전적으로 동의하며, 의미 있는 작업에 동참할 기회를 얻은 데 대해 감사드린다.

2019년 초여름, 옮긴이들을 대신하여
심규선 서울대 일본연구소 객원연구원

한반도 분단의 기원

차례

프롤로그
한반도 분단이란 무엇인가

제1장
한반도 독립 문제와 신탁통치 구상   민족자결주의의 국제정치

제 2 장
38도선 설정의 지정학　　　미국의 대일군사전략과 국제정치

제 3 장
남한 해방의 정치 역학　　　미군 진주와 좌우 대립 구도

제 6 장
냉전의 시작과 분단으로 가는 길 단독행동과 새로운 정치통합

에필로그
이념의 세계와 현실의 세계

한반도 분단이란 무엇인가

히로시마와 나가사키에 원자폭탄을 투하한 것은 일본 현대사뿐만 아니라 세계사적으로 특필할 만한 사건이었다. 2016년 5월 히로시마를 방문한 버락 오바마(Barack Obama) 미국 대통령은 그 일을 "71년 전 맑고 쾌청한 아침, 죽음이 하늘에서 내려와 세계가 완전히 변했다"고 묘사하면서, 핵무기를 "인류가 스스로를 파멸로 이끄는 수단"이라고 표현했다. 이어 오바마는 십만 명이 넘는 일본인, 수천 명의 한국인, 그리고 십여 명의 미군 포로가 희생되었음을 언급하고 이들 모두를 위해 기도했다. 그러나 한 걸음 더 나아가 원폭투하가 일본제국의 멸망, 그리고 그 일부였던 한반도의 역사에 미친 영향을 떠올린 사람은 거의 없었을 것이다.

원자폭탄 개발이라는 군사기술 혁명은 한편으로는 미·일 전쟁 종결에 커다란 역할을 했고, 다른 한편으로는 (히로시마와 나가사키 주민에게 미친 심각한 피해와는 완전히 다른 형태로) 한국 현대사, 특히 한반도의 해방과 분단에 매우 큰 영향을 미쳤다. 만일 미국이 원자폭탄을 수개월 더 빨리 완성해 투하했다면 소련군이 대일참전 준비를 마치기 전에 미·일 전쟁은 끝나고 미군이 한반도 전체를 점령했을 것이다. 또만약 원자폭탄 완성이 수개월 더 늦었더라면 한반도는 참전한 소련군의 점령하에 들어갔을 것이다. 마침 원자폭탄을 완성해 투하한 시점은한반도 분단에 커다란 계기가 되었고, 5년 후 미국과 중국을 끌어들인큰 전쟁을 일으킨 원인 가운데 하나가 되었다. 한국전쟁의 희생자는 수백만 명에 달했고, 전 세계에 영향을 미쳤다. 더욱이 한반도 분단은 그후에도 해소되지 않았고, 오늘날까지 국제적인 지역분쟁의 원천으로계속 남아 있다. 이 책은 그런 장대한 역사드라마의 '시작'에 관한 기술이다.

한반도 분단은 제2차 세계대전 종결이나 미·소 냉전 개시와 밀접하게 관련되어 있다. 바꿔 말하면 두 대전의 틈바구니에서 진행된 하나의프로세스였다. 이 책 제1장은 일본 해군 함재기가 하와이 오아후섬의미군기지를 공격한 사건으로 서술을 시작한다. 왜냐하면 이후 루스벨트(Franklin D. Roosevelt) 미국 대통령이 1942년 1월 1일 연합군선언에 서명하고 우드로 윌슨(Woodrow Wilson) 전 대통령의 민족자결주의원칙을 일본이 지배했던 지역에 적용했기 때문이다. 1943년 12월 1일카이로선언은 한반도의 '자유와 독립'을 전후 연합국의 목표로서 실현해야 한다고 확인했다. 그러나 주지하는 바와 같이 소련의 스탈린(Joseph Stalin) 수상은 전후 세계에 민족자결이나 영토불확대 원칙을적용하기보다는 지정학적 불안감을 해소하기 위한 방어공간을 자국 주변에 확보하고자 했다. 자국에 유리한 국경선의 확보야말로 다음 대전을 늦춰서 장래 소련의 안전을 보장할 것이라고 생각했기 때문이다. 역사적으로 유럽의 대국들은 전쟁이 끝날 때마다 국경선을 조정하여 이후의 평화를 유지했다. 이렇듯 한반도 분단의 배경에는 미국과 소련의 안보관(安保觀) 대립이 존재했다.

일본은 미·일 전쟁의 한쪽 당사자만이 아니었다. 냉전이라 불리는 미·소 대립의 무대를 동아시아로 설정하는 데도 큰 역할을 했다. 왜냐하면 미·일 전쟁 이전 시기, 나아가 개전 후 약 6개월 동안 일본제국의 판도가 일본열도에서 대만, 한반도, 만주, 중국 북부, 인도네시아, 남서 태평양 열도까지 확대되었기 때문이다. 일본이 패전하자 그 자리에 냉전의 무대가 될 거대한 '힘의 공백'이 발생했다. 두말할 것도 없이, 냉전 초기에 미국과 소련은 동북아 지역에서 대치했다. 제2장에서 자세히 분석하겠지만, 그 접점이 된 한반도 북위 38도선은 일본군의 항복을 접수하고자 미국과 소련이 육상작전 경계선으로 설정한 것이었다. 처음부터 정치적 의도가 없었던 것은 아니나, 동서냉전이 한반도로 파급되면서 그 경계선은 두 체제를 가르는 '철의 장막'의 일부로 바뀌었다. 한편 한반도의 전략적이고 지정학적인 위치로 인해, 전통적으로 일본의 적으로 간주되어 온 지역은 일본 대신 미국의 적이 되지 않을 수 없었다. 일본을 점령한 미국이 일본의 안전과 관련된 분쟁 요인을 넘겨받았기 때문이다.

미국은 미·일 전쟁 승리의 부산물로서 한반도를 점령했으며, 이를 위해 특별히 방침을 두거나 준비를 했다고는 볼 수 없다. 장래의 '자유와 독립'을 약속했지만, 미국은 제2차 세계대전 중 한반도를 일관되게 "일본제국의 불가분의 영토"로 간주했다. 맥아더(Douglas MacArthur) 총사령관이 아쓰기(厚木) 비행장에 내리기 이틀 전, 일본 점령 방식이 직접통치에서 간접통치로 크게 바뀌었을 때도, 그것이 한국 점령에 미칠 영향을 우려한 사람은 거의 없었다. 8월 28일 발령한 〈작전명령 제4호·부속8(군사정부)〉은 북위 38도선 이남의 한반도를 일본 본토와 구별하지 않고 "천황 및 일본제국의 각종 통치수단을 통해 통제권을 행사"하라고 요구했다. 이 때문에 남한에 진주한 미군 제24군단 하지(John R. Hodge) 중장은 당연한 듯이 조선총독부 주요 간부를 유임시키고, 총독부 행정기구를 통치수단으로 사용하고자 한 것이다. 이러한 조치가 남한에서 강력한 반발을 불러왔음은 두말할 것도 없다. 이 책의 제5장에서 상술했듯이, 소련군의 북한 점령은 동유럽 점령과 비슷한 양상이었다.

한편 한반도 해방이나 분할점령의 의미는 한국인 지도자에게 매우 중요하면서도 난해한 문제였다. 연합국선언이나 카이로선언에도 불구하고, '해방 = 독립'이라는 등식이 존재하지 않았기 때문이다. 사실 제2차 세계대전 중에 루스벨트 대통령이나 미 국무부가 구상하여 중국, 소련, 영국의 동의를 얻었던 계획은 한국의 즉각적인 독립이 아니라, 이들 4개국에 의한 한반도 신탁통치였다. 그러나 미군이 진주하기 전, 해방 직후의 서울에서는 여운형을 중심으로 한 좌파 민족주의 세력과 조선공산당의 연합이 떠오르며 '조선건국준비위원회' 결성이나 '조선인민공화국' 수립을 위한 운동, 즉 좌파 세력이 주도하는 건국운동이 일어났다. 한편 우파 민족주의 세력은 충칭(重慶)에 있던 대한민국 임시정부를 지지하며, 임시정부 요인들의 조기 귀환에 기대를 걸었다. 그러나 대한민국 임시정부는 폴란드의 런던 망명정부처럼 국제적 승인을 얻은 망명정부가 아니었다. 오히려 드골(Charles de Gaulle) 장군이 이끄는 프랑스민족해방위원회와 비슷한 입장이었다. 그렇다면 누가 조선의 드골인가. 해방 당시 임시정부 주석이었던 김구인가, 아니면 초대 임시대통령이었던 이승만인가. 북한에서는 나중에 김일성이 '민족의 영웅'으로 등장했다.

마지막으로, 이들 지도자에게 한반도 분단은 무슨 의미였을까. 독립과 통일의 불가분한 관계, 즉 양자의 '비양립성 내지 상극'이었음에 틀림없다. 왜냐하면 '독립을 달성하려면 통일이 불가능해지고, 통일을 실현하려면 전쟁이 불가피해지는 불편한 상태'가 해방 후 한반도에 존재했고, 한국전쟁을 통해 정착했기 때문이다. 북한은 일찌감치 1946년 2월에 김일성 위원장을 수반으로 하는 사실상의 단독정부인 북조선임시인민위원회를 세웠다. 냉전이 본격화하면서 남북협상으로 분단을 극복하기보다는 우선 가능한 지역에 정부를 수립한다는 단독정부론이 우세해졌다. 그러한 주장은 나중에 무력통일론으로 모습을 바꿨다. 만일 미국과 소련에 의한 분할점령이 없었다면 비교적 일찍 한국의 민족주의자와 공산주의자 간에 내전이 발생했을 것이다. 제2차 세계대전 후 혼란한 시기에 민족주의, 특히 독립을 향한 의욕이 통일전쟁을 준비하도록 했기 때문이다〔이 시기에 중국에서도 국공(國共) 내전이 발생하여 격화했다〕. 미국과 소련의 개입이 없었다면, 그 후 내전은 1, 2년 안에 끝장을 봤을 것이다. 어느 편이 이기든 한반도의 분단 '상태'는 해소됐을 것이다. 그러나 실제 역사에서 한반도의 남북 대립은 3년에 걸친 격렬한 국제내전을 거치며 세계적인 냉전체제의 중요한 일부가 되었고, 이는 한미상호방위조약과 북·소 간, 북·중 간 우호협력이나 상호원조조약에 의해 제도화되었다. 분단체제의 탄생이었다.

한반도 독립 문제와 신탁통치 구상

민족자결주의의 국제정치

1. 시작하며

1941년 12월 7일 오전 8시(현지 시간) 조금 전에 일본 해군 함재기가 하와이 오아후섬 진주만에 있는 미 해군기지를 공격했다. 다음 날 오후에는 루스벨트 대통령이 미 연방의회 의사당에서 일본의 '기습공격'을 비난했고, 상하 양원은 대일 선전포고를 거의 만장일치로 가결했다(하원에서 반대 1표). 독일과 이탈리아에 대한 선전포고는 양국의 대미 선전포고를 기다렸다가 11일에 각각 만장일치로 채택했다. 이렇듯 루스벨트는 일치된 지지여론을 모아 제2차 세계대전에 돌입했다. 그 결과 독일과 이미 전쟁 중이던 영국과 소련, 4년 이상 일본과 싸워 온 중국, 그리고 새롭게 가담한 미국 사이에 전시연합이 모습을 갖췄다. 다음 해 1월 1일, 이들 4개국 대표가 다른 나라들에 앞서 워싱턴에서 '연합국선언'에 서명하고 각 추축국(樞軸國, 옮긴이주: 연합국과 싸웠던 국가들로 독일, 이탈리아, 일본을 뜻한다)과의 전쟁을 끝까지 수행할 것, 즉 단독으로 강화하거나 휴전하지 않을 것을 서약했다. 그보다 약 4개월 전인

8월 14일에 루스벨트와 처칠(Winston S. Churchill) 영국 수상은 뉴펀들랜드의 플라센티아만에서 만나 미국과 영국 공동의 전쟁 목적을 '대서양헌장'으로 표명했는데, 그 내용의 많은 부분을 '연합국선언'이 계승했다. 더욱이 영토 불확대, 항해의 자유, 자유무역 등 대서양헌장 8개 항 중 6개 항은 제1차 세계대전 당시 윌슨 미국 대통령이 연방의회에 제시한 세계평화를 위한 '14개조 원칙'을 되살린 것이었다. 그중 제3항에 있는 민족자결(民族自決)은 미국의 건국정신을 계승한 것으로, 미·일 전쟁 개시와 함께 일본의 식민지나 지배지역에도 적용할 만한 중요한 원칙이 됐다. 1)

그러나 민족자결 등 보편적 원칙을 존중하고 집단안전보장기구(유엔) 창설을 중시하는 미국의 안전보장관은, 자신의 지정학적 불안감을 해소하기 위해 자국 주변에 방어적 공간을 확보하려는 소련의 안전보장관과 일치하지는 않았다. 예를 들어 미·일 전쟁 발발 후 얼마 안 돼

---

1) 1월 1일에 루스벨트, 처칠, 소련의 리트비노프 대사, 그리고 중국의 쑹쯔원 대사가 연합국선언에 서명했다. 그 외 22개국 정부 대표는 다음 날 서명했다. 대서양헌장 제3항은 "모든 인민이 자기가 생활하는 정부의 형태를 선택할 수 있는 권리를 존중하고, 주권 및 자치를 강탈당한 사람이 그것을 회복할 것을 희망한다"고 표명했다. Cordell Hull, *The Memoirs of Cordell Hull*, vol. II (N. Y. : Macmillan, 1948), pp. 1114~1126; *A Decade of American Foreign Policy: Basic Documents, 1941~1949* (Revised Edition, Washington, D. C. : Department of States, 1985), pp. 2~3, 269, 397, 415; *Foreign Relations of the United States* (FRUS), *1942*, vol. I (Washington, D. C. : Department of State), pp. 1~38; Ian W. Toll, *Pacific Crucible: War at Sea in the Pacific, 1941~1942* (N. Y. : Norton, 2012), pp. 59~62; 細谷雄一, "'ユナイテッド ネーションズ'への道 ②—イギリス外交と'大同盟'の成立, 1941~1942年", 〈法學研究〉(慶應義塾大 法學部), 第83卷 5号(2010. 5.), pp. 19~23.

독일과 소련이 격렬한 공방을 벌이는 모스크바를 방문한 영국의 이든 (Anthony Eden) 외상에게 스탈린은 노골적으로 발트 3국의 소련 병합, 핀란드에서 페차모 탈취, 폴란드와의 국경을 소련에게 유리하게 획정 (카존선을 폴란드와의 국경선으로 하고, 폴란드의 서부국경 안쪽에 동프러시아를 포함시킨다), 독일로부터 라인 지방(가능하면 바이에른 지방도) 분리, 오스트리아 분리 독립 등을 포함한 영·소 비밀조약을 체결하자고 제안했다. 요컨대 장래에 독일과의 갈등을 각오했던 스탈린은 전후 유럽에 민족자결이나 영토불확대의 원칙을 적용하는 것보다는 1941년 6월 독소전쟁 개시 이전의 소련 국경을 유지하고, 나아가 독일을 쪼개 약체화함으로써 자국의 안전에 기여하는 체제를 주변에 수립하려고 한 것이다. 따라서 연합국선언에 서명했음에도 불구하고, 소련이 나중에 대일전쟁에 참가한다면 스탈린은 이처럼 극동지도를 다시 그리려고 할 수도 있었다. 즉, 대만과 만주를 일본에서 분리하여 일본을 철저하게 약체화할 뿐만 아니라 외몽골 현상유지와 러일전쟁 이전에 제정러시아가 극동에 보유했던 권익의 회복까지 요구할지도 몰랐다. 하지만 그뿐일까. 스탈린의 야심은 지시마열도(千島列島, 옮긴이주: 러시아명 쿠릴열도)나 한반도 지배에까지 미치지 않을까. 얄타비밀협정의 도정은 모스크바 교외에서 소련군이 반격하면서 이미 시작된 것이다.[2]

---

2) 냉전의 커다란 원인 중 하나가 된 안전보장관 대립에 대해 개디스는 미국인은 안보를 대의민주주의나 집단안전보장이라는 '제도'(institution)의 관점에서 보았던 것에 비해, 러시아인은 적대 세력에 대한 종심방어(縱深防御)를 가능케 하는 '공간'(space)의 관점을 중시했다고 설명했다. 또 마스트니는 안전보장에 대한 스탈린의 "질리지 않는 욕구가 동서 사이에 긴장을 증대시키는 근본원인이었다. 머지않아 찾아오는 냉전은 의도한 것도 기대한 것도 아니었지만, 그와 전적으로 똑같이 이미 결정돼 있었다"고 지적했다. 영국 정상을 상대로 루스벨트는 민족자결을 제창한 대

이든의 소련 방문 이후 연합국 정상은 카이로, 테헤란, 얄타, 그리고 포츠담에서 회담했다. 그중에서도 카이로회담에서 루스벨트, 처

서양헌장을 설명했고, 스탈린은 영토확대를 약속하는 비밀협정을 요구했다. John Lewis Gaddis, *Russia, the Soviet Union, and the United States: An Interpretive History* (N. Y. : Wiley and Sons, 1978), p. 176; Vojtech Mastny, *The Cold War and Soviet Insecurity: The Stalin Years* (N. Y. : Oxford University Press, 1996), p. 23. 한편 대표적 수정주의자 중 한 사람인 윌리엄스는 대서양헌장을 '문호개방 제국주의'로 간주하고 유럽을 세력에 따라 분할하려는 스탈린의 주장을 옹호했다 (William Appleman Williams, *The Tragedy of American Diplomacy* (Second Edition, N. Y. : Dell, 1972), pp. 205~206, 209~213). 라피버도 좀더 온건한 형태로 같은 주장을 했다(Walter LaFeber, *America, Russia, and the Cold War 1945~1975* (Third Edition, N. Y. : Wily and Sons, 1976), pp. 9~14). 두 사람이 비판한 것은 자유무역과 기회균등을 주장하는 대서양헌장의 제4항이다. 그러나 이들 지적도 마찬가지로 미·소 안전보장관이나 국제정치관의 대립에 주목했다. 미·소 대립을 다룬 더욱 장대한 서술로는 루이스 할레의 고전적인 저작을 참조하기 바란다(Louis J. Halle, *The Cold War as History* (N. Y. : Harper & Row, 1967)). 그리고 이든과의 회담에서 소련 측에서는 몰로토프와 마이스키도 참석했다. 스탈린의 발언에 대해서 러시아의 문헌을 사용한 연구로서 橫手愼二, "第2次 大戰期の ソ連の對日政策, 1941~1944", 〈法學硏究〉, 第71卷 1号(1998. 1.), p. 207을 참조했다. 또 영국 문헌을 사용한 논문으로는 細谷, "'ユナイテッド·ネーションズ'への道 ①", 〈法學硏究〉, 第83卷 4号(2010. 4.), pp. 23~26을 참조했다. Anthony Eden, *The Reckoning* (Boston: Houghton Mifflin, 1965), p. 332; Winston S. Churchill, *The Grand Alliance, The Second World War*, vol. III(Reprinted, London: Penguin, 1985), pp. 558~560; Andrew Nagorski, *The Greatest Battle: Stalin, Hitler, and the Desperate Struggle for Moscow That Changed the Course of World War II* (N. Y. : Simon & Schuster, 2007), pp. 271 ~287. 처칠은 이든 외상이 모스크바에서 갖고 온 보고에 커다란 불안감을 느끼고, 스탈린의 '영토에 대한 야심'에 대해 루스벨트와 논의했다. 루스벨트는 이든이 표시한 '강한 입장'을 반복해서 환영했다. 두 사람은 대서양헌장이나 연합국선언이 시험을 받고 있다고 이해한 것이다(Churchill, *The Grand Alliance*, pp. 615~616).

칠, 장제스(蔣介石)는 태평양의 모든 섬을 일본으로부터 박탈하고 만주, 대만 및 펑후다오(澎湖島)를 중국에 반환할 것을 약속했으며, 나아가 "한국 인민의 노예상태에 유의하여 한국을 적당한 시기에 자유롭고 독립적인 국가로 만든다"는 결의를 표명했다. 태평양의 전황이 연합국에 유리하게 바뀌는 가운데, 대서양헌장이 주창하고 연합국선언이 계승한 민족자결이나 영토불확대의 원칙을 대일전쟁에도 적용하겠다는 것을 대일선언으로 재확인한 것이다. 그렇다면 카이로선언에 있는 한국의 "자유와 독립"과 "적당한 시기에"(in due course)라는 구절은 어떤 관련이 있는 것일까. 원래 한반도에 대한 미국의 무관심은 어떻게 불식된 것일까. 미국의 한국 독립운동에 대한 지원은 어떤 형태로 표명된 것일까. 미국 정부는 한국 독립운동의 특정 당파를 지원했던 것일까, 아니면 그걸 피했던 것일까. 나아가 미국의 전후 세계 구상과 소련의 안전보장관은 한반도를 둘러싸고 대립하지 않았을까. 루스벨트가 구상하고 국무부가 정책화를 시도했던 한국의 국제적 신탁통치의 본질은 무엇이었을까. 그것은 대서양헌장, 카이로선언, 그리고 얄타비밀협정과 어떤 관련이 있는 것일까. 루스벨트의 '4인의 경찰관'이나 (유엔) 구상과는 어떤 관계였을까. 테헤란회담에서 한국의 '자유와 독립'에 찬성을 표시하고 얄타회담에서 한국의 신탁통치에 동의했을 때 스탈린은 무슨 생각을 했던 것일까. 독일 항복 이후 폴란드 문제를 둘러싸고 격화한 미·소 대립이나 포츠담회담 직전에 성공한 원폭실험은 일본의 항복과 관련된 한반도 독립 문제나 신탁통치 구상에 어떤 영향을 미쳤던 것일까.

2. 민족자결주의와 신탁통치 구상

(1) 대서양헌장과 한국 독립 문제

러일전쟁이 끝난 후 제2차 한일협약(보호조약) 체결에 따라 1905년 11월 서울의 공사관을 폐쇄하고 공사를 철수시킨 이후, 미국 정부는 약 36년간 일본의 한반도 지배를 승인했고 한국 민족주의운동 지원을 억제했다. 이러한 불개입정책을 상징했던 사건이 같은 해 7월 가쓰라 다로(桂太郎) 수상과 태프트(William H. Taft) 육군장관의 대화이다(이른바 가쓰라-태프트각서, 옮긴이주: 한국에서는 가쓰라-태프트밀약이라 한다). 그러나 일본군이 진주만을 공격하자 그런 불개입정책은 정치적, 법률적으로 불필요해졌을 뿐만 아니라 도의적으로도 부적절해졌다. 사실 1919년 3·1독립운동 후에 상하이(上海)에서 수립되어 중·일 전쟁 발발 후 1940년 9월에 충칭으로 이전한 대한민국 임시정부는 1941년 8월 29일에 루스벨트-처칠선언(대서양헌장)의 제3항 및 제8항에 주목한다는 성명을 발표했다. 또 진주만 공격 후인 12월 10일에 대일선전 성명서를 발표해 대서양헌장의 각 항목을 한국 독립의 실현에 적용하라고 주장했다. 워싱턴에 거주하는 저명한 독립운동 지도자이자, 임시정부의 주미 외교위원장을 맡고 있던 이승만은 12월 9일 국무부의 혼벡(Stanley K. Hornbeck) 극동부장에게 "불가피한 충돌이 드디어 도래했다. … 한국인은 미국의 대의에 봉사하기 위한 모든 기회를 원하고 있다"는 편지를 보내고, 거기에 덧붙여 대한민국 임시정부의 김구 주석과 조소앙 외무부장의 명의로 이승만을 주 워싱턴 전권대표로 선임한다는 '신임장'을 제출했다.[3]

그럼에도 불구하고 미국 정부는 한국 독립을 위한 구체적 정책이 없었다. 한 세대 이상에 걸친 무관심 때문에, 한반도 내부 정세나 독립운동에 대해 극히 한정된 정보밖에 갖고 있지 않았다. 따라서 대일전쟁 개시 후에도 미국의 정책은 국제주의적 이념을 표명하는 수준에 잠시 머물 수밖에 없었다. 예를 들어 1942년 2월 23일 라디오연설에서 루스벨트 대통령은 처음 공식적으로 "한국과 만주의 인민은 일본의 가혹한 독재를 몸으로 경험하고 있다"고 지적했다. 나아가 "침략자의 무장해제, 여러 민족과 국민의 자결, 그리고 4개의 자유(언론의 자유, 종교의 자유, 결핍으로부터의 자유, 공포로부터의 자유) 등을 선언한 **대서양헌장**은 대서양에 접한 지역만이 아니라 **전 세계에 적용된다**"고 주장했다. 또 헐(Cordell Hull) 국무장관은 7월 23일 라디오연설에서 피지배 인민에 대한 미국의 입장을 "인종, 피부색, 혹은 종교의 구별 없이, 자유에 수반하는 책임을 짊어질 용의가 있으며, 나아가 자진해서 짊어지는 사람

---

3) 리현희, 《대한민국임시정부사》(서울: 집문당, 1982), pp. 334, 451~452; 백범 김구선생전집 편찬위원회, 《백범 김구 전집》, 제5권(대한매일신보사, 1999), pp. 88~89, 102~103. 또 대서양헌장은 미국의 일본·극동전문가의 전후구상에 도 큰 영향을 미쳤다. 나중에 카이로선언에서 표명한 영토처리나 민족자결원칙 등은 그런 충격에서 검토한 것이다(五百旗頭眞, 《米國の日本占領政策》, 上卷(中央公論社, 1985), pp. 226~233]. "Rhee to Hornbeck", 9 Dec. 1941, 895.01/54, Decimal File 1940~44, Central Records of the Department of State, RG 59, National Archives and Records Administration(NARA). 이승만의 서한은 '신임장'의 실물을 제출하고, 그 수속의 가부를 물었다. 다만 신임장의 날짜는 대한민국 23년(1941년) 6월 4일이었으며, 신임장은 국무부 극동부의 서류철에 들어간 채 끝나 버렸다. 또 충칭에서는 12월 11일 임시정부의 조소앙 외무부장이 루스벨트 대통령에게 보내는 서한을 지참하고 미국대사관을 방문해 임시정부의 승인을 요청했다("Gauss to Hull", 20 Dec. 1941, Decimal File 895.01/48).

들은 누구라도 그것을 향유할 자격을 갖고 있다. … 자유의 달성을 지원하기 위해 모든 영향력을 행사하는 것이 과거에 우리의 목적이었고, 장래에도 우리의 목적일 것이다'라고 말했다. 미국의 한국에 대한 정책이 이러한 **이념** 표명에서 시작되었다는 점은 특필할 가치가 있다. 4)

이러한 공식적이자 보편적인 의사 표명의 뒤에 있으면서, 미국의 한국 정책에 구체적인 기초를 놓은 인물은 국무부 극동부의 랭던(William R. Langdon)이었다. 1933년부터 1936년까지 경성(京城, 옮긴이주: 이하 서울로 표기) 미국영사관의 총영사로 근무한 경험이 있는 랭던은 루스벨트가 라디오연설을 하기 사흘 전에 〈한국 독립 문제의 제 측면〉이라는 제목의 중요한 정책문서를 제출했다. 그는 이 문서에서 일본의 지배하에 있는 한국의 사회구조나 한국인의 정치의식 · 대일감정, 독립 문제, 독립의 수순, 당면 조치 등을 폭넓게 분석하면서 "자유로운 한국을 알고 있는 것은 50살을 넘긴 한국인뿐"이라고 지적했다. 랭던은 만주사변 이후 한국인은 일본으로부터 "중요한 물질적 은혜"를 입었으며 과거 10년간 "외견적으로도 정신적으로도 점점 일본인이 되어 가고 있다"고 인정했다. 그럼에도 불구하고 한국인은 일본에 동화되길 여전히 거부하고 있고, "만약 다시 독립하는 것과 일본에 계속 종속하는 것 중 하나를 선택할 수 있다면 그들은 전원일치로 독립을 선택할 것"이라고 결론지었다. 5)

---

4) "Radio Address by the President of the United States", 23 Feb. 1942, *Department of State Bulletin*, 28 Feb. 1942, pp. 186~188; "Address by the Secretary of State", 23 Jul. 1942, *Department of State Bulletin*, 25 Jul. 1942, p. 642.

5) William R. Langdon, "Some Aspects of the Question of Korean Inde-

그러나 그 내용에서 추측할 수 있듯, 랭던은 한국의 즉시 독립을 주장하지 않았다. 독립에 수반하는 정치적, 군사적, 그리고 경제적 곤란을 구체적으로 지적한 뒤 "한국은 근대국가가 되기 위해 적어도 한 세대 동안 여러 대국에 의해 보호받고, 지도받고, 원조받지 않으면 안 된다"고 분석했다. 랭던은 이어 **한국 내에서** 구체적인 독립운동을 찾아볼 수 없기 때문에 "독립을 위한 준비는 해외에서 조직하지 않으면 안 되고, 한국 내의 한국인 지도자와 연락을 확립하지 않으면 안 된다"고 주장했다. 미국 정부가 "성급하게 한국 독립을 선언하거나, 너무 빠르게, 또는 중국, 소련, 영국과 협의하지 않고, 혹은 적어도 중국과 영국의 합의 없이 한국인이 만든 어떤 그림자 같은 조직을 한국의 임시정부로 승인"하지 않도록 경고했다. 나아가 "미국이 일본에 대해 실질적으로 어떤 승리를 얻을 때까지" 한국의 독립을 약속해서는 안 된다고도 주장했다. 왜냐하면 그러한 행동이 한국인의 대의에 상처를 주고, 일본과 그 동맹국에는 조롱의 씨앗을 뿌리며, 미국의 우군을 초조하게 만들 것으로 생각했기 때문이다. 이 각서에 주목한 매트레이(James Irving Matray)는 거기에서 신탁통치 구상의 기원을 보았다. [6]

그러나 즉시 독립을 주장하지 않았다고 해서 랭던의 주장이 민족자결주의나 대서양헌장에 꼭 반하는 것은 아니었다. 사실 민족자결주의를 내세운 윌슨 대통령 본인도 모든 피지배 민족을 곧바로 독립시키려 했던 것은 아니다. 피지배 민족이 자치능력을 가진 문명민족이면서,

---

pendence", 20 Feb. 1941, Decimal File 895. 01/79.

6) *Ibid.* ; James Irving Matray, *The Reluctant Crusade*: *American Foreign Policy in Korea, 1941~1950* (Honolulu: University of Hawaii Press, 1985), pp. 8~9.

그 민족의 독립이 세계평화나 미국에 유익하다고 판단될 경우에 완전한 독립을 승인하는 방식으로 민족자결주의를 적용하려 한 것이다. 예를 들어, 윌슨은 필리핀이 일정 기간 미국의 지도를 받아 충분한 역량을 기른 뒤에 자치권을 부여하려 했다. 나중에 지적하듯, 그러한 주장은 루스벨트 대통령에게도 분명히 인계됐다. 대서양헌장이나 뒤이은 많은 성명에도 불구하고, 루스벨트의 반식민지주의도 절대적인 것이 아니었다. 신탁통치를 포함해 그의 전후 구상으로 알려진 많은 개념은 1942년부터 1943년에 걸쳐 국무부 내에서 루스벨트의 측근으로 활동했던 웰스(Sumner Welles) 차관이 지휘하며 검토, 준비한 것이다. 랭던의 주장도 아마 웰스를 경유해 루스벨트의 전후 세계 구상에 반영됐을 것이다. 7)

한편, 랭던의 주장에는 중국 본토에 있는 한국 독립운동단체나 무장

---

7) 長田彰文,《日本の朝鮮統治と國際關係—朝鮮獨立運動とアメリカ, 1910~1922》(平凡社, 2005), pp. 82~83; 五百旗頭,《米國の日本占領政策》, 上卷, p. 73. 랭던 각서에 첨부한 극동부 메모는 웰스 국무차관을 포함한 모든 관계자에게 각서에 대해 유의할 것을 요청했다. 또 이후 국제적 신탁통치를 더욱 포괄적으로 논한 것은 웰스였다. 제2차 세계대전이 끝난 후 아시아 태평양 전역의 근본적 재조정이 불가결할 것이라는 관점에서 전후에 설립하는 세계기구와 관련을 지으며, 웰스는 이들 지역을 "적당한 시기에" 독립국가로 복구하는 한국, 가까운 장래에 자치를 향유할 수 있는 인도나 네덜란드령 동인도, 아직 충분히 발전하지 못한 버마, 말레이, 프랑스령 인도차이나, 여전히 미개를 벗어나지 못한 남서태평양 섬들로 분류하고, 그들에게 국제적 신탁통치를 적용할 수 있는 가능성을 논한 것이다. 거기에는 국제연합기구나 지역적 권력정치에 대한 인식과 함께, 확실히 피지배지역의 발전 단계에 대한 인식이 존재했다. Sumner W, *The Time for Decision* (N. Y. : Harper & Brothers, 1944), pp. 297~304; Robert Dallek, *Franklin D. Roosevelt and American Foreign Policy, 1932~1945* (N. Y. : Oxford University Press, 1979), pp. 536~537.

조직에 대한 불신감이 엿보인다. 사실 랭던은 충칭에 있는 대한민국 임시정부에 충분한 경의를 표하려 하지 않았고, 중국 내 의용군은 믿게 못 된다고 주장했다. 오히려 장기간에 걸쳐 단독으로, 혹은 중국인 게릴라와 공동으로 만주국 일본군과 싸우고 있는 젠다오성(間島省)이나 안둥성(安東省)의 한국인 혁명가, 무법자, 불만분자를 '훌륭한 전사', '신뢰할 수 있는 동맹자'로 높게 평가했다. 여기에 특별히 언급한 불만분자의 지도자가 김 모(이름 미상, 김일성일 것이다)와 최현이었다는 점이 흥미롭다. 또 랭던은 대서양헌장 제3항이 "모든 사람이 자신이 생활하는 정부의 형태를 선택할 권리"를 존중하고 "주권 및 자치를 강탈당한 사람이 그것을 회복할 것을 희망"한다고 명시하였다는 점에 주의를 환기하고, 이를 강조함으로써 정세가 좀더 명확해질 때까지 한국인이 독립에 대한 희망을 꺾지 않도록 해야 한다고도 주장했다. 루스벨트나 헐의 라디오연설 내용은 랭던의 그런 제언과 잘 일치했다.[8]

(2) 임시정부 승인문제

이승만과 조소앙에게 임시정부를 승인해 달라는 재촉을 받고, 또 1941년 12월 22일 미국 정부의 지시에 따라, 충칭의 미국대사관은 대한민

---

8) Langdon, "Korean Independence". 다만 김일성과 최현도 그때에는 만주를 탈출해 소련군에 들어가 하바롭스크 교외에서 야영훈련을 하고 있었다. 동만주에서 벌인 두 사람의 항일투쟁이 알려진 것은 1937년 6월에 한반도에 침투해 혜산진(惠山鎭)에 가까운 국경마을 보천보(普天堡)를 습격하고 주재소, 우체국, 면사무소에 불을 지른 사건 때문일 것이다. 상세한 것은 Dae-Sook Suh, *Kim Il Sung: The North Korean Leader*(N. Y. : Columbia University Press, 1988), pp. 34~54; 和田春樹, 《金日成と滿州抗日戰爭》(平凡社, 1952) pp. 183~189 참조.

국 임시정부의 활동과 그에 대한 중국 정부의 태도를 조사하기 시작했다. 그러나 가우스(Clarence Gauss) 대사는 임시정부 활동에 관해 결코 높게 평가하지 않았고, 중국 정부의 태도도 "열의가 부족하다"고 보고했다. 다음 해 2월 초순에 조소앙은 미국대사관을 방문해 가우스와 비공식 회담을 하고, 임시정부 승인과 재정 및 군사원조를 미국 정부에 다시 요청했다. 그러나 가우스의 보고에 따르면, 임시정부에 관한 조소앙의 설명은 "극히 애매하고 불만족스러웠으며", "과장"되어 있었다. 만주 독립운동 조직의 활동이나 그 조직들과 임시정부의 관계에 대해서도 조소앙은 명확히 얘기하려 하지 않았다. 사실 1919년 3·1독립운동 이후, 각지의 독립운동을 통합해 9월에 상하이에서 수립된 대한민국 임시정부는 당초, 상설교통국을 설치해서 국내와 국외를 연결하고 연통제(連通制, 옮긴이주: 임시정부의 비밀연락 조직)를 통해 국내외의 운동과 행정을 체계적으로 지휘, 감독하려고 했다. 그러나 많은 통신원이 일본 관헌에게 체포되면서 교통국은 1921년 후반에 활동을 중지할 수밖에 없었다. 바꿔 말하면 임시정부의 운동은 초기단계에서 국내의 독립운동과 제휴할 수 있는 수단을 잃어버렸던 것이다. 한편 런던 주재 미국대사관의 보고에 따르면, 영국 외무부도 미국이나 영국의 독립 승인이 일본 지배지역 내의 한국인을 떨쳐 일어나도록 만들 가능성은 적다고 판단하고 있었다. 그렇지만 중국 정부의 관심은 적절하게 평가하고, 임시정부 승인과 관련한 행동에 대해서는 중국 정부와 충분히 협의할 방침임을 시사했다. 9)

---

9) "Hull to Gauss", 22 Dec. 1941, Decimal File 895.01/54; "Gauss to Hull", 12 Jan. 1942, Decimal File 895.01/56; "Gauss to Hull", 12 Feb. 1942, Decimal

사실 가우스의 관찰과는 달리 한반도 독립 문제에 대한 중국 정부의 관심은 결코 적지 않았다. 그에 관한 논의는 정책결정의 최고지도자 수준에서 진전을 보고 있었다. 예를 들어 장제스 총통은 한반도 독립을 지원하면서 최종적으로 '삼민주의(三民主義) 독립국가'를 수립하려는 목적으로, 미·일 전쟁 발발 전인 1941년 10월 초순에 한국 독립운동 통일을 위해 지도공작의 '최고원칙'을 작성하도록 중국 정부 군사위원회에 이미 지시했다〔함천지시(陷川指示)〕. 그에 따라 미·일 개전 직후에 군사위원회는 〈대한국재화혁명역량부조운용지도방안〉(對韓國在華革命力量扶助運用指導方案)이라는 제목의 방침을 작성했다. 그 내용은 중국 내의 모든 혁명당파를 수용해서 대한민국 임시정부와 김구 주석 밑에서 지도 육성할 것, 국제정세에 맞춰 시기를 놓치지 말고 임시정부를 승인할 것, 가능하면 조기에 독립운동 무장력을 한국광복군에 집결시키고 잠시 군사위원회 직할로 둘 것, 중국 측의 자금원조 창구를 하나로 할 것 등이었다. 더욱이 그 지도방침은 다음 해 10월 중국 국민당 중앙집행위원회 비서장 우티에청(吳鐵城)이 작성한 〈부조조선복국운동지도방안초안〉(扶助朝鮮復國運動指導方案草案)으로 결실을 맺었고, 장제스 위원장도 이를 승인했다. 다만 그 문서들에서 알 수 있듯, 중국 정부의 기본방침은 임시정부를 즉시 승인하는 것이 아니라, 중국 내의 독립운동이나 무장조직을 임시정부(김구 주석) 밑에 단일화해 지도 및 육성하고, 나아가 임시정부를 승인하기 위한 기회를 놓치지 않는 것이었다. 10)

File 895. 01/61; "Matthews to Hull", 28 Feb. 1942, Decimal File 895. 01/73; 리현희, 《대한민국임시정부사》, pp. 84~107.

흥미롭게도 장제스의 외교전략은 단순한 '항일'이 아니었다. 원래 장제스가 혁명운동에 참가한 것은 중국과 영국, 소련 사이에서 일어난 영토 문제 때문이었다. 특히 소련이 중국의 신장과 이리 지방을 침범한 일에 장제스는 강한 경계심과 불쾌감을 품었다. 거기에 그치지 않고 장제스는 중국 최후의 적이 소련이라는 인식에 이르렀다. 그래서 태평양전쟁 개전 직후에는 연합국선언에 정치적, 경제적 조건을 부기해 소련이나 영국의 영토적 야심을 견제하고, 티베트, 주룽(九龍), 외몽골(몽골), 신장, 둥베이 4성, 뤼순·다롄(旅順·大連), 남만주에 대한 중국의 영토주권을 확인하면서 불평등조약 폐기를 고려할 정도였다. 따라서 당연히 장제스는 한국이나 인도의 독립운동에 대해서도 반제국주의적 관점에서 지지했다. 1939년 8월 장제스는 중국의 대일전쟁에 강한 관심을 가진 인도국민회의파 의장 네루(Jawaharlal Nehru)를 충칭으로 초청해 인도 독립운동에 대한 협력을 약속했다. 또 1943년 7월에 김구를 비롯한 임시정부 요인들과 회견했을 때도 "중국 혁명의 최후 목적은 한국과 태국을 도와 완전히 독립하도록 하는 것"이라고 언명했다. 바꿔

---

10) 中國軍事委員會 "對韓國在華革命力量扶助運用指導方案", 1941年 12月, 추헌수 편, 《사료·한국독립운동》, 제1권(연세대 출판부, 1971), pp. 671~673. '함천지시'의 내용에 대해서는 그 요점이 "國民政府軍事委員會快電"(蔣介石 發信, 吳鐵城 受信, 1942年 10月 9日)에 인용되어 있다(위의 책, pp. 673~674). 최종건 편역, 《대한민국임시정부문서집람》(서울: 지인사, 1976) pp. 64~67; 鐸木昌之, "朝鮮民族解放運動をめぐる國際關係—中國共産党および中國政府を中心に", 中村勝範 編著, 《近代日本政治の諸相—時代による展開と考察》(慶應通信, 1985), pp. 325~328. 장제스 총통도 미·일 전쟁 개전 후 얼마 안 있어 궈타이치(郭泰祺) 외상의 임시정부 승인 제안을 각하했다("Gauss to Hull, 'Disunity Among Korean Independence Groups'", 16 May 1942, Decimal File 895. 01/130).

말하면 장제스가 한국 독립운동을 지원한 배경에는 영국과 소련의 제국주의에 대한 강한 경계심과 민족자결주의에 대한 공감이 존재했던 것이다. 11)

장제스의 그런 태도를 배경으로, 또 전술한 루스벨트 대통령의 연설이 한국과 만주, 그리고 대서양헌장의 보편적 적용에 대해 언급한 것에 고무를 받아, 1942년 2월 25일 장팅푸(蔣廷黻) 행정원 발언인(보도관)은 "중국은 한국 독립의 승인을 원한다"는 담화를 발표했다. 3월 22일에는 쑨커(孫科) 입법원장이 동방문화협회, 국제반침략분회, 국민외교협회 등이 주최하는 시국강연회의 연제로 한국 독립 문제를 채택해서 독립 지원과 임시정부 승인을 강하게 주장했다. 그중에서도 쑨커는 한국 독립의 열렬한 주창자로서, 4월 6일 국방최고위원회에서 대한민국 임시정부의 즉각 승인을 제기했다. 국방최고위원회는 3시간에 걸친 격론 끝에 최종 판단을 장제스 총통에게 위임했다. 위원회에서 벌어진 논의는 한국에 동정적이었고 독립운동단체 사이의 파벌 대립을 진정하도록 촉구했다. 그와 동시에 임시정부 승인에 대한 소련의 다른 생각이나 식민지 인민의 독립에 대한 영국 등 다른 국가의 반응에 큰 우려를 표명했다고도 한다. 12)

---

11) 최종건 편역, 《대한민국임시정부 문서집람》, pp. 90~91; 家近亮子, 《蔣介石の外交戰略と日中戰爭》(岩波書店, 2012), pp. 263~267; 段瑞聰, "1942年蔣介石のインド訪問", 〈中國研究〉(慶應義塾大 日吉紀要), 第3号(2010), pp. 114~115.

12) 胡春惠, "中國爲韓國獨立問題在外交的奮鬪", 王大任·林秋山 主編, 《中韓文化論集》(台北: 中華學術院 韓國研究所, 1975), p. 36; 孫科, "韓國獨立問題", 추헌수 편, 《사료·한국독립운동》, 第1권, pp. 531~536; "Gauss to Hull", 10 Apr. 1942, Decimal File 895. 01/96.

이런 상황에서 1942년 4월, 한국 독립 문제가 처음으로 연합국 정부 간 협의의 대상이 되었다. 태평양전쟁협의회(the Pacific War Council) 의 중국 대표로서 워싱턴을 방문했던 쑹쯔원(宋子文) 외상은 그때까지 중국에서 논의한 내용을 정리하여 4월 8일 루스벨트 대통령에게 중국 정부의 정식 각서를 전했다. 이에 따르면 한국 독립을 지원하기 위해 중국 정부는 미국에 두 가지를 제안했다. 첫 번째는 통일된 조직에 대한 원조를 약속함으로써 중국 내에서 경쟁하는 두 개의 독립운동단체, 즉 임시정부계 한국독립당과 좌파 조선민족혁명당의 융합을 촉진한 후에 화베이(華北)의 게릴라 활동지역에서 조선인 정규군 5만 명을 무장시켜 한반도 안팎의 혁명운동이나 비정규활동의 핵심으로 활용하자는 것이었다. 두 번째는 태평양전쟁협의회가 **적당한 시기에** 한국에 독립을 주겠다는 결의를 표명하고, 동시에 혹은 그 후 적당한 때에 대한민국 임시정부를 승인하는 것이었다. 이 각서는 또 한국인 연대 2개 내지 3개가 시베리아에서 소련군에 편입돼 있다는 점을 지적하며 이에 대한 주의를 환기했다. 13)

---

13) "Roosevelt to Welles", 8 Apr. 1942, *FRUS, 1942*, vol. I, pp. 867~869. 같은 해 10월까지 중국 측은 두 독립운동단체와의 접촉통로를 우티에청 국민당 중앙집행위원회 비서장으로 일원화했다("國民政府軍事委員會 快郵代電", 1942年 10月 9日, 추헌수 편, 《사료·한국독립운동》, 제1권, pp. 673~674). 또 '2 내지 3개의 한국인 연대'라는 것은 1940년 말까지 만주에서 도망쳐 하바롭스크 교외에 집결한 동북항일연군(東北抗日連軍)에서 살아남은 병사 600~700명을 가리키는 듯하다. 그러나 한국인 병사는 일부에 불과했다(和田, 《金日成と滿州抗日戰爭》, pp. 320~321). 이들은 1942년 8월, 소련 국적의 나나이족 부대와 함께 바츠코예 야영지에서 적군(赤軍) 제88특별저격여단을 편성했다(和田春樹, 《北朝鮮現代史》(岩波書店, 2012), pp. 13~16).

쑹쯔원의 두 번째 제안, 즉 적당한 시기에 대한민국 임시정부를 승인하자는 제안은 인도 독립을 둘러싼 영국과 인도의 교섭이 일시적으로 진전한 상황에 고무되어 나온 것이었다. 사실 장제스는 2월에 인도를 방문하고, 영국과 인도를 중개하는 외교를 전개하고 있었다. 네루나 간디(Mahatma Gandhi)에게 영국과 협력해 대일전쟁에 참가하도록 호소하고, 동시에 직접 혹은 루스벨트를 통해 영국 정부에는 인도 정책 변경을 요청했다. 이러한 외교적 압력에 반응해서 처칠은 3월 하순에 크립스(Stafford Cripps) 사절단을 인도에 파견했다. 바꿔 말하면 장제스는 루스벨트의 민족자결 주장에 동조하는 한편 영국과 인도 관계를 조정함으로써 식민지 독립 문제에 대한 영국의 정책을 견제하고, 중국의 정치적 입장을 강화하려 한 것이다. 더욱이 한반도는 인도와 비교해서 소련의 영향력 확대가 우려되는 지역이자, (청일전쟁 이후의 역사가 보여 주듯) 중국 본토의 안전과 밀접한 관계가 있는 곳이었다. 따라서 소련이 독일과 전쟁을 치르는 데에 집중하는 사이, 대일참전이 궤도에 오르기 전에 미국 정부와 공동으로 장래 한국의 독립을 선언하고, 나아가 **적당한 시기에** 임시정부를 승인하는 일은 중국 정부에게는 전후 대소련 관계에서 유리한 지반을 쌓기 위해 중요한 조치였다. 이와는 반대로 쑹쯔원이 지적했듯 소련이 독자적인 한국인 군사조직을 육성하고, 그 지역에 괴뢰정부를 수립해서 만주나 화베이에 영향력을 확대하는 것만큼 중국에게 심각한 위험은 존재하지 않았던 것이다. 14)

14) Christopher Thorne, *Allies of a Kind: The United States, Britain, and the War against Japan, 1941~1945*(London: Hamish Hamilton, 1978), pp. 231~240; "Gauss to Hull", 16 May, 1942, Decimal File 895. 01/130; 家近亮子, 《蔣介石の外交戰略》, pp. 265~267; 家近亮子, "中國の抗日戰爭と戰後構想", 《東ア

제 1장 한반도 독립 문제와 신탁통치 구상 **41**

그렇다면 쑹쯔원의 제안에 루스벨트는 어떻게 회답했을까. 웰스 국무차관은 국무부 극동부의 검토를 거쳐 4월 13일 대통령에게 견해를 제출했다. 한국인 비정규군 조직과 무장을 지원하는 것에 전면적으로 찬동을 표명하면서도, 태평양전쟁협의회가 장래 한국의 독립을 선언하는 일은 시기상조라는 의견이었다. 그 이유로는 전황이 일본에게 유리하게 전개되는 상황에서는 협의회의 성명도 현실성이 떨어진다는 점, 최근 영국과 인도가 교섭에 실패한 사실이 민족해방에 관한 광범위한 정책 표명을 방해하고 있다는 점, 두 가지를 들었다. 또 독립운동단체를 융합하고 적당한 시기에 임시정부를 승인하자는 제안에 대해서는 충칭에 존재하는 주요한 혁명조직 이외에 만주 등에도 독립운동단체가 존재하지만 이들 사이에 긴밀한 관계는 존재하지 않는다고 지적하면서, 임시정부 승인을 "좀더 바람직한 시기까지" 연기해야 한다고 주장했다. 4월 15일 개최된 태평양전쟁협의회 제3차 회의에서 의장 역을 맡은 루스벨트는 중국 외상이 제출한 각서와 웰스 차관이 표명한 견해, 양쪽 모두를 낭독했다.[15]

그러나 태평양 전황이나 영국과 인도의 교섭 부진을 이유로 임시정부 승인을 연기한 사실이 미국이 중·소의 반목에 무관심했음을 의미하지는 않는다. 사실 전쟁 개시 직후부터 국무부 극동부는 한반도 독립에

アジ近現代通史 ⑥》(岩波書店, 2011), p. 167; 段瑞聰, "1942年蔣介石のインド訪問", 〈中國研究〉, pp. 124~129, 138.

15) "Wells to Roosevelt", 13 Apr. 1942, FRUS, 1942, vol. I, pp. 870~872. 한편 4월 18일 가우스 대사의 보고에 따르면, 당시 장제스는 임시정부를 "지체 없이 승인하는 것이 바람직하다"고 느끼고 있었고, 중국 정부도 미국 정부에 이 문제에 관한 견해를 조기에 설명하도록 요청하고 있었다("Gauss to Hull", 18 Apr. 1942, ibid., pp. 872~873; "Gauss to Hull", 8 May 1942, ibid., p. 875).

대한 중국, 소련, 영국, 기타 관계국의 태도를 고려하는 것이 바람직하고, 소련이 협의에 참가할 수 있기 전에 임시정부 승인문제를 논의하는 일이 시기상조라고 판단하고 있었다. 또 4월 29일의 헐 국무장관 각서는 "중국 정부는 소련의 지원을 받는 한국인 조직의 성장을 싹부터 잘라내고 싶어 하는지도 모른다"고 지적하면서 "충칭에 있는 대한민국 임시정부가 중국 정부의 승인을 받는다면, 소련은 소련과 이데올로기가 같은 별도의 한국인 조직을 승인할 것"이라고 주장했다. 나아가 헐은 5월 1일 가우스 대사에게 "우리는 지리적, 인종적 요인에서 이 문제가 미국 이상으로 중국에게 긴요한 관심사라는 것을 알고 있고 … 만약 중국 정부가 대한민국 임시정부를 승인한다면 미국 정부는 물론, 그러한 새로운 사태를 전제로 우리의 입장을 재검토하겠다"고 중국 정부에 강조하도록 훈령했다. 그에 따라 5월 6일 가우스 대사는 미국 정부의 견해를 새삼 구두로 중국 측에 전했다. 그러나 그때 중국 정부도 임시정부 승인을 "적어도 좀더 바람직스러운 시기까지" 연기한다는 방침을 굳히고 있었다. 16)

---

16) "Hornbeck memorandum", 20 Dec. 1941, Decimal File 895. 01/54; Robert T. Oliver, *Syngman Rhee: The Man Behind the Myth* (N. Y. : Dodd Mead, 1954), pp. 177~178; Matray, *The Reluctant Crusade*, p. 10; "Hull to Roosevelt", 29 Apr. 1942, *FRUS, 1942*, vol. I, p. 873; "Hull to Gauss", 1 May, 1942, *ibid.*, pp. 873~875; "Gauss to Hull", May 8, 1942, *ibid.*, p. 875. 그 후 장제스의 지시를 받은 우티에청이 12월까지 "부조(扶助) 조선복국운동(朝鮮復國運動) 지도법안 (指導法案)"을 작성했는데, 이는 이후 중국의 기본방침이 됐다. 이에 따르면 임시정부 승인은 "적당한 시기에 타국에 앞서서" 하고, 그 "국제법상 절차 및 유리한 시기의 선택"은 우티에청, 허잉친(何應欽, 군사위원회참모총장·군정부장), 천리푸 (陳立夫, 국민당 조직부장) 세 사람이 책임을 지고, 총재의 지시를 받아 외교부에 위임하도록 했다. 이에 대해서는 추헌수 편, 《사료·한국독립운동》, 제1권, pp.

(3) 한반도 신탁통치 구상

한국 독립 문제에 관한 미국 정부의 입장은 매우 복잡했다. 대서양헌장에서 제창한 민족자결주의 적용을 표명하면서도, 1942년 봄 이후 대한민국 임시정부의 조기 승인을 요구하는 중국의 주장과, 이를 실행할 경우 예상되는 소련의 반발을 함께 고려하여 무엇인가 전후 한반도 구상을 준비해야만 하는 입장에 놓여 있던 것이다. 바꿔 말하면, 한국에 미국의 중대한 이익이 존재해서라기보다는 한국이 중·소 세력이 대립하는 무대이므로, 극동의 평화와 안정이 또다시 위협받을 것을 우려한 미국은 처음부터 중국뿐 아니라 소련과 공동으로 행동해야 할 필요성에 유의하고 있었다. 더구나 미국의 구상은 식민지 문제에 관한 영국의 기본방침과 크게 대립하지 않아야 했다. 나아가 미국 정부는 한국 독립운동이 하나로 통합되어 있다고도, 대한민국 임시정부가 한국 인민이 자유롭게 표명하는 의사를 대표한다고도 생각하지 않았다. 다음 해 3월 27일 루스벨트는 이든에게 "한국은 중국, 미국 및 기타 한두 개 국가가 참여하는 국제적 신탁통치하에 놓이게 될 것"이라고 알렸는데, 그 신탁통치 구상에는 이 모든 요소가 반영되었던 것이다. [17)]

686~687; 蔣君章, "孫文·蔣介石の韓國獨立運等支持", 한국정신문화연구원, 《한국독립운동사 자료집(중국인사 증언)》(박문사, 1983), pp. 199~202를 참조하기 바란다.

17) "Memorandum of Conversation by Hull", 27 Mar. 1943, *FRUS, 1943*, vol. Ⅲ, p. 37; 김승용이 지적하듯 이는 어떤 종류의 '평화유지구상'이었다(Seung-Young Kim, "The Rise and Fall of the United States Trusteeship Plan for Korea as a Peace-maintenance Scheme", Diplomacy and Statecraft(24, 2013), pp. 227~252).

루스벨트의 이 발언은 1943년 3월 제2주에 시작한 미·영 협의의 '가장 공식적인 회담'에서 나왔다. 그 자리에는 헐 국무장관과 웰스 국무차관이 동석했다. 모두(冒頭)에서 루스벨트는 새로 설립하는 국제연합(유엔)의 구조를 언급했다. 그는 미국, 영국, 소련과 함께 중국이 모든 중요한 결정에 참가하고, 경찰 같은 권력을 장악하는 '집행위원회'(상임이사국)의 일원으로서 전후 세계의 평화 관리에 참여하는 것이 매우 중요하다고 주장했다. 또 "중국은 침략적이지도, 제국주의적이지도 않아 소련과 균형을 잡아 줄 주춧돌이 될 것"이라고 설명했다. 이에 대해 이든은 "중국은 전쟁 후에 혁명을 경험하게 될지도 모른다"며 중국의 국내 사정에 대해 비관적 우려를 표했다. 그러나 루스벨트는 더 나아가 극동과 태평양의 영토 문제를 언급하며 만주와 대만은 중국에게, 남사할린(華太)은 소련에게 반환하며, 일본의 위임 신탁통치를 받고 있는 태평양의 여러 섬들은 유엔의 신탁통치 아래에 놓여야 한다고 주장했다. 이런 말에 이어 한국과 인도차이나의 국제적 신탁통치를 언급한 것이다. 다만, 이든의 기록에 따르면 루스벨트가 한국을 신탁통치할 나라로 거론한 것은 미국, 소련 그리고 중국이었다.[18]

대서양헌장이 표명한 윌슨의 원칙에 공개적으로 관여했음에도 불구하고, 이렇듯 루스벨트의 신탁통치 구상에는 지정학적 거점을 둘러싼 대국 간 권력투쟁을 조정한다는 현실주의적이며 권력정치적인 요소가 농후했다. 나아가 전해 6월에 몰로토프(Vyacheslav M. Molotov) 소련

---

18) Eden, *The Reckoning*, pp. 436~368; "Memorandum of Conversation by Hopkins", 27 Mar. 1943, *FRUS, 1943*, vol. III, pp. 38~39; Robert E. Sherwood, *Roosevelt and Hopkins: An Intimate History* (N.Y.: Harper and Brothers, 1948), pp. 706~719.

외상에게 얘기했듯, 식민지 문제가 세계평화에 장애가 되는 것을 방지한다는 관점에서 루스벨트는 세계질서 형성에 중국과 소련을 적극적으로 참가시키는 '4인의 경찰관' 구상의 일부로서 신탁통치를 구상했다. 가디스(John Lewis Gaddis)가 지적했듯 "이상주의적 방식으로 행동하든 현실주의적 방식으로 행동하든, 루스벨트의 사고에 단독행동주의는 거의 존재하지 않았기" 때문에 **소련을 참가시켜 그 행동을 억제하는 것**이 한반도 신탁통치의 중요한 목적 중 하나임은 틀림없었다. 실제로 1942년 12월 루스벨트가 가필해서 장제스에게 보낸 래티모어(Owen Lattimore, 옮긴이주: 미국의 저널리스트 겸 중국학자)의 서한은 다음과 같이 기술했다.[19]

각하와 똑같이 대통령은 프랑스령 인도차이나 근방부터 일본 부근에 걸쳐 서태평양에 관계하는 대국은 미국과 중국이라고 확신하고 있다(고 나는 대통령에게 진언했다). 이번 대전이 끝난 후 우리는 중국, 미국, 영국 그리고 소련을 세계의 '4인의 경찰관'이라고 생각하지 않을 수 없을 것이다. … 그러나 미국의 영토가 시베리아, 한국 그리고 일본에 가까운 북부 태평양에서는 한국 독립 같은 문제에서 소련을 배제하려는 것이 바람직하지 않다. 이 지역에서 소련을 고립시키는 것은 긴장을 완화하기는커녕, 긴장을 조성하는 위험을 방치하는 것과 마찬가지다(괄호 안은 루스벨트가 수정).

---

19) 細谷雄一, "國連構想と地域主義 ①—グラッドウィン・ジェブと大國間協調の精神, 1942~1943年", 〈法學硏究〉, 第83卷 9号(2010. 9.), p. 14; John Lewis Gaddis, *We Now Know: Rethinking Cold War History* (N. Y. : Oxford University Press, 1997), pp. 12~13; "Draft of Letter from Lattimore to Chiang Kai-shek", *FRUS, China, 1942*, pp. 185~186.

또한 민족자결주의 원칙 적용과 마찬가지로, 루스벨트 대통령은 40여 년의 필리핀 경험을 식민지에서 해방되는 아시아 인민을 위한 모델로 생각하고 있었다. 예를 들어 그는 1942년 11월의 라디오연설에서 미국이 필리핀에서 성공한 것은 두 가지 요인에 기반하고 있다고 지적했다. 첫 번째는 교육 보급 및 물질적, 사회적, 경제적 요구를 정확하게 인식하고 이를 충족시키기 위한 준비기간이 존재했다는 점이었다. 두 번째는 지방정치에서 시작해 몇 단계를 거쳐 완전한 국가로 이행하기 위한 점진적 자치의 실천, 즉 궁극적인 독립주권을 위한 훈련기간이 존재했다는 사실이었다. 이런 지적에서 드러나는 루스벨트의 보호자 내지 아버지 같은 온정주의(*paternalism*)는 완전한 독립을 위해서는 국제적 보호 아래에서 장기간 준비와 훈련을 거쳐야 한다는 신념, 즉 신탁통치 구상과 밀접한 관계가 있다.[20]

다만, 한반도 신탁통치라는 구상은 루스벨트만의 것이 아니었다. 예를 들어 이미 지적했듯 1942년 2월 국무부 극동부의 랭던은 신탁통치를 시사하는 각서를 기초했다. 더욱이 그 무렵, 대통령 조언기관으로서 헐 국무장관 산하에 발족했던 전후정책자문위원회(the Advisory Committee on Postwar Policy)의 정치문제소위원회는 국제정치의 주요 문제를 검토하기 시작했다. 그해 8월 1일 오스틴(Warren R. Austin) 상원의원이나 코널리(Tom Connally) 상원의원 등이 참석하고 웰스 국무차관이 주재한 모임에서는 "청일전쟁 이전에 있던 경계선"을 전후 일

---

20) Roosevelt, "Radio Address on the 7th Anniversary of the Philippines Commonwealth Government", 15 Nov. 1942, *Public Papers of the Presidents of the United States, Roosevelt*, vol. XI, p. 475.

본의 영토로서 확인하고 한국을 독립시키는 데에 이론이 없었다. 그뿐 아니라 한국을 중국의 느슨한 연방에 편입시키는 가능성을 포함해, 한국의 국제적 신탁통치에 대해 많은 논의를 했다. 이미 소개한 논의와 마찬가지로 여기서도 필리핀의 경험을 존중해야 한다는 것, 10~20년의 신탁통치 후에 한국 독립이 가능하다는 것, 중국과 소련이 직접적인 이해관계국이라는 것 등을 지적했다. 그런 관점에서 오스틴이나 코널리도 한국의 신탁통치를 강하게 지지했다.[21]

헐 국무장관은 전후정책자문위원회와 그 소위원회가 제출한 견해와 권고를 대통령에게 전달했고, 대통령도 이에 대해 중요한 의견을 표명했다. 헐의 증언에 따르면 1942년 2월부터 1943년 6월까지 "웰스와 나는 이것〔위원회〕과 관련해 빈번하게 대통령을 만났고, 그중에서도 국제기구, 신탁통치, 독립의 취급 등의 분야에서 여러 초안을 대통령에게 보냈다. 그리고 대통령이 우리에게 제시한 견해를 위원회에 전달했다"고 한다. 대통령이 위원회와 직접 의견을 교환하는 기회도 있었다. 예를 들어 이든 외상과 회담하기 약 1개월 전인 1943년 2월 22일에 헐과 웰스, 테일러(Myron C. Taylor), 보먼(Isaiah Bowman), 파스볼로스키(Leo Pasvolosky)가 백악관에 초청받아 약 1시간 정도 대통령과 간담했다. 이때 루스벨트는 "중국은 대만과 만주를 회수해야 하며, 한국은 신탁통치를 받아야 한다"고 언명하고, 나아가 태평양제도의 신탁통치도 언급했다. 바꿔 말하면 한반도 신탁통치는 대통령의 '마음에 쏙

---

21) "P Minutes 20", 1 Aug. 1942, *Post World War II Foreign Policy Planning: State Department Records of Harley A. Notter, 1939~1945*, microform, Division of Special Research, Department of State; 五百旗頭 《米國の日本占領政策》, 上卷, pp. 72~73; 入江昭, 《日米戰爭》(中央公論社, 1978), pp. 116~118.

드는' 구상이었을 뿐 아니라 국무부 주요 인사, 극동전문가 등과의 '공동작품'이기도 했다. 한편, 이때 루스벨트는 소련의 서쪽에 있는 유럽이 하나의 국가로 통합해서 소련의 서방진출에 대항하기 위해 중무장을 해야 한다는 발상을 칭찬했다. 루스벨트는 소련을 크게 경계하면서도, 소련을 어떻게 다룰지에 대해서는 명확한 해답은 갖고 있지 않았을 것이다. 22)

같은 무렵, 루스벨트는 중국의 요인(要人), 즉 자기들이 미국으로 초대한 장제스의 부인에게도 미·중 협력이나 전후 세계질서에 대해 얘기했다. 쑹메이링(宋美齡)은 2월 후반에 백악관 빈객으로 11일간 체류했고, 그 후 미국 각지에서 강연활동을 했다. 그동안 루스벨트는 **류큐제도**(琉球諸島), 만주, 대만의 중국 반환, 중국 주권 밑에서의 홍콩 국제항만화, 미국과 중국에 의한 한국의 독립 보장 등에 대해 얘기했다. 또 6월 24일 귀국 인사차 방문한 쑹메이링에게 중국과 미 해군 및 공군이 다롄, 뤼순, 대만을 공동사용하는 것에 동의하고, "한국을 잠시 중국, 미국, 소련이 공동관리할 생각"이라고 언명했다. 쑹메이링이 귀국한 후 장제스는 두 사람의 회담 결과를 흔쾌히 받아들이고, 루스벨트에게 연합국정상회담(카이로회담) 개최에 동의한다고 회답했다. 또 쑹메이링의 오빠인 쑹쯔원 외상은 9월 말 혼벡 극동부장에게 중국 정부 내 일반적 의견이 "한국을 국제적 신탁통치 아래 두어야 한다는 쪽으로 기울고 있다"고 전했다. 이때 두 사람은 "만약 그 원칙을 적용하려고 노력

22) "Indications of Contact with President on Post-War Matters", Talks with F. D. R. 1942~1945, Records of the Advisory Committee on Post-War Foreign Policy 1942~45, *Records of Harry A. Notter, 1939~45*, Department of State, RG 59, 250/46/22/06, box 54, NARA.

할 경우 부딪히게 될 것으로 예상되는 곤란"에 대해서도 토의했다. 루스벨트는 또 카이로회담 직전에 전함 아이오와함의 제독실에서 합참의장 등에게 장제스가 미국, 중국, 소련에 의한 한국의 신탁통치를 희망하고 있다고 시사했다. 한편 적당한 시기에 미국과 공동으로 대한민국 임시정부를 승인할 것이라고 기대하던 중국은 카이로회담이 열리는 1943년 11월까지 중국과 미국, 영국, 소련이 보조를 맞춰 공동 내지는 개별적으로 전후의 한국 독립을 승인하거나 선언하겠다고 최고지도자 수준에서 결정해 놓고 있었다. 요컨대 어떤 경우에도 소련보다 늦게 한국 독립을 승인해서는 안 됐다. 이를 전제로 장제스는 카이로회담을 앞두고 한반도 신탁통치를 받아들인 것이다. 23)

한편 카이로에서 장제스 총통과 회담하기 위해 소련 주재 미국대사 해리먼(W. Averell Harriman)이 루스벨트를 위해 기초한 각서는, 미국 정부가 모스크바에서 소련 정부에 한반도 신탁통치를 타진했음을 보여준다. 이에 따르면 소련의 태도는 "4국이 참가하는 신탁통치하에서 어떤 방식의 한국 독립에도 동의한다는 점에 변함이 없다"는 것이었다.

---

23) 《蔣介石 秘錄》, 第14卷(産經新聞社, 1977), pp. 52~60. 쑹메이링은 장제스의 '분신'으로서 11월 27일에 뉴욕에 도착해 70여 일간 요양을 한 뒤, 2월 17일부터 백악관에 머물며 미국 의회에서 연설하고, 그 후 미국 각지와 캐나다를 순회하며 강연했다. "Conversation by Hornbeck", 28 Sept. 1943, *FRUS, China*, pp. 133~137; "Minutes of the President's Meeting With the Joint Chiefs of Staff", Nov. 19, 1943, *FRUS, Cairo and Teheran, 1943*, p. 257; "國防最高委員會秘書廳自重慶呈蔣委員長關於準備在開羅會議中提出之戰時軍事合作, 戰時政治合作及戰後中美経濟合作等三種方案", 1943年 11月, 中華民國重要史料初編 編集委員會 編, 《中華民國重要史料初編 ─ 對日抗戰時期》, 第3編, 戰時外交(台北: 中國國民党中央委員會 党史委員會刊行, 1959), pp. 504~505.

다만, 이에 대한 영국의 태도는 줄곧 부정적이었다. 전술한 미·영 회의에서 이든은 여러 국가에 의한 공동관리의 타당성에 의문을 제기했다. 또 8월에 열린 제1차 퀘벡회의에서 헐 국무장관이 신탁통치에 관한 토의를 여러 차례 요청했음에도, 이든 외상은 계속 거절했다. 소련과 영국의 태도는 10월의 모스크바 외상회의에서도 변하지 않았다. 요컨대, 1943년 여름부터 가을에 걸쳐 미국 정부는 한반도 신탁통치에 대해 영국, 중국, 소련과 적극적으로 협의하려 했으나, 그에 대한 강한 반대는 중국이나 소련이 아니라 오히려 영국에서 나왔던 것이다. 24)

3. 카이로 회담에서 얄타회담까지

(1) 카이로회담: 한국의 '자유와 독립'

미군이 1942년 6월 미드웨이 해전에서 승리하고, 11월 과달카날섬 공방을 제압함으로써 태평양에서 일본군의 공세가 드디어 꺾였다. 그래서 다음 해 1월 모로코 카사블랑카에서 열린 미·영 정상회담은 '전략적 방위'를 유지하면서도 미군이 일본군에 대해 '주도권을 잡는' 것을

---

24) "U. S. Delegation Memorandum", 23 Nov. 1943, *ibid.*, p. 376; W. Averell Harriman & Elie Abel, *Special Envoy to Churchill and Stalin, 1941~1946* (N. Y. : Random House, 1975), pp. 261~262; "Department of State Minutes", 20 and 21 Aug. 1943, *FRUS, 1943*, Washington and Quebec, pp. 914, 919; "Memorandum by Pasvolsky", 18 Aug. 1943, *ibid.*, p. 717; "Conference Note", 21 Aug. 1943, *ibid.*, pp. 926~927; Hull, *The Memoirs by Cordell Hull*, vol. II, pp. 1237~1238, 1304~1305, 1596.

용인했다. 그뿐만 아니라, 루스벨트 대통령은 일본, 독일, 이탈리아에 대해 "무조건 항복을 요구한다"고 발언했다. 민족자결이나 영토불확대 라는 문맥에서 연합국이 포괄적인 대일선언을 발표할 수 있는 여건이 도래한 것이다. 이를 위한 무대로 루스벨트가 선택한 자리는 태평양전 쟁협의회가 아니라 미·영·중 3국 정상회담이었다. 1943년 11월 3일, 루스벨트는 미국이 보유한 최신, 최대 전함인 아이오와함에 승선해 버 지니아주 햄프턴로즈항을 출발했으며, 11월 20일 알제리 북서부의 오 란항에 도착하여 아이젠하워(Dwight D. Eisenhower) 장군과 그의 작 전지역에 배속돼 있던 세 아들의 마중을 받았다. 수송기를 타고 오란항 에서 튀니지로 간 루스벨트는 다음 날 아이젠하워와 함께 카르타고 유 적을 관람하고서 저녁에 카이로로 향했다. 마셜(George C. Marshall), 아놀드(Henry H. Arnold), 리히(William D. Leahy), 킹(Ernest J. King) 등 참모총장과 제독들이 대통령을 수행했다.[25]

11월 22일부터 26일까지 루스벨트 대통령과 처칠 수상은 카이로에 서 장제스 총통과 회담하고, 12월 1일 자로 공동성명(카이로선언)을 발 표했다. 이에 따라 연합국의 대일전쟁 목적은 일본의 침략을 저지하고 이를 벌하는 것이며, 일본으로부터 태평양 도서를 박탈하고, 만주, 대 만 및 펑후제도를 중국에 반환하고, 기타 지역에서 일본군을 몰아내는 것이라고 정의했다. 이와 함께 3국 정상은 "한국 인민의 노예상태에 유 의하여 한국을 적당한 시기에 자유롭고 독립적인 국가로 만든다"는 결 의를 표명했다. 또 제 1차 카이로회담에서 카이로선언(제 2차 카이로회

---

25) Sherwood, *Roosevelt and Hopkins*, pp. 766~771; 福田茂夫, 《第2次 大戰の米 軍事戰略》(中央公論社: 1979), pp. 111~117.

담) 까지의 짧은 기간에 루스벨트와 처칠은 이란을 방문해 그곳에서 스탈린 수상과 회담했다. 테헤란에서 최초의 미·영·소 정상회담이 개최된 것이다. 제2차 세계대전이 유럽·북아프리카·지중해 전장(戰場)과 태평양·극동 전장으로 양분되고 소련이 아직까지 대일전쟁에 참가하지 않았기 때문에, 카이로와 테헤란에서 연속 개최한 두 번의 정상회담은 실질적으로는 한 번의 4대국 정상회담이라고 해도 좋을 것이다. 카이로회담에 장제스를 참가시킴으로써 루스벨트는 '중국의 대국화'라는 지론을 완성시키려 한 것이다. 26)

그러나 극동 전장의 군사 문제 협의에 관한 한, 그 내용은 '중국의 대국화'와는 거리가 멀었다. 중심 의제가 된 사안은 일본군을 버마(옮긴이주: 현재 국명은 '미얀마'지만 이 책은 당시 용어를 그대로 썼다)에서 몰아내고, 봉쇄된 중국과 육상 연결을 재개하기 위해 아나킴(ANAKIM) 계획을 크게 확대하는 것이었다. 11월 26일 제1차 카이로회담에서 분명 3개국 정상과 참모장들은 스틸웰(Joseph W. Stilwell) 미 육군 중장의 지휘에 따라 중국군을 주력으로 하는 부대가 북부 버마에서 대규모 지상공격을 감행하는 동시에, 마운트배튼(Lord Louis Mountbatten) 영국 제독의 지휘하에 항공모함을 포함한 영국 함대를 벵골만에 파견해 남부 버마에서 상륙작전을 실시하기로 합의했다. 그러나 이는 아무래도 열의 없는 작전계획이었다. 장제스는 남부 버마 상륙작전의 중요성을 강조했지만, 북부 버마 작전의 세부사항에 대해서는 언질을 주려 하지 않았다. 게다가 "버마는 아시아전쟁 전체의 열쇠다. 적은 버마에서

---

26) "Final Text of the Communiqué", *FRUS, Cairo and Teheran, 1943*, pp. 448~449; 五百旗頭, 《米國の日本占領政策》, 上卷, pp. 155~161.

일소되면, 제2의 거점을 화베이에, 그리고 최후에는 만주에 둘 것이다"라고 주장했다. 그러나 처칠에게 버마는 '제국의 전초'에 불과했다. 전략적 중요성이라는 관점에서 버마는 싱가포르나 홍콩에 미치지 못했던 것이다.[27)]

한편 정치 문제의 토의는 정상회담으로 충분했기 때문에, 루스벨트는 카이로회담에 헐 국무장관 등 국무부 관계자를 데리고 가지 않았다. 스탈린과 처칠에게 보낸 특사인 해리먼 주소련 대사가 유일한 예외였다. 11월 23일 국제문제를 토의한 후에 루스벨트는 오후 7시 반부터 **장제스 부부와 만찬을 하며** 전후에 설립하는 국제기구에서 중국이 4대국 일원으로서의 지위를 차지해야 한다는 견해를 다시 한 번 표명하고, 아시아 문제를 중국과 협의해서 결정하겠다고 약속했다. 루스벨트와 장제스는 일본 황실의 지위, 대일 군사점령, 일본의 대중국 배상, 신장 문제, 소련의 대일참전 등을 논의하고, 만주, 대만 그리고 펑후제도를 중국에 반환하기로 합의했다. 루스벨트는 중국이 류큐제도를 영유할 의사가 있는지 반복해서 물었지만, 장제스는 미·중 공동점령 및 그 후 국제적 신탁통치하에서의 공동관리에 동의할 수 있다고만 대답했다. 나아가 루스벨트는 한국, 인도차이나, 태국 등의 장래 지위에 관해 언급하고, 이들 문제에 대해 미·중 양국이 서로 양해에 도달해야 한다고 지적했다. 이에 대해 장제스는 한국에 독립을 부여하는 사안의 중요성을 역설하면서, 두 사람이 인도차이나의 독립 달성을 위해 협력하고,

---

27) Sherwood, *Roosevelt and Hopkins*, pp. 771~773; Grace Person Hayes, *The History of the Joint Chiefs of Staff in World War II: The War Against Japan* (Annapolis: Naval Institute Press, 1982), pp. 523~528.

태국의 독립도 회복해야 한다고 주장했다. 그 뒤 루스벨트와 장제스의 대화는 중국에 대한 경제원조, 외몽골 문제, 통일지휘 문제 등으로 옮겨갔다. [28]

이 만찬에 해리먼은 동석하지 않았다. 다만 한 사람, 루스벨트와 동반한 개인비서 홉킨스(Harry L. Hopkins)는 다음 날, 카이로선언의 첫 초안을 구술받아 문서로 작성해 오후 4시 장제스 측근인 왕충후이(王寵惠) 국방최고위원회 비서장에게 건네줬다. 한국과 관련된 부분은 "우리는 일본에 의한 한국 인민의 배신적 노예화에 유의해, 일본 패배 후 가능한 한 가장 빠른 시기에 그 나라를 자유스럽고 독립된 나라로 만들 것을 결의한다"고 표현되어 있다. 중국은 이에 이의를 제기하지 않았다. 25일 오전, 홉킨스는 영국의 카도건(Alexander Cadogan) 외무차관에게 미·중 합의내용을 건넸는데, 홉킨스의 원안(原案)에 있던 "가능한 한 가장 빠른 시기에"(at the earliest possible moment)라는 표현은 루스벨트 대통령에 의해 "적당한 시기에"(at the proper moment)로 수정됐다. 그러나 26일 오후 3시 반, 카이로선언을 최종 검토하는 자리에서 제출한 영국안의 해당 부분은 미·중 합의안과 크게 달랐다. "그 나라를 자유롭고 독립된 나라로" 만든다는 구절은 완전히 삭제하고 대신에 "조선을 일본의 통치로부터 이탈시킨다"는 표현을 사용했다. 연합

---

28) "Chinese Summary Record, Roosevelt-Chiang Dinner Meeting", 23 Nov. 1943, *FRUS, Cairo and Teheran*, pp. 322~325. 11월 24일 왕충후이(王寵惠)가 홉킨스에게 건네준 중국 정부의 각서는 조선에 관한 두 정상의 대화를 "중국, 영국, 미국은 전후의 조선 독립을 승인해야 한다. 조선 독립을 위한 합의에 소련이 참가하는 것은 언제라도 환영한다"고 기록했다("Memorandum by the Chinese Government", 24 Nov. 1943, *ibid.*, p. 389). 《蔣介石 日記》, 1943年 11月 23日.

국에 의한 한국 독립 표명을 영국이 반대한다는 사실은 분명했다. 더욱이 대만 및 펑후제도의 귀속도 "당연히 포기해야 할 것"으로만 언급되어 있었다. 식민지 독립을 둘러싼 중국과 영국의 대립이 여전히 계속되었던 것이다.[29]

중국의 강력한 반대에 부딪친 카도건은 영국 내각이 이 문제를 지금까지 논의하지 않았으므로 내각의 결정이 필요하다는 점, 또 소련의 태도와 반응이 분명하지 않다는 점을 이유로 들어 만약 수정이 불가능하다면 해당 부분의 전단(前段)을 삭제해야 한다고 주장했다. 이에 해리먼은 이 문제가 소련과는 관계없고, 특히 소련을 배려할 필요가 없다는 루스벨트의 의견을 소개하면서 중국의 주장을 지지했다. 토의 결과, 결국 원안을 유지하기로 결정했다. 다만 실제 선언문에서 볼 수 있듯, "그 나라를 적당한 시기에 자유롭고 독립된 나라로 만든다"는 표현은 최종적으로는 "한국을 적당한 시기에(in due course) 자유롭고 독립적인 국가로 만든다"로 수정됐다. 또 루스벨트가 삽입한 "일본이 폭력과 탐욕으로 획득한 모든 정복영토는 그 독니로부터 해방된다"는 문장도 "일본은 폭력과 탐욕으로 획득한 그 밖의 모든 영토에서 쫓겨난다"로 바뀌었다. 대서양헌장의 정신을 계승한 식민지 해방이나 민족자결이라는

---

29) "American Draft of the Communiqué With Amendments by Roosevelt", "American Draft of the Communiqué With Amendments by Hopkins", and "Revised American Draft of the Communiqué", *ibid.*, pp. 399~404; David Dilks, ed., *The Diaries of Sir Alexander Cadogan, 1938~1945* (N. Y. : G. P. Putnam's Sons, 1971), p. 577. "國防最高委員會秘書長王寵惠自重慶呈蔣委員長關於開羅會議日誌", 1943年 11月, 《中華民國 重要史料初編 ― 對日抗戰時期》, 第3篇, 戰時外交, pp. 527~532; 梁敬錞, 《開羅會議》(台北: 台湾商務印書館, 1973), pp. 139~142.

문맥이 그만큼 애매해진 것이다. 그 외에도 영국은 여러 표현을 바꾸었는데, 최종적으로는 처칠이 직접 손으로 써가며 수정했다.[30]

앞서 언급했듯, 국무부 내에는 신탁통치 문제를 포함한 전후 구상에 관한 연구가 축적돼 있었는데, 그것은 카이로회담에서 활용되지 않았던 것일까. 헐 국무장관이 회담에 참석하지 않았고, 그 연구들을 통괄하던 웰스 국무차관은 회담 직전에 해임됐기 때문에 직접적 의미로는 부정적으로 답할 수밖에 없다. 그러나 ① 미국이 "대서양헌장의 여러 원칙은 한국에 적용가능하다"고 생각하고 있음을 명확하게 표명했고, ② "어떠한 특정 단체도 한국의 정통정부로 승인하지 않은 채, 모든 한국인 지도자에게 장래의 책임을 강력하게 인식시키고", 나아가 ③ "일정 기간 신탁통치를 설정할 가능성을 배제하지 않은 채, 장래의 완전독립을 위해 준비할 책임을 한국 인민과 공유한다"는 방식 등은 분명 국무부 조사기관(특별조사부 극동반)의 보턴(Hugh Borton)이 기초한 정책문서의 제언을 따르고 있다. 흥미로운 사실은 보턴이 이 정책문서를 작성하며 참고한 선례가 미국-스페인전쟁 당시인 1898년 4월 20일에 미국 상하 양원이 채택한 결의, 즉 쿠바 인민의 독립을 승인하기 위한 결의였다는 점이다. 당시 미국 의회는 특정 쿠바 정부를 승인하지 않고 "쿠바섬의 인민은 **자유롭고 독립적**이며, 그렇게 될 권리를 갖는다"고 결

---

30) "British Draft of the Communiqué", *FRUS, Cairo and Teheran, 1943*, p. 404; Dilks, ed., *The Diaries of Cadogan*, p. 578; "王寵惠 開羅會議日誌", pp. 532~533; 梁敬錞, 《開羅會議》, pp. 143~145; 五百旗頭, 《米國の日本占領政策》, 上卷, pp. 168~169. 神谷不二는 "in due course"를 "in due time"와 구별해서 "적절한 순서를 거쳐"라고 번역해야 한다고 지적했다. 영국 측이 부여하려 했던 뉘앙스는 그런 것이었을 것이다. 神谷不二, 《現代國際政治の視角》(有斐閣: 1966), pp. 37~39.

의했다. 루스벨트 대통령의 강력한 이니셔티브에 따라 국무부의 정책 연구 성과는 카이로선언에 명확하게 반영됐으며, 미국은 한국 정책의 가장 중요한 부분 중 하나를 만들어 낸 것이다. [31)

(2) 테헤란회담: 희망인가 배신인가

"한국을 적당한 시기에 자유롭고 독립된 국가로 만든다"는 카이로선언의 구절은 한국의 독립을 장래에 약속하면서도 '적당한 시기에'라는 조건을 붙인 것이다. 그것이 국제적인 한반도 신탁통치와 그 후의 독립을 의미함은 두말할 필요도 없다. 따라서 뒤이어 개최한 테헤란회담에서 루스벨트가 스탈린에게 그에 대한 동의를 구한 것은 당연하다. 그러나 회담의사록에 따르면 한국 독립 문제가 정상회담에서 논의된 것은 한 번뿐이었다. 11월 30일 점심에 처칠이 스탈린에게 카이로선언 초안을 읽어 봤는지 물어봤을 때였다. 수일 전 해리먼이 카이로선언 초안을 소련의 몰로토프 외상에게 전달했던 것이다. 이에 스탈린은 "한국은 독립

---

31) T-319, "Korea: Problems of Independence", 26 May 1943, *The Occupation of Japan, Part 1: U.S. Planning Documents, 1942~1945* (Washington, D.C.: Congressional Information Service, 1987); *United States Statutes at Large*, vol. XXX (Washington, D.C.: Government Printing Office, 1899), pp. 738~739; 五百旗頭, 《米國の日本占領政策》, 上卷, pp. 155~157. 뉴욕의 대외관계평의회(Council on Foreign Relations)는 1941년 극동연구그룹을 만들었는데, 젊고 유능한 일본 연구자였던 보턴이 간사역을 맡게 됐다. 보턴은 그 무렵부터 한국의 장래에 관심을 가졌다. 이 그룹의 1942년 3월 모임에서는 한국의 자주능력에 의문을 제기하는 비관적 의견이 줄줄이 표명됐고, 보턴은 "한국의 궁극적인 독립을 목표로 하되 당면은 어떤 식의 자치적 지위를 고려한다"는 제안을 했다고 한다(같은 책, pp. 208~209).

해야 하며, 만주, 대만 및 펑후제도가 중국에 반환돼야 한다는 것은 옳다"고 답했다. 루스벨트가 카이로선언의 내용에서 해당 지역에 민족자결주의나 영토불확대 원칙을 적용하려는 것을 알아채고, 스탈린은 '옳다'라는 표현을 사용했을 것이다.[32]

그러나 스탈린의 영토 욕심을 잘 아는 처칠은 그런 형식적 회답에 만족하지 않았다. 그는 뒤이어 극동의 전후 문제와 '부동항'(不凍港)에 대해 물었다. 스탈린은 "물론 우리 러시아인은 자신의 견해를 갖고 있다. 그러나 러시아인이 극동전쟁에 적극적으로 참가하기까지〔의견표명을〕 기다리는 것이 좋을 것이다"라고 신중하게 대답하고, "블라디보스토크는 부분적으로만 부동항이고 다른 항구는 일본이 지배하는 해협으로 봉쇄돼 있기 때문에 극동에는 닫혀 있지 않은 항구가 없다"고 조심스럽게 덧붙였다. 이를 들은 루스벨트는 다롄을 '자유항'으로 만들겠다는 구상을 밝혔다. 스탈린이 "중국인이 그런 계획을 달가워할 것이라고 생각하지 않는다"고 의문을 제기하자, 루스벨트는 이를 '국제 보장의 자유항'으로 만들 것임을 시사했다. 스탈린은 "그거 나쁘지 않다"고 반응하며 "캄차카의 페트로파블롭스크는 훌륭한 부동항이지만 **철도와 연결이 안 되어 있다**"고 덧붙이고 다롄과 연결되는 철도의 존재를 상기시켰다. 한편 루스벨트는 소련의 대일참전에 관해 스탈린으로부터 확답을 받고 싶어 했다. 그러나 이 무렵부터 스탈린은 소련이 참전하기 이전에 일본이 항복해 버리는 상황을 두려워하고 있었다.[33]

---

32) "Roosevelt-Churchill-Stalin Luncheon Meeting", 30 Nov. 1943, *FRUS, Cairo and Teheran, 1943*, p. 566; Harriman & Abel, *Special Envoy to Churchill and Stalin*, p. 275.

33) *FRUS, Cairo and Teheran, 1943*, p. 567; Dennis J. Dunn, *Caught between*

테헤란회담에서 오고 간 미·영·소 정상의 논의에서 극동소련에 가까운 한반도의 부동항, 즉 북동부 동해에 위치한 나진, 청진, 원산은 등장하지 않았다. 또 블라디보스토크와 랴오둥반도를 중계하는 부산, 군산, 제주도 등에 대한 언급도 없었다. 그러나 그 부동항들이나 남사할린, 지시마열도, 쓰시마(對馬) 해협 등의 지명이 등장하지 않았다는 사실이 반드시 스탈린의 무관심을 증명하는 것은 아니다. 다음 장에서 상술하듯, 다음 해 10월에 대일군사작전 계획을 설명했을 때, 스탈린은 해리먼 대사와 딘(John R. Dean) 미 군사사절단장에게 "한반도 북부의 여러 항구는 소련의 지상군 및 해군에 의해 점령될 것"이라고 언명했다. 나아가 소련 외무부의 문서는 한반도 남부의 부산(진해), 제주도 및 인천을 중요한 거점으로 보고 있었다. 사실 소련 선박의 해협 통과 문제는 대전 중 소련이 일본에게 요구한 사항 중 가장 중요한 항목이었다. 그럼에도 불구하고, 2년 전 이든 외상과 회담했을 때와는 아주 다르게, 테헤란에서 스탈린은 시종 신중하게 반응했다. 부동항 논의에서 볼 수 있듯 극동의 영토나 권익에 대한 주장을 주의 깊게 억제한 것이다. 오히려 루스벨트가 다변이었고, 스탈린은 '듣는 역할'이었다. 스탈린으로서는 처음 만나는 루스벨트에게 러시아의 권익을 러일전쟁 이전으로 회복해야 한다고 주장하기보다는 민족자결주의나 영토불확대 원칙에 찬성을 표시해서, 그의 신뢰를 얻는 일이 중요하다고 판단했을 것이다.[34]

Roosevelt and Stalin: *America's Ambassadors to Moscow* (Lexington: University of Kentucky Press, 1998), pp. 219~220.

34) Kathryn Weathersby, "Soviet Aims in Korea and the Origins of the Korean War, 1945~1950: New Evidence from Russian Archives", Working Paper

대국적으로 보면 12월 1일에 발표한 테헤란선언의 모두에 있듯, 미·영·소 정상은 제2차 세계대전이라는 미증유의 위기에 직면해 '공통의 정책'을 만들고 확인하기 위해 이란의 수도에 모였다. 그중에서도 중요했던 것은 유럽의 제2전선 개설, 즉 미군과 영국군의 남프랑스 상륙과 서유럽 침공작전(OVERLORD)의 실시 여부 및 범위, 시점이었다. 루스벨트는 남프랑스 상륙작전을 1944년 5월에 실시한다고 명언했다. 처칠은 이 작전을 위한 최초 병력을 미군 19개 사단, 영국군 16개 사단으로 편성하고, 그 후의 배치 병력은 미국이 파견한다고 보충해 설명했다. 대일전쟁에 관해서도 11월 28일의 첫 정식회의에서 루스벨트는 "미국은 대일전쟁에서 직접적인 영향을 받고 있다. … 미 해군의 좀더 큰 영역이 태평양이고, 100만 명 이상의 병사가 그곳에 주둔하고 있다"고 지적했다. 나아가 중국이 대일전쟁을 계속 수행하도록 하는 것이 큰 목표 중 하나이며 그를 위해 대규모의 버마 작전을 계획하고 있다고 소개했다. 이에 스탈린은 시베리아의 소련군 병력은 순수한 방위 목적을 위해서는 충분하지만 일본군을 향한 지상공격에 나서기에는 불충분하므로 그 병력을 3배로 늘리지 않으면 안 된다면서 대독전쟁에서 승리하고 3개월 후에 대일전쟁에 참전하겠다고 약속했다. 스탈린은 "그때, 우리는 **공동전선으로** 일본을 타도할 수 있다"고 단언했다. 그러나 테헤란회담에서 스탈린이 랴오둥반도에 있는 제정러시아의 권익 회복 등을

---

no. 8, Cold War International History Project, Woodrow Wilson International Center for Scholars, Nov. 1993, pp. 9~10; 橫手愼二, "第2次 大戰期のソ連の 對日政策", pp. 215~226; Herbert Feis, *Churchill Roosevelt Stalin: The War Waged and Peace They Sought* (New Jersey: Princeton University Press, 1966), p. 465; Dunn, *Caught between Roosevelt and Stalin*, p. 214.

직접 요구하지 않고 오히려 만주와 대만의 중국 반환이나 장래 한국의 자유와 독립 부여, 즉 민족자결주의를 명확하게 지지했던 일은 이후 얄타회담에서 노골적으로 영토와 권익을 주장하는 스탈린에 대한 불신을 증대시켰다.[35]

이러한 내용에서 알 수 있듯, 테헤란회담에서 미·영·소 정상은 유럽 전장과 태평양·극동 전장을 연결하는 제2차 세계대전의 대전략에 대해서도 논의했다. 또 루스벨트는 전후 세계의 집단안전보장을 위해 국제기구를 설립하고 소련이 여기에 참가하도록 스탈린의 동의를 얻어내는 것을 최우선 과제로 삼고 있었다. 이는 루스벨트에게 "전쟁을 끝내기 위한 전쟁"을 정당화하는 '항구평화'의 상징이었다. 따라서 세 정상은 각자의 전쟁 목적에 대해 서로 배려해야만 했다. 예를 들어 루스벨트는 소련·폴란드 국경 문제에서 폴란드의 주장이 정당하다는 사실을 잘 알고 있었음에도 스탈린의 요구를 받아들였다. 버팔로, 디트로이트, 시카고 등에 거주하는 폴란드계 미국인 600만 명과 런던 망명정부의 강력한 반대를 무릅쓰고 1939년 8월 독·소 불가침조약에 따라 소련이 획득한 '세력권'의 경계선(카존선)을 그대로 유지하고, 폴란드·독일 국경을 오데르강까지 서쪽으로 옮기는 것에 동의한 것이다. 다음해(1944년) 1월 20일에 처칠은 이러한 결정에 격렬하게 항의하는 폴란드 망명정부의 미코와이치크(Stanisław Mikołajczyk) 수상에게 "영국도 미국도 폴란드의 동부국경을 지키기 위한 전쟁은 하지 않는다. 지금 이 국경에 대해 합의한다면, 그 합의는 영국과 소련에 의해 보증될 것이

---

35) *A Decade of American Foreign Policy*, p. 21; FRUS, *Cairo and Teheran*, 1943, pp. 488~491.

다"라고 주장하면서 폴란드 정부가 스탈린의 영토 요구를 승인하고 소련과 단절된 관계를 회복하라고 조언했다. 소련군이 카틴숲에서 폴란드 장교 포로들을 대량학살한 사건이 발각된(1943년 4월) 이후 두 국가의 관계는 완전히 파탄 나 있었다. 6월 7일에는 루스벨트도 미코와이치크에게 "당신들은 러시아를 자력으로 무너뜨릴 수 없고, 영국도 미국도 러시아와 전쟁할 마음은 없다"고 단언했다. 그러나 이때 아직 루스벨트와 처칠은 국경 문제에서 스탈린에게 양보하는 일과 폴란드 독립에 대한 소련의 간섭을 허용하는 일을 별도라고 생각하고 있었다. 루스벨트는 "스탈린은 현실주의자이긴 하지만 … 제국주의자는 아니며", "스탈린은 폴란드에서 자유를 빼앗으려고는 하지 않는다. … 왜냐하면 미국 정부가 당신들 뒤에 확고하게 버티고 있다는 것을 알고 있기 때문이다"라고 했다.[36]

루스벨트는 "우리는 희망과 결의를 품고 여기에 모였고, 사실과 정신 그리고 목적에 있어 친구로서 여기를 떠난다"는 테헤란선언의 마지막 문장이 단순한 수사 이상이라고 마음속 깊이 믿었던 것 같다. 그 점을 강조해서 셔우드(Robert E. Sherwood)는 "만약 루스벨트의 생애에 어떤 정점이 있었다고 한다면 그것은 이때, 즉 테헤란회담을 폐막할 때

---

36) Harriman & Abel, *Special Envoy to Churchill and Stalin*, p. 275; Feis, *Churchill Roosevelt Stalin*, pp. 278~280; Dunn, *Caught between Roosevelt and Stalin*, pp. 214~219; Michael Dobbs, *Six Months in 1945: FDR, Stalin, Churchill, and Truman-from World War to Cold War*(London: Arrow Books, 2013), pp. 77~78, 80~81; Stanislaw Mikolajczyk, *The Rape of Poland: Pattern of Soviet Aggression*(Connecticut: Greenwood Press, 1972, Originally Published in 1948 by Whittlesey House), pp. 51~52, 59~60; 赤木完爾, 《第2次 世界大戰 の政治と戰略》(慶應義塾大 出版會, 1997), pp. 27~31.

였다고 말해도 좋을 것이다"라고 기술할 정도였다. 사실 루스벨트는 스탈린이 재치가 넘치고, 반응도 빠르며, 유머를 아는 것에 깊은 인상을 받았다. 스탈린은 예상 이상으로 터프했지만, 결국 "구워 삶을 수 있다"(gettable)고 느꼈던 것이다. 바꿔 말하면 "부동항에 대한 접근권 같은 **정당한** 주장이나 필요가 완전히 승인받으리라 확신한다면, 소련은 전후 세계평화 유지에 순종하거나 협력적일 것"이라고 생각한 것이다. 루스벨트는 스탈린에게 너무 많이 양보했다고 자각하고 있었지만 이는 필요한 것이고, 스탈린도 마지막에는 국제기구 설립에 협력하며 점령지역에서 민주주의를 존중하리라고 믿었다. 그러나 스탈린 쪽에서 보면 테헤란선언은 폴란드나 발트 여러 나라에서 자유선거를 실시하겠다고 약속한 것이 아니었다. 더욱이 이는 최종적 합의였기에 새로운 교섭이 필요하지 않았다. 스탈린도 전후에 오랫동안 미국, 영국, 프랑스와 우호관계를 유지하지 않으면 안 된다고 여전히 생각하고 있었는데, 그 까닭은 "독일이 약 25년 후에 새로운 전쟁을 일으킨다"고 예상했기 때문이다. 37)

한편 루스벨트 대통령은 카이로에서 "중국을 대국으로 대우한다"는 의도를 비쳤지만, 결과적으로는 장제스의 태도에 적지 않게 실망한 듯하다. "미국의 참전이 궁극적으로는 중국의 승리를 의미하는" 상황에서 장제스가 일본군과의 전투에 적극적이지 않았기 때문이다. 수일 후 테헤란에서 회담한 스탈린의 태도는 장제스와는 대조적으로 결연했

---

37) Sherwood, *Roosevelt and Hopkins*, pp. 798~799; Harriman & Abel, *Special Envoy to Churchill and Stalin*, p. 278~280; Dunn, *Caught between Roosevelt and Stalin*, pp. 221~222; Mikolajczyk, *The Rape of Poland*, p. 79.

다. 카이로선언에 전면적 지지를 표명했을 뿐 아니라 "중국인은 싸우지 않으면 안 되는데, 지금까지는 그러지 않았다"고 지적했다. 만약 대독 전쟁이 끝난 후 소련이 전력으로 대일전쟁에 참전한다면 극동 전장에서 중국군에 부여된 전략적 역할은 의문시될 수밖에 없었다. 다음 장에서 상술하듯, 사실 1944년 이후 중국 내륙 대신 중부 태평양의 마리아나제도에서 일본 본토를 폭격한다는 새로운 군사전략이 등장하면서 버마 작전은 점차 잊혀 갔다. 바꿔 말하면 카이로와 테헤란의 정상회담 이후 극동 전장에서 장제스의 중국을 대신해 스탈린의 소련이 미국의 중요한 파트너로 등장한 것이다. 그 점이 한국 독립 문제나 신탁통치 구상에 큰 영향을 미치지 않을 리가 없었다. 38)

그런데 흥미롭게도 1944년 1월 12일 워싱턴에서 열린 태평양전쟁협의회에서 루스벨트는 정상 간 토의를 소개하며 스탈린이 한국에 대해 '40년간의 후견제'(tutelage)에 동의했다고 주장했다. 이는 테헤란회담 의사록에는 존재하지 않는 내용이다. 셔우드에 따르면 전년 11월 27일 카이로에서 비행기로 테헤란에 도착한 루스벨트는, 다음 날 오후 소련 대사관 내의 숙소로 이동하자마자 예고 없이 찾아온 스탈린의 예방을 받았다. 간단히 인사를 나눈 후, 두 사람의 대화는 동부전선의 상황에서 인도차이나까지 미쳤다고 한다. 스탈린이 인도차이나 식민지 문제를 언급하자 루스벨트는 장제스와 주고받은 대화나 버마에서의 계획을 언급하면서, 곧 "그가 가장 잘 아는 문제, 즉 인도차이나, 버마, 말레이, 동인도제도 같은 극동 식민지의 인민을 자치기술로 교육하는 문제"

---

38) *FRUS, Cairo and Teheran, 1943*, pp. 489, 500, 566; 五百旗頭, 《米國の日本占領政策》, 上卷, pp. 149~151, 169~175.

에 대해 자랑스럽게 얘기했다. 태평양전쟁협의회에서 소개했듯, 이때 루스벨트는 "한국인은 아직 독립정부를 운영하고 유지할 수 있는 능력을 갖고 있지 못하기 때문에, 40년간 후견제 밑에 두어야 한다"고 주장했고, 스탈린이 이에 동의했는지도 모른다. 처칠과 미국, 영국의 참모장들이 도착하기까지 두 사람의 대화는 45분간 계속됐다. 여기에 동석했던 것은 통역인 볼런(Charles E. Bohlen)과 파블로프(V. N. Pavlov) 두 사람뿐이었다. 39)

또 루스벨트는 같은 태평양전쟁협의회 모임에서 다롄의 자유항화를 둘러싼 논의를 소개할 때, 스탈린이 "만주철도〔동청(東淸) 철도와 남부 지선인 듯하다〕는 중국 정부의 소유가 돼야 한다"고 승인했다면서, "사할린 전체가 소련에 반환되고, 시베리아로 통하는 해협을 통제하기 위해 지시마열도가 소련에 인도되는" 것을 희망하고 있다고 얘기를 이어갔다. 다만, 이미 소개했던 11월 30일의 정상회담 의사록을 포함해, 이 부분도 테헤란회담의 기록에는 남아 있지 않다. 그것도 11월 18일 오후에 두 사람이 나눈 대화의 일부였을까. 그러나 나중에 보듯 스탈린이 중국의 만주철도 소유를 간단하게 인정하는 일은 생각하기 어렵다. 이는 루스벨트의 과대해석이었을지도 모른다. 이때 스탈린은 독일이

---

39) Sherwood, *Roosevelt and Hopkins*, pp. 776~777; "Minutes of a Meeting of the Pacific War Council", 12 Jan. 1944, *FRUS, Cairo and Teheran, 1943*, p. 869. 吳忠根에 따르면 나중에 나오는 루스벨트·스탈린의 비공식회담(얄타회담)에 대한 소련 측 기록에 "테헤란에서 조선의 후견제도에 대해 대화를 나눴다"는 루스벨트의 발언이 수록되어 있다〔吳忠根, "朝鮮分斷の國際的 起源 ― 原則の放棄と現狀の 承認", 〈朝鮮半島の國際政治〉(日本國際政治學會 編, 〈國際政治〉, 92号, p. 98〕. 단, 루스벨트가 '착각'했을 가능성도 배제할 수 없다. 루스벨트 대통령 주변에서 이뤄진 논의의 개요는 入江, 《日米戰爭》, pp. 116~118을 참조하기 바란다.

패전 후에 다시 일어서는 것을 경계해서 "독일이 침략에 다시 착수하지 않도록 확실히 하기 위한 거점을 확보하는 게 필요하다"고 강조했을 뿐 아니라, 같은 방식을 적용해서 "일본이 재침략에 착수하는 것을 예방하기 위해 **일본의 주변 섬들을** 확보해야 한다"고 덧붙였다. [40)]

(3) 카이로선언의 파문

카이로에서 한국의 '자유와 독립'을 약속한 후에도 루스벨트 대통령은 특정한 독립운동단체에 관여하지 않고, 오히려 신탁통치 구상을 적극적으로 추진했다. 이는 국무부가 입안한 한국 정책을 정확하게 반영하고 있었다. 나중에 그루(Joseph C. Grew) 국무장관대리가 명확히 표명했듯, 루스벨트는 일정 기간 신탁통치 후에 총선거를 통해 한국 인민의 자유로운 의지가 올바르게 표명되고, 그 결과에 기초해서 새로운 독립정부의 형태나 구성이 결정될 것으로 생각했다. 따라서 카이로선언 발표 후 한국의 '자유와 독립'에 붙은 '적당한 시기에'라는 한정구(限定句)는 이런저런 억측을 부를 수밖에 없었다. 예를 들어 1943년 12월 2일의 〈뉴욕타임스〉 사설은 그 문구가 "자치가 가능해질 때까지 한국을 어떤 보호, 아마도 중국의 보호 아래에 둔다는 뜻임이 분명하다"고 해석하여 재미 한국인 사회에 큰 파문을 던졌다. 충칭 주재의 가우스 대

---

40) *FRUS, Cairo and Teheran, 1943*, p. 532. 이 부분은 스탈린의 구체적 발언이라기보다도 거기에서 촉발된 루스벨트의 개인적 착상이 아니었을까. 루스벨트는 피침략국인 중국의 영토주권을 옹호하는 데는 민감했지만, 일본의 영토를 탈취하는 것에는 주저하지 않았다. 본문에서 지적했듯 장제스에게도 류큐제도를 영유할 의사가 없는지 반복해서 물었다.

사도 그런 소문 때문에 한국인이 중국의 의도에 대해 강한 우려를 표하고 있다고 보고했다. 그럼에도 불구하고 미국의 정책은 변하지 않았다. 1944년 4월 9일 라디오연설에서 헐 국무장관은 "태평양에 관한 카이로선언은 또다시 이웃국가를 공격할 힘을 일본에게서 빼앗고, 중국의 영토를 중국에 반환하며, 한국 인민의 자유를 회복해서 일본의 점령과 영토 약탈을 청산하는 것을 보증했다"고 말했을 뿐, 그 이상의 언급은 피했다. 41)

워싱턴에 있는 한국위원회, 정식 명칭으로는 한국구미위원부(the Korean Commission to America and Europe)의 위원장이자 대한민국 임시정부의 주미 외교위원장이었던 이승만도 카이로선언에 있는 한국 독립 약속에 '적당한 시기'라는 제약이 붙은 사실에 주목하고, 이를 루스벨트 대통령이 "식민지 국가에 대한 인식을 나타낸 것"이라고 해석했다. 1919년 3·1독립운동 직전에 이승만은 윌슨 대통령에게 장래의 독립을 전제로 한국을 국제연맹의 위임통치 아래 놓아 달라는 청원서를 제출했는데, 그것이 나중에 상하이임시정부에서 문제가 된 적이 있다. 그런 이승만이 루스벨트의 의도를 눈치 채지 못했을 리가 없다. 이승만은 미 국무부에 그 의미를 분명히 해달라고 요구했을 뿐 아니라, 미 의회의 중견정치가들에게 문제점을 지적하는 서한을 보냈다. 한편 임시

---

41) Joseph G. Grew, "Statement by Acting Secretary of State, 'Review of Policy Regarding Korea'", Statement released to press 8 Jun. 1945, *Department of State Bulletin*, 10 Jun. 1945, pp. 1058~1059; *N.Y. Times*, 2 Dec. 1943; "Gauss to Hull", 7 Dec. 1943, Decimal File 895. 01/315; "Foreign Policy of the United States", Address by the Secretary of State, 9 Apr. 1944, *Department of State Bulletin*, 15 Apr. 1944, p. 339.

정부의 조소앙 외무부장은 1944년 5월 16일 신익희 내무부장을 데리고 충칭의 미국대사관을 방문해 가우스 대사에게 한국 독립과 임시정부 승인에 대해 질문했다. 이에 대해 가우스 대사는 개인적 의견임을 전제로 "적당한 시기"의 의미를 "우선 군사적 단계가 오지 않으면 안 된다. 다음으로 문민정부를 위한 준비가 있고, 머지않아 독립이 온다"고 아주 솔직하게 설명했다. 조소앙이나 신익희가 각료로 일하는 대한민국 임시정부에 대해서도 노르웨이, 벨기에, 네덜란드 등의 망명정부와는 다른 범주에 속한다고 지적하고, 드골의 프랑스민족해방위원회와 마찬가지로 해외에서 조직한 '해방운동'이라고 정의했다. 또한 프랑스민족해방위원회가 "연합국과 일정한 관계를 갖고 있지만, 프랑스 정부로서 승인받고 있지는 않다"고 지적했다. 워싱턴은 그런 견해에 전면적으로 지지를 표명했다. 42)

이와는 별도로 미 국무부의 냉담한 태도에 실망한 이승만은 충칭에서 임시정부 지휘하에 있는 한국인 청년 500∼1,000명을 훈련해 사보타주나 파괴공작 등 대일작전을 쉽게 수행하기 위한 지하활동에 종사하도록 하는 안을 구상했다. 1943년 9월 29일에는 이를 위한 비용 50만 달러를 크롤리(Leo T. Crowley) 미 무기대여관리국장에게 요청했다. 크롤리가 이 건을 합동참모본부 사무국에 회부했다는 사실을 통보

---

42) 한표항, 《이승만과 한미외교》(서울: 중앙일보사, 1996), p. 34; 고정휴, "대한민국 임시정부 대통령으로서의 이승만", 유영익 편, 《이승만 대통령 재평가》(연세대 출판부, 2006), p. 24; 한시준, "이승만과 대한민국임시정부", 유영익 편, 《이승만 연구: 독립운동과 대한민국 건국》(연세대 출판부, 2000), pp. 189∼190; "Gauss to Hull", 19 May 1944, Decimal File 895.01/338; "Hull to Gauss", 12 Jun. 1944, Decimal File 895.01/340.

받은 이승만은 11월 8일 마셜 육군참모총장에게 미국의 손해를 줄이고 대일전쟁의 승리를 앞당기기 위해 그의 계획이 지체 없이 실현되도록 '간청'하는 서한을 보냈다. 그 결과 합동참모본부 정보기관인 전략첩보국(the Office of Strategic Services: OSS)이 이승만의 계획을 검토하게 됐다. 그런 사실을 통보받은 이승만은 12월 9일 루스벨트 대통령에게 서한을 보내, 발표된 카이로선언과 "옛 친구이자 스승인" 윌슨 전 대통령, 3·1독립운동 등을 언급하고, 나아가 전략첩보국의 굿펠로(M. Preston Goodfellow) 대령으로부터 최대한의 협력을 얻고 있음을 소개하면서 이 건에 대해 대통령의 직접적인 지시가 있기를 기대한다고 표명했다. 43)

그러나 전략첩보국의 검토는 늘어졌다. 반년 이상 지난 1944년 7월 13일에 이승만은 다시 합동참모본부에 서한을 보내 일본인과 아주 닮은 외모를 가졌고, 일본어를 할 줄 알며, 일본인을 증오하고, 한국의 자유를 욕망하며, 민주적 원칙을 사랑하는 한국인을 '프랑스식 지하활동'을 위해 써 달라고 호소했다. 그러나 최종 검토 결과는 이승만의 기

---

43) "Letter, Rhee to Crowley", 29 Sept. 1943, "Crowley to Rhee", 20 Oct. 1943, OPD 381, China Theater of Operation(CTO), section IV, case 146~185, RG 165(29 Sept. 1945), Records of the War Department, General and Special Staffs, NARA; "Letter, Rhee to Marshall", 8 Nov. 1943, and "Memorandum by Hull", 12 Nov. 1943, OPD 381 CTO(8 Nov. 1945); "Plan to Train, Equip and Put into Action Unit of Koreans in Free China for Strategic Services", *ibid.* ; "Letter, Rhee to Roosevelt", 9 Dec. 1943, and "Memorandum by Hull", 16 Dec. 1943, and "Memo for Record", 16 Dec. 1943, OPD 381 CTO (9 Dec. 1943) ; "Plan to Train, Equip and Put into Action Unit of Koreans in Free China for Strategic Services", *ibid.*

대를 크게 배신하는 것이었다. 1944년 7월 29일 도노반(William J. Donovan) 국장 밑에서 작성한 각서는 "이승만 박사와 한국위원회를 통해 한국인을 다뤄 왔던 본 기관의 과거 경험은 이 통로가 실용적 접근 경로가 아님을 보여 준다. 더욱이 본 기관이 이 박사를 활용한다면 이는 미국 정부가 임시정부를 승인했음을 의미하며, 그와 그의 그룹이 그렇게 해석해서 이용할 것"이라고 솔직하게 지적했다. 요컨대 도노반은 대일전쟁 수행을 위해 더 많은 한국인을 사용해야 한다는 데는 찬성하면서도, 이승만이나 한국위원회의 계획에 의존하기보다는 전략첩보국이 독자적으로 작전을 전개해야 한다는 결론을 내린 것이다. 실제로 1943년 이후 전략첩보국은 미국 내에서 한국계 미국인을 포함한 소규모 한국인 그룹을 선발해 사보타주, 첩보 및 선전활동을 위한 훈련을 했다. 1945년 4월 시점에는 훈련을 마친 5명을 작전에 투입했고 12명을 훈련하던 중이었다. 그러나 성과는 그렇게 좋지 않았다. [44]

(4) 전후정책의 기본원칙: 공동행동과 중앙관리

두 번의 정상회담이 끝난 후, 즉 1944년 초반에 미국 정부 내에서는 카이로선언이 표명한 "적당한 시기"라는 내용을 구체적으로 검토하는 체계적 작업을 시작했다. 같은 해 2월, 육군부와 해군부는 극동·태평양

---

[44] "Rhee to JCS", 18 Jul. 1944, "Memorandum for JCS by Donovan", 29 Jul. 1944, and "Memorandum for JCS by McFarland", 2 Aug. 1945, OPD 318 CTO (2 Aug. 1944) ; "Proposed Korean Resistance Group in the Pacific", *ibid.* ; "Utilization of Koreans in the War Efforts", SWNCC 115, 23 Apr. 1945, OPD 014. 1 TS, section V, RG 165, Records of the War Department, NARA.

지역의 전후 민정계획에 대해 질문하는 문서를 국무부에 제출했다. 문서에는 "① 한국을 궁극적으로 독립된 나라로 만든다는 카이로선언의 관점에서 잠정적으로 어떤 정부기관을 수립해야 하나", "② 미 육군과 (혹은) 해군은 어느 정도까지 민정의 관리책임을 져야 하나", "③ 민정 책임은 영국과 분담하는가, 중국이나 (혹은) 소련은 어떻게 하는가(만약 극동전쟁에 참가하면)" 등 전후 한반도에 관한 5개의 정치·정책 문제가 포함돼 있었다. 이와 관련해 국무부는 이미 1월에 헐 국무장관 산하에 전후계획위원회(the Postwar Programs Committee)를 발족하고, 그 아래에 부국간 극동지역위원회(the Inter-Divisional Area Committee on the Far East) 등을 설치했다. 따라서 육군부와 해군부가 질문한 문제들은 그 위원회들에서 검토했다. 45)

흥미롭게도 작전, 점령, 신탁통치 등을 구체적으로 검토하는 과정에서 국무부는 전후 한국 정책에서 몇 가지 원칙을 확인하게 됐다. 예를 들어 육군부·해군부의 질문 ② 및 ③에 답변하며 3월 29일 극동지역위원회가 제출해서 전후계획위원회의 승인을 받은 문서 〈조선-점령과 군사정부-군대의 구성〉은 한국 해방이 실제로 전투를 수반할 것인지, 군사작전을 공동으로 실시할 것인지를 예측하는 일이 불가능하다고 했다. 그러면서도 한반도에서의 전투 및 점령행정을 미국, 중국, 영국 내지는 영연방의 한 나라, 그리고 (대일참전을 했을 경우) 소련의 파견군이 연합해서 대표하는 것이 "정치적으로 바람직하다"고 전망했다.

---

45) "Preliminary Political and Policy Questions Bearing on Civil Affairs Planning for the Far East and Pacific Area", 18 Feb. 1944, *FRUS, 1944*, vol. V, pp. 1190~1194.

또 그들 군대가 작전지역을 각각 분담하고, 그래서 다른 군사정부가 나
온다고 해도 "이러한 민정상 관리는 가능하면 일찍 중앙관리로 변경해
야 한다"고 지적했다. 그리고 각국 파견군의 간부로 구성한 이사회가
감독 권한을 갖고 한반도 전체의 작전이나 군사정부를 조정하는 책임
을 져야 한다고 주장했다. 이 문서는 이를 '중앙관리의 원칙'이라고 불
렀다. 46)

또 같은 5월 4일 승인된 문서 〈조선 - 정치 문제 - 잠정정부〉는 앞에
쓴 질문 ①에 대해 "독립을 해도 약한 한국은 다시 국제적 압력과 음모
에 말려들기 쉽고, 태평양의 정치적 안정과 평화를 위협하게 될 것"이
라고 지적하면서 다음과 같이 회답했다. 국무부는 분명 '어떤 잠정적
감독기구'에 대한 미국의 적극적 참가와 4대국의 공동행동을 또 하나의
원칙으로 삼은 것이다. 47)

만약 한국에 대한 잠정적 신탁통치가 단일국가에 위임된다고 한다면 어느

---

46) "Korea: Occupation and Military Government: Composition of Forces", 29
Mar. 1944, *ibid.*, pp. 1224~1228.

47) "Korea: Political Problems: Provisional Government", 4 May 1944, *ibid.*, pp.
1239~1242; 五百旗頭, 《米國の日本占領政策》, 上卷, p. 5~10. 또한 "일본인
기술요원의 잔류에 대해 어떤 정책을 취할 것인가"라는 질문에 대해서도 3월 29일,
"한국 - 점령과 군사정부·일본인기술자"(Korea: Occupation and Military Gov-
ernment: Japanese Technical Personnel) 라는 정책문서를 작성해 전후계획위원
회의 승인을 얻었다(2-A-44, "The Occupation of Japan"). 또 같은 위원회의 하부
기관인 특별정치국 영토연구부문의 보턴은 11월에 "한국 - 내부 정치구조"(Korea:
Internal Political Structure) 라는 논문을 발표하고 "일본의 조선 지배가 얼마나 철
저했으며, 한국인의 자치 경험이 얼마나 제한되어 있는지" 논했다. 신탁통치를 위
한 이론무장일 것이다. *Department of State Bulletin*, 12 Nov. 1944, pp. 578~583.

나라가 책임을 질 것인지를 두고 곤란한 문제가 발생한다. 자기들이 관리자가 되어야 한다고 하는 중국인의 희망과는 관계없이, 중국은 자국의 재건이라는 방대한 과제에 직면해서 한국 정세 관리를 위해 사용가능하며 유능한 인재를 거의 갖고 있지 못할 것이다. 또 소련이 과도기의 한국을 감독한다면 심각한 정치 문제를 야기할 것이다. 중국은 한국이 소비에트화하지 않을지 두려워하고, 미국은 그런 전개를 태평양의 장래 안전에 대한 위협으로 간주할지 모른다. 마지막으로 미국이 한국의 신탁통치를 받아들이는 것을 희망할지도 의문이다.

　이 때문에 완전독립을 달성하기 이전의 한반도 행정을 감독하는 데는 적어도 중국, 소련, 미국 및 영국 대표로 구성한 당국자가 임명될 것으로 보인다. … 국제조직이 수립된다면 한국에 관한 어떤 결정도 일반적인 계획과 양립해야 하지만, 어떤 경우에도 **미국 단독의 신탁통치가 되어서는 안 된다**(원문 강조).

여기서 나타난 '중앙관리'나 '공동행동'의 원칙은 카이로와 테헤란의 정상회담에 기초한 낙관적 전망을 반영하고 있는데, 그 후 전후 한국에 관한 국무부 정책의 기초가 됐다. 예를 들어 얄타회담 전야에 대통령용 브리핑 페이퍼로 작성한 〈조선에 관한 연합국 간의 협의〉라는 제목의 문서는 한국의 독립을 달성하기 위해서는 "공동행동이 중요하고 필요하다"는 관점에서 군사작전 종료와 함께 "한국점령군을 가능한 한 군사정부와 연합국이 공동으로" 대표해야만 하며, 이를 "미국, 영국, 중국, 그리고 대일전에 참전했을 경우의 소련처럼, 한반도의 장래에 중요한 이해관계를 갖는 국가들로 구성해야 한다"고 주장했다. 또 미국 이외 국가들의 대표권은 "미국의 지도력을 너무 심하게 감소시키거나, 그 효과를 약화시킬 만큼 커서는 안 된다"고 지적했다. 나아가 "새로 설립하는 국제기구의 권위하에, 혹은 앞으로 독립적으로 설립하는 잠정적인 국제관리 내지는 신탁통치"에 관해서는 "대일참전 여부와 관계없이 소련을 참가시키는 것이 바람직하다"고 주장했다. 48)

대한민국 임시정부의 승인을 요청하는 이승만이나 조소앙의 노력은 그러한 미국 정부의 한국 정책 기본방침과는 상당히 괴리 내지 상반됐다. 예를 들어 1945년 2월 초에 이승만은 소련이 한국으로 진격해서 '조선해방위원회'를 만들 위험성을 경고하는 서한을 국무차관에게 보내고, 그 이전에 민주적인 대한민국 정부를 승인해서 한국에 귀국할 기회를 줘야 한다고 주장했다. 또 2월 하순에 임시정부의 조소앙은 충칭의 미국대사관을 방문해 이전부터의 요청에 더해 4월 하순부터 샌프란시스코에서 개최하는 국제기구에 대한 연합국회의에 대한민국 임시정부의 대표를 초대하도록 요청하고, 나아가 가까운 장래에 자기도 개인적으로 미국을 방문하겠다는 희망을 표명하고 입국비자를 쉽게 발급받을 수 있도록 조치해 달라고 의뢰했다. 국무부는 이승만의 서한에는 회답하지 않았고, 조소앙에게는 1945년 3월 1일 시점에 연합국을 구성하는 나라만 샌프란시스코 회의에 초대했으며 그 밖의 다른 나라가 참관국으로 참가하는 것은 허용하지 않는다고 회신했다. 또 조소앙의 미국 방문이 대일전쟁의 수행에 어떤 영향을 줄지 판단하도록 충칭의 미국대사관에 위임하고, 비자를 발급하더라도 "한 사람의 한국 시민"(*a private Korean citizen*) 으로서 한정하도록 명확하게 지시했다. 49)

48) "Inter-Allied Consultation Regarding Korea", Briefing Book Paper, *FRUS, Malta and Yalta, 1945*, pp. 358~361.
49) *FRUS, 1945*, vol. Ⅵ, pp. 1022~1025. 대한민국 임시정부에 대한 미국 정부의 태도는 일관됐다. 전쟁이 끝나기 약 2개월 전에도 "'대한민국 임시정부'는 한국의 어

(5) 얄타회담: "너무 많지도 않고, 너무 적지도 않고"

프랑스 동부 아르덴 지방에 대한 독일군의 대반격은 1944년 12월 말에 실패로 끝났다. 서부전선의 연합군은 다음 해 2월 초에 드디어 완만한 전진을 시작했다. 한편 동부전선에서는 소련군의 대공세로 독일군이 국내로 밀려 돌아갔다. 그럼에도 불구하고, 전후 유럽에서 무엇을 할 것인가에 대해 미·영·소 3국은 정상들이 테헤란에서 합의한 내용 이상을 구상하지 않고 있었다. 또 스탈린은 테헤란에서 대일전쟁 참전의사를 분명히 밝혔지만, 그 시기와 대가(정치적 조건)는 명시하지 않았다. 4선으로 다시 대통령에 막 취임한 루스벨트는 이들 중요 문제를 협의하기 위해 얄타로 향했다. 건강이 현저하게 나빠지고 있었음에도 순양함 퀸시호로 몰타섬까지 12일간 항해를 하고, 그곳에서 대통령 전용기 세이크리드카우를 타고 야간비행으로 그리스 상공을 경유했다. 2월 3일 정오 조금 지나 크림반도 서부의 사키공항에 도착한 그는 스탈린이 내준 패커드 리무진을 타고 5시간을 달려 흑해 연안 휴양지인 얄타의 숙소로 이동했다. 루스벨트 일행을 기다리고 있던 것은 황제 니콜라이 2세가 좋아했던 르네상스 양식의 대저택, 즉 리바디아 궁전이었다. 스탈린은 사흘 앞선 2월 1일에 모스크바에서 특별열차로 크림반도에 도착해 있었다. 50)

떤 부분에 대해 한 차례도 행정권을 행사한 적이 없기에, 임시정부를 오늘날 한국 인민의 대표로 볼 수는 없다"고 정식으로 선언하면서 미국이 임시정부를 승인하거나 임시정부가 샌프란시스코회의에 참가할 가능성을 부정했다. 그루가 〈국무부공보〉에 발표했던 성명(Grew, "Review of Policy Regarding Korea", 8 Jun. 1945, *Department of State Bulletin*, 10 Jun. 1945, pp. 1058~1059) 참조.

2월 4일부터 11일까지 8차례에 걸친 3국 정상의 전체회의에서는 유럽의 중요 문제, 그중에서도 폴란드 독립 문제를 둘러싸고 격렬한 논의가 오갔다. 처칠에 따르면 그 사안이야말로 "얄타회담을 열어야 했던 가장 긴급한 이유이자, 동맹을 파탄으로 이끈 첫 번째 큰 원인"이었다. 사실 1월 초에 소련은 폴란드민족해방위원회(루블린 정부)를 폴란드 임시정부로 승인했으며, 바르샤바 봉기가 완전히 진압된 후 그 임시정부는 소련군과 함께 바르샤바에 입성했다. 2월 6일 전체회의에서 루스벨트는 소련에게 카존선에 대해 조금 양보하도록 요청하며 "모든 대국의 지지를 받으며 폴란드의 주요 정당으로 구성한 대의제 정부 수립을 원한다"고 말했다. 그는 노동자당, 농민당, 사회당 등 5개 정당의 위원장으로 구성한 정부를 수립하기 위해 폴란드 지도자가 협의회를 설치하는 것이 바람직하다고 주장했다. 처칠은 "국경선보다도 폴란드의 주권과 독립에 관심이 있다"고 말하고, 영국이 "독일의 침략으로부터 폴란드를 지키기 위해" 목숨을 걸고 참전한 사실을 잊어서는 안 된다고 주장했다. 이에 더해 영국의 '명예의 문제'로서, "폴란드를 자유롭고 독립된 국가로 만들지 않는" 방안은 수용할 수 없다고 강조했다. 그러나 짧은 휴게시간이 끝난 뒤 스탈린은 맹렬하게 반론하며, 소련에게 폴란드의 장래는 명예의 문제만이 아니라, "전략적 안전보장"의 문제라고 지적했다. 나아가 "역사를 통틀어 폴란드는 러시아를 공격하기 위한 회랑이었다. 과거 30년 동안 독일은 이 회랑을 두 번이나 통과했다. 이는 폴란드가 약했기 때문이다. 소련은 강력하고 독립적이며 민주적인 폴

50) Sherwood, *Roosevelt and Hopkins*, pp. 843~845; Dobbs, *Six Months in 1945*, pp. 3~6.

란드를 희망한다"고 주장하면서 폴란드 국경의 이동을 정당화했다. 스탈린은 또 자기가 독재자로 불리고 있으나 "폴란드인과 협의하지 않고는 폴란드 정부를 수립하지 않을 정도의 민주적 감각"은 가졌다고 주장하고, 문제의 근원을 폴란드인의 두 그룹(런던 정부와 루블린 정부)이 대립하면서 대화하지 않는 것으로 바꿔치기했다. 51)

회담이 끝난 후 루스벨트는 볼런을 불러 스탈린에게 보내는 서한을 구술했다. 소련과 미국, 영국이 서로 다른 폴란드 임시정부를 승인하고 있는 사태를 해소하지 않으면 안 되는데, 미국과 영국이 현재의 루블린 정부를 승인하는 것은 불가능하다고 솔직하게 지적했다. 이어서 루블린 정부에서는 비에루트(Bolesław Bierut)와 오스프카-모라프스키(Edward Osóbka-Morawski), 다른 당파에서도 몇 명을 얄타로 불러 세 정상의 입회하에 미코와이치크, 그라브스키(Stanisław Grabski), 로메르(Tadeusz Romer)를 포함한 해외지도자와 함께 폴란드 임시정부를 만드는 데 합의하도록 해야 하며, 그것이 가능하다면 미국·영국·소련은 새로운 임시정부를 승인할 수 있을 것이라고 제안했다. 그러나 다음 날 전체회의에서 스탈린은 그 제안에 응하려 들지 않았다. 루스벨트의 서한을 90분 전에 받았기 때문에 폴란드 지도자들과 연락이 닿지 않았다고 변명했다. 그 후 몰로토프 외상이 "폴란드인의 망명지역에서 몇 명의 민주적 지도자가 폴란드 임시정부에 참여한다", "확대한 폴란드 임시정부가 연합국 정부의 승인을 받는다", "확대한 폴란드 임시정부

---

51) Winston S. *Churchill*, *Triumph and Tragedy*, *The Second World War*, vol. VI (London: Cassell, 1954, Reprinted by Penguin, 1985), pp. 320~325; *FRUS, Malta and Yalta*, *1945*, pp. 667~671; Dobbs, *Six Months in 1945*, pp. 57~60.

는 … 가급적 신속히 폴란드 주민에게 항구적인 폴란드 정부기관을 조직하기 위한 투표를 호소한다"는 등을 제안했다. '확대한 폴란드 임시정부'는 '확대한 루블린 정부'에 불과했지만, 루스벨트와 처칠은 이에 이의를 제기하지 않고 폴란드 문제를 외상회담에 위임했다. 3명의 외상이 2월 9일에 서명한 문서에는 "현재 폴란드에서 기능하고 있는 임시정부는 폴란드 안과 폴란드 밖에서 온 민주적 지도자를 포함해 더 광범위한 민주적 기반 위에 재편성돼야 한다. 그 후, 이 새로운 정부는 폴란드민족통일임시정부(PPGNU)로 불러야 할 것이다", 미·영·소 정부는 "새로운 폴란드민족통일임시정부와 외교관계를 수립하고 대사를 교환한다", 그 정부가 "보통선거권과 무기명투표에 기반해 자유롭고 구속이 없는 선거를 가능한 한 신속하게 실시한다"는 것을 보증한다는 등을 규정했다. 요컨대 스탈린은 ① 테헤란회담에서 인정받은 소련 영토의 확대만이 아니라, ② 루블린 정부를 중심으로 한 친소정권 수립에 대해서도 조금도 양보하려 하지 않았던 것이다. 52)

소련 대일참전의 '정치적 조건'을 논의한 것은 2월 8일 오후, 리바디아 궁전에서 약 30분간 열린 루스벨트와 스탈린의 비공식 회담에서였다. 카이로에서 열린 루스벨트·장제스 회담(만찬)과 마찬가지로 극동의 정치 문제에 관한 회담에 처칠이 초대받을 일은 없었다. 루스벨트가 동반한 것은 볼런 통역과 해리먼 주소련 대사뿐이었다. 볼런의 기록에 따르면 모두(冒頭)에서 루스벨트는 마닐라가 함락됨으로써 태평양에

---

52) *FRUS, Malta and Yalta, 1945*, pp. 711, 716~718, 727~728, 867~868; Harriman & Abel, *Special Envoy to Churchill and Stalin*, pp. 411~415; Sherwood, *Roosevelt and Hopkins*, p. 866; Dobbs, *Six Months in 1945*, pp. 61~65.

서의 전쟁이 새로운 단계로 접어들었고, 오가사와라제도(小笠原諸島) 및 대만 주변의 섬에 미군기지를 설치할 것이라고 말했다. 두 사람은 콤소몰스크, 니콜라예프스크, 캄차카 등에 기지를 세울 가능성에 대해서도 논의했다. 나아가 부다페스트에서의 미군 비행기 사용, 소련군 해방지역에서의 폭격조사 등을 협의한 뒤, 다시 화제를 극동으로 옮겼다. 스탈린이 소련의 대일참전을 위한 '정치적 조건'을 논의하길 희망한 것이다. 스탈린이 전년 12월에 해리먼 대사와 그 문제를 논의했다고 언급하자, 루스벨트는 보고 받았다고 인정하면서 "전쟁을 종결할 때 사할린의 남쪽 반과 지시마열도를 소련에게 넘겨주는 데는 어려움이 없다"고 말했다. 또한 테헤란회담을 회상하며 "소련에게는 남만주철도의 종점에 있는 부동항, 아마도 랴오둥반도 다롄의 사용권을 줄 수 있을 것"이라고 덧붙였다. 이에 더해 루스벨트는 영국이 홍콩의 주권을 중국에게 반환하고, 홍콩이 국제자유항이 되기를 희망했다. 이에 스탈린은 "러시아 황제는 만주에서 하얼빈, 또 거기에서 다롄과 뤼순으로 향하는 철도선의 사용권을 갖고 있었다"고 지적하며, 해리먼에게 동청철도와 그 남부지선(남만주철도), 뤼순항의 조차를 요구했음을 상기시키려 했다. 2월 11일 처칠 수상의 서명을 받고 종결된, 1년 후에 공표된 얄타비밀협정의 내용에서 알 수 있듯 스탈린은 거의 모든 요구를 실현하고서야 마침내 "독일이 항복해서 유럽전쟁이 끝나고 난 뒤 2개월 내지 3개월 이내에 소련은 연합국 측에 서서 대일전쟁에 참가한다"고 확인한 것이다. 53)

---

53) "Harriman to Roosevelt", 15 Dec. 1944, *FRUS, Malta and Yalta, 1945*, pp. 378 ~379; "Roosevelt-Stalin Meeting", 8 Feb. 1945, *ibid.*, pp. 766~771; "Yalta

80

루스벨트가 한국의 장래에 대해 말을 꺼낸 것은 그러한 '정치적 조건'을 논의한 이후였다. 그는 소련, 미국, 중국의 대표로 구성한 신탁통치를 고려하고 있다고 언명했다. 루스벨트는 새삼 필리핀의 예를 끌어와 "한국의 경우는 20년에서 30년 정도의 기간이 좋지 않을까 한다"고 주장했다. 스탈린은 "신탁통치 기간은 짧으면 짧을수록 바람직하다"고 답하면서 한국에 외국 군대를 주둔시켜야 할지 질문했다. 루스벨트는 부정적으로 답하고 스탈린도 동의했다. 신탁통치에 영국을 참가시키는 것에 루스벨트는 소극적이었다. 영국의 참가는 필요하지 않다고 여기지만, 신탁통치에서 배제된다면 "영국이 분개할지도 모른다"고 지적했다. 스탈린은 "영국이 불쾌한 감정을 품는 것은 극히 분명하다"면서 "[처칠이] 우리를 죽일지도 모른다"고 농담했다. 이와 관련해 루스벨트는 인도차이나의 신탁통치를 희망하면서 영국의 반대에 우려를 표시했다. 스탈린은 "인도차이나는 상당히 중요한 지역"이라고 응수했다. 여

Agreement", *ibid.*, p. 984 ; Harriman and Abel, Special Envoy to Churchill and Stalin, pp. 397~399. 두 사람의 대화를 문장으로 쓴 비밀협정 초안을 소련 측이 작성해서 2월 10일에 몰로토프가 해리먼에게 전달했다. 이 초안에는 외몽골을 현상유지하고 중국이 만주의 주권을 완전하게 보유한다는 이해에 기초해, 러시아가 러일전쟁 이전의 권익(다롄·뤼순항 조차, 동청철도·남부지선 운영권 소유)을 회복하고 사할린 남부도 되찾으며, 지시마열도를 이양 받는다는 내용이 명기돼 있었다. 이에 해리먼은 몰로토프에게 뤼순·다롄의 자유항화, 동청철도·남부지선의 중·소 합자 공동운영, 그리고 이 두 사안에 대해 장제스 총통의 동의를 얻어야 할 필요성을 명기하라고 요구했다. 그러나 스탈린은 소련 해군기지로서의 뤼순항 조차를 양보하지 않고 강압적으로 실현했다. 처칠의 서명을 포함해 협상문을 작성한 상세한 과정에 대해서는 파이스의 연구를 참조. Herbert Feis, *The China Tangle: The American Effort in China from Pearl Harbor to the Marshall Mission* (New Jersey : Princeton University Press, 1972), pp. 240~250.

기에서 두 사람은 화제를 중국 정세로 돌렸다. 54)

　알타에서 루스벨트와 스탈린이 나눈 대화는 공식적으로 문서화하지는 않았으나 제2차 세계대전 중 한국의 장래를 두고 이뤄진 가장 중요한 미·소 합의가 되었고, 이후 사태 전개에 커다란 영향을 미쳤다. 그럼에도 불구하고, 합의가 의미한 내용이 반드시 명료했던 것도 아니다. 두 지도자가 신탁통치에 대해 각자 다른 관점에서 말했기 때문이다. 이미 지적했듯이 '한국의 자유와 독립'을 목표로 세우고도, 루스벨트는 그것이 3 내지 4대국의 신탁통치를 거쳐 실현될 것으로 생각했으며 알타에서도 소련이 공동행동을 해야 한다고 고집했다. 이오키베 마코토(五百旗頭眞)의 말을 빌리자면 루스벨트가 추구했던 것은 윌슨적 보편주의에 바탕한 세계부흥이라는 '수평원리', 그리고 4대국에 의한 권력정치적 세계관리라는 '수직원리' 사이의 탁월한 조화였다. 한반도 신탁통치는 이를 극동의 소지역에서 구체화한다는 구상임에 틀림없었다. 미국과 소련의 협조와 대립의 소우주였던 것이다. 그러나 국무부에 의한 연구나 대통령용 브리핑 페이퍼의 존재에도 불구하고, 루스벨트가 스탈린에게서 얻은 것은 4대국에 의한 신탁통치라는 통치 방식에 관한 동의뿐이었다. 소련에게 대일참전을 요청하면서 루스벨트는 한국 해방을 위한 군사작전이나 그 후의 점령행정에 대해서는 어떤 관심도 보이지 않았다. 55)

---

54) *Ibid.* 吳忠根은 소련 측의 기록을 소개하고 있다. 이에 따르면 루스벨트는 "그들에게는 후견에 참가하라고 주장할 근거는 없다", "처음에는 3자가 후견이 되고, 만약 영국인이 소동을 부린다면 나중에 그들을 초대하는 것도 가능할 것이다"라고 발언했다. 吳忠根, "朝鮮分斷の國際的起源—原則の放棄と現狀の承認", 日本國際政治學會 編, 〈國際政治〉, 第92号, pp. 97~98 참조.

이 시점에서 스탈린이 한국의 국제적 신탁통치를 두고 최종적 결론에 도달했는지는 의심스럽다. 사실 루스벨트의 적극적인 이니셔티브에 경의를 표하면서도, 스탈린은 추상적 이념이나 포괄적 선언에는 관심이 없었다. 스탈린은 그것들을 '대수'(代數)라고 부르며, 예전 이든 외상에게 "대수를 비난할 마음은 없으나 나는 대수보다 산수 쪽을 좋아한다"고 말했다. 이데올로기적인 민족자결이나 영토불확대의 원칙을 부정하거나 한반도 신탁통치에 반대하지는 않았지만, 스탈린은 신탁통치 장기화도, 한국에 외국 군대를 주둔하는 것도 달가워하지 않았다. 두 사람의 회담에 동석했던 해리먼에 따르면 루스벨트가 신탁통치를 제안했을 때, 스탈린은 "만약 한국인이 만족할 만한 정부를 만들 수 있다면 신탁통치가 필요한 이유가 있을지" 모르겠다고 반응했다고 한다. 여기서 해리먼은 스탈린이 틀림없이 한국에서 "볼셰비키, 즉 소비에트 정부"의 수립을 상정하고 있다고 해석했다. 스탈린이 한반도에 관해 소련의 관심을 아주 명확하게 표명해도 이상하지 않았는데, 이는 대일참전을 앞에 두고 러일전쟁에서 잃어버린 남사할린이나 남만주의 여러 권익을 회복하는 것만 아니라 외몽골 현상유지나 지시마열도 획득까지 요구했기 때문이다. 56)

---

55) 五百旗頭, 《米國の日本占領政策》, 上卷, pp. 80~81 및 下卷, p. 71.

56) Walter Millis, ed. (with B. S. Duffield), *The Forrestal Diaries* (N. Y. : Viking Press, 1951), p. 56; Harriman & Abel, *Special Envoy to Churchill and Stalin*, p. 461; Dobbs, *Six Months in 1945*, pp. 82~83. 소련의 확장주의를 경계한 이승만은 미국과 소련의 얄타밀약을 믿어 의심치 않았다. 공표한 회담 내용 어디에도 한국에 관한 언급이 없다는 사실에 의심을 품은 데다, 미·소가 카이로선언에 반하는 밀약을 교환했다는 잘못된 정보를 접하고, 이승만은 트루먼 대통령에게 "한국이 밀실외교에 희생당한 것은 처음이 아니다"라고 항의했다. "Report of the Confer-

그렇다면 스탈린은 왜 한반도 신탁통치에 이의를 제기하지 않았을까. 더 중요한 '정치적 조건'에서 동의를 얻어내는 것을 우선했기 때문일까. 루스벨트가 홍콩이나 인도차이나에 대해 언급했기 때문에 한국의 신탁통치를 다른 중요 지역의 신탁통치와 관련시켜 일괄해서 실현시키려 했던 것일까. 아니면 해리먼이 의심하듯, 대일참전 후 소련군이 한반도의 일부 내지는 전부를 점령해서 거기에 친소체제를 수립하면 될 것이라고 생각한 것일까. 어떤 경우든 한국의 장래는 미래의 군사작전에 크게 의존하고 있었기 때문에 탁월한 현실주의자인 스탈린이 성급하게 결론을 낼 필요는 없었을 것이다. 마스트니(Vojtech Mastny)의 지적에 따르면, 스탈린은 1941년 12월에 영국의 이든 외상에게 자신의 영토 욕구를 노골적으로 표명해서 미국의 강한 반대에 부닥쳤다. 스탈린은 그 실패를 교훈 삼아 다음 해 5월에는 영토조항을 포함하지 않는 영·소 동맹을 체결하고, 얄타에서는 루스벨트와 회담을 하며 "전쟁의 대가가 불명한 이상은 너무 많은 요구를 하거나 너무 적은 요구를 해서 스스로의 손을 묶을 필요가 없다"는 방침을 따랐다. 얄타회담에서 한반도에 대해 논의할 때에도 그런 방침을 이어 갔고, 루스벨트가 주장하는 신탁통치 구상을 존중하기로 했을 것이다. 왜냐하면 다른 극동 지

---

ence", *Department of State Bulletin*, 18 Feb. 1945, pp. 213~216; "Rhee to Truman", 15 May 1945, *FRUS, 1945*, vol. VI, pp. 1028~1029. 워싱턴에서 이승만의 측근으로 활약하고, 나중에 외무부장관에 취임한 임병직(林炳稷)도 말년에 "소련이 참전하는 대가로 한국이 분단되며 산 제물이 된 것은 틀림없는 사실이다"라고 회고했다(임병직, 《임병직회고록: 근대한국외교의 이면사》(여원사, 1964), p. 261). 한표욱, 《이승만과 한미외교》(중앙일보사, 1996)도 참조할 것. 이에 대한 당시의 반론으로는 다음과 같은 문헌이 있다. Arthur L. Grey, Jr., "The Thirty-Eight Parallel", *Foreign Affairs*, vol. 29, no. 3(1951).

역과는 달리 (미군의 참전 가능성이나 소련군이 군사작전 주도권을 쥘 수 있을지 여부를 포함해) 한반도의 군사 정세는 여전히 매우 불투명했기 때문이다. 57)

테헤란회담의 합의와 마찬가지로 얄타회담의 합의도 미·영·소 3국 장래에 걸친 외교적 협조를 전제로 했다. 루스벨트와 스탈린의 대화에서 알 수 있듯, 한반도에서도 여전히 4대국의 공동행동을 추구한 것이다. 요코테 신지(横手愼二)가 지적했듯, 이 시점에서 소련의 전후 구상은 "유럽 방면과 동아시아 방면이 거의 동일한 논리로 구성돼 있었으며" "미·영과의 우호관계를 유지하는 것을 전제"로 "장기간에 걸쳐 소련의 안전"을 확보하는 것을 최우선시했다. 그 때문에 스탈린은 ① 적대국(독일과 일본)의 철저한 무력화(無力化), ② 주변국의 영토적 희생에 바탕한 소련의 군사적, 지정학적 조건 개선, ③ 소련 주변에 비적대적 공간의 창출, ④ 주변국의 비강제적 사회주의화라는 4가지 목표를 설정해 놓고 있던 것이다. 소련이 폴란드, 외몽골, 지시마열도, 그리고 부분적으로 랴오둥반도에서 추구했던 목표가 ②였다면, 한반도에서 추구했던 것은 여전히 ③임에 틀림없다. 58)

57) Mastny, *The Cold War and Soviet Insecurity*, p. 17; Vojtech Mastny, *Russia's Road to the Cold War: Diplomacy, Warfare, and the Politics of Communism, 1941 ~1945* (N. Y. : Columbia University Press, 1979), pp. 44~47; Cordell Hull, *The Memoirs of Cordell Hull*, vol. II, p. 1172.
58) 横手愼二, "ソ連の戰後アジア構想", p. 338.

4. 소련에 대한 불신 증대와 신탁통치 구상

(1) 루스벨트에서 트루먼으로

얄타회담이 끝난 지 2개월 후인 1945년 4월 12일 오후 1시를 지났을 때, 루스벨트 대통령은 조지아주 웜스프링의 산장에서 서거했다. 오랫동안 그곳은 그의 휴식처이자 피난처였다. 자세한 내용도 모른 채 오후 5시 25분에 백악관에 도착한 트루먼(Harry S. Truman) 부통령은 두 시간 후에 간소한 취임식을 마치고 제33대 미국 대통령에 취임했다. 헐 국무장관이 대통령 선거 전에 입원하고 녹스(Frank Knox) 해군장관이 타계했기 때문에, 트루먼이 물려받은 제4기 루스벨트 정권의 국무장관과 해군장관 자리에는 각각 스테티니어스(Edward R. Stettinius, Jr.) 국무차관과 포레스탈(James V. Forrestal) 해군차관이 승진해 있었다. 77세의 스팀슨(Henry L. Stimson) 육군장관은 장로로서 유임했지만, 루스벨트 대통령의 분신으로 활약했던 홉킨스는 건강이 아주 안 좋았다. 트루먼은 의원 경력이 긴 정계 선배이며 우인이자, 몇 개월 전까지 자기 이상으로 유력한 부통령 후보였던 번스(James F. Byrnes) 상원의원을 국무장관으로 임명하려 했지만, 스테티니어스가 유엔 창설을 위해 샌프란시스코 회의에서 일에 쫓기고 있었기 때문에 7월 초까지 연기할 수밖에 없었다. 그 결과 4월부터 6월까지 중요한 시기에 그루 국무장관대리가 워싱턴의 외교기관을 통솔하게 되었다. 59)

---

59) Harry S. Truman, *Year of Decisions* (N. Y. : Doubleday, 1955), pp. 4~8; 五百旗頭, 《米國の日本占領政策》, 下卷, pp. 96~102. 다만 루스벨트 정권으로부터

미주리주 변호사 출신으로 성실하고 정직한 상원의원이었던 트루먼은 외교 경험이 많지 않았기 때문에 루스벨트의 외교 유산에 충실하려고 했다. 그러나 그 외교 유산이란 무엇인가. 트루먼이 대통령에 취임했을 때 루스벨트의 얄타 외교 자체가 큰 시련에 직면해 있었다. 루스벨트와 처칠은 윌슨의 이념에 따라 전쟁 목적을 정의하면서도, 안전보장상의 불안감 때문에 동유럽에서 세력을 확보하려는 스탈린의 요구에 어느 정도 이해를 표시하고 얄타회담에서 둘을 조화시키려 노력했다. 요컨대 두 사람은 "원칙을 받들면서도 세력균형을 이뤄야 하는 전후 문제의 해결을 머릿속에 그리고 있던" 것이다. 그러나 얄타회담 이후에도 스탈린은 '자기네 방식'을 관철하려 했다. 합의문서에 있는 '민주주의'를 자기 멋대로 해석한 그는 3월 말에 폴란드 국내에 있던 런던 망명정부계 지도자 16명을 체포해 소련으로 이송해 버렸다. 또 미·영·소의 대표, 즉 해리먼, 클라크 커(Archibald Clark Kerr) 주소련 영국대사, 몰로토프가 '현 (폴란드) 정부의 재편성'에 관해 협의할 때에는 런던 임시정부계의 유력한 지도자들을 '폴란드 내외의 민주적 지도자'에서 배제하려고 했다. 몰로토프가 폴란드에 관한 **얄타회담에 동의를 유보한 지도자**는 누구든 이 협의에 참가할 수 없다고 주장한 것이다. 결국 새 임시정부 수립을 위해 개최한 모스크바 회의에는 런던 정부계 유력 지도

넘겨받은 10명의 각료 중 6개월 후에도 그 자리에 있던 사람은 포레스탈 해군장관, 이키스 내무장관, 월리스 상무장관 3사람뿐이었다. Donald R. McCoy, *The Presidency of Harry S. Truman* (Lawrence: University Press of Kansas, 1984), pp. 19~20; Robert L. Messer, *The End of an Alliance: James F. Byrnes, Roosevelt, Truman and the Origins of the Cold War* (Chapel Hill: University of North Carolina Press, 1982), pp. 11~15.

자 중 미코와이치크 등 2명만 참가했다. 6월 말에 발족한 폴란드 거국일치내각의 각료 21명 중 14명은 루블린 정부계 지도자들이었다. 친소용공 이외 세력을 '반민주주의'라고 규정하여 임시정부 수립을 위한 협의 대상에서 배제하는 방식은, 나중에 한반도에서 이승만이나 김구 등 해외 망명자들을 조선 임시정부 수립을 위한 미·소 협의로부터 배제한 방식 그 자체였다. 스탈린의 난폭한 일처리 방식 때문에 죽음을 앞둔 루스벨트는 자신의 노력이 실패로 끝나는 것이 아닌지 우려했고, 신임 대통령 트루먼은 루스벨트가 마지막에는 소련에 대해 강경한 정책을 채택하려 했다고 이해했다. [60]

또한 최고지도자 교대는 당연히 미국의 외교 스타일에도 변화를 가져왔다. 루스벨트가 관료조직의 구속을 싫어해서 독자적 구상으로 정상외교를 전개한 것에 비해, 트루먼은 정식 절차나 룰에 기반해 견실한 외교를 지향하면서 각료나 관료의 조언에 의지했다. 요컨대 트루먼은 루스벨트의 대외정책 내용에 충실하고자 했지만 그 결정과정까지 계승할 수는 없었다. 그러나 관료조직, 즉 국무부의 외교를 존중하면 정책 내용도 변할 수밖에 없었다. 그때까지 중요한 정책결정에서 멀어져 루스벨트의 결정에 이의를 제기하지 못했던 국무부 간부들이 특히 얄타회담 이후 유화적인 대소 협조정책을 강하게 비판해 왔기 때문이다. 예를 들어 트루먼 대통령과 몰로토프 외상의 회담을 준비하기 위해 워싱

---

60) John Lewis Gaddis, *The Long Peace: Inquiries into the History of the Cold War* (N. Y. : Oxford Univ. Press, 1987), p. 30; John Lewis Gaddis, *The Cold War: A New History* (N. Y. : Penguin Books, 2005), pp. 20~21, 26~27; McCoy, *The Presidency of Truman*, pp. 28~29. Dobbs, *Six Months in 1945*, pp. 132~134, 153~158; Mikolajczyk, *The Rape of Poland*, pp. 130~132.

턴에 잠시 귀국했던 해리먼 대사는 트루먼에게 엄격한 '보답'을 요구하는 대소련정책을 채택하도록 진언했다. 스팀슨 육군장관은 소련과 정면충돌하지 않아야 한다고 주장했지만, 스테티니어스와 포레스탈도 해리먼에 동조했다. 그 때문에 다수파의 의견을 수용한 트루먼은 처음 회담한 몰로토프 외상에게 무례한 태도로 얄타회담의 합의, 그중에서도 폴란드 문제에 관한 합의를 이행하도록 강요했다. 더욱이 트루먼은 그루 국무장관대리의 조언에 따라 5월 중순까지 무기대여(lend-lease)를 일방적으로 중지했다. 선적을 중지했을 뿐 아니라 소련을 향해 항해 중이던 수송선까지 회항시킨 것이다. 새로운 미국 대통령의 대소련 강경책을 보여 준 이 결정들이 스탈린의 격렬한 반발을 초래한 것은 두말할 필요도 없다. 61)

그러나 이는 트루먼의 첫 번째 시행착오에 불과했다. 강경책이 소련의 양보를 불러오기는커녕 오히려 미·소 관계를 급속하게 악화시킨 데에 당황해서, 트루먼은 다음에는 루스벨트의 조언자이자 미·소 관계의 기초를 세운 데이비스(Joseph E. Davis) 전 소련 주재 대사의 충고에 귀를 기울이고, 이윽고 스팀슨의 신중론을 받아들였다. 한편 강경책이 실패했음을 깨달은 해리먼도 루스벨트 대통령의 측근이자 스탈린과의 정상회담에 대해 상세히 아는 홉킨스를 모스크바로 파견해 루스벨트의 정책이 유지되고 있음을 스탈린에게 보증하도록 제안했다. 홉킨스는 무기대여법 입안자로서 미·소 관계가 원활했던 시대를 상징하

---

61) McCoy, *The Presidency of Truman*, pp. 15~17, 29~30; 五百旗頭, 《米國の日本占領政策》, 下卷, pp. 142~144; 長谷川毅, 《暗鬪―スターリン, トルーマンと日本降伏》(中央公論新社, 2006), pp. 102~110, 123~124; Gaddis, *The Long Peace*, pp. 30~31.

는 인물이었다. 나아가 해리먼은 빠른 시일 내에 다시 한 번 미·영·소 정상회담을 개최해야 한다고 주장했다. 나중에 상술하듯, 5월 말에 모스크바에 파견된 홉킨스는 스탈린으로부터 2가지 약속, 즉 7월 15일을 목표로 3국 정상회담 개최, 8월 8일까지 대일참전 준비 완료라는 약속을 얻어 내는 데 성공했다. 병상에서 미·소 관계 악화에 마음 아파하던 홉킨스는, 모스크바 파견을 시사하자 한 치의 망설임도 없이 '경보를 접한 옛날 그대로의 늙은 소방말'처럼 자신의 '최후의 사명'을 완수한 것이다. 62)

한편 워싱턴으로 향하기 전 스탈린과의 대화에 기초해서, 해리먼은 소련의 대일참전과 관련한 극동 문제에 대해 트루먼 정권의 입장을 확인해야 했다. 랴오둥반도의 항구 두 곳과 철도, 사할린의 남쪽 반, 지시마열도 등 소련의 대일참전에 따르는 '정치적 조건'에 대해 의견을 집약하기 위해, 5월 12일 해리먼은 국무부, 해군, 육군을 각각 대표하는 그루, 포레스탈, 맥클로이(John J. McCloy) 육군차관과 중요한 회합을 했다. 이들은 소련의 합의 위반이나 유럽에서의 전쟁 종결이라는 사실에 비춰 얄타협정을 재검토해야 할지, 소련의 대일참전은 얼마나 긴급하고 중요한지, 소련이 일본 본토 군사점령에 참가하겠다고 주장한다면 어떻게 대응해야 할지 등을 논의했다. 해리먼은 얄타에서 루스벨트와 스탈린이 나눈 대화를 소개하면서 한반도 신탁통치에 관한 현재

---

62) Dunn, *Caught between Roosevelt and Stalin*, pp. 68~72; 長谷川, 《暗鬪》, pp. 124~125; William O. McCagg, Jr., *Stalin Embattled, 1943~1948*(Detroit: Wayne State University Press, 1978), pp. 190~191; Harriman & Abel, *Special Envoy to Churchill and Stalin*, pp. 457~461; Sherwood, *Roosevelt and Hopkins*, pp. 885~887.

의 미국 입장을 검토하도록 요청했다. 이미 지적했듯 해리먼은 한반도 독립 문제에 대한 스탈린의 태도를 폴란드 문제에서 유추하기 시작한 것이다. 63)

대소련 강경파인 그루는 얄타비밀협정의 구체적인 내용을 처음 알고 경악하면서, 그날 바로 스팀슨에게 육군부의 견해를 요구하는 각서를 제출했다. 폴란드 문제에 관한 소련의 태도에 반발하며 얄타에서 합의한 극동에 관한 소련의 정치적 요구를 그대로 이행하는 데 의문을 제기한 것이다. 그루는 소련의 명확한 관여나 설명이 필요한 4개 항으로서 ① 국민당 정부 아래 중국을 통일하기 위해 중국공산당에 영향력 행사, ② 만주의 중국 반환이나 한국의 장래 지위를 포함한 카이로선언에 대한 명확한 관여, ③ **미·영·중·소 4개국에 의한 한반도 신탁통치에 관한 확실한 합의,** ④ 지시마열도의 섬 몇 군데에 상업용 항공기 긴급착륙권 확보를 꼽았다. 그루는 국무부 검토를 서둘러서, 검토 결과를 모스크바로 출발하는 볼런을 통해 해리먼 대사에게 전달했다. 그러므로 이 정책문서에 등장하는 한국 관련 부분은 미 국무부가 소련 대일참전을 의식하면서, 참전 이전에 도달한 가장 상세하면서도 중요한 전후 한반도 구상이었다. 여기에는 얄타회담 이후 소련에 대한 불신이 반영되어 있다고 할 수 있다. 64) 이를 요약하면 다음과 같다. 65)

---

63) Harriman & Abel, *Special Envoy to Churchill and Stalin*, pp. 461~462; Millis ed. (with Duffield), *The Forrestal Diaries*, p. 56.

64) *FRUS, 1945*, vol. Ⅶ, pp. 869~870; Joseph G. Grew (Walter Johnson, ed.), *Turbulent Era: A Diplomatic Record of Forty Years, 1904~1945*, vol. Ⅱ (Boston: Houghton Mifflin, 1952), pp. 1455~1457. 그리고 스팀슨의 회답에 대해서는 이 책 제2장 제4절 참조.

65) *FRUS, 1945*, vol. Ⅶ, pp. 878~883.

① 한국의 해방은 미국 내지 소련에 의해 **단독으로 혹은** 미국, 중국, 소련, 영국군에 의해 **공동으로** 이루어질 것인데, 어느 경우든 4개국은 한국의 민정에 동등한 권한으로 참가하고, 이를 대표한다.

② 위 4개국은 한국에 신탁통치를 실시하고, 모든 군사, 행정, 사법기관을 동등하게 대표한다. 신탁통치하의 각종 행정·사회 기능은 통상 단일한 독립정부가 행사하고, 신뢰할 만하며 유능한 **현지** 한국인을 최대한 이용하고 또한 훈련시킨다(원문 강조).

③ 신탁통치 기간은 대일전쟁이 공식적으로 종결한 후 5년간이다.

④ 4개국에 의한 신탁통치기구의 설립 후, 각국은 각자 5,000명을 넘지 않는 상징적 병력을 제외하고는 육군, 해군, 공군을 포함한 모든 병력을 한국에서 철수한다.

⑤ 5년의 신탁통치 기간이 끝난 후, 완전한 자유·독립 한국이 4개국에 의해 공식적이며 공개적으로 다시 인정을 받고, 자유·주권·독립 한국 정부를 수립한다. 새 국가를 구성하는 영토는 모든 나라가 존중하고, 분쟁은 국제안전보장기구가 임명한 공평한 위원회가 해결한다.

⑥ 국제안전보장기구의 안전보장이사회가 극동의 안전보장을 고려하여 한국 영토에 군사기지 설치가 필요하거나 바람직한지 여부를 결정한다. 기지 설치가 긍정적인 경우에도 한국 정부의 동의를 얻어 한국의 주권을 훼손시키지 않고 설치한다.

이러한 경위를 배경으로 스탈린과 홉킨스의 회담은 1945년 5월 26일부터 열렸다. 홉킨스는 폴란드 문제, 독일관리위원회 설치, 태평양전쟁과 중국·극동 문제라는 3가지 의제를 제시했고, 5월 28일에는 3번째 의제를 논의했다. 이 회담에 미국 측에서는 해리먼과 볼런, 소련 측에서는 몰로토프와 파블로프가 동석했다. 홉킨스는 우선 소련의 대일참전 시일을 물었다. 스탈린은 "소련군은 8월 8일까지 충분하게 준비를 마치고 배치될 것이다"라고 언명했다. 하지만 실제 작전은 "소련이 요구하는 얄타협정의 시행에 의존하게 될 것"이라 주장하며, 대일참전 준비를 진행하는 7월 초순에 '정치적 조건' 문제를 모스크바에서 쑹쯔원 외상에게 제기할 의향을 표시했다. 스탈린은 중국 문제에 대해 다변이었고, "장제스 아래에서의 중국 통일을 촉진하기 위해 할 수 있는 일을 다하겠다"는 발언을 반복했다. 또 소련은 만주, 신장, 기타 지역에서 "중국의 주권을 변경시키려 하지 않는다"고 강조하면서, 외몽골의 현재 상태는 유지돼야 한다고 지적했다. 나아가 "중국공산당 지도자가 장제스에 필적할 만큼 유능하고, 중국에 통일을 가져올 수 있으리라고는 생각할 수 없다"고 덧붙였다. 여기에서 화제가 일본 문제로 옮겨 갔는데, 스탈린은 여기에 "군대의 **작전구역**이나 일본 **점령구역**과 같은 문제"가 포함될 것이라고 지적했다. 66) 뒤에서 언급하듯 스탈린은 미·소 연합전쟁을 상정하고 있던 것이다.

한반도 신탁통치는 마지막 안건으로 논의했다. 홉킨스는 극동에 남겨진 문제는 한국의 지위에 관한 것이라고 말하고, 그에 대해서 얄타에서 비공식 토의가 있었다는 점에 주의를 환기시킨 뒤, "**신중한 검토 끝에**, 미국 정부는 소련, 미국, 중국 및 영국에 의해 구성되는 한국 신탁통치를 실시하는 것이 바람직하다는 결론에 도달했다"고 지적했다. 더욱이 "신탁통치 기간은 고정하지 않았다. 25년이 될지도 모르고 더 짧

---

66) "Memorandum of 3rd Conversation at Kremlin", 28 May 1945, *FRUS*, *Berlin*, *1945*, vol. I, pp. 41~47; Cabled Summary by Hopkins, quoted from *Roosevelt and Hopkins*, pp. 902~903.

을지도 모르겠으나 5년 내지 10년이라는 것은 확실하다"고 덧붙였다. 이에 대해 스탈린은 "4대국에 의한 신탁통치가 바람직하다는 데에 완전히 동의한다"고 언명했지만, 그 이상 아무 말도 하지 않았다. 그 때문에 홉킨스는 화제를 독일의 전쟁포로나 전쟁범죄 문제로 넘겼다. [67]

홉킨스는 한국 신탁통치에 관한 루스벨트와 스탈린의 합의를 재확인한 데에 만족한 것 같다. 이 회담에서 홉킨스의 목적은 루스벨트를 대신해서 얄타회담의 내용을 재확인하고 다음 정상회담 개최를 확실하게 하는 것이지, 트루먼을 대신해서 스탈린과 새로운 교섭을 하는 것은 아니었다. 그 때문에 '신중한 연구'가 존재했음에도 불구하고 그 성과를 제시하지 않았을 것이다. 비록 이를 제시했다 하더라도 스탈린이 새로운 논의에 응했을지는 의문스럽다. 나아가 그루가 볼런에게 맡겼던 정책문서를 스탈린과의 회담에서 사용하는 것에 대해서는 미국 정부 내에 이견이 존재했다. 그때까지 소련과 교섭해 온 경험에서 판단해 볼 때, 육군부는 중국 관련 문서를 포함한 상세한 내용을 소련 측에 밝히는 것에 부정적이었고, 그에 관한 중국의 동의도 얻어 놓지 못했기 때문이었다. 장래 군사 관여에 대해서는 육군부, 해군부와 합동참모본부가 새로 검토할 필요가 있다고 되어 있었다. [68] 한편 스탈린도 다시 신탁통치의 세목을 검토하려 하지 않았다. 소련군이 한반도를 단독점령하는 상황까지 예상할 수 있는 정세에서, 굳이 자세히 논의하는 일은 자기가 자기 손발을 묶는 것이나 마찬가지라고 판단했을 것이다. 사실

---

67) *FRUS, Berlin, 1945*, vol. I, p. 47.

68) "McCloy to Grew", 27 May 1945, *FRUS, 1945*, vol. VII, pp. 884~887. 다만 맥클로이는 신탁통치 기간 중에 각 군의 주둔병력을 1만 명까지 늘려 허용하자고 주장했다.

오키나와(沖繩)에서 격전을 벌이고 있는 미군 부대가 조기에 일본 본토에 상륙할 수 있는 상황은 아니었던 것이다.

(2) 포츠담회담: 극동의 폴란드 문제

제2차 세계대전의 최후를 장식하는 미·영·소 정상회담은 7월 17일부터 베를린 교외 포츠담에서 열려 8월 2일까지 계속됐다. 트루먼 대통령은 7월 7일에 순양함 오거스터에 승선해 15일 벨기에 안트베르펜에 입항했다. 중요한 조언자로서 번스 국무장관과 리히 합동참모본부 의장이 동행했다. 7월 3일 막 국무장관에 취임한 번스는 외교에는 초보자였지만 트루먼의 전면적 지지를 얻어 대소련 외교를 담당했다. 원래 트루먼이 번스를 국무장관에 임명한 큰 이유 중 하나는, 번스가 루스벨트의 수행원으로서 알타회담의 전체 회의에 출석했으므로 정상회담 내용에 정통하다고 믿었기 때문임에 틀림없다. 이와 별도로 대통령에 취임하고 얼마 지나지 않은 4월 25일, 트루먼은 스팀슨 육군장관으로부터 "한 발로 도시 전체를 파괴할 수 있는 폭탄"이 거의 완성되었다는 설명을 듣고, 그 실험과 전쟁에서의 사용, 전후 에너지 활용 등을 검토해서 대통령에게 제언하기 위한 '잠정위원회'(the Interim Committee)를 설치하는 데 동의했다. 번스는 대통령의 대리로서 이 위원회에 참석했다. 포츠담회담에는 그 외에 포레스탈, 맥클로이, 데이비스 등이 동행했다. 한편 대일성명(포츠담선언) 추진자였던 스팀슨과 그루의 이름은 승선 명부에 없었다. 고령의 스팀슨은 (나중에) 포츠담에 달려가서 7월 16일 이후 원자폭탄 실험 성공과 관련하여 중요한 조언을 했다. [69]

포츠담회담의 의제는 5개국(미국, 영국, 소련, 중국, 프랑스) 외상회의 설치, 독일 관리원칙, 배상·전쟁범죄 처리, 오스트리아 문제, 서부국경을 포함한 폴란드 문제, 신탁통치령 문제 등 다채로웠다. 스탈린이 회담장소로 포츠담을 선택한 까닭은 소련이 유럽 전장에서 지불한 희생의 크기를 어필하고, 거기에 걸맞은 획득물을 미국과 영국이 승인하도록 만들기 위해서였던 듯하다. 그러나 극동에서의 새로운 전쟁이 눈앞에 닥쳤고, 대일참전의 '정치적 조건' 이행을 확실히 하는 것도 스탈린에게는 중요한 관심사였다. 한편 이와 관련해 가장 큰 걱정거리는 중국과의 교섭이 난항을 겪는 가운데, 일본의 조기항복 가능성이 표면화한 것이었다. 사실 스탈린은 일본의 항복의사를 누구보다 빨리, 또 누구보다 정확하게 알 수 있는 입장에 있었다. 왜냐하면 일본 정부는 소련을 중개자로 삼아 화평공작을 추진하면서, 포츠담회담 전인 7월 13일에 사토 나오타케(佐藤尙武) 주소련 대사를 통해 명확한 전쟁 종결의사를 소련 정부에 전달했기 때문이다. 만약 소련이 참전하기에 앞서서 일본이 항복해 버린다면 얄타회담에서 승인한, 대일참전을 위한 '정치적 조건'은 백지로 돌아갈지도 몰랐다. 스탈린에게 그것은 악몽이었다. 70)

69) Truman, *Year of Decisions*, pp. 190~191, 334~339; Henry L. Stimson & McGeorge Bundy, *On Active Service in Peace and War* (N. Y. : Harper and Brothers, 1947), p. 635; James F. Byrnes, *Speaking Frankly* (N. Y. : Harper & Brothers, 1947), p. 259; Messer, *The End of an Alliance*, pp. 44~45, 69~70; 五百旗頭, 《米國の日本占領政策》, 下卷, p. 194.

70) "The Berlin (Potsdam) Conference", 17 Jul. -2 Aug. 1945, *A Decade of American Foreign Policy*, pp. 28~39; "사토 대사가 도고 대신에게 보낸 전보(1385호)", 外務省 編, 《終戰史錄 ③》(北洋社, 1977), pp. 169~171; 長谷川, 《暗鬪》, pp. 202~207, 217~220.

물론 미국에게도 대일전쟁 조기종결은 점점 현실적 가능성이 되고 있었다. 불과 며칠 뒤 미국도 암호 해독을 통해 일본이 소련에게 화평 알선을 의뢰한 사실을 알았기 때문이다. 따라서 다음 장에서 상술하 듯, 이미 포츠담선언 발표 이전부터 일본의 갑작스러운 항복에 대응하 는 점령계획 작성이 '긴급과제'로 부상했다. 그러나 그 사이에도 국무 부는 소련의 대일참전이 극동 정세에 미치는 정치적 영향을 계속 검토 하면서, 〈조선의 잠정관리와 예상되는 소련의 태도〉, 〈조선의 전후 정부〉 등 브리핑 페이퍼를 작성했다. 이 정책문서들에서 한국에 관해 가장 중시한 것은 포츠담회담에서 소련으로부터 카이로선언을 지지한 다는 확약을 얻어내는 일이었다. 그러나 소련이 잠정정부 주도권을 요 구하면서 다른 나라에게는 명목적 발언권밖에 인정하지 않을 가능성도 있다고 상정하고, 그럴 경우에는 "한국을 신탁통치지역으로 지정하고 국제연합기구 자체의 권위 아래 두는 게 바람직할 것"이라고 지적했다. 이는 나중에 실행된 한국 독립 문제에 대한 유엔 의뢰안의 원형임에 틀 림없다. 더욱이 이 문서들은 전후 한국 정부가 연합국이 공동대표하는 군사정부로 시작해서, 잠정적인 국제감독기구를 거쳐, 자유롭고 독립 적인 지위에 이른다는 구상을 확인하고 있었다.[71]

또 미국 정부의 요인들이 폴란드 독립 문제를 유추함으로써 한국 독 립 문제를 이해하기 시작했다는 사실도 중요하다. 예를 들어 소련의 의 도에 의심을 품었던 해리먼 대사는 7월 8일 대통령과 국무장관에게 "제 안 중인 4대국에 의한 조선 신탁통치의 성격에 관한 상세한 토의에 대 비할 필요가 있다"고 주장했다. 스팀슨 육군장관도 한반도에 '소련이

---

71) "The Conference of Berlin", *FRUS, 1945*, vol. I, pp. 310~314.

지배하는 현지 정부'가 수립될 것을 우려해 7월 16일 즉, 포츠담회담 개막 전날 대통령에게 한국 신탁통치를 추진하라고 진언했다. 소련이 이미 1개 내지 2개의 한국인 사단을 훈련하여 한국에서 사용하려 하고 있다는 과대 정보에 기반을 두고, 스팀슨은 한국 문제를 '극동에 이식된 폴란드 문제'라고 표현하면서 "신탁통치 기간 중에 적어도 상징적으로 미 육군이나 해병대가 한국에 주둔할" 필요가 있다고 주장했다. 그러나 대소련 불신의 확대에도 불구하고, 미국이 한반도 분할관리나 대소련 공동행동 포기를 검토한 흔적은 전혀 존재하지 않는다. 미국 정부 요인들은 그때까지 이상으로 소련과의 공동행동 및 중앙관리(통일관리)라는 원칙에 집착했고, 포츠담회담에서 그 원칙에 대한 소련의 동의를 얻어내려 한 것이다. 실제로 포츠담회담 전인 6월 후반에 런던 망명정부의 전 수상인 농민당 미코와이치크가 참가한 것을 '구실'로 삼아 해리먼, 클라크 커, 몰로토프의 입회하에 오스프카-모라프스키를 수반으로 하는 '폴란드민족통일정부'가 모스크바에서 조직됐다. 다음 날인 6월 27일, 스탈린의 신임을 받은 비에르트는 통일정부가 바르샤바에 입성한 사실을 정식으로 발표했다. 얄타합의에 따라 미국, 영국, 소련이 통일정부를 정식으로 승인하고 런던 망명정부와는 관계를 단절한 것이다. 그러나 또 다른 합의사항인 자유선거가 실시될 전망은 전혀 열려 있지 않았다. 72)

한편 소련의 태도에 대한 중국의 의심도 커져 있었다. 몰로토프 외

---

72) "Harriman to Truman and Byrnes", 9〔8〕 Jul. 1945, *ibid.*, p. 234; "Stimson to Truman", 16 Jul. 1945, *FRUS, Berlin, 1945*, vol. II, p. 631; Mikolajczyk, *The Rape of Poland*, pp. 124~129; Dobbs, *Six Months in 1945*, pp. 332~333.

상은 알타비밀협정에서 합의한 소련의 권익을 6월 30일에 쑹쯔원 외상과 논의했다. 스탈린이 4대국에 의한 한국 신탁통치에 대해 확인했을 때 동석한 몰로토프 외상은 "이는 유례없는 합의여서, 상세한 합의에 이르는 것이 필요"하다며 개입했다. 이에 더해 스탈린은 한반도에 "외국 부대나 외국 경찰이 존재해선 안 된다"고 명언했다. 그 때문에 쑹쯔원은 소련이 시베리아에서 훈련한 조선인 부대나 소련식으로 훈련한 정치 요원을 한국에 들여보내려 한다고 이해하고, 해리먼 대사에게 "이런 조건 아래서는 4개국이 함께 신탁통치를 하더라도 소련이 한국 문제의 지배권을 획득하게 될 것이다"라고 강한 우려를 표명했다. 앞서 소개한 스팀슨의 우려, 그중에서도 "적어도 상징적으로 미 육군이나 해병대를" 한국에 주둔시켜야 한다는 주장에는 이런 쑹쯔원의 경고가 반영돼 있었다. [73]

이런 의혹이 부상하는 가운데, 포츠담회담에서 몰로토프는 국제연맹의 위임신탁통치령이나 아프리카, 지중해의 옛 이탈리아 식민지에 대한 의견을 교환하자고 미국과 영국 측에 요청했고, 이때 한국도 함께 언급했다. 샌프란시스코회의에서 막 합의한 국제연맹헌장의 국제신탁통치제도와 연관시켜, 이 사안들을 7월 22일 제6차 본회의의 의제로 제기한 것이다. 물론 이 단계에서 소련의 관심은 지중해에 집중해 있었다. 몰로토프는 이탈리아가 식민지를 완전히 소실했다는 보도를 언급하며, "누가 그 지역을 인수했는가, 어디서 이를 결정했는가"라고 따지고 그 문제를 외상회의에서 상세하게 검토해 구체적 제안을 작성하자

---

73) "Harriman to Truman and Byrnes", 3 Jul. 1945, *FRUS, 1945*, vol. VII, pp. 912 ~914.

고 요구했다. 이러한 주장은 이 지역에 대한 영국의 전통적 입장에 도전하는 것으로 이해됐다. 왜 몰로토프가 한국을 언급했는지는 명확하지 않지만, 이탈리아 옛 식민지와 마찬가지로 한국은 유엔헌장에 있는 "제2차 세계대전의 결과로서 적국에서 분리된 지역"에 해당했다. 더욱이 홍콩, 인도차이나 등 기타 전략적 지역의 신탁통치 및 그에 대한 소련의 참가도 틀림없이 염두에 두었을 것이다. 따라서 이 시점에서 소련은 한국 신탁통치에 꼭 반대하지는 않았다. 오히려 그 문제를 다른 지역의 신탁통치와 연관시켜 자신의 지정학적 내지는 전략적 입장을 강화하기 위해 이용하려고 했는지 모른다. 포츠담회담을 앞두고 소련 외무부가 준비한 정책문서도 "물론 소련은 그것〔신탁통치〕에 반드시 참가해야 한다"고 단언했다. 74)

그러나 처칠은 신탁통치 문제를 새로 설립하는 국제연합기구에서 토의하자고 주장하면서, 영국이 거대한 희생을 치르면서 거의 단독으로 리비아, 키레나이카(옮긴이주: 리비아 동부지방), 그리고 트리폴리를 해방시킨 점에 주의를 환기했다. 또 스탈린의 집요한 요구에 대해 "소련이 아프리카의 광대한 연안지대를 차지하기 원할 것이라고는 생각하지 못했다"고 반론했다. 이에 스탈린은 소련 대표단이 샌프란시스코회의에서 신탁통치령을 받는 일에 희망을 표명했다고 말하면서, 새삼 이문제들을 외상회의에 회부하라고 주장했다. 격렬한 논쟁 끝에 트루먼

---

74) "Thompson's Minutes, Sixth Plenary Meeting", 22 Jul. 1945, *FRUS, Berlin, 1945*, vol. II, pp. 252~253; Zhukov & Zabrodin, "Korea, Short Report", 29 Jun. 1945; Weathersby, "Soviet Aims in Korea and the Origins of the Korean War, 1945~1950", pp. 6~8. 이 외무부 문서는 소련의 전략적 입장을 전통적 관점, 즉 일본과 기타 적대세력에 대한 방어라는 지정학적 관점에서 설명하고 있다.

이 소련의 주장에 동의하고 처칠도 그에 따랐다. 그러나 미·영은 소련이 동유럽에 세력권을 만들려고 할 뿐 아니라 터키에 기지를 요구하고, 더욱이 이탈리아 옛 식민지의 신탁통치 및 이에 대한 참가를 시사했다는 사실을 경계하지 않을 수 없었다. 회의에 동석한 해리먼은 다음 날 스팀슨, 맥클로이, 번디(McGeorge Bundy)와 만나 영국과 프랑스가 홍콩과 인도차이나아의 신탁통치에 계속 반대하면 "소련은 아마도 한국 신탁통치안을 철회하고 단독지배를 요구할 것"이라고 경고했다.[75]

나아가 다음 날, 즉 7월 23일에 개최한 3국 외상회의에서도 몰로토프는 이탈리아 옛 식민지 문제를 다시 거론했다. 그는 "만약 그 지역이 이탈리아에서 분리되는 것이라면 미국, 영국, 소련에 의해 공동 신탁통치를 해야 한다"며 소련의 요구를 아주 솔직하고 분명히 얘기했다. 이에 이든 영국 외상은 이탈리아를 패전국으로 보아야 할지를 먼저 정해야 하며, 옛 식민지를 이탈리아에 반환하지 않는다면 국제연합기구가 신탁통치 형태를 결정할지 모른다고 주장했다. 또 영국 정부는 일부 혹은 모든 식민지를 이탈리아로부터 박탈해야 할지 여부를 아직 결정하지 않았다고 말했다. 번스 국무장관은 이탈리아와의 평화조약 체결은 새로 설치하는 미·영·소·중·불 5국 외상이사회(the Council of Foreign Minister)의 첫 번째 역할이라고 지적하고, 외상이사회가 식민지의 처리, 트리에스테(옮긴이주: 이탈리아 프리올리베네치아줄리아주의 주도) 경계선, 기타 이탈리아 영토에 관해 결정을 내려야 한다고 주장했다. 이렇게 해서 이 문제들은 9월 초 런던에서 열린 첫 외상이사회

---

75) "Sixth Plenary Meeting", 22 Jul. 1945, *FRUS, Berlin, 1945*, vol. II, pp. 254~256; "Footnote 51", *ibid.*, p. 260; Byrnes, *Speaking Frankly*, pp. 76~77.

의 의제가 됐다. 76)

　해리먼이나 스팀슨의 요청에도 불구하고 포츠담회담에서는 한국 신탁통치가 논의되지 않았다. 이탈리아 식민지에 대한 소련의 강한 요구에 직면해, 트루먼이나 번스는 한국 문제를 거론하는 것이 현명하지 않다고 생각했을 것이다. 그러나 이에 더해 포츠담회담이 열리기 전날, 즉 7월 16일에 알라모고도에서 원자폭탄 실험이 성공하고, 소련의 대일참전 필요성이 없어진 사실이 두 사람의 태도에 영향을 미쳤는지도 모른다. 원폭투하로 소련이 참전하기 전에 일본이 항복한다면 얄타비밀협정의 대전제가 무너지고 쑹쯔원이 스탈린에게 양보할 필요도 없어질 뿐 아니라, 한국에 '소련이 지배하는 현지 정부'가 수립될 가능성도 사라지기 때문이다. 트루먼 사후에 공표된 〈포츠담일기〉는 7월 17일 정오에 스탈린과 처음 만났을 때 느낀 트루먼의 심경을 기록하고 있다. 스탈린에 대해 트루먼은 "나는 외교관은 아니지만, 보통은 이야기를 모두 듣고 나서 질문에 예스인지 노인지를 대답한다"면서 스탈린의 발언을 유도했다. 그러자 스탈린은 스페인에서 프랑코를 물러나게 하거나, 이탈리아 옛 식민지나 기타 신탁통치령을 분할한 것 등을 신나게 얘기했고, 대화는 중국 정세에까지 미쳤다. 이것은 '다이너마이트'를 작렬시키는 것 같았다. 또 스탈린은 8월 15일 대일전쟁에 참전하겠다고 말했다. 그러나 트루먼은 "나도 어떤 다이너마이트를 갖고 있지만, 지금은 터뜨리지 않는다"며, "나는 스탈린과 홍정할 수 있다. 그는 정직하지만 … 아무래도 방심할 수 없다"고 기록했다. 77)

---

76) "Department of State Minutes, Sixth Meeting of the Foreign Ministers", 23 Jul. 1945, FRUS, Berlin, 1945, vol. II, pp. 281~283.

나아가 7월 18일, 트루먼은 처칠의 숙소를 방문해 두 사람끼리만 점심을 했다. 그 자리에서 원폭실험 성공에 대해 논의하고, 그 사실을 스탈린에게 알려주기로 결정했다. 트루먼은 "나는 소련이 개입하기 전에 일본이 손을 들 것으로 믿고 있다. 맨해튼〔원자폭탄〕이 본토 상공에 출현하면 그들은 확실히 항복한다"고 기록했다. 한편 번스도 원자폭탄이 전쟁을 끝낼 때까지 쑹쯔원이 소련과의 교섭을 질질 끌어줄 것을 기대했다. 특히 포레스탈에게 다롄과 뤼순을 언급하면서 소련이 "한번 거기에 들어가면 쫓아내기 쉽지 않다"고 생각한다고 말했다. 다음 장에서 다시 논의하듯, 트루먼도 번스도 원폭투하에 의한 전쟁의 조기종결에 기대를 걸었던 것이다. 이 기대가 한국 신탁통치 문제에 대한 논의를 피하게 만들었을 것이다. 사실 원폭실험의 자세한 사항에 관한 글로브스(Keslie Richard Groves) 준장의 '헤아릴 수 없을 정도로 강력한 문서'가 대통령에게 도착한 것은 신탁통치 문제를 논의하기 전날인 7월 21일이었다. 78)

---

77) James F. Byrnes, *All in One Lifetime* (N.Y. : Harper & Brothers, 1958), p. 291; Byrnes, *Speaking Frankly*, p. 208; Robert H. Ferrell, ed., *Off the Record: The Private Papers of Harry S. Truman* (N.Y. : Harper & Row, 1980), pp. 53~54; Messer, *The End of an Alliance*, p. 105; Martin J. Sherwin, *A World Destroyed: The Atomic Bomb and the Grand Alliance* (N.Y. : Vintage Books, 1977), pp. 224~227; J. Samuel Walker, *Prompt & Utter Destruction: Truman and the Use of Atomic Bombs against Japan* (Chapel Hill: University of Northern Carolina Press, 1997), pp. 56~65.

78) Ferrell, ed., *Off the Record*, pp. 53~54; Millis, ed. (with Duffield), *The Forrestal Diaries*, p. 78. 번스의 외교와 조선 문제 간의 관계는 吳忠根이 일찍부터 주목해 다뤘다. 吳忠根, "戰時米ソ交渉における朝鮮問題 — ポツダム會談を中心に", 〈法學研究〉, 第56卷 6号 (1983.6.), pp. 48~52를 참조하기 바란다.

5. 마치며

제2차 세계대전의 시간적 그리고 공간적인 틀, 즉 유럽의 대전이 앞서고 태평양전쟁이 뒤를 이었다는 단순한 사실만큼, 전후 동아시아 질서의 형성이나 한국 독립 문제에 큰 영향을 미친 것은 없다. 미·영 양국은 대일전쟁을 시작하기 이전에 대서양헌장을 통해 전쟁의 목적을 정의했고, 장제스의 중국도 연합국선언과 카이로선언을 통해 이를 공유하고 있었다. 국제정치적 관점에서 본다면 만주나 대만의 중국 반환과 마찬가지로, 한국 독립은 이들 서약을 전후 세계에 적용하는 문제임에 틀림없다. 그러나 중·소 양국의 전략적 이해가 뒤섞이는 지정학적 조건 및 정치, 경제, 기타 내부적 조건 때문에 루스벨트 대통령과 미 국무부도 한국의 즉각적 독립은 바람직하지 않다고 여겼다. 또 해외에 있는 한국 독립운동이 통합되어 있다고 하더라도 그 운동이 한반도 내부와 충분한 연락을 유지하고 있다고는 생각하지 않았다. 더욱이 인도 독립 문제를 안고 있는 영국은 한국의 즉시 독립을 반대했다. 따라서 조선을 잠정적으로 4대국의 신탁통치 아래 둠으로써 장래의 독립과 지역적 안정을 동시에 확보하겠다는 루스벨트와 국무부의 구상에는 이상주의와 권력정치, 즉 민족자결과 세력균형을 교묘하게 조화하려는 정치적 지혜와 의사가 들어 있던 것이다. 미국이 그러한 정치적 전략을 넘어서서 한반도에 영토적 내지 군사적 야심을 품었던 흔적은 없다. 오히려 미국이 민족자결이라는 전쟁 목적을 고집하지 않았다면 처음부터 한국 신탁통치 구상은 존재하지 않았고, 지정학적 편의주의 관점에서 아마도 소련이 세력권 설정을 주도해 진행했을 것이다.

최대의 문제는 미·소 간에 전략적 공동행동이 가능할지 여부였다.

확실히 스탈린은 테헤란회담에서 한국의 '자유와 독립'에 찬성을 표명하고 얄타회담에서는 한국의 신탁통치에 동의했다. 하지만 여기에서도 제2차 세계대전의 시간적 그리고 공간적인 틀, 즉 대일전쟁이 끝나기 이전에 독일이 항복하면서 가장 큰 '공통의 적'이 소멸했다는 사실이 중요한 의미를 지녔다. 그 이후 유럽만이 아니라 세계 각지에서 미·영과 소련 간의 공동행동이 곤란해졌기 때문이다. 한국 독립 문제와 관련해서는, 무엇보다 폴란드가 독립을 회복하고 자유선거를 실시하는 것이 중요했다. 왜냐하면 민족자결과 세력균형을 조화시키려는 점에서 폴란드 문제와 한국 문제는 본질적으로 같았기 때문이다. 그러한 이유에서야말로 얄타회담 이후 스탈린이 폴란드에서 민족자결주의를 유린했을 때, 미국 지도자들은 한국 독립 문제를 "극동에 이식된 폴란드 문제"로 인식하기 시작한 것이다. 그러나 소련의 지정학적 불안을 해소하는 데 있어, 유럽 정면에 위치한 폴란드는 특별히 중요했다. 한편 대일전쟁이 끝나고 소련군이 극동에서 보여 준 역할이 명확해지기까지, 혹은 그 후로도 얼마 동안 스탈린은 한국 신탁통치를 명확하게 반대하지 않았다. 미국이 원자폭탄을 완성하기까지 소련은 분명 한반도에서 군사적 우위에 있었고, 한국에서 공동행동에 응함으로써 다른 전략적 지역에서 무엇을 얻을 수 있을지 확인하고 싶었을 것이다. 바꿔 말하면 미국이 한국 문제를 이념적으로 폴란드 문제와 비교하더라도, 스탈린에게 한반도는 지정학적으로 소련 극동부의 안전과 관계되는 인접지역이었던 것이다. 그 전략적 중요성이 폴란드에 필적했다고는 생각하지 않지만, 상세한 내용은 다음 장 이후의 검토과제로 삼고자 한다.

정상회담에서 논의한 만큼은 아니지만, 그동안 진전된 미국 정부 내의 논의나 연구를 통해서 미국의 전후 한국 정책의 기초가 구체적이자 단계적으로 형성됐다는 사실도 주목할 만하다. 카이로선언에 의한 한국의 '자유와 독립'에 관한 약속, 이를 실현시키기 위한 신탁통치 등은 루스벨트의 구상을 국무부가 정책화한 것이며, 조선에 관한 전후계획의 정책형성이 이층(二層)으로 되어 있음을 보여 준다. 미국 정부는 대한민국 임시정부의 승인을 일관해서 거부하고, 미국 내 이승만의 활동을 포함한 특정 독립운동에 적극적으로 관여하려 하지 않았다. **특정 정파를 지지하지 않고, 전후에 수립할 정부의** "궁극적인 형태나 인적 구성을 선택할 수 있는 권리"를 한국 인민에게 보장하는 일이야말로 미국의 한국 정책 제1원칙이었다. 그를 위한 국제적인 틀이 신탁통치였다 해도 좋다. 더욱이 국무부는 한국에서의 군사작전과 그 후의 점령행정을 가능하면 미·소 내지는 4대국이 공동으로 실시해서 신탁통치로 쉽게 이행할 수 있도록 하려 했다. 또 점령지역의 민정을 조기에 일원화한 중앙관리(통일관리)가 미국 전후정책의 제2 또는 제3의 원칙이었다. 그러나 일본이 항복한 이후 유럽에서 미·소 협조가 붕괴하는 가운데, 전시동맹을 토대로 한 '불완전한 합의'가 커다란 곤란에 직면한 것은 말할 필요도 없다. 한국 독립 문제에 관해서는 〈해방유럽선언〉이나 폴란드에 관한 얄타합의 같은 애매한 문서조차 존재하지 않았다. 79)

---

79) Grew, "Review of Policy Regarding Korea, 8 Jun. 1945", *Department of State Bulletin*, 10 Jun. 1945, pp. 1058~1059.

제 2 장

38도선 설정의 지정학

미국의 대일군사전략과 국제정치

1. 시작하며

한반도의 38도선 설정에 대해서는 얄타회담 밀약설부터 군사적 편의설 (軍事的 便宜說), 정치적 의도설, 그리고 냉전기원설에 이르기까지 많 은 논의가 거듭돼 왔다. 하지만 이 장의 첫 번째 목적은, 38도선이 설 정된 원인이나 과정을 직접 분석하고 그 책임을 추궁하려는 것이 아니 다. 그보다는 제 2차 세계대전을 거치며 변천해 온 미국의 군사전략 속 에서 한반도가 어떤 지정학적 위치를 차지하였는지 다시 살펴보고, 거 기에서 한반도 분단에 관한 새로운 관점을 얻고자 한다. 전쟁 초기, 미 통합참모본부(JCS)는 중국 내륙부로부터 일본 본토를 폭격하는 안을 검토했고, 다음으로는 대만과 그 맞은편의 샤먼(厦門)을 점령해서 일 본 본토와 동남아시아 사이의 바다와 하늘에서 연락선(連絡線)을 차단 하는 전략을 구사했다. 그 이후에도 저우산(舟山)열도, 닝보(寧波)반 도, 산둥(山東)반도, 한반도 서해안, 제주도 등 중국 대륙연안지역으 로 북상해서 일본열도를 서쪽부터 봉쇄하고 폭격하는 전략을 검토했다. 한반도의 장래와 직접 관계된 이런 작전계획은 어떻게 만들어졌다가 사라졌을까. 1943년 말까지 미국 내에서 진행된 두 개의 군사기술혁명(RMA), 즉 에식스급 고속항모와 B-29 장거리폭격기의 등장은 미국의 군사전략을 어떻게 변화시켰을까. 또 얄타회담 이후 미국이 오키나와를 거쳐 일본 본토를 강습하는 군사전략을 채택하고, 소련이 만주와 한반도에 대한 침공을 준비하는 가운데, 태평양육군총사령부(AFPAC), 통합참모본부와 국무부·육군부·해군부 3부조정위원회(SWNCC)는 어떤 한반도 작전을 상정했을까. 더욱이 전쟁의 최종단계에서 발생한 일본의 '갑작스러운 붕괴 또는 항복' 가능성에 대응하여 어떠한 한반도 진주·점령계획을 준비하였을까. 여기서 다시 살펴보고자 하는 것은 '실제로 무엇이 일어났는가'라는 것 이상으로, 미국의 군사지도자들이 '무엇을 생각하고 어떻게 싸웠는가'이다. '역사에 있어서 만약(if)'을 묻자는 목적은 아니지만, 언뜻 봐서 한반도와는 별로 관계가 없는 많은 군사전략 및 작전계획을 검토하는 일이 38도선 설정의 군사적 본질을 이해하기 위한 이론적 틀을 제공해 주기도 할 것이다. 1)

---

1) 38도선 설정에 관한 기존 연구는 김학준, "38선 획정에 관한 논쟁 분석", 〈한국정치학회보〉, 제10집(서울, 1976) 및 이완범, "미국의 38선 획정 과정과 그 정치적 의도: 1945년 8월 10일~15일", 〈한국정치학회보〉, 제29집 제1호(서울, 1995)의 해설을 참조하기 바란다. 또한 저자는 다음에 열거하는 뛰어난 논고를 참조했다. 이용희, "38선 획정 신고(新攷): 소련 대일참전사에 연하여", 〈아세아학보〉, 제1집(서울, 1964); Soon Sung Cho, *Korea in World Politics, 1940~1950* (Berkeley: University of California Press, 1967); Michael C. Sandusky, *America's Parallel* (Virginia: Old Dominion Press, 1983); Erik van Ree, *Socialism in One Zone: Stalin's Policy in Korea, 1945~1947* (N.Y.: Berg, 1989); 김기조, 《38선 분할의 역사: 미·소·일 간의 전략대결과 전시외교비사》(서울: 동산출판사, 1994); 이완범, 《38선 획정의 진실: 1944~1945》(서울: 지식산업사,

이 장의 두 번째 목적은 글로벌한 국제정치 속에서 군사작전의 정치적 의미를 생각해 보는 데에 있다. 수많은 주요 군사전략이나 작전계획은 당연히 정치적 의미를 갖지만, 얄타회담을 지배한 논리와 포츠담회담에서 대두된 논리 사이에는 큰 차이가 있었다. 극동 문제에 국한시켜 볼 때, 전자에서는 소련의 대일참전이 중심의제였다. 이를 보장받기 위해 와병 중이던 루스벨트 대통령이 얄타까지 대여행을 감행했고, 정치적으로도 큰 대가를 지불해야 했다. 그러나 후자에서는 독일 항복 이후 동유럽의 경험, 일본의 조기항복 전망, 그리고 또 하나의 중요한 군사기술 혁명, 즉 원자폭탄 완성이 트루먼 대통령이나 번스 국무장관의 정책결정에 커다란 영향을 미쳤다. 포츠담회담이 다가옴에 따라 한반도의 독립 문제는 폴란드 문제와 대비됐으며, 원폭실험이 성공함으로써 소련의 참전 자체가 꼭 필요하지도 않게 되었기 때문이다. 카이로회담에서 서약한 한반도의 '자유와 독립', 얄타회담에서 확인한 4대국에 의한 한반도 신탁통치 등은 전쟁의 최종단계에서 미국의 군사전략이나 점령계획에 어떤 영향을 주었을까. 그 당시 검토한 미·소의 공동작전이나 연합국의 공동점령은 단순한 '언어의 유희'에 지나지 않았던 것일까. 더욱이 한반도를 둘로 나눈 미국과 소련의 진주계획은 언제, 어떻게 부상했을까. 포츠담의 미·소 참모장회의에서 미국과 소련의 해상 및 잠수함작전, 항공작전을 위해서는 경계선을 그었는데 왜 지상작전을 위한 육상경계선은 긋지 않았던 것일까. 거기에 미국의 원폭외교가

2001）; Seung-young Kim, *American Diplomacy and Strategy toward Korea and Northeast Asia, 1882~1950 and After: Perception of Polarity and US Commitment to a Periphery* （N. Y. : Palgrave MacMillan, 2009）.

개입할 여지는 없었던 것일까. 만약 정치적 의도가 개입했다고 한다면 그것은 어떠한 것이었을까. 이들 의문을 풀어가는 과정은 38도선 설정의 국제정치적 본질을 명확하게 하는 작업이 될 것이다.

2. 군사전략 속의 한반도

(1) 중국 내륙부에서 중부 태평양제도로

미·일 전쟁 개전이 유럽의 세계대전에 전략적인 충격을 준 상황에서, 1941년 12월 22일 처칠 수상과 영국군 참모장들이 워싱턴에 도착했다. 이날 밤 루스벨트와 처칠 간에 회담이 열린 데 이어, 다음 날 미·영 연합참모장회의가 개최됐다. 이 일련의 회의는 비밀 명칭으로 아카디아(ARCADIA)라 불렸는데, 회의에서 가장 중요한 의제는 제2차 세계대전의 대전략에 관한 것으로 12월 31일까지 대독일 전쟁과 대일본 전쟁의 관계에 대한 중요한 인식을 미국과 영국 사이에 공유했다. 양국의 정상과 군사지도자들은 독일이야말로 추축국(樞軸國) 중에서도 주요한 적국이며, 일본의 참전에도 불구하고 대서양과 유럽 전역에서 독일을 타도하는 것이야말로 제2차 세계대전 승리를 위한 열쇠라는 것을 확인했다. 그러므로 이러한 연합작전에서 일탈하는 것은 "그 외의 전역(戰域)에서 무엇보다 중요한 이익을 방어하기 위해서 필요한 최소한의 전력"에 한해서만 허용했다. 미국과 영국에게 최대의 악몽은 히틀러의 압력에 굴복한 스탈린이 독일과 단독강화를 맺는 일이었다. 그러나 그 외에도 처칠로서는 미국 군대와 지원의 주력이 태평양전쟁에 투입되는

것을 경계하지 않을 수 없었으며, 루스벨트도 미국 국민의 관심이 대일
본 전쟁에 집중되는 상황을 두려워하여 대독일 전쟁 중시전략에 동의
한 것이다. [2]

　그러나 아카디아가 개최되기 전에도 서태평양에서 유럽과 미국 세력
을 격퇴하기 위한 일본군의 대공세가 진전되고 있었다. 괌과 웨이크섬
이 점령당했고, 필리핀에서는 맥아더 대장이 바탄으로 퇴각을 시작했
으며, 12월 10일에는 영국 전함 프린스오브웨일스와 순양전함 리펄스
가 일본군 항공기에 격침됐다. 주력함이 해상에서 항공 공격에 의해 격
침된 것은 전쟁 역사상 처음 있는 일이었다. 특히 전자는 영국 해군의
최신예 전함이었고, 그해 8월 처칠 수상을 태우고 플라센티아만까지
항해하면서 그 갑판을 영·미 정상회담의 무대로 제공한 직후였다. 게
다가 크리스마스에 홍콩, 다음 해인 1942년 1월 2일에 마닐라가 함락
되고, 2월 15일에 싱가포르, 3월 9일에는 랑군(옮긴이주: 지금의 양곤)

---

2) ABC-4/CS-1, 31 Dec. 1941, *Foreign Relations of the United States* (*FRUS*),
Washington, 1941~1942 & Casablanca, 1943 (Washington, D.C.: Depart-
ment of State), p. 664; Winston S. Churchill, *The Grand Alliance, The Second
World War*, vol. III (London: Penguin, 1985, First Published by Cassell
1950), pp. 622~623; Herbert Feis, *Churchill Roosevelt Stalin: The War They
Waged and the Peace They Sought* (Princeton, New Jersey: Princeton University
Press, 1957), pp. 39~40; John Lewis Gaddis, *The United States and the Origins
of the Cold War, 1941~1947* (N.Y.: Columbia University Press, 1972), pp. 66
~67; Grace Person Hayes, *The History of the Joint Chiefs of Staff in World War II:
The War Against Japan* (Annapolis: Naval Institute Press, 1982), p. 41; Ian W.
Toll, *Pacific Crucible: War at Sea in the Pacific, 1941~1942* (N.Y.: Norton,
2012), pp. 59~62; 赤木完爾, 《第2次 世界大戰の政治と戰略》(慶應義塾大 出
版會, 1997), pp. 19, 71~74.

이 함락됐다. 요컨대 최초 수개월 동안 일본군은 자국을 중심으로 한 거대한 동심원적 군사공간을 구축하고, 이를 더욱 확대해 가고 있던 것이다. 한편 아카디아에서 정의한 '무엇보다 중요한 이익을 방어'한다는 임무는 방대한 것이었다. 거기에는 첫째로 오스트레일리아, 뉴질랜드 및 인도의 안전과 중국의 항전에 대한 지원, 둘째로 장래의 대일 공세를 위한 중요거점으로서 하와이, 알래스카, 싱가포르, 네덜란드령 동인도의 장벽선, 필리핀제도, 랑군, 중국으로의 경로, 그리고 시베리아 연해주 확보가 포함돼 있었다. 게다가 이를 위해 필요한 '최소한의 전력'이 무엇이냐는 것은 미국과 영국 '상호간의 토의사항'이었다. 3)

이러한 군사 정세를 반영하여 미군은 1942년부터 1943년 초까지 태평양·극동 전역에서 장기적 군사전략을 세우지 못한 채, '전술적 기회주의'와 '추상적 지정학이론'에 의존해 일본군의 강력한 '반접근 지역거부'(anti-access/area denial)에 대응하지 않을 수 없었다. 또한 일본 해군의 적극적이고 과감한 영격작전(迎擊作戰)으로 인해, 미 해군은 태평양에서 보유했던 5척의 항공모함 중 2척을 산호해(珊瑚海, 옮긴이주: 오스트레일리아 북동 해안에 접한 바다로 코랄해라고도 한다) 해전과 미드웨이해전에서 잃었으며, 더욱이 2척은 일본군 잠수함의 어뢰공격과 함상공격기의 폭격으로 가라앉았다. 1943년 초에 태평양에서 활동하는 미 항공모함은 한동안 1척(새러토가) 뿐이었다. 그럼에도 불구하고 미군은 1942년 2월에 2척의 항공모함으로 마셜제도를 공습했고, 4월에는 B-25 폭격기부대(둘리틀)로 도쿄 공습을 감행했다. 5월에는 산호해에서 일본군 포트모르즈비(뉴기니섬) 공략부대의 상륙을 저지했다.

---

3) *FRUS, Washington and Casablanca*, p. 2173; Hayes, *History of the JCS*, p. 42.

더욱이 6월 미드웨이해전에서는 일본 해군의 항모 4척을 일거에 격침했다. 그 기회를 놓치지 않고 남서태평양 산타크루즈제도, 뉴헤브리데스제도에서 지상항공기지를 북상시키는 전술적 공격작전(위치타워)을 입안하여, 8월 이후 그 작전을 과달카날섬에서 실행했다. 야간공격을 동반하는 일본군의 격렬한 공격은 미 해군에 큰 손실을 가져왔지만 전투는 사실상 11월 중순에 끝났으며, 미군은 지상항공기지에서 출격하는 육군 폭격기로 남서태평양의 제공권을 장악하는 데 성공했다. 하지만 이를 위해 태평양 전역에 전개한 미군 전력(항공기와 병력)은 방대해졌으며, 그 규모는 대독전쟁을 위해 유럽에서 전개한 전력에 거의 필적했다. 4)

그 결과 1943년 1월 모로코 카사블랑카에서 개최된 미·영 정상회담은 미국이 태평양 및 극동 전역에 이미 축적된 전력으로 "일본에 대한 압력을 유지하고 주도권을 보유하며 **독일 항복 후**, 가능하면 조기에 연합국이 전면적인 대일본 공세를 할 수 있도록 준비를 개시한다"는 것을 승인했다. 또한 일본열도에 대한 공격은 유럽 전역에서 영국제도를 공

---

4) Ray S. Cline, *Washington Command Post: The Operations Division* (Washington, D.C.: Office of the Chief of Military History, Department of the Army, 1951), p. 334; 福田茂夫, 《第2次 大戰の米軍事戰略》(中央公論社, 1979), pp. 77~79, 90~91, 107~110; トシ・ヨシハラ, "比較の視点からみた接近阻止 ─大日本帝國, ソ連, 21世紀の中國", 《統合及び連合作戰の歷史的考察》(戰史研究國際フォーラム報告書, 防衛省 防衛研究所, 2015), pp. 135~137; 赤木, 《第2次 世界大戰の政治と戰略》, pp. 76, 80~82, 94~95. 1943년까지 "독일 타도를 최우선하는 것은 전쟁지도 최고방침으로는 여전히 유효했지만, 미국의 전쟁계획안 실행 면에서는 독일 타도에 집중하는 마셜의 원칙이 흔들리기 시작하면서, 사실상 다정면(多正面) 전쟁을 위한 계획이 생기게 됐다"(赤木, 《第2次 世界大戰》, p. 82).

격하는 전략에 착안해 봉쇄, 폭격, 강습의 3단계로 구상했다. 그 가운데 1943년에 채택한 전략적 목적은 제1단계에서 제2단계로 이행하는 것, 즉 **일본 본토의 폭격을 가능케 하는** 지상항공기지를 확보하는 일이었다. 이것이야말로 대일전쟁 승리를 향한 첫발이었던 것이다. 그러나당시 마리아나제도에서 B-29로 일본 본토를 폭격한다는 전략개념은여전히 존재하지 않았다. 영국군 참모총장의 질문에 대답하며 아놀드(Henry Harley Arnold) 육군항공부대 총사령관이 구체적으로 언급할수 있었던 것은, 일본 본토를 신형 장거리폭격기의 항속거리 내에 들어오게 할 수 있는 중국 내륙부의 거점, 즉 난창(南昌) 지역 및 소련령 연해주에 만든 항공기지뿐이었다. 다시 말해 아놀드는 여전히 일본군이확보한 '거리의 폭위(暴威)'(*tyranny of distance*)를 타파하고 반접근 지역거부 전략을 극복할 수 있는 방법을 발견하지 못한 것이다. 총참모장들은 제3단계인 일본 본토 강습을 먼 장래의 일로 생각했고, 강습이필요할 것이라는 확신조차 갖지 못했다. 5)

그러한 정세 속에서 킹(Ernest Joseph King) 해군작전부장(미 함대총사령관)은 중국의 대일전쟁 지속과 중국, 버마, 인도 전역에서의 미군지휘권 확립을 지정학적 관점에서 정당화하면서, "유럽 전역에서는 지리적 위치와 인적자원이라는 관점에서 러시아가 독일과 대항하는 데누구보다 유리한 입장이다. 태평양에서는 중국이 일본에 대해 이와 같은 입장이다. 러시아와 중국의 인적자원에게 필요로 하는 무기를 공급

---

5) Hayes, *History of the JCS*, pp. 290, 299; Paul Kennedy, *Engineers of Victory: The Problem Solvers Who Turned the Tide in the Second World War* (N. Y. : Allen Lane, 2013), pp. 283~284.

해 주고 일본과의 전쟁이 가능토록 하는 것이야말로 우리의 기본적인 정책이어야 한다"고 주장했다. 게다가 미국과 영국의 참모장들은 대만해협과 중국 연안의 일본 연락망을 공격하기 위해 중국의 지정학적 위치를 이용할 수 있다고 생각했다. 이러한 연유로 5월 워싱턴에서 개최된 미·영 연합참모장회의(트라이던트)를 위해 미 통합참모본부가 준비한 문서는 1943년부터 1944년까지 달성해야 할 군사 목표로서 알류산열도에서 일본군 배제, 중앙태평양 마셜제도로부터 서진(西進)(즉, 캐롤라인제도, 솔로몬제도, 비스마르크 제도, 일본이 지배하는 뉴기니섬 탈취) 등과 함께, 중국 내 및 중국으로부터 항공작전, 중국으로의 보급을 강화하기 위한 **버마작전 실시**를 거론했다. 이것들이 미국의 초기 대일본 군사작전의 핵심이었던 것이다. 6)

그러나 이러한 중국의 지정학적 역할에 대한 높은 평가는 이후 1943년 말까지 2가지 요인 때문에 수정됐다. 첫째, 미국의 전략 구상과는 달리, 영국과 중국은 버마작전에 적극적이지 않았다. 그 때문에 충칭에 파견된 스틸웰 중장은 '미 육군이 제 2차 세계대전 중에 경험한 가장 복잡한 정치적, 행정적 상황'에 직면했고, 장제스 총통과 감정적으로 대립하지 않을 수 없었다. 논쟁의 초점은 중국으로 육상보급을 가능케 하는 버마 루트의 확대였다. 이는 중국이 대일전쟁을 계속하기 위해 반드시 필요한 것으로 생각되었다. 앞 장에서 지적했듯이 미국은 영국 해군이 버마 남부로 상륙하길 원했다. 하지만 영국은 상륙작전을 단독으로 수행하는 데에는 소극적이었으며, 중국군이 남부 상륙에 호응해 윈

---

6) 버마작전은 킹 제독이 착상한 것이다. Hayes, *History of the JCS*, pp. 299, 402~403; Cline, *Washington Command Post*, pp. 334~335.

난(雲南)에서 버마 북부로 대규모 공세를 감행하도록 요구했다. 그러나 장제스는 그러한 요구가 불만스러웠다. 한편 일본 본토를 폭격하기 위해 중국 내륙에 항공기지를 만드는 일도 쉽지 않았다. 8월에 퀘벡에서 열린 미·영 연합참모장회의(QUADRANT)에서는 일본 중심부에서 약 2,400킬로미터 떨어져 있고 난창에 가까운 창사(長沙)를 유력 후보지로 거론했다. 그러나 창사도, 나중에 부상한 구이린(桂林)도 지리적으로 일본군이 공격할 수 있는 범위 내에 있었다. 중국 내륙에 항공기지를 만들기 시작하면 일본군도 분명 필사적으로 반격할 것이었다. 게다가 장제스가 버마 루트 개통 이전에 일본군을 격퇴하기 위한 작전을 적극적으로 수행하리라고 기대하기는 어려웠다.[7]

두 번째로, 1943년 말까지 달성한 두 가지의 군사기술 혁명, 즉 에식스급 신형 고속항공모함을 중심으로 미 함대가 재편성되고 B-29 장거리폭격기가 실전배치될 가능성이 높아지면서 사이판섬과 괌섬을 포함한 마리아나제도에서 일본 본토를 폭격한다는 새로운 전략이 부상했다. 여기서 미 함대 재편성이란 혁명적인 설계(레이더를 통한 적군 색출 및 사격 지휘, 30노트 이상을 유지하는 거대 터빈, 항공기 90~100기 탑재 등)로 건조한 에식스급 항공모함이 1943년 5월 이후 연이어 진수되고, 이들 항공모함에 인디펜던스급 경항모를 더해 태평양함대를 고속항모 임무부대 중심으로 재편성한 것을 가리킨다. 미드웨이해전에서 격침된 요크타운도, 그해 여름에 에식스급 신형 항공모함으로 모습을 바꿔 진주만으로 복귀했다. 1943년 초 겨우 1척의 항공모함밖에 남아 있지

---

7) Cline, *Washington Command Post*, p. 335; Hayes, *History of the JCS*, pp. 402~403, 492~493; 福田, 《第2次 大戰の米軍事戰略》, pp. 184~188.

않던 미 태평양함대가 불과 1년 사이에 신형 항공모함 에식스급 6척, 인디펜던스급 6척을 갖춘 대함대로 변모한 것이다. 여러 대의 항공모함으로 새롭게 편성한 임무부대는 상륙 목표에 대한 항공기 공격과 함포 사격에서 위력을 발휘했으며, 1944년 이후 마셜제도, 뉴기니섬, 마리아나제도, 필리핀제도, 류큐제도 상륙작전에서 큰 성과를 거두면서 일본 본토를 압박하는 해상 루트를 개척했다.[8]

B-29 폭격기는 제2차 세계대전 중 개발된 가장 선진적인 장거리 중(重) 폭격기로, 하늘의 요새(super-fortress)라고 불렸다. 폭탄 10톤을 적재하고도 항속거리가 약 6,600킬로미터에 달했다. 상승한도는 거의 1만 미터에 이르러, 적의 전투기나 고사포가 도달할 수 없는 고도를 비행할 수 있었다. 그래서 1943년 10월 단계에 이미 통합참모본부가 "중폭격기지 설정을 가장 중요한 목표로 삼고, 가능한 한 조기에 마리아나제도를 탈취해야 한다"는 제안을 검토할 정도였다. 즉, B-29로써 일본 본토를 효과적으로 폭격할 수 있는 항공기지로서 중국 내륙의 난창, 창사, 구이린 대신 일본 열도의 중심부를 향해 이어진 중부 태평양제도, 특히 마리아나제도(사이판, 괌, 티니언)가 급부상했다. 만약 같은 시기에 진행된 두 군사기술 혁명의 결합이 없었다면, 미군은 뉴기니에서 셀레베스(옮긴이주: 인도네시아의 섬), 필리핀 북부, 중국 연안을 향해 전진하고, 거기서 오키나와를 탈취해 항공기지를 건설한 후 일본 본토 폭격을 강화한다는, 시간이 걸리는 방법을 선택하지 않을 수 없었을 것이다. 하지만 일본 본토 폭격 초기단계에는 B-29를 중국 내륙 깊숙한 곳

---

8) Cline, *Washington Command Post*, p. 335; Kennedy, *Engineers of Victory*, pp. 316~319.

에서 출격시키는 무리한 계획도 실행하고 있었다. 사실 1944년 6월에 처음 출격한 B-29는 인도의 항공기지에서 방콕에 있는 일본군 철도정비공장을 폭격했다. 그리고 열흘 뒤 47대의 B-29가 인도에서 버마를 넘어 청두(成都)에 도착했고, 거기서 급유한 후 기타큐슈(北九州)의 야하타(八幡) 제철소를 폭격했다. 그러나 같은 무렵, 마리아나제도에서는 미 해군이 사이판섬 상륙작전을 개시했다. 그리고 11월 24일에는 사이판에서 출격한 94대의 B-29가 마침내 일본의 수도 도쿄(東京)를 공습했다. [9]

(2) 대만과 샤먼인가, 루손섬인가

그런데 중부 태평양제도에서 일본 본토를 폭격하는 작전을 위해서는 일본군이 점령한 길버트제도를 되찾고, 이를 기반으로 캐롤라인제도, 마셜군도, 마리아나제도를 공략해 이오지마(硫黃島)를 겨냥하는 '해양형' 전략이 필요했다. 한편 미 육군의 작전은 오스트레일리아에서 뉴기니로 북상해 솔로몬제도, 비스마르크제도를 경유해서 셀레베스섬(술라웨시섬)이나 루손섬(필리핀제도)을 탈환하는 것이었다. 명백히 남서태평양 전역을 정면으로 하는 맥아더의 계획은 중국 내륙을 출발점으로 하는 작전이나 버마작전보다 훨씬 효율적이었다. 하지만 에식스급 항공모함을 중심으로 한 항모함대 재편에 따라 또 하나의 정면, 즉 니미츠(Chester W. Nimitz) 제독이 지휘하는 중부태평양 전역에서

---

9) Hayes, *History of the JCS*, p. 496; Kennedy, *Engineers of Victory*, pp. 306~307, 326~328; 福田, 《第2次 大戰の米軍事戰略》, pp. 223~225, 234~236.

놀랄 만큼 빠른 진격이 이루어졌다. 사실 맥아더가 마침내 뉴기니 북서쪽 바다의 비악섬을 탈환했을 때, 니미츠는 이미 마리아나제도를 점령하고 이오지마와 오키나와 본도(本島) 공략작전을 준비하기 시작했다. 그러므로 남서태평양 전역의 육군부대가 필리핀 대부분을 방치하고 대만을 목표로 삼아야 한다는 주장에는 상당한 근거가 있었다. 맥아더는 불쾌했겠지만, 결과적으로는 미 해군이 중부태평양 전역에서 앞장서 나간 사실이 티니언섬에서 B-29로 원자폭탄을 투하하는 전략을 포함한 일본 본토 폭격을 가능하게 했고, 나아가 태평양전쟁의 추이를 결정한 것이다. 10)

따라서 1944년에 워싱턴 통합참모본부가 직면한 최대의 전략 문제 중 하나는 태평양의 미군이 루손섬과 필리핀제도를 향해 진격해야 할지, 아니면 필리핀을 우회해 대만과 그 맞은편의 샤먼을 점령해야 할지 선택하는 것이었다. 맥아더가 강조한 것처럼, 전쟁 초기에 일본군에게 점령당한 필리핀을 해방하는 데에는 정치적 상징성이 존재했지만, 통합참모본부로서는 루손섬 해방과 대만 탈취가 가져올 전략적 이점을 군사적 관점에서 비교하지 않을 수 없었다. 특히, 대만작전의 주창자였던 킹 해군작전부장은 대만을 점령하면, 대만해협을 지배하고 샤먼 부근의 연안지역에 상륙함으로써 일본 본토, 네덜란드령 동인도제도, 동남아시아 사이 해공(海空)의 연락선을 차단하는 것도 가능하다고 주장했다. 결국 대만, 샤먼과 루손섬 중 어디를 향해 진격해야 하는지 논

---

10) Kennedy, *Engineers of Victory*, p. 302~303; L. Allen, "The Campaign in Asia and the Pacific", *Journal of Strategic Studies*, vol. 13, no. 1(1990. 3.), pp. 162~192.

쟁을 끝맺지 못한 채, 3월 2일에 통합참모본부는 남서태평양구역총사령관(CINCSWPA) 맥아더와 태평양해양구역총사령관(CINCPOA) 니미츠에게 "무엇보다 중요한 루손섬, 대만, 중국 연안지역"의 삼각지대를 향해 진격하라고 명령했다. 잠정적인 대만 점령 목표일은 다음 해 2월 15일로 정했다. 그 명령은 대만을 점령할 때까지는 루손섬을 탈취하는 가능성도 배제하지 않고 있었다. 11)

잠정적이라고는 하지만 대만 점령의 목표일이 정해지자 통합참모본부 산하에서 중요한 작전계획의 입안을 담당하는 통합계획참모(JPS)들은 그 이후 일본 본토 침공이 필요한지 여부를 진지하게 검토하기 시작했다. 1943년 1월 카사블랑카 정상회담 때와는 달리, 1944년 4월에는 "봉쇄와 폭격만으로 일본이 과연 붕괴할지 매우 의심스럽다", "본토침공으로만 일본의 붕괴를 확실히 할 수 있다"는 의견이 유력해지고 있었다. 더욱이 다음번 미·영 연합참모장회의를 앞두고, 통합계획참모의 하부기관인 통합전쟁계획위원회(JWPC)는 6월 말〈대만 이후의 대일작전〉(J. C. S. 924)이라는 제목으로 포괄적 연구보고서를 제출했다. 보고서는 대만 점령 이후의 전략으로서 "일본 공업의 심장부를 침공하여 목표지점을 탈취한다"는 작전개념을 구상해야 한다고 주장했다. 또한 이를 위한 기본 계획으로는 대만과 마리아나제도에서 일본 본토를 폭격하는 것에 더해, 1945년 4월 1일에 시작하는 **제1단계**에서 오가사와라제도와 아마미오시마(奄美大島)를 포함한 류큐제도를 탈취하며, 나아가 샤먼에서 대륙연안으로 북상하여 원저우(溫州)를 점령하고, 7월 1일 이후의 **제2단계**에서 오가사와라제도, 류큐제도, 중국 연안지

---

11) Hayes, *History of the JCS*, pp. 603~604.

역을 통합해 거기에서부터 적의 공격능력을 줄이고, **제 3단계에서** 규슈(10월 1일) 와 간토(關東) 평야(12월 31일) 에 대한 강습을 상정하고 있었다. 이 새로운 작전개념은 통합참모본부에서 약간 수정을 거친 후, 1944년 9월 퀘벡에서 개최된 제 2차 미·영 연합총참모장회의 (옥타곤) 에 제출되어 정식으로 미국과 영국의 연합전략으로 채택되었다. 12)

한편 루스벨트 대통령은 7월 하와이 방문을 계기로 대만작전과 루손작전에 대하여 맥아더 대장과 니미츠 제독 양쪽의 의견을 모두 청취했다. 니미츠는 해군에게는 대만작전이 더 바람직하다며, 대만 점령이 일본 본토에 대한 진격을 촉진한다고 주장했다. 반면 맥아더는 육군으로서는 루손작전이 더 용이하다고 지적하고, 루손이 정치적 의의를 갖는다고 강조했다. 하지만 양쪽 모두 최종적인 결단을 곧바로 내릴 필요는 없으며, 가을까지 결정을 연기해도 된다고 말했다. 대통령은 맥아더가 그린 구상에 더 호의적이었고, 대만작전을 배제하지는 않은 채 필리핀 탈환을 보증해 주었다. 리델 하트(Basil Henry Liddell-Hart) 가 지적한 것처럼, "정치적인 배려, 그리고 필리핀에 개선하고 싶다는 맥아더의 당연한 욕구가 필리핀제도를 우회하자는 주장을 밀어낸" 것이다. 그러나 이후 니미츠 제독은 대만작전을 남부지역으로 한정하여 신속하게 중국 연안의 샤먼을 점령하는 작전계획을 세웠다. 니미츠와 킹은 이러한 작전이 맥아더의 루손섬 침공을 지연시키지는 않을 것이라고 주장했다. 그러나 마셜 육군참모총장은 대만·샤먼작전이 끝난 후 남방

---

12) "Operations against Japan Subsequent to Formosa", J. C. S. 924, 30 Jun. 1944, ABC 381 Japan (8-27-48), section 7, Records of the War Department, RG 165, National Archives; Cline, *Washington Command Post*, pp. 337~339; Hayes, *History of the JCS*, pp. 625~630.

으로 후퇴해 루손작전에 착수하는 것을 달가워하지 않았다. 그보다도 루손작전 후에 오히려 대만을 우회하여 규슈로 직진할 가능성을 시사했다. 13)

대만인가, 루손섬인가 하는 논쟁에 결론이 난 것은 9월 말 킹과 니미츠의 회담에서였다. 상륙작전에 적합한 병력이 부족하고 물자 조달이 곤란하다는 이유로 니미츠 제독이 대만작전의 실행가능성에 의문을 던지자 킹 제독도 납득한 것이다. 이렇게 해서 장기간에 걸친 논쟁이 끝났다. 10월 3일 통합참모본부는 맥아더에게 1944년 12월 20일을 목표일로 루손섬을 탈취 및 점령하도록 명령했고, 니미츠 제독에게는 각각 다음 해 1월 20일과 3월 1일을 목표일로 하여 오가사와라제도(이오지마)와 남서제도(오키나와 본도)의 거점을 공략하도록 명령했다. 결과적으로 미군은 중부태평양 전역과 남서태평양 전역에서 동시에 공세를 취하는 형태가 됐고, 일본군은 두 개의 정면을 방어하느라 방대한 소모전을 해야 했다. 그러나 대만·루손섬 논쟁이 종식되자 미국은 일본 본토 공격의 곤란함을 새삼 인식하기 시작했다. 이 무렵 육군부 작전부(OPD)가 스팀슨 육군장관에게 제출한 보고서는 중국 대륙에서 일본을 공격할 경우 "이번 전쟁에서 이전에는 경험하지 못한 거대한 보급 문제"가 제기될 것이라고 지적했다. 이에 더하여 "영국 기지에서 불과 50마일 정도 되는 해협을 건넌 노르망디 상륙작전의 곤란함을 생생하게 기억하고 있는 사람들"에게 "수십만 명의 인원과 방대한 양의 물자를 수천 마일의 태평양을 건너 수송하는" 해상작전의 중대성은 명백하다고

---

13) Hayes, *History of the JCS*, pp. 610~614; B. H. Liddell Hart, *History of the Second World War* (London: Cassell, 1970), p. 620.

지적했다. 이렇듯 대만을 우회한다는 결정이 꼭 연안작전 소멸을 의미하지는 않았던 것이다.[14]

(3) 대륙연안 북상인가, 일본 본토 직진인가

흥미롭게도, 대만인가 루손섬인가 하는 논쟁은 소멸하기는커녕 일본 본토 침공계획 안에서 형태를 바꿔 재연됐다. 예를 들어, 1944년 12월 니미츠가 이끄는 태평양해양구역사령부의 참모들은 중거리폭격기를 일본 국내의 중요 지역에 보낼 수 있는 거점을 대륙연안에서 확보하여 일본 본토를 집중적으로 폭격한 후, 나아가 일본과 화중(華中) 및 만주·한반도 사이의 연락을 끊어 버리는 계획을 검토하고 있었다. 거점 후보지로서는 산둥반도 1곳과 한반도 1곳을 거론하면서, 상하이 남쪽에 위치한 저우산열도와 닝보반도를 최적지로 보았다. 다음 달 통합참모본부는 그곳에 상륙할 준비는 하지 않는다는 양해 아래 니미츠 제독에게 저우산·닝보작전 입안을 명령했다. 규슈 침공계획과 구체적으로 관련시키는 일을 삼가면서도 작전 입안을 신속하게 승인한 것이다. 한편 워싱턴의 통합계획참모들도 이 지역을 바람직한 작전목표로 상정하고, 1945년 6월에는 공략할 수 있을 것이라 예측하고 있었다. 저우산·닝보작전의 가장 열렬한 제창자는 엔터프라이즈 함상에서 미드웨이해전을 냉정하게 지휘한 스프루언스(Raymond Ames Spruance) 제 5함대

---

14) Hayes, *History of the JCS*, pp. 623~624; Cline, *Washington Command Post*, pp. 339~340; ヨシハラ, "比較の視点からみた接近阻止", 《統合及び連合作戰の歷史的 考察》, pp. 143~144.

사령관이었다. 그러나 친우인 홀시(William Frederick, Halsey Jr.) 제 3함대사령관이 그 계획을 강하게 반대했고, 두 사람의 토론은 때때로 매우 격렬해졌다. 15)

얄타회담 후인 2월 13일, 맥아더 장군이 더욱 유력한 반대의견을 표명했다. 맥아더는 크림반도에서 마닐라로 파견된 워싱턴의 통합계획 참모그룹에게 "군사적 견지에서 보면, 미군이 일본으로 침공하기 이전에 소련을 대일전쟁에 참가시키기 위해 모든 노력을 경주해야 한다. 그렇지 않으면 우리는 일본군의 중압을 받아 피해를 보겠지만, 소련은 적당한 시기에 큰 저항도 받지 않고 다른 지역으로 침입할 것이다", "소련은 **만주, 한반도 전역 및 아마도 화베이의 일부**를 원할 것이다. 이들의 영토 점령은 피할 수 없을 것이다"라고 지적했다. 그리고 "소련군의 행동 및 그로부터 얻을 수 있는 전략적 경악(驚愕)과 연결시켜 볼 때, 적당한 시기에 처음부터 일본 심장부에 상륙해서 적의 병력을 분열시키는 것이 일본 열도의 다른 원격지역에 처음 상륙하여 우리 병력을 소모하는 것보다 훨씬 이점이 크다"고 주장했다. 바꿔 말하면 맥아더는 대륙부에서의 대규모 군사작전은 완전히 소련군에게 맡기고, 그 충격을 최대한 이용해서 미군을 간토평야로 직진시키자고 제안한 것이었다. 그러나 마닐라에서 괌을 향하던 링컨(George A. Lincoln) 준장을 기다리던 것은 한반도작전 입안을 위해 노력을 기울이고 있던 태평양해양구

15) Hayes, *History of the JCS*, pp. 658~659; *Reports of General MacArthur: The Campaigns of MacArthur in the Pacific*, vol. I (Washington, D.C.: Government Printing Office, 1966), pp. 387; William F. Halsey & J. Bryan, *Admiral Halsey's Story* (N.Y.: McGraw-Hill, 1947), pp. 195, 250; Toll, *Pacific Crucible*, pp. 393~396, 458~459.

역사령부 참모들이었다. 16)

　오키나와 상륙작전이 예정보다 1개월 늦어진 1945년 4월 1일에 개시
되자 미국은 다음 목표로서 규슈를 침공할 것인가, 대륙연안 거점과 기
타 지역을 탈취하여 일본 본토를 확실히 봉쇄할 것인가를 시급하게 결
정해야 했다. 4월 12일에 마셜 육군참모총장은 맥아더 장군에게 통합
참모본부 내의 두 가지 견해를 전하면서 그에 대한 의견을 청취했다.
첫 번째 견해는 저우산열도·닝보반도, 산둥반도 내지 한반도 서해안
의 거점 또는 제주도, 쓰시마를 탈취해 해공으로부터 일본 본토를 폭격
및 봉쇄하자는 주장이었다. 두 번째 견해는 필리핀에 병력을 결집하고
류큐제도로 향하는 육상항공기지를 만든 후 바로 일본 본토를 침공하
자는 것이었다. 이에 대해 4월 20일에 맥아더가 보내온 회답은 예상했
던 것처럼 "류큐제도로 향하는 항공기지 전개는 항공모함 탑재기와 함
께 규슈 상륙을 지원하기에 충분한 항공력을 제공할 것이며, 규슈에 대
한 항공력 설정은 본토 공격을 위한 완전한 제공권을 보증할 것"이라는
내용이었다. 한편 니미츠 제독도 "결정적 승리를 달성하기 위해 조기에
규슈 침공"을 해야 한다고 진언했다. 양쪽 모두 규슈 상륙작전 개시를
11월로 설정한 것이었다. 다만 니미츠는 그 작전이 1945년 말까지 개
시되지 않으면 저우산열도를 점령하고 대한해협을 지배하는 안을 진언
했다. 이에 따라 그때까지 검토하던 동시베리아를 향한 항공기지 설정
과 알래스카 및 시베리아 보급로 개설은 중요성을 상실했다. 17)

---

16) *Entry of the Soviet Union into the War Against Japan*: *Military Plans, 1941~
　　1945*(Unpublished Manuscript, Office of Military History, United States
　　Army), pp. 50~51; Cline, *Washington Command Post*, pp. 307~308;
　　Sandusky, *America's Parallel*, pp. 151~152.

맥아더의 의견을 청취한 후 워싱턴의 통합전쟁계획위원회가 4월 하순에 제출한 〈태평양전략〉(J. C. S. 924/15)이라는 제목의 보고서는 폭격과 봉쇄만으로는 연합군이 제시한 일본의 무조건 항복이라는 목적을 달성할 수 없다고 주장했다. 그리고 계통적 폭격에 의해 12월까지는 일본 본토 상륙이 가능해지고, 규슈와 혼슈(本州)로 침공하기에 충분한 병력과 자원을 이용할 수 있을 것으로 추정했다. 또한 대륙연안에서 일본을 포위하는 작전은 1946년 가을에 끝나는 데 비해, 본토 침공작전은 같은 해 6월에 완료될 것으로 추정했다. 더욱이 일본 본토 침공은 중국 대륙연안 거점을 점령할 필요성을 없앴을 뿐만 아니라, 중국공산당과 장제스의 국민정부 사이에 존재하는 정치 문제에 휩쓸리지 않고 가장 피해를 적게 받으면서 중국 내 일본군을 항복하도록 할 수 있다고 판단했다. 그럼에도 불구하고 이 보고서는 "카이로선언은 만주가 중국에 반환되어야 한다는 조항을 포함하고 있지만, 소련은 아직까지 이 선언의 제원칙에 동의하지 않고 있다. 만약 소련이 참전하면 소련군은 아마도 최초의 만주침공군이 될 것이다. 이는 적어도 상징적으로 미군을 중국에 불러들이는 문제를 제기하게 될 것이다"라고 분석했다. 또 규슈로 침공하는 '올림픽(OLYMPIC) 작전'과 간토평야로 침공하는 '코로넷 (CORONET) 작전'에 필요한 병력을 36개 사단으로 추정했다. [18]

17) *Entry of the Soviet Union*, pp. 54~60; *Reports of General MacArthur*, vol. I, pp. 397~399.

18) "Pacific Strategy", J. C. S. 924/15, 25 Apr. 1945, and "Directive for Operation OLYMPIC", 25 May 1945, Records of the Joint Chiefs of Staff, part 1, microform(University Publications of America, 1981); *Entry of the Soviet Union*, pp. 61~68; Hayes, *History of the JCS*, pp. 702~704.

킹 제독은 통합계획참모가 제안한 행동방침을 승인했지만, 그렇다
고 일본 본토 침공이 반드시 필요하다고는 생각하지 않았다. 미군을 상
륙작전에 뛰어들게 하지 않고도 사전 압력과 봉쇄 강화로써 대일전쟁
에서 승리할 수 있을지 모른다고 여전히 느끼고 있었던 것이다. 그러나
전선의 사령관에게 명백한 지시를 내릴 필요성을 인정하고 "일본의 산
업 심장부를 향한 결정적 침공을 위해서 바람직한 조건을 만드는" 규슈

〈지도 1〉 일본 본토 포위·침공계획

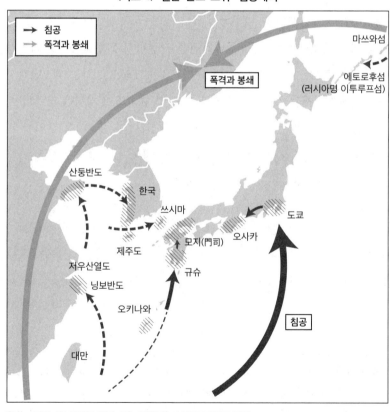

출처: J.C.S. 924/15(1945년 4월 25일)에 수록된 지도로 작성.
주: 점선으로 된 화살표는 실행되지 않은 대륙 연안 북상 루트와 한반도 경유 루트.

상륙작전 실시를 명령해야 한다고 권고했다. 작전통제권에 대한 복잡한 논의를 전개한 후, 5월 25일 통합참모본부는 맥아더 장군과 니미츠 사령관, 아놀드 제20항공부대사령관에게 올림픽작전을 위한 지령을 내렸다. "적절한 해군사령관을 통해 실시하는 실제 상륙작전의 통제권을 포함한" 올림픽작전 수행의 일차적 책임은 태평양육군총사령관(CINCAFPAC)과 남서태평양작전사령관에 위임됐다. 5월 28일 맥아더는 두 단계의 상륙작전을 조합한 전략계획 '다운폴'(DOWNFALL)의 제1단계(올림픽작전)를 발령했다. 그에 따르면, 11월 1일(X-Day)에 개시하는 제1단계에 미 제6군이 규슈 남부(규슈 전체의 약 3분의 1)를 장악해서 그곳에 간토평야 침공작전을 지원하기 위한 공군 및 해군기지를 구축하고, 1946년 3월 1일을 목표일(Y-Day)로 하는 제2단계의 코로넷작전에서는 3개 군을 투입해 도쿄 및 요코하마 지역을 점령할 예정이었다. 여기에는 각각 76만 6,700명과 102만 6,000명을 투입할 계획이었다. 이렇게 해서 대규모 대륙연안작전이 실시될 가능성은 완전히 소멸한 것이다. 19)

---

19) "Directive for Operation OLYMPIC", 25 May 1945, Records of the Joint Chiefs of Staff, part 1; Hayes, *History of the JCS*, pp. 704~706; *Entry of the Soviet Union*, p. 68; Richard B. Frank, *Downfall: The End of the Imperial Japanese Empire*(N. Y. : Random House, 1999), pp. 115~122.

3. 소련의 참전 전망과 한반도

(1) 대일참전의 정치적 조건

미국이 소련에게 대일참전을 최초로 요청한 것은 1941년 12월 8일이었다. 이때 루스벨트 대통령이 리트비노프(Maxim Litvinov) 주미 소련대사에게 간접적으로 희망을 표했고, 같은 날 헐 국무장관과 리트비노프 대사는 소련의 대일참전을 논의했다. 또 12월 10일에는 맥아더가 일본에 대한 '북방으로부터의 신속한 공격'이 매우 효과적이라는 주장을 통합참모본부에 타전했다. 일본의 해군 및 공군력이 한계에 도달해서 본토 방위가 취약해졌기 때문에, "소련의 참전은 적에게 최대의 공포다"라고 강조한 것이다. 그러나 리트비노프는 12월 11일 "소련은 독일에 대항해 대규모 전투를 수행하고 있으며, 일본에게 공격받는 위험을 감수할 수는 없다"며 요청을 정식으로 거절했다. 이 때문에 미국은 이후 한동안 소련의 대일참전에 큰 관심을 두지 않았다. 1942년 8월이 되자 스탈린이 해리먼 주소련 대사에게 "일본은 러시아의 역사적인 적이며, 그들의 최종적인 패배는 러시아의 이익"이라고 말했지만, 통합참모본부가 "독일의 위협이 제거된 후 어느 시점에서 소련이 대일전쟁에 개입할 것 같다"는 판단을 내린 것은 그로부터 1년 후인 1943년 8월 퀘벡에서 미·영 연합참모장회의(QUADRANT)가 개최될 무렵이었다. [20]

---

20) *Entry of the Soviet Union*, pp. 1~2, 19~20; John R. Deane, *The Strange Alliance: The Story of Our Efforts at Wartime Co-operation with Russia* (N.Y.: The Viking Press, 1947), p. 226. 다만, 9월 말 통합전략조사위원회(JSSC)가 작성한 문서는 소련의 전면적 대일참전의 의의를 높게 평가하면서도, 미군의 일본 본

이러한 미국의 판단은 1943년 10월 모스크바에서 개최된 외상회담 최종일에 구체적으로 확인됐다. 만찬이 끝나자 헐 국무장관을 포함한 미국과 영국의 참가자들은 일본군이 1921년 시베리아로 침공하는 영상을 오랜 시간 감상했으며, 비공식적이었지만 몰로토프 외상과 비신스키(Andrei. I. Vyshinski) 외무차관이 대독전쟁 승리 후의 대일참전에 대해 설명했다. 스탈린 자신도 대일참전에 대해 헐에게 명언했다. 또한 11월 초에 몰로토프는 해리먼 주소련 대사에게 똑같은 보증을 해줬다. 더욱이 앞 장에서 지적한 것처럼, 11월 테헤란에서 개최된 미·영·소 정상회담에서는 스탈린이 마침내 최고지도자 선에서 소련의 대일참전 의사를 직접적으로 표명했다. 루스벨트 대통령이 연합전략을 개괄하고, 태평양에서 진행하려는 미국의 작전을 조금 상세히 설명했을 때, 스탈린은 "(일본에 대한) 공격을 위해서는 극동소련군을 3배로 증강하지 않으면 안 된다. 이를 독일이 항복할 때까지는 달성할 수 없다. 그러나 그때가 되면, 우리는 공동전선을 펴서 승리할 것이다"라고 응했던 것이다. 21)

물론 미국에게 소련의 대일참전이 구체적 의미를 갖게 된 것은 미국이 일본 본토 침공을 진지하게 검토하기 시작한 1944년 여름 이후부터이다. 그러나 앞서 설명한 〈대만 이후의 대일작전〉은 소련의 적극적인 참전이 대일전쟁 승리를 위한 필수조건이라고는 생각하지 않았다. 오히려 독일의 패배 이후 수개월 동안 극동소련군이 증강되지 않은 것에

토 단독침공에 수반될 과대한 희생과 그 후에 소련군이 참전해서 얻을 수 있는 '어부지리'를 경계했다(Hayes, *History of the JCS*, pp. 668~669).

21) *Entry of the Soviet Union*, pp. 22~24; FRUS, *Cairo and Teheran, 1943*, pp. 489~500.

주목했고, 일본이 소련의 참전을 탐지하고 시베리아철도를 절단해 버리면 소련군은 "연합국의 원조 없이는 자신의 상황을 유지하면서 관동군을 끌어들이는 것 이상은 할 수 없다"고 보았다. 하지만 그럼에도 불구하고 소련이 미군의 규슈 공격에 호응해서 또는 그보다 앞서 대일참전할 가능성도 검토했고, 참전할 경우에는 "일본군이 〔만주에서〕 한반도나 화베이를 향해 실질적인 남하를 하지 못하도록 막고, 아시아대륙의 모든 일본군의 발목을 잡고 … 우리의 규슈 침공과 일본 심장부를 향한 최종 공격을 용이하게 해줄 것"이라고 판단했다. 이와 관련해 통합참모본부는 소련이 캄차카와 헤이룽장(黑龍江) 계곡의 비행장에서 발진하는 미군의 전략폭격을 허용할지도 모른다고 기대했다. 이것이 일본을 공격하는 항공기지의 증대와 공격 방향의 다양화를 가져올 것으로 여긴 것이다. 그러나 이를 위해서는 북태평양에서의 해상작전과 시베리아 루트의 개설이 필요했다.[22]

그로부터 약 6개월 후인 1944년 11월 통합전쟁계획위원회는 〈소련의 대일참전〉이라는 제목으로 최초의 본격적인 보고서를 통합참모본부에 제출했다. 흥미롭게도 통합계획참모들은 "소련의 참전 없이도 대일전쟁의 승리를 달성할 수 있다"는 확신과 "가능하면 조기에 일본을 타도하기 위해서는 소련의 조기참전이 바람직하다"는 두 가지 인식을 공유하고 있었으며, 소련의 의도와 능력을 현실적으로 평가하고 "극동과 전후 세계정치에서의 이익을 위해 **소련은 틀림없이 대일전쟁에 개입**

22) "Operations against Japan Subsequent to Formosa", J. C. S. 924, 30 Jun. 1944, Records of the joint Chiefs of Staff, part 1; *Entry of the Soviet Union*, pp. 28~ 30.

할 것"이라고 판단했다. 또한 ① 시베리아에 있는 병력이 증강되어 관동군에 대한 작전 성공을 전망할 수 있는가, ② 태평양에 있어서 미국의 입장이 강화되어 신속하고 결정적인 승리를 전망할 수 있는가 하는 두 개의 조건 중 하나가 충족될 때, 소련의 대일참전이 실현될 것이라고 지적했다(나중에 소련은 이 두 가지 조건이 거의 동시에 갖춰졌을 때 대일전쟁에 참전했다). 나아가 통합전쟁계획위원회는 소련이 참전함으로써 일본이 화베이나 만주에 있는 일본군을 본토 방위로 전용하는 것이 막히고, 일본에서 만주로 병력을 후퇴하는 일까지도 있을 수 있다고 생각했다. 그 시점이 무엇보다 중요했는데, 대일참전은 적어도 미군의 규슈 침공 3개월 전에 이루어져야만 했다. 하지만 이를 결정하는 가장 중요한 요소는 유럽 전역에서 독일군이 항복하는 시기였다. 그렇게 유럽 대전의 추이가 대일전쟁에 크게 관련된 것이다. 23)

그런데 이보다 조금 앞서, 모스크바에 주재하는 해리먼 대사와 딘(John, R. Deane) 미 군사사절단장이 처음으로 소련 정상 또는 참모장들과 대일참전 계획에 대해 의견을 교환할 기회를 얻었다는 사실은 별로 주목받지 못했다. 루스벨트가 없는 가운데 1944년 10월 9일부터 영·소 정상회담이 모스크바에서 개최되었는데, 그에 따른 참모장회의(톨스토이)에 해리먼과 딘이 출석하도록 허용된 것이다. 10월 14일 크렘린에서 개최된 "매우 흥미롭고 성공적인 군사협의"에서는 알란 브룩(Alan Francis Brooke) 영국군 참모총장이 유럽의 서부전선과 남부전선, 버마전선에 대해 설명한 데 이어, 딘 준장이 태평양전선에 대해 보

---

23) "Russian Participation in the War against Japan", J. C. S. 1176, 23 Nov. 1944, Records of the Joint Chiefs of Staff, part 1 ; *Entry of the Soviet Union*, pp. 38~41.

고했다. 딘은 진주만 공격 이후의 전황을 설명하고, 가까운 장래에 미군이 필리핀에 상륙할 것이라고 예고했다. 또 이미 스탈린이 해리면에게 보냈던 질문에 답하면서 대일전쟁에서 소련이 맡을 역할에 관한 견해를 피력하고, 가능한 한 조기에 전력을 다해 참전해 달라고 소련에 요청했다. 나아가 딘은 소련의 전쟁계획에 관해 솔직하게 질문했다. 마지막으로 안토노프(Alekei I. Antonov) 소련군 부참모총장이 유럽 동부전선에 대해 설명했다. 다음 날 회의에서 안토노프는 만주에 결집하는 일본군 병력을 40~50개 사단이라 추정하고, 그에 대항하기 위해 극동에 있는 소련군을 60개 사단까지 증강할 계획이라 이야기했으며, 그에 필요한 기간은 약 2개월 반에서 3개월이라고 상정했다. 해리면의 질문에 답하면서 스탈린은 독일 항복 이후 3개월 내에 참전이 가능하지만 "러시아인은 전쟁의 목적이 무엇이며, 일본에 무엇을 요구할 것인지 아직 마음을 결정하지 못했다"고 말했다. 24)

---

24) "Records of Meetings at the Kremlin", Moscow: 9~17 Oct. 1944, *Cabinet Papers*, Public Record Office, microfilm(London: Adam Matthew Publications, 1999); Winston S. Churchill, *Triumph and Tragedy*, *The Second World War*, vol. Ⅵ (London: Penguin, 1985, First Published by Cassell, 1954), pp. 205~207; Deane, *The Strange Alliance*, pp. 240~248; W. Averrell Harriman & Elie Abel, *Special Envoy to Churchill and Stalin*, 1941~1946 (N. Y. : Random House, 1975), pp. 363~364; Herbert Feis, *Churchill Roosevelt Stalin*, pp. 460 ~464. 딘이 전달한 통합참모본부의 견해를 요약하면 ① 블라디보스토크반도와 시베리아 횡단철도의 안전을 확보하는 것, ② 연해주와 캄차카에서 미 공군과 함께 일본에 대한 공동공격을 수행하는 것, ③ 일본 본토와 아시아대륙 사이의 연동(連動)을 바다와 육지에서 차단하는 것, ④ 미 해군과 연대하여 태평양을 횡단해서 연해주에 이르는 보급선을 확보하는 것(남사할린에 대한 소련의 군사점령을 수반한다), ⑤ 그리고 중요하고 궁극적인 목적으로서 만주에서 일본의 지상군 및 항공부대를 격멸하는 것이었다.

그러나 스탈린은 소련군의 대일참전이 장기화할 것으로 생각하지는 않았던 것 같다. 미국의 폭격부대와 해군 함정을 위해 연해주의 항공기지와 페트로파블롭스크의 해군기지를 사용할 수 있다고 했지만, 미국 측에 2개월간의 보급을 위한 식량, 연료, 운송장비 등을 지원해 달라고 요청했을 뿐이었다. 그보다도 10월 17일, 이 문제들을 토의하기 위해서 개최한 미·소만의 군사협의 중 막간에 한 말이 대단히 중요했다. 스탈린은 3일 전 딘이 희망한 소련의 군사적인 역할을 그대로 받아들였을 뿐 아니라, 나아가 지도를 써 가며 소련군의 작전계획을 설명하기 시작한 것이다. 그에 따르면 소련군은 북방과 동방의 국경 방면에서 만주에 직접적인 타격을 가하는 것뿐 아니라, 고속기동부대로 자바이칼 방면에서 외몽골, 내몽골을 거쳐 칼간(장자커우, 張家口), 베이징, 그리고 톈진(天津)으로 진격해서 만주와 중국에 있는 일본군을 차단한다는 계획을 세우고 있었다. 소련과 일본 간의 주요한 전투가 만주보다도 화베이에서 전개될 것으로 상정하고, "미군이 일본군의 수비대를 남방의 제도(諸島)에서 분단시키고, 소련군이 일본의 지상군을 중국에서 분단시킨다"고 명언했다. 스탈린은 유럽에서의 전쟁과 비교해서 미군이 대독전쟁에 참전한 것과 같은 방법으로 소련군이 대일전쟁에 참여한다고 생각했던 듯하다. 또 연해주 주변에서의 작전과 관련해, 미 해군이 동해로 전개하는 것을 환영하면서도, 스탈린은 **"북부 조선의 모든 항구는** 소련의 지상군과 해군에 의해 점령돼야 한다"고 주장했다. 소련 영토에 가까운 북한의 연안부에서 만주 침공작전에 따르는 육해공동작전 실시를 계획하고 있던 것이다. 해리먼에 의하면 워싱턴은 "그 거래에 충분히 만족한다"는 반응이었다. [25)]

그 후 얄타회담을 앞둔 1944년 12월에 스탈린은 해리먼 대사에게 소련의 대일참전에 따른 '정치적 조건'을 시사했다. 중국이 만주의 주권을 갖는다는 이해를 전제로, 외몽골의 현상유지 외에도 러일전쟁 이전 러시아의 권익, 즉 다롄과 뤼순의 조차(租借), 동청철도 및 남만주철도 운영권의 회복, 나아가 사할린 남쪽 절반의 반환, 그리고 지시마열도의 위양(委讓)까지 요구했다. 이러한 요구는 약 4개월 후 얄타회담에서 반복됐고, 이때 스탈린은 "만약 이런 조건이 충족되지 않는다면 소련 국민에게 왜 소련이 대일전쟁에 개입해야 하는지 설명하기 곤란할 것"이라고 강조했다. 이미 앞 장에서 논한 것처럼, 루스벨트는 장제스 총통과 협의하지 않았기 때문에 중국을 대변할 입장에 있지 않다고 하면서도, 다롄을 국제자유항으로 하고, 두 철도를 중국과 소련이 공동관리하는 방안을 제안했다. 다만 그 안에는 소련의 뤼순항 조차는 포함되지 않았다. 소련의 대일참전에 대한 '정치적 조건'에 관한 비밀협정에는 1945년 2월 11일 처칠을 포함한 미·영·소 세 정상이 서명했다. 중국에 관련된 부분에 대해서는 '장제스 총통의 동의'를 필요로 한다고 명기했지만, 거기에는 뤼순항을 소련 해군기지로 조차한다는 내용이 포함돼 있었다. 루스벨트는 스탈린의 무리한 요구에 끝까지 저항할 수 없었던 것이다. 26)

---

25) Dean, *The Strange Alliance*, pp. 248~250; Feis, *Churchill Roosevelt Stalin*, pp. 464~466; Harriman & Abel, *Special Envoy to Churchill and Stalin*, pp. 364~365.

26) *FRUS, Cairo and Teheran, 1943*, p. 567; *FRUS, Malta and Yalta, 1945*, pp. 378~379, 768~770; Harriman & Abel, *Special Envoy to Churchill and Stalin*, pp. 397~399; Herbert Feis, *The China Tangle: The American Effort in China from Pearl Harbor to the Marshall Mission*(Princeton, New Jersey: Princeton University Press, 1972), pp. 240~250.

(2) 북부 조선 침공작전

그로부터 2개월 후인 4월 12일에 루스벨트 대통령이 서거하고, 5월 8일에는 대독전쟁이 종결됐다. 폴란드에는 소련이 지원한 정권이 수립됐고, 세계대전 중 미·소 관계가 급속히 붕괴되어 가는 가운데, 얄타협정이나 올림픽작전 실시를 포함한 모든 현안이 신임 대통령 트루먼에게 인계됐다. 더욱이 그중에는 통합참모본부의 권한을 넘어서는 최고기밀, 즉 원자폭탄 개발에 관한 정보도 들어 있었다. 당시 78세로 이미 태프트 대통령과 루스벨트 대통령을 모셨던 스팀슨 육군장관은 4월 25일에 백악관을 방문해서 트루먼 대통령에게 인류 역사상 유례가 없는 가공할 무기, 즉 "단 한 발로 도시 전체를 파괴할 수 있는 폭탄"이, "4개월 이내에 거의 틀림없이 완성된다"고 이야기한 것이다. 또한 스팀슨은 '원자폭탄이 우리 장래의 대외관계에 미칠 것으로 생각되는 영향'에 주목하면서, 그 무기가 갖는 '역사를 만드는 역할'에 대해서도 대통령에게 설명했다. 이를 담당한 글로브스 준장은 원자폭탄을 7월 초 뉴멕시코에서 실험하며, 8월 1일에는 사용이 가능할 것이라고 더욱 상세하게 보고했다. 트루먼은 신형 폭탄에 강한 인상을 받았으며, 이를 정상외교에 이용하려 생각한 것 같다. 원자폭탄의 당초 실험예정일을 염두에 두고 포츠담회담 개최일을 7월 15일로 정하려 한 것이다. 스팀슨도 5월 10일 일기에 미국의 경제원조와 신형 폭탄은 대소외교의 '로열 스트레이트 플러시'라고 썼다. [27]

---

27) Henry L. Stimson & McGeorge Bundy, *On Active Service in Peace and War* (N.Y. : Harper, 1947), pp. 635~636; Harry S. Truman, *Year of Decisions*

한편 스탈린 수상은 5월 말 모스크바에 파견된 홉킨스 미 대통령특사에게 8월 8일까지 대일전쟁 준비를 완료하겠다고 선언했으며, 7월 15일을 목표일로 하는 포츠담회담 개최에 동의했다. 트루먼은 스탈린과의 회담을 준비하면서 6월 18일 통합참모본부 참모들을 백악관으로 초청해 일본 본토 침공계획을 상세하게 논의했다. 그 자리에는 육군 및 해군장관과 육군차관보도 동석했다. 트루먼이 특히 희망한 사항은 일본 본토 침공에 들여야 할 시간과 희생에 관한 정확한 정보였다. 마셜 육군참모총장은 규슈 상륙작전을 노르망디 상륙작전과 비교해 설명하면서 노르망디 상륙작전이야말로 "유일하게 추구해야 할 행동방침"이라고 주장했다. 킹 제독도 그에 동의하면서 "지금 규슈에 상륙하면 소련이나 중국의 작전이 가져올 효과를 판단할 수 있는 시간을 벌 수 있다"고 지적했다. 또한 규슈 침공에서 예상되는 손실은 오키나와 상륙보다는 적고, 루손섬 상륙보다는 크다고 추정했다. 대통령은 이후의 결정이 소련의 동의를 필요로 하는지 질문했는데, 소련의 동의가 "상당한 영향력을 갖는다"는 것이 공통 인식이었다. 흥미로운 것은 스팀슨 육군장관의 발언이었다. 그는 참모장들의 선택에 동의한다고 이야기하면서 "(나는) 군사적 고려보다도 정치적 고려에 관해 개인적으로 대통령에게 책임을 지고 있다"(옮긴이 괄호)는 관점에서 "여전히 **다른 수단에**

(N. Y. : Doubleday, 1955), p. 87; Martin J. Sherwin, *A World Destroyed: The Atomic Bomb and the Grand Alliance* (N. Y. : Vintage Books, 1977), pp. 186~187; J. Samuel Walker, *Prompt & Utter Destruction: Truman and the Use of Atomic Bombs against Japan* (Chapel Hill: The University of North Carolina Press, 2004), pp. 13~14; 中澤志保, 《ヘンリー・スティムソンと'アメリカの世紀'》(國書刊行會, 2014), pp. 148~151.

의해 무엇인가 내실 있는 결과를 내길 희망하고 있다"고 지적했다. 원자폭탄 투하에 의한 대일전쟁의 조기종결 가능성을 암시한 것이다. [28]

한반도작전의 군사적 타당성을 언급한 부분도 매우 흥미롭다. 마셜은 "한반도 공격을 위해 눈에 띄는 군사거점은 유일하게 강습이 가능한 지역으로 보이는 남동부 귀퉁이의 부산과 서해안을 상당히 북상한 서울인데, 모두 지형 및 해안의 조건 면에서 좋지 않다. 견고한 요새지역인 부산에 도달하기 위해서는 공격에 취약한 대규모 강습병력이 일본군의 요새지대를 통과하지 않으면 안 된다. 작전은 규슈 침공보다도 어려우며 커다란 희생을 동반할 것으로 보인다. 서울〔강습〕도 비슷하게 곤란하며 희생을 동반하는 작전이 될 것이다. 〔부산이나 서울을 공격하는〕 두 작전 중 하나에 착수한 후에도 〔대일전쟁은〕 규슈 침공만큼은 전진하기 힘들다"고 지적했다. 또한 아시아대륙의 일본군 소탕에 관해 "우리의 목적은 소련을 만주의 (또한 만약 필요하다면 한반도의) 일본군과 맞붙도록 하고, 미국의 항공력과 어느 정도의 보급으로 중국을 고무시켜 중국이 자국 내 일본군을 소탕할 수 있도록 해야만 한다"고 주장했다. 이러한 마셜의 주장은 얄타회담 이후의 군사적 판단을 이어받은 것이며, 나아가 맥아더의 판단을 반영하고 있었다. 사실 마셜은 맥아더의 전보를 인용하면서 자신의 설명을 전개했다. 그러나 킹 제독은 "소련의 참전은 바람직하지만 꼭 필요한 것은 아니다. 따라서 소련에게 개입을 간청해서는 안 된다. … 이러한 사실을 이해하는 것이 오는 〔포츠담〕회담에서 대통령의 입장을 크게 강화시킬 것이다"라고 주장했다.

---

28) "Minutes of Meeting Held at the White House", 18 Jun. 1945, *FRUS, Berlin, 1945*, vol. I, pp. 903~910; Frank, *Downfall*, pp. 139~148.

킹도 '로열 스트레이트 플러시'의 존재를 의식하고 있었을 것이다. [29]

한편 1945년 2월 바실렙스키(Aleksandr M. Vasilevskii) 원수 대신에 참모총장에 취임한 안토노프 대장 아래 5월 8일 독일이 항복한 이후, 소련군의 대일전쟁 참전 준비가 급속하게 전개됐다. 유럽에서 극동으로 대규모 병력을 이동하는 동안, 안토노프는 6월 27일까지 극동 지역의 작전계획을 완성하고 다음 날 총사령부의 정식 승인을 얻었다. 그 기본계획의 제1단계는 전년 10월 스탈린의 설명과는 달라져, 세 방면, 즉 서쪽에서 자바이칼방면군, 북쪽에서 극동방면군(이후 제2극동방면군으로 개칭), 그리고 동쪽에서 연해주집단군(이후 제1극동방면군으로 개칭)이 **만주에 있는 관동군**을 분단한다는 것이었다. 또한 스탈린이 해리먼과 딘에게 밝힌 것처럼, 그러한 주요한 작전은 블라디보스토크에 가까운 북한의 웅기, 나진, 청진에 대한 소규모 지상 및 상륙작전을 동반했다. 즉, 지상군의 만주 침공이 성공한 후 일본의 해상교통을 차단하고 일본 함대가 소련 연안에 상륙하는 것을 저지하기 위해 이들 항구를 탈취할 예정이었는데, 이는 관동군 주력의 격멸이라는 주요 임무에 딸려 있었다. 나아가 안토노프는 주요 목표인 창춘(長春)과 지린(吉林) 점령 후에 진행할 제2단계를 준비하고 있었다. 자바이칼방면군과 연해주집단군은 그곳에서 악수를 나눈 후 "**진격 방향을 바꿔** 랴오둥반도와 **북부 조선**에 격렬한 공격을 가한다"는 내용이었다. 작전지도상의 큰 화살표는 랴오둥반도의 뤼순과 한반도의 서울이 최종목표임을 명시

---

29) *Ibid*, pp. 146~147; *FRUS, Berlin, 1945*, vol. I, pp. 904~905, 910. 리히 제독 (통합참모본부 의장)은 킹이 6월 18일 백악관 회의에서 종래의 입장을 수정했다고 지적하고, "그는 결코 나만큼 적극적으로 (규슈) 침공에 반대하지 않았다"고 기술했다. William D. Leahy, *I Was There*(N. Y. : McGraw-Hill, 1950), p. 384.

<지도 2> 소련군의 만주 침공작전(1945년 6월)

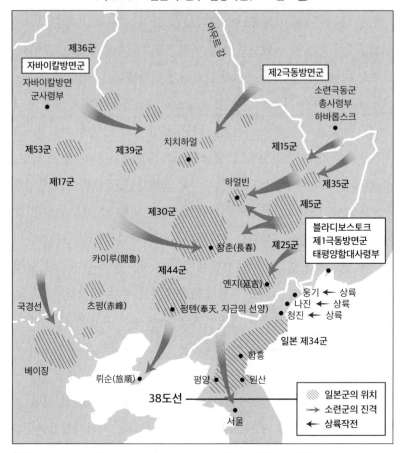

출처: Erik van Ree, *Socialism in One Zone* (p. 43)에 수록된 지도로 작성.

하고 있다(〈지도 2〉 참조). 그러나 스탈린의 신중한 태도를 반영한 듯, 서울 이남인 남부 조선으로의 진격은 계획되어 있지 않았다. [30]

4. 미국과 소련의 작전계획과 원자폭탄

(1) 군사작전의 정치적 수정

마셜이 단적으로 지적한 것처럼 많은 군사지도자에게 규슈 상륙작전은 태평양 전역의 노르망디 상륙작전이나 마찬가지였다. 올림픽작전의 실행 책임자이자 1944년 12월에 원수로 취임한 맥아더는 그러한 관점에서 "이 목표〔규슈 침공〕를 위해 직접적으로 기여하지 않는 자원의 이동이나 배분은 모두 배제되어야 한다"고 주장했을 정도였다. 대륙연안부와 한반도 쪽에서 일본을 포위해서 공략하는 전략을 구상하던 킹 제독은, 의견을 공유하는 니미츠가 맥아더의 참모들과 격렬하게 논쟁하지 않는 것이 불만이었지만 그러한 작전이 군사적 우회로라는 사실은 부정할 수 없었다. 맥아더의 신봉자였던 홀시는 닝보·산둥작전을 "버찌를 두 번 씹는 것 같은 시간 낭비"라고 표현할 정도였다. 그러나 처칠이 유럽 전장에서 구상한 군사작전, 즉 발칸반도에서 동유럽의 여러 나라를 경유해 독일에 도달하는 작전계획과 비슷하게, 정치적 관점으로 보면 일본 본토로 직진하는 것보다 중국 대륙연안을 우회하는 편이 훨

---

30) van Ree, *Socialism in One Zone*, pp. 42~44; マリノフスキー 著(石黒寛 譯), 《關東軍 壞滅す―ソ連極東軍の戰略 秘錄》(德間書店, 1968), pp. 86~90.

썬 현명했다. 뒤에 설명하겠지만, 일본의 항복의사가 확인되자마자 급부상한 것은 다롄과 조선의 항구 하나, 그리고 대륙연안의 모든 항구를 긴급하게 점령할 필요성이었다.[31)]

소련의 대일참전이 미치는 영향에 대해 정치전략적 관점에서 가장 민감하게 반응한 것은 그루 국무장관대리였다. 후에 공표된 1945년 5월 19일의 개인적 메모에 기록된 내용은 나중에 많은 지도자들이 공유한 냉전인식의 원형이었다고 해도 과언이 아니다. 즉, 그루는 "폴란드, 불가리아, 헝가리, 오스트리아, 체코슬로바키아, 유고슬라비아에서 소련은 이미 자기들이 구상하고 만들려는 장래 세계의 모습을 우리에게 보여 주고 있다. … 소련이 일단 대일전쟁에 참가하면 몽골, 만주, 한반도가 차례로 소련권에 빨려들어 갈 것이다. 그리고 마침내 중국이, 마지막으로는 일본도 … **장래 소련과의 전쟁**은 자명할 정도로 확실하다. 그것은 불과 수년 내에 도래할지 모른다"고 주장했다. 또 포레스탈 해군장관, 해리먼 주소련 대사, 맥클로이 육군차관과 5월 12일에 회합하고 얄타협정의 내용을 알게 된 후, 초조감에 휩싸인 그루는 극동

---

31) *Reports of General MacArthur*, vol. I, p. 388; Edwin P. Hoyt, *How They Won the War in the Pacific: Nimitz and His Admirals* (N. Y. : Weybright and Talley, 1970), pp. 353~354; Halsey & Bryan, *Admiral Halsey's Story*, p. 250. 무엇보다도 홀시는 니미츠가 자신과 의견이 똑같다고 확신하고 있었다. 게다가 "스스로 2인자 자리에 앉지 않는 한, 맥아더와 협력하는 것은 쉽지 않았다"고 했기에, 니미츠의 입장은 매우 미묘했다. 또한 킹 제독의 작전 구상에는 이후 심각해진 냉전적 대립에도 대응할 수 있는 지정학적 통찰이 들어 있었다. 테헤란회담에서 나온 처칠의 제안은 로마 점령과 프랑스 상륙 사이에 동부지중해에서 작전을 실시해서 발칸반도에서 유고슬라비아의 빨치산과 연결하고, 터키를 참전시켜 에게해·흑해 루트를 개척하는 것이었다 (*FRUS, Cairo and Tehran, 1943*, pp. 491~493).

의 정치 문제에 관해 스팀슨 육군장관의 견해를 묻는 메모를 작성했다. 이에 스팀슨은 5월 21일에 "알타에서 있었던 극동 문제에 관한 소련에 대한 양보는 … 일반적으로 소련의 군사력 범위 내에서 이뤄진 것이다. 미국 군대가 그 지역들을 점령할 수 있기 전까지 소련은 군사적으로 일본에 승리하고, 사할린, 만주, 지시마열도, 한국, 그리고 화베이를 점령할 수 있다"는 '권위 있는 견해'를 전했다. 6월 18일 백악관 회의는 그러한 군사적 현실주의에 기초해 진행됐다.[32)

그러나 그루의 문제 제기에 따라 국무부와 육군부, 해군부의 정책 입안자들은 새삼 한반도작전이 갖는 정치적 중요성에 주목하지 않을 수 없었다. 더욱이 전년 11월 말에는 정치와 군사 양면에 걸친 문제에서 서로 견해를 조정하고 국무장관에게 책임 있는 제안을 하기 위해 국무부·육군부·해군부 3부조정위원회를 발족했으며, 그 하부기관으로 극동소위원회(SFE)를 설치했다. 3월경까지 3부조정위원회는 일본 점령정책을 시작으로 **통합적인 정군정책(政軍政策)을 결정하는** 매우 중요한 위원회로 성장했다. 극동소위원회도 통합참모본부의 하부기관과 협의하면서 초기의 통일적 정책안을 작성하는 중요한 역할을 담당했다. 이러한 정부와 군의 연대를 반영하여, 이미 설명했듯이 5월 말의 스탈린·홉킨스회담을 위해 준비한 정책문서는 조선 해방이 "미군 내

---

32) Joseph G. Grew, *Turbulent Era: A Diplomatic Record of Forty Years*, vol. II (Boston: Houghton Mifflin, 1952), pp. 1445~1446, 1455~1458, 1462~1464; "Stimson to Marshall", 21 May 1945, *FRUS, 1945*, vol. VII, pp. 876~878. 그루는 또 하나의 중대한 비밀, 즉 원자폭탄 개발에 대한 정보에도 접했지만, 이에 대해서 입을 다물고 있었다〔五百旗頭,《米國の日本占領政策》, 下卷(中央公論社, 1985), p. 158〕. 또 5월 12일의 회합 양상 및 그 후 해리먼의 행동에 대해서는 제1장 제3절을 참조하기 바란다.

지 소련군에 의해 단독으로, 또는 미국, 중국, 소련, 영국군에 의해 공동으로" 실시되며, 전쟁 종결 후 실시되는 5년간의 신탁통치 기간 중에 각국이 "5,000명을 넘지 않는 상징적 병력"을 조선에 주둔시킨다고 명기하였다. 마치 이 문서의 중요성을 시사하는 듯, 이후 육군부 작전부는 부산·진해와 서울·인천을 점령하는 임무를 위해 5,000명이라는 한도를 1만 명으로 늘려 달라고 주장했다.[33]

나아가 6월 말경 포츠담회담을 위해 준비한 브리핑 페이퍼 〈소련군 참전의 형태〉는 대일전쟁의 작전구역을 명확하게 3등분해서, 한반도를 일본열도나 만주, 몽골 및 화베이와 구별했다. 일본열도는 일차적으로 미군의 작전구역이었으며, 중국군이 참전하지 않으면 한반도를 제외한 아시아대륙에서는 소련군이 작전을 수행한다는 계획이었다. 그리고 한반도작전은 해상 상륙작전과 시베리아를 통한 육상공격을 결합했는데, 이는 **미·소 공동 수륙작전**을 상정한 것이었다. 같은 시기에 안토노프가 구상했던 소련의 한반도작전과 비교하면 더욱 명백하지만, 한반도 전체를 자신들의 배타적 작전구역으로 제시하지 않았다는 점에서 미국과 소련의 작전계획에는 어느 정도 공통성 내지 상호보완성이 존재했다. 그럼에도 불구하고, 이 문서는 소련과 미국이 각자 실

---

33) 3부 조정위원회의 발족에 대해서는 五百旗頭, 《米國の日本占領政策》, 下巻, pp. 108~117을 참조하기 바란다. 3부 조정위원회는 극동소위원회에 대일정책 입안의 '회전축' 역할을 기대했으며, 2월 23일 태평양 및 극동 문제에 관한 전반적인 리스트를 제출하라고 요구했다(SWNCC-16/2). 그러나 조직적인 연구가 국무부 내에 축적되어 있었기 때문에, 많은 경우 원안을 국무부가 제공했다. "Grew to Forrestal", 21 May 1945, *FRUS, 1945*, vol. VII, pp. 882~883; "Korea (Implications of Quadripartite Trusteeship)", OPD Executive File 5, RG 165, Records of the War Department, NARA.

시하는 만주 침공작전과 일본 본토 상륙작전의 시점이나 연대를 전혀 언급하지 않았다.[34]

또한 이 문서는 한반도를 제3의 작전구역으로 설정해야만 하는 '정치적 이유'에 대해 지정학적 조건이나 카이로선언에 주의를 기울이면서, "국경을 공유하기 때문에 또는 극동의 평화와 안전에 사활적 영향력을 갖는 한반도의 전략적 위치 때문에 여러 국가들, 특히 중국, 소련, 영국, 그리고 미국이 한반도에 이해관계를 갖고 있다. 어떤 나라도 이 중 어느 한 국가가 한반도에서 우월한 입장을 차지하길 원치 않을 것이다. 나아가 미·영·중 3개국은 '조선을 적당한 시기에 자유롭고 독립된 국가로 만든다'는 원칙에 관여했고, 그 때문에 조선의 자유와 독립을 방해하는 조건에 동의할 수 없다. … 이런 이유로, 이해관계가 있는 어떤 나라가 일본군을 격퇴하기 위해 단독으로 한반도를 침공하는 일은 정치적으로 적절하지 않다고 생각한다"고 지적했다. 그러한 추론의 귀결로서 "만약 군사적으로 실행가능하다면 **단일하고 포괄적인 연합지휘 아래** 다양한 이해관계를 가진 국가의 부대로 침공군을 구성하는 것이 바람직하다"고 결론을 내렸다. 바꿔 말하면 한반도의 장래에 관한 정치적 요구, 즉 카이로선언에서 표명한 정치적 목표를 달성할 필요성이 미국의 군사작전에 분명히 큰 영향을 미친 것이다. 사실 **이후** 미국의 대일작전 구상에서 한반도 전체를 소련의 단독 군사행동에 맡긴 적은 없었다.[35]

---

34) "Form of Soviet Military Participation", Undated, *FRUS, Berlin, 1945*, vol. I, pp. 924~926.

35) *Ibid.*

(2) 갑작스러운 붕괴 또는 항복?

일본 본토 침공과 관련한 한반도작전을 검토하는 사이에 육군부 작전부 내에서는 그와는 전혀 다른 사태, 즉 일본이 **갑자기 붕괴하거나 항복할** '이론적 가능성'이 지적됐으며, 그에 대응할 긴급작전을 준비할 필요성이 제기됐다. 서유럽에서 점령작전계획을 담당한 경험이 있는 굿패스터(A. J. Goodpaster Jr.) 중령과 그의 상관으로서 전략정책그룹(Strategy and Policy Group)의 책임자인 링컨 준장의 제언을 채용한 통합참모본부는 (실제 징후는 아직 탐지되지 않았지만) 일본의 갑작스러운 붕괴 또는 항복이라는 새로운 사태가 발생할 경우에 즉시 이를 이용해 **점령을 목적으로 일본 본토에 진주(進駐)**하기 위한 작전계획을 검토하도록 6월 14일에 지시했다. 그 첫 성과로 통합전쟁계획위원회는 〈일본 붕괴 또는 패배 후의 일본 및 일본보유 영토 점령〉(J. W. P. C. 375/2)이라는 제목의 작전계획을 6월 28일에 제출했다. 흥미롭게도 이 계획은 '일본이 보유한 영토'인 한반도를 대일본제국의 불가분의 일부로 간주하고, 미국이 점령을 담당해야 한다는 의사를 명시했다. 일본이 갑자기 붕괴 또는 항복할 경우 "미국이 일본열도, 대만, 남서제도(南西諸島) 및 오가사와라제도를 초기 점령해야 한다"고 주장한 다음, "현재 조선은 대일본제국에 완전히 통합돼 있기 때문에, 그 지역의 효과적 점령이 미국의 이익을 위해 필요하다"고 명기한 것이다. 36)

---

36) 굿패스터의 제언에 대해서는 五百旗頭, 《米國の日本占領政策》, 下卷, p. 214 참조. J. W. P. C. 375/2, "Occupation of Japan and Japanese-Held Territories After Collapse or Defeat of Japan", 28 Jun. 1945, ABC 014 Japan(13 Apr. 1944), section 16-A, RG 165, Records of the War Department, NARA.

다만 그런 경우에도 소련이 참전할 가능성은 배제하지 않았다. 만약 참전한다면 소련의 "주요한 노력은 만주와 사할린으로 향할 것이며, 화베이 및 **북부 조선에서의** 작전을 수반할 것이다. 따라서 이 지역들과 지시마열도에 대한 **초기 점령은** 소련의 책임이 돼야 한다"고 지적하고, 나아가 "만약 소련의 참전 이전에 일본이 붕괴한다면 미국과 중국의 책임이 만주로 확대될 것"이라고 주장했다. 요컨대 워싱턴의 통합참모들은 일본이 갑작스럽게 붕괴하거나 항복하는 사태를 대비하며 소련이 참전할 경우와 하지 않을 경우, 또 초기 점령과 최종 점령을 명확히 구분했다. 그리고 소련이 참전한다면 소련군이 북부 조선의 군사작전과 초기 점령을 담당하겠지만, 대일본제국의 불가분의 일부인 한반도의 **최종적인 점령은** 미국이 맡아야 한다고 제시한 것이다. 이후 사태가 전개된 상황을 보면 초기 점령과 최종 점령을 구별하는 것은 비현실적이었다. 그러나 포츠담회담이 가까워질수록 어떤 경우에라도 미국이 단독으로 일본 점령을 실시해야만 하며, 여기에는 한반도도 포함된다는 신념이 생겼다. 또한 보고서는 어떤 경우에도 소련의 군사작전이 남부 조선까지 미치는 것은 상정하지 않았다. 37)

최초의 일본 진주계획이라고도 할 수 있는 이 문서는 다음 두 가지 대목에서 특히 주목받을 만하다. 첫째, 한반도의 북위 38도선과 인도차이나의 북위 16도선을 특정하여 설정하지는 않았지만, 태평양 및 극동 전역에서 미·영·중·소의 점령지역을 구분했다. 이는 이후 맥아더 연합국군최고사령관이 발령한 일반명령 제1호의 원형이 된 틀을 갖추고 있었다. 둘째, 만약 참전한다면 소련군은 만주와 사할린을 향해 군

37) *Ibid.*

〈표 1〉 통합전쟁계획위원회의 국가별 점령계획(6월 28일)

점령국	점령지역
미국	일본열도, 대만, 조선, 남서제도, 남방제도 및 일본의 신탁통치령
영국	현재의 남서태평양 지역을 포함한 동남아시아
중국	만주와 아마도 화베이를 제외한 중국
소련(참전할 경우)	만주, 몽골, 지시마열도 및 아마도 화베이

출처: J.W.P.C. 375/2에서 재구성.

사작전을 펼치고, 화베이, 북부 조선, 지시마열도로 범위를 확대할 것
으로 예상했다. 전년 10월에 열린 영국과 소련의 참모총장회의, 특히
그 뒤에 이어진 미·소 군사협의에서 스탈린이 해리먼 대사와 딘 준장
에게 이야기한 소련군의 작전계획이 이러한 판단의 기초가 되었을 것
이다. 사실 나중에 설명할 포츠담에서의 미·영·소 3국참모장회의 이
전까지 미국은 스탈린의 그 발언 외에 소련 측으로부터 권위 있는 설명
을 듣지 못했다. 그렇다면 연해주 주변의 군사작전, 즉 한반도의 여러
항구를 목표로 한 소련군의 북부 육해공동작전을 언급한 스탈린의 설
명은 워싱턴의 점령작전 입안에 아무런 영향도 미치지 않았던 것일까.
대일전쟁에 참전한 소련군이 그 해안거점들이나 북부 조선을 점령하고
그곳에서 철수하지 않는다면, 이후의 사태가 보여 주는 것처럼 원하든
원하지 않든 한반도는 미국과 소련에 의해 분할점령될 수밖에 없었을
것이다. [38]

이 문서는 미·영·중·소의 초기 점령지역을 〈표 1〉과 같이 정리했
다. [39] 앞서 본 것처럼 '일본 보유 영토'인 조선은 당연히 미국의 최종적

---

38) *Ibid.*
39) *Ibid.*

점령에 맡겨졌다.

한편 포츠담회담에 참가하는 미국 정부의 요인들도 마침내 한국의 장래에 관한 정치군사 문제에 주의를 기울이기 시작했다. 예를 들어 정상회담 개막을 하루 앞둔 7월 16일, 스팀슨 육군장관이 번스 국무장관을 통해 트루먼 대통령에게 전달한 각서는 "소련이 이미 1개 내지 2개의 조선인 사단을 훈련해서 그들을 한반도에서 사용하려 한다"는 정보에 주의를 환기하고, 얄타회담 이후 자신들의 '권위 있는 견해'를 부분적으로 수정해서 소련이 한반도 신탁통치에 동의하도록 강하게 압박해야 한다고 진언했다. 스팀슨은 "만약 한반도에 국제 신탁통치가 설정되지 않는다면, 또한 설정된다 하더라도 이들 조선인 사단은 지배권을 획득해서 독립정부보다는 소련이 지배하는 현지 정부를 수립하는 데에 영향을 미칠 것이다. 이는 극동에 이식된 폴란드 문제다"라고 지적하고, "신탁통치 기간 중에 적어도 상징적인 미 육군이나 해병대가 한국에 주둔해야만 한다"고 주장했다. 독일 패전 후 유럽에서 발흥한 미·소 대립이 불과 2, 3개월 시차로 동아시아로 파급되었으며, 한반도 문제를 폴란드 문제에 유추해 이해하기 시작했다는 의미에서, 또한 스팀슨이 마침내 그루나 해리먼의 주장에 동조했다는 점에서 이는 획기적인 변화였다. 40)

이에 덧붙여 7월 16일 이른 아침, 알라모골드에서 원폭실험이 성공

---

40) "Stimson to Truman", 16 Jul. 1945, *FRUS, Berlin, 1945*, vol. II, p. 631. 여기서 지적한 '1개 내지 2개의 조선인 사단'이라는 것은 하바롭스크 교외에서 훈련받고 있던 국제 혼성의 제88특별여단으로 추정된다. 그 규모는 상당히 과장되어 있지만, 지도자 중 한 사람이었던 김일성이 전후 북한에서 정권을 장악한 것은 알려진 그대로이다. 이에 대해서는 제5장 및 제6장에서 검토했다.

한 것도 대일전쟁 종결기에 등장한 새로운 중요 요소였다. 포츠담에서 저녁식사가 시작될 무렵, 워싱턴의 해리슨(George Harrison) 보좌관이 스팀슨에게 제1보("결과는 만족스럽고, 이미 기대를 넘어섰다")를 보내 왔고, 오후 8시가 지나 스팀슨은 이 소식을 가지고 트루먼과 번스를 방문했다. 또한 글로브스 준장이 기초한 상세한 보고, 즉 "헤아릴 수 없을 정도로 강력한 문서"는 21일 정오 무렵에 외교행낭(courier)으로 도착했다. 스팀슨, 번스는 함께 이를 검토했고, 트루먼은 "매우 기뻐하면서" "확실히 큰 용기를 얻은" 듯했다. 트루먼이 스스로 "완전히 새로운 자신감이 생겼다"고 말할 정도였다. 더욱이 23일에는 원자폭탄이 "아마도 8월 4일부터 5일, 거의 확실하게 8월 10일까지는" 사용가능할 것이라는 소식도 전해졌다. 트루먼은 이 정보를 처칠과 신중히 협의한 뒤, 7월 24일 오후 전체회의가 끝나고 서서 이야기를 나누는 잠시 동안 미국이 "엄청난 파괴력의 신병기를 갖게 됐다"며 '아무 일도 아닌 듯' 스탈린에게 전했다. 원폭실험이 성공함으로써 이제는 소련의 대일참전이 필요하지 않게 된 것이다. 또한 소련이 폴란드에서 저지른 행동에 분개했던 트루먼과 측근들은 이 신병기가 소련으로부터 좀더 타협적인 태도를 이끌어 낼 것을 기대했다. 41)

---

41) *FRUS, Berlin, 1945*, vol. II, pp. 1361~1370; Truman, *Year of Decisions*, p. 416; Barton J. Bernstein, "Roosevelt, Truman, and Atomic Bomb, 1941~ 1945: A Reinterpretation", *Political Science Quarterly*, Spring 1975, pp. 23~62; Walker, *Prompt & Utter Destruction*, pp. 15~18, 62~67; John Lewis Gaddis, *The Cold War: A New History*(N. Y. : The Penguin Press, 2005), pp. 25~27; 長谷川毅, 《暗鬪—スターリン, トルーマンと日本の降伏》(中央公論新社, 2006), pp. 126~128; 中澤志保, 《ヘンリー・スティムソンと'アメリカの世紀'》(國書刊行會, 2014), pp. 176~181.

스탈린은 트루먼의 정보에 솔직하게 반응하면서 원자폭탄을 "일본에 적절히 사용하길" 희망했다. 두 사람의 표정을 관찰하던 처칠의 눈에 스탈린은 단순히 "기뻐하고 있는" 것처럼 보였다. 스탈린 또한 '아무 일도 아닌 듯' 반응하면서 어떤 질문도 하지 않았다. 스탈린은 소련의 반응이 알려지는 일을 꺼렸을 것이다. 그럼에도 불구하고 원폭개발이 스탈린에게 큰 충격이었음은 틀림없다. 원자폭탄을 사용해 소련군이 만주에 침공하기 이전에 대일전쟁이 끝나 버리면 얄타협정의 전제가 붕괴하여 협의된 사항이 이행되지 않을 가능성도 있었기 때문이었다. 사실 포레스탈 해군장관의 회상에 따르면, 번스 국무장관은 "소련이 개입해서 특히 다롄이나 뤼순에 들어가기 전에 대일전쟁이 끝나는" 상황을 열망했다. 번스 자신도 "소련이 동독에서 보여 준 행동과 폴란드, 루마니아, 불가리아에서 얄타협정을 위반한 사실을 알고 있었기 때문에, 소련이 전쟁에 개입하지 않았으면 좋겠다고 생각했다"고 기술했다. 마찬가지로 "소련이 만주나 한반도에 들어가기 전에 전쟁이 끝나기를" 열망했을 것이다. 이렇게 해서 일본의 항복을 목전에 두고, 원자폭탄 투하와 소련·만주국경에 집결한 소련군의 참전 내지 진격 사이에 돌연 '지정학적 전략경쟁'이 시작되었다. 최초의 원자폭탄이 8월 6일 히로시마에 투하되자 8월 7일 스탈린과 안토노프는 쑹쯔원 외상이 중·소 우호동맹조약이나 뤼순 및 다롄에 관한 협정에 서명하는 것을 기다리지 않고, 소련군의 만주 침공작전을 8월 9일로 앞당겨 개시하도록 명령했다. 쑹쯔원이 협정에 서명한 것은 일본이 포츠담선언을 정식으로 수락한 8월 14일이었다. [42]

---

42) Truman, *Year of Decisions*, p. 416; Churchill, *Triumph and Tragedy*, pp. 551~

(3) 미·영·소 참모장회의

미·영·소 3국의 마지막 전시 정상회담이 7월 17일부터 8월 2일까지 베를린 교외 포츠담에서 개최됐다. 앞 장에서 살펴봤듯이 포츠담회담에서는 한반도 신탁통치를 논의하지 않았다. 하지만 미국, 영국, 소련은 7월 24일 처음이자 마지막으로 3국 참모장회의를 열어 대일군사작전에 관한 정보를 교환했다. 이 시점에 원폭실험 성공과 조기투하 가능성에 관해 정확한 정보를 알던 인물은 미국의 마셜 육군참모총장과 그 보좌관이자 육군작전부장인 헐(John E. Hull) 중장뿐이었다. 회의를 시작하며 소련 측 수석대표인 안토노프 대장은 소련군이 극동에 집결하고 있으며, **8월 후반에** 대일작전 개시를 위한 준비가 완료된다고 밝히고, 나아가 "극동에서 소련의 목적은 만주의 일본군 격멸과 랴오둥반

554, 579~580; Ernest J. King, *Fleet Admiral King: A Naval Record* (N. Y. : Norton, 1952), p. 611; Walter Millis, ed. , *The Forrestal Diaries* (N. Y. : Viking, 1951), p. 78; James F. Byrnes, *Speaking Frankly* (N. Y. : Harper & Brothers, 1947), p. 208; Walker, *Prompt & Utter Destruction*, pp. 67~68; Michael Dobbs, *Six Months in 1945: FDR, Stalin, Churchill, and Truman-From World War to Cold War* (London: Arrow Books, 2013), pp. 329~333. 그와 동시에 '히로시마가 전 세계를 뒤흔들었으며, 균형이 파괴됐다'고 생각한 스탈린은 원자폭탄 투하를 미국에 의한 '핵 공갈 전술'의 시작이라고 간주하고, 소련의 원폭개발을 비약적으로 가속한다는 결정을 내렸다. David Holloway, *Stalin and the Bomb: The Soviet Union and Atomic Energy 1939~1956* (New Haven: Yale University Press, 1994), pp. 131~133; Geoffrey Roberts, *Stalin's Wars: From World War to Cold War, 1939~1953* (New Haven: Yale University Press, 2006), pp. 291~293. 그러한 번스의 언동은 보좌관이었던 브라운도 기록하였다. Robert L. Messer, *The End of an Alliance: James F. Byrnes, Roosevelt, Truman, and the Origins of the Cold War* (Chapel Hill: The University of North Carolina Press, 1982), p. 105.

도 점령"이라고 말했다. 또 안토노프는 대일전쟁 승리 후 만주에서 소련군을 철수하겠다는 방침을 표명했으며, 소련의 작전이 성공하기 위해서는 일본군이 중국과 일본 본토로부터 병력을 증강해 만주전선을 강화하지 못하도록 막아야 한다고 주장했다. 이에 미국 측 참모장은 일본군이 오히려 본토를 향해 이동하고 있으며, 3개 사단이 만주에서 규슈로 이동 중인 것, 2개 사단이 한반도에서 본토로 이동한 것, 잠수함과 기뢰로 인해 일본 본토와 대륙 사이 연결망이 크게 방해를 받아 시모노세키(下關)와 부산을 잇는 항로와 황해의 항행이 끝난 것, 중국에서 만주로 철도를 통한 대규모 이동이 불가능하다는 것 등을 지적했다. [43]

이어서 열린 지시마열도, 한반도 및 사할린작전에 관한 회담은 특히 중요했다. 안토노프는 미국이 시베리아 연락선을 개설하기 위해 지시마열도에서 군사행동을 할 것인지 묻고, 캄차카에 있는 병력으로 지원할 용의가 있지만 해상 루트 개설이 무엇보다 중요하다고 지적했다. 또 "반도에 공세를 취한 소련군과 조정해서 미군이 한반도 해안에 대해 군사행동을" 할 수 있는지 질문했다. 이에 킹 제독은 지시마작전의 가능성을 부정하고, 현 상태로도 해상 루트 이용에 곤란은 없다고 지적했다. 한반도작전에 대해서는 마셜이 "그런 상륙작전은 기획하고 있지 않으며, 특히 가까운 장래에는 없다"고 부정적으로 회답했다. 나아가 남부 조선의 일본 항공력을 파괴하고 일본 본토의 일부를 완전히 지배할 때까지 한반도 상륙작전은 미군 함정을 하늘과 바다로부터 일본의 자살공격(특공)에 노출시킬 것이며, 세 방면에서 규슈에 상륙하는 작전을 실현하기 위해서는 상륙용 선박이 많이 필요하므로 한반도 상륙을

---

43) *FRUS, Berlin, 1945*, vol. II, pp. 344~350.

위해 사용할 선박은 부족하다고 설명했다. 또 소수의 부대가 상하이 남부의 연안에 상륙할 수 있다면 웨드마이어(Albert C. Wedemeyer) 중국전역사령관에게 큰 지원이 될 것이라고 시사했다. 그에 덧붙여 마셜은 "소련의 작전에 있어서 한반도의 중요성은 이해하지만, **조선 공격의 가능성은 규슈 상륙 후에 결정하지 않으면 안 된다**"고 주장했다. 사할린 남부를 탈취하여 소야해협(宗谷海峽, 라페루즈해협)을 지배하려는 소련의 시도에 대해 킹이 질문하자, 안토노프는 "소련이 직면한 제 1의 임무는 만주에 있는 일본군의 격멸이다. … 남사할린 공격은 제 2의 공세로서 착수할 것이다"라고 대답했다. 44)

이러한 참모장들의 회담은 대일참전에 따른 소련의 군사작전에 대해 몇 가지 중요한 사항을 확인 내지 추측할 수 있도록 했다. 예를 들어 소련군의 공세 **제 1단계는** 만주의 일본군 격멸에 집중했다. 이와 관련하여 소련령에 가까운 북부 조선의 여러 항구를 탈취한다는 계획을 제외하면 사할린, 지시마열도, 한반도에서의 작전은 랴오둥반도로 진격하는 동시에 추진하는 **제 2단계** 공세의 일부로 계획됐다. 안토노프의 질문은 그 사이 미군이 어떤 행동을 할지, 특히 지시마 및 한반도작전에 착수할 것인지에 소련 측이 중대한 관심을 기울이고 있었음을 보여 준다. 소련의 작전에 협력을 요청하든 미국의 작전에 지원을 표명하든, 그러한 질문은 미국의 작전계획을 탐색하려는 목적이었을 것이다. 나아가 킹이나 마셜의 회답을 통해 11월 초에 미군이 규슈에 상륙하기 이전에 소련군이 작전에 단독으로 착수할 수 있다는 사실이 명백해졌다. 7월 25일에 완성된 메레츠코프(Kirill A. Meretskov) 제 1극동방면군사

---

44) *Ibid.*, pp. 351~352.

령관의 작전계획에 따르면, 북부 조선의 해방을 담당하는 제25군은 만주 침공작전 개시 후에도 최초 1주간은 국경방위 임무를 수행하고, 8일째에 둥닝(東寧)을 탈취한 뒤 전쟁 개시 후 25일째까지는 북부 조선과 인접한 왕칭(汪淸)·투먼(図們)·훈춘(琿春) 삼각지대를 점령할 예정이었다. 다시 말해서 소련군이 8월 중순에 만주 침공을 개시한다면 9월 중순에는 한반도 침공작전에 착수할 수 있었다. 이는 미군의 규슈 상륙작전 개시보다 약 2개월 앞선 것이었다. [45]

따라서 한반도를 두고 미국은 복잡한 상황을 직면했다. 시점을 고려했을 때, 포츠담회담 이전에 상정했던 '미·소 공동 수륙작전'은 불가능했다. 더욱이, 미군이 규슈 상륙작전을 준비하는 동안 소련군이 서울을 향해 진격하고, 더 남하해서 한반도 전체를 석권할지도 몰랐다. 그럼에도 불구하고, 원폭실험 성공이 특별한 의미를 갖고 새롭게 등장했다. 왜냐하면 8월 초순 일본 본토에 원자폭탄을 투하하면 상황이 완전히 달라지기 때문이었다. 원폭에 의해 일본의 '갑작스러운 붕괴 또는 항복'이 실현된다면 미군이 규슈 상륙작전을 실행할 필요가 사라지고, 대신 일본 각지의 중요 거점을 점령하기 위한 **긴급진주작전**이 발동될 것이었다. 이 거점에는 서울이나 부산 등 한반도의 주요 거점도 포함됐다. 나아가 한반도에서 군사를 전개하는 데에는 침공작전처럼 대규모 병력이 필요하지 않았고, 비교적 소규모 병력으로 기동적으로 실행할 수 있었다. 요컨대 이제 한반도에서 미군의 목표는 그곳에 주둔한 일본의 군사력을 어떻게 타도할 것인가가 아니라, 한반도에 **얼마나 신속하게 진주할 것인가**로 바뀌어 갔던 것이다. 한편 소련군은 한반도에 진주

---

45) van Ree, *Socialism in One Zone*, pp. 55~57.

하기 전에 만주에 있는 일본의 군사력을 소탕하지 않으면 안 되었다. 원폭실험 성공에 의해 갑작스럽게 극동의 '군사방정식'이 변했고, 한반도에 있어서 미·소의 군사적 입장은 거의 대등해진 것이다. 46)

(4) 번스의 '작은 원폭외교'

이러한 유동적 상황에서, 미국과 소련의 참모장은 영국군 참모장들의 참여 없이 7월 26일에도 회담을 했다. 그때까지는 소련군 참모장들도 미국이 원자폭탄 실험에 성공했다는 사실을 스탈린으로부터 전해 들었을 것이다. 그러나 미·소 회담은 이를 무시하는 것처럼 진행됐다. 이틀 전 회합에서 마셜이 안토노프에게 직접 전달한 5개 항목의 질문에 대해 안토노프는 소련 측의 회답을 하나씩 읽어 내려갔다. 질의항목은 기상데이터 전송용으로 페트로파블로스크와 하바롭스크에 무선기지를 설치하는 문제에서 시작해서 선박 및 항공기 수리나 의료지원을 위한 항만과 비행장을 선정하는 문제에 이르렀다. 하지만 무엇보다 중요한 사안은 미국과 소련의 항공작전을 지역적으로 분리하기 위한 경계선을 설정하는 문제였다. 제2항목은 동해에, 제3항목은 한반도 및 만주에 설정할 경계선을 다루었다. 이미 미군이 한반도 상륙 가능성을 부정했기에 육상작전을 분리하기 위한 경계선은 협의하지 않았다. 47)

마셜은 미 해군이 해상작전을 동해와 오호츠크해 전역에서 무제한적

---

46) Sandusky, *America's Parallel*, pp. 186~189; Dobbs, *Six Months in 1945*, pp. 525~526.

47) *FRUS, Berlin, 1945*, vol. II, pp. 408~441, 1326~1332.

으로, 잠수함작전은 **북위 38도선상의 한반도 동해안**(양양의 남쪽)을 기점으로 하여 북위 40도 동경 135도, 북위 45도 45분 동경 140도를 거쳐 북위 45도 45분선을 따라 동쪽으로 뻗은 경계선의 남쪽에서 수행하겠다고 제안했다. 이에 안토노프는 미 해군의 작전구역에서 오호츠크해를 제외했다. 나아가 미국과 소련이 **동해**에서 시행할 해상, 항공 및 잠수함작전의 경계선으로, 한반도 동해안의 무수단(舞水端)을 기점으로 북위 40도 동경 135도를 거쳐 북상하여 마셜의 제안처럼 북위 45도 45분 동경 140도를 거쳐 동쪽으로 뻗어 나가 사할린 남단 홋카이도(北海道)의 소야곶을 잇는 선에 도달하는 연결선을 제안해 마셜의 동의를 얻었다. 또한 안토노프는 **한반도와 만주**의 항공작전 경계선에 대해서도 마셜의 제안을 수정했다. 그는 무수단과 창춘을 연결하고, 마셜의 안처럼 서쪽으로 랴오양(遼陽), 카이루(開魯, 옮긴이주: 중국 네이멍구자치구 퉁랴오에 있는 현), 츠펑(赤峰), 베이징, 다퉁(大同)으로 이어져 네이멍구(內蒙古)의 남측 경계를 따라가는 경계선을 제안했으며 미국 측의 동의를 얻을 수 있었다. 안토노프가 수정한 요점은 미 해군에게 잠수함작전의 북쪽 한계를 양보함으로써 한반도 북동부의 함경북도 해역 및 소련령 연해주 해역에서 미국의 해군 및 공군작전을, 함경북도 대부분과 남만주 일대에서는 미군의 항공작전을 배제하는 것이었다. 이에 따라 블라디보스토크에서 출항하는 소련 태평양함대는 북부 조선의 여러 항구, 특히 나진 및 청진에 대한 상륙작전을 보장받고 지시마 열도 상륙작전도 가능하게 되었다. 48)

---

48) *Ibid.*, vol. II, p. 411, 1327; Hayes, *History of the JCS*, pp. 720~721; Sandusky, *America's Parallel*, pp. 191~194.

〈지도 3〉해·공·잠수함작전의 미·소 경계선(1945년 7월 26일)

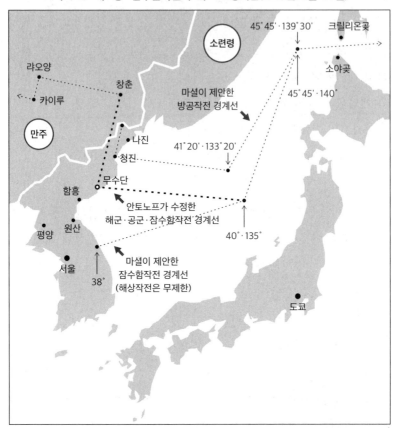

출처: *FRUS, Berlin, 1945*, vol. II (pp. 410~411, 1327).

잠수함작전을 위한 경계선이라고는 하지만, 마셜이 왜 처음 북위 38도선상의 한반도 동해안(거의 속초와 강릉 사이 중간지점)을 기점으로 삼은 제안을 했는가에 대해서는 아무런 기록도 존재하지 않는다. 이는 나중의 38도선 설정과 관계가 없었을까. 헐 중장에 관한 애플먼(Roy E. Appleman)의 인터뷰에 따르면, 포츠담회담 중 어느 날 헐은 마셜로부터 지시를 받고 작전참모 몇 사람과 함께 한반도 지도를 펼쳤다. 그 자리에는 당연히 링컨 준장도 함께했을 것이다. 이들은 미·소 **육상작전의 경계선**을 어디에 그어야 할지 검토했고, "적어도 2개의 주요 항구가 미국 작전구역 내에 있어야 한다"는 관점에서 남쪽으로 인천과 부산을 포괄한 서울 북방에 선을 그었다. 그 선이 "38도선은 아니었지만 그 근처였으며 전반적으로 38도선을 따라가고 있었다"는 언급으로 보아, 이 경계선은 한반도 중부의 행정구역을 고려한 경기도 및 강원도의 북측 경계선(즉 황해도 및 함경남도의 남측 경계선)이었을 가능성이 높다. 또한 워드(Orlando Ward) 육군부 전사실장이 이 건에 대해 거의 같은 내용의 메모를 남겨 놓았는데, 마셜의 지시가 번스 국무장관의 요청에 따른 것이었다고 기록하였다. 사실 워드는 여기에서 38도선의 기원을 찾은 것이다. 또한 그들의 증언을 뒷받침하기라도 하듯, 안토노프를 통해 소련군의 작전을 알게 된 마셜은 7월 25일 트루먼 대통령에게 전쟁 종결 후 곧바로 **부산**에 1개 사단을 상륙시키도록 진언했고, 그 외의 전략거점으로서 **서울과 청진**을 거론했다. [49]

---

49) Roy E. Appleman, *South to the Naktong, North to the Yalu* (Washington, D. C. : Office of the Chief of Military History, Department of the Army, 1961), pp. 2~3 ; Orlando Ward, "Establishment of the 38th Parallel in Korea", "Memorandum for General Maxwell D. Taylor", 019 Korea(10 Oct. 1952),

더욱이 한 전화 인터뷰에서 헐이 "38도선은 포츠담에서 설정되었다"
고 솔직히 설명했다고 하는 중요한 기록도 발굴되어 있다. 또 헐은 번
스 국무장관이 "〔소련군만이 아니라〕 미군 부대가 한반도에 있어야 한
다"고 지적한 점, 서울 북방에 설정한 경계선은 미군과 소련군의 충돌
을 피하기 위한 조정선(*a coordinating line*) 이자 순수하게 군사적 관점을
반영한 경계로서 정치적인 것도 영속적인 것도 아니었다는 점, 그 경계
선을 마셜 육군참모총장과 통합참모본부의 승인을 얻어 번스 국무장관
에게 제시했다는 점 등을 밝혔다. 그러나 그 후의 경위에 대해 그는 "러
시아인과 말할 때, 이에 대해 번스가 어떻게 말했는지는 잘 모른다"고
부언했을 뿐, 그 이상의 설명은 피했다. 헐은 그 경계선이 소련 측과
토의하기 위한 것이었음을 명확하게 인식하고, 번스나 마셜이 이를 제
안했다고 여겼을 것이다. 50)

그러한 내부적 검토가 존재했음에도 불구하고, 왜 마셜은 안토노프
에게 육상경계선 설정을 제안하지 않았을까. 흥미롭게도 소련의 공식
전사는 마셜의 발언에 대해 "미군사령부는 군사행동 중인 소비에트국
군과 공동행동을 취하기 위해 **38도선 이남**에서 상륙작전을 실행하는 것
을 거부했다"고 기술했다. 안토노프는 마셜의 소극적 태도에 의문을 품
은 것이다. 그러나 번스의 기대처럼 원자폭탄 투하로 일본이 소련군 참

---

case 43, Army Chief of Staff, RG 319, NARA; James F. Schnabel, *Policy and Direction: The First Year* (Washington, D. C. : Office of the chief of Military History, Department of the Army, U. S. Government Printing Office, 1972), pp. 7~8.

50) "Harris' Telephone conversation with Hull", 17 Jun 1949, 이완범, 《38선 획정의 진실》, p. 339.

전 이전에 항복한다면, 육상경계선에 대한 합의의 존재는 이후 소련군이 한반도에 진주하게 만드는 불필요한 근거를 제공할지도 몰랐다. 분명히 번스는 정치적 관점에서 마셜에게 소련 측과 육상경계선 관련 토론을 피하도록 요청했을 것이다. 바꿔 말하면 여기에는 일본 본토에 원폭을 투하했을 때 일어날 효과가 판명되기 전까지는 소련과의 합의를 피한다는 '작은 원폭외교'가 존재한 것이다. 그럼에도 불구하고 일본이 항복하기 이전에 소련이 참전한다면, 소련군의 작전범위를 북부 조선으로 제한하기 위해 즉시 육상경계선을 설정하지 않으면 안 되었다. 이는 나중에 현실화한 사태였다. 번스, 그리고 아마도 트루먼도 어떤 종류의 '기회주의'에 입각하여 한반도의 군사 정세에 대응한 셈이다. [51]

---

51) ソ連共産党中央委員會 付屬・マルクス・レーニン主義研究所 編, 川內唯彦 譯, 《第2次 世界大戰史》, 第10卷 (弘文堂, 1966), pp. 272~273; 長谷川, 《暗鬪》, pp. 265~271; Seung-Young Kim, "The Rise and Fall of the United States Trusteeship Plan for Korea as a Peace-maintenance Scheme", *Diplomacy & Statecraft*, no. 24 (2013), pp. 227~252. '큰 원폭외교설'의 전형은 알페로비츠의 주장이다. 그에 의하면 원자폭탄 투하는 1차적으로는 전 세계, 특히 소련에게 그 위력을 보여 줌으로써 '동쪽 및 중앙유럽에 대한 미국의 제안'을 받아들이게 하려는 정치적 고려와 관계가 있었다. 그러나 번스타인이나 셔윈은 대소련 견제를 2차적 내지 '보너스' 같은 것이라고 간주했다. Gar Alperovitz, *Atomic Diplomacy*: *Hiroshima and Potsdam* (London: Pluto Press, 1994, First Published in the USA by Simon & Schuster, 1965), pp. 287~290; Barton J. Bernstein, "Roosevelt, Truman, and the Atomic Bomb, 1941~1945: A Reinterpretation", *Political Science Quarterly*, Spring 1975, pp. 23~69; Berton J. Bernstein, "The Atomic Bombing Reconsidered", *Foreign Affairs*, Jan. /Feb. 1995, pp. 135~152; Sherwin, *A World Destroyed*, pp. 223~224; 菅英輝, "原爆投下決定をめぐる論爭", 〈海外事情〉(拓殖大 海外事情研究所), 第44卷 4号 (1996. 4.), pp. 48~59; 中澤志保, 《スティムソン》, pp. 200~206.

한편 이러한 복잡한 경과를 어디까지 알고 있었는지, 워싱턴의 통합 전쟁계획위원회는 원자폭탄 투하에 의한 전쟁의 조기종결을 전제로 7월 30일에 〈초기의 일본점령을 위한 계획〉(J. W. P. C. 390/1) 이라는 제목의 보고서를 3부조정위원회에 제출했다. 이 보고서는 약 1개월 전에 제출한 보고서(J. W. P. C. 375/2)의 내용을 재확인한 후, 이에 더하여 중국 연안에 1개 항구 확보, 중부태평양의 일본 보유 섬들 점령, 중국군의 대만 이송뿐 아니라 "점령을 목적으로 하는 최소한의 미군 부대에 의한 **남부 조선 진입**"을 태평양육군총사령관을 포함한 각 전역 사령관에게 명령하도록 요청했다. 한편 흥미롭게도 이 문서는 소련이 사할린, 지시마열도 및 **북부 조선**의 초기 점령을 담당하도록 트루먼 대통령이 스탈린 수상에게 제안하도록 촉구했다. 요컨대 7월 말에 워싱턴의 통합참모들은 (구체적 육상경계선은 제시하지 않았지만) **한반도 남부와 북부의 초기 점령을 지역적으로 구분하여** 한반도 북부의 초기 점령을 소련에 부탁하자고 제안하고, 최고지도자 수준에서 이 사안을 합의해야 한다고 주장한 것이다. 그러나 북부 조선과 남부 조선의 초기 점령을 구분하는 경계선을 어디에 설정해야 하는지에 대해서는 38도선을 포함해 어떤 언급도 하지 않았다. 52)

---

52) J. W. P. C. 390/1, "Planning for Initial Japanese Occupation Period", 30 Jul. 1945, ABC 014 Japan, 13 Apr. 1944, section 16-A, RG 165, Records of the War Department, NARA.

5. 일본의 항복과 38도선 설정

(1) '블랙리스트' 작전

1945년 7월 26일 미국과 영국, 중국은 일본에게 무조건 항복을 요구하는 포츠담선언을 발표했다. 스즈키 간타로(鈴木貫太郞) 수상은 이를 '묵살'했지만 그때까지도 본토 결전을 주장하는 육군을 제외하면, 일본 정부 내 교전 의욕은 미군의 봉쇄와 폭격에 의해 한계에 달해 있었다. 히로시마와 나가사키에 대한 원폭투하를 기다릴 것도 없이, 일본 정부의 화평공작이 소련에게 중재를 의뢰하며 표면화한 것이다. 히로타 고키(廣田弘毅) 전 수상·외상과 말리크(Yakov Malik) 주일 소련대사의 하코네(箱根) 회담이 6월 초에 시작됐고, 포츠담회담을 목전에 둔 7월 13일에는 사토 나오타케(佐藤尙武) 주소련 일본대사가 일본의 전쟁 종결의사를 전하며 이는 천황 본인의 생각임을 소련 측에 알렸다. 그 결과 스탈린은 7월 28일 포츠담회담 전체회의에서 황족의 모스크바 파견을 포함해 일본의 요청에 대해 소개했다. 그러나 암호문을 해독한 미국은 이미 그러한 움직임을 알고 있었다. 7월 21일에 통합참모본부는 맥아더에게 "가까운 장래, **소련의 참전 이전이라도** 일본의 항복을 토대로 행동할 필요가 있을지도 모른다"고 전달했고, 워싱턴의 육군부 작전부도 일본이 "**예상외로** 다음 2, 3주 이내에 항복할" 가능성을 논의하고 있었다. 53)

---

53) 長谷川, 《暗鬪》, pp. 149~154, 202~207, 222; Leahy, *I Was There*, p. 420; Cline, *Washington Command Post*, p. 348; "MacArthur's Plan for Occupation of

이미 본 것처럼, 일본의 갑작스러운 붕괴 또는 항복이라는 이론적 가능성이 현실적 가능성으로 변한 데에 가장 민감하게 반응한 사람은 링컨 준장과 굿패스터 중령이었다. 굿패스터는 통합전쟁계획위원회의 보고서(J. W. P. C. 357/2)를 지참하고 6월 말부터 약 2주간 마닐라에 체재하면서 맥아더 사령부의 작전참모들에게 일본 진주작전계획(블랙리스트)을 작성하도록 독촉했다. 이어 굿패스터는 7월 11일에 '블랙리스트작전'의 미완성 초안을 들고 워싱턴에 돌아와 그 내용을 포츠담으로 향하는 링컨에게 타전했다. 그러나 이 초안은 제1단계에서 간토평야와 그 외 혼슈의 거점지역에, 제2단계에서 규슈, 홋카이도 및 시코쿠(四國)의 거점지역에, 제3단계에서 그 외의 다른 지역에 진주하는 일본 본토 점령계획이었다. 일본 본토에 한반도는 포함되지 않았던 것이다. 나중에 남한 점령을 담당한 제10군(최종적으로는 그중 제24군단)은 그 시점에서는 북부 간토로 진주하는 임무를 할당받았다. 그 후 (지명을 특정하지 않은) '한반도의 3개에서 6개 지역'을 포함한 블랙리스트 작전계획의 제1판이 포츠담회담 전야인 7월 16일에 완성됐다. 제2판은 7월 25일에, 최종판이 되는 제3판은 8월 8일에 마무리됐다.[54)]

Japan", OPD 014. 1(25 Jul. 1945), section 3, RG 165, Records of the War Department, NARA.

54) "MacArthur's Plans for Occupation of Japan", 25 Jul. 1945, "Plan Blacklist", 29 Jul. 1945 and "Amendment of Blacklist Plan, Ed. No. 3", 14 Aug. 1945, OPD 014. 1 TS, section 3, cases 38 through 50, box 108, RG 165, Records of the War Department, NARA; "Basic Outline Plan for 'Blacklist' Operations to Occupy Japan and Korea After Surrender or Collapse", Edition 3, 8 Aug. 1945, General Headquarters, U. S. Army Forces, Pacific, box 38, RG-4, MacArthur Memorial Archives(MMA) in Norfolk, Virginia; 五百旗頭, 《米國

또한 7월 20일에는 육군 작전계획인 '블랙리스트'와 해군의 '캠퍼스'를 초안 단계에서 조정하기 위한 회합이 괌에서 열렸다. 그러나 그곳에서 니미츠는 육군의 계획을 논의하지 않겠다고 거부했다. 대신 도쿄만 긴급해상점령을 시작으로 일본의 주요 항만에 해군을 전개하고, 그에 이어 육군이 일본을 점령하는 3단계 점령계획을 주장했다. 쌍방의 의견이 충돌하는 가운데, 7월 26일 통합참모본부는 맥아더와 니미츠에게 "지금은 일본 정부가 항복할 경우에 실행할 절차를 위해 계획을 조정하는 일이 긴급한 과제다"라고 강조한 후, "일본의 중요 거점에 대한 해군의 긴급점령이 바람직할 것"이라는 의견을 표명했다. 또한 통합참모본부는 "아시아대륙에서도 같은 절차를 취하는 것이 매우 바람직할 것이다"라고 주장하며, 우선순위에 따라 상하이, 부산, 즈푸(芝罘, 옮긴이 주: 산둥성에 있는 반도 및 만의 이름), 발해만(渤海湾)의 친황다오(秦皇島)를 열거하고 "해병대의 예비적인 상륙이 최선일 것"이라고 시사했다. 나아가 대만 북단부 점령도 일본과 중국 사이의 작전과 연락을 위해서 도움이 될 것이라고 지적했다. 포츠담에서 열린 7월 24일 미·영·소 참모장회의의 결과가 민감하게 반영됐을 것이다. 55)

그러나 맥아더는 통합참모본부의 제안이 해군의 '캠퍼스'로 기울어진 데에 강하게 반발했다. 7월 27일에는 "여전히 강대한 육군이 존재하

の日本占領政策》, 下卷, pp. 222~223; Sandusky, *America's Parallel*, pp. 189~190.

55) "Occupation of Japan and Korea", OPD 014. 1 TS (1 Aug. 1945), Section 3, RG 165, Records of the War Department, NARA; VICTORY 357, 26 Jul. 1945, JCS to MacArthur and Nimitz, ABC 014 Japan (13 Apr. 1944), Section 16-A, RG 165, Records of the War Department, NARA.

는 적국을 점령하기 위해 해군을 사용하려는 일은 전략적 잘못이다",
"모든 상륙은 반대에 직면할 것이며 완전한 승리를 위해 준비해야만 한
다", "점령을 무모하게 서두는 이유를 찾기 어렵다" 등 대대적인 반론을
전개했다. 또 괌의 회합 내용이 통합참모본부에 제대로 전달되지 않았
다고 지적하면서, '블랙리스트'야말로 "표준적인 공동절차에 따른 점령
계획"이라고 주장했다. 더욱이 같은 날 다른 전보에서 맥아더는 일본
본토, 한반도, 중국 연안의 여러 항구 및 대만을 점령하기 위해 '단일한
조정 당국자'를 임명하는 일이 불가피하다고 강조했다. 또 일본 본토의
14개 거점에 더해, 한반도의 3~6개 거점을 3단계로 점령하는 방침을
전달했다. 한반도 내 우선순위 중 제1위로는 부산 대신 서울을 거론했
고, 제2위는 부산, 제3위는 군산과 전주였다. 주목할 만한 사실은 소
련 참전 이전에라도 일본이 항복할 가능성을 지적했으며, 포츠담에서
미국과 소련의 육상작전 한계선이 설정되지 않았음에도 불구하고 미군
이 북부 조선에 진출할 계획은 없었다는 점이다. 그뿐 아니라 여기에는
"연합국군에 의한 북부 조선에서의 추가적 거점 점령이 상정된다"고 부
기했다. 워싱턴의 통합계획참모들이 나눈 논의를 반영해서, 블랙리스
트작전은 당초부터 북부 조선의 초기 점령을 소련군에게 위임해 놓고
있었던 듯하다. 56)

---

56) C-28810 and C-28793, "MacArthur to War Department", 27 Jul. 1945, *ibid.*
'단일조정 당국자'에 관한 맥아더의 주장은 7월 26일 통합참모본부로부터 수신한 다
른 전보에 대한 반응이었다. 헐 육군작전부장은 초기의 점령 임무를 수행하기 위해
현존하는 일본 정부기구를 어느 정도까지 사용해야 하는지, 또 연합국의 점령 규모
와 기구는 어떠해야 할지 맥아더에게 의견을 구한 것이다(Sandusky, *America's*
Parallel, pp. 188~189).

<표 2> 블랙리스트작전에 따른 일본 점령계획(8월 8일)

단계		점령지
제1단계	일본	간토평야, 사세보(佐世保)·나가사키(長崎), 고베(神戸)·오사카(大阪)·교토(京都), 아오모리(青森)·오미나토(大湊)
	조선	서울
제2단계	일본	시모노세키(下関)·후쿠오카(福岡), 나고야(名古屋), 삿포로(札幌·北海道)
	조선	부산
제3단계	일본	히로시마(広島)·구레(呉), 고치(四國), 오카야마(岡山), 쓰루가(敦賀), 오도마리(大泊, 지금의 코르사코프), 센다이(仙台), 니이카타(新潟)
	조선	군산·전주

출처: *Report of General MacArthur*, I 에서 재구성.

8월 8일에 완성된 블랙리스트작전 제3판은 〈표 2〉와 같은 순서로 일본 본토 14개 지역(사할린 포함)과 한반도 3개 지역을 점령하고, 일본군의 무장을 해제하며, 통신 통제를 확립하는 것을 초기 임무로 삼았다. 미군은 기본적으로 이 작전계획에 기반해 일본 본토와 남부 조선에 진주했다. 다만 여기에서는 '연합국군이 참가하는 한반도 점령계획의 준비' 또한 주요한 과제 중 하나로 여겼다.57)

또한 통합전쟁계획위원회는 블랙리스트계획과 캠퍼스계획을 검토했고, 이들을 조정하는 보고서(J. W. P. C. 264/8)를 8월 10일에 완성했다. 극히 중요한 시기에 제출한 공동보고서는 "미군을 한반도에 빨리 투입하는 것이 카이로선언에서 표명한 관여의 실행을 용이하게 한다"는 관점에서 한반도에 일본 본토 다음의 우선순위를 부여했으며, 서울을 한반도 내 최우선목표로 하는 블랙리스트계획의 방침을 지지했다.

---

57) "Basic Outline Plan for 'Blacklist' Operations to Occupy Japan and Korea After Surrender or Collapse", Edition 3, 8 Aug. 1945, MMA; *Reports of General MacArthur*, vo. I, pp. 436~440.

〈지도 4〉 블랙리스트작전에 따른 일본 진주계획(8월 8일)

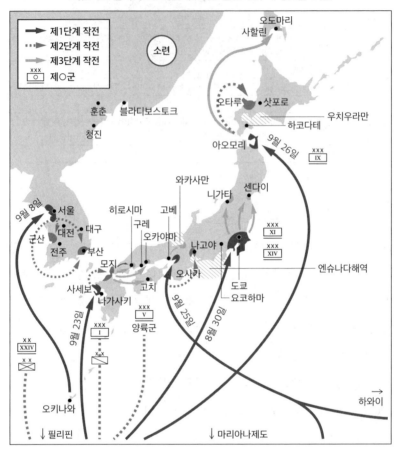

출처: *Report of General MacArthur*, Ⅰ(p. 439)에 수록된 지도로 작성, 주요 군 및 군단만 표시.
주: 날짜는 각 지역에 실제 상륙한 날.

제8군의 간토평야 점령 목표일은 발령 후(일본 항복 후) 15일째로, 제10군의 서울 점령은 17일째로 예정됐다. 그러나 블랙리스트계획이 주장한 사할린 점령은 바람직하지도 실행가능하지도 않다면서, 시애틀과 상하이를 연결하는 항공 루트를 따라가고 있다는 이유에서 지시마 열도와 마쓰와(松輪) 섬 내지 파라무시르(幌筵) 섬·시무시르(新知) 섬을 점령해야 한다고 주장했다. 나아가 중국 대륙연안에서는 친황다오 섬 점령을 가장 중시했으며, 칭다오와 상하이 점령이 그 뒤를 이었다. 또한 이 보고서에 첨부된 블랙리스트 작전계획은 제1단계 점령목표 중에서 간토평야와 서울을 '최초의 점령지역'으로 강조했다. 다만 포츠담의 참모총장회의 이후에도 미국과 소련은 육상작전을 분리하는 경계선을 정하지 않고 있었다. 바꿔 말하면 미·소 정상이 38도선을 일본군의 항복을 수리하기 위한 미·소 양군의 경계선으로서 합의하기 전까지, 미군은 서울 점령을 확정하지 않은 것이다. 58)

(2) 38도선 설정

8월 6일 최초의 원자폭탄이 히로시마에 투하되자 소련군은 예정을 앞당겨 8월 9일 0시(자바이칼 시간)에 만주 침공작전을 개시했다. 그러나 참전한 소련군에게는 블랙리스트계획과 같은 전투 종결 후의 진주계획이 존재하지 않았다. 대독전쟁에서처럼 만주에 대한 전략적 침공작전

---

58) J. W. P. C. 264/8, "Examination of Plans for the immediate Occupation of Japan", 10 Aug. 1945, ABC 014 Japan(13 Apr. 1944), Section 16-A, RG 165, Records of the War Department, NARA.

은 물론, 남사할린, 지시마열도, 한반도에 대한 침공작전도 그 자체로
서 일본 영토에 대한 진주작전이었다. 앞서 설명한 것처럼 6월 28일 승
인된 안토노프의 전략적 침공계획에 기반해 소련의 각 방면군은 이미
상세한 작전계획을 각자 작성해 놓았다. 그러나 반 리(Erik van Ree)가
지적한 것처럼 스탈린과 안토노프가 8월 7일에 실제로 발령한 소련군
의 작전계획은 미묘하게 수정되어 있었다. 한반도 서울을 향해 진격하
도록 요구했던 큰 화살표가 기묘하게도 서울의 목전, 즉 38도선 부근
에서 정지했던 것이다. 원폭투하에 의한 일본의 조기항복을 상정하고,
남한에 긴급하게 전개하는 미군 부대가 서울에 진주할 가능성을 배려
했을 것이다. 바꿔 말하면 맥아더의 블랙리스트계획이 북부 조선의 점
령을 소련군에게 위임한 것과 같이, 소련군의 침공작전도 서울을 포함
한 남부 조선의 점령을 미국에게 위임한 것이다. 마치 나중에 설정된
38도선이 이미 존재하고 있는 듯한 전개였다. 59)

8월 9일 소련군이 참전하고, 같은 날 나가사키에도 원자폭탄이 투하
되었다. 8월 10일 일본 정부는 '천황의 국가통치 대권'이 침해받지 않는
다는 조건부로 스위스와 스웨덴 정부를 통해 포츠담선언을 수락할 의
사를 표명했다. 일본 본토의 철저한 봉쇄와 폭격, 두 차례의 원자폭탄
투하, 그리고 소련군 참전이라는 '세 가지의 조합'이 항복을 유도한 것

---

59) van Ree, *Socialism in One Zone*, pp. 49~51; マリノフスキー 《關東軍壞滅す》,
   p. 74, 168; マルクス・レーニン主義研究所 編, 《第2次 世界大戰史》, 第10卷,
   p. 259. 반 리는 소련 측이 '블랙리스트'에 관한 미군 관계자의 논의를 알았고, 그 작
   전구역을 38도선 이북으로 한정했을 가능성이 있다고 지적했다. 같은 지적은 예전
   부터 존재했다. Shannon McCune, "The Thirty-Eight Parallel in Korea", *World
   Politics*, vol. 1, no. 2(1949. 1.).

〈지도 5〉 소련군의 만주 침공계획(1945년 7~8월)

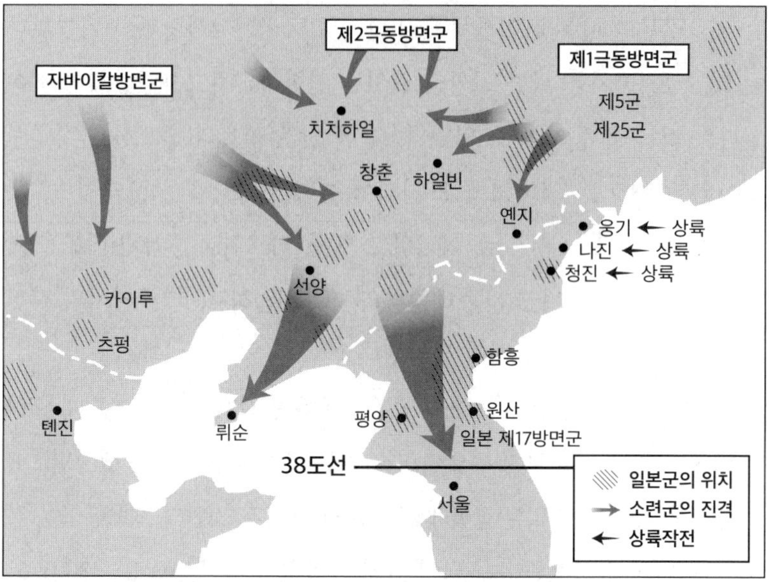

출처 : Erik van Ree, *Socialism in One Zone* (p. 50)에 수록된 지도로 작성.

이다. 특히 원자폭탄 연속 투하는 미군의 일본 본토 침공작전을 불필요
하게 만들었으며, 일본 육군에게서 본토 결전〔결호(決号) 작전〕의 기회
를 박탈한 듯했다. 그날 오전 워싱턴에서는 대통령과 정부 요인이 백악
관에 모여 일본 정부가 제시한 조건을 거절하기로 결정했다. 번스 국무
장관의 회답은 "항복한 순간부터 천황과 일본 정부의 국가통치 권위는
연합국군최고사령관에게 종속된다"는 것이었으며, 영·중·소의 승인
을 얻어 11일 오전 스위스 정부를 통해 일본 정부에 전달했다. 그 과정
에서 소련은 1인의 연합국군최고사령관(SCAP) 을 임명한다는 안에 이
의를 제기했지만, 미국의 강력한 태도 때문에 이를 받아들이지 않을 수
없었다. 이렇게 해서 같은 날 통합참모본부는 맥아더에게 연합국 간의

교섭을 위해 항복 수리 절차에 관한 통합참모본부의 지령이 늦어진다는 것, 일본의 항복을 집행하기 위한 연합국군최고사령관이 지명된다는 것, 국가통치를 위한 천황의 권위는 연합국군최고사령관에게 종속된다는 것 등을 통지할 수 있었다. 같은 날 무엇보다 중요한 점령명령(WARX 47945)은 "전략적 중요 지역에 병력 조기도입"을 요구하며, 우선순위 제1위로 일본 본토, 제2위로 서울, 제3위로 중국과 대만을 거론했다. 또한 나아가 **조선을 태평양 전역에 편입하고**, 그곳에서의 작전을 태평양육군총사령관에게 위임했다. 60)

하지만 그러한 명령에 이어 통합참모본부는 같은 날 "만약 그때 소련이 이 항구들을 접수하지 않았다면"이라는 조건을 붙이기는 했지만, 맥아더에게 "대통령이 **일본 항복에 이어 즉시** 다롄과 조선의 1개 항구를 점령할 수 있도록 사전준비가 되어 있기를 바라고 있다"(WARX 48004)고 통지했다. 이는 말할 것도 없이 블랙리스트작전의 제1단계에 선행하는 긴급점령을 준비하도록 명령한 것이었다. 명령 시점으로 볼 때, 이러한 대통령의 판단에 영향을 준 것은 모스크바에서 온 두 통의 긴급전

60) ジョン・フェリス, "太平洋戦爭後期における連合國側の戰略", 《太平洋戰爭とその戰略》(戰爭史研究國際フォーラム報告書, 防衛省防衛研究所, 2010), pp. 156~157; Truman, *Year of Decisions*, pp. 427~432; WARX 47838 and WARX 47945, JCS to MacArthur, 11 Aug. 1945, "Occupation", 19 Aug. 1945, ABC 014 Japan (13 Apr. 1944), Section 18-B, RG 165, Records of the War Department, NARA; リチャード・B・フランク, "アジア・太平洋戰爭の終結―新たな局面", 《歷史からみた戰爭の終結》(戰爭史研究國際フォーラム報告書, 防衛省防衛研究所, 2016), pp. 55~62. 또는 赤木完爾 번역의 프랑크 논문, "決号―1945年における日本の政治戰略・軍事戰略", 〈法學研究〉, 第89券 8号 (2016.8.), pp. 49~58을 참조했다.

문이었다. 독일의 배상 문제를 두고 소련과 교섭하고 있던 대통령특사 폴리(Edwin Pauley)는 10일 심야에 소련과 논의하며 도달한 결론을 알려 왔다. 그는 극동 문제에 관해 "우리 군이 남단에서 시작해 북방으로 진격하여 조선과 만주의 공업지역을 가능한 한 많이, 신속하게 점령해야 한다. 나는 … 관계국들이 배상이나 영토권, 또는 그 외의 이권을 두고 만족할 만한 합의에 도달하기 전까지는 점령을 계속해야 한다고 생각한다"고 주장했다. 또한 해리먼 대사는 포츠담에서 이에 대해 논의한 것을 상기하면서 "스탈린이 쑹〔쯔원 외상〕에 대한 요구를 강화하는 방식을 고려하면, 적어도 랴오둥반도와 한반도에서 일본군의 항복을 수리하기 위해 이 지역들에〔한반도와 다롄에〕 상륙해야 한다고 진언한다. 우리에게 소련의 군사작전지역을 존중해야 하는 책임이 있다고는 생각하지 않는다"고 주장했다. 61)

말할 것도 없이 일본 정부가 포츠담선언을 무조건 수락하고 스위스 정부를 통해 이를 워싱턴에 전한 것은 8월 14일 오후 11시였다. 천황은 항복 사실을 다음 날 정오 NHK라디오 방송을 통해 국민에게 직접 전했다. 일본 정부가 항복의사를 최초로 표명한 직후부터 미국 정부는 항복 수리를 향해 빠르게 움직이기 시작했다. 사실 육군부 작전부 전략정책그룹의 책임자인 링컨 준장은 8월 10일 밤 펜타곤의 집무실에서 맥아더가 발표할 일반명령 제1호의 기초작업을 이미 시작했다. 그날 오후에 3부조정위원회 의장이자 국무부 대표인 던(James C. Dunn) 국무

---

61) WARX 48004, JCS to MacArthur, 11 Aug. 1945, box 21, XXIV Corps History Section, USAFIK, RG 332, Washington National Records Center(WNRC) in Suitland, Maryland; Truman, *Year of Decisions*, pp. 433~434.

차관보로부터 연락을 받고 작업에 착수한 것이다. 링컨의 주요한 임무는 군사정책과 대외정책을 조정하는 일이었다. 그는 전년 11월 말에 발족한 국무부·육군부·해군부 3부조정위원회와 긴밀한 관계를 유지하고 있었으며, 그 때문에 3부조정위원회의 육군부 위원과 통합계획참모를 겸임했다. 따라서 링컨이 작성한 문서는 **육군부 초안으로서** 통합전쟁계획위원회의 검토를 거쳐 3부조정위원회에 제출하는 성질의 보고서였다. 또 당시 아직 36세이던 본스틸(Charles H. Bonesteel) 대령은 링컨의 오른팔로서 정책반을 이끌었다. 그밖에도 맥클로이 육군차관(3부조정위원회 육군부 대표)의 집무실에서는 맥아더에게 보낼 지령과 항복 수리에 관련한 문서를 기초하고 있었다. 62)

링컨에게 연락했을 때, 던은 한반도에 파견되는 미군을 위해 일정한 점령지역을 확보하지 않으면 안 된다고 생각했다. 소련이 대일참전을 했기에 지금은 가능하면 신속하게 미국과 소련 간 육상경계선을 설정해야만 했다. 그뿐 아니라 그 선은 일본의 항복을 수리하기 위한 경계선으로 변했다. 따라서 선더스키(Michael C. Sandusky)가 지적한 것처럼, 이를 의뢰받은 링컨이야말로 이 문제를 담당하는 실무상의 책임자였다. 또한 이완범이 발굴한 기록이 보여 주듯, 이때 링컨의 뇌리에 떠오른 계획은 일반명령 제1호의 초안을 통합계획참모, 3부조정위원

---

62) Paul McGrath, *United States Army in the Korean Conflict*(Draft Manuscript, Office of the Chief of Military History, Department of the Army), pp. 40~41; "Memorandum by Ward", 10 Oct. 1952; Schnabel, *Policy and Direction*, pp. 8~9; Sandusky, *America's Parallel*, p. 226. 두 번에 걸친 어전회의를 포함한 일본의 항복 결정 과정은 左近允尚敏, 《敗戰―1945年 春と夏》(光人社, 2005)를 참조했다.

회, 통합참모본부, 3부장관, 그리고 대통령의 승인을 얻고, 나아가 애틀리(Clement Richard Attlee) 영국 수상과 장제스 총통, 스탈린의 동의 내지는 수정을 받는 것이었다. 링컨은 이것이 받아들여지지 않는다면 "우리는 극동에서 완전한 혼란(카오스)을 향할지도 모른다"고 여겼다. 본스틸을 보좌해서 38도선 설정에 참여한 러스크(Dean Rusk) 대령의 증언에 따르면 국무부는 "미군이 실행가능한 한 북방에서 항복을 받아야 한다"고 주장했다. 그러나 만약 항복 수리를 위한 제안이 "일반적으로 상정되는 미군의 능력을 크게 넘어선다면 소련이 이를 수락할 리 없다"고 생각했다. 따라서 링컨은 본스틸, 러스크, 그리고 맥코맥(James McCormack) 대령에게 "미군이 가능한 한 북방에서 항복을 수리하길 원하는 정치적 욕구와, 미군이 도달할 수 있는 능력의 명백한 한계를 조화시키는 제안"을 검토하도록 명령했다. 그 후의 사태를 보면 분명히 과대평가였지만, 본스틸은 소련군이 미군의 한반도 도착 이전에 반도 남쪽 끝까지 도착할 수 있으며, 한반도에 침입하려고 하거나 이미 진입해 있다고 판단했다. 그에 비해 가장 가까운 미군 부대는 오키나와에 있었으며 한반도까지 약 600마일 떨어져 있었다. [63]

통합전쟁계획위원회의 작전참모들이 기다리는 가운데, 본스틸은 일반명령 제1호 제1절을 30분간 구술로 필기해서 기초했다고 한다. 한반도에 관해서는 38도선을 경계로 북쪽에 있는 일본군 부대는 소련 극동군총사령관에게, 남쪽에 있는 부대는 미국 태평양육군총사령관에게

---

63) Schnabel, *Policy and Direction*, p. 9; Sandusky, *America's Parallel*, pp. 226~ 228; "Rusk's Memorandum", 12 Jul. 1950, *FRUS, 1945*, vol. VI, p. 1039; "Lincoln's Letter to Donnelly", 18 Jul. 1949, 이완범, 《38선 획정의 진실》, pp. 356~358). 또 소련군의 상세한 작전계획 내용에 대해서는 제5장 제2절 참조.

항복하도록 명령했다. 당초 본스틸은 지방의 행정구역을 반영한 경계선을 생각했지만, 참조할 수 있는 것이 벽에 걸린 내셔널지오그래픽사의 소형 극동지도뿐이었다. 지도의 38도선은 한반도 거의 중앙을 가로질렀으며, 서울은 38도선 남쪽인 미국의 점령구역 내에 있었다. 또한 그 근교에 포로수용소도 있었다. 후일 러스크는 "만약 그 제안을 소련이 수락하지 않을 경우, 미군이 도달할 수 있는 선보다 훨씬 북쪽에 있더라도 한국의 수도를 미군의 담당지역 내에 포함시키는 일이 중요했다"고 말했으며, "소련이 38도선을 받아들였을 때 매우 놀랐다"고 증언했다. 본스틸의 초안은 즉시 링컨을 거쳐 통합전쟁계획위원회 작전참모에게 건네졌다. 링컨도 개인적으로는 38도선을 채택해 놓고 있었다. 다만 이에 대해 충분한 확신이 없었기 때문에 본스틸, 러스크 등의 검토를 기다린 것이다. 이는 헐 중장이 포츠담에서 내린 결론과 거의 동일했다. 단 포츠담회담 당시와는 달리, 번스 국무장관의 발의는 던 국무차관보를 통해 3부조정위원회에서 무엇보다 중요한 의제 중 하나였던 것이다. 64)

　통합전쟁계획위원회는 본스틸이 기초한 일반명령 제1호의 초안을 8월 11일 새벽녘까지 검토했다. 그때 엔터프라이즈 함장으로서 길버트제도와 마셜제도 공략을 지휘하며 미 태평양함대의 고속전개 능력을 숙지한 가드너(Matthias B. Gardner) 제독은 경계선을 좀더 북쪽인 39도선까지 끌어올려 미군 점령지역에 뤼순과 다롄을 포함시켜야 한다고 제안했다. 가드너는 포츠담의 미·소 참모장회의에 참가해 마셜과 안

64) Schnabel, *Policy and Direction*, p. 9; "Rusk's Memorandum", 12 Jul. 1950, *FRUS, 1945*, vol. VI, p. 1039; Sandusky, *America's Parallel*, pp. 226~228.

토노프의 논의를 방청했기에 소련의 작전 의도를 알 수 있었다. 이러한 제안은 포레스탈 해군장관과 니미츠 사령관을 포함한 해군 수뇌부의 의사, 나아가 폴리와 해리먼의 진언을 반영한 것이었다. 그러나 링컨은 소련군 눈앞에서 미군 부대가 만주의 항만에 도달한다는 것에 큰 곤란을 느꼈다. 게다가 이미 지적한 것처럼 39도선을 제안하면 스탈린이 일반명령 제1호를 받아들이지 않을지도 모른다고 생각했다. 그래서 그 자리에서 던 국무차관에게 전화를 걸어 국무부가 자신과 같은 의견임을 확인한 것이다. 던은 정치적으로 다롄보다 한반도가 중요하며, 번스 장관도 동일한 의견일 것이라고 시사했다. 그 결과 통합전쟁계획위원회가 3부조정위원회에 넘긴 초안에는 38도선이 그대로 남았다. 그러나 8월 11일 오후 국무부에서, 이어 12일 오전에 펜타곤에서 개최한 3부조정위원회 토의에서 38도선 설정은 합의되지 않았다. 12일에 열린 회합에서 가드너가 다시 39도선을 제기하자, 던은 통합참모본부가 "재검토를 하고, 필요하다고 생각하는 수정이 이뤄질 때까지" 일반명령 제1호 검토를 연기하도록 제안했다. 65)

최종적인 판단을 요구받은 통합참모본부는 8월 13일 일반명령 제1호 초안의 검토를 끝냈다. 같은 날 3부조정위원회에게 보낸 각서는 몇 가지 기술적 수정 외에, 다롄과 한반도의 1개 항구를 점령하기 위해 명

---

65) "A Statement on the 38th Parallel in Korea by Webb", 16 Jun. 1949, *United States Policy in the Far East*, part 2, U.S. House of Representatives (Washington, D.C. : Government Printing Office, 1976), p. 30; McGrath, *United States Army in the Korean Conflict*, pp. 46~47; Schnabel, *Policy and Direction*, p. 10; Sandusky, *America's Parallel*, pp. 228~230, 234~235; "Lincoln's Letter to Donnelly", 18 Jul. 1949.

령한 사전준비와 북부 중국 연안의 거점을 탈취하는 문제가 일본군 항복 수리와 관련해 작전상의 어려움을 일으키는 것에 주의를 환기하고, 나아가 황해 주변지역과 지시마열도에 관한 소련의 오해를 피하지 않으면 안 된다고 지적했다. 더욱이 그중 지시마열도에 관해서는 포츠담의 미·소 참모장회의에서 소야해협을 통과하는 해공작전지역 경계선에 합의한 점을 상기하면서, 니미츠 제독에게 이 경계선 남쪽에서 항복을 수리하도록 명령하라고 제안했다. 그 북쪽에 있는 마쓰와섬 및 파라무시르섬·슘슈(占守)섬 점령은 소련군의 손에 맡긴 것이다. 그러나 한반도의 38도선은 변경되지 않았다. 왜냐하면 그 남쪽에 서울 지역의 항만 및 교통망이 들어 있었고, 한반도의 4개국 공동관리가 어떤 형태로든 실현될 경우에 중국과 영국에 할당할 충분한 지역이 확보될 것으로 생각했기 때문이다. 해군 측의 강한 요구에도 불구하고, 육군부가 작성한 일반명령 제1호 초안은 통합참모본부 재검토라는 이례적 과정을 거쳐 8월 14일 3부조정위원회의 합의를 얻고, 다음 날 마침내 대통령의 승인을 얻은 것이다. 66)

---

66) J. C. S. 1467/1, "Instruments for the Surrender of Japan", 13 Aug. 1945, ABC 387 Japan(19 Feb. 1945), Section1-B, RG 165, Records of the War Department, NARA.

(3) 긴급점령의 좌절

38도선 설정을 결정했음에도 불구하고, 다롄과 한반도의 1개 항구, 나아가 중국 연안의 몇 개 항구를 긴급점령하는 문제가 남아 있었다. 이와 관련해 8월 13일 니미츠는 다롄이나 서울 어딘가에 제5상륙군단(제2, 3, 5해병사단)을 사용하고, 제3상륙군단의 1개 연대전투단을 상하이에 파견하는 계획을 제안했다. 또한 8월 14일 백악관의 의향으로 통합참모본부는 맥아더에게 "지금은 일본 항복 후 가능하면 조기에 … 중국 대륙의 항구 몇 곳을 점령하는 것이 **정치적 관점에서** 현명하다고 생각한다. 통합참모본부는 일본 본토 확보라는 제1차적 사명을 집행하고, WARX 48004가 제시한 것처럼 다롄과 한반도의 항구 한 곳을 탈취하고, 나아가 분명히 소련의 작전지역 바깥인 중국 내 항구 한 곳 내지 그 이상을 탈취하는 일이 가능한지, 귀관의 능력을 평가하기 어렵다. 이 문제에 관한 귀관의 분석이 필요하다"고 연락했다. 이 지역들의 긴급점령을 조심스럽게 타진한 것이다.[67]

그러나 맥아더는 일본 본토 점령에 관한 기존의 계획을 우선해야 한다고 고집했으며, 니미츠나 통합참모본부의 요구에 적극적으로 반응하지 않았다. 8월 14일에는 제5상륙군단의 한반도 투입은 일본 본토

---

67) "Occupation", 19 Aug. 1945, ABC, 014 Japan(13 Apr. 1944), Section 18-B, RG 165, NARA; WARX 49334, JCS to MacArthur, 14 Aug. 1945, box 21, XXIV Corps History Section, USAFIK, RG 332, WNRC. 이 정치적 요청은 번스 국무장관이 통합계획참모에게 직접 전달했다. 여기서도 링컨의 문의에 대해 다음 날 던이 국무장관의 의사를 상세하게 설명하고 있다("Occupation of Liaotung or Kwantung Peninsula", 15 Aug. 1945, OPD 014.1 TS, Section IV, RG 165, Records of the War Department, NARA).

점령을 지연하고 혼란을 가져온다고 주장하며, 제10군에서 제24군단을 떼어 내 한반도 점령 임무를 맡긴다는 방침을 확인했다. 또한 다음 날 'B데이'(B-day)를 8월 15일로 하는 블랙리스트작전의 실행을 준비하도록 명령했다. 동시에 한반도 점령을 서울로 한정하고 초기 점령 부대를 1개 사단으로 축소함으로써 다롄으로 1개 사단을 보낼 수 있다고 주장했으며, 상하이 점령은 2개 사단을 보낼 수 있게 되었을 때 실행한다고 보고했다. 결국 맥아더는 간토평야 진주 이전에, 또는 그와 동시에 서울이나 다롄을 점령하는 계획을 워싱턴에 제시하지 않은 것이다. 이에 대해 8월 15일 통합참모본부는 "WARX 47945와 WARX 48004가 제시한 지역적 우선순위는 현시점에서는 변경하지 않는다"고 부드럽게 항의했을 뿐이었다. 제24군단 하지 중장이 재한국미육군사령관에 임명된 것은 8월 19일이었다. 68)

한편 이러한 복잡함과 혼란 속에서 통합전쟁계획위원회는 8월 14일에 블랙리스트작전과 최고레벨의 긴급명령을 조화하는 점령계획을 제출했다. 이 계획은 〈표 3〉과 같이 도쿄 점령을 8월 21일부터 29일로 설정했으며, 이어서 다롄과 서울의 초기 점령을 8월 30일과 31일에 실시하고, 그 후 추가 병력을 파병한다고 제시했다. 그러나 여기에서도 다롄이나 서울의 점령은 도쿄 점령에 선행하지는 않았다. 69)

---

68) "Occupation", 19 Aug. 1945, ABC, 014 Japan(13 Apr. 1944), Section 18-B, RG 165, Records of the War Department, NARA.

69) J. W. P. C. 264/10, "Examination of the Practicability of Concurrent Occupation of Tokyo, Dairen, and Keijo, and Early Occupation of a North China Port", 14 Aug. 1945, ABC 014 Japan(13 Apr. 1944), Section 16-A, RG 165, Records of the War Department, NARA.

〈표 3〉 통합전쟁계획위원회의 점령계획(8월 14일)

점령지	점령 단계	작전 날짜	작전 부대
도쿄	초기 점령	8월 21일	해병대 1개 연대전투단
		8월 24~29일	육군 2개 사단[공정(空挺)부대]
	후속	9월 23일	육군 2개 사단
다롄	초기 점령	8월 30일	해병대 2개 사단
	후속	9월 5일	해병대 1개 사단
서울	초기 점령	8월 31일	육군 1개 사단
	후속 내지 서울 외 지역	9월 28일	육군 1개 사단
톈진, 베이징	초기 점령	9월 8일	해병대 2개 사단
칭다오	초기 점령	9월 12일	해병대 1개 사단(1개 연대전투단)
	후속	9월 26일	해병대 1개 연대전투단

출처: J.W.P.C. 264/10에서 재구성.

이들 문제에 최종적으로 결론이 난 것은 8월 15일 트루먼 대통령이 일반명령 제1호 최종 초안을 영국, 소련, 중국에 제시하고 스탈린 수상의 양해를 얻었을 때였다. 소련군의 항복 수리에 관해서는 "만주, 북위 38도선 북쪽의 조선 및 사할린에 있는 일본군의 선임지휘관 및 육상, 해상, 항공 및 보조부대 일체는 소련 극동군총사령관에게 항복할 것"이라고 규정했다. 이에 다음 날 스탈린은 랴오둥반도가 만주의 일부라는 점을 확인한 후에 소련군이 항복을 수리할 지역에 지시마열도 전체와 홋카이도의 북쪽 절반[구시로(釧路), 루모이(留萌) 두 도시 및 두 도시를 잇는 경계선의 북쪽]을 포함하도록 요구했다. 그러나 한반도의 38도선에는 이의를 제기하지 않았다. 이때 소련군은 여전히 하얼빈이나 선양(瀋陽)에 도달하지 못하고 있었다. 또한 소련 태평양함대는 육상부대와 협력해서 8월 13일부터 청진 상륙작전을 개시하여 16일에 청진을 점령했는데, 그 주요한 목적은 동해와 타타르해협(일본 명칭은 마미야해협)의 해상교통을 확보해서 일본군이 소련 연안에 상륙하지 못하도록 저지하는 것이었다. 함흥과 평양은 일본군과의 전투 종결 후, 8월 24일 공정부대가 점령했다. 한편 맥아더는 만약 스탈린이 38도선 설정에 응하지 않더라도 서울이나 평양을 긴급점령할 수 있는 전개 능력을 보유하고 있었다. 사실 육군항공참모들이 8월 1일 링컨과 가드너에게 제출한 상세한 작전계획에 따르면, 태평양의 전진기지와 수송기를 사용해서 약 3만 명의 병력을 8월 15일까지 한반도로 수송할 수 있었다. 8월 8일에 트루먼은 스탈린의 요구에 답하며 소련군의 항복 수리지역에 지시마열도 전체를 포함하는 데에는 동의했지만, 홋카이도 북쪽 절반에 대해서는 단호하게 거절했다. 그럼에도 불구하고 소련이 랴오둥반도와 지시마열도를 점령하려는 강한 의지를 품었다는 사실이 이러한 논의 중에 확인되었음은 부정할 수 없다. 같은 날 오전 번스 국무장관은 스탈린에게 보내는 회신에 대해 대통령과 협의했지만, 지시마열도 전체의 항복 수리를 소련군에게 위임할 뿐 아니라 랴오둥반도의 다롄 점령도 단념하지 않을 수 없었다. 70)

---

70) J. C. S. 1467/1, "Instruments for the Surrender of Japan", 13 Aug. 1945, ABC 387 Japan(19 Feb. 1945), Section 1-B, RG 165, Records of the War Department, NARA; Ministry of Foreign Affairs of the U. S. S. R., *Correspondence Between Chairman of the Council of Ministers of the U. S. S. R. and the President of the U. S. A. and the Prime Ministers of Great Britain During the Great Patriotic War of 1941~1945*, Vol. II, Correspondence with Franklin D. Roosevelt and Harry S. Truman(Aug. 1941~Dec. 1945) (Moscow: Foreign Language Publishing House, 1957), pp. 261~269; "Bryte to Lincoln, Gardner, and Campbell, 'A Plan for the US Occupation of Strategic Positions in the Far East in the Event of Japanese Collapse or Surrender Prior to OLYMPIC or CORONET'", 1 Aug. 1945, ABC 014 Japan(13 Apr. 1945), Section 18-A, RG 165, Records of the War Department, NARA; Sandusky,

〈지도 6〉 미국, 소련, 중국, 영국 군대의 배치계획

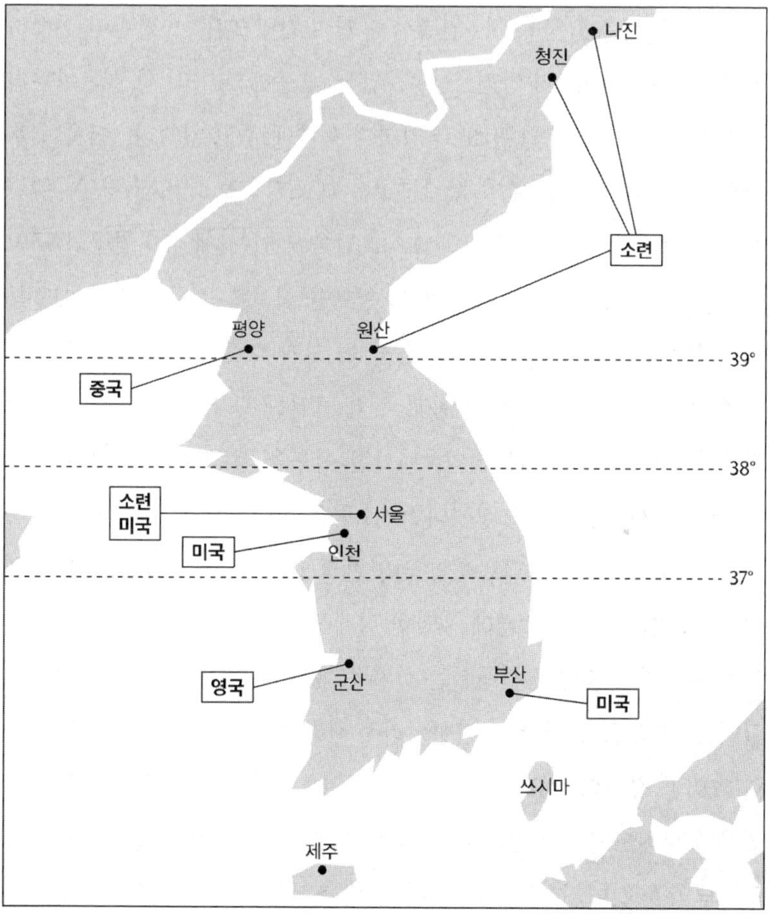

나진

청진

소련

평양   원산   39°

중국

38°

소련
미국   서울

미국   인천   37°

영국   군산   부산

미국

쓰시마

제주

출처: J.W.P.C. 385/1에 수록된 지도로 작성.

America's Parallel, p. 252; van Ree, *Socialism in One Zone*, p. 64; マルクス・レーニン主義研究所 編, 《第2次 世界大戰史》, 第10卷, pp. 234~235, 259~266.

가드너가 강력히 주장한 39도선을 제안했다면 소련은 어떻게 반응했을까. 39도선은 평양·원산 연결선과 거의 같았으며, 스탈린이 강력하게 요구하던 함경도의 청진, 함흥, 원산 등 동해의 여러 항구뿐 아니라 북한의 중심도시인 평안남도 평양까지 북쪽에 두고 있었다. 더욱이 후술하는 것처럼, 전쟁 말기에 일본군은 대소전쟁을 대비해 평양·원산선의 북측에 제34군을 편성하고, 그 남쪽에 있는 제17방면군과 구별했다. 또 스탈린이 소야해협에서의 항행을 확보하기 위해 홋카이도 북쪽 절반을 요구한 데에서 알 수 있듯, 이 시기 소련의 대일 요구는 부동항 확보나 소련 선박의 해협 통과 등과 밀접한 관계가 있었다. 따라서 만주에서의 권익에 더해 평양·원산선 이북을 점령할 수 있고 평양에 인접한 남포항 접근도 보장된다면, 소련은 굳이 39도선 설정에 반대하지는 않았을지도 모른다. 사실 러일전쟁 전사가 알려주듯, 39도선은 이전에 **제정러시아가 일본에** 제안한 경계선이었고, 실제로 평양을 점령하기 전까지도 소련군 사령부는 함흥을 북한의 중심도시라고 이해하고 있었다. 북부 조선의 국가 건설이라는 관점에서 본다면 이 가설은 중대한 의미를 갖는다. 왜냐하면 북한이 평양·원산선 이북에 건설된 국가였다면 황해도의 곡창지대를 갖지 못한 채 평안북도와 함경남북도로만 구성되었을 것이기 때문이다. 이는 옛 조선을 구성하는 8도 중 2도에 지나지 않는다. 그럴 경우 동·서 독일처럼 남과 북의 한반도 인구비율은 거의 3대 1로 벌어지게 된다. 따라서 미국이 만약 39도선 설정이라는 '도박'에 성공했다면 김일성이 그 북쪽에 '민주기지'를 건설하는 일은 불가능했을 것이며, 스탈린이 '조국해방전쟁'을 허용하는 일도 벌어지지 않았을 것이다. [71]

한편 통합전쟁계획위원회가 8월 16일에 완성한 문서 〈일본 및 일본

71) Kathryn Weathersby, "Soviet Aims in Korea and the Origins of the Korean War, 1945~1950: New Evidence from Russian Archives", Working Paper no. 8, Cold War International History Project, Woodrow Wilson International Center for Scholars, Nov. 1993, pp. 9~10; 横手愼二, "第2次 大戰期のソ連の 對日政策―1941~1944", 〈法學硏究〉, 第71卷 第1号(慶應義塾大 法學部硏究會, 1998), pp. 215~226; 横手愼二, 《日露戰爭史》(中央公論新社, 2005), pp. 99~101; 大畑篤四郎, "日露戰爭", 外務省外交資料館 日本外史辭典編纂委員會, 《日本外交史辭典》, (山川出版社, 1992), p. 741. 하지만 38도선의 설계자들은 러일전쟁 전의 외교교섭, 즉 러시아가 **39도선 이북의 한반도 중립지대화**를 제안한 역사를 몰랐다("Memorandum by Ward", 10 Oct. 1952). 和田春樹, "ソ連の朝鮮政策―1945年 8月~10月", 〈社會科學硏究〉, 第33卷 4号(東京大 社會科學硏究所, 1981. 11.), pp. 118~120. 한편 일본군도 39도선 부근까지를 지정학적으로 만주방위와 관련이 깊은 한반도 대륙지역으로 생각하고 있었다. 흥미로운 사실은 전쟁 말기 관동군과 조선군(제17방면군) 사이의 경계선이 39도선을 따른 평양-원산선이었다는 점이다. 1945년 2월 이전의 조선군은 해체돼 제주도를 포함한 남부·중부 한반도의 방위작전을 주요 임무로 하는 제17방면군(야전부대)과 부대의 보충, 교육, 경리 등을 담당하는 조선군관구로 재편됐다. 또한 소련에 대한 북부 조선 방위작전 준비는 관동군총사령부가 담당했고, 그 범위는 함경북도 및 평안남북도를 포함한 평양-원산 방위선 이북이 되었다. 나아가 7월에는 중간사령부로서 중국에서 이동한 2개 사단으로 함흥에 제34군사령부를 설치하고, 소련군의 평양 및 서울 진격을 저지하기 위한 역할을 맡겼다. 사실 대소련 전쟁 개시 후인 8월 10일 대본영의 명령으로 제17방면군은 관동군의 전투편제 밑으로 들어갔으며, 이어 관동군의 명령으로 제34군은 제17방면군의 지휘하에 들어갔다. 그러나 그 경계선이 38도선이었던 것처럼 잘못 전달됐다. 이로 인해 그것이 미국의 38도선 설정의 원인이 되었다는 논의가 발생했다. 그러나 만약 미군이 일본군의 지휘경계선을 참고했다면 38도선이 아니라 39도선이 채용됐을 것이다. 그러한 경위에 대해서는 朝鮮軍 殘務整理部, "朝鮮における戰爭準備", 특히 第一復員局, "本土作戰記錄", 第5卷(第17方面軍), 宮田節子 編·解說, 《朝鮮軍 槪要史》(不二出版, 1989), pp. 191~194, 242~247 및 "井原潤次郎 第17方面軍兼朝鮮軍管區參謀長 証言", 《朝鮮軍·解放前後の朝鮮》, 미공개 자료, 朝鮮總督府 關係者 녹음기록 5(學習院大 東洋文化硏究所, 2004. 3.), pp. 320~321, 341~342 참조.

영토의 최종 점령〉(J. W. P. C. 385/1)은 미국·소련·영국·중국 군대에 의한 3단계 한반도 점령 및 이를 위한 지역적 분담을 계획했다. 이미 38도선의 설정을 소련 측에 제안했기에, 한반도 점령 제1단계(최초 3개월간)는 미군이 남한, 즉 최초로 서울, 이어 부산 및 군산에 주둔하고, 소련군이 북부 조선을 점령하는 것으로 상정했다. 제2단계(다음 9개월간)는 4개국의 군대를 재배치해 영국군 3분의 2개 사단과 2개 비행대대가 군산과 제주에, 중국군 3분의 2개 사단이 평양에 진주하는 것이었다. 한편 소련군 3분의 2개 사단과 2개 비행대대 배치는 나진·청진 및 원산항을 포함한 동해 동북부, 즉 함경도 일대로 제한하지만, 수도인 서울은 각각 3분의 1개 사단 병력으로 **미국과 소련이 공동점령**한다고 제시했다. 나아가 미군은 서울·인천지구를 합쳐 3분의 2개 사단과 2개 비행대대를, 부산에는 3분의 1개 사단, 1개 비행대대 및 2개 해군 비행중대를 배치한다는 계획을 세웠다. 또한 제3단계(기간 미정)에는 4개 연합국의 공동관리기구를 한반도에 설치한다고 상정했다. 4개국에 의한 한반도 신탁통치를 염두에 두고 군사와 정치 간에 무리한 조화를 계획한 것이다.[72] 점령 제2단계에 배치할 지역과 병력은 〈표 4〉와 같다.[73]

---

72) J. W. P. C. 385/1, "Ultimate Occupation of Japan and Japanese Territory", 16 Aug. 1945, ABC 014 Japan (13 Apr. 1944), Section 16-A, RG 165, Records of the War Department, NARA; "MacArthur to JCS", 21 Aug. 1945, box 21, XXIV Corps History Section, USAFIK, RG 332, WNRC.

73) *Ibid.* 이에 대응하는 군사정부의 구조와 구성에 대해서는 3부 조정위원회의 극동소위원회가 검토하고 있었다. SWNCC Subcommittee for the Far East, "Politico-Military Problems in the Far East: Structure and Composition of Military Government in Korea", draft paper, 23 Aug. 1945, 국사편찬위원회 편, 《주한

〈표 4〉 통합전쟁계획위원회의 한반도 점령계획(8월 16일)

점령국	점령지	배치 부대	
		지상군	비행단
소련	청진·나진	3분의 1개 사단	1개 비행대대
	원산	3분의 1개 사단	1개 비행대대
	서울	3분의 1개 사단	-
미국	서울·인천	3분의 2개 사단	2개 비행대대
	부산	3분의 1개 사단	1개 비행대대, 2개 해군비행중대
영국	군산	3분의 1개 사단	1개 비행대대
	제주	3분의 1개 사단	1개 비행대대
중국	평양	3분의 2개 사단	-

출처: J.W.P.C. 385/1에서 재구성.
주: 서울은 공동으로 점령한다.

　하지만 이 문서의 기초자들은 이를 한반도 분할점령계획이라고는 생각하지 않았다. 왜냐하면 독일에서는 각국 군대의 사령관이 각자 관리구역의 점령정책에 최종 책임을 진 데에 비해, 한반도의 경우 제 2단계의 각국 군대 재배치는 연합국군 최고사령관의 지휘 아래 실시되며, 제 3단계에서도 4개 연합국의 공동관리기구를 통해 미국이 주도하는 통일관리가 확보된다고 생각했기 때문이다. 사실 맥아더는 타국 군대가 점령에 참가하도록 용인하면서도 자신이 그 군대들에 대해 단일한 지휘권을 행사해 전 점령지역을 일원적으로 통치해야 한다고 요구했다. 게다가 맥아더는 점령 임무를 용이하게 하기 위해 일본 정부의 행정기

미군정치고문 문서 1》, 대한민국사자료집 18(과천: 국사편찬위원회, 1994), p. 1~7). 이 문서에 의하면, 한반도의 행정구역에 따라 소련군이 함경남북도와 강원도, 미국이 경기도와 충청북도와 전라남북도, 영국군이 충청북도와 경상남북도, 이외 지역을 중국군이 담당하고, 각국의 군이 등등한 권한을 갖는 공동의 중앙관리위원회를 서울에 설치하는 방안을 검토하고 있었다.

구를 최대한 이용하려고 했다.

그러나 같은 무렵 독일에서는 통일관리가 점차 파탄에 이르고 있었다. 소련이 폴란드의 서부국경을 나이세강으로 이동시켰기 때문에 배상 문제 전체가 복잡해졌던 것이다. 미국과 영국은 자국의 관리구역에서 소련 관리구역으로 산업시설(특히 루르 지방의 중공업시설)을 이전하는 데에 소극적이었으며, 소련은 자국 관리구역에서 미국과 영국의 관리구역으로 향하는 에너지 제공을 억제했다. 따라서 대일전쟁 종결 후 극동에서도 일본 본토 점령 참가와 같은 큰 대가 없이는 소련이 한반도 통일관리에 적극적으로 응하도록 하기 어려웠다. 게다가 폴란드와 독일의 경험 때문에 미국은 일본을 소련과 공동으로 점령하려는 의욕을 잃고 있었다. 74)

6. 마치며

제2차 세계대전의 미국 군사전략에서 결과적으로 아시아대륙이 지정학적으로 중요한 역할을 한 적은 없었다. 1943년부터 1944년 사이에 성취한 두 가지 군사기술 혁명, 즉 에식스급 고속항공모함과 B-29 장거리폭격기의 등장으로 인해 마리아나제도를 중심으로 한 중부 태평양 제도로부터 일본 본토를 폭격하는 작전이 전쟁 전체의 귀추를 결정했

---

74) Gaddis, *The Cold War*, pp. 22~25; Dennis J. Dunn, *Caught between Roosevelt and Stalin: America's Ambassadors to Moscow*(Lexington: University Press of Kentucky, 1998), pp. 256~257; Dobbs, *Six Months in 1945*, pp. 344~346; 五百旗頭, 《米國の日本占領政策》, 下卷, pp. 155~157, 216~224.

기 때문이다. 일본군은 육상 병력 대부분을 중국 대륙에 유지하고 있었지만 그 의미는 중·일 전쟁의 범위를 넘어서지 않았다.

하지만 포츠담회담 전야에 또 하나의 거대한 군사기술 혁명, 즉 원자폭탄 실험이 성공할 때까지 미국은 봉쇄와 폭격에 더해 일본 본토 침공, 즉 본토 상륙작전이 대일전쟁 승리를 위해 불가피하다고 믿었다. 따라서 만약 맥아더가 필리핀 탈환을 고집하지 않고, 1944년 말까지 통합참모본부나 해군이 주장한 대만·샤먼작전을 실시했다면 최종단계의 대일 군사작전은 산둥반도나 한반도 서해안 내지 제주도를 끌어들이는 형태로 전개됐을지도 모른다. 이는 전후 한반도에 미국 군대가 단독으로 진주한다는 의미였다.

그러나 루손섬과 오키나와 점령에 이어 일본 본토를 침공한다는 유례없는 대작전을 상정했기 때문에, 루스벨트는 소련군이 만주를 침공하길 원했다. 그래서 얄타회담에서는 몽골의 현상유지뿐 아니라 예전에 제정러시아가 만주에서 소유했던 여러 권익과 지시마열도를 소련에게 위양하는 데에 동의하지 않을 수 없었다. 대일전쟁의 최종단계에서 만약 미군과 소련군의 작전범위가 단순히 군사적 편의에 따라 결정됐다면, 유럽대전 종결이 실제보다 수개월 빨랐다면, 또는 원자폭탄 완성이 수개월 더 늦었다면, 한반도에서 미국과 소련의 군대가 조우하는 일은 없었을 것이다. 그러한 경우 소련군은 동유럽 여러 나라처럼 한반도 전체를 점령하고, 소련은 한반도에 소련식 정치경제체제를 이식하였을 것이다. 이는 한국이 소련의 위성국이 되는 것을 의미했지만, 한반도는 미국과 소련의 분할점령이라는 또 다른 비극은 피할 수 있었을 것이다.

38도선 설정은 정치와 군사의 복잡한 복합물이며, 수많은 필연과 그

못지않은 우연으로 구성됐다. 독일 항복 이후 스탈린이 제2차 세계대전의 대의에 반해 동유럽에서 민족자결주의를 유린했을 때, 미국 지도자들은 같은 상황이 극동에서 재현되는 것을 경계하지 않을 수 없었다. 그 때문에 국무부·육군부·해군부 3부간 협의를 긴밀화했으며 군사작전이나 점령계획 입안에 정치적 시점을 도입했다. 사실 포츠담회담을 위해 준비한 브리핑 페이퍼가 대일전쟁의 작전구역을 3분할하고 일본열도나 만주, 몽골 그리고 중국 북부로부터 한반도를 분리해 한반도에서 미·소가 육해공동작전을 실시할 가능성을 시사한 데에는 정치적 관점이 깔려 있었다. 한반도 신탁통치를 구상하는 미군정부로서는, 영국과 중국을 포함한 이해관계국 군대가 공동으로 참가하는 한국작전은 연합국군의 단일한 지휘 아래 실시하는 것이 바람직했기 때문이다. 더욱이 포츠담에서 원폭실험이 성공했다는 소식을 접한 트루먼과 번스는 원폭투하로 일본이 소련의 참전 이전에 항복할 수도 있다고 기대했다. 앞서 상정한 상황과는 반대로, 만약 유럽대전의 종결이 수개월 더 늦어졌다면, 또는 원자폭탄의 완성이 수개월 더 빨랐다면 미국 수뇌부의 기대처럼 소련의 대일참전 이전에 전쟁은 확실하게 종결되고, 한반도 분할점령은 피했을 것이다. 미국 지도자에게 원자폭탄의 완성은 정치적 목적을 달성하기 위한 군사적 수단을 획득했다는 의미였다. 원자폭탄 없이 트루먼이 38도선 설정을 판단하거나, 스탈린이 이를 승인하는 일은 없었을 것이다. 전쟁은 한반도 민중에게 최악의 타이밍에 종결된 셈이다.

38도선을 설정한 구체적 정책결정과정은 앞에서 상술했다. 미·소 양군의 작전행동을 분리하기 위해 경계선을 설정한다는 착상은 포츠담의 미·소 참모장회의에서 이미 논의했으며, 이때 양국은 미·소 해공작전을 위한 경계선에 합의했다. 육상경계선에 대해서도 미군은 육군부 작전부장인 헐 중장의 지휘 아래 "38도선 상은 아니었지만, 전반적으로 그에 따른 선"을 제안했다. 하지만 최고지도자 수준에서는 정치적 판단에 따라 이를 소련 측과 논의하지 않았다. 그러므로 8월 10일 이후 육군부 작전부가 일본군의 항복을 수리하기 위해 미·소 양군의 경계선을 다시 검토했을 때, 링컨 준장은 '포츠담의 기억'을 되살렸을 것이다. 그러나 본스틸 등 세 사람이 도달한 결론도 38도선을 경계선으로 삼는 안이었다.

한편 이와 별도로 미국의 군사지도자나 통합참모들이 한반도 점령을 초기 점령과 최종 점령으로 구별하고, 북부 조선의 초기 점령을 소련군에 위임하려고 했다는 사실도 흥미롭다. 사실 맥아더 장군의 블랙리스트작전은 입안 당초부터 미군이 북부 조선에 진주할 가능성을 배제했다. 게다가 워싱턴의 통합참모들은 38도선 설정이 확실해진 후에도 영국과 중국의 군대를 한반도 점령에 참가시키기 위해 3개월간의 초기 점령 후에 미국과 소련의 군대를 재배치해서 한반도 전체의 중심지인 서울을 미·소 공동점령 아래 두겠다고 계획했다. 이는 베를린 점령의 한반도 판이었다. 대소련 불신 증대에도 불구하고 대동맹에 대한 신뢰를 완전히 잃어버리지는 않은 것이다. 미 해군 가드너 제독은 경계선을 39도선까지 끌어올리려 했지만, 링컨 준장을 필두로 한 육군부 작전부나 국무부 고위관료들은 스탈린의 동의를 받아내는 일의 중요성과 곤란함을 명확하게 인식하고, 가드너 제독의 제안에 강력하게 저항했다. 그런 의미에서 38도선 설정은 미국에 의한 '전후 최초의 봉쇄행위'라기보다, 제2차 세계대전 후의 '미·소 공동작전'이었다. 그러나 이는 한민족에게 '독립과 통일의 상극'이라는 새로운 난문(難問)을 부과한 것이

됐다. 75)

---

75) Bruce Cumings, *The Origins of the Korean War: Liberation and the Emergence of Separate Regimes 1945~1947*(Princeton, New Jersey: Princeton University Press, 1981), pp. 117~122. 38도선 설정을 '봉쇄'라는 미국의 냉전전략 특유의 개념으로 표현하면 많은 오해를 초래할 것이다. 이는 일종의 냉전기원설이다. 본문에서 지적한 것처럼, 38도선 설정은 개디스가 주장하는 것 같이 '우연한 산물'이 아니고, 소련이 동유럽에서 취한 행동이나 미국의 원자폭탄 개발이 초래한 '필연의 산물'이었다(Gaddis, *The Cold War*, pp. 22~25). 그러나 냉전이 갖는 특이한 성질('평화는 불가능하지만, 전쟁도 일어나기 어렵다')에 주목한다면, 그런 성질을 갖는 미·소의 양극대립은 대독전쟁이나 대일전쟁의 종결과 동시에 갑작스럽게 발생한 것이 아니다(Dunn, *Caught between Roosevelt and Stalin*, pp. 263~264). 더욱이 봉쇄는 '인식'이 아니라, 이를 기초로 한 '정책'이나 '전략'이다. 냉전인식의 중심에 있는 교섭의 불가능성에 관한 한, 그런 인식의 출발점이 된 것은 후술하듯 1946년 2월 9일 스탈린의 '신5개년 계획' 연설, 2월 22일 케넌의 유명한 장문전보, 또는 3월 5일 처칠의 '철의 장막' 연설이다. 또한 이러한 인식이 봉쇄 전략으로 실행된 것은 유럽 16개국이 파리에 집결해 마셜플랜을 받아들이기 위한 유럽경제협력위원회(CEEC) 설치를 결의했을 때, 즉 1947년 7월의 일이다. 같은 무렵, 케넌의 X논문이 공표됨으로써 서방 여러 나라의 그러한 행동이 처음으로 '봉쇄'(containment)라는 전략개념에 따라 정당화된 것이다. 제6장에서 보는 것처럼 한반도의 냉전도 그러한 유럽 냉전과 거의 나란히 진전됐다.

제 3 장

남한 해방의 정치 역학

미군 진주와 좌우 대립 구도

1. 시작하며

1945년 8월 10일 일본 정부는 조건부이긴 하지만 항복의사를 표명했다. 바로 그 시점에 한반도에는 어떤 연합국 군대도 없었다. 히로시마 원자폭탄 투하에 자극을 받은 소련군은 8월 9일 참전하여, 소련에 인접한 북동부 주요 항구인 청진을 8월 13일 공격하기 시작했다. 이는 만주 침공작전의 일환으로서 일본이 반격하여 건너편에 위치한 블라디보스토크를 공격하지 못하도록 방지하는 한편, 일본 본토와 관동군 사이의 연락을 차단하기 위한 작전이었다. 한편 전쟁이 끝난 뒤에도 일본군 무장해제가 지연된 때문인지, 패전 소식에 망연자실한 일본인들을 동정했기 때문인지, 그도 아니면 한국인들 스스로가 갑작스러운 상황 전개를 이해하는 데 다소 시간이 걸렸기 때문인지, 일본인들에 대한 폭동이나 살육과 같은 불온한 사태는 발생하지 않았다. 한 저명한 종교인이 지적했듯, 한국인 대다수에게 해방은 "하늘이 준 떡" 내지는 "도둑처럼 생각지도 않게 찾아온" 것이었다. 하지만 해방의 도래를 예상한 일부 한국인들에게조차 한반도 해방이 무엇을 의미하는지는 이해하기 어려 웠다. 한반도가 북위 38도선을 경계로 분할되어 미군과 소련군이 각각 남쪽과 북쪽에 진주했기 때문이다. 카이로선언이나 전시 정상회담의 경과를 되돌아볼 필요도 없이, 여기에는 '해방 = 독립'이란 등식이 성립 하지 않았다. 이호재가 "해방이 한민족에게 무엇을 초래할지는 국제적 으로는 미·소가 어떤 합의를 할 것인가, 국내적으로는 한국의 여러 세 력이 그에 어떻게 대응할 것인가에 의해 전적으로 좌우된다"고 지적한 것처럼 불확정적이고 유동적인 정치상황이 출현한 것이다. 사실 미 제 24군단의 선발대가 인천에 상륙했을 때 서울에서는 이미 좌익세력이 조선인민공화국 수립을 선언하고 새로운 정부의 조직에 착수한 상태였 다. 그러나 남한에 진주한 미 점령군 당국은 미·소 양국군에 의한 3개 월간의 초기 분할점령을 거쳐 미국·소련·영국·중국 4개국 군의 점령 과 통일관리로 이행하고 최종적으로 한반도 전 지역에서 신탁통치를 실시할 계획이었다. 한반도의 자유와 독립은 그 이후로 상정했던 셈이 다. 그렇다면 대일 점령방침을 갖고 진주한 미군 부대는 남한 주민을 '적국 국민'으로 간주했을까, 아니면 '해방된 인민'으로 간주했을까. 천 황의 권위나 일본 정부의 행정기구를 최대한 이용해 간접통치를 하는 점령 방식은 남한에도 적용되었을까. 1)

---

1) 함석헌, 《인간혁명》(일지사, 1961), p. 235; 함석헌, 《뜻으로 본 한국역사》(서 울: 제일출판사, 1977), pp. 330~331; 함석헌, "내가 맞은 8·15", 〈씨알의 소 리〉, 1973년 8월호; 문제안, "이제부터 한국말로 방송한다", 문제안 외, 《8·15의 기억》(한길사, 2005), pp. 19~22; 전상인, "해방공간과 보통사람의 일상생활", 김영호 편, 《건국 60년의 재인식》(서울: 기파랑, 2008), pp. 197~203; 李昊宰, 長澤裕子 譯, 《韓國外交政策の理想と現實》(法政大 出版局, 2008), p. 91.

점령 초기의 권력관계는 다양한 각도에서 분석할 수 있다. 첫째, 승자와 패자는 어떤 관계였을까. 예를 들어 오랜 기간 한반도 전체를 통치한 조선총독부나 전쟁에 대비해 남한에 배치된 일본군은 미군 진주에 어떻게 대응했을까. 원래는 1개 사단만이, 그리고 이어 2개 사단이 순차 투입되는 상황에서 하지(John R. Hodge) 미군 사령관에게 필요한 것은 무엇이었을까. 또 그와 동시에 소련군의 남한 침범을 두려워한 승자와 패자는 어떻게 협력했을까. 둘째, 식민지 통치가 종결됨에 따라 권력관계는 어떻게 변화했을까. 패전 직후 총독부가 무엇보다 우려한 것은 전후의 혼란 중에 일본인들의 안전과 재산이 위험에 처하는 일이었다. 미군 도착까지 약 3주일 동안 총독부는 남한 지도자들의 협력을 어떻게 확보해 남한 내 치안을 유지하려 했을까. 38도선 설정은 언제, 어떤 방식으로 남한 지도자들에게 전해졌을까. 셋째, 해방과 동시에 남한에서 개시된 정치활동은 피해방자, 즉 현지 정치세력들 사이의 권력관계를 어떻게 형성했을까. 좌파가 시작한 건국준비운동은 어떻게 시작돼 어떤 방식으로 발전했을까. 그 과정에서 여운형, 안재홍, 박헌영 등 지도자들은 어떤 역할을 했을까. 조선건국준비위원회나 조선인민공화국이란 본래 무엇이었을까. 또한 송진우, 김성수, 김준연, 조병옥 등 한국민주당에 결집한 우파세력은 이에 어떻게 대항했을까. 나아가 좌우 대립이 격화하는 가운데 대한민국 임시정부(충칭정부)나 해외 독립운동 지도자들은 어떤 의미였고, 이러한 이해는 남한 정세에 어떤 영향을 미쳤을까. 그리고 마지막으로 미 점령군 당국은 남한의 정치세력에 어떻게 대응하였으며 어떠한 권력관계를 형성했을까. 특히 스스로 정부를 자칭한 조선인민공화국에게 어떻게 대응했을까. 또한 미군정부와 한국민주당의 긴밀한 제휴는 어떻게 형성되었을까.

2. 미군의 남한 진주와 군사정부 수립

(1) 하지 사령관의 우려

제 2차 세계대전의 최종 단계에서 미국 군사지도자들은 올림픽작전(규
슈 침공작전) 이전에 한반도 침공을 상정하지 않았다. 그러나 그와 같
은 침공작전과는 별도로 1945년 7월 중순 무렵, 당초 이론적으로만 가
능성이 제기됐던 일본의 갑작스러운 붕괴 또는 항복이 급속하게 현실
성을 띠면서, 1945년 4월 마닐라에 설치한 태평양육군총사령부도 일
본 및 일본 영토에 대한 진주작전, 즉 블랙리스트계획 작성을 서두르지
않을 수 없었다. 나아가 조건부이긴 하지만 일본 정부가 항복의사를 표
명한 직후인 8월 11일 통합참모본부는 일본의 항복을 집행할 연합국군
최고사령관을 지명할 것이며, 한반도를 태평양 전역(戰域)에 편입시
키고 한반도에서의 작전을 태평양육군총사령관에게 위임할 것이라는
사항 등을 맥아더에게 전했다. 이 때문에 한반도 점령 임무는 당초 오
키나와전투 막바지에 제 10군사령관에 취임한 스틸웰 대장이 맡을 것
으로 예상되었다. 제 10군은 제 24군단, 제 7사단, 제 27사단, 군지원
사령부(ASCOM) 등으로 구성되며 태평양육군에 소속돼 있었다. 같은
날 제 10군 참모장 메릴(Frank D. Merrill) 소장은 참모들에게 한반도
점령작전이 'B+27'(일본 항복 후 27일째)에 개시될 것이라고 알렸다. 또
다음 날 오전에 열린 제 10군 참모회의는 한반도에 파견하는 부대로 제
7사단과 필리핀에서 도착하는 제 40사단, 그리고 제 27사단을 지정했
다. 다만 제 27사단은 원래 별도의 임무를 담당할 가능성이 있었는데,
제 96사단이 이를 대신해 14일에 배속되었다. [2]

그러나 참모회의 직후에 한반도 점령작전 집행에 커다란 변화가 일어났다. 8월 12일 오후 맥아더 사령부가 제 10군에 부여했던 한반도 점령 임무를 주요 부대인 제 24군단에 맡기도록 계획을 수정한 것이다. 제 24군단은 총사령부 직속 임무부대로 선발되어 지역사령부와 군사정부 기능을 부여받았다. 또한 이를 위한 인원, 장비 등은 제 10군사령부가 보충하게 되었다. 스틸웰은 8월 13일 마닐라에서 맥아더와 회담하고 14일에는 한반도 주둔계획에 내용 면에서 수정사항이 없다고 알렸다. 즉, 파병부대가 3개 부대로 약 2주일 간격으로 이동하는 점, 그 임무는 일본군 무장해제, 연합군 포로 석방, 항복 조건 실행 및 질서 유지라는 점을 확인했다. 나아가 다음 날에는 제 10군이 한반도 점령 임무를 담당하지 않을 것이라고 재확인했다. 한반도 점령에서 스틸웰이 배제된 이유는 장제스 총통이 스틸웰의 '중국연안부' 복귀를 강력히 반대하였기 때문이다. 트루먼과 맥아더는 일본 항복이라는 긴급하고 중대한 국면에서 장제스와의 대립을 원치 않았다. 제 24군단장 하지 중장은 이러한 정치적 배경과 남한에 신속히 전개할 수 있다는 물리적 이유 때문에 8월 19일 갑작스럽게 주한미육군사령관(CGUSAFIK)에 임명되어 곧바로 마닐라에서 맥아더와 협의에 들어갔다. 하지는 제 1차 세계대전 당시 프랑스 전선에서 잔뼈가 굵은 군인이었다. 미 육군사관학교(웨스트포인트) 출신도 아니었지만 제 2차 세계대전 당시 뉴기니와

2) WARX 47945, 11 Aug. 1945 and CM-IN 14176, 14 Aug. 1945, "Occupation", 19 Aug. 1945, ABC 014 Japan(13 Apr. 1944), RG 165, Records of the War Department, NARA; *History of the United States Army Forces in Korea* (Hereafter cited as *USAFIK*), part I, Historical Manuscript File, Office of the Chief of Military History, Department of Army, chap. I, pp. 2~7.

부건빌에서는 사단장으로, 레이테와 오키나와에서는 군단장으로 싸운 '군인 중의 군인'(*soldier's solider*) 이었다. 또한 일리노이주 농장 출신으로서 완고하고 근면하며 결연한 전투형 장군으로서 남한 점령처럼 정치적으로 미묘한 임무에 필요한 조건은 전혀 갖추지 않은 인물이었다. 이 사실은 많은 미국인 연구자들도 지적하는 바다. 3)

---

3) "Designation of XXIV Corps as Occupation Force, Korea", 12 Aug. 1945, OPD 014. 1 TS, section III, cases 56 through 58, RG 165, Records of War Department, NARA; "Amendment of BLAKLIST Plan, Edition no. 3, 14 Aug. 1945", *ibid.* ; *United States Army in the Korean Conflict*, vol. I, Historical Manuscript File, Office of the Chief of Military History, Department of the Army, p. 22; *History of USAFIK*, vol. I, chap. I, pp. 9~11. 스틸웰은 극동 사정에 누구보다 정통한 미군 사령관으로 알려져 있으나 장제스 총통과 감정적으로 대립하여 1944년 10월 미국으로 소환됐다(Grace Person Hayes, *The History of the Joint Chiefs of Staff in World War II: the War Against Japan*(Annapolis: Naval Institute Press, 1982), pp. 645~652; Joseph W. Stillwell, *The Stillwell Papers*(N. Y. : William Sloane Associates, 1948), pp. 323~349]. 스틸웰이 남한 점령 임무에서 배제된 경위에 대해서는 당시부터 기자 몇 명이 지적했다. Edgar Snow, "We meet Russia in Korea", *The Saturday Evening Post*, vol. 218, no. 39, 30 Mar. 1946; Richard E. Lauterbach, "Hodge's Korea", *The Virginia Quarterly Review*, vol. 23, no. 3(1947). 또한 터크먼과 샌더스키의 다음 저작을 참조하기 바란다. Barbara W. Tuchman, *Stillwell and the American Experience in China, 1911~45*(N. Y. : Macmillan, 1970), pp. 518~521; Michael C. Sandusky *America's Parallel*(Virginia: Old Dominion Press, 1983), pp. 259~265, 289~290; Gregory Henderson, *Korea: The Politics of the Vortex*(Cambridge, Massachusetts: Harvard University Press, 1968), p. 123; Charles M. Dobbs, *The Unwanted Symbol: American Foreign Policy, the Cold War and Korea, 1945~1950*(Kent, Ohio: Kent State University Press, 1981), pp. 31~33; Robert Smith, *MacArthur in Korea: The Naked Emperor*(N. Y. : Simon and Schuster, 1982), pp. 14~16; James Irving Matray, *The Reluctant Crusade: American Foreign Policy in Korea, 1945~1950*(Honolulu: University of

제 10군사령부에서 충원되어 하지와 함께 마닐라의 태평양육군총사령부를 방문한 프레스콧(Brainard E. Prescott) 대령에 따르면 당시 하지 사령관이 무엇보다 우려한 것은 소련과의 관계였다. 오키나와에 머물던 미군 부대는 전투에 지친 상태였기에 초기 한반도 점령에 사용할 수 있는 병력은 1개 사단으로 한정되어 있었다. 따라서 계획대로 9월 11일(B+27)에 미군이 서울에 진입하기 전에 소련군이 한반도 전 지역을 점령해 버릴지 모른다고 염려했다. 워싱턴의 정치 및 군사지도자들도 하지의 우려를 공유했다. 예를 들면 통합참모본부가 맥아더에게 보낸 8월 24일 자 전보는 일반명령 제 1호에 대한 스탈린의 동의에도 불구하고 "소련군은 미군 부대와 조우할 때까지 남쪽 점령을 위해 이동을 계속할지 모른다. 그렇게 하지 않으리라는 확실한 보증은 없다"고 전했다. 이에 8월 26일 맥아더는 제 7사단의 서울 점령을 앞당겨 경무장부대가 9월 4일 오키나와에서 출발해 7일에 서울에 도착하도록 할 수 있다고 답신했다. 다만 맥아더는 8월 30일 "신속한 한반도 진입이 대통령의 지지와 지령"에 따른 것이며 "서울의 우선적 점령"이 필요하다는 점을 하지에게 강조하면서도, 도쿄만에서 일본의 항복을 받은 후에 제 24군단이 이동을 개시해야 한다는 지시를 잊지 않았다.[4]

나아가 맥아더는 최악의 사태에 대비하여 8월 29일 하지에게 "제 24

Hawaii Press, 1985), p. 53.

4) Brainard Prescott, "How We Built The South Korean Republic", *The Reporter*, 26 Sept. 1950; WARX 54514, "JCS to MacArthur", 24 Aug. 1945, box 24, XXIV Corps History Section, USAFIK, RG 332, Washington National Record Center(Suitland)(Hereafter cited as WNRC); "MacArthur to Hodge", 30 Aug. 1945, Historical Record Index Card, GHQ SWPA, *ibid.*; *History of USAFIK*, part I, chap. I, pp. 34~38.

군단이 상륙하기 전에 소련군이 서울 지역을 점령하고 있을 가능성을 검토하지 않으면 안 된다'고 전했다. 그러나 흥미롭게도 그는 이 시점에서도 미국·영국·소련·중국 4개국이 공동으로 한반도를 초기 점령하는 것으로 이해하고 있었던 듯하다. 8월 21일 맥아더는 통합참모본부에 "4개국이 공동으로 한반도를 점령할 적절한 관련 지시를 내리는 것과 함께, 인접지역의 점령군 사령관들 간 직접적 접촉에 관해 연합국, 특히 소련과 합의를 본 사령부에 빠른 시일 내에 정보를 제공해야 한다"고 요청했다. 또한 8월 29일 하지 사령관에게는 "4개국의 점령지역을 명확히 어떻게 정의했는지, 태평양육군총사령관이 아직 전달받지 못하고 있다"고 지적했다. 더욱이 맥아더는 대통령이 관계국의 동의를 얻어 통합참모본부가 38도선 이남에 있는 일본군의 항복을 수리하도록 미군에 명령했기 때문에 "설령 소련군이 있더라도 〔미군의〕상륙을 진행하는 것이 바람직하다"고 지적하고 "만약 소련군이 그곳〔서울〕을 확보하고 있다면 주의 깊게 행동할 필요가 있다. 상륙에 앞서 소련군 사령관과 접촉해서 문제가 될 만한 사건을 피하기 위해 필요한 조정을 해야 할 것이다. 만약 국제적 분규가 일어날 소지가 있다면 상륙을 지연하고 도쿄에 있는 연합국군최고사령관에게 직접 연락해서 관련 사실을 충분히 보고하는 것이 바람직하다"고 지시했다. 5)

현지의 일본군 사령부, 즉 제17방면군사령부(겸 조선군관구사령부)의 보고는 오키나와, 워싱턴, 마닐라의 그런 우려를 더욱 강하게 만들

5) "MacArthur" to JCS, 21 Aug. 1945, Historical Record Index Card, GHQ SWPA, box 24, XXIV Corps History Section, USAFIK, RG 332, WNRC; "Letter, MacArthur to Hodge", 29 Aug. 1945, *History of USAFIK*, part I, chap. I, pp. 60~61.

었다. 8월 25일 자 긴급발신에서 이하라 준지로(井原潤次郎) 참모장은 소련군 부대가 정전교섭 후에도 제 34군관구 내에 있는 원산과 성진(옮긴이주: 현 김책시)에서 "살인, 약탈·능욕 등"을 거듭하고 있다는 사실을 본국 정부에 보고하고, "조선의 특수한 사정을 **미 육군최고사령관에게 충분히 알려 주어** 조선 남반부에서는 미군의 엄밀한 진주부대 선발과 평화적 진주에 주의하며, 동시에 일본군의 호의적인 수용 준비와 충분히 합치되도록 사전준비를 추진할 것"을 요청한 것이다. 이에 일본 정부는 8월 28일 연합국군최고사령관에게 한반도 북부의 치안 상황이 23일 이후 급격하게 악화하고 있음을 알리고, 더 나아가 "지금과 같은 상태로 방치한다면 이러한 사태가 한반도 남부에도 파급되어 현지 일본 당국이 치안을 유지하기에 극도로 곤란한 입장에 처하게 될 것"이라는 판단을 전달했다. 맥아더는 일본 정부의 정보를 하지에게 전달하고 주의를 환기시켰다. 사실 소련군은 38도선 바로 남측에 있는 개성, 춘천, 해주 등지에 나타나 경관의 무장을 해제하거나 식량을 요구하곤 했다. 9월 3일 제 24군단 사령부도 이러한 정보를 전달받았다.[6]

8월 29일 일본 정부 내무차관은 조선총독부 정무총감에게 미군이 남한 지역에 진주한다는 사실을 명확히 전달했고, 다음 날에는 미군 진주가 '9월 7일, 서울 및 인천지구'라는 점을 확인했다. 그러나 서울과 오키나와 간 무선통신 확립은 쉽지 않았다. 8월 30일 연합국군최고사령

---

6) "筑參電(第17方面軍參謀長 電報) 第96号(內務次官宛)", 森田芳夫·長田かな子 編, 《朝鮮終戰の記錄》, 資料編 第1卷(嚴南堂, 1979), pp. 5~6; 帝國政府發 聯合國軍最高司令部宛電報, 同上, p. 296; *History of USAFK*, part I, chap. I, pp. 51~52; "Kozuki to Hodge", 3 Sept. 1945, box 25, XXIV Corps History Section, USAFK, RG 332, WNRC.

관의 명령에 따라 대본영은 제17방면군사령부에 주간 및 야간주파수를 통지하고 오키나와의 미군 제24군단사령부와 무선통신을 개설하도록 명령했다. 8월 31일 오후 7시 30분 이후 군단사령부가 제1호 통신을 시도하여 상대방에게 이름, 계급, 대본영 명령 수신 여부 등을 묻자 다음 날 오전 1시 고즈키 요시오(上月良夫) 사령관이 이에 응답하여 '국지적인 정전교섭'에 관한 대본영의 명령을 확인했다고 보고했다. 태평양에서 격전을 계속한 뒤 소수 병력으로 남한에 진주한 제24군단 참모의 입장에서 이는 '무엇보다도 극적인 체험'이었다. 뒤이은 하지의 제2호 통신에 응해 고즈키는 "일본군은 어떠한 유혈도 파괴도 없이 모든 것을 귀군 측에 평화적으로 이양하기를 진심으로 바란다. 그러나 조선인 중에는 현 상황을 이용하여 해당 지역에서 평화와 질서를 흐트러뜨리려 기도하는 **공산주의자와 독립선동가**가 존재한다. 경찰은 군대의 지원을 받아야만 비로소 힘을 행사할 수 있는 상태에 처해 있다. 따라서 인천 지역에서는 엄연히 군에 의해 평화가 유지되고 있다. 이러한 상황에서 평화와 질서를 유지하기 위해서는 경찰 외에 최소한의 일본군이 필요하다는 점을 인정받아 귀군이 점령과 이양을 완료할 때까지 헌병이 그대로 유지되기를 희망한다"고 현지의 정세를 보고했다.[7]

이러한 고즈키의 보고는 하지 사령관의 인식이나 방침에 큰 영향을 미친 듯하다. 9월 2일 미군 항공기가 서울 상공을 비행하면서 '주한 미육군사령관 하지 육군중장'의 명의로 전단을 살포했다. 그날 도쿄에서

---

7) "內務次官發 朝鮮總督府政務總監宛 電報"(8月 29日) 및 "聯合國軍最高司令部 發 大本營宛 電報"(8月 30日), 森田・長田 編 《朝鮮終戰の記錄》, 資料編 第1 卷, pp. 240~242; "Hodge to Kozuki", 31 Aug. 1945, and "Kozuki to Hodge", 1 Sept. 1945, box 25, XXIV Corps History Section, USAFK, RG 332, WNRC.

일본군이 항복문서에 조인한다는 것, 이에 근거하여 미군이 조만간 한반도에 상륙한다는 것, 미군의 모든 명령을 현존하는 제반 관청을 통해 공포한다는 것을 알리고, 나아가 일본인 및 미군 상륙부대에 대한 반란행위, 재산 및 기존 기관 파괴 등 경거망동을 하지 말도록 한국 민중에게 요청하는 내용이었다. 또한 고즈키 사령관에게 이를 알리는 통신에서 하지 사령관은 **질서를 유지하고 재산을 보호하기 위한** 최소한의 일본군을 서울·인천 지역에 유지하는 것을 승인 및 명령했다. 고즈키는 이 조치를 환영하고, 미군이 살포한 전단이 바람직한 효과를 거뒀다고 다음 날 군단사령부에 보고하는 동시에 일본 조선군관구사령부가 미 군단사령부와 나눈 교신 내용 중 일부를 공표할 수 있도록 허가해 달라고 요청했다. 하지 사령관의 허가를 받아 9월 3일에 발표한 성명은 8월 31일 이후 조선군관구사령부가 오키나와 주둔 미 제24군단사령부와 통신을 개시하여 밀접하게 연락을 취하면서 미군의 한반도 진주를 준비하고 있다는 점, 미군에게 책임을 넘길 때까지 일본군은 북위 38도선 이남의 한반도에서 치안을 유지하는 동시에 행정기관을 존치할 것이라는 점, 이를 위해 미군이 포고문을 살포했다는 점, 경인 지역의 치안을 유지하고 재산을 보호하기 위해 최소한으로 무장한 일본군의 존속이 인정되었다는 점 등을 한국 민중에게 알리는 내용이었다. 약 17만 명에 달하는 일본군이 온전하게 존재하는 남한에 미군 3개 사단이 순차적으로 투입되는 상황에서 승자는 패자의 충분한 협력이 필요했던 셈이다. 물론 패자도 승자의 신속한 진주를 열망했다.[8]

---

8) "Hodge to Kozuki", 2 Sept. 1945 and "Kozuki to Hodge", 3 Sept. 1945, *ibid.* ;
森田芳夫, 《朝鮮終戰の記錄—米ソ兩軍の進駐と日本人の引揚》(巖南堂,

(2) 적국 영토의 간접통치: 승자와 패자의 협력

일본 점령작전은 다른 군사작전과 마찬가지로 통합참모본부의 하부조직인 통합전쟁계획위원회(JWPC)가 검토했다. 이 계획은 일본 본토를 침공한 당연한 귀결로서 직접통치, 즉 군정을 전제하고 있었다. 이 점은 맥아더 총사령부가 검토한 블랙리스트계획과 동일했다. 또한 이 작전은 일본제국의 갑작스러운 붕괴나 항복에 따른 종전 이후 진주를 계획하며 일본 본토와 한반도 남부 사이에 경계를 설정하지 않았다. 진주에 필요한 육군부대는 약 20개 사단과 3개 예비사단, 1개 공수연대전투단에 달했지만, 이조차도 바다를 사이에 둔 넓은 영토와 8,500만 명을 넘는 주민을 통치할 군정을 시행하기에는 충분하다고 할 수 없었다. 이 때문에 맥아더는 독일에서처럼 전 지역에 군대를 전개하지 말고, 미군이 주요 지역에 단계적으로 진주하여 기존의 일본 정부기구를 이용하는 방식으로 간접통치를 하자고 통합참모본부에 제안했으나 그 희망은 7월 말 기각되었다. 그러한 결정이 변경되어 간접통치 방침을 내용으로 한 〈항복 후 초기의 대일정책〉(SWNCC-15/3)의 요지가 맥아더에게 전달된 것은 8월 20일이었고, 최종판은 아니었지만 맥아더가 그 전문을 입수한 것은 8월 29일이었다. 트루먼 대통령이 이를 정식으로 승인한 것은 그보다 더 늦은 9월 6일이었다. 9)

1964年), pp. 22~23, 269~270; "井原潤次郎 第17方面軍兼朝鮮軍管區 參謀長 証言", 宮本正明 解説, 《朝鮮軍·解放以後の朝鮮》, 未公開資料, 朝鮮總督府 關係者 錄音記錄 5(東洋文化研究所, 2004), pp. 344~345.

9) *Reports of General MacArthur: The Campaigns of MacArthur in the Pacific*, vol. I(Washington, D.C.: Government Printing Office, 1966), pp. 437~440;

그 사이 맥아더는 블랙리스트 제3판을 개정할 여유도 없이 8월 15일 당일을 'B-Day'로 한 〈작전명령 제4호〉를 내보냈다. 점령행정에 관한 〈작전명령 제4호·부속8(군사정부)〉(이하 〈부속8(군사정부)〉)를 발령한 것은 8월 28일이며, 이로써 일본 점령은 직접통치에서 간접통치로 변경됐다. 맥아더가 아쓰기비행장에 내린 것은 그로부터 이틀 후였다. 그러나 나중에 지적하듯 점령 방식이 직접통치(군정)에서 간접통치로 바뀐 사실은 미군이 한반도 남부를 초기 점령하는 데에 큰 영향을 미칠 수밖에 없었다. 사실 프레스콧 대령은 마닐라에서 〈부속8(군사정부)〉 초안을 입수해서 이를 토대로 남한 점령을 준비했다. 8월 28일에 정식 발령된 이 문서는 군정을 시행하려는 당초 방침의 흔적을 남긴 채 서두에서 "이 부속문서에서 말하는 일본이란 일본의 주요 4개 섬, 즉 홋카이도, 혼슈, 규슈, 시코쿠와 류큐제도, 쓰시마를 포함한 약 천 개의 인접 도서, 그리고 **한반도(북위 38도선 이남)**를 포함한다"라고 정의했다. 나아가 연합국군최고사령관은 "실행가능한 한 최대한 **천황 및 일**

D. Clayton James, *The Years of MacArthur: Triumph and Desarster 1945~ 1964*(Boston: Houghton Mifflin, 1985), pp. 35~38; Department of State, "United States Initial Post-Surrender Policy for Japan", 6 Sept. 1945, *A Decade of American Foreign Policy: Basic Documents, 1945~1949*(Revised Edition, Washington, D. C.: Government Printing Office, 1985), pp. 415~419; 五百旗頭眞, 《占領期》(講談社, 2007), pp. 65~70; 五百旗頭眞, 《米國の日本占領政策》, 下卷(中央公論社, 1985), pp. 222~227, 254~255. 또한 9월 2일 전함 미주리호에서 항복문서에 정식으로 서명한 이후에도 그와 같은 혼란은 계속됐다. 예를 들어 9월 3일 공포될 예정이던 맥아더의 포고 제1호, 제2호 및 제3호는 "직접 군정을 시행하는 것은 원래의 취지가 아니다"라는 이유로 일본 측의 요청에 부응하여 중지되었다[大藏省財政室 編, 《昭和財政史 3—アメリカの對日占領政策》(東洋經濟新報社, 1976), pp. 129~132].

본제국의 각종 통치수단을 통해 일본 및 일본인들에 대한 통제권을 행사한다"고 규정했다. 여기에는 무엇으로든 일본 본토와 한반도를 구별하지 않았던 셈이다. 더욱이 이는 점령을 위한 매뉴얼이나 자료가 아니라 남한을 포함한 일본 점령에 관해 미 태평양육군총사령관이 내린 작전명령 그 자체였다.[10]

물론 프레스콧이 마닐라에서 입수한 것은 〈부속8(군사정부)〉 초안만이 아니었다. 육군부 야전매뉴얼, 카이로선언, 《육해군공동 한반도 정보조사》(*Joint Army-Navy Intelligence Study of Korea*: JANIS 75), 그리고 점령지역에서 군사정부를 조직하는 기본원칙을 해설한 야전매뉴얼 〈군정과 민정〉(FM27-5), 〈지상전 규칙〉(FM27-10) 등을 수집하고 연구했다. 그러나 권위 있는 정책지침으로는 카이로선언이 천명한 "한국을 적당한 시기에 자유롭고 독립된 나라로 만들 것을 결정한다"(*determined that in due course Korea shall become free and independent*. 영어 원문은 옮긴이)는 문장이 유일한 것이었다. 《육해군공동 한반도 정보조사》는 한반도에 관해 많은 정보를 소개했지만 대부분 예전에 육군부 군사정보국이나 해군정보국이 조사한 수준으로서 전술적 공격작

---

10) *History of United States Military Government in Korea*(Hereafter cited as *USMGIK*), part I, *Period of Sept. 1945~30 Jun. 1946*, vol. I, Historical Manuscript File, the Office of the Historical Research Division, United States Army Military Government in Korea, pp. 76~77; Philip H. Taylor, "Military Government Experience in Korea", Carl J. Friedrich and Associates, *American Experiences in Military Government in World War II*(N. Y. : Rinehart and Company, 1948), pp. 358~359; Annex 8(Military Government) to Operations Instructions no. 4, 28 Aug. 1945, General Headquarters, United States Army Forces, Pacific, box 42, RG 4, MMA.

전을 입안하기 위한 것이었으며, 한반도의 사회, 정치, 경제상황을 이해하는 데 필요한 자료는 없었다. 따라서 워싱턴 정책결정자들이나 마닐라 태평양육군총사령부로부터 명확한 지령이나 정책을 받지 못한 채, 또 육군부와 국무부가 보내오는 불충분하고도 지연된 듯한 메시지에 곤혹스러워하면서 프레스콧 등이 〈부속8(군사정부)〉를 남한 점령을 위한 지침으로 삼은 것은 당연한 일이었다.[11]

8월 25일 오키나와로 돌아온 프레스콧은 〈부속8(군사정부)〉에 의거해 소수의 인원과 함께 8월 29일까지 오키나와에서 〈군단야전명령 제55호 부속7〉(곧바로 "부속8"로 수정)을 작성했다. 요컨대 일본 점령 기본정책을 필요한 만큼만 수정하여 한반도 점령에 적용한 것이다. 이 명령은 일본 점령을 본떠 한반도의 비군사화 및 민주화를 지향하였으며, 점령 목적을 군국주의 철폐, 전범의 즉시 체포, 인종·국적·신조 또는 정치적 견해에 따른 차별의 철폐, 민주적 경향 및 과정 강화, 자유로운 정치적·경제적·사회적 제도 장려, 그리고 책임 있는 한국 정부 출현을 용이하게 하는 제반 조건 마련 등으로 정의했다. 또한 종교의 자유를 선언했지만 신토(神道)와 초국가주의 선전은 금지했다. 나아가 기존 정부기구를 실행가능한 만큼 최대한 이용하고, 정치적 당파, 조직 및 결사는 미군사령관의 관리 아래에 두어 군사정부의 요구나 목적에 일치하게 활동하는 단체는 장려하고, 이에 반하여 활동하는 것들은 폐지하도록 했다. 이리하여 8월 28일 하지 사령관은 작전명령 제4호에

---

11) Taylor, "Military Government Experience in Korea", pp. 357~359; *History of USMGIK*, part I, vol. I, pp. 75~76; *JANIS of Korea*, Apr. 1945, no. 616, box 54 ~55, RG 4, MMA.

의거하여 주한미육군의 불가결한 일부로 미군정부(USAMGIK)를 설치하고, 그 다음 날 해리스(Charles S. Harris) 준장을 군정장관대리로 임명했다. 또한 마닐라에서 프레스콧과 하지가 요청한 바에 따라 맥아더는 8월 23일 워싱턴에 국무부 연락대표 겸 정치고문을 파견하도록 요청했고, 8월 말에 베닝호프(H. Merrell Benninghoff)와 그 보좌관으로 마닐라 영사인 존슨(U. Alexis Johnson)을 확보했다. 12)

제24군단이 남한에 진주하기 전인 9월 4일 오전 7시 해리스 준장이 이끄는 제24군단 선발대와 연합국군최고사령부가 파견한 연락장교가 나눠 탄 8대의 B-25가 오키나와의 가데나(嘉手納) 공군기지를 이륙했다. 장교 29명, 요원 8명이었다. 그러나 곧바로 악천후를 만난 탓에 17명을 태운 B-25기 2대만 오전 11시 50분 서울제일비행장(김포비행장)에 도착했고, 나머지 6대는 오키나와로 되돌아갔다. 해리스는 이틀 뒤인 9월 6일 오후 비행장에 도착했다. 비행장에는 제17방면군 및 조선군관구의 이하라 준지로 참모장이 마중을 나갔다. 이들은 심야까지 이어진 협의에서 인천에 있는 일본군은 8일 12시까지 인천 교외로, 서울의 일본군은 9일 12시까지 한강 이남으로 철수하고, 이때까지 한강 이남으로 철수할 수 없는 자들은 한곳에 집결하였다가 다음 날 12시까지 철수하도록 결정을 내렸다. 다음 날인 7일 해리스 준장은 엔도 류사쿠(遠藤柳作) 조선총독부 정무총감과 오전 10시부터 약 한 시간 동안 회담했다. 회담에서 해리스는 당면한 중대 문제가 항복 조건 이행이라고

---

12) *History of USMGIK*, part I, vol. I, pp. 77~79; "Assignment of Liaison Personnel of State Department to Occupation Forces in Korea", 30 Aug. 1945, OPD to AFPAC, OPD 014. 1 TS, section IV, cases 51~77, RG 165, Records of the War Department, NARA.

말하고, 남한 내 치안을 유지하면서 경제 및 산업의 혼란을 피하기 위해 총독부의 행정기구를 이용하겠다는 의향을 제시했다. 총독부 측 기록에 따르면 해리스는 엔도의 질문에 "**군정 시행이라고 명확하게는 말할 수 없다**"고 대답하면서, 또한 "미군 사령관은 **행정의 대강을 총독에게 지령**하고 구체적 안건에서는 **총독에게 결재권을 부여**하는 것을 고려하고 있다"고 말했다. 간접통치를 명령한 작전명령 제4호에 따라 점령 당국은 일본의 정부기구, 즉 조선총독부 행정기구를 그대로 이용하려 한 것이다. 또 이러한 체제가 언제까지 계속될지 묻는 질문에 해리스는 "위 행정체제의 지속 시한은 최고사령관이 결정할 것"이라고 언명했을 뿐이다.[13]

아놀드(Archibald V. Arnold) 사단장이 지휘하는 제7사단 병력 약 1만 5,700명은 두 척의 군함 '칠턴'(CHILTON)과 '베컴'(BECKHAM)에 나눠 타고 9월 5일 정오에 지원부대와 함께 오키나와를 출발하여 9월 8일 오후 1시 25분에 인천항 상륙을 개시했다. 킨케이드(Thomas C.

13) *G-3 Operation Report*, no. 1~4, 4~7 Sept. 1945, Headquarters XXIV Corps, APO 235, Box 37, XXIV Corps History Section, USAFIK, RG 332, WNRC; *History of USAFIK*, part I, chap. IV, pp. 1~3; 舊朝鮮總督府 官房總務課長 山名酒喜男, 《朝鮮總督府 終政の記錄 ①》(友邦協會, 1956), pp. 21~24; 森田, 《朝鮮終戰の記錄》, pp. 271~272. 9월 4일에 김포비행장에 도착한 스트로서(Kenneth C. Strother) 대령 일행은 제17방면군 스가이 도시마로(菅井斌麿) 참모부장(副長)의 영접을 받고 서울로 향했다. 스트로서는 스가이 소장에게서 각종 정보를 얻고 미군의 인천 상륙 및 항복식 준비에 임했다. 스가이는 "매우 총명하고 훌륭한 인물"로서, 두 사람의 교제는 평생 계속됐다. Kenneth C. Strother, "Experiences of a Staff Officer, Headquarters XXIV Corps in the Occupation of Korea, Sept. -Nov., 1945"(高橋久志 譯, "朝鮮占領における第24軍團の 一參謀の體驗: 1945年 9~11月", 防衛研修所 戰事部參考資料 85ZT-1H)를 참조.

Kinkaid) 제독이 이끄는 제7함대 함선이 황해에서 합류했다. 인천에는 일본의 특별경찰대(군대에서 전직한 경찰관)가 배치됐다. 환영행사는 없었는데 이는 하지 사령관의 지시에 따른 것이었다. 오후 5시 30분까지 제17 및 제32보병연대가 상륙을 완료하여 인천을 점령했다. 다음 날 아침 장갑차에 나누어 탄 미군 선발대가 서울을 향해 출발하고 이어 제32 및 제184보병연대가 열차로 서울을 향해 이동했다. 일본 경찰대가 주요 도로 양측을 지키는 가운데, 미군 부대는 개선행진이나 환영행사 없이 평온하게 진주하여 사령부를 설치하거나 일본군으로부터 주요 시설의 경비를 인수했다. 항복문서 조인식은 오후 4시 총독부 제1회의실에서 시작됐다. 미국 관계자들이 지켜보는 가운데 맥아더 태평양육군총사령관을 대리하여 주한미육군사령관 하지 중장과 미 해군 대표 킨케이드 대장이 서명했다. 이어서 한국 38도선 이남 지역의 일본육·공군 고급지휘관 자격으로 고즈키 요시오 조선군관구사령관, 동 일본 해군 고급지휘관 자격으로 야마구치 기사부로(山口儀三郞) 진해경비부(警備府) 사령관이 서명하고, 마지막으로 아베 노부유키(阿部信行) 조선총독이 서명하여 이를 승인했다. 이때, 즉 4시 20분 총독부 정면 게양대에 걸렸던 일장기가 내려가고 미국 국가의 취주악에 맞춰 성조기가 게양됐다. 하지 사령관의 기대처럼 질서 유지와 재산 보전을 우선한 '적국 영토에 대한 진주'가 일본군과의 '훌륭한 협력'(*excellent cooperation*)으로 실현된 셈이다. 14)

---

14) *G-3 Operation Report*, no. 5~7, 8~10 Sept. 1945; *History of USAFIK*, part I, chap. IV, pp. 5~12; 森田·長田 編, 《朝鮮終戰の記錄》, 資料編 第1卷, pp. 245~247.

항복 절차가 끝난 후, 맥아더의 포고 제 1호, 제 2호 및 제 3호가 1945년 9월 7일 자로 공포됐다. 포고 제 1호는 머리말에서 남한 점령이 9월 2일 "대명(大命) 및 일본 정부, 대본영의 명에 의해 조인된" 항복문서에 근거하였음을 선언하고 "적당한 시기에 한반도가 자유롭고 독립된 나라가 될 것을 결정한다"는 카이로선언 서약을 인용하면서, 나아가 "북위 38도선 이남의 한반도 및 그 주민에 대해 **군사통제권**(*military control*)을 확립한다"고 선언했다. 또한 제 1조에서 "북위 38도선 이남의 한반도 영역 및 그 주민에 대한 모든 행정권은 당분간 본관의 권한 아래에서 행사된다"고 규정하고, 제 2조 이하에서는 모든 정부·공공단체, 그 외의 직원, 공익·공공사업, 기타 중요 직무에 종사하는 사람에게 직무를 계속할 것을 요구하면서 점령군에 반항하는 행동, 또는 질서와 안전을 교란하는 행위를 하는 자는 엄벌에 처한다는 점을 분명히 했다. 나아가 포고 제 2호는 태평양육군총사령관의 권한으로 발령한 포고·명령·지시를 위반하는 자, 미국 및 연합국 국민의 인명 및 소유물 또는 보안을 해하는 자가 군법회의에 회부되어 유죄를 선고받을 경우 사형을 비롯한 형벌에 처해질 것이라고 공표했다. 포고 제 3호는 통화에 관한 규정이었다. 한편 제 7사단 진주는 이후로도 계속되어 9월 12일에는 제 32연대의 1개 중대가 드디어 38도선 바로 남측에 위치한 개성에 도착했고 다음 날 후속 부대가 그곳을 점령했다. 이로써 인천-서울-개성 점령을 완료한 것이다. 15)

---

15) *G-3 Operation Report*, no. 9~11, 12~14 Sept. 1945; Committee on Foreign Relations, Senate, *The United States and Korean Problem*: *Documents 1943~1953* (Government Printing Office: Washington, D. C., 1953), p. 3; 森田·長田 編, 《朝鮮終戰の記錄》, 資料編 第 1卷, pp. 247~250; 山名, 《朝鮮總督府

진주한 미군이 연합군 포로 되찾기를 무엇보다 우선한 것은 말할 나위도 없다. 7월 말 기준으로 싱가포르, 필리핀 등지의 전장에서 한반도에 호송된 미군·영국군·호주군 포로가 서울(156명), 인천(169명), 흥남(354명)에 수용되어 있었다. 그 가운데 인천에 있던 168명(미군 병사는 138명)은 미군이 상륙한 9월 8일 인천항에 정박해 있던 미 병원선으로 이송됐다. 9일에는 서울 용산구에 수용돼 있던 158명도 인천으로 이송됐다(옮긴이주: 포로 수의 차이는 조사 시점의 차이로 인한 것임). 그러나 북한 동해안의 함흥에 인접한 흥남에 수용되어 있던 영국군·호주군 포로는 연합국군최고사령부 전시포로구출팀이 9월 20일 소련군에게서 넘겨받아 서울로 이송했다. 한편 또 다른 중요 과제인 일본군 무장해제와 본토 송환은 서울·인천 지역의 경비를 맡던 특별경찰대가 한강 이남으로 철수한 뒤인 9월 12일에 착수했다. 같은 날 하지 사령관은 대전의 조선군관구사령부에서 상경한 고즈키 요시오 사령관에게 일본군이 자주적으로 무장을 해제하고 그 무기를 관리할 것, 미군이 진주할 때까지 **일본군이 해당 지역의 치안유지를 책임질 것**, 공공시설·철도·저장소·형무소 등을 잠정적으로 관리할 것, 부산 및 제주도 지역으로 진주하는 미군을 경비할 것 등을 요구했다. 일본 군인의 본토 송환도 일본군이 직접 구체적 안을 작성하도록 지시하되, 육해군의 항공부대

終政の記錄 ①》, pp. 26~29. 일본 점령에서는 이 포고 제1, 2, 3호 공포가 중지되었다. 또한 한국에서 출판된 《미군정 법령집》(서울: 내무부치안국, 1956)은 '군사통제권'(*military control*)을 '군정'(*military government*)으로 번역했다(같은 책, p. 1). 그러나 이렇게 번역하면 여기서 논하는 앞뒤 맥락과 맞지 않는다. '군사통제권'은 군정을 포함한 더욱 넓은 의미로 사용됐다. 공포가 중지된 일본 점령 포고 제1호의 제6조에는 이를 분명히 명시했다. 무엇보다도 남한 점령 포고 제1호에는 그 조항이 존재하지 않는다. 각주 9)의 《昭和 財政史 3》, pp. 130~132을 참조.

나 특공대를 우선적으로 송환하도록 요구했다. 현지에서 소집이 해제된 군인들도 다시 소집했는데 관대하게도 장교들의 군도(軍刀) 휴대를 허가했다. 제24군단《G-3 작전보고》는 여기서도 일본군과 '훌륭한 협력'이 계속됐다고 기록했다. 실제 송환은 9월 27일부터 부산항, 인천항, 제주항을 사용하여 하루 4,000명을 목표로 진행했다. 10월 후반부터 민간인 송환이 본격화하는 가운데 11월을 정점으로 12월 말까지 약 3개월 동안 약 17만 명의 일본 군인이 본토로 귀환했다. 16)

(3) 진주군이 직면한 난제

포고 제1호가 카이로선언을 언급했음에도 불구하고, 이미 지적한 바와 같이 제24군단의 남한 점령은 대일본제국의 일부를 구성하는 '적국 영토'에 대한 진주로 간주됐다. 사실 1919년 3·1독립운동을 계기로 같은 해 9월 상하이에서 대한민국 임시정부가 통합 수립되었으나 이후 일본의 식민지배에 대한 한반도 내 조직적 저항운동(레지스탕스)은 최소한으로 억제되었고, 한반도 젊은이들은 징병을 당해 전장으로 나갔다. 그러므로 한반도 주민을 '적국 국민'(enemy nationals)으로 볼 것인가, 아니면 '해방된 인민'(liberated people)으로 볼 것인가 하는 문제는 그곳에 진주한 미군에게는 상당히 미묘한 사안이었다. 1945년 3월 이후 3부조정위원회에서 이를 검토하고 있었지만, 명확한 결론에 도달하기

---

16) "聯合軍俘虜引渡報告書", 森田·長田 編, 《朝鮮終戰の記錄》, 資料編 第1卷, pp. 544~548; 森田, 《朝鮮終戰の記錄》, pp. 276~278, 340~349; *G-3 Operation Report*, no. 9~16, 12~20 Sept. 1945. 《G-3 작전보고서》는 홍남이 아니라 함흥으로 기록하고 있다.

전에 일본이 항복해 버렸던 것이다. 한반도 진주를 앞두고 프레스콧 대령은 마닐라의 태평양육군총사령부가 "한국인을 해방된 인민으로 다뤄야 하지만, 해방은 점진적으로 달성돼야 한다"고 생각한다는 느낌을 받았다. 유럽에서의 경험에서 유추하면, 점령지역 내 민정 활동은 전투 단계와 전투 종결 이후 단계로 구분된다. 세부적으로 전투 단계는 공격과 진주, 전투 종결 이후는 진주와 정식 점령으로 구별된다. 말할 나위도 없이 미군의 남한 진주는 '전투 종결 후의 진주'였다. 그렇다고는 해도 특히 일본군 무장 및 동원 해제, 점령지역의 비군사화가 진행되는 초기(최초의 3개월)에 점령군은 당연히 사보타주나 반란을 상정해 그에 대응한 준비를 해야 했다. 따라서 한국인은 '해방된 인민'으로 다뤄야 하지만, 이를 후기(다음 9개월) 이후에 연합국에 의한 병력 재배치가 진전되어 점령정책이 정식으로 채택된 이후의 일로 해석한 것으로 보인다. 17)

또한 미군의 남한 점령이 원래부터 두 가지 커다란 난제를 안고 있었던 점도 주목해야 한다. 첫째, 한반도가 북위 38도선을 경계로 미·소 양군에 의해 분할점령되었기 때문에 미군 사령관은 조기에 소련군 측

---

17) *History of USMGIK*, vol. I, pp. 73~74; SWNCC 77, "Political-Military Problems in the Far East: Treatment of the Korean Population by the Military Government of Korea", 19 Mar. 1945, CCS 383. 21 Korea, 3-19-45, section 1, RG 218, Records of the United States Joint Chiefs of Staff, NARA; J. W. P. C. 385/5, "Occupation Forces for Japan and Korea", 22 Sept. 1945, A. B. C. 014 Japan (13 Apr. 1944), section 16-B, RG 165, Records of the War Department, General and Special Staffs, NARA; R. Grant Meade, *American Military Government in Korea* (N. Y. : King's Crown Press, Columbia University, 1951), p. 46.

과 교섭하여 두 지역을 통일적으로 관리하기 위해 노력하지 않을 수 없었다. 이는 미국이 단독으로 담당한 일본 본토 점령과는 전혀 다른 상황으로서 오히려 독일 점령과 유사했다. 더욱이 미·영·소·중 4개국 사이에는 한반도 신탁통치에 관한 전시 정상회담 합의나 포츠담선언을 통해 확인한 카이로선언 이행 서약이 존재했다. 워싱턴의 3부조정위원회 극동소위원회가 작성한 남한 점령에 관한 〈기본지령〉을 이 무렵에는 통합참모본부가 검토 중이었는데, 이 문서는 9월 초 맥아더에게 "국무부가 한반도와 관련해 자세한 사항을 두고 아직 소련(혹은 그 외의 국가)과 조정을 시작하지 않았으므로, 한반도 전 지역에서 정상적인 경제적, 정치적 관계를 재확립하기 위해 귀관은 군사적 차원에서 취할 수 있는 소련과의 연락에 의존해야 한다. 현재 국무부의 생각으로는 두 지대의 문제를 수반하는 초기 단계는 가능한 한 빠른 시일 내에 넘어가 **미·소·중·영 4개국 통제 아래의 중앙관리**로 이행해야 한다. 중앙관리는 이후 동일한 4개국에 의한 국제적 신탁통치로 이어지게 될 것이다"라고 지적했다. [18]

둘째, 전쟁 종결 당시 한반도는 분명히 일본제국의 불가분의 일부였지만 식민주의에 의해 '병합'된 영토였고, 그 주민은 일본으로부터의 즉각적인 독립과 자신의 정체성 회복을 열망하고 있었다. 따라서 점령 행정을 효율적으로 운용하기 위해서라도 "천황 및 대일본제국 정부의

---

18) Carl J. Friedrich, "Military Government and Democratization : A Central Issue of American Foreign Policy", *American Experiences in Military Government in World War II*, pp. 48~51 ; "Bonesteel to MacArthur", 9 Sept. 1945, CCS 383. 21 Korea, 3-19-45, section 1, RG 218, Records of the United States Joint Chiefs of Staff, NARA.

각종 통치수단"을 이용하는 일본 본토 점령 방식(간접통치)이 똑같이 남한에 적용되어 좋을 리가 없었다. 특히 포고 제1호 제2조가 요구하는 방식으로 조선총독부 관료들에게 직무를 계속하도록 명령한 일은 적절하지 않았다. 사실 8월 25일 하지 및 해리스와 회담을 한 마닐라 영사 존슨은 "전적으로 개인적 견해"라고 덧붙이면서 군정장관의 감독 아래 조선총독 및 그 밖의 요인들을 이용하는 것은 '바람직하지 않은 측면'이 있다고 정확하게 지적했다. 〈기본지령〉은 이 점을 두고 한편으로는 "점령 목적에 반하는 것을 제거하면서 기존 정부의 지방, 지역, 그리고 전국적 기관을 최대한 이용해야 한다"고 지적하고, 다른 한편으로는 "일본의 민족주의나 침략을 주창하거나 점령 목적에 공공연히 적대하는" 일본인과 한국인은 "책임 있는 지위, 공공연한 영향력, 또는 주요 사기업에서 가능한 한 신속하게 배제돼야 할 것"이라고 지시했다. 그러나 맥아더가 이러한 잠정명령을 전달받은 것은 9월 9일, 다시 말하면 하지 사령관이 일본군의 항복을 접수하고 맥아더의 포고 제1호, 제2호, 제3호를 이미 발표한 뒤였다. [19]

한편 북한에 진주한 소련군도 이윽고 '민정부'(民政部)로 불리는 사실상의 군사정부를 설치했으며, 설치를 완료하기 이전까지 각지의 위수사령부(군무사령부라고 불렀다) 감독하에 공산당 조직과 건국준비위원회가 구성한 임시인민위원회를 조직해서 이들에게 행정권의 상당 부분을 이양했다. 이와 같은 '인민위원회' 방식으로 자신의 점령지역 내에 친소적이고 용공적인 '민주세력'을 육성한 것이다. 게다가 제5장에서 보듯 소련군은 중앙아시아 출신 한국계 러시아인 수백 명, 하바롭스

19) *Ibid.* ; "Steintorf to Byrnes", 26 Aug. 1945, *FRUS, 1945*, vol. VI, p. 1041.

크 교외에서 훈련한 한국인 공작원들(이른바 김일성 부대) 을 데리고 진주했다. 만약 미군이 소련군과 마찬가지로 충칭에 있던 대한민국 임시정부나 미국 내에서 활동하던 이승만 등 독립운동가 그룹을 동반하고 서울에 진주했다면 그들의 권위가 초기의 준비 부족을 보완하고도 남았을 것이다. 그러나 그러한 행위는 민족자결주의 원칙은 물론 소련과의 공동행동이나 한반도의 중앙관리라는 미국의 점령정책 기본원칙에 배치되는 것이었다. [20]

셋째, 준비 부족은 하지 사령관을 크게 제약했다. 최초로 인천에 상륙한 제 7사단은 서울 및 그 북쪽의 개성, 춘천, 서울 남쪽의 수원에 전개했지만, 그에 이은 2개 사단의 진주가 늦어졌다. 그 때문에 당초 하지에게는 남한 점령을 위한 일반적인 조건조차 충분히 마련되지 않았던 셈이다. 예를 들어 필리핀에서 부산으로 진주할 예정이던 제 40사단 선발대는 9월 22일 부산이 아니라 인천에 도착했으며, 심야에 철도로 이동해서 다음 날 오후 2시가 넘어서야 부산에 도착했다. 또 하나의 주요 도시인 대구에는 10월 1일에야 미군이 진주했고 그 외의 도시에 진주가 완료된 것은 10월 9일이었다. 전쟁 종결로부터 이미 7주일이나 지난 시점이었다. 제 96사단의 전라남도 및 전라북도 진주는 그 이상으로 지연되었다. 9월 말이 되어도 점령부대가 모습을 보이지 않자 일시적 조치로 제 7사단이 전라북도를, 제 40사단이 전라남도 일부를 담당했다. 그러나 제 96사단은 끝내 한국에 도착하지 않았다. 10월 16

20) 森田・長田 編, 《朝鮮終戰の記錄》, 資料編 第 1卷, pp. 299~313; 和田春樹, "ソ連の朝鮮政策—1945年 8~10月", 〈社會科學硏究〉(東京大學社會科學硏究所), 第 33卷 4 号 (1981. 11.), pp. 118~124.

일, 예정을 변경하여 제6사단 선발대가 인천에 상륙하여 다음 날 열차로 광주와 목포를 향해 남하했다. 연대사령부는 광주와 군산에 설치했다. 제6사단 마지막 부대가 인천에 상륙한 것은 11월 2일이었다. 21)

점령 임무를 담당하는 군정 요원들의 도착도 지연됐다. 10월 하순 이후 군정단(group)이나 군정중대(company)가 도착하기까지 제7사단이나 제40사단은 전술부대에서 군정 요원들을 선발해야만 했다. 예를 들면 제7사단은 출발에 앞서 제24군단 전술부대 장교 36명과 하사관 92명으로 3개 임시군정반(team)을 결성하여 상륙 후 각각 서울, 인천, 경기도에 파견했다. 제40사단은 진주 전에 연대 단위에서 군정반을 조직했다. 진주 후에 연대장이 담당 지역의 군사정부 대표가 되고, 각 군정반 중에서 도지사와 군수를 선발했다. 10월 중순 무렵까지 그 수는 약 30명에 달했다. 지방 군사정부의 임무는 법과 질서를 유지하고, 일본의 통치기구를 이용하면서 일본인 관료를 미국인, 나아가 한국인으로 교체하는 일이었다. 10월 20일에 이르러서야 필리핀으로부터 3개 정규 군정중대가 도착했다. 다음 날 일본 점령을 위해 훈련받은 5개 군정단과 28개 군정중대가 목적지를 변경해 인천에 도착하여 남한 군정의 주력부대가 됐다. 나아가 11월 1일에는 필리핀으로부터 2개 군정 중대가 추가됐다. 마지막으로 11월 2일 캘리포니아주 몬터레이 소재 군정부대 집결지(CASA)에서 훈련받은 2개 군정단과 8개 군정중대가 도착했다. 이들은 남한에서 임무를 수행하기 위해 9월 초부터 훈련을 받아온 군정 요원들이었다. 공교롭게도 일본 본토에서 간접통치가 원

---

21) *G-3 Operation Report*, no. 19~20, 22~23 Sept. 1945; *History of USAFIK*, vol. I, chap. VI, pp. 1~14, 19~26, 35~42.

활했던 덕분에 남한에서 직접군정이 가능했던 셈이다. 22)

(4) 직접통치: 일본 통치와의 분리

1945년 12월 말 시점에 남한에 배치된 군정 요원은 장교 541명, 하사관 1,918명이었다. 표준적으로 필요한 인원에 비해 장교 97명, 하사관 약 1,000명이 부족했다. 그러나 그 이상으로 부족한 것은 남한 점령에 관한 지식과 관심이었다. 초기 군정에 참여한 미드(E. Grant Meade)는 두 곳의 군정학교에서 9개월 동안 교육을 받고 군정부대 집결지에 3개월 동안 체재했는데, 이 기간 동안 청강한 한국 관련 수업은 겨우 1시간에 지나지 않았다고 술회했다. 일본 점령 방식을 적용한다는 작전명령에 더하여, 이러한 준비 부족이 하지 사령관의 판단에 영향을 미쳤고 총독부 통치기구나 식민지 관료에 의존하도록 촉진한 점은 부정할 수 없다. 사실 조선총독부 이외에는 그 어떤 행정조직도 존재하지 않았다. 하지 사령관은 충분하지 않은 전술부대와 군정부대로 약 1,600만 명의 한국인과 일본인이 거주하는 남한을 통치해야만 했다. 또한 장기간에 걸쳐 식민통치 아래에 놓여 있던 한국인은 곧바로 행정을 떠맡을 수 있는 경험이 없고 정치적으로도 분열되어 있다고 생각했다. 하지 사령관은 9월 9일 항복을 접수한 직후 기자회견에서 "아베 총독, 기타 일본인 관료는 행정을 용이하게 하고 질서 있게 정부를 인계하기 위해 일시적으로 자기 직무에 머물 것이다", "그들은 가능한 빠른 시일 내에 우

---

22) *History of USMGIK*, vol. I, pp. 32~33; *History of USAFIK*, vol. I, chap. VI, pp. 42~47; Meade, *American Military Government in Korea*, pp. 50~51.

선은 미국인, 다음에는 한국인과 교대할 것이다"라고 언명했다. [23]

그러나 이러한 초기 정책은 한국인 사이에 큰 불만을 초래했다. 그들은 무엇보다도 일본 통치의 즉각적이고 완전한 철폐를 원했기 때문이다. 사실 9월 11일 킬로프(James S. Killough) 소령이 이끄는 제3군정반이 서울시청에 들어갔을 때 한국인 직원 대부분은 "일본인이 시청의 책임 있는 지위에 머무는 한 우리는 결코 직무에 임하지 않을 것"이라며 직장을 떠났다. 하지 사령관은 같은 날 2시간 40분에 달하는 기자회견에서 카이로선언을 언급하면서 "한국의 자주독립은 곧바로 이루어지는 것이 아니며 어느 정도 시간을 들여 적당한 시기가 도래한 이후에 달성될 것이다", "이는 맥아더 원수의 의사에 의한 것이 아니라 연합군의 의사에 따라 인정된 사항이다"라고 설명하지 않을 수 없었다. 더욱이 기존 행정기관과 일본인 관료를 사용하는 것은 잠정적 방편에 불과하며 "기계적 역할을 명하였을" 뿐이라고 변명했다. 그러나 기자단의 질문은 후자, 특히 일본 경찰조직의 강압적 태도에까지 이르렀다. 총독부 행정기구를 유지하는 것 이상으로 일본인 관료나 경찰관을 계속 사용하는 일이 부적절하다는 사실이 분명해진 셈이다. 그 결과 다음 날인 12일 군정 당국은 중대한 점령정책 변경을 최초로 결단하지 않을 수 없었다. 오후 1시 30분 하지 사령관이 아베 노부유키와 회담을 열고 조선총독 사임을 요구한 것이다. 아베 총독을 대신하여 아놀드가 군정장관에 취임했다. 또한 경찰조직 책임자인 니시히로 다다오(西廣忠雄)도 경무국장에서 해임하고 대신 시크(Lawrence Schick) 헌병대장을 임

---

23) History of USMGIK, part I, pp. 28~30, 37; Meade, American Military Government in Korea, p. 51; History of USAFIK, vol. I, chap. VI, pp. 16~17.

명했다.[24]

　하지 사령관은 엔도 류사쿠 정무총감도 사직하도록 하고 당분간 행
정고문에 머물도록 요청했다. 그러나 9월 14일 하지 사령관은 나머지
국장을 모두를 해임하고 다음 날 엔도 정무총감 이하 총독부의 일본인
간부 전원을 해임했다고 직접 발표했다. 아베 노부유키의 총독 사임과
아놀드 소장의 군정장관 취임도 함께 확인했다. 그러나 이렇게 다소 당
돌한 조치를 내린 배경에는 서울의 반발뿐 아니라 〈기본지령〉을 작성
중이던 워싱턴의 3부조정위원회가 내린 잠정지령(9월 14일)이 있었다.
조선총독 및 일본인 간부가 각자 직무에 머무를 것이라는 보도를 접한
위원회는 이러한 조치가 〈기본지령〉의 내용에 반한다고 우려했다. 나
아가 마닐라에서 온 존슨 영사의 경고에 반응한 3부조정위원회는 이미
며칠 전부터 "곧바로 아베 조선총독, 총독부 국장 전원, 각 도지사, 그
리고 각 도의 경찰서장을 해임하는" 안을 검토하고 있던 것이다. 경찰
기구에 대해서도 14일 아놀드 군정장관은 경찰기구가 미군정 아래 헌
병대장에 직속된다는 점, 일본인 경찰관을 파면하고 유능한 한국인을
채용 및 훈련해 최종적으로는 경찰기구 전체가 한국인 손으로 운영될

---

24) The 40th Military Government Company, *The History of Military Government,
City of Seoul, Korea, from 11 Sept. to 30 Nov., 1945*; 국사편찬위원회 편, 《미군정
기군정단·군정중대문서 1》(국사편찬위원회, 2000), pp. 247~249; "Notes on
MG Staff Meeting and Corps Staff Conference", 12 Sept. 1945, box 27, XXIV
Corp Historical Section, USAFIK, RG 332, WNRC; 〈매일신보〉, 1945년 9월
12일, 13일, 국사편찬위원회 편, 《자료 대한민국사》, 제 1권(서울: 탐구당,
1973), pp. 83~89, 93. 이하 별도의 언급이 없을 경우 〈매일신보〉, 〈자유신문〉,
〈동아일보〉 등 남한의 일반 신문은 《자료 대한민국사》에 수록된 것을 사용했다. 山
名, 《朝鮮總督府終政の記錄 ①》, pp. 30~33.

것이라는 점을 명확히 했다. 이처럼 이례적인 형태로 미군 진주 후에 남한에 대한 간접통치 방침이 철회되고 직접통치, 즉 군정이 개시되었다. 또한 군정법령 제3호(9월 23일) 및 제5호(9월 29일)는 총검 및 화기, 탄약 또는 폭발물을 경찰서에 인도하도록 하는 조치, 다시 말하면 일반인들의 무장해제를 명령했고, 제11호(10월 9일)에 따라 "한국 인민을 차별하고 압박하는" 특별법, 즉 정치범처벌법, 예비검속법(予備檢束法), 치안유지법, 출판법, 정치범보호관찰령, 신사법(神社法) 및 경찰의 사법권을 폐지했다.[25]

진주 초기의 혼란을 거쳐 9월 18일 아놀드 군정장관은 고든(Charles J. Gordon) 재무국장, 언더우드(John C. Underwood) 광공국장(鑛工局長), 마틴(James Martin) 농무국장, 시크 경무국장을 비롯한 7명의 국장을 임명한다고 발표했다. 또한 9월 20일 자로 미군정부기구를 공표했는데 프레스콧 대령은 각 국의 활동을 조정하고 군정장관 이름으로 제반 명령을 반포하며 나아가 각 과를 감독하는 직책인 민정장관에 취임했다. 발표에 즈음하여 미군정부는 스스로 "연합군 최고사령관 아래에 미군에 의해 설립된 임시정부"이며 "남한에 존재하는 유일한 정부로서 미군정부 본부의 도·부·군〔지부〕을 통해 기존 각 기관을 운영하는" 존재로 정의했다. 그러나 그 기구는 조선총독부 기구를 거의 그대로 답습한 것이었다. 야마나 미키오(山名酒喜男) 구 총독부 관방총무과장은 "총독부 기구와 큰 차이가 없다"고 기록했다. 다시 말하자면 미

---

25) 山名, 《朝鮮總督府終政の記錄 ①》, pp. 31~35; SWNCC 174/4, 10 Sept. 1945, *FRUS, 1945*, vol. Ⅵ, pp. 1044~1045; 森田·長田 編, 《朝鮮終戰の記錄》, 資料編 第1卷, pp. 283~284; 《미군정법령집》(내무부치안국, 1956), pp. 7~14.

군은 총독부 기구를 거의 그대로 유지하면서 미군 장교가 군정장관, 민정장관, 군정부 각 국장, 각 도지사, 경찰서장 등의 직무를 수행하는 방식으로 점령행정을 시작한 셈이었다. 또한 9월 25일에는 재산 보전이라는 관점에서 군정법령 제 2호에 따라 일본 정부나 그 대리기관에 속하는 재산의 이전을 금지하고, 사유재산 거래에도 복잡한 제한을 가했다. 26)

그러나 진주 직후 하지 사령관이 저지른 실패는 적지 않았다. 일본인 관료를 일시적으로 유임하면서 생긴 오해나 불신을 불식하기 위해서는 미국 정부의 의도를 명확하게 표명하는 권위 있는 성명이 필요했다. 애치슨(Dean Acheson) 국무장관대리의 조언에 근거해 트루먼 대통령은 9월 18일 "일본 군벌은 해임되고 있다. 일시적으로 유임된 자도 그 기술적 자격 때문에 불가결하다고 생각했기 때문이며 이는 한국 인민과 점령군의 머슴으로 사용되는 것에 불과하다. … 위대한 국가의 건설은 지금 한국이 자유롭고 독립된 나라가 되는 것에 동의한 미국, 영국, 중국, 그리고 소련의 원조와 함께 시작되었다"는 내용의 성명을 발표했다. 27)

그럼에도 불구하고 점령 초기 민사행정에 관한 기본지령 완성은 늦어지고 있었다. 3부조정위원회의 작업은 10월 13일에 완료되었으며, 대통령의 재가를 거쳐 17일 헐 육군작전부장이 〈미군 점령하의 한국

---

26) "Hodge to MacArthur", 13 Sept. 1945, box 24, XXIV Corps History Section, USAFIK, RG 332, WNRC; 〈매일신보〉, 1945년 9월 18일, 19일; "군정청의 기구", 森田·長田 編, 《朝鮮終戰の記錄》, 資料編 第 1卷, pp. 273~276; 山名, 《朝鮮總督府終政の記錄 ①》, pp. 33~34; 《미군정 법령집》, pp. 5~7.
27) "Acheson to Truman", 14 Sept. 1945, FRUS, 1945, vol. VI, pp. 1047~1048.

지역 민사행정을 위한 태평양육군총사령관에 대한 초기 기본지령〉
(SWNCC 176/8)을 맥아더에게 전달했다. 이 지령에 따르면 미국의 한
국 정책은 "미·소에 의한 초기의 잠정적인 민사행정 시기에서 시작하
여 미·영·중·소에 의한 신탁통치 시기를 거쳐 최종적으로 국제연합
기구(유엔) 가맹 자격을 갖는 한국 독립에 이르기까지 점진적으로 발
전한다"는 내용이었다. 또 지령은 맥아더 총사령관에게 적국 영토 점령
에 수반하는 권한을 부여했지만, 카이로선언에 따라 한국은 최대한 '해
방된 나라'(a liberated country)로서 다루고 정부 직책에 가능한 한 한국
인을 기용하는 것이 마땅하다고 했다. 그와 동시에 "한국을 정치적, 행
정적으로 일본으로부터 완전히 분리하여 일본의 사회적, 경제적, 재정
적 통제로부터 자유롭게 하는" 일을 중시했다. 나아가 북한에 진주한
소련군과의 관계에 대해서는 "연락을 확립하고 이를 통해 한국을 통제
하는 절차 및 한국 정책의 동일성을 이 지령의 목적과 일치하게 유지하
도록 가능한 한" 노력하라고 요구했다. 다른 한편 총사령관은 "기존 모
든 정당, 정치조직 및 단체를 당장 통제하에" 두어 군사점령의 필요성
및 목적에 합치되는 단체는 장려하고, 합치하지 않는 것은 폐지해야만
한다고 명시했다. 그 어떤 "자칭 조선 임시정부나 그와 유사한 정치조
직도 정식으로 승인하거나 정치적 목적을 위해 이용해서는 안 된다"고
도 지시했다. 이리하여 미국의 점령정책이 드디어 기본적 윤곽을 갖추
게 되었다.[28)]

---

28) SWNCC 176/8, 13 Oct. 1945, *FRUS, 1945*, vol. VI, pp. 1073~1091. 여기서
주한미군사령관에 대한 명령계통에 관해 부연해 둘 필요가 있다. 하지 사령관에 대
한 지령은 통합참모본부, 육군부를 거쳐 태평양육군총사령관(맥아더)을 통해 서울
에 전달됐다. 그러나 정책지령은 3부조정위원회에서 작성해 상위 명령계통으로 전

이 기본지령이 전달됨으로써 〈부속8(군사정부)〉는 그 역할을 다했다. 그러나 직접통치하는 한국을 일본 본토의 간접통치에서 분리하기 위한 형식적 사후 수정이 필요했다. 태평양육군총사령부는 11월 29일 〈부속8(군사정부)〉을 무효처리하고 수정판을 배부했다. 흥미롭게도 신판 〈부속8(군사정부)〉은 일본과 한국을 제1부와 제2부로 명확히 구별했다. 일본의 간접통치를 "군사통제권의 확립"(*establishment of military control*)으로 제시한 데 비해 한국의 직접통치는 "한국에서의 군사정부 수립"(*establishment of military government in Korea*)으로 표현했다. 이렇게 양자는 의문의 여지 없이 분리되었다. 29)

3. 좌파세력의 건국 준비운동과 우파세력의 반발

(1) 엔도 류사쿠와 여운형의 회담: 빗나간 정세판단

제2차 세계대전 막바지에 대본영은 대미군과 대소련군, 즉 양면 방위 작전을 준비하고 있었다. 대미작전으로는, 1945년 6월 25일 오키나와 본섬에서 일본군의 조직적 저항이 종료되었기 때문에 다음으로 본토 결전, 즉 미군의 규슈 상륙을 상정하지 않을 수 없었다. 만약 미군이 북규슈를 상륙 목표로 선정할 경우 앞서서 제주도 공략작전을 펼칠 가능성이 크다고 판단했다. 제주도 방어를 위해 제58군(3개 사단과 1개

달했다. 또한 정책명령 초안은 동 위원회 극동소위원회에서 준비하는데 통합참모본부는 이 단계에서 관여할 기회를 가졌다.

29) Operational Instructions Number 4/48, 29 Nov. 1945, box 42, RG 4, MMA.

혼성 독립여단)을 편성해서 종심성(縱深性, 옮긴이주: 공간·시간·자원 상의 작전범위)을 갖춘 진지구축을 서두른 이유였다. 또한 대본영은 미군이 한반도 본토를 목표로 한다면 군산 방면으로 상륙할 것이라 예상하여 2월에 기존 조선군을 해체하고 제주도를 포함한 한반도 남부·중부 방위를 임무로 하는 제17방면군(야전부대)을 편성했다. 다만 미군의 작전 준비 기간을 고려할 때, 공격은 10월 이후에 있을 것이라고 예상했다. 한편 대소작전에서는 관동군총사령관이 5월 28일 대본영의 명령으로 한반도 북부 방위를 담당하게 되었다. 총사령관은 7월 중국 한커우(漢口)에 있던 제34군사령부를 함흥으로 이동 배치했는데, 이를 통해 소련군의 함흥 및 원산 침공을 격퇴하여 이들 지역에서 평양과 서울로 진격하지 못하도록 저지하려 한 것이다. 이러한 상황을 배경으로 8월 6일 히로시마에 원자폭탄이 투하되고, 그에 자극을 받은 소련은 9일 오전 0시(자바이칼 시간) 대일전쟁에 돌입했다. 8월 12일 국경에 인접한 웅기와 나진을 점령한 소련군은 13일에는 전략적 요충지인 청진을 대상으로 육·해 공동작전을 개시했다. 오키나와에 있는 미군보다 소련군의 서울 진격이 우려되는 전개였다. [30]

그러나 조선총독부는 일본 정부로부터 충분한 연락을 받지 못했다. 조선총독부 경무국은 8월 10일 단파방송을 통해 일본 정부가 천황의 국가통치 대권이 침범 받지 않는다는 조건으로 포츠담선언을 수락하겠다는 의사를 표명한 사실을 알게 되었다. 잘 알려져 있듯 포츠담선언은 "한국 인민이 노예상태에 놓여 있음을 유의하면서 한국을 적당한 시기

---

30) 朝鮮軍殘務整理部, "朝鮮における戰爭準備", 宮田節子 編·解說, 《朝鮮軍槪要史》(不二出版, 1989), pp. 137~202; 森田, 《朝鮮終戰の記錄》, pp. 15~19.

에 자유롭고 독립된 나라가 되게 한다"는 조항을 포함한 카이로선언의 이행을 약속하고, 일본의 주권을 혼슈, 홋카이도, 규슈, 시코쿠 및 여러 소도서로 국한했다. 바꿔 말하면 총독부는 그러한 사태에 독자적으로 대응하지 않을 수 없었던 셈이다. 치안유지 책임자였던 니시히로 다다오 경무국장의 입장에서 무엇보다 걱정한 것은 소련군의 서울 진주로 인해 발생하는 약탈, 폭행, 부화뇌동 등이었다. 38도선에 의한 분할점령을 예상하지 못한 채 니시히로는 "청진에 상륙한 소련군이 기차로 남하하면 20시간 내에 서울에 도달할 수 있다", "소련군이 곧바로 형무소에 수감된 조선인 정치범들을 석방하여 적색정권을 수립할 것이다"라고 생각했다. 그래서 "첫째로 정치범을 석방할 것, 둘째는 조선인들의 손으로 치안을 유지하게 할" 것, "그와 동시에 경제범도 석방하는" 것이 중요하다는 결론에 도달했다. 여기서 니시히로는 협력을 확보할 한국인 지도자로 여운형, 안재홍, 그리고 송진우 3명을 떠올렸다. 이들 3명은 각각 유력 신문사 대표를 맡았던 한국 언론계 중진들로 마지막까지 일본의 전쟁 노력에 협력하지 않은 사람들이었다. "거물이면서도 협력하지 않은 인물, 그리고 유종의 미를 거두고자 하는 총독부의 선의를 이해하고 격려해 줄 식견과 도량을 가진 인물"이야말로 이 시점에서 총독부가 전면에 내세우고 싶은 한국인 지도자들이었다. 그 가운데 해방 직후의 남한 정치에서 가장 중요한 역할을 맡게 된 것이 〈조선중앙일보〉 사장을 역임하고 여러 차례 수감생활을 반복한 여운형이었다. 여운형은 청년들이나 학생들에게 인기 있는 좌익 민족주의자이며 사회주의자였다. 또한 안재홍은 학식이 풍부하며 〈조선일보〉 사장으로 건필을 휘두르던 중도우파 민족주의자였다. 송진우는 호남 재벌과 긴밀한 관계가 있으며 〈동아일보〉 사장으로서 보수 지식인을 대표하

는 우파 민족주의자였다. 31)

　니시히로 경무국장은 8월 14일 오후 11시 경 〈도메이통신〉(同盟通信) 서울지국을 통해 일본 정부가 포츠담선언을 무조건 수락했다는 소식을 듣고 심야에 엔도 류사쿠 정무총감을 찾아갔다. 엔도는 니시히로와 협의한 후 곧바로 고등법원 검사장, 헌병대사령관 등 치안 책임자들을 호출하여 정치범과 경제범을 즉각 석방하는 데에 양해를 얻었다. 그 시간은 8월 15일 오전 3시였다. 엔도는 한국 병합에서 3·1독립운동까지의 시기에 조선총독부에서 비서관, 참사관 등으로 근무한 경험을 통해 니시히로와 같은 정세인식을 공유하고 있었다. 또한 엔도는 니시히로와 협의한 뒤 나가사키 유조(長崎祐三) 서울보호관찰소장에게 전화해 다음 날 6시에 여운형을 정무총감 관저로 데려오도록 지시했다. 당시 상황에 대해 엔도는 12년 후 "대정 8년 3월 1일 독립만세운동의 정황과 조선 민중의 가슴 속에 숨어 있는 독립 열망을 알고 있기에 … 해방된 기쁨에 따른 격정에 휩싸여 무질서한 폭동이라도 발생할 우려가 다분히 있다"고 생각하여 "경무국장을 중심으로 … 치안 관계자 회의를 소집했다"고 회고했다. 엔도는 여운형을 선택한 이유로 그가 한국 민중 사이에서 명망이 높다는 점, 과거 독립운동 경력이 있는 점, 특히 평소 여운형의 민족운동에 '이해와 존경의 마음'을 품고 있었으며 자신과 '깊은 우정으로 이어져' 있던 점을 들었다. 엔도는 또한 자신이 이 시기에 송진우, 안재홍, 그리고 장덕수와 회담했다는 설을 확실히 부정하면서

---

31) 森田, 《朝鮮終戰の記錄》, pp. 66~67; 森田芳夫, "朝鮮における終戰—十年前の8·15 ②", 〈親和〉, 22号 (1955. 7.), p. 11; 김기협, 《해방일기》, 제1권 (너머북스, 2001), p. 83.

"종전 이전에 총력연맹에 협력을 요청한 적은 있으나 그들이 회담을 단호하게 거부했기 때문에 나도 그들의 신념을 이해해서 두 번 다시 권유하지 않았다"고 증언했다. 32)

8월 15일 이른 아침 여운형은 사상범 전력을 가진 사람으로서 나가사키 소장과 함께, 또 백윤화(白允和) 서울지방법원 검사를 통역 삼아 엔도 정무총감의 관저를 방문했다. 지배자와 피지배자가 처음으로 대등하게 마주한 역사적 회담에서 엔도 총감은 솔직하게 "오늘 12시 포츠담선언 수락에 관한 조칙(詔勅)이 발표될 예정이다. 적어도 17일 오후 2시경까지는 소련군이 서울에 들어올 것이다. 소련군은 먼저 일본군을 무장해제할 것이다. 그리고 형무소에 수감된 정치범들을 석방할 것이다. 그때 한국 민중이 부화뇌동하여 폭동을 일으켜 두 민족이 충돌할 우려가 있다. 그러한 불상사를 막기 위해 미리 형무소에 있는 사상범과 정치범을 석방하고자 한다. 연합군이 들어올 때까지 치안유지는 총독부가 맡겠지만 측면에서 협력해 주기를 부탁한다"고 말했다. 이에 대해 여운형은 "기대에 보답하도록 노력하겠다"고 응했다고 한다. 또한 엔도는 여운형을 통해 안재홍에게 "함께 치안유지를 위해 협력하자"는 말을 전했다. 도중에 회담에 합류한 니시히로는 여운형에게 석방 전 사상범·정치범들에게 경거망동하지 않도록 호소하고, 청년과 학생들에게도 냉정하게 행동하도록 설득해 달라고 요청했다. 나아가 "치안유지 협력에 필요하다면 조선인 경찰관을 당신 밑으로 옮겨도 좋다"고 언급했

---

32) 森田, 《朝鮮終戰の記錄》, p. 69; 遠藤柳 作, "政權授受の眞相を語る", 〈국제타임스〉, 1957년 8월 16일; 森田, "朝鮮における 終戰 ②", pp. 12~21. 모리타의 기술은 니시히로와 나가사키를 인터뷰한 것이다.

다. 또한 여운형의 요구에 응하여 경찰서나 헌병대에 잡혀 있던 미결 정치범들을 석방하고 집회금지를 해제하기로 약속했다. 식량 문제에 대해서는 "10월 말까지는 문제없을 것"이라고 답했다. 니시히로의 회상에 따르면 두 사람은 화기애애한 분위기로 대화했으며 여운형은 헤어질 때 니시히로에게 "건강을 기원한다"며 손을 내밀었다고 한다.[33]

이러한 일본 측 기록은 여운형의 동생 여운홍의 증언과 거의 일치한다. 15일 오전 0시가 지날 무렵 여운홍은 운니동에 있는 송규환의 집에서 형의 전화를 받고 송규환과 함께 장권의 집에 들른 다음 세 사람이 계동에 있는 여운형의 자택을 방문했다. 자택에서 홍증식과 얘기를 나누던 여운형은 세 명을 맞이하고 저녁에 조선군 참모부에 있는 어떤 인물이 "내일 정오를 기하여 일본 천황의 특별방송이 예정되어 있는데 바로 일본의 무조건 항복을 발표하기 위한 것"이라는 점을 알려 주었으며 '방금 전에' "내일 8시에 자신의 관저를 방문해 달라"는 엔도 정무총감

---

33) 森田, 《朝鮮終戰の記錄》, pp. 67~70; 森田, "朝鮮における終戰 ②". 모리타는 엔도 류사쿠와 여운형의 회담이 개최된 시각이 오전 6시 30분이라고 기록했다. 여운형은 다음 날의 연설에서 회담을 오전 8시에 시작했다고 말했다. 또한 1946년 9월 소련군 로마넨코(Andrei A. Romanenko) 소장과의 회담에서 여운형은 "1945년 8월 15일 오전 7시에", "전 정무총감인 엔도가 조선인민 대표들을 불러 '4~5일 후에는 서울에 적군(赤軍) 선발대가 도착할 것이며 일본이 항복했으므로 우리는 무장해제될 것이다'라고 말했다"고 회상했다. 나아가 여운형은 "8월 15일 오후 서울에는 적군이 온다는 소문이 퍼졌고 시민들은 적군을 조용히 맞이하기 위해 밖으로 나갔습니다. 그러나 그 만남이 실현되지 않아 시민들은 매우 실망했으며 38도선이 그어졌다는 사실을 알고 더더욱 불만스럽게 생각했다"고 했다. 이것이 그가 기억하고 있는 요점이며 그 직후 행동의 출발점이었던 것으로 보인다["로마넨코-여운형 회담록", 전현수(田鉉秀) 역·해제, 《슈티코프 일기, 1946~48년》(서울: 국사편찬위원회, 2004), p. 180].

의 전언이 있었다고 말했다. 덧붙여 여운형은 "우리가 평생에 걸쳐 소원하고 또한 투쟁해 온 조국 해방이 왔다. 내일 해야 할 일들을 논의해 보자"고 하면서 신문 업무에 경험이 있는 홍증식에게 〈매일신보〉사를 접수하여 호외를 인쇄하고 이를 서울은 물론 지방에도 배부하라고 지시했다. 여운홍에게는 방송국을 접수하여 한국어뿐만 아니라 영어로도 해외에 방송하도록 명했다. 유도 사범이었던 장권에게는 치안유지대를 조직하도록 지시했다. 또한 나가사키 소장으로부터 일본의 항복 소식을 듣고 14일 황급히 계동을 방문한 이란에게 여운형은 "결사대를 조직하라"고 지시했다고 한다. 나아가 15일 아침 계동을 방문한 이만규는 아들 이정구가 식량대책위원들을 소집하는 광경을 목격했다. 34)

여운홍에 의하면 실업가 정형묵이 준비한 자동차를 타고 여운형이 야마토쵸(大和町, 옮긴이주: 남산 총독관저 인근)에 있는 정무총감 관저로 향한 것은 오전 7시경이었다. 약 1시간 후에 귀가했는데 그때는 조직 관련 임무를 맡은 정백과 함께였다. 두 사람은 그대로 한동안 밀담을 나누었다. 엔도가 준 정보를 두 사람 사이에 공유했을 것이다. 나중에 기술하겠지만 정백은 그날 늦게 서울에서 결성한 조선공산당(장안파, 長安派)의 간부였다. 그러므로 두 사람의 행동은 여운형이 공산주의자들과의 연계를 무엇보다 중시하고 있었다는 사실을 보여 준다. 그 후 여운형은 "엔도의 말에 따르면 한국은 분단되어 미·소 양군이 별도로 점령할 것이며, 한강을 경계로 서울은 소련군의 점령지역에 들어갈

---

34) 여운홍(呂運弘), 《몽양 여운형》(서울: 청하각, 1967), pp. 134~135; 여연구, 《나의 아버지 여운형》(서울: 김영사, 2001), pp. 134~136; 이란, "해방 전후의 여운형", 이정식, 《여운형: 시대와 사상을 넘어선 융화주의자》(서울대 출판부, 2008), p. 737.

것이다. 따라서 우리의 모든 계획은 그에 맞게 변경되어야 한다. 방송도 영어로 할 필요가 없으니 서두르지 말고 사태를 관찰하면서 신중하게 일을 추진해야 한다"고 이야기했다고 한다. 이를 들은 여운홍은 크게 실망하여 후일 그와 같은 엔도의 말이 "해방된 그날로부터 수많은 혼란을 일으킨 원인이 되었으며, 특히 형의 심경에 많은 변화를 야기했다", "문제의 초점은 우리 국토가 분단된다는 점보다도 한강을 경계로 한반도가 양단되어 우리의 수도 서울이 소련군의 점령지역에 들어갈 것이라는 데에 있었다"고 회상했다. 그러나 일본 측에는 엔도가 분할점령이나 한강 경계선을 언급했다는 기록이 없다. 이 시점에는 아직 워싱턴에서도 38도선을 설정하는 문제가 마무리되지 않은 상황이었다. 여운홍의 기억에 혼란이 있었던 듯하지만 그의 지적은 핵심을 짚었다. 35)

(2) 건국준비위원회 결성: 건국운동의 출발점

8월 15일 정오 천황의 항복 방송을 들은 후 엔도 류사쿠와 여운형의 회담 소식을 전해들은 한국인들은 여운형 자택 인근의 휘문중학교 교정에 모여 만세를 외치거나 노래를 불렀다. 여운형은 자택에서 이여성, 김세용, 이강국, 박문규, 양재하, 이상백, 이만규 등에 둘러싸여 있었

---

35) 남시욱, 《한국 보수세력 연구》(파주: 나남출판, 2005), pp. 199~200; 이기하, 《한국정당발달사》(서울: 의회정치사, 1961), p. 43; 여운홍, 《몽양 여운형》, pp. 136~137. 여운홍은 그 후에 입수한 정보와 혼동한 것으로 보인다. 예를 들면 〈매일신보〉는 8월 24일이 되자 "한국에 관해서는 자유 독립정부가 수립될 때까지는 미국과 소련의 점령하에서 각각 군정이 시행될 것으로 보인다"(도쿄발 〈도메이통신〉) 고 보도했다.

다. 여운홍, 정백, 최용달도 있었다. 그들 앞에서 여운형은 "일제가 패망하여 아직 정부가 수립되지 않은 공백기에 인민을 올바른 방향으로 인도하기 위해서는 해방 정국을 정면으로 다룰 수 있는 정치조직을 만드는 것이 바람직하다", "그와 같은 정치조직에는 공산주의자도 독립운동가도 망라해야 하지만 이 자리에는 민족주의자의 대표가 없다"고 지적하면서 안재홍과 제휴할 필요가 있다고 주장했다. 안재홍은 그날 오후 여운형 자택을 방문하고 오후 4시 무렵 약 40명의 학생에게 "드디어 우리가 나라를 위해 일할 때가 왔다"며 열변을 토하고 마지막으로 '대한독립만세'를 외쳤다. 바로 이것이 해방 후 최초의 '독립만세'였다. 그 후 여운형과 안재홍은 마찬가지로 계동에 있는 임용상 소유의 양옥집으로 이동하여 그곳에서 조선건국준비위원회를 결성했다. 조직의 이름을 지은 것은 안재홍이었다. 여운형이 위원장, 안재홍이 부위원장에 취임했다. 8월 16일 이른 아침에 열린 몇 사람만의 회합에서 안재홍은 "신간회 당시의 민·공〔민족주의자와 공산주의자〕 분열을 계승하는 일이 없이 좌익이 잘 협동할 수 있을까"라고 질문하자 여운형과 정백은 "절대로 걱정할 필요 없다"고 답했다고 한다. 여운형은 좌우 두 세력을 망라한 통일전선조직으로 건국준비위원회를 결성하여 그 중심에서 자신이 좌우 균형을 잡는 역할을 하려 했을 것이다. 16일 아침에는 조선건국준비위원회 이름으로 한국 민중에게 "중차대한 현 단계에 있어서 절대적인 자중과 안정"을 요청하고 "지도층의 포고에 따를" 것을 호소하는 전단을 서울 시내 주요 지역에 붙였다.[36]

---

36) 여운홍, 《몽양 여운형》, pp. 136~137, 142~143; 이만규, 《여운형 투쟁사》(서울: 민주문화사, 1947), pp. 189~190; 여연구, 《나의 아버지 여운형》, pp. 141

8월 15일 정오에 천황의 방송을 들었어도 대다수 한국인은 그 정확한 의미를 이해하지 못한 듯했다. 혹은 곧바로 반응하지 않았다. 16일이 되어서야 커다란 변화가 나타나기 시작했다. 전날과는 판이하게 아침부터 수많은 사람이 광장이나 대로에 모이기 시작한 것이다. 오전 9시에는 경성방송국을 접수하기 위해 건국준비위원회가 파견한 학생들이 한국인 직원들의 업무를 경호하기 위한 태세에 들어갔다. 그 무렵 여운형은 청년과 학생 사이에 인기 있는 두 사람의 공산주의자, 즉 이강국, 최용달과 함께 서대문형무소를 방문하여 정치범과 경제범 석방에 입회했다. 나가사키 유조, 백윤화 두 명도 이에 동행했다. 여운형은 형무소 강당에 모인 수형자에게 해방의 날이 왔다고 말하고 엔도와 약속한 대로 한국과 일본 두 민족의 장래를 위해 경거망동하지 말라고 설득했다. 형무소 밖에는 수천 명이 "혁명동지 환영"이라고 쓴 큰 깃발을 들고 독립문에서 형무소 앞까지 길을 가득 메우고 있었다. 이미 전국 형무소와 경찰서는 사상범, 경제범, 노무 관련 위반자를 전원 석방하도록 지시를 받았던 것이다. 수형자의 가족들은 한낮인데도 촛불을 켜고 기다리고 있었다. 양초에는 "박헌영 동지여, 빨리 나타나라" 등 공산주의자의 이름을 쓴 것도 가끔 보였다. 여운형 등은 그 후 경성형무소로 향했다. 15일과 16일에 전국에서 즉결 또는 미결 정치범·경제

~143; 《자료 대한민국사》, 제1권, pp. 12~13; 안재홍, "8·15 전후의 우리의 정계", 〈새한민보〉, 1949년 9월, 안재홍선집 간행위원회 편, 《민세 안재홍선집》, 제2권(서울: 지식산업사, 1983), pp. 472~473; 《8·15의 기억》, pp. 20~21. 8월 15일 전후의 행동에 대해서는 상이한 기억이 엇갈린다. 운니동의 이규환 자택에 모였다는 설도 있다. 이에 대해서는 이정식, "여운형과 건국준비위원회", 〈역사학보〉, 제134·135 합병호(1992. 9.), pp. 37~38을 참조하라.

범 1만 600명이 석방됐다.[37]

나아가 16일 정오 여운형은 휘문중학교 교정에 모인 청년과 학생들에게 조선건국준비위원회 위원장으로서 엔도 정무총감과 회담한 사실을 보고했다. 그에 따르면 엔도의 요청은 "과거 한국과 일본 두 민족의 합방이 한민족 입장에서 적당한 것이었는지 여부는 언급하지 않고, 그저 서로 헤어지는 오늘에 있어서 기분 좋게 헤어지자. 오해로 인해 피를 흘리거나 불상사가 일어나지 않도록 민중을 잘 지도해 주었으면 한다"는 내용이었다. 이에 대해 여운형은 ① 한국 각지에 구속돼 있는 정치범과 경제범의 즉각 석방, ② 3개월치 식량 확보와 인도, ③ 치안유지와 건설 사업에 대한 불간섭, ④ 학생훈련과 청년조직에 대한 불간섭, ⑤ 노동자의 건설 사업에 대한 협력과 고통으로부터의 해방 등 5가지를 요구했다고 주장했다. 이어서 여운형은 군중에게 "우리가 과거에 당한 아픔은 이 자리에서 모두 떨쳐 버리자", "백기를 든 일본의 마음을 헤아리자. 물론 우리로서는 통쾌하기 짝이 없다. 하지만 그들에게 우리의 아량을 보여 주자"고 호소했다. 그 무렵, 어디선지 모르지만 오후 1시에 소련군이 입성한다는 소식이 전해졌다. 군중들은 "해방 소련군 오다!!"라고 쓴 깃발 또는 장대 현수막을 들고 "해방군 만세, 소련군 만세"라고 외치며 서울역으로 향했다. 남대문에서 서울역에 이르는 거리는 벌써 인파로 뒤덮였고 소련영사관에는 문의전화가 쇄도했다. 여운형은 서울역에 가지 않았지만 소련군을 환영하는 연설문을 작성하거나 선물을 준비하는 데 여념이 없었다. 누구도 소련군의 서울 입성을 의심

37) 〈매일신보〉, 1945년 8월 16일; 森田, 《朝鮮終戰の記錄》, pp. 76~77; 《8·15의 기억》, pp. 21~23.

하지 않은 것이다. 38)

한편 같은 날 오후 3시부터 약 20분 동안 여운형을 대신하여 안재홍 부위원장이 경성방송국을 통해 연설했다. 이는 같은 날 오후 7시와 9시에 다시 방송되었는데 연설 전문은 다음 날 〈매일신보〉에 게재됐다. 그러나 그 내용은 명확히 치안유지에 대한 협력 차원을 넘어선 것이었다. 냉정해야 할 총독부가 그 내용을 검열하지 않은 것이다. 아니면 검열을 할 수 없었는지도 모른다. 연설 앞머리에서 안재홍은 각계를 대표하는 동지들이 "조선건국준비위원회를 결성하여 신생 조선을 다시 건설하는 문제에 관해 가장 구체적이고 실제적인 준비 작업을 진행하게 되었습니다"라고 선언했다. 또한 "오래된 정치와 새로운 정치가 드디어 교체되는 시점에 즈음하여 자칫하면 대중이 거취를 헤매고 진퇴를 그르치는 일이 있을 것"이라고 지적하면서 "성실하고 과감하며 동시에 총명하고 주도면밀한 지도로 인민들을 파악하고 통제할" 필요성을 강조하고 "조선과 일본 두 민족이 자주 호양(互讓)의 태도를 견지하여 조금이라도 마찰이 없도록 할 것, 즉 일본인 주민들의 생명과 재산의 보장을 실현한다"는 방침을 명시했다. 나아가 이를 위해 건국준비위원회 소속의 학생청년경위대를 설치하여 일반 질서를 유지한다는 것, 경무대, 즉 정규 병사로 구성한 군대를 편성한다는 것, 식량을 절대적으로

---

38) 〈매일신보〉, 1945년 8월 17일; 森田, 《朝鮮終戰の記錄》, pp. 77~78; 이정식, 《여운형》, p. 496; 샤브시나, 김명호 역, 《1945년 남한에서》(서울: 한울, 1996), pp. 70~78. 같은 광경은 다음 날 점심때도 반복되었다. 효동에 있는 덕성여자상업고교에서 여운형이 열변을 토하는 동안 갑자기 "소련군이 곧 서울역에 도착한다"는 목소리가 나오자 교정에 있던 군중들은 역으로 향했다. 여운형도 안재홍도 이에 합류했다는 것이다(여연구, 《나의 아버지 여운형》, pp. 148~149).

확보한다는 계획을 세우고 그 운반 및 배급체제를 유지한다는 것, 8월 15일과 16일에 1만 600명의 미결·기결 정치범을 석방했다는 것, 행정 일반의 접수도 멀지 않았다는 것 등을 밝혔다.[39]

이 방송을 들은 일부 한국인은 총독부가 해산되고 새로운 정부가 수립된다는 의미로 해석하여 경찰서나 파출소를 점거하고 경위대 간판을 내걸거나 〈경성일보〉, 〈도메이통신〉 경성지국 등을 비롯한 신문사·통신사, 회사, 공장, 대형 상점, 대학, 전문학교 등을 접수했다. 경찰관 가운데 7할 이상이 한국인이었으므로 경찰 기능은 이미 무력화되어 있었다. 다만 여운형이나 안재홍의 설득이 주효했는지 경찰서, 기타 행정관청 점거나 총기류 약탈에도 불구하고 그에 따른 대규모 유혈 참사는 발생하지 않았다. 최초 1주일 사이에 경찰관에 대한 살해·살상 사건이 집중되었지만 일본인 경찰관 대상 사건은 8건(살해 2건과 상해 6건, 기타 자살 6건)에 불과했다. 한편 한국인 경찰관에 대한 살해·살상 사건은 45건에 달했다. 폭행 사건 대부분은 경찰관 및 군·면의 공무원을 대상으로 일어났는데, 노무나 식량공출 등과 관련한 "개인적인 원한 관계"가 주된 원인이었던 듯하다. 사실 그 후 치안대나 보안대가 벌인 활동에 일본인이 감사를 표하는 경우가 적지 않았다. 9월 초순에 〈경성내지인지원회 회보〉(京城內地人世話會々報)는 오카 히사오(岡久雄) 경기도 경찰부장이 "치안대가 이러한 난국에 몸을 바쳐 우리와 동일한 포부를 갖고 잘 협력해 주는 점에 감사의 마음을 금할 수 없다. 이들 가운데 일부 불량분자가 있다는 소문도 있으나 … 치안대의 이름을

---

39) 〈매일신보〉, 1945년 8월 17일; 안재홍, "국내·해외의 삼천만 동포에게 고한다", 《안재홍선집》, 제2권, pp. 10~12; 森田, 《朝鮮終戰の記錄》, pp. 78~81.

빌려 횡포를 부린 것으로 생각된다"고 언급하는 기사가 실렸다. 40)

그러나 사태를 우려한 엔도 정무총감은 17일 밤 나가사키 유조에게 연락해서 여운형에게 "접수는 연합국 3국이 하는 것이기 때문에 건국준비위원회의 활동은 치안유지에 협력하는 선에서 그치기를 바란다"는 내용을 전하도록 지시했다. 또한 다음 날 오후 니시히로 경무국장도 안재홍과 만나 방송 내용이 치안유지 협력이란 범위에서 벗어난 것임을 지적하고 건국준비위원회를 해산하도록 설득했지만 안재홍은 응하지 않았다. 더욱이 19일에 총독부 관계자는 안재홍의 연설 내용을 수정하는 담화를 발표하여 조선건국준비위원회의 사명은 "총독부 행정의 치안유지에 협력하는" 것이라고 지적하면서 정규군 편성, 행정기관 접수 등은 연합국 대표와 절충해 결정할 사안이라고 확인했다. 또한 엔도 정무총감도 포츠담선언에 근거해서 통치권 접수는 연합국과 이루어져야 한다는 점을 강조하고 그때까지 통치 책임 및 이를 위한 시설은 총독부의 수중에 있다고 주장하면서 민중에게 "절대 냉정해야 한다"고 요청하는 담화를 발표했다. 그러나 조선군관구사령부의 대응은 엄혹했다. 여운형·엔도 회담에 대해 사전에 통지를 받지 못한 사실에 항의하며 16일 "민심을 교란하고 치안을 저해하는" 일이 있다면 "군은 할 수 없이 단호한 조치를 취할 것"이라는 포고를 발표한 것이다. 사실 17일 이른 아침부터 군은 경성방송국을 경비하기 시작했다. 나아가 18일 밤 조선군

---

40) 森田, 《朝鮮終戰の記錄》, p. 81; 山名, 《朝鮮總督府終政の記錄 ①》, pp. 5~9; 〈京城日本人世和會會報〉, 第6号(1945. 9. 8.), 《京城日本人世話會各連資料》(九州大學韓國硏究センタ, 2009). 이 회보에는 "親切な保安隊"(친절한 보안대, 9월 3일) 나 "朝鮮人の友情に感激"(조선인의 우정에 감격, 9월 7일) 등의 기사도 게재됐다.

관구 보도부장도 "조선군은 엄연히 건재하다"고 방송하고 "식량을 농단하고 교통·통신기관의 파괴 또는 약탈·횡령을 기도하고 치안을 저해하려는 비적과 같은 행위"에 대해 경고를 발했다. 그에 더하여 총독부는 패전 당시 약 1만 3,000명이던 정원을 약 6,000명으로 줄였던 일본인 경찰관들을 보충하기 위해 약 4,000명에 이르는 경찰관의 군대 소집을 해제하고, 그에 더해 군인 9,000명을 경찰관으로 전속시켜 특별경찰대를 편성했다. 이리하여 17일 이후 경찰서, 관청, 신문사 등의 접수가 해제되었다. [41]

(3) 여운형과 송진우: 좌우 대립의 원형

엔도 정무총감과 여운형의 회담에 앞서, 조선총독부는 또 다른 한국인 지도자인 송진우와 8월 11일부터 수차례에 걸쳐 접촉했다. 앞서 언급한 관점에서 한국인 지도자의 협력이 필요하자 니시히로 다다오 경무국장은 오카 히사오 경기도 경찰부장에게 우파 민족주의자이자 일본에서 장기간 유학했던 송진우를 설득하도록 지시했다. 관련 기록이 상세한 부분에서 꼭 일치하지는 않지만 송진우의 설명에 따르면 8월 10일 (아마도 8월 11일의 잘못) 총독부 경무국의 하라다 사무관〔하라다 이치로(原田一郎) 경무과장인 듯〕이 방문해 국제정세 급변을 설명하고 치안

---

41) 森田, 《朝鮮終戰の記錄》, pp. 81~82, 103~104; 森田·長田 編, 《朝鮮終戰の記錄》, 資料編 第1卷, pp. 113~118; 《8·15의 기억》, pp. 23~24. 패전 당시 경찰관 총인원은 약 2만 1,000명이었지만, 그중 많은 수가 군대로 징집되었기 때문에 일본인 경찰관은 약 6,000명까지 감소한 상태였다(山名, 《朝鮮總督府終政の記錄 ①》, p. 13).

유지에 협력해 주도록 요청했다. 이어 12일 박석윤으로부터 연락을 받고 약속 장소인 일식집을 찾아가자 군참모 간자키 히사시(神崎長) 대좌와 신용호가 기다리고 있었다. 그곳에서 소련군이 두만강을 건너 나진, 웅기, 청진을 폭격했다는 얘기를 전해 듣고 총독부에 협력해 달라는 요청을 받았다. 마지막 회담은 13일 경기도지사 집무실에서 열렸다. 잘 알고 지내던 이쿠타 기요사부로(生田淸三郎) 지사가 송진우를 직접 설득했다. 회담에 동석한 오카 경찰부장은 그때 송진우에게 "승낙만 해 준다면 치안유지에 필요한 권한을 위임하겠다"고 약속했다고 한다. 이쿠타와 송진우는 30년 지기로 그해 3월경에 만났을 때도 송진우에게 "전쟁이 〔일본의〕 패배로 막을 내리는 상황을 각오하고 있으며 한국이 독립할지도 모른다"고 말했다. 그러나 송진우가 이쿠타의 설득을 받아들이지 않자 오카 경찰부장은 학생이나 청년에게 인기 있는 김준연과 면담할 수 있도록 알선해 달라고 했다. 연천에서 상경해 있던 김준연은 다음 날 오전 9시경 경기도청으로 이쿠타 지사를 방문했다. 그러나 그의 회답도 마찬가지였다. 42)

---

42) "신조선건설의 대도―민족통일전선을 염원하는 각 정당 수뇌의 간담회", 〈조선주보〉, 1945년 10월 15일, 몽양여운형전집발간위원회 편, 《몽양 여운형 전집 1》(서울: 한울, 1991), pp. 219~231 수록. 森田, 《朝鮮終戰の記錄》, p. 71; 森田, "朝鮮における終戰 ②", p. 14. 모리타에 따르면 니시히로 국장이 오카 부장에게 송진우와의 교섭을 지시했고 송진우와 예전부터 알고 지내는 이쿠타 지사가 설득에 임했다. 그러나 "송진우는 여운형과 함께 움직이는 것을 좋아하지 않았기 때문인지, 또는 시기상조라고 보았기 때문인지 흔쾌히 받아들이지 않았다". 김준연, 《독립노선》, 제 6판(서울: 시사시보사 출판국, 1959), pp. 2~3, 261~263. 김준연에 따르면 이쿠타 지사는 일본의 항복에 대해서는 언급하지 않고, 한국에서 폭동이 일어날 것을 우려하여 학생들의 동향에 많은 관심을 보였다. 회담은 5~6시간에 이르렀고 두 사람은 간단하게 점심식사를 함께했다. 또한 그곳에는 오카 경찰부장이

송진우가 전쟁 막바지에 무엇보다 우려한 것은 앞날의 희망을 상실한 일본인이 자포자기하는 바람에 한국인 지도자의 신변에 위험이 닥치는 일이었다. 3·1독립운동 당시의 기억이 남아 있던 것이다. 이쿠타 지사와 회담을 마친 송진우는 바로 호남재벌(보성그룹) 총수이며 최대의 맹우인 김성수를 찾아가 이쿠타 지사와 회담한 내용을 설명하면서 "오늘내일이 고비가 될 터이니 형님은 연천에 내려가 있는 게 좋겠다"면서 별장에서 몸을 숨기고 있으라고 권했다. 또한 송진우는 총독부가 부여해 준 자치나 독립을 경계하고 "대책(大策)은 무책이다"라면서 김준연 등을 비롯한 측근에게 경거망동을 삼가도록 했다. 전년 가을 안재홍이 송진우를 방문하여 "한국인들이 군인으로 출정하여 피를 흘리고 있으니 그 피의 대가를 받아야 하지 않겠는가", "무슨 운동을 일으켜 다소의 권리라도 받아내야 하는 게 아닌가"라고 물었을 때도 송진우는 "우리가 움직이면 움직인 만큼 일본의 손바닥 안으로 끌려 들어갈 뿐이다", "다른 사람이 피를 흘리고 그 대가는 당신이 받겠다는 말인가"라고 반박하고 그 자신은 원동의 자택에 틀어박힌 일이 있었다. 송진우는 8

출입했다. 고하선생전기편찬위원회 편, 《고하 송진우선생전》(서울: 동아일보사 출판국, 1965), pp. 293~299; 《인촌 김성수전》(서울: 인촌기념회, 1976), pp. 461~463. 위 두 전기가 기술한 내용의 줄거리는 일치하지만 일시, 장소, 인물 등이 미묘하게 다르다. 간자키 참모라는 사람은 제17방면군 참모(후방 주임)인 간자키 히사시(神崎長) 대좌인 듯하다〔外山操 編,《陸海軍將官人事總覽》, 陸軍篇(芙蓉書房, 1981), p. 479〕. 간자키는 이하라 참모장 아래에서 한국인 측과의 접촉을 담당한 듯하다. 건국준비위원회의 최근우 총무부장은 8월 21일 이하라 참모장을 방문하여 간자키 대좌와 회담을 가졌다(森田,《朝鮮終戰の記錄》, pp. 104~105). 군사령부가 대전으로 이동한 뒤 간자키는 사령부 업무대강(大綱) 통제라는 요직에 취임했다〔日本軍連絡部,《朝軍特命綴》(防衛硏究所戰史硏究センター, 1945)〕.

월 13일 이쿠타 지사와 회담하면서 "만약 내가 왕자오밍(王兆銘)이나 페탕(Philippe Pétain)이 되어 버리면 당신들이 일본으로 떠난 후에 나는 한민족에 대한 발언권을 잃어버릴 것이 아닌가. … 올바른 지일 인사를 한 사람 정도는 남겨 둬야 하지 않겠는가"라고 반박했다고 한다. 43)

하지만 여운형은 송진우의 소극적인 태도가 불만이었다. 또한 두 사람은 총독부에 대한 대응뿐 아니라 상하이에서 충칭으로 옮긴 대한민국 임시정부를 평가하는 데에서도 큰 차이가 있었다. 송진우가 임시정부 요인이 귀국하기도 전에 건국을 도모하는 여운형의 태도가 국론 분열을 초래하는 행위라고 생각한 데 비해, 여운형은 임시정부를 절대적인 존재로 간주하지 않았다. 본래 여운형은 1919년 3·1독립운동의 도화선이 된 김규식의 파리 강화회의 파견에서 장덕수와 함께 중요한 역할을 수행했다. 이후 상하이에서 여운형은 임시정부보다는 독립운동 단체를 조직해야 한다고 주장했으나, 임시의정원 설립에 참여하여 초대 외무부 위원장에 취임했다. 그러나 임시의정원의 '황실 우대'라든가 이후 수립된 임시정부 관제(官制)에 반대했고 결국은 이승만이나 안창호를 비판하면서 또 다른 중심적 지도자 이동휘가 조직한 고려공산당에 몸을 담았다. 1922년 1월에는 모스크바에서 개최된 극동노동자대회에 한국 대표로 출석하여 레닌(Vladimir I. Lenin)이나 트로츠키(Leon Trotsky) 등도 만났다. 코민테른이 파견한 보이틴스키(Grigorii N. Voitinskii)나 보로딘(Mikhail M. Borodin)과도 자주 접촉했으며 쑨원(孫文), 왕징웨이(汪精衛, 왕자오밍), 마오쩌둥(毛澤東), 저우언라

---

43) 《인촌 김성수전》, pp. 463~464; 《고하 송진우선생전》, pp. 287~289, 298; 김준연, 《독립노선》, pp. 259~260.

이(周恩來) 등 중국 혁명운동가와도 교류했다고 한다. 그러나 1927년 7월 상하이에서 체포되어 1932년 7월까지 한국에서 투옥됐다. 여운형은 그와 같은 빛나는 혁명운동 경력 때문에 신정부 수립을 굳이 임시정부에게 맡기려고 하지 않았을 것이다.[44)]

물론 앞서 지적한 대로 여운형이 건국운동을 배타적으로 추진하려한 것은 아니다. 오히려 그는 국내의 폭넓은 지지를 얻기 위해 송진우나 안재홍 등 민족주의자와 제휴해야 한다고 생각했다. 그의 측근인 이만규에 의하면 여운형은 석방 후 〈조선중앙일보〉 사장으로 활동하던 시절에 "오늘날 조선에서 표면에 등장한 세력으로는 기독교, 천도교 등 종교단체를 들 수 있지만 그 외에 김성수 세력이 있다. 〈동아일보〉, 보성전문, 중앙학교, 방적회사, 섬유회사가 모두 김성수 계통이다. 그 사업은 모두 훌륭하다. 앞으로 어떠한 일이 있어도 이 그룹이 상당한 세력을 가지고 있다는 점을 업신여기지 못할 것이다"라고 주장했다. 여운형이 지적한 것처럼 김성수는 일본 통치 아래 한국에서 탄생한 새로운 유형의 기업가로서, 전라북도 고부군의 소지주로 사업을 시작해 경성방적, 〈동아일보〉, 보성전문학교(나중의 고려대학교) 등을 산하에 둔 산업자본으로까지 확대했다. 김성수의 입장에서 보면 송진우는 함께 일본에 유학한 친구였고, 중앙학교 교장 및 〈동아일보〉 사장을 역

---

44) 여운형의 상하이 활동, 극동근로자대회 참가, 중국혁명운동과의 교류에 대해서는 이정식, 《여운형》을 참조했다. 그밖에 3·1독립운동 이후의 유화적인 정세를 배경으로 여운형은 하라케이(原敬) 내각의 척식국(拓殖局) 장관 고가 렌조(古賀廉造)의 초대와 육군대신, 내무대신, 조선총독부 등의 동의를 얻어 1919년 11월 도쿄를 방문했다. 조선인 독립운동가로서 여러 일본 정부 요인들이나 일본인 유력자들과 면담하고 한국독립론이나 동양평화론을 호소해서 명성을 떨쳤다.

임한 대변자였으며, 정치적 입장을 함께하는 동지이기도 했다. 나아가 그들은 의병운동이나 혁명운동에 투신하기보다는 오히려 식산흥업이나 교육진흥에 의해 '자강'(실력 배양)을 달성한다는 신중한 민족운동을 선택했고, 계급적 이익과 애국심 사이에서 균형을 잡으려 고민했다. 따라서 송진우는 두 차례에 걸친 투옥과 〈동아일보〉 폐간에도 불구하고 일본의 식민지 산업정책의 혜택을 입은 자신들이 정치적으로 미묘한 입장에 처했다고 느꼈을지도 모른다. 그러나 그런 김성수와 송진우의 주변에는 일본이나 미국에 유학하거나 고등교육을 받은 유능한 인재, 중앙과 지방의 실업가나 자산가 등이 많이 몰려 있었다. 45)

여운형은 건국준비위원회 발족에 즈음하여 송진우와 제휴하려고 열심이었다. 사실 8월 14일 이쿠타 지사와의 회담이 끝난 뒤에 김준연은 여운형과 행동을 함께하는 정백이 찾아와 여운형과 송진우 측의 제휴를 타진해 왔다고 증언했다. 그에 따르면 정백은 "송진우 씨 측과 여운형 씨 측이 제휴하면 국내에서 대항할 만한 세력이 없으므로 이러한 점을 송진우 씨와 김성수 씨에게 말해 달라"고 요청했다. 김준연은 당일 이를 전했지만 송진우의 회답은 부정적이었다. 조선총독부의 제안을 거절한 이유는 그대로 여운형 측의 제안을 거절하는 이유가 되었다. 좌익 계열 〈조선해방연보〉는 김준연과 정백이 8월 12일과 13일에 회담을 하고 여운형 측이 "국내에서 적과 항쟁해 온 인민대중의 혁명역량을

---

45) 이만규, 《여운형 투쟁사》, p. 26. 두 사람의 경력은 《인촌 김성수전》과 《고하 송진우선생전》을 참조했다. 또한 식민지 시대의 산업자본 형성과 김성수 일가의 대두에 대해서는 다음을 참조하기 바란다. Carter J. Eckert, *Offspring of Empire: The Koch'ang Kims and the Colonial Origins of Korean Capitalism 1876~1945* (Seattle: University of Washington Press, 1991), pp. 29~59.

중심으로 하여 나라 안팎의 혁명단체를 총망라한 독립정부를 수립하겠다"고 주장한 데 대해, 송진우 측은 "충칭의 김구 정부를 정통으로 간주하여 환영, 추대하겠다"고 반론했다고 기록했다. 또한 8월 15일 상경하여 송진우 자택을 방문한 이인은 송진우에게서 이쿠타 지사와의 회담 및 여운형 측과의 협의 경위를 전해 듣고 불안을 느껴 그 자리에서 곧바로 "민족적 대사를 동지들과 한마디 상의도 없이 독단적으로 거절한 것은 잘못된 처신"이며, 여운형에게 그 자신을 유일한 지도자로 선전할 수 있는 기회를 주었다고 지적했다. 다음 날 이인은 계동을 방문하여 여운형과 안재홍에게 송진우와의 재교섭을 촉구했다. 46)

사실 여운형은 김준연이 전한 회담이 부정적이었음에도 불구하고 송진우를 설득하려는 작업을 계속했다. 그는 8월 15일 또 다른 측근인 이여성을 송진우에게 보냈으며, 17일 오후에는 직접 송진우를 방문했다. 양측의 기록을 갖고 재구성하면 이때 여운형은 "당신 눈으로 봐서 나의 출발에 잘못된 점이 있다고 해도, 국가 대사이니 허심탄회하게 대중의 신망을 소중히 여기면서 대사 전에 차질이 없도록 해달라"고 요구하면서 강력하게 공동행동을 촉구했다. 그러나 송진우는 "정권은 국내에 있는 우리가 받는 것이 아니라 연합군이 들어오고 일본군이 물러간 뒤 해외에 있던 선배들과 손을 잡은 연후에 절차를 밟아서 인수하는 것이 옳다"고 강하게 반론했다. 또한 송진우는 "그 시점이 돼서 몽양〔여운형의

46) 김준연, 《독립노선》, pp. 2~6, 262~263; 민주주의민족전선 편, 《조선해방연보》, pp. 79~80; 정백, "8월 15일 조선공산당 조직경과보고서", 1945년 11월 7일, 한림대 아시아문화연구소 편, 《조선공산당문건자료집(1945~1946)》(춘천: 한림대 출판부, 1993), p. 7; 이인, "해방전후편록", 〈신동아〉, 1967년 2월; 송남헌, 《한국 현대정치사》, 제1권(서울: 성문각, 1980), pp. 32~39.

호)에게 뜻이 있다면 내가 극력 몽양을 추대할 터이니 지금은 정권 수립을 보류해 주었으면 한다"고 요청했다. 이에 대해 여운형은 "왜 꼭 해외에 있는 사람들과 같이 정권을 맡아야 하는가. 고하〔송진우의 호〕와 내가 손을 잡기만 한다면 … 해외에서 돌아오는 세력도 우리에게 흡수될 것이다"라며 반론했다고 한다. 이처럼 여운형과 송진우의 정세인식 사이에는 해방 직후부터 메울 수 없는 간극이 존재했다. [47)

(4) 건국준비위원회의 좌경화: 좌익정권 수립의 길

송진우의 동의는 받지 못했지만 그 후에도 건국준비위원회는 활동을 계속했다. 본래 여운형은 1년 전인 1944년 8월 10일 조동우, 김진우, 이석구 등 좌익 노장들과 함께 "불문(不文), 불언(不言), 불명(不名)"을 3원칙으로 한 비밀결사 조선건국동맹을 결성한 때부터 건국을 위한 준비를 시작했다고 한다. 이후 10월까지 이여성, 허규, 김세용 등이 조선건국동맹에 가입하고 내무부, 외무부, 재무부와 같은 역할 분담과 강령을 결정했으며 각 도를 담당하는 책임위원도 임명했다. 나아가 여운형은 옌안에 있는 조선독립동맹과 제휴하기 위해 노력하여 12월 이

---

47) 이만규, 《여운형 투쟁사》, p. 206; 《고하 송진우선생전》, pp. 308~309. 또한 8월 15일 아베 노부유키 총독의 전화를 받고 다음 날 한국인으로서는 최고위 직책을 맡고 있던 김대우 경상북도지사가 특별기로 대구에서 상경했다. 엔도 및 니시히로와 협의한 후 김대우는 17일부터 여운형과 송진우 사이의 협력을 알선했다. 여운형은 승낙했으나 송진우는 "개인적으로는 여운형과 함께하기 어려운 점을 양해해 달라"며 거부했다고 한다. 총독부 요인들은 여운형에게 치안유지를 위해 협력해 줄 것을 요청한 다음에도 더 광범위한 협력을 얻기 위해 노력한 것으로 보인다 (森田, 《朝鮮終戰の記錄》, p. 71).

영선과 이상백이 베이징에서 무정이 보내온 연락원과 접촉했다. 또한 이미 1945년 5월 여운형은 안재홍과 허헌에게 건국동맹 가입과 부위원장 취임을 요청했다고 한다. 따라서 8월 15일 여운형 자택에 모인 사람들은 건국동맹 회원들로서 이만규는 이를 "소집령이 내려와 급하게 뛰어갔다"고 표현했다. 그러나 안재홍은 건국동맹의 존재를 알지 못했다. 여운형으로부터 "단단히 비밀을 지키는 200여 명의 동지가 있으니 지하에서 조직하자"는 제안을 받은 적은 있지만 거기에 관여하지는 않았다고 회상하면서 "1944년 중에 조직되었을 것"이라고 추측했다. 다만 이만규 한 사람만 건국동맹 관련 증언을 한 것으로 미루어 이 조직이 실제로 존재했는지 의문시하는 견해도 적지 않다.[48]

8월 17일 건국준비위원회의 조직적인 활동이 시작됐다. 여운형 위원장, 안재홍 부위원장 아래에 총무부, 조직부, 선전부, 무경부(武警部), 재정부로 다섯 개 임시부서를 조직해 각각 책임자로 최근우, 정백, 조동우·최용달, 권태석, 이규갑이 취임했다. 이 가운데 정백, 조동우, 최용달, 권태석은 유력한 공산주의자들이었다. 또한 건국준비

---

48) 이만규, 《여운형 투쟁사》, pp. 169~171, 189~190; 여운홍, 《몽양 여운형》, pp. 123~125; 안재홍, "몽양 여운형 씨의 추억"과 "8·15 전후의 우리의 정계", 《안재홍선집》, 제 2권, pp. 204~205, 472. 예를 들어 유진오는 "건국준비위원회의 권위를 높이기 위해 많이 이용당했다"고 지적하면서도, 건국동맹이 식민지 지배 말기에 실제로 조직되어 있었는지 의문을 제기했다〔유진오, 《미래로 향한 창: 역사의 분수령에 서서》(서울: 일조각, 1978), pp. 274~275〕. 여운형 연구의 권위자인 이정식도 여운형에 관한 전기에서 건국동맹이 '불문, 불언, 불명'을 원칙으로 했다면 "그 단체에 이름이 있을 리가 없다"고 지적하면서 이에 관해 기술하는 것을 자제했다(이정식, 《여운형》, pp. 487~488). 김기협도 이를 '과대포장'이라고 추정했다(《해방일기》, 제 2권, pp. 77~78).

위원회의 기관지 역할을 수행한 〈매일신보〉는 8월 17일 건국준비위원회가 "여운형 위원장과 안재홍 부위원장을 중심으로 각계각층을 망라한 원만하고 건전한 조직으로 만들기 위해 노력하고 있다", "앞으로 신정부 수립을 위해 모든 준비를 해 나가게 되며, 당면한 과제로는 치안 확보를 위해 전력을 다하고 있다"고 소개하고, 나아가 "이에 대해 십이분의 협력이 있어야 할 것"이라고 주장했다. 다음 날 건국준비위원회는 3천만 동포에게 건국 공작에 적극적으로 협력해 줄 것을 요청하는 성명을 발표하고 각지에 자치기관으로서 건국치안대를 조직한다는 방침을 제시했다. 청년층이나 학생을 동원하거나 경방단(警防團)을 개편하는 등 각 지방 유지를 중심으로 신속하고 자발적, 효과적, 평화적으로 각 직장을 지키고 협력을 이끌어 내면서 건국치안대를 조직하고, 조직이 완료되면 건국준비위원회 본부에 보고하도록 지시한 것이다. 우파 민족주의자들은 대중적이고 조직적인 기반을 갖지 못했고 정치활동 전개에 신중했기 때문에 별다른 대항 단체가 존재하지 않았다. 건국준비위원회는 해방 직후 시기에 거의 유일하게 권위 있는 정치단체로 출현하여 그 이점을 최대한 발휘하였다. 건국준비위원회 본부는 지방에서 참여하는 '혁명적 인사들'로 넘쳐 났으며 8월 말까지 겨우 2주일 동안 145개소에 지방 지부를 보유한 전국적 조직으로 성장했다.[49]

하지만 건국준비위원회가 본격적으로 활동을 시작한 바로 8월 18일 여운형 위원장이 폭력배의 습격을 받아 부상을 당하는 사건이 발생했

---

49) 민주주의민족전선 편, 《조선해방연보》, p. 80; 〈매일신보〉, 1945년 8월 18일; 이만규, 《여운형 투쟁사》, p. 210; 남시욱, 《한국보수세력연구》, pp. 199~200; 김남식, 《남로당 연구》(서울: 돌베개, 1984), pp. 17~18.

다. 여운형은 해방 직후라는 중요한 시기에 약 1주일 동안 양주군 팔당에서 요양을 취해야만 했다. 그러나 8월 25일에 귀경한 여운형은 위원회 간부들에게 "때로는 여러 명의 제갈량보다 충실한 병사 한 사람이 필요하다"고 지적하고 "우리가 하려는 일은 정부를 조직하는 것도 어떤 기성세력을 형성하려는 것도 아니며, 물론 무슨 정권쟁탈도 아니다. 단지 신정부가 수립될 때까지 준비하고 치안을 확보하는 것뿐이다"라고 연설하면서 종래의 방침을 재확인했다. 이것이 건국준비위원회의 당초 이념이었다. 그러나 묘하게도 9월 2일 건국준비위원회 서기국이 발표한 건국준비위원회 선언과 강령 (8월 28일 자) 의 내용은 이와 판이했다. 여운형 자신이 대폭 가필했다고 하는 이 내용들은 건국준비위원회의 당면 임무를 "완전한 독립과 진정한 민주주의 확립을 위해 노력하는" 것이라고 하면서 건국준비위원회를 "국내의 민주주의적인 제반 세력"이 갈망하는 통일전선 내지 통일기관으로 규정했다. 또한 일본제국주의와 결탁한 "반민주주의적 반동세력"을 배제하고 수립될 "강력한 민주주의 정권"은 "전국적인 인민대표회의에서 선출된 인민위원에 의해 쟁취될 것이다"라고 주장했다. 요컨대 민족주의자를 포괄하며 발족한 온건한 건국준비위원회가 돌연 좌익적 이데올로기, 다시 말하면 '민주주의 민족통일 전선' 이론으로 무장하고, 혁명적 정권 수립을 말하기 시작했다. 이 무렵부터 공산주의자들이 위원회의 주도권을 장악하고 인민정권 수립을 향해 움직이기 시작했을 것이다. [50)]

---

50) 이만규, 《여운형 투쟁사》, pp. 210~216. 이만규는 선언과 강령을 8월 25일에 발표했다고 기술했지만 〈매일신보〉는 강령의 날짜를 8월 28일로 게재했다. 유문화, 《해방 후 4년간의 국내외 중요일지》(서울: 민주조선사, 1949), p. 8 또한 8월 28일로 기록했다. 다만, 기묘하게도 최종적으로 건국준비위원회 서기국은 이를 9월 2일

나아가 이 선언에는 두 가지 주목할 만한 문구가 들어 있었다. 그 첫 번째는 "일시적으로 국제적 세력들이 우리를 지배할 것인데, 이는 우리의 민주주의적 요구를 도와주는 일은 있어도 방해하는 일은 없을 것이다"라는 주장이다. 남한의 정치세력이 38도선 분할점령이나 미군의 남한 진주를 언제 알았는지는 명확하지 않다. 하지만 이 무렵까지는 여운형도 서울을 포함한 38도선 이남 한반도에 미군이 진주하리라는 결론에 도달했을 것으로 여겨진다. 〈매일신보〉는 8월 24일 "조선에 대해서는 자유독립정부가 수립될 때까지 미국과 소련의 분할점령 아래에 두고 각각 군정을 시행할 것으로 보인다"(도쿄발 〈도메이통신〉)고 전했으며, 그 기사를 증명하듯 8월 23일 38도선 약간 남쪽의 개성에 침입한 소련군은 그곳에서 진격을 중지하고 서울로 내려오지 않았다. 또한 조선총독부는 8월 22일 "[일본]군의 무장해제 담당 지역은 북위 38도 이북이 소련군, 이남은 미군이 될 전망"이라는 예고 전보를 수령하고, 다음 날 아베 총독은 국장회의에서 그에 대한 대처방침을 지시했다. 또한 선언문 가운데 두 번째로 주목할 점은 "지금까지 해외에서 조선해방운동에 헌신해 온 **혁명전사들과 그 결집체**에 대해서는 **적절한 방법으로** 진심으로 맞이해야 한다"고 한 지적이다. 그러나 여기에서는 충칭에 있는 대한민국 임시정부의 명칭도 이승만이나 김구의 이름도 언급하지 않았다. 즉, 이 선언은 임시정부를 자기들의 정부로 간주하지 않았으며, 저명한 독립운동 지도자들을 국내에서 조직되는 인민정부에 추대하는

오후 3시에 발표했다(〈매일신보〉, 1945년 9월 3일). 그 사이의 사정에 대해서는 서중석의 분석을 참조하기 바란다[서중석, 《한국 현대 민족운동 연구: 해방 후 민족국가 건설운동과 통일전선》(서울: 역사비평사, 1996), p. 213].

정도로 생각한 듯하다. 51)

건국준비위원회의 이러한 좌경화는 그 사이 진전된 조선공산당 재건과 밀접하게 관련되어 있었다. 이미 지적한 바와 같이 당초 여운형은 해방 직후에 결성된 장안파 조선공산당인 정백, 권태석, 윤형식 등과 제휴하여 건국준비위원회 조직화를 추진했다. 그러나 후술하는 바와 같이 조선공산당운동의 중심적인 지도자 박헌영이 8월 18일 지방의 은신처에서 서울로 올라와 20일 조선공산당 재건준비위원회를 개최하고 일반 정치노선에 관한 잠정방침을 채택했다. 이를 지침으로 삼아 재건파 공산주의자들은 건국준비위원회에 침투하기 시작됐다. 8월 22일 건국준비위원회는 1국(서기국) 12부(식량부, 문화부, 교통부, 건설부, 기

---

51) 〈매일신보〉, 1945년 9월 3일; 이만규, 《여운형 투쟁사》, p. 185; 山名, 《朝鮮總督府終政の記錄 ①》, pp. 21~23. 〈매일신보〉(8월 24일) 보도 이후 서울 시내에는 "한국을 남북으로 분할해서 미·소 양군이 군정을 실시한다"는 소문이 퍼졌다. 8월 28일이 되자 조선군관구사령부는 9월 2일 이후에 "38도선 이남에서 미군과 조선군 사이의 국지(局地) 협정을 개시한다"는 것과 "그 상대는 미 제 24군단이다. 미군의 진주 시기 및 상륙 지점에 대해서는 아직 아무런 통고도 접하지 못했다"고 발표했다 (森田·長田 編, 《朝鮮終戰の記錄》, 資料編 第 2卷, p. 152, 286). 다만 8월 23일 조선군 참모장이 관동군 참모장에게 보낸 전보에는 "8월 26일 이후 남조선에 연합국 측이 진주할 것으로 보인다. 조선군은 서울 이남의 조선에 관하여 … 정전 및 무장해제 등을 처리할 것이므로 양해해 달라" (《終戰時朝鮮築電報綴》, 1945年 8月, 防衛硏究所戰史硏究センター) 고 기술돼 있다. 또한 개성에 침입한 소련군은 개성이 38도선 이북에 있다고 오해한 듯하다. 일본군은 서울에서 소련제 백만분의 1 지도를 지참하고 개성으로 가 소련군 부대장에게 철수를 요청했다. 그러나 그 후에도 계속 주둔했기 때문에 8월 30일 이하라 참모장이 평양사관구(師管區) 참모장에게 철수 교섭을 의뢰하여 9월 3일 고즈키 사령관이 오키나와의 미군사령부에 전보로 보고했다. 소련군은 9월 11일까지 완전히 철수했다(森田, 《朝鮮終戰の記錄》, pp. 175~176).

획부, 후생부, 조사부를 추가하고 무경부를 치안부로 개칭)로 확대 개편했는데, 구성을 보면 "중도좌파와 중도우파가 중심이 되어 좌우가 동일하게 배치"되었고 장안파 공산당 간부 여러 명도 그대로 포함되어 있었다. 또한 민족주의 우파인 함상훈이나 김준연의 이름도 있었다. 따라서 건국준비위원회의 좌경화를 조직적 차원에서 확인할 수 있는 것은 후술하는 9월 4일 및 6일의 확대 개편 이후의 일이다. 한편 안재홍 부위원장은 이른 단계부터 여운형이 공산주의자와 제휴를 중시하는 데에 불만을 품고 있었다. 건국준비위원회가 발족한 지 사흘째인 8월 18일 안재홍은 여운형과 둘이서만 오랜 시간 회담을 했는데, 여운형이 의도하는 바와 안재홍이 희망한 민족주의 진영이 주도하는 건국방침 사이에 상당한 거리가 있음을 확인했다. 훗날 안재홍은 두 사람의 제휴가 "이날 거의 결렬됐다"고 말했다. 이후 안재홍은 8월 말 팔당을 방문했는데 두 사람만의 회담에 경계심을 가진 최용달과 정백이 동석했기 때문에 그때는 아무런 성과도 얻지 못했다. 52)

사실 여운형이 휴양하는 사이 건국준비위원회 내 좌우 대립은 격화하고 있었다. 안재홍 부위원장은 위원장 직무를 대행하는 동안 김병로 등과 함께 전국에서 135명의 '전선위원'(詮選委員, 선발위원)을 선정하

---

52) 8월 22일의 조직 개편은 민주주의민족전선 편, 《조선해방연보》, p. 82에 기록되어 있을 뿐이다. 여운형이나 이만규는 아무 언급도 하지 않았다. 서중석, 《한국 현대 민족운동 연구》, pp. 207~208. 다만 이러한 평가는 김남식의 분석과 상충된다(김남식, 《남로당 연구》, pp. 45~46). 공산주의자의 건국준비위원회 침투공작은 여운형 자택에서 가까운 홍증식의 자택을 거점으로 하고 있었다. 박헌영의 측근인 홍증식은 그러한 공작을 '환골탈태'라고 표현했다(박갑동, 《박헌영》(서울, 인간사, 1983), p. 96; 《인촌 김성수전》, pp. 470~472; 안재홍, "몽양 여운형 씨의 추억", 《안재홍선집》, 제 2권, pp. 204~205.

여 건국준비위원회를 민족주의 진영이 주도하는 형태로 재편하려고 기도했다. 그러나 재건파 공산주의자 측은 안재홍과 정백, 권태석, 윤형식 등 장안파 공산주의자와의 관계를 문제 삼았다. 또한 이 무렵 미군의 남한 진주가 확실해진 점이 건국준비위원회에 대한 우파 민족주의자나 안재홍의 태도에 적지 않은 영향을 미쳤다는 지적도 있다. 이리하여 건국준비위원회 서기국은 전선위원 135명에게 9월 2일 오후 5시에 위원회를 개최한다는 통지를 발송했다. 그러나 혼란은 더욱 확대됐다. 8월 31일 여운형이 긴급집행위원회를 소집하여 사표를 제출하자 안재홍 부위원장과 각부 책임자도 따라서 사표를 냈기 때문이다. 9월 2일 서기국이 발표한 건국준비위원회의 선언과 강령은 아마도 쿠데타와 다를 바 없는 안재홍의 공작에 대응하려는 좌파 진영의 반격이었을 것이다. 결국 이 문제는 9월 4일 개최된 제1회 위원회에서 처리됐다. 서울에 사는 위원 57명이 여운형과 안재홍의 유임을 결의하고 나아가 부위원장에 사회주의자인 허헌을 추가했다. 또 새로운 중앙집행위원 선출은 정·부위원장 3인에게 일임했다.[53]

그러나 이 과정에서 생긴 균열은 회복 불가능했다. 부위원장 유임이 결의된 안재홍은 이미 9월 1일 '충칭정부 절대 지지', '건국 준비와 치안 유지'를 내걸고 발족한 조선국민당 위원장에 취임한 상태였다. 또한 안

---

53) 〈매일신보〉, 1945년 9월 3일, 4일; 이만규, 《여운형 투쟁사》, pp. 216~221; 이정식, 《여운형》, pp. 511~515; 이기하, 《한국정당발달사》, pp. 42~45; 서중석, 《한국 현대 민족운동 연구》, pp. 208~209. 위원장, 부위원장 이외의 새로운 인사는 조선인민공화국 수립이 선언된 9월 6일 인민대표위원(각료)가 임명될 때까지의 잠정적 인사였다(〈매일신보〉, 1945년 9월 7일). 심지연, 《허헌연구》(서울: 역사와 비평사, 1994), pp. 92~95.

재홍은 9월 10일 〈조선건국준비위원회와 본인의 처지〉라는 제목의 성명을 발표하고 "건국준비위원회는 정강을 가진 정당도 아니고, 그 운영자 자신을 위한 조각(組閣) 본부도 아니며, 더욱이 오랫동안 해외에서 해방운동을 위해 자신들의 몸을 돌보지 않고 진력한 혁명전사들의 지도적 결집체인 해외정권과 대립하는 존재도 아니다"라고 주장하면서 부위원장을 사임한다는 의사를 재확인했다. 건국준비위원회 각부 책임자의 새로운 인사는 9월 6일 결정되었지만 이는 중앙 인사가 결정될 때까지의 잠정적 인사조치라는 성격이 농후했다. 이미 새로운 국가와 정부를 수립하기 위한 계획이 진행되고 있었기 때문이다. 부위원장 안재홍이 허헌과 교체되고, 장안파 공산당인 정백과 윤형식이 조직부 책임자에서 물러나면서 재건파 공산당의 이강국이 대신 등용됐다. 재정부 책임자로 박헌영의 측근인 김세용이 지명되었고 장안파 공산당 간부인 최익한도 치안부 책임자에 취임했다. 안재홍이 이탈했기 때문에 여운형과 박헌영 사이의 제휴가 강화되었는데 장안파 공산주의자의 영향력이 부분적으로 잔존했고 우파 민족주의자들은 완전히 이탈했다. 그러나 유력한 민족주의자이자 총독부에 대한 비협조로 일관한 안재홍이 이탈한 만큼, 건국준비위원회가 실질적으로 '좌파 한쪽 바퀴만의 통일전선'이 된 점을 부정할 수 없었다. 54)

54) 〈매일신보〉, 1945년 9월 2일, 7일; 안재홍, "조선건국준비위원회와 나의 처지", 《안재홍선집》, 제 2권, pp. 13~14; 서중석, 《한국 현대 민족운동 연구》, pp. 210~211; 이정식, 《여운형》, p. 527; 이만규, 《여운형 투쟁사》, pp. 169~171, 189~190.

(5) 우파세력의 결집: 한국민주당의 행동방침

미군 진주가 확실해지는 가운데, 9월 초 건국준비위원회의 좌경화 및 안재홍의 건국준비위원회 이탈은 남한 내 좌우 대립을 결정적인 것으로 만들었다. 이후 여운형은 우파 민족주의세력과 결별하고 박헌영을 중심으로 한 재건파 공산주의자와 제휴를 강화하여 미군 진주 예정일 바로 전날, 즉 9월 6일에 조선인민공화국을 수립했다. 한편 우파 민족주의세력의 중심 지도자인 송진우는 민족주의세력을 망라한 국민대회를 개최하기 위해 행동을 시작했다. 9월 4일에는 김성수, 서상일, 김준연, 설의식, 장택상 등이 종로의 중앙기독교청년회관에서 회합을 갖고 '대한민국 임시정부 및 연합군 환영준비회'를 조직했다. 또 조선인민공화국이 수립된 9월 6일 대한민주당과 한국국민당을 중심으로 김병로, 백남훈, 원세훈, 김도연, 조병옥 등 우파 민족주의자 약 700명이 모여 한국민주당 발기인회를 개최했다. 송진우, 서상일, 원세훈, 김성수, 김병로, 김준연, 이인, 백관수, 윤치영, 장덕수, 장택상 등은 9월 7일 〈동아일보〉 본사 강당에서 국민대회 준비회를 개최하고 "국민의 총의에 따라 우리 재충칭 대한민국 임시정부에 대한 지지를 서약한다"고 결의했다. 또 미군이 서울에 진주한 8일에는 한국민주당 발기인 약 600명이 연명하여 "〔여운형은〕 총독부 정무총감으로부터 치안유지에 대한 협력 의뢰를 받아 … 마치 독립정권을 수립할 수 있는 특권을 위탁받은 것처럼 4, 5명으로 이른바 건국준비위원회를 조직하여 신문사를 접수하거나 방송국을 점거하여 국가 건설에 착수했다고 천하에 공포했다"고 비난하면서 "결국 반역적인 이른바 인민대회라는 것을 개최하여 '조선인민공화국정부'를 조직했다"고 규탄하는 성명서를 발표했다. [55]

그러나 이 성명서에서 무엇보다 흥미로운 내용은 "대한민국 임시정부를 맞이하고 정부로 삼아 하루라도 빨리 4국이 공동관리하는 군정으로부터 완전한 자유독립정부가 될 수 있도록 지지하고 육성해야 한다"고 주장한 부분일 것이다. 이를 통해 한국민주당에 결집한 우파세력의 중요한 정세평가와 행동방침이 명시되었기 때문이다. 요컨대 미군의 서울 진주가 분명해진 다음 좌파세력에 대항하기 위해 이 정치세력은 첫째로 충칭에 있는 대한민국 임시정부를 장래 자유독립정부의 주체로 상정했고, 둘째로 당분간은 미·소·영·중 4국이 관리하는 군정이 실시될 것으로 생각했으며, 셋째로 충칭 임시정부를 지지하고 **육성하는** 일을 자신들의 정치적 역할로 인식했다는 것이다. 송진우는 이러한 정세인식과 행동방침을 확인하면서 이미 발족한 한국국민당(장덕수, 백남훈, 윤보선, 허정, 윤치영, 김도연 등)이나 조선민족당(김병로, 백관수, 원세훈, 조병옥, 송남헌 등)의 지도자들과 함께 보수적인 민족주의세력을 총결집하여 한국민주당을 결성하려 하였다. 한국국민당에서 참가한 김도연은 이를 "좌익계가 이른바 인민공화국이란 것을 선포했기 때문에 우리 민족진영은 조속히 대동단결하지 않으면 안 된다는 정신으로 국민당, 민족당, 국민대회준비위원회 등 3자가 연합하여 한국민주당을 조직하기에 이르렀다"고 표현했다. 56)

---

55) 《자료 대한민국사》, 제 1권, pp. 49~51, 57~59, 60~63; 《인촌 김성수전》, pp. 474~475.

56) 《자료 대한민국사》, 제 1권, pp. 60~63; 《인촌 김성수전》, pp. 474~475; 김도연, 《나의 인생백서: 상산회상록》(김도연박사회고록출판동지회, 1967), pp. 155~157; 백남훈(白南薰), 《나의 일생》(해온백남훈선생기념사업회, 1968), pp. 147~150; 송남헌, 《한국현대정치사》, 제 1권, pp. 123~131; 심지연, 《한국민주당연구 I》(서울: 풀빛, 1982), pp. 48~49.

그렇다고는 해도 충칭정부 절대 지지와 미군정 당국에 대한 협력은 모순되지 않았을까. 이에 대해 송진우는 그로부터 약 1개월 후에 개최된 각 정당 수뇌 간담회에서 "현재 한국의 실정은 **정치적 훈련**을 하는 시기라고 생각한다. 군정 아래에 있는 한국의 정당이란 민중에 대한 정치적 훈련기관이다", "충칭에 있는 임시정부를 국내에서 환영한다 해도 그들은 돌아와서 **혼자서는 아무것도 할 수 없다**"라고 분명히 말했고, 장덕수는 더욱 솔직하게 "군대와 경찰력이 없는 정부는 도움이 되지 않는다. 나는 현재 한국 국내에는 **정부가 필요 없다고 생각한다**"고 단언했다. 한국민주당 간부들은 "한국은 군정 단계의 훈정기(訓政期) 를 갖지 않으면 치안을 유지할 수 없으며 또한 한반도 전체의 적화를 피할 수 없다"는 결론에 도달하여 미 점령군 당국에 협력하기로 결의했다. 좌파세력의 대중적 기반을 무너뜨리기 위해 임시정부에 대한 절대 지지를 내걸었지만, 한국민주당의 행동방침은 오히려 미군정부에 적극 협력하여 남북한 통일관리를 원활하게 실현하는 데에 역점을 두었다. 그리고 그것이야말로 자신들의 보수적 정치기반을 다지기 위한 방법이라고 생각했을 것이다. 그러나 군정 단계를 일종의 훈정기로 보는 정세인식은 좌파세력의 건국운동과 정면으로 충돌할 뿐 아니라 대한민국 임시정부와의 관계에도 불신의 씨앗을 뿌리게 되었다. 57)

　한국민주당 결성식은 9월 16일 오후 경운동 천도교 대강당에서 당원 약 1,600명이 모인 가운데 거행되었다. 백남훈의 개회사, 김병로 의장 선출에 이어 원세훈이 제안한 임시정부 요인과 맥아더 원수에 대한 감

---

57) "신조선건설의 대도", 《몽양 여운형전집 1》, pp. 219~231; 조병옥, 《나의 회상록》(서울: 민교사, 1959), pp. 146~147.

사 결의를 만장일치로 채택했다. 또한 이인이 미군정 당국에게 **남북 행정의 통일과 공정·유능한 한국인의 관리(官吏) 채용**을 요청하자고 건의하여 채택됐다. 이는 모두 미국 및 미군정부의 기본정책에 합치하는 것이었다. 그 후 김도연의 보수정당의 합동에 대한 경과보고와 조병옥의 국제 및 국내 정세보고를 청취하고 선언, 강령 및 정책을 결정했다. 강령은 "한민족의 자주·독립국가 완성을 기할" 것을 천명했고 정책에서는 중공업주의 경제정책, 주요 산업의 국영 또는 통제관리, 토지제도의 합리적 재편성, 국방군 창설 등을 거론했다. 마지막으로 김병로 의장이 당 기구에 대해 설명했다. 머지않아 해외에서 귀국하는 독립운동 지도자 7명, 즉 이승만, 서재필, 김구, 이시영, 문창범, 권동진, 오세창을 영수(領袖)로 추대하고 그 아래에 전국 각 도에서 지역별로 선발한 총무를 두는 1도 1총무의 집단지도체제를 채택했다. 그러한 방침 아래 총무 8명, 즉 송진우(전라남도), 백관수(전라북도), 원세훈(함경도), 백남훈(황해도), 서상일(경상북도), 김도연(경기도), 장병옥(충청도), 허정(경상남도)과 대의원 300명을 선출했다. 또 송진우를 수석총무로 추대하고 곧이어 김동원(평안도)을 추가로 총무에 임명했다. 그리고 사무국장(나용균)과 중앙감사위원회 위원장(김병로) 외에 외무부장(장덕수), 선전부장(함상훈), 조직부장(김약수), 문교부장(이관구) 등 부장 13명을 결정했다. 58)

58) 〈매일신보〉, 1945년 9월 17일; 《고하 송진우선생전》, pp. 319~320; 김도연, 《나의 인생백서》, p. 157; 《인촌 김성수전》, pp. 475~478; 조병옥, 《나의 회상록》, pp. 144~146; 심지연, 《한국민주당연구 I》, pp. 55~56; 남시욱, 《한국보수세력 연구》, pp. 211~212.

4. 조선인민공화국 수립과 미군정부의 대응

(1) 박헌영과 조선공산당의 재건

여운형, 안재홍, 그리고 송진우를 중심으로 한 좌우 민족주의세력 이외에도 해방 후 남한의 정치에 커다란 영향을 미친 국내 정치세력이 존재했다. 오랜 기간 일본 관헌의 억압과 회유를 이겨낸 공산주의자들이었다. 한국의 공산주의운동은 여러 가지 이유에서 매우 복잡한 양상으로 전개되었는데 여기서 말하는 공산주의자들이란 1920년대 한반도 내에서 4차례에 걸쳐 조선공산당을 조직하고 그 후에도 당 재건을 위해 계속 활동한 혁명세력을 말한다. 그 중심적 지도자인 박헌영은 1921년 5월 상하이에서 김만겸, 안병찬 등이 주도하는 고려공산당(이르쿠츠크파)에 입당했고, 다음 해 4월 국내 침투를 시도하다가 체포되어 1년 6개월 동안 징역을 살았다. 1925년 4월 화요회 계통의 김재봉, 김약수 등과 함께 제1차 조선공산당 창립에 참가하여 당의 청년조직인 고려공산당청년회 책임비서로 취임했다. 같은 해 11월에 다시 체포되었지만 2년 후에 심신상실로 진단받고 출옥하여 요양하던 중에 블라디보스토크로 도망쳤다. 1929년 1월부터 1931년 말까지 모스크바 국제레닌학교에서 공부하고, 졸업 후 1933년 7월 당 재건 준비를 위해 상하이에서 활동하던 중 다시 체포되어 6년간 복역했다. 1939년 12월부터는 이관술, 김삼룡과 함께 서울에서 '콤그룹'으로 불리는 지하조직을 지도했다. 1943년 6월 이후에는 전라남도 광주시 월산동의 벽돌공장 노동자로 잠복하여 제3자를 통해 소련영사관과 비밀 접촉을 계속했다. 해방 당시 46세였는데 한순간도 쉬지 않은 직업 혁명가였다. 59)

그러나 박헌영이 아직 서울에 나타나기 전인 8월 15일 밤 공산주의 자들이 서울 종로구의 장안빌딩에서 집회를 열었다. 이어서 이영, 조동우, 정백, 정재달, 최원택 등 간부 9명이 모여 조선공산당을 결성하고, 이들 외에 2명을 추가한 11명을 당간부(중앙집행위원)로 선출했다. 그리고 비서부에 조동우, 조직부에 정재달, 선전부에 정백, 정치부에 간부 전원 등 주요 부서의 책임자도 결정했다. 요컨대 "혁명이 고조되고 있는 비상사태"라는 이유로 그날 회합에서 조선공산당을 조직한 것이다. 이들은 이른바 '장안파' 조선공산당 또는 '15일당'으로 불렸다. 이들이 조선공산당을 급조한 까닭은 여운형이 건국준비위원회를 결성한 이유와 같았을 것이다. 이미 지적한 바와 같이 8월 15일 이른 아침 엔도 정무총감과 회담을 마친 후 여운형이 처음으로 만나 단둘이 밀담을 나눈 인물이 장안파 공산당 조직을 주도한 정백이었다. 이때 두 사람은 틀림없이 "소련군의 서울 입성" 정보를 공유했을 것이다. 바꿔 말하면 두 사람은 기선을 제압해 해방 후 정국을 주도하기로 결정하고 이를 위해 서둘러 각각 건국준비위원회와 조선공산당을 조직한 것이다. 그렇게 수립된 공산당은 8월 17일에는 재경혁명가대회를 개최했으며, 18일에는 정백이 공산당의 정책을 발표했다. 나아가 경성지구위원회와 공산주의청년동맹을 조직하여 평안남도의 현준혁, 황해도의 김

---

59) Dae-Sook Suh, *The Korean Communist Movement 1918~1948* (Princeton: Princeton University Press, 1967), pp. 68~73, 191~193; 중앙일보 특별취재반, 《조선민주주의인민공화국 (상)》(서울: 중앙일보사, 1992), pp. 278~280. "자필이력서", 이정박헌영전집편집위원회 편, 《이정 박헌영전집》, 제2권(서울: 역사비평사, 2004), pp. 56~59; 임경석, 《이정 박헌영 일대기》(서울: 역사비평사, 2004), pp. 188~204.

덕영을 책임자로 임명하는 등 전국적인 공산당 조직화에 착수했다. 60)

한편 박헌영은 17일 건국준비위원회 전라남도 대표를 태우고 광주에서 상경하는 목탄트럭에 동승하여 도중에 전주에서 막 석방된 김삼룡과 합류한 다음 18일 서울에 도착했다. 그는 곧바로 콤그룹 동지들과 석방된 공산주의자들을 소집하여 그날 저녁 최초의 회합을 열었다. 혁명활동과는 거리가 먼 공산주의자들이 기회주의적으로 조선공산당을 수립했음을 알고 이에 대항하기 위해 조선공산당 재건준비위원회 결성을 결의했을 것이다. 콤그룹의 이관술, 김상룡, 이주상, 김형선, 이현상을 비롯한 17~18명이 자리를 함께했다고 한다. 소련영사관에 근무하던 샤브시나(Fania I. Shabshina)의 증언에 따르면 "해방된 지 2, 3일 뒤 어느 날 오후"에 박헌영이 정동에 있는 영사관을 방문하여 남편인 샤브신(Anatolii I. Shabshin) 부영사와 회담하고 해방 후 서울 정세 및 조선공산당 재건 문제에 대해 밤늦게까지 토론했다. 그때 박헌영은 당 재건 문제를 자신에게 맡겨 달라고 요청했다고 한다. 샤브신은 박헌영의 혁명 경력을 알고 있었으며 그의 이론적 수준을 높이 평가하여 적극적으로 지원하겠다고 약속했다. 그 이후 두 사람은 "영사관 인근의 공

---

60) 정백, "8월 15일 조선공산당조직 경과보고서", 《조선공산당문건자료집》, pp. 7~8; 김남식, 《남로당 연구》, pp. 16~19; 고준석, 《남조선노동당사》(경초서방, 1978), pp. 30~32. 김준연의 증언은 극적이다. 8월 15일 오전 10시경 송진우의 회답을 갖고 정백의 숙소를 방문하러 가는 도중에 창덕궁경찰서 앞에서 우연히 여운형과 조우했다는 것이다. 김준연이 송진우의 회답을 전하고 "나도 가지 않을 것"이라고 설명하자 여운형은 "그렇다면 알겠다. 나 혼자 가겠다. 공산혁명에 일로매진하겠다"고 했다고 한다. 또 그날 오후 정백이 전화해 "소련군이 곧 경성에 들어오면 우리가 즉시 내각을 조직할 텐데 당신은 후회하지 않겠는가"라고 힐문했다고 한다(김준연, 《독립노선》, pp. 263~265).

원"에서 매일같이 의견을 교환하게 됐다. 61)

박헌영 등의 공산주의자 그룹은 최초로 회합을 하고 나서 이틀 후인 8월 20일 조선공산당 재건준비위원회를 개최하고 〈현 정세와 우리의 임무〉(이른바 8월 테제)를 채택했다. 박헌영은 이를 집필하기 위해 소련영사관 도서관에서 과거 코민테른의 문서, 그중에서도 제7차 대회 문서(1935년)를 열람했다고 한다. 그러나 채택된 8월 테제를 들여다보면 박헌영은 오히려 제6차 대회(1928년) 후에 코민테른 집행위원회가 결정한 조선문제결의(이른바 12월 테제)의 영향을 강하게 받았다. 예를 들면 12월 테제가 가장 중시한 점은 "농업 문제의 혁명적 해결"이었고 압도적 다수를 점하는 농민들에게 계급의식을 불어넣어 '노농민주독재'에 의해 '부르주아 민주주의혁명'을 달성하는 것이었다. 사실 8월 테제에서 박헌영은 "오늘날 조선은 부르주아 민주주의혁명의 단계에 있다. 이 혁명의 가장 중요한 과업은 완전한 민족적 독립의 달성과 농업혁명의 완수, 다시 말하면 일본제국주의의 완전한 추방과 토지 문제를 해결할 수 있는 새로운 정권을 수립하는 일이다. 봉건과 자본주의의 잔재를 청산하기 위해서는 먼저 혁명적으로 토지 문제를 해결하지 않으면 안된다. 대지주의 토지를 몰수하여 토지가 없는 농민들에게 분배해야 한다"고 주장했다. 62)

---

61) 박갑동, 《박헌영》, pp. 84~89; 임경석, 《이정 박헌영 일대기》, pp. 207~213; 중앙일보 특별취재반, 《조선민주주의인민공화국(상)》, pp. 280~284.

62) "Resolution of the E.C.C.I. on Korean Question", Dae-Sook Suh ed., *Documents of Korean Communism 1918~1948*(Princeton: Princeton University Press, 1970), pp. 243~282; Dae-Sook Suh, *The Korean Communist Movement*, pp. 108~114, 178~182, 199~203; "현 정세와 우리들의 임무"(8월 테제), 1945년 8월 20일, 《박헌영 전집》, 제2권, pp. 47~56; "현 정세와 우리들의 임무",

하지만 흥미롭게도 8월 테제의 마지막 부분은 단순한 이론적 논의 차원을 넘어 지극히 실천적인 내용을 담았다. 박헌영은 해방 직후인 8월 20일 이미 "노동자와 농민의 민주주의 독재", "프롤레타리아 헤게모니 확립"을 논하고 "정권을 위한 투쟁을 전국적 범위에서 전개해야 한다"고 강조했다. 나아가 "기본적인 민주주의적 요구를 내걸고 이를 철저하게 실천할 수 있는 인민정부를 수립하지 않으면 안 된다"고 주장했다. 이를 위해서 "'정권을 인민대표회의에게'라는 표어를 내걸고 진보적 민주주의를 위해 투쟁할" 것을 요구했다. 더욱이 이 테제는 어디에도 소련 이외의 연합국에 대해 언급하지 않았다. 여운형과 마찬가지로 박헌영도 이 시점에서는 소련군이 서울에 진주할 것이라고 예상했던 듯하다. 8월 테제에는 "조선에 있는 일본군대는 자신들의 천황의 〔항복〕 명령에 복종하지 않고 … 붉은 군대가 서울에 침입하는 것에 대비하여 전투를 전개하기 위해 책동하고 있다"는 문장이 들어있다. 따라서 이 당시 박헌영이 품고 있던 조선혁명의 이미지는 소련군이 진주한 동유럽 국가들에서 실현된 것처럼 공산주의세력이 좌파 민족주의세력과 제휴하여 인민정부를 조기에 수립하고 토지개혁을 시작으로 부르주아 민주주의혁명에 착수하는 구도였음에 틀림없다. 여운형과 건국준비위원회야말로 공산당에게 정치적 연합의 대상이었다. 실제로 이미 지적한 대로 8월 28일 자 건국준비위원회의 선언과 강령에는 "강력한 민주주의 정권"이나 "전국적 인민대표회의" 등과 같은 표현을 포함해 8월 테제의 영향이 농후했다. 건국준비위원회의 좌경화는 재건파 공산주의

김남식 편, 《'남로당' 연구자료집》, 제1집(고려대 아세아문제연구소, 1974), pp. 8~21.

자들의 적극적 침투에 따른 결과였던 것이다. 63)

　박헌영의 입장에서 당면한 최대과제 중 하나는 파벌투쟁에서 장안파 공산주의자에게 승리하여 통일된 조선공산당을 수립하는 일이었다. 따라서 8월 테제가 장안파 공산당을 격렬하게 비판한 것은 당연했다. 박헌영은 전쟁 중에 "국제공산당〔코민테른〕의 노선을 집행하는 공산주의운동이 비합법적으로 대중들 사이에서 진행되었다"는 점을 강조하고 일본 관헌의 대량 검거 압력에 굴하여 민족과 노동계급을 배신하고 "암흑의 시기에 운동을 포기하고 평안한 생활을 보낸" 자들을 비판했다. 나아가 "흔들림 없이 장기간에 걸쳐 지하운동을 실행해 온 신뢰할 수 있는 충실한 공산주의자 그룹이 존재함을 알면서도" 그들이 "1945년 8월 15일 하부조직 창설 등 아무런 준비도 없이 조선공산당을 조직하여 당 중앙위원까지 선출하고 유해한 전통적 파벌활동을 되풀이하면서 인민운동의 최고지도자가 되려고 희망한" 것을 통렬하게 비난하고 "그 결과 조선공산주의운동이 분열되었다"고 단죄했다. 따라서 "혁명적 공산주의자들은 모든 힘을 합쳐 다시금 통일된 조선공산당을 창설해야 한다"면서, 그것이야말로 "현재 첫째가 되는 가장 중요한 과업"이라고 주장했다. 박헌영을 중심으로 한 콤그룹의 지하활동은 조선공산주의운동의 "한 줄기 맑은 흐름"이며 그것이야말로 국제노선을 반영한다는 주장이 박헌영과 재건파 공산주의자들의 입장을 현저하게 강화했다. 64)

　박헌영이 8월 테제 발표 때문에 8월 20일 이후 다수의 공산주의자들이 장안파 공산당을 이탈하여 재건파에 합류했다. 이러한 혼란을 수습

---

63) "현 정세와 우리들의 임무"(8월 테제), 《박헌영 전집》, 제 2권, pp. 47~56.
64) 앞의 글, pp. 49~52; 서중석, 《한국 현대 민족운동 연구》, pp. 231~235.

하기 위해 8월 24일 장안파 공산당은 중앙집행위원회를 개최하고 공산당 해체를 결정했다. 그러나 이영, 최익한, 정백과 같은 지도자들이 무조건 해체에 반대했기 때문에 9월 1일과 6일 다시 회합을 갖고 이승엽, 안기성, 이정윤 세 명을 절충위원으로 조선공산당 재건준비위원회에 파견했다. 두 개의 공산당 조직을 통합하여 재건될 공산당의 중앙위원 인사에 장안파 공산당 간부들을 포함시키기 위한 시도였던 것으로 보인다. 그러나 이 세 사람은 박헌영에게 후보자 명부를 제출하면서 동시에 최종적인 인사권을 위임해 버렸다. 그러한 과정을 거쳐 9월 8일 장안파 공산당 유력자 60명이 모인 중요한 회의가 계동의 홍증식 자택에서 열렸다. 이른바 '계동열성자대회'였다. 이 장안파 공산주의자들의 회의에는 재건준비위원회를 대표해 박헌영이 초대되었다.[65]

　그러나 집회는 박헌영의 독무대가 됐다. 첫째, 박헌영은 "당면한 가장 긴급하고 필요한 문제는 조선 좌익의 통일이다"라고 지적하였고, 이를 위해 만든 특별협의체는 최대한의 포용력을 발휘하여 각 단체, 각 파벌, 각 계급에 접근하고 신조와 성별을 초월하여 "가장 광범위한 통일민족전선을 결성하기 위해 노력하였고, 그 결과 조선인민공화국을 건설하여 인민중앙위원회를 선출하고 발표했다"고 보고했다. 나아가 "이는 분명히 우리 좌익진영의 커다란 성공"이라고 강조했다. 재건파

---

65) 김남식 《남로당 연구》, pp. 26~27; 고준석, 《남조선노동당사》, p. 38; 대검찰청 수사국, 《좌익사건실록》, 제1권 (서울: 대검찰청 수사국, 1965), pp. 23~25; "열성자대회의 경과"(상, 중, 하), 〈해방일보〉(조선공산당 중앙위원회 기관지) (1945년 9월 25일, 10월 12일, 18일), 김남식·이정식·한홍구(韓洪九) 편, 《현대한국사 자료총서(1945~1948)》, 제5권 (서울: 돌베개, 1986)에 수록된 것을 사용했다 (이하 동일). 정백, "8월 15일 조선공산당조직 경과보고서", 《조선공산당문건자료집》, pp. 9~10.

공산주의자들이 좌익진영을 통일하기 위해 노력을 기울인 끝에 후술하는 바와 같은 경위로 9월 6일 조선인민공화국을 수립하는 성과를 거두었다고 강조한 것이다. 둘째, 박헌영은 공산당 중앙을 조직하는 원칙을 언급하고 두 가지 사항, 즉 지하운동을 계속해 온 혁명적 공산주의 그룹과 출소한 전투적 동지들을 중심으로 공산당이 재건될 것이라는 점, 나아가 당 중앙에는 마르크스·레닌·스탈린주의 이론으로 무장하고 또한 전투적 경력을 지닌 노동자 및 빈농 출신자를 가능한 한 많이 참가시킬 것이라는 점을 강조했다. 또 "과거의 파벌 영수들이나 운동을 쉬었던 분자는 아무리 명성이 높더라도 이번에는 중앙에 들어올 자격이 없다"고 덧붙였다. 이는 명백하게 장안파 공산당 간부들을 지칭한 것이었다. 66)

이후 토론에서 장안파 공산당 간부들이 박헌영의 보고를 비판하고 두 조직의 대등한 통합을 주장한 것은 두말할 나위 없다. 이영은 장안파 공산당의 최고 지도부가 ① 전국 통일, ② 각 파벌의 통합을 위한 구체적 방법, ③ 원칙적 통합을 서약했다고 주장했다. 그러나 이정윤은 장안파 공산당이 "대중적 토대가 전혀 없으며 방침과 규율이 없고 소(小) 부르주아적이고 파벌투쟁적이기 때문에 해체를 결의한다"고 주장했다. 가장 강력하게 저항한 것은 최익한이었다. 최익한은 재건준비위원회의 8월 테제를 "개량적이고 경제주의적이며 아나키스트적"이라고 비판하면서 "어떻게 이러한 조직과 통일할 수 있겠는가"라고 단정했다. 그러나 최익한의 비판도 집회의 대세를 바꿀 수는 없었다. 그 후 박헌영은 "15일당에 대한 평가는 장래 혁명이론가들이 당사를 쓸 때 충분히

66) "열성자대회의 경과"(상), 〈해방일보〉, 1945년 9월 25일.

토론할 것이다"라고 선언했다. 이를 청취한 뒤 조두원이 ① 박헌영 보고와 그 결론에 원칙적으로 찬성한다, ② 당 중앙조직은 노동자·농민의 기초조직을 가진 공산주의 그룹과 연락, 협의하여 결정하며 그 연락은 박헌영에게 일임한다, ③ 당 건설이 발표된 다음 당의 기본적 강령과 전략 및 전술을 규정하기 위한 당 대회를 일찍 소집하기 위해 노력하는 동시에 우선 당면과업을 수행하기 위한 행동강령을 조기에 작성하여 발표한다는 3가지 항목을 제안했다. 이영, 최익한, 정백 등 5명은 그 어떤 항목에도 찬성하지 않았다. [67]

재건파 조선공산당 중앙조직 결정이 박헌영에게 위임되었기 때문에 정식 발족이 언제였는지는 분명하지 않다. 다만 다음 해인 1946년 3월 박헌영 대표(조선공산당 중앙위원회 총비서) 자신이 집필한 듯한 보고서 〈조선공산당의 재건과 그 현 상황〉에서는 "모든 공산당 조직의 열성자들의 위임에 따라 박헌영은 당중앙위원회를 결성했다(**9월 11일**)"고 분명히 기록했다. 또한 조선공산당 중앙위원회 기관지라는 이름을 내걸고 9월 15일 창간된 〈해방일보〉는 앞머리에 "조선공산당은 드디어 통일 재건되었다"는 제목의 기사를 내걸고 그 마지막 부분에서 "통일된 당의 결성을 **발표함**과 동시에 조선당 기관지 〈해방일보〉는 오늘부터 창간호를 내게 되었음을 선언한다"고 적고 있다. 또 같은 지면에 9월 11일 정오에 경성운동장을 출발한 화학, 금속, 기계, 철도, 체신, 토목, 출판, 섬유 등의 산업별 노동조합, 청년, 학도 등 1만 수천 명의 데모대가 "일본제국주의 타도", "조선공산당 **재건 만세!**", "연합군 환영" 등을 외치면서 행진했다고 보도했다. 따라서 조선공산당은 9월 15일

---

67) "열성자대회의 경과"(중)(하), 〈해방일보〉, 1945년 10월 12일, 18일.

이전, 아마도 9월 11일에 재건되었다고 봐야 할 것이다. 또한 9월 19일 〈해방일보〉는 "조선공산당의 주장"이란 제목으로 "근로 인민들의 이익을 존중하는 혁명적, 민주주의적 인민정부를 확립하기 위해 투쟁한다"는 등 4항목의 행동강령을 내걸었다. 그러나 조두원의 제안에도 불구하고 결국 공산당대회는 열리지 않았다. 박헌영 대표는 오히려 조선인민공화국을 적극적으로 지지하면서 민주주의 민족통일전선 결성을 위한 운동을 강화하고, 나아가 전국노동조합평의회, 전국농민조합총연맹, 전국청년단체총연맹 등을 결성하여 노동자나 농민의 대중운동을 조직화하기 위해 노력했다. 한편 최익한, 이영 등 장안파 공산당 간부들은 10월 24일 한국민주당 및 조선국민당과 함께 3당 공동성명을 발표하고 조선인민공화국을 강하게 비판하면서 충칭의 대한민국 임시정부를 적극적으로 지지할 것을 결의했는데, 11월 23일에 되어서는 그런 태도를 다시 바꾸어 장안파 공산당 해소와 재건파 공산당 합류를 선언했다. [68]

(2) 조선인민공화국 수립: 기회주의

9월 초까지 안재홍을 비롯한 우파 민족주의자들이 완전히 탈락하자 좌파 민족주의자와 공산주의자의 새로운 국가 수립은 맥이 빠졌다. 9월 6

[68] "조선공산당의 재건과 그 현 상황", 《박헌영 전집》, 제 2권, p. 209. 또 그 이외의 설에 대해서는 서중석, 《한국 현대 민족운동 연구》, p. 232를 참조하기 바란다. 〈해방일보〉, 1945년 9월 15일, 19일, 25일; 〈매일신보〉, 1945년 10월 24일; 〈자유신문〉, 1945년 11월 24일. 이에 대해 재건파 공산당은 조선공산당 중앙위원회 대표 박헌영의 이름으로 환영성명을 발표했다 (〈해방일보〉, 1945년 12월 4일).

일 오후 7시, 다음 날로 상륙이 예정되었던 미군 부대 선발대장인 해리스 준장 등이 서울에 도착하여 총독부 및 일본군 간부와 철야로 예비교섭을 시작할 무렵, 서울의 경기고등여학교 강당에서는 전국인민대표대회(전국인민대표회의) 개회가 선언되었다. 건국준비위원회 내부의 대립 경위를 고려하면 전국인민대표대회 소집은 9월 2일 이후 여운형과 박헌영 두 사람 중심으로 한, 몇 명의 회합에서 결정된 것으로 보인다. 앞서 언급한 9월 8일 계동열성자대회에서 박헌영은 이를 좌익진영 통일을 위한 "특별협의회"라고 표현했다. 또한 전국인민대표회의라고 칭했음에도 불구하고 이를 위해 전국적으로 대의원 선발이나 소집을 하기 위한 정식 절차가 진행된 흔적은 없다. 대회 개최 통지도 여운형 자신이 "미리 알릴 수가 없었다"고 사과하고 이를 "비상조치"로 표현했다. 아마도 서울에 있던 건국준비위원회 관계자, 재건파 공산주의자, 그리고 연락이 가능한 일부 지방대표들로만 갑작스럽게 인민대표대회 개최를 강행한 듯하다. 경기고등여학교 강당의 수용 능력으로 볼 때 그 자리에 모인 대의원은 500~600명을 넘지 않았을 것이다. [69]

인민대표대회에서 이여성이 개회를 선언한 뒤 여운형이 의장에 선출되어 개회사를 했다. 이만규에 의하면 그 핵심은 "비상시에는 비상한 인물만이 비상한 방법으로 비상한 일을 할 수 있는 법이다. 전후 문제

---

69) 〈매일신보〉, 1945년 9월 7일; 이만규, 《여운형 투쟁사》, pp. 261~262. 가장 생생한 증언에 따르면 9월 4일 여운형, 박헌영, 정백이 의전병원 내과에 입원 중이던 허헌의 병실을 찾아가 4명이 인민공화국 창립에 대해 협의했다〔박일원 《남노동당 총비판》, 상권(서울: 극동정보사, 1948), pp. 32~33〕. 또 대회 개시 시각을 이만규, 《여운형 투쟁사》는 오후 7시, 〈매일신보〉는 오후 9시라고 한다. 서중석, 《한국 현대 민족운동 연구》, pp. 217~218; 김남식, 《남로당 연구》, p. 46.

의 국제적 해결에 수반하여 우리 한국에도 해방의 날이 왔다. 우리의
새로운 국가는 노동자, 농민, 일체의 인민대중을 위한 것이 되어야 한
다. 우리의 새로운 정권은 전 인민의 정치적, 경제적, 사회적인 기본
요구를 완전하게 실현할 수 있는 진정한 민주주의 정권이 되어야 한다.
이 때문에 우리는 단지 일본제국주의의 잔존세력을 일소할 뿐만 아니
라 모든 봉건적 잔재세력과 반동적 반민주주의세력과도 과감한 투쟁을
전개해 나가지 않으면 안 된다. 오늘 여기에 모인 여러분은 과거 일본
제국주의의 야수와 같은 폭압 밑에서 백절불굴로 싸워온 전사들이다.
우리가 서로 손잡고 맞서 싸울 때 우리들의 앞길을 가로막는 어떠한 곤
란도 잘 극복할 수 있을 것이다"라는 내용이었다. 이때부터 여운형은
"혁명가가 우선 정부를 조직하여 인민의 승인을 얻는다. 급격한 변화가
있을 때 비상조치로서 태어난 것이 바로 인민공화국이다"라는 주장을
거듭했다. [70]

　여운형의 개회사가 끝난 뒤 묵도와 국가제창에 이어 허헌의 경과보
고가 있었고 그에 이어 조선인민공화국 조직법안 심의로 들어갔다. 법
안 각 항목이 순서대로 낭독되고 다소 수정된 다음 가결되자 곧바로 정
·부위원장을 포함한 전형위원 5명에 의한 중앙인민위원 선출이 시작되
었다. 발표된 중앙인민위원은 55명으로 여기에 후보위원 20명과 고문
12명이 추가되었다. 인민위원 가운데에는 이승만, 김규식, 김구, 김
원봉, 신익희, 김일성, 무정 등 해외 독립운동 지도자들과 김성수, 김
병로, 안재홍, 조만식(북한 거주) 등 저명한 우파 민족주의 지도자들이

70) 이만규, 《여운형 투쟁사》, pp. 259~260; 여운형의 10월 1일 기자회견, 〈매일신
　　보〉, 1945년 10월 2일.

포함되었다. 북한에 거주하는 이주하를 비롯해 나머지 대부분은 공산주의자와 좌파 민족주의자였다. 김남식에 따르면 중앙인민위원과 후보위원 가운데 공산주의자가 차지한 비율은 70퍼센트 이상에 달했다. 따라서 여기서 구성된 전국인민위원회의 성격은 저명한 해외지도자들과 소수의 우파 민족주의자들을 형식적으로 추대하고 공산주의자들을 주력으로 해서 구성한 '국내 좌파연합'으로 표현해야 할 것이다. 비판을 의식했는지 여운형은 "선출된 국민위원〔인민위원〕은 각계각층을 망라했다. 이것이 아주 완전하다고는 할 수 없으며 앞으로 인민의 총의에 의한 대표위원이 나타날 때까지의 잠정적 위원들이라 할 수 있다. 선출된 위원 대다수는 승낙한 것으로 생각한다"고 부연했다. 71)

그런데 국내 좌파는 왜 국내 우파의 반대를 무릅쓰고 충분한 절차도 밟지 않은 채 급작스럽게 새로운 국가 수립을 선언한 것일까. 시점을 보면 이는 무엇보다도 미군이 남한에 진주하기 이전에, 또한 해외 독립운동단체나 지도자가 귀국하기 이전에 새로운 국가 수립을 선언하여 기정사실화하기 위한 것이었다. 바꾸어 말하면 국내에 기반이 있는 좌익 민족통일전선 위에 저명한 해외지도자들을 추대하는 신정부를 수립하여 이를 곧 진주할 미군 당국, 그리고 머지않아 귀국할 해외지도자들로부터 승인받으려 한 것이다. 따라서 이는 일종의 기회주의적 행보였다. 여운형도 이를 "연합군의 진주가 오늘내일 하니까 **연합군과 절충할** 인민 총의의 집결체가 없으면 안 된다. 그러한 집결체의 준비 공작으로

---

71) 전국인민위원의 명부는 〈매일신보〉(1945년 9월 7일) 와 《조선해방연보》(pp. 86 ~87) 에 따른 것이다. 두 자료 모두 1명씩 부족한데 상호 보완해서 확인할 수 있다. 이만규, 《여운형 투쟁사》, pp. 260~261; 김남식, 《남로당 연구》, pp. 47~48.

서둘러 전국대표회의를 개최해야만 했다"고 솔직하게 말했다. 그러나 좌우 양파에 유화적이었던 여운형답게 조선인민공화국은 여전히 "인민 총의의 결집체" 그 자체는 아니며 이를 완성하기 위한 "준비 공작"에 지나지 않았다. 그리고 전술적으로는 서중석이 지적한 바와 같이 우파세력이 결속하여 충칭정부를 옹립하려는 자세를 선명히 했기 때문에 좌파세력으로서도 이에 대항할 수 있는 대안이 필요했을 것이다. 달리 말하면 중앙과 지방에서 인민위원회를 조직하고 그 주위에 이를 지지하는 대중운동을 조직해서 전개하면 좋으리라 생각한 것이다. 최악의 경우 이는 충칭 임시정부와 인민공화국정부의 대등합작, 아니면 양비(兩非), 즉 상호해소를 주장할 근거가 될 수도 있었다. 72)

미묘한 점은 여운형과 박헌영의 정치적 관계였다. 송진우를 설득하는 데에 실패하고, 게다가 안재홍도 이탈하는 상황에 직면한 여운형은 9월 초순 이후 좌우 양파의 조정자 역할을 상실하면서 박헌영과 공산당의 조직력에 의존하지 않을 수 없게 되었다. 따라서 전국인민위원이나 각료 명부에 그 이름이 없었음에도 불구하고 조선인민공화국 수립은 박헌영 주도로 진행되었다고 해석해야 할 것이다. 이만규에 의하면 건국동맹은 새로운 국가의 국호로 '조선공화국'을 제안했는데 회의장에서 다수의 지지를 받지 못하여 '조선인민공화국'이 채택되었다. 공산주의자가 다수를 점하는 회의장에서는 소련군 점령지역에서 진행하던 인민위원회 방식이 지지를 얻은 것이다. 자신이 주도해 온 건국준비위원회가 인민위원회로 개편된 데에 여운형은 틀림없이 복잡한 감정을 품었

72) 이만규, 《여운형 투쟁사》, pp. 261~262; 서중석, 《한국 현대 민족운동 연구》, pp. 219~220.

을 것이다. 사실 동생인 여운홍은 "인민공화국 수립에 있어서 형은 능동적이 아니라 수동적이었다", "이처럼 과격하고 급진적인 정치행태는 형의 생리에 맞지 않았다"고 지적하고 조선인민공화국 수립이 "새로운 민족국가 건설을 위한 한 가지 방도가 될 수 있다"고 기대하면서 소련군이 38도선 이북에서 실시하는 정책으로 판단하건대 "38도선 이남에서도 반드시 같은 조치가 있을 것"이라고 상정한 것이 당시 여운형의 정치적 입장이었다고 증언했다. 그러나 조선공산당이 주도하였음에도 불구하고 조선인민공화국은 각 지방인민위원회 결성을 선행하고 이를 토대로 전국적인 인민정권을 조직하는 북한의 방식과는 명백하게 상이한 방법으로 수립되었다.[73]

전국인민대표대회 이틀 후인 9월 8일 중앙인민위원회 제1차 회의가 인민위원 37명이 모인 가운데 개최됐다. 중앙인민위원회는 회의에서 논의한 바에 따라 신정부의 부서, 즉 각 부장(각료) 인선을 여운형과 허헌 두 사람에게 위촉했다. 나아가 일본의 각 기관을 접수하는 임시위원 선출은 이를 9월 9일까지 발표한다는 조건 아래 여운형, 허헌, 최용달 3명에게 위임했다. 또한 조선인민공화국 선언 및 정강의 기초는 이강국, 박문규, 정태식 3명에게 위임했다. 다만 여운형 자신은 그 전날 다시 폭력배 5명의 습격으로 부상을 당했고, 그 후 약 3주일 동안 지방에서 요양해야만 했다. 이 때문에 중앙인민위원회가 연일 열려 신정부 구성을 결정한 것이다. 9월 14일 발표한 정부 구성에 따르면 인민위원회는 미국에 있는 이승만을 주석으로 추대하고 부주석으로는 여운형,

---

73) 이만규, 《여운형 투쟁사》, pp. 260~262; 김남식, 《남로당 연구》, pp. 49~50; 여운홍, 《몽양여운형》, pp. 156~157.

국무총리에 허헌을 지목했다. 또한 주요 각료인 내무부장, 외교부장, 군사부장, 통신부장에 각각 충칭 임시정부 요인인 김구, 김규식, 김원봉, 신익희를 지명했다. 다만 충칭 임시정부가 귀국하여 그 직책을 채울 때까지 각각 허헌, 여운형, 김세용, 이강국이 임시대리를 맡았다. 그리고 우익진영 인물 중에서 사법부장으로 김병로, 문교부장으로 김성수를 지명했다. 다만 이들이 수락하지 않을 경우를 내다보고 허헌과 이만규에게 각각 임시대리를 맡겼다. 그 외에 북한에 거주하는 조만식을 재정부장에 지명한 사실도 흥미롭다. 보안부장, 선전부장, 경제부장, 농림부장, 보건부장, 교통부장, 노동부장에는 조선인민공화국 수립을 추진한 건국준비위원회 계열 내지는 공산당 계열 인물들이 취임하고, 서기장에 신강옥, 법제국장에 최익한, 그리고 기획부장에 정백이 취임했다.[74]

그러나 여운형의 측근으로 전국인민위원으로 선출되어 14일 인민위원회의에서 의장을 맡았던 이만규는 자신의 노력에도 불구하고 여운형의 승낙 없이 정부 부서가 발표되었다고 주장하면서 불만을 표명했다. 바꿔 말하면 여운형은 ① 정부를 조직함에 있어서 군정 당국의 양해를

---

74) 〈매일신보〉, 1945년 9월 15일; 이만규, 《여운형 투쟁사》, p. 236; 김남식, 《남로당 연구》, pp. 48~50. 〈매일신보〉가 보도한 정부 부서 명부는 아래와 같다. 괄호 안은 '임시대리'이다. 주석-이승만, 부주석-여운형, 국무총리-허헌, 내무부장-김구(허헌), 외교부장-김규식(여운형), 군사부장-김원봉(김세용), 재정부장-조만식, 보안부장-최용달, 사법부장-김병로(허헌), 문교부장-김성수(이만규), 선전부장-이관술, 경제부장-하필원, 농림부장-강기덕, 보건부장-이만규, 통신부장-신익희(이강국), 교통부장-홍남표, 노동부장-이주상, 서기장-신강옥, 법제국장-최익한, 기획국장-정백. 한편 《조선해방연보》는 서기장을 이강국으로 기록하고 있다(p. 91).

얻지 않은 점, ② 정부 청사를 준비하지 못한 점, ③ 정부 주석(대통령)의 체면을 유지할 수 있을 정도의 준비를 하지 못한 점을 고려하여 발표를 보류하려 했다. 소련군의 서울 진주를 전제로 한 건국준비위원회 결성에 비해 조선인민공화국 수립이 더 독선적이었다는 사실은 부정할 수 없다. 장안파 공산당의 방식을 신랄하게 비판하였음에도 불구하고 박헌영도 급격한 정세변화에 마찬가지로 흔들리면서 다분히 기회주의적인 방법으로 새로운 국가 수립을 선언하고 인민정권을 조직한 것이다. 그러나 정치통합이라는 관점에서 보면 해방 초기의 정국을 처음부터 극단적인 방향으로 유도했다는 의미에서 이는 최악의 결정이었다. 북한 점령에 관련된 스탈린과 안토노프의 기본지령이 9월 20일에 나왔다는 점을 고려하면 남한에서의 인민공화국 수립이 모스크바의 지령으로 촉진되었다거나 평양에 진주한 소련군 사령부와 충분한 협의를 거쳐서 결정되었다고는 보기 힘들다. 더욱이 이틀 후 점령을 목적으로 남한에 진주한 미군 당국의 입장에서 보면 이는 자신들의 권위에 대한 '정면 도전'이나 마찬가지였다. [75]

---

75) 이만규, 《여운형 투쟁사》, pp. 263~265; 김남식, 《남로당 연구》, pp. 49~50; 서중석, 《한국 현대 민족운동 연구》, pp. 223~224; 이호재, 《한국외교정책의 이상과 현실》, pp. 117~119. 스탈린과 안토노프의 기본지령에 대해서는 제5장을 참조하기 바란다. 또한 조선공산당 평안남도위원회가 제4차 확대위원회를 개최해서 '올바른 노선'을 확립한 것은 9월 25일이었다.

(3) 미군 당국의 초기 정세평가: 오해와 독단, 협력과 비협력

진주 4일 후인 9월 12일 오후 2시 30분, 전날 기자회견에서 예고한 대로 하지 사령관과 남한 정치지도자들 사이의 첫 회견이 경성부민관에서 열렸다. 33개 또는 그 이상의 당파에서 대표 각 2명씩을 회합에 초대했는데, 1,200명이 출석한 대집회로 부풀어 있었다. 하지는 오후 2시 40분에 모습을 드러내고 자신을 농장에서 태어나고 자란 '보통 사람'이라고 소개했다. 태평양 전장에서의 전투를 얘기하는 대목에서 회의장은 큰 박수갈채로 휩싸였다. 이어 하지는 일본 지배를 종식하고 한국을 해방시키기 위해 왔다면서, 한국 인민들과 가능하면 우호적 관계를 유지하면서 활동을 적게 규제하고 싶다고 강조했다. 또한 가능한 한 빠른 시일 내에 정치지도자들과 개별적으로 회견하겠다고 약속했다. 그러나 자신은 군인이지 외교관이 아니고, 연합국의 계획에 대해서도 충분한 지식을 갖추지 못했고, 자신의 임무는 일본군의 항복을 받고 재조정(*readjustment*)이 이뤄질 때까지 법과 질서를 유지하는 것이라고 했다. 나아가 한국을 '적당한 시기에' 독립시킬 것이라고 한 카이로선언을 언급하면서 안정된 정부가 형성되면 한국은 곧바로 독립할 수 있지만 "이는 일조일석에 달성되는 것은 아니다", "성급한 행동은 혼돈, 즉 완전한 파탄을 불러올 뿐이다"라고 말하자 박수는 더 이상 나오지 않았다. 이어 하지는 아베 노부유키 조선총독을 해임한 지 얼마 안 되었으므로 한국인 지도자와 민중의 도움이 필요하다고 호소하면서 한국인 스스로 가두행진과 시위행동을 최소한으로 줄이고 일터로 복귀해야 한다고 촉구했다. 그날 서울 시내에서는 조선인민공화국을 지지하는 여러 가두행진이 조직되었는데 하지 사령관이 연설 중이던 오후 3시 무렵

그중 한 무리가 부민관 앞을 지나가고 있었다.[76]

젊은 노동자와 학생이 가두행진을 구성했고 남녀 비율은 거의 반반이었다. 성조기, 태극기, 소련국기, 그리고 무수한 깃발이 나부꼈고 좌파의 선전 전단지가 살포되었다. 수많은 붉은 깃발이 등장했기 때문에 미군 당국은 이것이 공산주의에 대한 공감을 보여주는 것은 아닌지 의심했지만 행진은 질서정연했으며 헌병과 경찰이 완전히 통제하고 있었다. 〈해방신보〉(9월 25일)는 한편으로 "조선공산당이 통일 결성되어 노동자의 총지도부가 성립"했으며, 한편으로는 "우경 반동세력이 조선인민공화국 건설을 방해"하려 할 때 가두행진이 조직되어 "반동세력을 일격에 전율케 했다"는 점을 높이 평가했다. 또 11일에 개최된 전국인민위원회 대표자대회에서는 그 가두행진에 대해 "유사 이래 처음 보는 장관"이었으며 "특히 노동자들이 그 정치적 슬로건을 높이 내걸고 위풍당당하게 그들의 요구를 대중들 앞에서 보여 준 점은 우리나라에서 실로 획기적인 의미를 갖는 것이었다"고 보고했다. 그러나 그날 하지 사령관은 군단참모회의에서 그 행진이 "소련군이 올 것을 예상하고 일본인들이 만든 단체"(건국준비위원회를 지칭)가 진행한 것은 아닌지 물었다. 막 경무국장에 취임한 시크 헌병대장도 대중집회나 가두행진에 대해 우려를 표하고 현재 상황에서는 기본적 질서를 유지할 수 있을

76) "General Todd's Notebook: General Hodge's First Speech in the Civic Auditorium", 12 Sept. 1945, box 27, XXIV Cors Historical Section, USAFIK, RG 332, WNRC; *G-2 Periodic Report*, no. 3, 13 Sept. 1945, Headquarters USAFIK; *History of USAFIK*, vol. II, chap. I, pp. 2~5; *History of USMIGK*, part I, vol. I, pp. 203~204; 〈매일신보〉, 1945년 9월 13일; 〈해방일보〉, 1945년 9월 25일; 대표자대회 서기부 편 《전국인민위원회 대표자대회 의사록》, p. 52.

만한 경찰력도 부족하다고 지적했다. 그러나 하지는 필요 이상으로 규제하기는 바라지 않으며, 가두행진을 허가제로 하여 헌병들을 수행시키면 좋겠다고 말했다. 이렇게 하면 행진이나 집회가 머지않아 사라지리라고 생각한 것이다. 그러나 시크는 인천에서 발생한 발포 사건과 희생자의 장례식 상황(후술한다)을 설명하면서 일본인들을 정부 요직에서 추방하라고 요구하는 깃발에 주의를 환기시켰다. 77)

하지 사령관에게는 불행하게도, 전쟁이 종결된 지 약 3주 후에 미군이 서울에 진주했을 때 남한 내 정치세력은 이미 좌우로 명백하게 분열되어 서로 타협이 불가능한 대립 상태에 빠져 있었다. 사실 하지와 각 정당 대표들의 회견에 좌파세력 가운데 유력한 지도자들이 출석한 흔적은 없다. 게다가 좌파세력의 활동, 즉 건국준비위원회의 활동과 조선인민공화국 수립은 즉각적 독립에 대한 한국 민중의 갈망을 반영하고 있었으며 여기에 결집한 세력은 분명히 조직된 다수파였다. 후술하는 바와 같이 미군 부대가 지방 진주를 진행하고 이승만, 김구, 김규식 등 저명한 독립운동 지도자와 충칭 임시정부가 돌아올 때까지 우파세력은 좌파세력에 대항할 수 있을 만큼의 대중적 기반을 확보할 수 없었다. 다만 진주 직후 시기에 하지 사령관과 정치고문인 베닝호프가 이러한 정세를 정확하게 이해했는지는 의문스럽다. 9월 12일 〈G-2 정기보고〉(*G-2 Periodic Report*)는 미 점령군 당국이 남한 정세, 그중에서도 좌파세력에 대해 정확한 정보를 입수하지 못한 채 정치의 제1선에서 권력을 행사하는 역할을 떠안았음을 보여 준다. 사실 이 보고서는 조선

77) "General Hodge's First Speech; Corps Staff Conference", Chosun Hotel, 12 Sept. 1945, box 27, RG 332, XXIV Cors Historical Section, USAFIK, WNRC.

인민공화국에 대해 "친일 인물로 알려진 여운형의 지도 아래에서" 조선
총독부의 재정적 지원을 받고, 더 나아가 소련군이 서울을 점령할 것이
라는 정보에 근거하여 "8월 초순 대일 협력자 그룹에 의해 조직되었다"
고 기술하였다. 정보가 극히 부정확했던 것이다. 보고서는 조선공산당
의 존재는 의문의 여지가 없지만 그 지도자들의 신원은 미상이라면서
조선공산당의 조직력에 우려를 표명했다. 베닝호프에게 강한 인상을
준 점은 오히려 우후죽순처럼 나타난 무수한 정치적 당파가 대부분 즉
각적 독립, 일본인 일소, 일본자산 접수 등 동일한 목표를 내걸고 있다
는 사실이었다. 진주한 지 1주일 후, 즉 9월 15일 국무부에 제출한 제 1
호 보고에서 그는 한국인들이 카이로선언의 '적당한 시기'란 문구를 '수
일 내' 혹은 '즉각'으로 이해하고 있다고 소개하면서 즉각적인 독립이
실현되지 않은 것이 한국 민중에게 커다란 실망감을 안겨 주고 있다고
지적했다. 또한 남한 정세를 "불똥이 튀면 곧바로 폭발할 수 있는 화약
고"라고 비유했다. [78]

남한 정세에 관한 **전반적** 평가는 진주한 지 3주일이 지난 9월 29일
자 장문의 제 6호 보고를 통해 비로소 확인할 수 있다. 이 보고서에서
베닝호프는 우선 남한의 정치세력이 보수파와 과격파의 두 그룹으로
명확하게 나뉘어 있으며 이 두 그룹도 고유한 정치철학을 가진 더 작은
당파로 분열해 있다는 전반적인 인식을 전제한 다음, 이어서 개별적 분
석을 전개했다. 과격파에 대해서는 그 주력이 조선인민공화국 수립을
주장하는 건국준비위원회라는 것, 그들은 한국민주당보다 잘 조직된

---

78) *G-2 Periodic Report*, no. 2, 12 Sept. 1945; "Benninghoff to Byrnes", 15 Sept.
    1945, *FRUS*, *1945*, vol. Ⅵ, pp. 1049~1053.

듯하다는 것, 과격파는 미군이 도착한 직후 일어난 **일련의 가두행진과 시위행동**에 책임이 있으며 그 간행물은 명확한 계획성과 아마도 훈련된 방향성을 띠고 있다는 것, 중심 지도자는 여운형이지만 그는 충칭 임시정부와 인연이 없다는 것, 그의 신념이 공산주의로 변했기 때문에 민중은 그를 어떻게 판단해야 하는지 잘 모르고 있다는 것 등 여러 사항을 지적했다. 그러나 이상하게도 이 보고서에는 여전히 조선공산당과 박헌영이 수행한 역할에 대한 명확한 정보나 평가는 존재하지 않는다. 79)

또한 이 보고서가 드러낸 현상인식이나 전망은 한국 내 좌우 대립이 점령 당국의 대소련 불신과 어떻게 결합되었는지 잘 보여 주는 사례다. 우선 베닝호프의 현상인식은 큰 틀에서 다음과 같았다. ① 일본인은 소련군 진주를 전제로 여운형에게 잠정정부 수립을 의뢰했다. 그러나 일본과의 유대관계에 의혹을 품은 송진우가 협력을 거절했기 때문에 대신 공산주의자들이 이에 가담했다. ② 그 결과 남한 내 정치세력은 상대적으로 더 잘 조직되고 목소리도 큰 과격파와, 반대로 반공적이며 신민주주의적 신념을 위해 조직되고 충칭 임시정부를 지지하는 보수파로 명확하게 양분되었다. ③ 과격파는 충칭 임시정부를 언급하지 않지만 이승만, 김구, 김규식 등과 같은 요인을 인민공화국 각료에 포함시켜 그 간판 아래에서 활동하고 있다. ④ 과격파에 대한 소련의 침투 성격 및 정도는 확실하지는 않지만 상당할 것이다. 여운형은 공산주의적 경향을 지닌 기회주의자일 것이다.

또한 베닝호프는 정치적 의미에서 다음과 같이 전망했다. ① 어떤 특정 당파를 지지하지 않는 한 미군정부는 이러한 정세와 거리를 두는

---

79) "Benninghoff to Byrnes", 29 Sept. 1945, *Ibid.*, pp. 1061~1065.

것 이외에 정책을 갖고 있지 않다. 하지만 이승만과 충칭 임시정부 요인들이 귀국하면 **과격파에 반대하면서 보수파의 편을 드는 구실이 될 것**이다. ② 소련은 일당제라는 엄격한 기초 위에 지방정부를 수립하고 있으며 아마도 동유럽 국가들과 마찬가지로 북한을 소비에트화할 것이다. ③ 미국은 머지않아 루마니아, 헝가리, 불가리아에서 직면하는 것과 동일한 문제에 직면할 텐데, 그때 미군 점령하의 남한은 이미 상당수의 공산주의자를 포함하고 있을 것이다. [80]

베닝호프의 이와 같은 평가에는 좌파세력에 대한 수많은 오해, 과장, 그리고 독단이 존재했다. 또 우파세력이나 충칭 임시정부에 대한 공감 외에 정치 개입에 신중한 태도를 보이는 국무부 정책에 대한 불만도 느낄 수 있다. 게다가 동유럽 국가들을 둘러싼 미·소 대립이 남한 정세분석에 영향을 미친 점도 중요하다. 그뿐 아니라 남한 좌우 양 세력의 미군 당국에 대해 취한 태도가 극단적으로 달랐다는 점(한쪽은 상당히 독선적이고 다른 한쪽은 극히 협조적이었던 점)이 미군 당국의 평가에 큰 영향을 끼쳤다는 사실도 지적해야만 한다. 예를 들면 9월 12일 하지 사령관과 각 당파 대표들의 회견에서 조병옥과 임영신은 한국민주당의 이미지를 교묘하게 연출하는 데 성공했다. 하지의 연설이 끝나자 한복을 입은 단정한 노인이 앞으로 나와 한국어로 짧은 인사말을 한 다음 사령관에게 태극기를 건네주었다. 우레와 같은 박수가 멈추자 이번에는 조병옥이 허가를 받고 등단하여 유창한 영어로 공통의 적을 타도하고 한국인이 36년간 품어온 꿈을 실현해 준 연합국, 특히 미국에 진심으로 감사의 뜻을 표했다. 또한 자신은 한국의 혼란스러운 상황에

---

80) *Ibid.*

부끄러움을 느낀다는 것, 미국의 도움을 받아야 비로소 강력한 정부를 수립할 수 있다는 것, 충칭 임시정부는 반드시 하지 사령관에게 협력하리라 생각한다는 것 등을 강조했다. 조병옥의 짧은 연설이 끝나자 한국 여성을 대표하여 임영신이 다시금 유창한 영어로 감사의 뜻을 표명했다. 이러한 연출들이 하지 사령관과 미군 수뇌부에게 데모대 청년들의 가두행진과는 다른 강한 인상을 주었음에 틀림없다. 12일 〈G-2 정기 보고〉는 한국민주당의 지도자들, 특히 미국 유학을 경험한 조병옥, 윤보선, 윤택영에 주목했다. 베닝호프도 전술한 제1호 보고에서 "이러한 정치상황 중에 무엇보다 고무적인 한 가지 요소는 연배가 있고 좀더 좋은 교육을 받은 한국인들 가운데 보수파 수백 명이 서울에 있다는 것이다. … 이들은 임시정부 귀환을 바라고 있으며 다수파는 아니지만 아마도 가장 큰 단일그룹일 것이다"라고 지적했다. 81)

(4) 미군정부 대 조선인민공화국: 주권 논쟁

한편 좌파세력은 당초부터 상당히 경직되어 있었다. 예를 들면 미군이 상륙한 9월 8일에 시크가 설명한 바와 같이 인천 시내에서 한국인 보안대(건국준비위원회 계열)와 노동조합원이 일본 특별경찰대와 충돌하는

---

81) *G-2 Periodic Report*, no. 3, 13 Sept. 1945; *History of USAFIK*, vol. II, chap. I, pp. 2~5; *History of USMGIK*, part I, vol. I, p. 205; 〈매일신보〉, 1945년 9월 13일; "Benninghoff to Byrnes", 15 Sept. 1945, *FRUS, 1945*, vol. VI, p. 1050. 또한 노인이 하지에게 건넨 것이 무엇이었는지에 대해서는 상이한 설명이 존재한다. 〈매일신보〉는 태극기, 《주한미군사》(*History of USAFIK*)는 문서(*a document*), 그리고 《G-3 작전보고》는 옛 조선을 대표하는 국새(*national seal*)와 필기문자(*script*)라고 기록했다.

사건이 발생했다. 미군은 환영과 외출을 금지한다는 지시를 인천에 공시했으나, 당일 오후 2시 조선공산당 인천지부가 지도하는 데모대가 시위를 시작하며 특별경찰대의 경비구역을 돌파하려고 한 것이다. 데모대는 3중, 4중의 경비망을 돌파했는데 특별경찰대의 발포로 보안대원 2명(연희전문학교생인 권생근과 이식우)이 즉사하고 9명이 중상을 입었다. 2층에서 구경하던 일본인 1명도 위협사격의 희생자가 되었다. 청년들의 행동은 연합군을 환영하는 동시에 해방 후에도 서울·인천 지구를 경비하는 특별경찰대에 대해 항의하기 위한 것이었다. 한편 소수의 병력으로 진주한 제7사단은 질서 유지와 서울에서 진행할 항복 수리를 우선시하여 인천에서 환영행사를 금지하고 있었다. 적국을 무력으로 소탕한 뒤 개선하여 입성하는 상황과는 달랐던 것이다. 그것이 사건의 진정한 원인이었다. 그 후 보안대와 노동조합은 일본 헌병과 경찰대의 무장해제를 요구하면서 9월 10일 한국인 희생자 2명을 위한 성대한 시민장을 집행했다. 관 두 개를 가운데 두고 수천 명이 모인 대행렬이 미국기, 소련기, 태극기, 적기, 플랜카드 등을 들고 시내를 행진하여 천주교회당을 향했다. 또 앞서 언급한 9월 11일과 12일 서울 시내 시위에도 두 희생자에게 조의를 표하기 위한 행진이 포함되어 있었다. 그러나 9월 13일 미군 재판관은 보안대 측의 포고 위반을 인정하여 경찰대에게 책임을 묻지 않았다. 보안대 측의 재심 요구에도 오히려 경찰관 이외의 사람이 경찰관과 유사한 행동을 취한 점을 문제 삼았다. 인천보안대는 9월 26일 해산당했다. [82]

82) 森田, 《朝鮮終戰の記錄》, pp. 274~275; 森田·長田 編, 《朝鮮終戰の記錄》, 資料編 第2卷, pp. 218~219, 263; 〈해방일보〉, 1945년 9월 19일; *G-2 Periodic*

같은 9월 8일 이른 아침 여운형의 지시를 받은 건국준비위원회 대표들이 인천에 상륙한 미군 사령관에게 환영 메시지를 전달했다. 여운홍의 자세한 증언에 따르면 메시지를 전하기 위해 백상규, 조한용, 여운홍 3명이 수일 전부터 작은 배에 올라타고 해상에서 대기하고 있었다. 다른 누구보다 먼저 미군 사령관과 만나 환영의사를 표명하고 조선건국준비위원회(Provisional Korean Commission)의 존재를 알리고 필요한 정보를 교환하려 했던 것이다. 대표 격인 백상규는 1905년에 브라운대학을 졸업한 유복한 지주였다. 세 사람은 8일 이른 아침 미 상륙선단에서 하지 사령관이 탄 '캐톡틴'(CATOCTIN)을 찾아내고, 내려와 있던 쇠사슬 사다리를 타고 승선하는 데 성공했다. 그들은 건국준비위원회에 대해 설명하면서 한국 인민을 위한 민주적 정부 조직을 목적으로 하며 전국에 135개 지부를 두고 있다고 주장했다. 세 사람의 대표는 충칭 임시정부에 호의적으로 보이지 않았지만 미군 참모들에게서 '분명히 호인(好人)'이라는 평가를 얻을 수 있었다. 이 세 사람은 아침식사를 대접받고 정오 넘어서까지 머물렀다. 하지만 특정 당파에게 호의를 베푼 것으로 받아들여지지 않을까 우려한 하지 사령관 대신 군단 참모들이 이들을 응접했다. 세 사람이 환영 메시지를 전한 다음 참모들은 이들에게 진주 후 소련군의 행동, 발전소의 분포 상황과 현황, 그리고 건국준비위원회의 성격, 권한, 조직, 구성 인물, 사상 경향 등을 세세하게 물었다. 세 사람은 그중에서도 건국준비위원회에 대해 정성껏 회답했지만 참모들은 꼭 납득하는 표정이 아니었다고 한다. 후에 여운홍은 그 이유가 자신들은 조선인민공화국 성립을 알지 못했는 데 반해,

Report, no. 2, 12 Sept. 1945; *History of USAFIK*, vol. II, chap. I, p. 5.

미군 측은 이미 알고 있었기 때문일 것이라고 추측했다. 또한 세 사람은 신뢰할 수 있는 한국인들과 대일 협력자에 관한 두 종류의 명부를 건네줬다. 한편 세 사람도 미군 측에 가장 중요한 정보, 즉 '몇 개의 망명정부'에 대한 미국의 견해를 물었고, 나아가 미군정부를 전면적으로 승인할 것이라고 보증하면서 "미군정부와 한국 민중 사이의 연락자"로 일하겠다고 제안했다. 83)

여운홍이 우려한 바와 같이 양자 사이의 의사소통은 분명 충분하지 않았다. 전술한 9월 12일 〈G-2 정기보고〉는 인천항에서 벌어진 일을 기술하면서 백상규를 건국준비위원회 위원장으로 간주했다. 건국준비위원회와 조선인민공화국의 관계를 이해하지 못한 채 둘을 전혀 다른 조직으로 인식한 것이다. 미군과 인천 해상에서 접촉한 대표 3인이 새로운 국가의 수립을 통고했든, 이를 알지 못하고 건국준비위원회에 대해서만 설명했든 여운형의 기습적인 시도는 명백한 실패로 끝났다. 그러나 앞서 살펴보았듯이 좌파세력은 이후에도 인민공화국을 기정사실화하는 태도를 바꾸지 않고 9월 14일에 신정부를 조직하여 각료 명단을 발표했다. 나아가 10월 3일 조선인민공화국 중앙위원회는 다음 해 3월 1일 독립선언일을 기하여 제1차 전국인민대표대회를 소집한다는 방침을 결정하고 대표자 선발을 여운형, 허헌, 최용달 등 12명에게 위

---

83) 여운홍, 《몽양 여운형》, pp. 162~166; *G-2 Periodic Report*, no. 1, 11 Sept. 1945; *History of USAFIK*, vol. II, chap. I, pp. 1~2; Henderson, *Korea*, p. 126. 한편 두 종류의 명부는 《G-2 정기보고》(제2호)에 수록되어 있다. 신뢰할 수 있는 인물로 여운형, 백상규, 조한용, 안재홍, 조만식 등 17명의 이름을 거론하고 있다. 그중에는 한국민주당 김성수의 이름은 있지만 그의 맹우인 송진우의 이름은 없었다. 그 외 대부분은 지식인이나 실업가다. 또한 대일 협력자로 거론된 14명 가운데 대다수는 일본 통치기구와 직접적으로 관계가 있는 사람들이었다.

탁한다고 발표했다. 84)

그렇다면 좌파세력은 이처럼 경직된 태도를 어떻게 논리적으로 정당화했을까. 그런 의미에서 여운형이 10월 1일 서울 시내의 각 신문사 기자들을 모아놓고 한 회견은 주목할 만하다. 회견에서 여운형은 한국의 독립이 단순히 연합국으로부터 받은 선물이 아니라 36년간 유혈투쟁을 계속해 온 결과 **혁명으로 획득**한 것이며, 그러므로 **우선 혁명가들이 정부를 조직**하고 인민의 승인을 받을 수 있다는 인식을 드러냈다. 그리고 "인민들이 승인만 해 준다면 조선인민공화국은 그대로 있을 수 있다"고 강변했다. 그러나 여기서 말한 인민의 승인이란 한국 인민이 선거로 자신의 정부 형태를 선택하는 것이 아닌 특정 당파로 구성된 '인민대표대회'에 의한 '승인'일 뿐이었다. 여운형은 또한 충칭정부 이외에도 미국에 두 개의 당파가 존재하며, 옌안과 서시베리아에도 정당이 있으므로 다섯 개의 정부가 존재하는 셈이라고 지적하면서 **충칭정부만을 지지할 수는 없다**고 역설했다. 나아가 자신이 3년에 걸쳐 옌안의 화북조선독립연맹과 연락을 취하면서 지하운동을 전개했음을 밝히면서 독립연맹이 5만 명 내지 6만 명에 달하는 회원을 보유하고 있다고 주장했다. 여운형의 주장이 매우 과장되었음은 말할 나위도 없다. 조선인민공화국 중앙인민위원회의 주장은 그 이상으로 독선적이었다. 예를 들면 10월 5일에 발행된 〈미국 시민에 대한 메시지〉라는 영문 팸플릿에서 미군정부가 모든 행정기관과 경제시설을 조선인민공화국에 인도해야 한다는 주장을 펼치며, 만약 미군정부가 한국인들의 의사와 요구에 반대한다면 "미국 여론은 결코 이를 용서하지 않을 것이다"라고 선언했다. 조선

---

84) *G-2 Periodic Report*, no. 2, 12 Sept. 1945; 〈매일신보〉, 1945년 10월 3일.

인민공화국은 미군정부에게 '주권 논쟁'으로 도전한 셈이다. 85)

이에 대한 반격으로 아놀드 군정장관은 10월 9일 조선인민공화국의 국가로서의 권위나 권력을 공식적으로 철저하게 부정하고 맥아더 장군의 포고, 하지 중장의 일반명령, 군정장관의 군정법령에 따라 창설된 미군정부야말로 38도선 이남의 한국에 존재하는 유일한 정부라고 주장하는 격렬한 대(對) 신문성명 (10월 10일 자) 을 공표했다. 또 모든 신문이 다음 날 1면의 주의를 끌 수 있는 자리에 이 성명을 실으라고 요구했다. 그는 "이는 명령의 효력을 갖는 요청이다"라고 통고했다. 아놀드는 조선인민공화국에 대해 "자천의 관리(官吏), 경찰대, 전 인민을 대표한다는 크고 작은 회의, 자칭 조선인민공화국은 어떠한 권위도 권력도 실체도 없다"고 주장하고, 나아가 "만약 그렇게 고위 관료를 사칭하는 자들이 오락적 가치조차 없는 인형극을 연출하고 있는 것뿐이라면 당장 극의 막을 내려야 할 것"이라고 경고했다. 또한 다음 해 3월 1일을 기하여 실시한다는 "허위선거"(제 2차 전국인민대표대회를 말함) 에 대한 신문보도를 문제 삼으면서 이를 "군사정부에 대한 가장 중대한 방해", "군사정부에 대한 공공연한 반대행위"라고 비난했다. 조선인민공화국에 대한 적의를 노골적으로 드러낸 아놀드의 성명이 그 솔직하고 공격적인 표현 때문에 커다란 사회적 반향을 불러일으킨 것은 두말할 나위도 없었다. 조선인민공화국 중앙인민위원회는 다음 날 "조선인민공화국의 탄생은 미군 상륙 이전의 기정사실이며 제 2차 전국인민대표대회

---

85) 〈매일신보〉, 1945년 10월 2일; The Central People's Committee of the People's Republic of Corea, "A Message to U. S. A. Citizens", 5 Oct. 1945, box 24, XXIV Corps History Section, USAFIK, RG 332, WNRC.

가 1946년 3월 1일을 기하여 소집된 것은 제 1차 전국인민대표대회의 결의에 의한 것이다"라는 내용의 담화를 발표하여 반론했다. 〈매일신보〉는 10월 11일에 아놀드 성명과 인민위원회 담화를 같은 지면에 게재하여 미군정부의 분노를 샀다. 중앙인민위원회는 14일에 다시 "조선인민공화국에 대한 아놀드 장관의 우롱적이고 모욕적인 성명은 반인민정책의 집중적 표현"이라고 비난하는 성명을 발표했다. [86]

중앙인민위원회에서 오간 자세한 토의 내용은 알 수 없다. 그러나 11월 4일에 발표된 이강국의 유명한 논문 〈군정과 인민공화국〉에서 알 수 있는 것처럼 토의의 요점은 미군정부 측의 대응 여하에 따라 군정 아래에서도 조선인민공화국이 주권을 유지하는 것이 가능하다는 주장에 있었다. 조선공산당의 이론가로 알려진 이강국은 "인민공화국은 인민의 총의에 의해 탄생했으며 이것이 민중의 절대적 지지를 받아 민중 속에서 성장하여 강화되어 가는 한 객관적으로 엄연한 존재이며 국가로서의 자격을 갖고 있다고 봐야 한다. 따라서 이것이 군정하에서도 충분히 자기의 존재를 주장할 권리를 갖기 때문에 한국의 자주독립과 국가건설을 원조하는 군정 아래에서 그 존재를 부정당할 국가법상 어떠한 이유도 없다"는 주장을 전개했던 것이다. 또 다음달 〈미국에 대한 각서〉라는 제목의 다른 논문에서도 이강국은 양자가 모순, 대립한다는 점을 부정하고 조선인민공화국은 "군정의 의사를 존중하며 군정이 존재하는 동안 정부로서의 기능과 행동을 보류하고 한국 인민을 위해 군

---

86) Major General A. V. Arnold, Military Governor of Korea, "To the Press of Korea", box 1, Papers of Peter Grant, RG-60, MMA; "Benninghoff to Atcheson", 9 Oct. 1945, *FRUS, 1945*, vol. VI, p. 1069; 〈매일신보〉, 1945년 10월 11일, 14일.

정의 정책에 협력하여 군정으로 하여금 그 본연의 사명을 완수해 유종의 미를 거둘 수 있도록 하겠다"고도 설명했다. 미군정부와 충돌을 회피하면서 조선인민공화국의 정통성을 유지하려는 것이었다. 그러나 이강국이 폴란드 망명정부를 사례로 거론하면서 "강대국인 영국이 육성하여 승인까지 하였음에도 불구하고 국내로 돌아와 세력을 행사하지 못하고 결국에는 국내 민중이 지지하는 해방위원회를 모태로 한 정부〔루블린 정부〕가 열국의 승인을 받았다"고 지적하면서 이를 "국제적 승인에 관한 좋은 범례"라고 한 주장은 명백히 너무 나간 것이었다. 이러한 주장은 조선인민공화국 정부를 루블린 정부, 충칭 임시정부를 폴란드 망명정부와 동일시한 것과 마찬가지인데, 이야말로 미군사령부가 무엇보다도 경계하는 상황이었기 때문이다. 87)

5. 미군정부와 한국민주당의 급격한 접근

(1) 군정장관 고문회의: 보수파 인재 등용

남한 내에서 격렬한 항의에 직면하여, 또한 간접통치를 직접통치로 전환한다는 방침에 따라 미군 당국은 9월 14일까지 조선총독부의 일본인 간부 및 경찰관을 전원 해임하고 후임으로 미군 장교를 임명했다. 그리고 앞서 지적한 것처럼 20일에는 아놀드 군정장관 아래에서 발족한 미군정부 기구를 공표했다. 나아가 그 사이 새로 임명된 미국인 국장 및

---

87) 이강국, 《민주주의 조선의 건설》(서울: 조선인민보사, 1946), pp. 6~7, 23~24.

도지사 밑에 보좌관으로서 한국인 대리를 임명하고 머지않아 직무를 인계한다는 중요한 방침[양(兩) 국장제]을 결정했다. 그러나 현지 사정도 잘 모른 채 처음 행정을 담당하는 미군 장교의 보좌관으로 어떤 한국인을 임명하느냐는 문제는 군정 내용에 직접적으로 영향을 미치는 중요한 사안이었다. 사실 조선총독부가 일본인에 편중해 인재를 등용했기 때문에 중앙이나 지방에서 행정 임무를 담당할 수 있을 정도의 능력이나 경험을 가진 한국인 관료 후보자는 한정되었고, 그 대부분은 일본 식민지 통치기구와 관계했던 인물들이었다. 조선인민공화국을 수립한 좌파세력은 당연히 후보자에서 제외되었다. 따라서 정보 당국이나 정치고문이 주목한 바와 같이 영어를 구사할 수 있는 미국 유학 경험자나 일본 유학을 포함해 높은 수준의 교육을 받은 '수백 명의 보수파'가 유력한 후보자가 될 수밖에 없었다. 말할 나위도 없이 이러한 조건을 충족시킨 인재 대부분은 중앙이나 지방에서 한국민주당으로 결집하거나 이를 지지하는 사람들이었다. 88)

하지만 당초 하지 사령관은 각 당파 대표자와 개별적으로 면담하면서 그들에게 적절한 인재를 추천하도록 하는 방식을 염두에 두었던 듯하다. 미군정부 정보국장은 9월 17일 하지 사령관에게 면담을 요청한 각 당파 대표에게 정당명, 조직, 정견 또는 정강을 서면으로 제출할 뿐만 아니라 학무국장대리, 법무국장대리, 재무국장대리, 교통국장대리, 광공(鑛工) 국장대리, 경기도지사대리, 경성부윤대리, 고양군수

---

88) *History of USMGIK*, part I, vol. I, pp. 31~32; 김운태, 《미군정의 한국통치》(서울: 박영사, 1992), pp. 186~189; 안진, 《미군정과 한국의 민주주의》(서울: 한울 아카데미, 2005), pp. 164~166.

대리로 적당한 인재를 추천하도록 요청했다. 그러나 그러한 시도는 성공적이지 않았다. 미군정부는 10월 초까지 각계의 지도적 인물을 군정장관 고문으로 임명해 인사 문제를 포함한 전반적 문제를 자문하도록 했다. 심지연에 의하면 이는 9월 22일 한국민주당 중앙집행위원회가 채택한 "행정과 인사의 공정을 기하기 위해 군정 당국은 한국인 중에서 명망과 식견을 갖춘 인물들로 중앙위원회를 조직하여 행정과 인사와 관련해 자문할 수 있기를 희망한다"는 결의를 수용한 것이었다. 앞서 본 것처럼 한국민주당은 9월 16일 결성대회에서도 미군정부에 공정·유위한 한국인 관리 채용을 요청했다. 아놀드 군정장관은 10월 5일 자로 김성수, 김용순, 김동원, 이용설, 오영수, 송진우, 김용무, 강병순, 윤기익, 여운형, 조만식 등 11명을 군정장관 고문으로 임명했다. 이 중에 여운형과 조만식을 제외한 9명은 한국민주당 당원 또는 지지자였다. 이들 가운데 이용설은 의사, 오영수는 은행가, 김용무와 강병순은 변호사, 윤기익은 광업가로 알려졌다. 조만식은 평양에 거주하는 저명한 우파 민족주의자이자 장로교 목사로서 당시 소련군정하에서 평안남도 인민정치위원회 위원장에 취임해 있었다. [89]

---

89) 〈매일신보〉, 1945년 9월 17일; 심지연, 《한국현대정당론》(서울: 창작과비평사, 1984), pp. 55~56; 심지연, 《한국민주당연구 I》(서울: 풀빛, 1982), p. 138; 송남헌, 《해방 3년사》(서울: 까치, 1985), p. 101; 〈자유신문〉, 1945년 10월 7일. 북한에 거주하는 조만식이 고문으로 임명된 경위는 분명치 않으나, 10월 1일 마셜 육군참모총장이 맥아더에게 보낸 전보는 준비 중인 남한 민정을 위한 기본지령의 내용을 언급하면서 "남한의 행정기구는 소련과 합의하여 한반도 전 지역에 용이하게 확대, 적용할 수 있도록 조정돼야 한다"고 지적했다("Marshall to MacArthur", 1 Oct. 1945, FRUS, 1945, vol. VI, pp. 1067~1068). 또한 아놀드는 10월 9일 기자회견에서 "장래에는 고문의 인원을 늘려 한반도 전역을 망라할 예정이다"라고 언

그렇다면 조선인민공화국 부주석이었던 여운형은 왜 군정장관 고문에 임명되었던 것일까. 흥미롭게도 여운형은 미군이 도착했을 때 3명의 사절을 인천항 해상에 파견해서 하지 사령관에게 환영 메시지(친서)를 전달했다고 주장하고, 그에 대한 회답이 없는데 자신이 면회를 요구하는 일은 "사대주의적 태도"라고 주장했다. 또한 하지가 여운형은 일본인과 결탁했다고 하는 "악질적 중상"을 유포했기 때문에 하지 사령관에게 면회를 요청하지 않을 것이라고도 주장했다. 하지만 임명 전날인 10월 4일 여운형은 미군정부의 초청에 응해 오전 9시부터 아놀드 군정장관, 오후 2시부터는 하지 사령관과 만났다. 그날 여운형은 건국준비위원회 위원장 자격으로 회담했다고 한다. 회담에서 하지는 여운형에게 경제 문제, 그중에도 식량 및 연료 문제와 공장의 조업 재개에 협력하도록 요청하고, 나아가 군정장관 고문에 취임해 달라고 설득했다. 그러나 이를 수락한 여운형이 안내받은 별실에는 조만식을 제외한 9명의 고문 예정자가 이미 집합해 있었다. 여운형이 갑자기 등장했기 때문에 그들도 놀랐다고 한다. 그 회합에서는 공장의 조업 문제, 도지사 임명 등이 심의되었다. 또한 호선으로 고문회의 위원장에는 김성수가 취임했다. 당혹스러운 여운형은 의제와 고문 구성이 부적절하다고 주장하면서 "항상 나의 주장과는 9 대 1로 대립할 것이다"라고 말하고 그 자리를 떴다.[90]

다음 날, 즉 10월 5일 오전에 여운형은 송진우, 안재홍, 백관수, 허

명했다(〈매일신보〉, 1945년 10월 9일).

90) 〈자유신문〉, 1945년 10월 6일, 9일; 이만규, 《여운형 투쟁사》, pp. 237~242; 최영희, 《격동의 해방 3년》(서울: 한림대 아시아문화연구소, 1996), p. 51.

헌, 조동우, 김병로, 장덕수, 최용달, 이현상, 최근우, 김형선, 양근환 등 좌우 양파의 지도적 인물들이 많이 모인 간담회에도 출석했다. 박헌영과 이영이 결석한 가운데 이들은 두 가지 의제, 즉 ① 각 정치단체의 대동단결, ② 초당파적인 자주독립 촉진기관(통일전선) 설립을 둘러싸고 약 6시간에 걸쳐 열띤 토론을 벌였다. 두 번째 의제를 둘러싸고 분규가 일어났지만, 간담회는 좌우 지도자들이 한자리에 모인 자체로 커다란 사회적 반향을 불러일으켰다. 그러나 군정장관 고문회의 설치나 여운형의 유화적 행동이 조선공산당을 포함한 좌파 진영에 복잡한 파문을 던진 듯하다. 10월 7일에는 조선인민공화국을 대표하여 이강국, 이승엽, 박문규가 긴급 기자회견을 열고 행정고문을 포함한 미군정부의 인사와 통일전선 결성에 대해 조선인민공화국의 입장을 표명했다. 그들은 "이른바 **친일분자들이 대거 등장했는데** 이는 필연적으로 임시적인 조치일 것이다"라고 지적하고 "조선인민공화국은 … 민족반역자인 친일분자들만 빼고는 누구라도 환영한다"고 강조했다. 미군정부의 보수파 인재 등용이나 각 당파의 무원칙적 통일을 비판하면서 민족반역자나 친일파를 배제한 민족통일전선 결성을 요구한 것이다. [91]

한편 10월 7일 오후 **건국준비위원회** 중앙집행위원회가 열려 "조선인민공화국이 이미 탄생하여 인민의 지지를 받았으므로 건국준비위원회는 창생기의 신성한 사명을 완수했다"는 이유로 건국준비위원회 해산을 결의한 사실도 주목할 만하다. 건국준비위원회는 다음 날 정오에 숙명고등여학교에서 위원장 이하 전원이 출석하여 장엄한 해산식까지 거행했다. 여운형이 건국준비위원회 위원장으로서 군정장관 고문회의에

---

91) 〈자유신문〉, 1945년 10월 8일, 9일.

출석한 사실이 공산당이 주도하는 다수파를 자극했을 것이다. 중앙집행위원회에서 여운형은 "건국준비위원회를 존속시켜 이를 중심으로 외교를 하는 것이 유리하다"고 주장했지만 받아들여지지 않았고 건국준비위원회 해산이 다수결(14 대 7)로 강행 처리되었다. 이는 여운형의 독자 행동을 봉쇄하려는 듯한 움직임이었다. 여운형은 이에 반발하여 10월 10일 건국준비위원회의 모체라는 건국동맹을 부활시켰다. 사실 건국동맹은 그날 열린 32개 정당·단체로 구성된 긴급문제토론회에 참가했다. 또한 12일 정당 주도로 개최된 제 2차 각당대표협의회(10월 5일 간담회의 계속)에도 건국동맹을 대표한 최근우와 함봉석이 참여해 "정당을 초월한 건국준비위원회와 같은" 통일전선조직이 필요하다고 역설했다. 미군정부에 대한 태도나 초당파적 좌우합작을 둘러싸고 여운형과 공산당 사이에 미묘한 대립이 생긴 것이다. 그러나 여운형은 10월 14일 정식으로 군정장관 고문을 사임했다. 92)

한편 보수파 인재 등용이나 민족통일전선에 대한 박헌영의 견해는 지극히 명확하고 신랄했으며 자신에 차 있었다. 박헌영은 10월 10일 기자회견에서 "우리는 우선 무엇보다도 강력한 민족적 통일정권을 조직해야 한다"고 말했으나, 뒤이어 "그러나 친일파, 민족반역자는 정권 수립에 참가할 자격이 없다. 이 점에서 공산당의 견해는 **민족적 반역자를 수족처럼 부리는** 미 군정의 태도와는 전혀 다르다"고 주장했다. 요컨대 미군정부가 군정장관 고문에 임명한 한국민주당 계열의 인재는 친

---

92) 〈매일신보〉, 1945년 10월 6일, 12일; 〈자유신문〉, 1945년 10월 9일, 15일; 심지연, 《인민당연구》(경남대 극동문제연구소, 1991), pp. 7~8; 최영희, 《격동의 해방 3년》, pp. 51~52, 62~63.

일파, 민족반역자이며 이들이 배제될 때까지 한국민주당은 민족통일전선의 일원이 될 수 없다고 강조한 것이다. 또한 군정 당국에 대해서도 "조선에 주둔하는 연합군은 남북을 불문하고 빠른 시일 내에 임무를 완수하여 조선인에게 정권을 양도하고 떠나기를 바란다"고 선언했다. 나아가 가장 중요한 조선공산당의 토지 정책에 대해 박헌영은 솔직하게 "일본인과 민족반역자의 토지는 물론 지주의 토지도 **자기 경작지 이외는 몰수, 국유화해서 농민에게 분배하는** 것이 우리의 원칙이다. 그러나 토지분배 문제의 근본적 해결은 앞으로 우리들의 투쟁 여하에 달려있으므로 현 단계에서는 일반 지주들의 토지소작료로서 〔지주가 수확물의 3할을 차지하는〕 3·7제를 주장한다"고 강조했다. 한반도 해방으로부터 2개월도 지나지 않은 시점에 한국민주당과 조선공산당은 타협이 불가능할 뿐만 아니라 적대적이라고까지 할 수 있는 관계에 도달해 있던 것이다. 93)

(2) 미군 부대에 의한 질서 회복: 전략적 제휴

군정장관 고문회의가 발족한 뒤 미군정부와 한국민주당 사이에 긴밀한 제휴가 진전하면서 한국민주당계 인재가 군사정부 내에서 주요 직책을 많이 맡게 되었다. 이들 사이에서 관여한 것이 하지 사령관의 통역을 담당했던 이묘묵(시러큐스대 박사) 등 한국인 통역관들, 선교사의 아들로 전쟁 전에 한국에서 자란 윌리엄스(George Z. Williams) 해군소령

---

93) "민족통일 정권을 지지, 조선공산당 박헌영 씨 정견을 토로", 〈조선인민보〉, 1945년 10월 11일(임경석, 《박헌영 일대기》, pp. 222~224).

을 비롯해 한국어에 능통한 미국인들이었다. 이묘묵은 한국민주당의 열렬한 지지자였고 "여운형과 안재홍은 친일파이며 인민공화국은 철저한 적색 집단이다"라고 공언할 만큼 반공주의자였다. 또한 윌리엄스는 하지 사령관의 고문으로 일하며 미군사령부와 한민당 간부를 중개하는 역할을 수행했다. 조병옥의 회고에 따르면 윌리엄스는 10월 17일 한국민주당 수석총무인 송진우를 방문했으며, 나아가 그날 밤 원세훈과 조병옥을 포함한 세 명의 간부와 회담을 갖고 하지 사령관의 요청을 전달했다. 경찰행정의 핵심인 경무부장에 "공산주의 이론에 투철하고 반공사상이 철저한 유능하고 실천력이 있는 한국인 중의 애국인사"가 필요하다는 것이었다. 다음 날 송진우는 조병옥을 추천하고, 조병옥은 윌리엄스와 함께 하지, 아놀드, 시크와 회담을 가졌다. 하지는 조병옥에게 한국민주당에서 탈당하라고 요구했으나 조병옥은 총무직만 사임했다. 정식 발령은 10월 20일 자였다. 이 중요한 조치를 전후하여 대법원 재판장 김용무, 검사총장 이인, 사법부장 김병로, 경기도 경찰부장(나중에 수도경찰청장) 장택상, 문교부장 유억겸, 노동부장 이훈구, 농무부장 윤보선, 보건후생부장 이용설 등 한국민주당 내 유력자들이 미군정부 요직을 많이 차지하게 되었다. 94)

94) 제2차 세계대전 중에 OSS(전략첩보국)에 근무하고 전후에는 국무부 한국데스크를 맡았던 맥퀸은 미군정부가 초기 단계에 선발한 한국인들이 "상대적으로 부유하고 영어를 구사할 수 있는 한국인에게 극단적으로 편중되어 있었다"고 지적했다. '부유함'은 통상 보수적인 '친일파'와 관련 있었고, 영어 능력에 치우친 인사는 종종 적임자가 아니었기에 미군정부가 '통역관 정치'를 한다는 악평을 안겨 줬다. George M. McCune, "The Occupation of Korea", *Foreign Policy Reports*, 15 Oct. 1947; Lauterbach, "Hodge's Korea"; Henderson, *Korea*, p. 126; 조병옥, 《나의 회상록》, pp. 149~152; 안진, 《미군정과 한국의 민주주의》, pp. 164~168;

한편 미군정부은 특히 경찰, 검찰, 재판소 등 공안·사법 분야에서 두드러지게 한국민주당 계열 인사를 등용했다. 바꿔 말하면 미군 당국과 한국민주당의 제휴는 군정기구를 형성했을 뿐 아니라 조선인민공화국에 대한 공동 반격을 의미했다. 사실 경무부장에 취임한 조병옥은 하지 사령관이나 아놀드 군정장관에게 조선인민공화국이나 인민위원회를 불법화하도록 진언했을 뿐 아니라, 전국 경찰서를 열심히 순회하며 반공적 우익청년단을 육성했다. 이러한 상호보완적 협력관계는 미군 부대가 지방에 진주하면서 지방 행정기구에까지 확대되었다. 사실 10월부터 11월에 걸쳐 미군 부대가 진주할 때까지 건국준비위원회는 남한의 여러 지방에 지부를 결성했고 그 아래에 좌파 계열 청년들이 치안대(보안대)를 조직해 놓고 있었다. 예를 들면 충청남도의 중심인 대전에서는 한국인 경찰관과 함께 치안대원이 주재소에 배치되었는데 청양, 천안, 온양, 홍성, 보령 등에서는 치안대가 군청을 접수하거나 경찰관에게 총기 인도를 요구하기도 했다. 대전에 있는 일본기업 몇 군데에서는 한국인 노동위원회가 조직되어 일본인에게서 경영권을 박탈하거나 일시금을 요구하기도 했다. 10월 9일 카프(William A. Karp) 중령이 충청남도 도지사로 부임하고 10월 중순까지 미군 부대가 도내 각지에 진주를 완료함에 따라 비로소 '법과 질서'가 회복되었다. 인민위원회도 보안대도 진주한 군대와 직접적으로 대결하지 않았으며, 할 수도 없었기 때문이다. 박헌영은 10월 30일 기자회견을 통해 지방에서

이호재, 《한국외교정책의 이상과 현실》, pp. 132~133; 심지연, 《한국현대정당론》, p. 56; 김운태, 《미군정의 한국통치》, pp. 188~189; 송남헌, 《해방 3년사 I》, p. 97; 〈자유신문〉, 1945년 10월 27일.

발생하는 군정 당국과 인민위원회 사이의 대립을 언급하며 "미 군정 당국과 협력해야 한다. 협력하는 것이 원칙이다. 민중의 이해관계가 미군정 당국의 의견과 대립할 수도 있으나 항의나 설명을 하더라도 힘으로 대항하거나 충돌해서는 안 된다. … 미국은 일본제국주의를 몰아내고 한국을 해방시키기 위해 왔다는 점을 잊어서는 안 된다"는 견해를 밝혔다. 95)

미군 부대 진주가 가장 늦어진 전라남도에서는 8월 17일 오전 광주극장 집회에서 건국준비위원회 전라남도위원회가 결성되었다. 3·1독립운동의 지방 지도자였던 최흥종 목사가 위원장에 취임했고 좌우 양파에서 부위원장 한 명씩, 그리고 각 부장과 위원이 선출되었다. 온건 진보적 성향을 지닌 인재를 모으고 그 아래에서 좌익 청년들이 세력을 확대한 듯하다. 그 중심인물이 광주청년단장과 건국준비위원회 치안대장을 겸한 김석이었다. 경찰대를 대신해 흰 셔츠를 입은 치안대(흰 셔츠부대) 300명 이상이 김석의 지휘 아래 광주 시내를 순찰했다. 경찰관을 포함한 대부분의 도청 직원은 형식적으로 직장을 지킬 뿐이었으므로 치안대가 광주부의 "유일한 조직적 통치기관"이 되었다. 한국인 경부가 살해되거나 일본인 순사가 폭행·협박을 당해 자살하는 사건,

95) 장병옥, 《나의 회고록》, pp. 154~156; "石井治助(忠淸南道 高等警察課長)の 證言", 〈同和〉, 第 158~159号; "坪井幸生(忠淸北道警察部長)の證言", 〈同和〉, 第 154~156号; 森田·長田 編, 《朝鮮終戰の記錄》, 資料編 第 1卷, pp. 380~388, pp. 388~397; C. Leonard Hoag, *American Military Government in Korea: War Policy and the First Year of Occupation 1945~1946*(Draft Manuscript, History Division, Office of the Chief of Military History, Department of the Army, 1970), pp. 144~146, 157~158; 〈자유신문〉, 1945년 10월 31일.

한국인 강도를 살해한 일본인이 자살하는 등의 유혈사건도 발생했다. 가장 치안이 악화된 목포에서는 귀국한 징용노동자가 부윤(시장)에게 위자료를 내놓으라고 협박하거나, 권총을 든 강도단이 정미공장이나 제유공장을 습격하기도 했다. 순천에서는 인민위원회가 경찰서를 접수했다. 그러나 10월 7일 이후 미군 전술부대 진주가 시작됐다. 23일 제6사단에서 파견된 린트너(Julius H. Lintner) 중령이 광주에 도착하여 도지사로서 사태를 진정시키고 25일 주요 일본인 관료들을 전원 해임했다. 린트너는 인민위원회와 여러 차례 회합을 갖고 정부가 아닌 정당으로서 활동하도록 했다. 치안대 지도자이며 정치범으로 장기간 복역한 바 있는 김석을 경찰부장으로 임명할 가능성까지 검토했다고 한다. 그러나 10월 28일에 사태가 급변했다. 도지사, 부지사, 경찰부장 등 군사정부 요인들을 살해하려는 음모가 적발되고 김석이 주모자로 체포된 것이다. 당시 군정 요원으로서 광주에서 정세를 관찰하던 미드는 이 사건이 전라남도에서 미군정부와 인민공화국의 관계를 바꾼 전환점이 되었다고 술회했다. 96)

---

96) 김창진, "8·15 직후 광주지방에서의 정치투쟁: 1945~46년 인민위원회 운동과 미군정의 성격", 역사문제연구소 편, 《역사비평》, 제1집(서울: 역사비평사, 1987) pp. 99~122. 이 논문은 전라남도 건국준비위원회를 둘러싼 당시의 상황을 극명하게 묘사하고 있다. 지주 대표로 재무부장에 취임한 고광표를 비롯한 5명을 서울로 파견하게 되자 그들은 당일에 목탄트럭을 타고 출발했다. 거기에 동승한 것이 박헌영이었다. 각주 59)에서 인용한 고광표의 증언(중앙일보특별취재반 기록)과 일치한다. 광주극장 집회에 대해서는 그 사실만이 《해방전후 회고》(광주부 총무과 공보계 편, 광주부, 1946년, p. 5)에 기록되었다. "八木信雄(全羅南道知事)の 證言", 〈同和〉, 第161~162号; "齋藤實(全羅南道 地方課長)の 證言", 〈同和〉, 第163号; "市原感一(慶尙北道高等警察課長)과 그 외의 證言", 〈同和〉, 第164号; 森田·長田 編, 《朝鮮終戰の記錄》, 資料編 第1卷, pp. 397~405, 405~

조선인민공화국은 틀림없이 미군이 진주한 남한 지역, 그중에서도 지방에서는 가장 유력한 정치세력이었다. 선교사 아들로 태어나고 자라서 한국을 잘 알던 언더우드(Horace H. Underwood)는 정력적으로 농촌 여러 지역을 여행한 뒤에 "인민공화국이야말로 미국 점령지역에서 가장 강력하고 활발한 조직이다. 그에 비하면 민주당은 거의 모든 지역에서 겨우 조직되었거나 조직되어 있지 않다"면서 "농민에 대한 토지 무상분배나 노동자들에 대한 공장 무상제공 같은 매력적 요소를 갖고 있지 않다고 생각한다"고 지적했다. 또한 12월에 남한 각 지방을 조사한 군사정부여론실(Office of Public Opinion)의 라레트(La Lette) 소령은 언더우드의 지적을 뒷받침하면서 "인민공화국의 세력은 성장하고 있고 모든 차원에서 정부 조직을 갖춘 반면, 그 밖의 당파는 공존할 기회조차 얻지 못하는 상황이다. 군사정부의 개입 없이 그 밖의 당파가 세력을 얻을 수는 없을 것이다"라고 보고했다. 전라남도의 사례가 보여주듯, 미군은 남한 각지에 진주하면서 점령이라 불릴 만한 지방정치 개입을 초래했다. 이는 서울에서 성립된 미군정부와 한국민주당의 긴밀한 제휴를 지방으로 확대한 것이었다. 전 전라남도지사인 일본인 야기 노부오(八木信雄)는 미군정부의 의뢰를 받아 5명의 한국인 도지사대리 후보를 추천했는데 그중에서 선발된 사람은 미국 유학을 경험한 의

407, 424~430을 참조. 야기는 전라남도 건국준비위원회가 8월 20일 쯤 현준호 호남은행장 등을 중심으로 발족했다고 했지만 8월 17일의 광주극장 집회에 대해서는 전하지 않는다. 八木信雄, 《日本と韓國》(增補再版, 日韓文化出版社, 1983), pp. 260~270; *History of USAFIK*, part III, chap. III, pp. 44~48; Hoag, *American Military Government in Korea*, pp. 61~162; Meade, *American Military Government in Korea*, pp. 54~58, 69~73. 단, 미드는 이러한 음모가 실제로 존재했는지에 대해서는 최종 판단을 유보했다.

학박사이자 병원장인 최영욱이었다. 미군 부대가 지방에 진주함에 따라 현지 행정기구가 보수파나 친미파를 중심으로, 특히 한국민주당에게 유리한 형태로 구축되어 간 것으로 보인다. 11월에는 서울을 모방해 광주에서도 대부분 보수파 유력자로 구성된 군정 지사 고문회의를 설치했다. 한국민주당이 미군정부가 필요로 하는 인재를 중앙은 물론 지방에도 공급했으므로 양자 사이에 형성된 긴밀한 제휴는 일시적 또는 전술적 수준을 넘어서는 전략적 제휴였다고 해도 과언이 아니다. 97)

6. 마치며

8월 15일에 〈작전명령 제 4호〉가 발령되고 드디어 블랙리스트 작전이 실행에 옮겨졌다. 그러나 점령행정에 관한 〈부속8(군사정부)〉가 발령된 것은 8월 28일이었으며, 원래 예정에 반하여 직접통치에서 간접통치로 방침이 변경됐다. 하지 사령관과 아놀드 사단장은 그러한 명령을 받아 서울에 진주했다. 미국은 한반도를 대일본제국의 불가분의 일부로, 그곳에 진주하는 일은 '적국 영토'에 대한 진주로 인식했다. 사실 1919년 3·1독립운동 이후 일본의 통치에 대항한 한반도 내 조직적 저항운동은 최소한으로 억제되었고 한국인 젊은이들은 징병당해 전장으

---

97) "八木の證言", 森田·長田 編, 《朝鮮終戰の記錄》, 資料編 第1卷, p. 403; 八木, 《日本と韓國》, p. 267; *History of USMGIK*, vol. I, pp. 210~211. 여론실은 '첩보·정보부문'(Intelligence and Information Section)에 속했으며 각 지방을 조사 여행하는 5개 팀을 두고 있었다(Hoag, *American Military Government in Korea*, pp. 246~247).

로 나갔다. 따라서 미군은 카이로선언에서 명시했듯이 한국을 적당한 시기에 자유롭고 독립된 나라로 만들더라도 이는 미군이 진주를 완료하고, 연합국이 정식 점령정책을 채택한 이후라고 이해했다. 그러나 하지 사령관이 9월 9일 기자회견에서 아베 조선총독을 포함한 일본인 관료들을 일시적으로 유임시키겠다고 발표한 일은 진주 초기에 저지른 중대한 실패였다. 그 발언이 자신들의 정체성 회복을 열망하던 한국인들의 민족감정을 건드렸기 때문이다. 사태 악화를 우려한 3부조사위원회의 지령에 따라 남한 점령은 일본 점령과 명확하게 분리되었다. 한편 서울에 있던 일본군 제17군사령부는 소련군이 진주한 북한의 참상이 남한에 파급될까 두려워하여 미군의 조기진주를 열망했고, 현지 정세를 보고하는 등 미군 진주에 계속 협력적이었다. 이 점에서 승자와 패자 사이에 공통의 이익이 존재한 것이다. 그러나 미국 정부는 한반도 점령에서 독립에 이르는 길을 카이로선언이나 전시 정상회담에 근거하여 단계적 과정(미·소의 점령행정, 미·영·중·소에 의한 신탁통치, 완전한 독립국가 건설)으로 상정했으며, 이 사실은 미국의 초기 점령정책을 크게 구속했다. 왜냐하면 미국과 소련의 공동행동 및 한국의 중앙관리가 실현되지 않는 한 신탁통치는 물론이고 장래 한국의 독립과 통일도 쉽지 않을 것이라 생각했기 때문이다.

그러나 대일본제국이 항복한 날에 그 항복을 받을 자가 그 자리에 없었다는 사실만큼 해방 후 한국정치를 혼란에 빠트린 것은 없었다. 승자와 패자의 관계만이 아니라, 식민지 통치는 어떻게 마무리할 것인가 하는 패자의 문제도, 새로운 독립국가를 어떻게 수립할 것인가 하는 해방된 자의 문제도, 각각 적절한 단계를 거치지 않은 채 거의 동시에 긴급한 과제가 되었기 때문이다. 그 결과 해방 직후 남한에는 여러 형태의 기회주의가 만연했다. 예를 들면 8월 15일 이른 아침에 조선총독부가 여운형에게 치안유지를 위해 협력을 요청한 것은 소련군의 서울 입성을 확신한 탓에 사전에 정치범들을 석방하여 소련군 입성에 따른 혼란을 최소한으로 억제하고 싶었기 때문임에 틀림없다. 엔도 류사쿠 정무총감의 결정을 재촉한 것은 3·1독립운동의 기억이었다. 그러나 여운형은 그러한 기회를 이용하여 좌우 정치세력을 규합하는 건국준비위원회를 결성하고 자신이 구심점이 되고자 했다. 진주하는 소련군으로부터 원활하게 정권 이양을 받으리라 기대했을 것이다. 총독부와 여운형의 잘못된 정세판단을 장안파 공산주의자들이나 박헌영과 재건파 공산주의자들도 공유했다. 그러나 8월 24일경까지 미군의 서울 진주가 확실해진 이후 좌파세력, 특히 박헌영을 중심으로 한 공산주의자들은 그동안 신중하게 진행했던 건국준비운동을 전환해 일거에 인민정권을 수립하는 방향으로 나아갔다. 미군의 진주 예정일 전날 핵심 좌파세력 수백 명이 조선인민공화국 수립을 선언하고 약 1주일 후에는 인민공화국 정부의 각료 명부를 발표한 것이다. 조선인민공화국 수립은 미군 부대가 남한에 진주하기 이전, 또한 해외 독립운동단체나 지도자가 귀국하기 이전에 좌파세력이 주도하는 새로운 국가 및 정부를 수립하고 이를 기정사실로 만들기 위한 시도였다. 또 이는 우파세력이 결속하여 지지를 표명한 대한민국 임시정부(충칭정부)에 대항하기 위한 예방조치이기도 했을 것이다. 그러나 이는 미군의 진주와 점령에 대한 명백한 거부반응이자 저항운동이기도 했다. 작은 기회주의가 더 큰 기회주의를 초래하고 결국에는 모험주의까지 발생한 것이다.

한편 조선총독부의 요청에도 불구하고 송진우, 김성수, 김준연, 조병옥 등 우파 민족주의세력은 전쟁 말기에 대일협력을 거부하면서 정세의 추이를 지켜보고 있었다. 그 중심에 있던 김성수 등과 같은 기업가나 지주들은 전쟁 이전이나 전시에 많든 적든 일본의 산업정책에 협력할 수밖에 없었기 때문에 자신들의 정치적 입장이 미묘하다고 느꼈을 것이다. 그들은 공산주의자를 포함한 건국준비위원회에 참여하지 않고 충칭에 있는 대한민국 임시정부에 대한 지지를 분명히 했다. 이렇게 남한의 정치세력이 좌와 우로 명확하게 분열된 셈이다. 좌파세력이 조선인민공화국 수립을 선언하자 우파세력은 한국민주당을 결성하여 충칭정부 절대 지지와 미 점령군 당국에 대한 협력을 표명했다. 미국이나 일본에서 유학하거나 고등교육을 받은 지식인, 기업가, 지주, 자산가 등이 여기에 결집했다. 다만 한국민주당은 좌파세력과는 달리 특히 농촌지역에서 대중적 기반을 확보하지 못했다. 이후의 사태 전개는 비교적 단순하다. 미군이 점령을 목적으로 남한에 진주했을 때 남한 내 좌우 양파는 이미 회복이 불가능할 정도로 격렬하게 대립하고 있었고, 혁명적인 신념에 의지한 좌파세력의 주장이나 행동은 공산주의를 경계하는 미군 당국의 경각심을 더욱 증폭했기 때문이다. 특히 좌파세력이 새로운 국가나 정부의 수립을 기정사실로 여기고 그에 집착한 것은 미군정부와의 관계를 결정적으로 악화시켰다. 미국 정부나 점령군 당국 입장에서 보면 미군 진주 이전에 조선인민공화국을 수립한 일이야말로 대일전쟁을 승리한 공을 옆에서 가로채는 것이자, 한국 인민에게서 민족자결의 권리를 빼앗는 행위나 마찬가지였다. 좌파세력과 관계가 험악해질수록, 마치 반비례하듯이, 미군정부는 일본인이나 좌파가 아니라는 이유로, 또한 보수적이고 고등교육까지 받은 친미파라는 이유로 한국민주당에 점차 의지하면서 정부기구에 한국민주당 인재들을 등용했다. 이러한 미군정부와 한국민주당의 관계는 10월 이후 미군 부대의 지방 진주가 진전됨에 따라 남한 각지로 확대되었다. 해방 후 남한에서 미군정부와 우파세력의 긴밀한 제휴, 그 둘과 좌파세력의 격렬한 대립이라는 "일그러진 삼각관계"와 권력 구도가 탄생한 것이다.

제4장

이승만과 김구의 귀국과 국내 정치의 재편성
세 가지 통일전선운동의 전개

1. 시작하며

한국 독립운동을 전체적으로 논하는 것은 매우 어려운 일이다. 1910년
8월 일본의 한국 병합 이후 한국에서는 독립의지 표현이 심하게 억압되
었을 뿐 아니라 독립운동은 주로 해외에서, 더욱이 지리적으로 분산되
어 전개되었기 때문이다. 구한말 위정척사운동, 개화운동, 동학운동
을 사례로 들 필요도 없이 독립운동의 이데올로기와 형태도 다양했다.
그러나 1919년에 일어난 3·1독립운동은 한국 내 민중봉기를 수반하면
서 일시적이긴 했으나 다양한 운동을 통합하는 역할을 했다. 실제로 상
하이에 집결한 독립운동 지도자들은 그해 9월 대한민국 임시정부를 수
립하고 독립운동의 제도화를 시도했다. 그 자리에는 초대 임시대통령
에 취임한 이승만이나 마지막까지 임시정부를 수호한 김구뿐 아니라
해방 후 한국에서 활약한 김규식, 여운형, 김두봉, 김원봉 등도 집결
했다. 그 밖에도 한국 해방을 보지는 못했지만 안창호가 정부를 수립하
는 주역이 되었고, 국무총리에는 이동휘가 취임했다. 외교활동을 중시

한 이승만이 워싱턴으로 복귀한 반면, 이동휘는 한국인 최초의 볼셰비키로서 독립운동을 주창하다가 1935년 1월 시베리아에서 객사했다. 김구는 통일전선조직으로서 임시정부를 유지하는 일을 중시하면서 이를 위해 의열투쟁(테러리즘)까지 감행했다. 1945년 8월 한국 해방 당시, 대한민국 임시정부는 충칭에서 김구 주석과 김규식 부주석의 지휘 하에 해외 독립운동의 통일전선조직으로서 면모를 재정비하던 중이었다. 워싱턴에 거주하던 이승만도 1941년 6월 임시정부의 주미 외교위원장으로 임명된 상태였다. 만약 이 해외 독립운동 지도자들이 임시정부와 함께 한꺼번에 귀국해 즉각 독립과 주권행사를 요구했다면 어떻게 됐을까. 좌파세력이 주도하는 정국을 일변하는 충격을 줬을 뿐 아니라 군정 당국에 대한 직접적 도전이 되었을 것이고, 좌파세력의 조선인민공화국 수립 이상으로 심각한 사태를 초래했을 것이다. 이 장에서는 이승만과 김구 등 해외지도자들의 귀국에 초점을 맞춰, 그것이 해방 직후의 남한 정치에 어떠한 영향을 미쳤는지, 그 충격이 한국 정치를 어떻게 재편했는지 분석하고자 한다.

남한에서 직접 군정을 실시하던 미 점령군 당국 입장에서 해외지도자들의 귀환에는 양의(兩議)적 의미가 있었으며, 지도자들이 개인 자격으로 귀국해 미군정부에 협력할 경우에만 유익했다. 워싱턴, 특히 주도권을 가진 국무부와 도쿄의 태평양육군총사령부, 그리고 서울의 주한미군사령부는 이 미묘한 문제에 일치된 대응이 가능했던 것일까. 애초에 소련과의 공동행동을 우선시하고 남북한에서 신탁통치를 실시하고자 한 국무부에게 해외지도자들은 어떤 존재였을까. 어째서 이승만은 가장 유력한 지도자로서 해외지도자들 중 처음으로 귀국할 수 있었던 것일까. 맥아더 원수와 하지 사령관은 혼란스러운 현지 정세를 수습하기 위해 이승만의 귀국을 어떻게 이용하려고 했던 것일까. 민족의 영웅으로 귀국한 이승만은 무슨 목적으로 어떻게 행동했던 것일까. 이승만을 조선인민공화국의 주석으로 추대한 좌파세력의 대응은 어떠했을까. 한편 또 다른 유력 지도자이자 충칭에서 대한민국 임시정부를 지도하던 김구 주석은 일본의 항복 소식이 전해진 그 시점, 미국 전략첩보국의 한국 침투작전에 참가하는 한국인 대원들을 격려하기 위해 시안(西安)에 머물고 있었다. 임시정부와 김구는 중국 정부 및 미국 정부와 어떤 관계였던 것일까. 원래 대한민국 임시정부란 어떠한 존재였을까. 장제스와 긴밀한 관계를 유지하던 김구의 귀국은 왜 이승만의 귀국보다 한 달 이상 늦어진 것일까. 김구는 임시정부를 유지한 채 이를 이끌고 귀국하려 했던 것일까, 아니면 다른 역할을 계획했던 것일까. 하지 사령관과 미군정부, 임시정부보다 먼저 귀국한 이승만, 이승만과 긴밀한 관계를 형성한 한국민주당, 조선인민공화국을 수호하는 조선공산당과 좌파세력은 김구와 임시정부의 귀국에 어떻게 대응했을까. 귀국 후 이승만과 김구는 같은 정치노선 아래에서 협력할 수 있었을까.

2. 이승만의 귀국과 독립촉성중앙협의회

(1) 전쟁 말기 이승만의 외교

전쟁의 종식은 해외에 있던 독립운동 지도자들에게도 동시에 찾아왔다. 누구보다 일찍 종전을 상정하고 외교를 펼친 인물은 워싱턴에 거주하면서 대한민국 임시정부의 주미 외교위원장이던 이승만이었을 것이다. 독일이 항복한 지 얼마 되지 않은 1945년 5월 15일에 샌프란시스코에서 쓴 서한에서 이승만은 트루먼 대통령에게 두 가지를 요청했다. 첫 번째는 한국이 국제기구에 관한 연합국회의에 회원 자격을 신청했으니 정식 참여를 인정해 달라는 것이며, 두 번째는 "특히 태평양 전선이 일본열도에 접근하고 있으므로, 연합국군이 한국 지하세력의 협력을 필요로 할" 때 한국의 인적 자원을 군대나 파괴공작에 활용해 달라는 것이었다. 그러나 카이로선언에서 한국의 자유와 독립을 서약했음에도 임시정부를 향한 미국 정부의 태도는 냉담했다. 국무부 극동부장대리 록하트(Frank P. Lockhart)가 보낸 6월 5일 답신은 두 번째 문제는 주의 깊게 검토하겠다고 약속한 반면, 첫 번째 문제에 대해서는 대한민국 임시정부가 "한국의 어떠한 부분에도 행정적 권한을 행사한 바 없으며, 오늘날 한국인의 대표라고 생각할 수 없다"고 솔직하게 지적하고 "한국인이 궁극적으로 자신들의 정부 형태와 정부 구성원을 선택할 권리"를 방해하지 않는 것이 미국 정부의 일관된 태도라고 주장했다. 게다가 그루 국무장관대리는 며칠 뒤 성명을 통해 이를 공개적으로 재확인했다. 역설적으로 한국의 자유와 독립을 약속한 민족자결주의 원칙이 임시정부 승인을 억제했던 것이다. [1]

물론 미국 정부의 소극적 태도는 이러한 이념적 원칙에서만 유래된 것은 아니었다. 미국의 한국 정책에는 한국인이 표명하는 자유의사를 존중한다는 제1원칙 외에도, 소련과의 공동행동을 확보하고 이를 통

---

1) "Rhee to Truman", 15 May 1945, *FRUS, 1945*, vol. Ⅵ, pp. 1029~1031; "Lockhart to Rhee", 5 Jun. 1945, *ibid.* ; Joseph G. Grew, "Review of Policy Regarding Korea", Statement released to press, 8 Jun. 1945, *Department of State Bulletin*, 10 Jun. 1945, pp. 1058~1059.

해 한국의 통일관리를 실현한다는 제 2, 3의 정책적 원칙이 존재했기 때문이다. 바꿔 말하면 미국 정부가 충칭 임시정부와 같은 특정 독립운동단체를 지지하면 소련 정부 또한 이와 다른 공산주의단체를 지지하게 되고, 이는 미·소 공동행동 및 한국의 통일관리를 불가능하게 만들며, 나아가 전시 정상회담에서 합의한 신탁통치 구상의 토대를 무너뜨릴 것이라고 생각했던 것이다. 38도선을 경계선으로 한반도를 분할점령하면서 이 원칙들은 더욱 중요해졌다. 실제로 이러한 관점에서 밸런타인(Joseph W. Ballantine) 극동부장은 종전 후 얼마 되지 않은 8월 28일 "미국 정부가 이른바 대한민국 임시정부를 미래 한국의 정부로 옹립하려 한다는 인상을 국제적으로 줄" 것을 경계해, 이승만 귀국 시 미국인 관리가 동행하지 않도록 해야 한다는 내용의 각서를 번스 국무장관과 던 차관보에게 제출하고 동의를 얻었다. 2)

그러나 이 무렵 이승만은 누구보다 먼저 마닐라를 거쳐 귀국하기로 결심하고, 통합참모본부 사무국에서 "한국으로 돌아가는 주미 외교위원장"(*High Commissioner to the United States returning to Korea*) 이라고 기재된 입역(入域) 허가증을 받아 국무부에 출국허가증을 신청해 놓고 있었다. 이승만의 동지이자 전기작가인 올리버(Robert T. Oliver)에 따르면 9월 5일 국무장관은 런던 외상이사회로 출발하기 직전에 허가증을 재가했다. 하지만 출국 준비 중에 갑자기 주미 외교위원장 자격이 문제가 되었고, 국무부는 출국 허가를 취소했다. 이후 9월 21일 이승만은 개인 자격으로 다시 절차를 밟으라는 조언을 들었고, 마침내 9월

---

2) "Ballantine to Dunn", 28 Aug. 1945, Footnote 71, *FRUS, 1945*, vol. VI, p. 1053.

27일 출국허가증을 발급받았다. 국무부 일본과장 디코버(Erle Roy Dickover)는 9월 24일 극동부장에게 제출한 보고에서 이승만에 대한 육군의 입역허가서 내용이 '한국으로 돌아가는 한국인'(Korean national returning to Korea) 내지 그에 준하는 표현으로 변경될 것임을 시사했다. 한편 서울의 하지 사령관은 9월 29일 이승만을 비롯한 기타 저명한 한국인을 개인 자격으로 귀국시키기로 한 국무부의 결정을 환영하면서 ① 그들이 서울에 도착했을 때 그들의 자격에 대하여 무엇이라고 알려야 하는지, ② 그들이 과거 미국 정부의 자금 및 정치적 지지를 요청하거나 받거나 또는 거부당한 적이 있는지, ③ 그들과 그들의 정치단체가 대표하고자 하는 지위가 만일 있다면, 미국과 그 외 정부, 특히 소련 정부와의 사이에 어떠한 종류의 대화가 있었는지 등에 관해 워싱턴에 정보 제공을 요청했다. 하지가 특히 우려했던 것은 서울 도착 후 이승만이 워싱턴의 정책에 반하는 성명을 발표하는 일이었다. 3)

한편 이승만의 서한에 담긴 두 번째 문제, 즉 한국인의 대일전 참가 문제는 임시정부 승인이나 귀국 자격보다 더욱 구체적이고 진지하게 검토됐다. 이미 2월 13일 스팀슨 육군장관에게 보낸 서한에서 이승만은 한국인들이 가진 특별한 자격과 의심할 여지가 없는 충성심을 강조하면서, 그들을 일본 점령을 위한 군사정부 수립 및 유지를 위해 활용

---

3) "Dickover to Vincent", 24 Sept. 1945, *ibid.* ; "MacArthur to War Department", 29 Sept. 1945, Request for Information Concerning the Return of Koreans, OPD 381 CTO(29 Sept. 1945), RG 165, Records of War Department, NARA; Robert Oliver, *Syngman Rhee: The Man Behind the Myth*(Connecticut: reprinted by Greenwood Press, 1973), pp. 210~212; Michael C. Sandusky, *America's Parallel*, pp. 33~34.

하면 미군 사령관의 임무 수행이 대폭 촉진될 것이라고 주장했다. 이승만은 한국인 요원을 자문 또는 보조 역할로 활용하거나 일본의 도시 및 농촌지역 내 경찰활동에 한국인을 동행시킬 가능성을 시사했다. 이를 주의 깊게 검토한 미 육군부 작전부 전략정책그룹의 본스틸 대령은 정치적으로 이용되는 상황을 경계하면서도, 이 내용을 태평양 전역 내 민사행정 문제를 연구 중인 부서에 전달했다. 이승만에게는 "충분한 공감대를 갖고 검토할 것"이라고 약속했다. 이에 호응하듯 2월 23일에는 조소앙 임시정부 외무부장이 미국대사관을 방문해 무기대여법에 따른 재정 지원과 군사물자 제공뿐 아니라, 한국인 포로를 태평양제도 및 북부 중국 연안의 기지에서 훈련시킬 것, 임시정부가 편집한 전단을 항공기로 한국에 살포할 것, 한국인 공작원을 정찰활동에 참여시킬 것을 요청했다. 이 일이 직접적인 계기가 되어 3부조정위원회는 전쟁 노력에서의 한국인 사용 문제를 검토하게 되었다. 극동 러시아에 한국인 약 20만 명이 거주하는데, 그중 2개 내지 3개 사단에 이르는 수가 소련군에게 훈련을 받고 있고 이들이 한국 해방에 참여할 것이라는 소문에 우려를 느꼈기 때문이다. [4]

5월 18일 열린 3부조정위원회 회의에서는 대일전쟁에 한국인을 활용하는 문제를 정치적 관점에서 논의했다. 디코버에 따르면 국무부의

---

[4] "Letter, Rhee to Stimson", 13 Feb. 1945, "Memorandum by Bonesteel", 16 Feb. 1945, and "Stimson to Rhee", 21 Feb. 1945, Plan for Koreans to Assistance in Post-War Administration in Japan, OPD 381 CTO(13 Feb. 1945), section 4, RG 165, Records of War Department, General and Special Staffs, NARA; SWNCC 115, "Utilization of Koreans in the War Effort", 23 Apr. 1945, CCS 370 Korea (4-23-45), RG 218, Records of the United States Joint Chiefs of Staff, NARA.

1차적 관심은 프로파간다적 관점에서의 활용이며, 만약 한국인이 **일본인과 싸우고 있다**는 사실이 공개된다면 한국 국내 또는 일본 점령지역 내 한국인들이 대규모 태업에 나서 동아시아의 피정복 인민에게 상당한 영향을 끼칠지도 모른다고 지적했다. 그러나 맥클로이 육군차관보는 그러한 정치적 이점을 평가하면서도, 이용가능한 한국인 수가 제한적이기 때문에 군사적 실행가능성에 상당한 의문이 있다고 지적할 수밖에 없었다. 따라서 3부조정위원회는 논의를 중단하고 웨드마이어 중국전역사령관의 의견을 들어 봐야 한다는 결론에 이르렀다. 그러나 5월 25일 웨더마이어 중장의 견해는, 현재 해방된 중국 지역 내의 한국인을 활용한다고 하더라도 ① 그러한 부대를 훈련할 수 있는 미국 및 중국의 인력이 부족하고, ② 중국전선 전역에 퍼진 한국인을 모아 조직하고 효과적인 부대로 훈련하려면 원치 않는 관리, 보급, 교통 문제가 발생할 것이며, ③ 많은 한국인을 통제하는 일은 어려우므로 현재처럼 작은 비밀그룹으로 활용하는 것이 유익하며, ④ 부대에 필요한 보급 및 장비를 이용하는 것이 불가능하다, 즉 중국군 부대 자체도 보급이 충분치 않다는 내용이었다. 따라서 육군부는 군사적 관점에서 미군 혹은 중국군의 원조 아래 효과적인 한국인 전투부대(*a Korean combat unit*)를 조직해 유지하는 것이 불가능하며, 군사부대를 조직하기보다는 개인적으로 한국인을 선발해 사용하도록 권고했다. 이는 3부조정위원회의 결론으로 채택됐다. 5)

---

5) SWNCC 115/1, 31 May 1945, and SWNCC 115/2, 4 Jun. 1945, *ibid.*, NARA; "Hull to Wedemeyer", 19 May 1945, "Wedemeyer to War Department", 25 May 1945, and "Memorandum for McCloy", 27 May 1945, OPD 336. 2(19 May 1945), RG 165, Records of War Department, General and Special Staffs,

그러나 흥미롭게도 한국인의 대일전쟁 참여 문제는 포츠담회담 후, 즉 전쟁 종결을 목전에 두고 육군부 내에서 재부상했다. 육군 작전부장 헐 중장은 이승만이 8월 3일 마셜 육군참모총장에게 보낸 서한을 검토하고, 그 동기와 유용성에 대한 의문과 정치적 위험성 때문에 육군부와 합동참모본부가 파괴공작 이외에는 한국인들의 협력을 거의 받지 않았던 것을 확인하면서 "소련이 상당수 한국인을 시베리아에서 훈련하고 있는 것으로 보임에도 불구하고 미 육군은 이제 충분히 준비된 한국인의 도움도 없이 한국에 침투해 군사정부를 수립해야 한다는 가능성에 직면해 있다"고 주의를 환기시켰다. 헐 입장에서는 상당히 고민되는 문제였을 것이다. 왜냐하면 포츠담회담 이후 헐은 원자폭탄 투하 및 38도선 설정 등을 명확히 파악할 수 있는 입장에 있었기 때문이다. 그래서 헐은 8월 5일에는 전략정책그룹 책임자인 링컨 준장, 6일에는 전략정책그룹의 러스크, 맥코맥 두 대령과 논의하면서 "군사정부 수립에 한국인을 활용하기" 위해 육군부 주도로 수일 내 각서 초안을 마련하고 합동참모본부를 거쳐 3부조정위원회에 승인을 요구한다는 방침을 결정했다. 이후의 상세한 경과는 알 수 없으나 이승만은 8월 10일 마셜 육군참모총장에게 전보를 보내 한국에 수립될 미군정부를 위해 자신이 직접 협력하겠다는 의사를 밝혔다. 그러나 마셜은 이승만의 제안을 완곡하게 거절했으며, 8월 23일 한국에 파견할 군대는 미국인으로만 구성한다는 육군부의 방침을 전달했다. 육군 작전부의 결론은 국무부의 반대에 부딪혀 실현되지 못한 셈이다. 이로써 이승만은 미군과 함께 서울로 개선(凱旋)해서 미군 당국을 위해 협력한다는 절호의 기회를 놓

NARA.

치게 되었다.6)

이승만이 전쟁 말기에 도모한 또 하나의 외교활동은 미군의 한국 상륙에 맞춘 적절한 시점에 단파방송을 통해 한국 내 동포들에게 일본의 지배에 저항해 궐기하도록 촉구하는 것이었다. 이승만은 이러한 계획을 전쟁정보국(the Office of War Information)에 간접적으로 타진했지만 실패했고, 7월 27일 맥아더와 니미츠에게 전보를 보내 직접 협력을 요청했다. 그는 1942년 6월 〈미국의 소리〉(*Voice of America*: VOA)에서 한국 동포를 상대로 방송한 경험이 있었다. 당시 이승만은 "내외적으로 준비가 모두 갖춰지는 날에 우리가 여기에서 공포할 것이므로 그때는 한꺼번에 떨쳐 일어나 우리의 금수강산을 점거한 왜적을 일제히 멸망시킬 것"이라고 주장했다. 이승만은 그날이 마침내 도래했음을 국내 동포에게 전하고 싶다고 호소했다. 또한 이승만은 맥아더의 고문이자 나중에는 필리핀 외무장관으로서 샌프란시스코 강화회의에 참석한 로물로(Carlos P. Romulo) 장군이 자신의 마닐라행을 전면 지원하겠다고 약속했으므로 마닐라에서 단파방송을 내보낼 수 있을 것이라고 주장했다. 맥아더와 니미츠에게 "함께 싸울 기회"를 달라고 대한민국 임시정부 초대 대통령으로서 간청한 것이다. 이에 두 사람은 워싱턴의 적절한 기관과 협의하라고 조언했지만 7월 30일 맥아더의 답신에는 "귀

---

6) "Letter, Rhee to Marshall", 3 Aug. 1945, "Summary by Hull", 6 Aug. 1945, "Memo for Record", 6 Aug. 1945, and "Marshall to Rhee", 8 Aug. 1945, Korean Participation in War Against Japan, OPD 381 CTO(3 Aug. 1945), RG165, Records of War Department General and Special Staffs, NARA; "Memorandum by Chanler, Acting Director", Civil Affairs Division, 23 Aug. 1945, Services of Syngman Rhee(Request of Syngman Rhee to Go into Korea), OPD 381 CTO(23 Aug. 1945), *ibid*, NARA.

하의 라디오 메시지에 대한 정신에 깊이 감사한다"는 한마디만 붙어 있었다. 맥아더는 남한을 포함한 일본 본토 진주작전(블랙리스트계획)을 입안 중이던 것이다. 그 뒤 이승만은 앞에서 언급한 8월 3일 서한에서 마셜 육군참모총장에게도 단파방송을 요청했다. 앞서 살펴본 한국인 활용 문제와 관련하여 마셜은 8월 8일 "매우 주의 깊게 검토 중이다"라는 중간 각서를 보낸다. 그러나 8월 10일 일본의 항복의사가 연합국에 전달되면서 이승만의 시도는 좌절된다.[7]

(2) 맥아더, 하지와 이승만: 도쿄회담

미군이 남한 진주를 개시하면서 한국인 지도자의 귀국 문제가 충칭에서도 현실적 문제로 대두했다. 특히 조선인민공화국 수립을 알리는 9월 11일 자 〈중앙일보〉(중국국민당 기관지) 기사에 자극받은 임시정부 지도자들은 귀국을 서둘렀다. 같은 날 미국대사관을 찾은 임시정부 대표는 가능하면 임시정부 지도자 10인을 미군기로 충칭에서 한국으로 송환해 달라고 요청했다. 새 정부 형성에 참여할 기회를 임시정부에도 주지 않으면 공정하지 않고, 항공기 운항을 미군이 통제하고 있다고 주장한 것이다. 헐리(Patrick J. Hurley) 대사가 이러한 요청을 보고하자

---

7) "Letter, Younghan Choo to Elmer Davis, OWI", 16 Jul. 1945, Taylor, Deputy Director, Area III, "OWI to Younghan Choo", 24 Jul. 1945, "Rhee to MacArthur and Nimitz", 27 Jul. 1945, "Jamerson to Rhee", 30 Jul. 1945, and "Marshall to Rhee", 8 Aug. 1945, Korean Participation in War Against Japan, OPD 381 CTO(29 Jul. 1945), *ibid*, NARA; 임병직, 《임병직 회상록: 한국 외교의 이면사》(서울: 여원사, 1964), pp. 251~253.

9월 21일 애치슨 국무장관대리는 "전역사령관이 승인할 경우 국무부는 귀국에 반대하지 않는다"는 방침을 확인했다. 다만 이와 함께 그러한 편의 제공을 위한 조건으로 ① 임시정부 요원이 아니라 사적인 개인 자격으로 귀국할 것, ② 이와 동등한 특권 및 편의를 모든 한국인 그룹에게 제공할 것, ③ 군의 중요한 작전에 방해가 되어서는 안 될 것을 제시했다. 그러나 이렇게 엄격한 자격심사에 대해 중국전역사령부는 "이런 종류의 정치적 결정은 국무부가 내려야 한다"고 불만을 표하지 않을 수 없었다. 더욱이 9월 25일 미국대사관을 방문한 중국의 우궈전(吳國楨) 선전부장이 전한 장제스 총통의 의향은 미 국무부의 정책과 크게 달랐다. 즉, "충칭에 있는 대한민국 임시정부의 요원들이〔미군〕정부의 가능한 행정 보직에 임명돼 한국으로 귀국하는 것이 바람직하다"는 주장이었다.[8]

이후 9월 27일 애치슨은 이승만 및 기타 한국인이 개인 자격으로 출국 허가를 받을 것임을 재충칭 미국대사관에 통보한다. 나아가 남한 입역을 위해서는 38도선 이남 한국에서 군정이 실시되고 있다는 사실을 인정하고, 남한에서 군정 당국의 법과 규칙에 의해 통제를 받으며 활동하는 데에 동의하는 문서를 첨부해야 한다는 조건을 제시했다. 애치슨은 또 "한국 밖에 있는 특정 정치단체를 공공연히 지지한 바 없고 건설적인 능력을 보유한 인물이 **한국 내 혼란한 상황 때문에** 군사정부의 테두리 내에서 일하기를 희망하는 경우에는 입국을 장려하며, 여유가 있다

---

8) "Hurley to Byrnes", 12 Sept. 1945, *FRUS, 1945*, vol. VI, pp. 1045~1046; "Acheson to Hurley", 21 Sept. 1945, *ibid.*, pp. 1053~1054; "Robertson to Byrnes", 25 Sept. 1945, *ibid.*, p. 1057.

면 육군이 통제하는 항공기로 수송할 수도 있다"고 덧붙였다. 또 한국 전역사령관이 맥아더 총사령부를 경유하는 육군 채널을 통해 남한 입역 허가를 부여할 수 있음을 시사했다. 그러나 이와 별도로 10월 5일 서울에서 군정장관 고문회의가 출범하고 미군정부 국장대리에 한국인 대리를 등용하기 시작하는 등, 남한 진주 한 달여가 지나면서 점령행정 체제가 어느 정도 정비된 것도 해외지도자들이 개인 자격으로 귀국하기 용이해진 요인이 된 듯하다. 실제로 베닝호프는 10월 10일 맥아더의 정치고문대리인 조지 앳치슨(George Atcheson, Jr.) 앞으로 보고를 보내며 이승만, 김구, 김규식 세 지도자의 귀국을 허가하고 **군정장관 고문과 동일한 조건으로** 미군정부에 협력하게 하라고 조언했다. 9)

이승만의 귀국이 공식 발표된 것은 귀국 당일인 10월 16일이었다. 베닝호프의 조언에 따라 국무부는 38도선 이남 한국의 미군정부가 "대표적인 한국인이 개인 자격으로 현지 문제에 대해 조언하도록 하는 정책"을 채택했다고 지적한 후, 이 정책에 따라 동포에게 봉사하는 데에 관심 있는 한국인에게 귀국할 수 있는 길이 열려 있으며, 미국에서 최초의 출국 허가 신청자(이승만)가 이미 허가를 받아 현재 귀국길에 올랐다는 것, 중국 거주자의 귀국도 바람직하며 이러한 개인의 수송은 중국 주둔 미 육군이 지휘 및 운영하는 설비의 준비 상황에 의존한다는 것, 태평양육군총사령관은 김구 및 김규식의 귀국을 허가하도록 권고했다는 것, 이들이 현행 군정장관 고문과 동일한 조건으로 군사정부에

---

9) 국무부가 요구한 개인적 성명 문구는 다음을 참고하라. "Acheson to Robertson", 27 Sept. 1945, *ibid.*, p. 1060; "Benninghoff to Atcheson", 10 Oct. 1945, *ibid.*, pp. 1070~1071.

협력하도록 기대한다는 것 등을 공표했다. 이처럼 해외지도자의 귀국에 관한 국무부의 정책이 확정된 것이다.[10]

그러나 베닝호프의 조언은 귀국할 해외 독립운동 지도자들의 역할을 명백히 과소평가한 것이었다. 1세대 이상 해외에서 독립운동을 계속해 온 지도자들과 한국에 머물다가 해방 후 정치무대에 등장한 지도자들을 같은 선에 놓았기 때문이다. 일제강점기가 장기화하면서 해외 독립운동 지도자들에 대한 한국인들의 기억은 분명 희미해져 갔다. 하지만 이 기억은 적어도 지식인 및 정치지도자들을 통해 전해졌고 해방 후에는 26년 전 3·1독립운동에 대한 집단적 기억과 함께 순식간에 부활 가능한 상태에 있었다. 특히 이승만은 1919년 4월 서울에서 선포한 한성임시정부의 집정관총재이자, 9월에 상하이에서 통합한 대한민국 임시정부의 초대 임시대통령이었다. 애치슨은 아마 도쿄에서 맥아더와 이승만의 회담에 배석했을 때 이승만에게서 강한 인상을 받고, 귀국하는 독립운동 지도자들에게 좀더 큰 역할을 부여할 계획을 세웠을 것이다. 10월 15일 그는 이승만, 김구, 김규식을 중심으로 미군정부에 협력해 그 지시를 따라 행동할 조직, 이후 집행 및 행정을 위한 정부기관으로 발전할 핵심 조직을 설치하라고 국무장관에게 조언했다. 그 조직이 꼭 대한민국 임시정부일 필요는 없었다. 조직에는 전국조선인민집행위원회(National Korean Peoples Executive Committee) 같은 명칭을 붙이고, 하지 사령관이 설치한 고문회의를 조언자로 활용하거나 상황에 따라 나중에 통합한다는 구상이었다. 애치슨은 나아가 만약 이러한 조치

---

10) 10월 16일 국무부 언론 보도자료에 대해서는 다음을 참고하라. "Byrnes to Hurley", 16 Oct. 1945, *ibid.*, pp. 1092~1093.

를 취하지 않으면 북한에서 조직돼 소련의 지지를 받는 공산주의 그룹이 남한에서 영향력을 확대하게 될 것이라고 경고했다. 또한 도쿄에서 하지와 협의했다고 밝히면서, 하지가 자신의 제안에 반대할 것이라고는 생각하지 않는다고 덧붙였다.[11]

물론 국무부는 앳치슨의 제안을 곧바로 승인하지는 않았다. 개인 자격으로 귀국하는 이승만은 10월 4일 오후 9시 수십 명 친구들의 배웅을 받으며 워싱턴을 출발해 샌프란시스코, 호놀룰루, 괌 등을 경유하여 10월 10일 미군의 아쓰기비행장에 도착하였다. 이승만이 도쿄에 들어선 것은 12일 오전이었으며 같은 날 하지 사령관도 서울에서 도쿄로 날아갔다. 다음 날인 13일 오후 이승만은 맥아더 총사령부를 예방했다. 그에 앞서 하지와 앳치슨이 회담했으니, 정병준이 지적했듯 14일 맥아더와 이승만의 회담에는 하지와 앳치슨이 동석했다고 봐야 할 것이다. 그러나 하지는 이승만과 동행하지 않고 하루 앞서 15일에 서울로 돌아온다. 일련의 과정에서 맥아더는 국무부의 방침에서 벗어나 일부러 하지를 도쿄로 불러들여 이승만을 '귀국하는 민족의 영웅'으로 대접할 지혜를 전수하고, 앳치슨으로 하여금 이승만을 적극적으로 이용하라고 제언하게끔 한 것이다. 주지하는 바와 같이 태평양전쟁이 한창일 때뿐 아니라 종전 후에도 맥아더는 한반도에 거의 관심을 두지 않았고, 그저 하지의 보고를 논평 없이 워싱턴에 중계만 했다. 한국전쟁이 발발할 때까지 자신의 점령지역인 남한을 방문한 것은 3년 후 대한민국 정부가

---

11) 정병준, 《우남 이승만 연구》(서울: 역사비평사, 2005), pp. 399~401; 한시준, "이승만과 대한민국임시정부", 유영익 편, 《이승만 연구: 독립운동과 대한민국 건국》(연세대 출판부, 2004), pp. 163~174; "Atcheson to Byrnes", 15 Oct. 1945, FRUS, 1945, vol. Ⅵ, pp. 1091~1092.

수립됐을 때뿐이었다. 그러한 맥아더가 귀국하는 노정치가에게 보인 이례적인 후대는 그가 장제스에게 보인 호의와 매우 흡사했다. 그러나 그 설명하기 어려운 행위에는 맥아더 특유의 정치적 직감과 연출이 담겨 있었을 것이다. 12)

한편 그 점에서는 이승만도 마찬가지였다. 그는 자신의 이미지에 맥아더의 카리스마를 덧입혀 새로운 신화를 창조하기 위해 도쿄에서의 만남이 필요했을 것이다. 게다가 이승만은 하지를 만족시키는 데도 성공했다. 사실 해외지도자의 귀국 문제가 표면화한 이후 하지는 이승만의 귀국에 세심한 주의를 기울였다. 틀림없이 하지와 이승만은 도쿄에서 혼란스러운 남한 정세와 이 상황에서 이승만이 맡아야 할 역할에 대해 충분히 협의했을 것이다. 10월 10일 자 대(對)신문성명 이후 하지와 아놀드는 조선인민공화국을 정당으로 개편하라고 강력히 요구했는데, 이 또한 이승만의 귀국에 시기를 맞추기 위함이었는지도 모른다. 하지는 곧 귀국할 이승만의 권위와 미군정부의 압력을 통해 좌파세력을 포함해 광범위한 정치통합을 실현시키고자 했던 것이다. 11월 5일 보고에서 하지는 이승만의 귀국이 정치통합과 사상연합에 바람직한 영향을 미치고 있다고 지적하고, 김구가 귀국하면 정치통합이 한층 진전될 것이라고 예상했다. 또 이승만과 김구의 협력을 얻어 한국에 귀국해야 할 지도자를 선정하고 확대연합고문회의를 출범시킬 계획을 시사했다. 확대연합고문회의는 군사정부가 추진하는 경제부흥계획을 등에

---

12) 정병준, 《우남 이승만 연구》, pp. 440~444; Oliver, *Syngman Rhee*, p. 213; Robert Smith, *MacArthur in Korea: The Naked Emperor* (N.Y.: Simon and Schuster, 1982), pp. 13~15.

업고 대중적 지지를 모으며, 나아가 정부기관을 쇄신해서 적절하고 대표적인 한국인이 책임 있는 정부 직책에 앉도록 지원할 예정이었다. 하지는 이 기구가 장차 북한을 포함하는 기관으로 성장하기를 기대한 것이다. 13)

그러나 앳치슨이나 하지가 구상한 정책은 국무부의 기존 방침에 분명히 저촉됐다. 신임 국무부 극동부장 빈센트(John Carter Vincent)는 10월 20일 뉴욕에서 열린 대외정책협회포럼(Foreign Policy Association Forum)에서 극동의 전후기(戰後期)를 논하며 한국의 정책 문제가 "**명백하고 풀기 어렵다**"고 솔직하게 말했다. 그 **명백한** 정책 문제란 제2차 세계대전 중에 구상한 정책의 기본 틀, 즉, 미·영·중·소에 의한 신탁통치를 견지하는 일이었다. 빈센트는 미국의 정책이 "가능한 한 신속하게 독립, 민주, 번영한 국가"를 만들어 내는 것이지만 한국은 "장기간 일본에 종속되었기에 곧바로 자치권을 행사할 만한 준비가 되어 있지 않다"면서 "일정 기간의 신탁통치"가 필요하다고 설명했다. 그러나 신탁통치 구상을 추진한다면 통치 기간은 물론 통치 이전에도 북한을 점령한 소련과 반드시 협력해야 했다. 국무부 입장에서는 이를 우선시해야 하는 상황이 **어려운** 정책 문제였던 것이다. 그러나 장애물은 남한 내에도 있었다. 빈센트의 연설 내용이 외신을 통해 전해지자 10월 25

---

13) "MacArthur to War Department", 29 Sept. 1945, Request for Information Concerning the Return of Koreans, OPD 381 CTO, section IV, RG 165, Records of the War Department, NARA; "War Department to MacArthur and Wedemeyer", 15 Oct. 1945, *ibid.* ; "MacArthur to War Department", 19 Oct. 1945, *ibid.* ; "MacArthur to Marshall", 5 Nov. 1945, *FRUS, 1945*, vol. VI, p. 1112.

일 한국민주당과 조선인민공화국 중앙인민위원회가 각각 신탁관리는 한국인을 모욕하는 것이며, 이를 절대적으로 배격한다는 결의와 담화를 발표했다. 나아가 26일에는 중도정당이 모인 각정당행동통일위원회도 신탁통치에 반대하며 이는 한국 민족을 기만하고 모욕하는 것이라는 성명서를 발표했다. 14)

물론 빈센트는 하지 사령관이 직면한 복잡하고 어려운 정치상황을 알았다. 또 이에 대해 이해를 표하고 자격을 갖춘 한국인을 최대한 활용하는 방안에 찬성하였으며, 미국 점령지역 내 공산주의자들의 활동과 균형을 맞추기 위해 어떠한 형태로든 책임 있는 한국인 지도가 필요하다는 사실도 인정했다. 그럼에도 불구하고 11월 7일 새삼 미국 정부의 기본적인 한국 정책을 재확인하지 않을 수 없었다. 즉, ① 38도선 설정으로 발생한 특수한 문제에 대해 가능한 한 빨리 소련과 합의해야 한다, ② 군사정부를 가능한 한 빨리 종료한다, ③ 군사정부는 소련, 영국, 중국, 그리고 미국을 관리국으로 하는 국제적 신탁통치로 인계한다, ④ 국제연합기구(유엔)가 기능하기 시작하면 이 기구가 신탁통치를 관리한다는 4가지 사항을 못 박은 것이다. 또한 이들 목표를 달성하기 위해 미국 정부 및 미군 사령관은 기존 정책을 유지하면서 충칭에서 귀국하는 김구나 이승만 등 특정 개인이나 단체를 지지한다는 인상을 주지 않아야 한다고 주장했다. 만약 하지가 이승만과 김구의 협력을 얻어 남한에 귀국해야 할 지도자를 선정할 경우 소련군 사령관도 소련

---

14) John Carter Vincent, "The Post-War Period in the Far East", Addressed at the Foreign Policy Forum, 20 Oct. 1945, *Department of State Bulletin*, 21 Oct. 1945, p. 646; 〈자유신문〉, 1945년 10월 27일; 〈매일신보〉, 1945년 10월 26일, 29일.

군 점령지역 내에서 지도자 그룹을 양성해 통일한국 수립이 연기될 수 있다고 지적한 것이다. 나아가 빈센트는 11월 2일 하지가 각서에서 "필요하다면 한국 내 공산주의자에 대해 철저한 행동을 취할 것"이라고 시사했음에 주목하며 그러한 행동을 되도록 미루라고 요청했다. 15)

이러한 서울·도쿄와 워싱턴 간 정책적 갈등은 두 가지 관점이 충돌하면서 발생했다. 즉, 귀국하는 독립운동 지도자들을 복잡한 남한 정세에 대응하는 데 적극적으로 이용해야 한다는 맥아더 및 하지의 관점과 특정 독립운동단체나 개인을 지지함으로써 소련과의 공동행동을 불가능하게 하고 한반도 통일관리 및 신탁통치 가능성을 닫도록 해서는 안 된다는 애치슨 장관대리와 빈센트의 관점이 부딪힌 것이다. 그러나 서울과 도쿄에 주재하는 국무부 정치고문 두 사람뿐 아니라 워싱턴의 육군부 내에도 하지의 관점을 지지하는 세력이 있었다. 앞서 지적한 바와 같이 전쟁 종료 직전에 육군 작전부는 한국인 지도자를 적극적으로 활용하자고 주장하기도 했다. 따라서 서울에서 하지 사령관과 장시간 논의한 뒤 워싱턴으로 돌아간 맥클로이 육군차관보가 11월 13일 애치슨에게 각서를 보내 "하지 장군이 거의 불가능한 임무를 끌어안고 있다"고 강조한 일은 조금도 이상하지 않았다. 맥클로이는 "만약 소련이 계속 협력을 거부한다면" 또는 "만약 그 대리인〔공산주의자〕이 미국 점령지역 내에서 계속 자유로이 행동한다면", 나아가 "만약 우리가 우리의 관할에서 현지에 수용가능한 망명 한국인들을 옹립할 수 없다면" 안타깝게도 스탈린이 "만약 필요하다면"이라는 미묘한 조건을 붙여 한국의

---

15) "Hodge to MacArthur", 2 Nov. 1945, *FRUS, 1945*, vol. Ⅵ, p. 1106; "Vincent to Vittrup", War Department, 7 Nov. 1945, *ibid.*, pp. 1113~1114.

신탁통치에 동의한 이유를 발견할 것이라는 결론을 내렸다. 그러나 국무부는 이에 정면으로 반박했다. 애치슨과 빈센트는 신탁통치가 미국 정부의 공식 정책이며, 만약 임시정부 요원들을 명확한 개인 자격으로 활용하는 것이 아니라면 **신탁통치의 성공이 위험에 처할 수 있음**을 공식적으로 하지 사령관에게 통보하겠다고 확인했다. 16)

(3) 대소련 공동행동인가, 단독행동인가: 랭던의 구상

흥미롭게도 국무부의 정책이 남한 정세에 적합하지 않다는 의견은 새로 서울에 부임한 국무부의 랭던도 공유했다. 랭던은 신탁통치의 초기 발안자 중 한 명으로서 전쟁 이전 및 전쟁 중에 한국 정책 입안에 관여했다. 베닝호프를 대신한 정치고문대리로 서울에 파견된 랭던은 부임 후 한 달 동안 남한 정세를 주의 깊게 관찰했다. 그 결과 11월 20일 "신탁통치를 현지 실정에 적합하게 만드는 것은 불가능하다", "한국인들이 받아들이지 못하고, 무력으로 유지할 수밖에 없기 때문에 그것〔신탁통치〕은 실제적이지 못하다"는 결론에 이르렀고, 이를 대신할 계획을 제안했다. 그가 곧 충칭에서 귀국하는 김구와 임시정부에 주목한 것은 두말할 필요도 없다. 임시정부는 "경쟁 상대가 거의 없는 의사(擬似)적 정통성"을 지녔으며 김구는 "높은 경의"를 받고 있으므로, 해방된 한국의 첫 정부로서 미국에게 건설적인 한국 정책을 시도할 기회를 제공할 것이라고 본 것이다. 그러나 랭던은 신탁통치 실현을 단념하면

---

16) "McCloy to Acheson", 13 Nov. 1945, *ibid.*, pp. 1122~1124; "Vincent to Acheson", 16 Nov. 1945, *ibid.*, pp. 1127~1128.

서도 소련과의 공조를 유지하기 위해 앳치슨의 계획을 몇 단계로 나누어 복잡하게 조합했다. 그 첫 단계는 하지 사령관이 김구에게 명하여 미군정부 내에 몇 개의 정치단체를 대표하는 협의회, 즉 '통치위원회'(the Governing Commission)를 조직하는 일로 시작했다. 이후 통치위원회를 군사정부와 통합해 잠정정부로 삼고, 하지 사령관의 거부권만 남겨둔 채 군사정부의 기능을 계승하게 하려 한 것이다. 이에 이은 두 번째 단계에서 소련, 영국 및 중국이 미국 대신 감독관과 고문을 제공하고, 통치위원회가 국가수반을 선출하여 최종적으로는 국가수반이 조직한 정부가 국제적 승인을 받아 유엔 가입을 인정받는 것을 상정했다. 또한 랭던은 그 사이에 미국과 소련이 점령군을 상호철수하고 통치위원회의 권한을 북한으로 확대하는 협정을 체결하길 기대했다. 그래서 이러한 계획을 사전에 소련에 통지하고 소련 점령지역 내에 거주하는 인물이 통치위원회에 참가하도록 허용하려 한 것이다. 그는 혹시 소련이 참여하지 않더라도 남한 내에서 단독으로 이 계획을 실시해야 한다고 생각했다.[17]

랭던의 제안은 신탁통치 포기를 주장했을 뿐 아니라 미국의 단독행동 가능성을 허용했다는 점에서 획기적이었다. 그러나 국무부는 국무부 소속 정치고문대리가 서울에서 보내온 제안을 재차 거부했다. 번스 국무장관은 11월 29일 랭던에게 보낸 각서에서 신탁통치는 한국 점령 이전에 도달한 결론이며, 소련 정부도 두 차례에 걸쳐 구두로 동의했다는 사실을 지적하면서 38도선을 철폐하고 한반도의 통일과 조기독립을 달성하기 위해서는 신탁통치가 불가결하다고 강조했다. 나아가 "만약

---

17) "Langdon to Byrnes", 20 Nov. 1945, *ibid.*, pp. 1130~1134.

소련으로부터 한국의 통일과 독립을 위한 충분하고도 특별한 보증을 얻을 수 있다면 모를까" 그렇지 않다면 "소련이 관여하지 않은 통치위원회 같은 새로운 아이디어를 도입하기 전에 먼저 소련과 협상해 보는 방식이 더욱 안전할 것"이라고 반박했다. 또한 번스는 소련이 그런 기관을 창설하는 데 반대할 것이며 "비록 사전에 협의하더라도 그에 동의하지 않을 것"이라 주장하면서 랭던의 제안이 비현실적이라고 지적했다. 오히려 이러한 계획은 소련과의 협상을 방해하는 결과를 초래할 것이라고 판단했다. 결론적으로 번스는 "김구와 그 단체에 보낼 지지는 SWNCC 176/8의 9c와 9g 항목의 범위를 벗어나지 않는 것이 바람직하다"고 주장했다. 9c 항목은 "모종의 자칭 한국 임시정부 혹은 그와 유사한 정치단체를 공식적으로 승인하거나 정치 목적을 위해 이용해서는 안 된다. … 해당 단체에 관여하지 않되 필요에 따라 해당 단체의 회원에게 개인 자격으로 일을 맡길 수는 있다"고 명령한 내용이었다.[18]

이리하여 이승만과 김구 등의 귀국을 최대한 이용해서 그들을 중심으로 어떠한 형태로든 핵심적인 정치기관을 설치해야 한다는 하지 사령관, 육군차관, 그리고 국무부 고문들의 주장은 무시됐다. 워싱턴은 미국의 단독행동을 부정하고, 대소 공동행동을 우선하는 기존 정책을 계속 유지하라는 지시를 내렸다. 그러나 대소련 협상의 전망은 결코 밝지 않았다. 서울의 미군 사령부는 진주 직후부터 소련군 사령부와 접촉을 시도했다. 9월 11일에는 연락장교를 평양에 파견했으나 북한에 수용된 연합국 포로가 송환되면서 일시적으로 연락반 교환을 한 것 외에

---

18) "Byrnes to Langdon", 29 Nov. 1945, *ibid.*, pp. 1137~1138; SWNCC 176/8, *ibid.*, p. 1081.

는 만족할 만할 성과는 거두지 못했다. 게다가 10월 중순 소련군 측은 한 차례 설치했던 미군 연락반을 평양에서 철수시켰고, 소련 측 연락반도 서울에서 철수함으로써 현지 사령부 차원의 접촉을 모두 단절해 버렸다. 더욱이 워싱턴과 모스크바의 정부 간 협상이 실현되어 신탁통치 실시를 발표한다 하더라도 미군 당국의 부담이 경감될 것이라고는 생각할 수 없었다. 그렇기는커녕 랭던의 지적대로 하지 사령관이 거의 단독으로 남한 내 즉각 독립 열망과 맞서며 이승만을 포함한 임시정부 요인들의 거센 반발에 직면하게 될 것이었다. 19)

(4) 이승만의 귀국: 신화 창조

이승만은 10월 16일 오후 5시 김포비행장에 도착해 하지가 예약한 조선호텔 스위트룸에 투숙했다. 청년 시절 개혁운동과 옥중생활을 거친 후 이승만은 미국 유학길에 올라 프린스턴대학에서 박사학위를 취득했다. 1910년 12월에는 일본에 병합된 조국으로 귀국한 바 있다. 1912년 3월 다시 미국으로 건너간 지 33년이 흘러, 그는 70세 노인이 되어 있었다. 이튿날 아침 이승만은 하지의 안내를 받아 미군정청 제1회의실로 향했다. 오전 10시에 정례 기자회견이 예정돼 있었다. 회견장 중앙에 하지 전용 안락의자와 같은 고급 가죽의자가 있는 것을 의아하게 여긴 한국 기자들이 무슨 일인지 묻자 "이승만 박사가 하와이에서 도착했

---

19) "MacArthur to JCS", 11 Oct. 1945, *ibid.*, pp. 1071~1072. 평양의 소련군 사령부에 파견된 스트로서 대령의 수기(Kenneth C. Strouther, "Experiences of a Staff Officer, Headquarters XXIV Corps in the Occupation of Korea, Sept. -Nov., 1945")를 참조했다.

다"는 답변이 돌아왔다. 이윽고 양복과 넥타이 차림의 백발 노신사가 미군 헌병들에게 경례를 받으며 입장해 앉더니, 기립한 채 기다리는 하지 사령관에게 자리에 앉으라고 권했다. 예기치 않은 전개에 경악을 금치 못하며 흥분하는 기자단을 앞에 두고 하지의 정중한 소개를 받은 이승만은 조용히 일어나 "33년 만에야 비로소 그리운 고향으로 돌아오다니 감개무량하다"며 말문을 열었다. 처음에는 영어로, 이후에는 다소 서툰 한국어로 말을 이어 나갔다. 그러나 그저 감회에 젖어 있지만은 않았다. 명확하고 솔직하게 "40년간 가로막혀 있던 우리의 앞길이 드디어 열렸다. 우리가 해야 할 일이 크다. 이것을 잘 해낼 수 있을지 없을지, 모두 우리 손에 달려 있다", "밖에 있는 사람들이 알고 싶어 하는 것은 … 한국 민족이 과연 자기 힘만으로 제대로 자주독립국가를 세워 갈 수 있을지 어떨지, 바로 그것이다", "하지 중장, 아놀드 소장과 대화를 나눠 보니 의견이 일치해, 공조해 갈 수 있을 것이라 믿는다. 우리의 '합동'이라는 것을 크게 봐야 한다", "여기서 분명히 말씀드리고 싶은 것은 나는 평민 자격으로 고국에 돌아왔다는 것이다. 임시정부의 대표도 아니고, 외교부의 책임자 자격으로 온 것도 결코 아니다"라고 말했다. [20]

이어진 일문일답에서는 "1919년 독립운동 때 임시정부가 조직되고

20) 유영익, 《이승만의 삶과 꿈: 대통령이 될 때까지》(서울: 중앙일보사, 1996), pp. 46~92; 이정식, 《이승만의 구한말 개혁운동: 급진주의에서 기독교 건국론》(서울: 배재대 출판부, 2005), pp. 63~91, 263~277; 이호재, 《한국외교정책의 이상과 현실》, pp. 125~130; 〈매일신보〉, 1945년 10월 17일; 〈자유신문〉, 1945년 10월 17일, 18일; 조규하·이강문·강성재, 《남북 대화》(서울: 하늘문고, 1972), pp. 87~89; 우남실록편찬회, 《우남실록 1945~1948》(우남실록편찬회, 1976), pp. 61~63, 305~308.

그때 국호도 대한민국, 즉 'Republic of Korea'가 되었고, 외국에서도 그렇게 인정받았다", "충칭과는 항상 연락을 주고받았고 특히 김구와는 각별하게 연락하고 지냈다. 나는 그를 신뢰하고 또 신봉하고 있다. 한 달 전에도 충칭으로 오라는 연락이 있었으나 끝내 갈 기회를 얻지 못했다. 이번에 귀국한 것도 바로 알릴 것이다. 그는 절대적 애국자이므로 그를 절대적으로 지지해야 한다", "하루빨리 통합하자는 것뿐이며, 우리가 힘을 잘 합하면 우리에게 자주독립의 기회를 바로 가져다 줄 수 있는 만큼 모든 준비가 되어 있음을 분명히 말해 두겠다. 해외에서 들은 바로는 30개 내지 60여 개의 정치단체가 있는 것으로 알고 있는데, 이렇게 정당이 많이 생겨서야 되겠는가. 자성할 일이다", "〔민족범죄자와 친일파에 대해서는〕 그것도 국내가 통일된 후 논의될 일이라고 생각한다. 외국에서도 전범자를 처벌한 사례가 있으니, 그 문제는 급박한 문제는 아니다" 등과 같이 답변했다. 이승만은 명확하게 3·1독립운동 이후의 역사를 상기시킴으로써 충칭 임시정부에 친근감을 보인 것이다. 중국 정부로부터 많은 원조가 있었을 뿐 아니라 "여러 나라가 인정한 바 있다"는 과장된 표현도 했다. 나아가 난립하는 정당 간 통합을 촉구했지만 조선인민공화국의 존재나 조선공산당이 주장하는 친일파 배제에는 관심을 표하지 않았다. 기자회견이 당초 예정된 한 시간을 크게 넘어섰기에 서울중앙방송은 오전 11시 30분 뉴스를 늦춰 이승만 귀국을 첫 보도로 내보냈다.[21]

이승만은 같은 날 오후 7시 30분에 라디오 마이크 앞에서 연설했다.

---

21) 〈자유신문〉, 1945년 10월 18일(《우남실록》, pp. 307~308); 조규하 외, 《남북대화》, p. 89.

서두에서는 "예정대로 중국에 가서 임시정부 당국과 협의해 김구와 함께 돌아오려 했으나 중국 쪽에 장애가 너무 많아 성사되지 않았다"면서 혼자 귀환한 것을 다소 변명조로 설명하고 임시정부나 외교위원부 대표로서가 아니라 "평민 자격으로, 개인 차원에서" 귀국했음을 강조했다. 또 10월 4일 워싱턴을 떠나 6일간의 여정으로 도쿄에 도착한 것, 도쿄에서 하지 사령관과 환담했고, 다음 날 하지가 귀국한 뒤에 도쿄에 머물다가 어제 아침 출발해 오후에 서울에 도착한 것 등을 소개했다. 이어지는 연설 내용은 기자회견 때의 발언과 거의 같았다. 이승만은 "모든 정당과 당파가 협동하고 하나가 되어 우리 한국의 완전무결한 자주독립을 모색하는 것이 내 바람이다. 지금 이 기회는 전무후무한 것이다. 연합국 사람들이 한국인에게 한번 기회를 주자는 것이다. 우리가 이럴 때 모든 갈등과 사사로운 관계를 버리고 강력한 정부를 수립하기 위해 힘을 합치면 잘될 것이라 확신한다"고 강조했다. 이승만은 이어 "미국은 트루먼 대통령 이하 전 민중이 우리의 독립을 절대적으로 지지하고 있다. 또한 일본과 한국에 와 보니 맥아더 장군과 하지 중장, 아놀드 소장 모두 우리의 뜻을 이해하고 있었다"고 말했다. 도쿄에서 맥아더와 회담했음을 시사하고 트루먼과 하지의 지지가 있음을 암시한 것이다. 22)

분명 맥아더는 김구나 김규식보다 이승만을 더 선호했던 듯하다. 그는 9월 29일경 이승만의 입역만 허가했다. 김구와 김규식이 대한민국 임시정부의 요인이자 임시정부와 분리할 수 없는 존재였던 반면, 이승

22) "이승만 귀국 제1성 (라디오 방송) 요지", 양우정 편저, 《이승만 대통령 독립노선의 승리》, 하편 (서울: 독립정신보급회, 1948), pp. 91~93.

만은 임시정부의 초대 임시대통령이라는 명성에도 불구하고 해방 당시 임시정부 주석도 외교부장도 아닌, 단순한 주미대표에 지나지 않았다. 바꿔 말하면 미군정부가 개인으로서 이용할 수 있던 존재였으며 이승만 또한 이를 받아들인 것이다. 그런 점에서 맥아더와 하지는 이승만의 귀국을 김구나 임시정부 귀국보다 우선시했을 것이다. 10월 15일 육군부는 맥아더와 웨더마이어 앞으로 보낸 전보에서 하지가 요청한 정보 및 설명에 대한 답변에 더해, 이승만이 맥아더에게 귀국을 승인받은 **"아직까지 유일한"**(원문 강조) 한국인임을 새삼 확인해 주었다. 나아가 국무부가 김구와 김규식의 출국 승인을 통보할 것이라고 예고하면서 맥아더가 두 사람의 입역을 허가하면 수송수단 준비 상황에 따라 귀국할 수 있음을 오해의 소지가 없도록 확인했다. 국무부는 두 요인의 귀국을 이승만의 귀국과 차별화하고 싶지 않았을 것이다. 그럼에도 불구하고 맥아더가 김구와 김규식의 귀국을 서둘렀던 흔적은 존재하지 않는다. 한편 마닐라행에 실패한 이승만은 당초 충칭을 경유해 임시정부와 함께 귀국하려고 했다. 그러나 다른 해외지도자들의 귀국에 앞서 도쿄를 경유해 귀국할 길이 열린 이상 충칭을 들르겠다고 고집할 이유는 없었다. 오히려 이승만은 김구나 임시정부보다 먼저 귀국해서 '개인 자격'이라는 정치적 입장을 최대한 이용해 맥아더나 하지와 함께 신화를 창조하려 했다. 이승만이 거듭 '개인 자격'과 '평민의 입장'을 강조한 것은 그 때문일 것이다. 조선인민공화국이 이승만을 주석으로 추대한 이유 중 하나도 거기에 있었을 것이다. 23)

23) "War Department to MacArthur and Wedemeyer", 15 Oct. 1945, OPD 381 CTO, section IV, RG 165, Records of War Department, NARA; Oliver,

이승만의 귀국은 당파 간 교착상태에 큰 충격을 주었고, 정당활동 통일을 위한 새로운 움직임이 시작됐다. 각 당파 지도자들은 정당이 난립한 국내 정세가 독립운동의 영웅 이승만이 등장함으로써 자신들에게 유리한 형태로 재편되기를 기대한 것이다. 임시정부에 대한 절대적 지지를 기치로 내건 우파세력은 물론, 좌파세력 역시 이승만 옹립에 큰 열의를 보였다. 특히 조선인민공화국 중앙인민위원회가 10월 1일 발표한 담화는 "조선인민공화국 주석 이승만 박사가 드디어 귀국하였다. 3천만 민중의 경애의 대상인만큼 전국은 환호로 넘치고 있다. 우리 해방운동에 있어서 박사의 위공(偉功)은 새삼 강조할 필요조차 없을 것이다. 조선인민공화국 주석으로 추대한 것은 조선인민의 총의이며, 이러한 의미에서 해방조선은 독립조선의 위대한 지도자에게 충심으로 감사와 만강(滿腔)의 환영을 바치는 바이다"라고 열렬한 반응을 드러냈다. 역설적이게도 좌파세력, 즉 조선인민공화국이 이승만을 자기들의 주석으로 추대한 것도 이승만 신화 창조에 크게 기여했다. 또한 이승만이 기자회견을 마친 날 오후, 즉 10월 17일 오후 2시 조선인민공화국 부주석 여운형과 국무총리 허헌이 정용달과 이강국을 데리고 조선호텔로 이승만을 만나러 왔다. 환영인사 후 여운형은 8월 15일 이후의 경과를 설명하고 관련 문서와 참고자료를 전달했다. 중앙인민위원회는 이승

Syngman Rhee, p. 210. 충칭을 경유한 귀국에 대한 이승만과 김구의 합의에 대해서는 정병준의 상세한 연구를 참조하기 바란다(정병준, 《우남 이승만 연구》, pp. 434~435). 한편 하지에 대한 국무부의 답변은 ① 이승만은 다른 한국인들과 마찬가지로 개인 자격으로 귀국하고 미군정부에 종속한다, ② 미국 정부의 자금이나 정치적 지지를 요청하거나 이를 수령한 적이 없다, ③ 이승만 및 다른 한국인의 귀국에 대해 미국 정부와 타국 정부 사이에 비공식 접촉이 존재하지 않는다는 것을 확인하는 내용이었다.

만 환영회를 위해 준비위원 7명을 선출했다. 24)

중간 당파에 의한 정치통합 움직임도 이승만 귀국 전부터 활발해졌다. 앞서 지적했듯 10월 5일에는 각 정당의 유력 지도자 간담회가 개최되었고, 이는 12일에 각정당대표협의회로 발전했다. 또 9월 24일에는 공화당, 근우(槿友)동맹, 동사회(同士會), 사회민주당, 자유당, 조선국민당까지 6개 정당이 합동해 민족통일운동에 의한 완전자주독립을 기치로 내걸고 안재홍을 중심으로 새로이 국민당을 창설했다. 10월 10일에 안재홍은 국민당을 중심으로 중소 중도정당 및 단체 32개를 모아 공동토론회를 개최하고 상설 초당파조직인 각정당행동통일위원회(各政党行動統一委員會)를 발족했다. 이어 이승만의 귀국 소식을 접한 위원회는 17일과 18일에 긴급회의를 열어 주요 4개 정당의 당수회담을 기획하고 조선공산당 박헌영, 건국동맹 여운형, 국민당 안재홍의 참여 약속을 받아 낸다. 그러나 충칭정부에 대한 절대 지지를 주장하는 한국민주당 송진우는 그 요청에 응하지 않았다. 송진우는 19일 오후 이를 힐문하는 〈매일신보〉 기자에게 "문제는 단순하다. 이전에도 그들과 회담한 적이 있는데 근본적으로 인민공화국과 재중 임시정부라는 두 정부가 대립하는 이상 몇 번을 만나도 소용없을 것이다. 요컨대 여운형이 인민공화국을 성립시킨 것은 잘못이라고 글로 쓰고 날인해서 가져오지 않는 한 공식회담에는 절대 참석하지 않겠다"고 답한 것이다. 이승만의 귀국은 한국민주당에게 좌파세력에 대한 본격적인 반격의 실마

24) 〈매일신보〉, 1945년 10월 18일. 원래 윤치영은 허헌 일행이 조선호텔로 와 이승만과의 면담을 요청했지만, "인민공화국은 공산주의자들에게 조종당하는 단체"로 간주해 본인이 거절했다고 증언했다(조규하 외, 《남북대화》, p. 84).

리를 제공했다. 이는 이승만의 주장을 대변하는 것이기도 했다. 25)

사실 귀국 다음 날(17일) 이른 아침 기자회견을 앞두고 이승만은 프린스턴대학 후배인 윤치영을 전화로 불러냈다. 갑작스러운 연락을 받고 부인과 함께 조선호텔로 달려온 윤치영은 귀국 후 이승만을 만난 첫 번째 한국인이었다. 이후 윤치영은 이승만의 지근거리에서 비서 같은 역할을 수행한다. 기자회견이 끝난 후 아직 회견 내용을 알리는 호외가 나오기 전에 윤치영의 연락을 받은 송진우, 장덕수, 조병옥, 허정, 김병로, 김도연, 서상일, 백관수 등 한국민주당 간부가 조선호텔에서 이승만을 기다리다 맞이했다. 짧은 만남이었지만, 그들은 이승만에게 국내 정세를 설명하고 향후 행동방침에 대해 의견을 조율했을 것이다. 일종의 전술회의가 되었음에 틀림없다. 이승만과 한국민주당의 긴밀한 관계는 이때부터 시작됐다. 임시정부 내부나 국내에 정치기반이 없는 이승만 개인에게도, 나아가 좌파세력의 공세에 대항할 만한 명성이나 정통성을 갖지 못한 한국민주당 입장에서도 이만큼 든든한 맹우(盟友)는 존재하지 않았을 것이다. 26)

이승만은 10월 20일 오전 11시 미군정청 앞에서 열린 연합군 환영회에서 한국 민중 앞에 모습을 드러냈다. 고려교향관현악단, 제24사단, 제7사단 군악대의 연주가 울려 퍼지는 가운데 대형 태극기를 앞세워 각 연합국의 국기가 입장했고 하지 사령관, 아놀드 군정장관, 이승만을 태운 자동차가 그 뒤를 이었다. 단상에는 이 3명 외에도 권동진, 오

---

25) 〈매일신보〉, 1945년 9월 28일, 10월 12일, 19일; 이기하, 《한국정당발달사》(서울: 의회정치사, 1961), pp. 68~71.

26) 〈우남실록〉, p. 70.

세창, 그리고 미군 장교들이 나란히 섰다. 이인의 개회사로 환영식이 시작되고 전원이 기립해 애국가를 합창했다. 꽃다발을 증정한 뒤 주최 측을 대표해 조병옥이 환영사를 했고, 하지 사령관이 감사를 전하는 답사를 이어갔다. 하지는 연설에서 "나는 한국이 영구히 자유의 나라가 되기를 희망한다"면서 "이 자유와 희망을 위해 일생을 바쳐 해외에서 싸운 분이 지금 우리 앞에 있다"고 말했다. 하지의 소개로 민중 앞에 선 이승만은 만장의 환호를 받으며 "싸울 일이 있다면 우리나라를 되찾고 난 뒤에 싸우자", "모든 정당은 각자의 주의나 주장을 모두 버리고 하나가 되어, 살아도 함께 살고 죽어도 함께 죽는다는 마음으로 나를 받아들이고 밀어준다면 여러 어려운 문제들도 다 원만히 해결하겠다"고 외쳤다. 서울 시민이 주최한 연합군 환영회가 한민당 주최, 하지 후원의 이승만 환영회로 바뀐 셈이었다. [27]

(5) 독립촉성중앙협의회: 이승만의 통일전선운동

귀국 후 일주일이 지나고 그 충격이 정점에 이르렀을 무렵인 10월 23일에 이승만은 각 정당 및 단체 대표 각 2명씩 200여 명을 조선호텔로 모아 자주독립을 위한 전선통일에 대해 의견을 청취했다. 이승만이 먼저 이를 '역사를 만드는 모임'이라고 설명한 다음 조선공산당, 한국민주당, 건국동맹, 국민당 등의 대표가 각각 기탄없이 의견을 피력했다. 조선공산당 이현상은 "'통일'은 공산당도 두 팔 벌려 찬성하는 바이다.

---

[27] 〈매일신보〉, 1945년 10월 20일; 〈자유신문〉, 1945년 10월 21일; 〈우남실록〉, pp. 75~76.

그러나 조건 없는 통일은 불가능하다. … 문제는 둘 중 하나다. 대한민국 임시정부를 추대해서 개편하거나 그대로 두는 것이고, 아니면 조선인민공화국을 더욱 강화해서 국내외를 망라해 재조직하는 것이다"라고 주장했다. 그는 공산당, 학병동맹, 청년단체 대표들은 조선인민공화국이 대다수 국민의 뜻을 대변한다고 강조하며 이승만에게 지도를 부탁하려 했다. 반면 한국민주당 원세훈은 "'통일'에는 기본조건이 있다. 우리는 대한민국 임시정부를 국가최고기관으로 삼아야 한다. 그 기관 아래에서 민족반역자도 매국노도 처단해야 하고, 38도선 문제도 해결해야 한다"고 맞섰다. 나아가 여운형을 당수로 한 건국동맹의 입장은 명확하게 중도적으로 바뀌어 있었다. 이걸소는 "대한민국 임시정부와 인민공화국은 대립하는 것이 아니므로 … 해외와 국내의 혁명가를 모아 〔독립을〕 촉진하자"고 했다. 마지막으로 국민당 안재홍이 회의를 정리했다. 안재홍은 "각 정당이 통일운동을 일으켜 독립운동을 촉진하자는 데 의견이 일치했다. … 각 당 대표 한 명으로 구성하는 모임을 독립촉성중앙협의회(獨立促成中央協議會)로 하고, 회장으로 이승만 박사를 추대하는 동시에 소집은 회장에게 일임하자"고 제의했으며, 이 의견은 만장일치로 통과됐다. 이승만을 조선인민공화국 주석으로 추대해 놓고 있었기에 조선공산당도 이승만을 중심으로 한 정치통합운동에 반대하지 못했을 것이다.[28]

독립촉성중앙협의회 결성 후 가장 먼저 표면화한 것은 한국민주당, 국민당 및 장안파(長安派) 조선공산당의 전선통일 움직임이었다. 이들 3당은 국민대회준비회의 김준연, 서상일, 장택상 등의 주선으로 회

---

28) 〈자유신문〉, 1945년 10월 24일; 〈매일신보〉, 1945년 10월 25일.

합을 거듭했다. 10월 24일에는 송진우, 안재홍, 최익한 등 3당 간부와 김준연 등의 이름으로 재충칭 대한민국 임시정부를 전면적, 적극적으로 지지할 것, 임시정부의 귀환을 촉진하고 정식정부를 조속히 수립할 것, 정식정부 수립을 위해 3당이 국민대회준비회에 참여할 것 등을 결의했다. 10월 25일 이승만은 각 정당과의 개별 협의를 이들 3당 및 국민대회준비회에서 시작했다. 송진우와 장덕수의 노력으로 이승만은 10월 24일 돈암장으로 숙소를 정했는데, 이는 독립촉성중앙협의회에 의한 전선통일운동의 핵심적 지지기반이 어디에 있는지 보여 주었다. 한편 10월 26일 국민당, 건국동맹, 공산당 대표가 참석한 가운데, 각 정당행동통일위원회는 독립촉성중앙협의회가 "인민공화국 정부와 해외 임시정부 양 진영이 모두 납득할 만한 조직체가 되도록 이승만에게 조언한다"고 결의했다. 또한 같은 날 여운형과 안재홍은 이승만에 대한 국민적 신망이 최고조에 이른 호기를 놓치지 않고 국내 전선의 통일을 도모하기로 합의했다. 나아가 11월 2일 여운형은 건국동맹 임시총회를 소집해 조직의 명칭을 조선인민당으로 변경했다. 조선인민당은 이승만이 주도하는 독립촉성중앙협의회에 참가를 신청하기로 결정하고, 12일 결성대회에서는 '완전한 통일전선 전개'를 당면 과제로 내세웠다. 여운형이 이승만 귀국 후 공산당과 거리를 두고 자신의 새로운 역할을 모색하기 시작한 것이다. 29)

---

29) 〈자유신문〉, 1945년 10월 27일, 11월 7일, 11일; 〈매일신보〉, 1945년 10월 29일, 30일; 〈중앙신문〉, 1945년 11월 13일; 전단, 《자료 대한민국사》, 제1권(서울: 국사편찬위원회, 1970), pp. 396~397; 《우남실록》, p. 89; 조선인민당, 《인민당의 노선》(서울: 신문화연구소출판부, 1946), pp. 3~10; 심지연, 《인민당 연구》(서울: 경남대극동문제연구소, 1991), pp. 7~9.

최대 난관은 조선공산당을 설득하는 일이었다. 10월 31일 이승만은 박헌영을 돈암장으로 불러 단 둘이 회담했다. 이승만은 "통일을 위해 만들어진 독립촉성중앙협의회는 이미 각 당파를 망라하고 있고 아직 남은 것은 공산당뿐이다. 귀당에서는 이 협의회의 존재를 3천만의 뜻을 모은 통일된 기관으로 인정하는 동시에 함께 힘을 합쳐 줄 수 없겠느냐"고 설득했다고 한다. 그러나 박헌영은 우선 친일파를 배제하고, 다음으로 민족적 애국자가 진보적 민주주의 아래 집결한 뒤, 나아가 통일을 위한 '민주주의적 강령'을 내세울 필요가 있다고 주장하면서 양보하지 않았다. 사실 이 회담에 관해 러시아어로 기록한 박헌영의 보고서는 그러한 주장을 이론적으로 더 잘 정리한 형식으로 전개했다. 이승만이 "총화단결과 각당 각파의 통일"을 주장하자, 박헌영은 "무원칙한 단결"을 부정하고 "일본제국주의 잔재와 친일파, 민족반역자의 처단"을 요구했다. 그뿐 아니라 "진보적 민주주의세력을 결집해 민주주의 강령 아래 민족통일전선을 수립할 것"을 주장하고, 이에 기초하여 "통일민족 정부를 수립해야 한다"고 역설했다는 것이다. 또 이승만이 "비합법적으로 조직돼 군정부에 대립하는 조선인민공화국을 강제로 해산하겠다"는 하지의 말을 전하면서 조선인민공화국의 자주적 해산을 권유한 데 대해, 박헌영은 "미군정 아래에서는 조선인이 자신의 정부를 수립할 수 없다는 국제적 협약이 어떻게 존재할 수 있는지 이해할 수 없다", "어떤 이유로 인민공화국의 존재가 당신과 당신의 정치활동을 방해한다고 생각하는지 이해할 수 없다"고 반박했다고 한다. 30)

---

30) 〈매일신보〉, 1945년 11월 2일; "박헌영과 이승만의 회담"(1945년 10월 31일), 이정 박헌영 전집편집위원회 편, 《이정 박헌영 전집》, 제2권, pp. 67~68.

이러한 사전 개별협의가 이루어진 이후 11월 2일 오후 2시 각 정당·단체 대표 수백 명이 모인 가운데 독립촉성중앙협의회 제 1차 회의가 천도교 대강당에서 열렸다. 이승만의 사회로 진행된 집회는 국기에 대한 경례와 국가 제창 후 '4개 연합국과 미국 민중에게 보내는 결의안' 낭독 및 이에 대한 토의로 이어졌다. 이승만이 초안을 작성한 결의문은 한국 민족 전체를 대표해 서울에 있는 각 정당이 독립촉성중앙협의회로 완전히 결집했다고 선언한 후 한국의 주권 회복을 요구하고, 나아가 38도선에 의한 분단이 부당함을 호소하며, 신탁통치 구상의 잘못된 부분을 지적하는 내용이었다. 특히 ① 자주적으로도 1년 이내에 국내를 안정시킬 수 있을 뿐 아니라 외국으로부터 물질적, 기술적 후원을 받음으로써 비교적 짧은 기간에 평화롭고 정상적인 생활을 회복할 수 있다는 점, ② 연합국과 우호적으로 협력하고 극동의 평화 유지를 위해 응분의 노력을 경주할 것이라는 점, ③ 충칭 임시정부가 연합국의 승인 아래 환도(還都)하면 1년 이내에 국민선거를 단행해 1919년에 선포한 독립선언서와 서울에 수립한 임시정부(한성정부)를 통해 표명한 민주주의 원칙을 존중할 것이라는 점을 강조했다. 또 38도선으로 인한 한반도 분단에 대해 이승만은 "한국을 마치 양단된 신체처럼 만든 것은 우리 자신이 아니라 귀국(貴國)들이 강행한 것이다"라며 강도 높게 비판한 뒤 "우리는 이 사태와 관련해 책임자가 누구인지 알아야 하며 한국의 장래 운명을 결정하는 것에 대해 귀국들의 명백한 성명을 요구한다"고 주장했다. 이승만은 또 10월 20일 빈센트 극동부장이 발표한 일정 기간의 신탁통치에 대해서도 "미국의 한국 정책에 또 하나의 중대한 과오가 될 것"이라고 지적했다. [31]

이후 안재홍이 찬성하여 결의문 발송이 가결된 후 그 내용을 둘러싸고 토의가 시작됐다. 박헌영은 조선을 해방한 연합국에 대해 불온한 문구가 있다고 지적하면서 특히 38도선 문제에서 미·소 양국이 영토적 야심을 품은 듯한 인상을 주는 구절이 있으므로 이를 삭제하자고 발의했다. 이를 둘러싸고 불거진 논란은 여운형에 의해 수습됐다. 여운형이 결의안 중 부적절한 문구와 불충분한 점을 수정하자고 발의한 것이다. 수정위원으로는 이승만, 안재홍, 여운형, 박헌영, 이갑성 5명이 선출됐다. 이어 독립촉성중앙협의회에서 민족반역자 제거를 결의하고 이어 중앙집행위원회 인선을 논의했는데 이는 이승만에게 일임했다. 이렇게 독립촉성중앙협의회 첫 회의는 마무리됐고 결의문 수정 작업은 다음 날 돈암장에서 진행됐다. 이승만이 초안을 마련한 〈4개 연합국과 미국 민중에게 보내는 결의서〉는 〈4대 연합국, 특히 미국 민중과 소련 민중에게 보내는 결의서〉로 수정됐다. 신탁통치 문제를 언급한 부분은 그대로 두었으나 38도선 관련 부분을 일부 삭제하고, "충칭 임시정부가 연합국의 승인 아래 환도하면"이라는 문구도 "임시정부가 연합국의 승인을 받은 뒤"로 수정하면서 한성정부에 대한 언급을 삭제했다. 수정한 결의문은 11월 4일에 공표했다. 32)

그러나 조선공산당은 이런 의사운영에 불만이었다. 박헌영은 다음 날 수정위원 회의에 참석하지 않고, 대신 전날 회의에 대한 공산당 성명을 발표했다. 친일파 숙청 문제의 취급, 정당대표 심사 및 의사진행의 자의성과 비민주성을 비판하면서 결의문의 전면 수정을 요구하는

31) 〈자유신문〉, 1945년 11월 3일.
32) 〈자유신문〉, 1945년 11월 3일, 5일, 7일; 〈매일신보〉, 1945년 11월 7일; 송남헌,
   《해방 3년사 I (1945~1948)》(서울: 까치, 1977), pp. 231~236.

내용이었다. 또 공산당은 새 결의문에 북한과 마찬가지로 남한에서도 일본제국주의 잔재를 완전히 추방하고 그 토지 및 기업 일체를 몰수해 장차 수립될 조선인민정부에 인도할 것, 친일파와 민족반역자 숙청운동을 전개하는 진보적 민주주의단체를 지지할 것, 조선인의 민주주의적 정치활동을 간섭하지 말 것, 조선인 통일운동을 지지할 것 등 내용을 넣으라고 요구했다. 이에 이승만은 이튿날 기자회견에서 "전체가 찬성해서 가결한 것을 나중에 반대하는 일은 다수를 위해 옳지 못하다. 반대가 있다면 박헌영도 수정위원이니 정정당당하게 수정위원회에 와서 좋은 의견을 개진했으면 한다. 공산당 측 제의는 신중하게 듣고 있다"고 반론했다. 또 이승만은 11월 7일 서울중앙방송국을 통한 라디오 연설에서 "내가 고국에 돌아와 보니 인민공화국이 조직돼 있고 나를 주석으로 선정했다고 해서, 나를 그렇게 생각해 준 것은 감사하지만 나는 이를 공식적으로도 비공식적으로도 수락하지 않았다. 나는 충칭정부의 한 사람이다. 임시정부가 돌아와 정식 타협이 있기 전에는 그 어떤 것에도 관여할 수 없다"고 천명함으로써 공산당이 주도하는 조선인민공화국 주석 자리를 명확하게 거부했다. 33)

흥미롭게도 이승만은 이어서 "군정청은 〔조선〕**인민공화당**은 허용해도 공화국 정부는 허락하지 않을 것이다. 〔독립촉성〕중앙협의회는 정부도 정부 대표도 아니며, 임시정부가 승인을 받아 국권을 회복할 때까지 국권 회복을 위해 각 정당이 대동단결해 하나가 된 단체이다"라고 주장했다. 또 11월 5일 김구 주석의 특사를 맞이해 임시정부 인사들이 충칭을 출발했다는 소식을 들은 이승만은 대한민국 임시정부와 독립촉

---

33) 〈매일신보〉, 1945년 11월 4일, 6일; 〈자유신문〉, 1945년 11월 8일.

성중앙협의회의 관계를 "승인받아야 할 정부"와 "그 토대가 되는 통일전선조직"으로 정의했다. 그러나 이승만은 미군정청이 인민공화국 정부와 마찬가지로 충칭 임시정부를 허용하지 않을 것임을 충분히 이해하고 있었을 것이다. 어쨌든 독립촉성중앙협의회를 결성한 이승만은 조선공산당과의 관계를 명확히 할 때가 왔다고 생각했을 것이다.[34)]

이승만이 철저한 반소·반공주의자였음은 잘 알려져 있지만 이는 해방 이후나 러시아 혁명 이후에 시작된 것이 아니다. 궁핍한 왕족의 후예였던 이승만은 미국인 선교사 아펜젤러(Henry G. Appenzeller)가 설립해 운영한 배재학당에서 영어를 배우고, 1890년대 개혁정치가인 서재필이 창설한 독립협회운동에 참여했다. 청년 이승만은 자유민권을 창도(唱導)하는 친미개혁노선의 실천가였던 것이다. 그러나 당시 독립협회는 러시아의 내정 간섭이나 이권 획득 움직임에 항의해 황제에 상주하거나, 서울의 중심가 종로에서 '만민공동회'를 개최해 대중에게 호소하기도 했다. 이승만도 러시아의 부산 절영도 조차(租借) 요구에 항의하는 서명기사를 〈협성회 회보〉에 게재하거나 열렬한 변사로 발언하기도 했다. 여기서 추측할 수 있듯 이승만의 반소·반공주의의 핵심에는 영토 팽창과 부동항을 추구하는 제정러시아나 소련의 남하정책에 대한 경계심이 깔려 있었다. 또한 이 반소·반공주의는 그에 대항하기 위한 수단인 친미주의와 한 쌍이었을 것이다. 개혁운동으로 투옥돼 러일전쟁 전날 밤 경성감옥에서 집필한 《독립정신》에서는 일본이 흥성한 이유를 호의적으로 소개했으나 러시아의 "음흉한 마수"에 대해서는 "러시아와 투르크 간 크림전쟁 중 많은 나라가 집단적으로 전쟁에

---

34) 〈중앙신문〉, 1945년 11월 7일; 〈자유신문〉, 1945년 11월 8일.

참가해 러시아가 흑해를 통해 세력을 확대하지 못하도록 압력을 행사하고 조약을 체결했다"고 지적했다. 이승만은 옥중에서 기독교에 귀의하고, 그 후 미국으로 건너갔는데 1920년대에도 일관되게 반소·반공적이었다. 1933년 여름 모스크바를 방문했으나 재정지원을 얻는 데 실패하면서 그 기조는 더욱 확고해졌다. 이승만은 38도선 설정이 소련의 대일참전에 대한 대가였다는 의심도 평생 버리지 않았다. 이런 의미에서 미국의 한국 신탁통치 구상도 국무부로 대표되는 '대소유화'(對蘇宥和)나 다름없었을 것이다. 이승만은 귀국 후에 소련이나 조선공산당에 대한 비판을 신중하게 억제했으나 이제 그러한 시기가 끝나려 하고 있었다.[35)]

이승만의 라디오연설을 두고 11월 10일 조선인민공화국 중앙인민위원회는 "우리는 … 이제 이 박사를 초당파적 인물로 다룰 수 없게 되었다"는 담화를 발표했다. 이승만이 귀국 후 주석에 취임해 달라는 조선인민공화국의 요청에 태도를 보류한 채 그와 별개로 통일운동을 전개했다고 비판하고, 그럼에도 불구하고 한국의 완전한 독립을 위해 이승만이 초당파적 역할을 할 것으로 확신하고 11월 6일에도 조선학병동맹, 조선근로청년동맹, 해방청년동맹 등 좌익계 청년단체 20개가 이승

---

35) 이승만, 《독립정신》(서울: 동서문화사, 2010), pp. 129~134; Syngman Rhee, *Japan Inside Out: The Challenge of Today* (N. Y. : Revell, 1941), pp. 126~150; 서재필·김도태, 《서재필 박사 자서전》(서울: 수선사, 1948), pp. 214~218; 임병직, 《임병직 회상록》, pp. 257, 261~263; 이원순 편, 《인간 이승만》(서울: 신태양사 출판국, 1965), pp. 234~235; 유영익, 《이승만의 삶과 꿈》, pp. 26~32, 221~222; 이정식, 《이승만의 청년시대》(서울: 동아일보사, 2002), pp. 158~161; 이정식, 《이승만의 구한말개혁운동》, pp. 39~55; 정병준, 《우남이승만 연구》, pp. 106~117.

만에게 면담을 요청했으나 이승만 본인으로 인해 이러한 기대가 완전히 배신당했다고 비난했다. 중앙인민위원회 담화는 나아가 "전국 방방곡곡 각 리와 동에 빠짐없이 지방인민위원회가 조직되어 있으며 중앙인민위원회는 … 한층 강화되어 있고 우리를 지지하는 사회단체 및 문화단체는 날로 증가하고 있다"며 그 조직력을 과시했다. 또한 임시정부 귀국 예고를 접한 조선공산당의 이관술은 "해외에 이미 존재하는 정권을 조건 없이 수용하려는 것이 아니다", "그들이 조선의 현실을 파악하고 진보적 민주주의 정권 수립에 협조하기를 바란다"고 주장했다. 이승만의 통일운동 실패는 충칭 임시정부에 대한 조선공산당의 대응에 크게 영향을 주었을 것이다. 좌우 양 세력의 대립은 이승만과 김구의 명성, 그리고 임시정부의 역사적 정통성과 조선공산당의 조직력이 충돌하는 양상을 띠기 시작했다. 36)

3. 조선공산당의 반격: 이론화와 조직화

(1) 새로운 민족통일전선론의 등장

해방 직후에 박헌영이 집필하고 1945년 8월 20일 조선공산당 **재건준비위원회**가 채택한 〈현 정세와 우리의 임무〉(8월 테제)는 그 후 한 달간의 정세 변화에 맞춰 수정 내지 보충되었다. 9월 20일 조선공산당 중앙위원회는 이를 잠정적 테제로 채택했다(9월 테제). 양자 사이에 큰 대

---

36) 〈자유신문〉, 1945년 11월 8일, 10일; 〈중앙신문〉, 1945년 11월 6일.

립점은 존재하지 않는다. 그러나 두 테제 모두 민족적인 완전독립과 토지 문제의 혁명적 해결을 중심 과제로 내세웠는데, 9월 테제는 8월 테제보다 더 첨예하고 치밀했다. 8월 테제가 "일본제국주의의 완전한 추방과 토지 문제를 해결하는 새 정부 수립"을 기치로 내걸고, "대지주의 토지를 몰수해 토지가 없는 농민에게 분배해야 한다"고 주장한 반면, 9월 테제는 더 나아가 "외래 자본에 의한 세력권의 결정과 식민지화 정책에 절대 반대하며 근로인민의 이익을 옹호하는 혁명적 민주주의 정권을 수립할 것"이라고 주장했다. 또 "일본제국주의자와 민족반역자와 대지주의 토지를 보상 없이 몰수해서 토지가 없거나 적은 농민에게 분배하며, 조선인 중소지주의 토지는 자기경작 토지 이외의 것을 몰수해 농작자의 노동력과 가족 수에 비례해 분배하고, 조선의 모든 토지는 국유화하며, 국유화를 실현하기 전까지는 공민위원회와 인민위원회가 이것(몰수한 토지)을 관리한다"(괄호 원문)고 좀더 세밀하게 규정한 것이다.[37]

한편 이러한 '올바른 노선'과 대립하는 것이 "일본제국주의의 붕괴 및 퇴각과 동시에 새로이 등장한 외국세력을 받아들이고 그 대변자가 되더라도 그들 자신의 계급적 이익을 옹호하려는" 지주, 고리대금업자, 반동적 민족 부르주아지들의 노선이라고 비판했다. 9월 테제는 그들이 해외에 있는 망명정부와 결탁해 "미국식 데모크라시적 사회제도 건설"을 최고의 이상으로 삼고 "지주와 대자본의 독재 아래 그들의 이익을 옹호

---

[37] "현 정세와 우리의 임무"(1945년 8월 20일), 《박헌영 전집》, 제2권, pp. 47~56; "현 정세와 우리의 임무"(1945년 9월 20일), 김남식 편, 《'남로당' 연구자료집》, 제1집(서울: 고려대 아세아문제연구소, 1974), pp. 8~21. '9월 테제' 말미 주석에 따르면 '8월 테제'는 '일반정치노선에 대한 결정'이었다.

하고 존중하는 정권"을 수립하려 한다고 비난했다. 따라서 "반동적 민족 부르주아지 송진우와 김성수를 중심으로 한 한국민주당"은 이들의 이익을 대표하는 '반동적 정당'이나 다름없었다. 또 8월 테제가 "인민정권을 위한 투쟁을 전국적으로 전개할 것"을 요구한 데 반해 9월 테제는 표현을 수정해 "우리의 당면 임무" 중 하나로 **민족통일전선 결성으로 수립된 '인민정권'**을 위한 투쟁을 전국적으로 전개할 것"을 요구했다. 흥미로운 점은 여기에서 처음으로 '민족통일전선'이라는 개념을 사용하고 이를 인민정권과의 관계에서 논했다는 사실이다. 8월 테제와 비교해 9월 테제는 조선혁명이 여전히 "부르주아 민주주의혁명" 단계에 있음을 강조하고, 노동자와 농민이 중심이 되어 도시의 소시민과 인텔리겐치아 대표 및 그 외 모든 진보적 요소가 참가하는 민족통일전선 결성을 요구했다는 점이 중요한 특징이었다. 이를 강조하기 위해 중국혁명의 국공합작 역사까지 예시한 것이다. 38)

그럼에도 불구하고 9월 테제가 전개한 민족통일전선론은 부자연스럽게 삽입된 듯한 인상을 줬다. 이미 존재하는 조선인민공화국을 수호하기 위해 민족통일전선의 중요성을 강조한 것인지, 새로 인민정권을 수립하기 위해 민족통일전선 결성을 요구한 것인지 모호하고 이중적이었다. 아마도 해방 후 조선인민공화국을 기회주의적으로 수립하고, 그 주석이나 각료 자리에 해외지도자를 추대했기 때문에 그들이 정말로 그 지위나 역할을 수용할지 여부를 확인할 필요가 있었을 것이다. 그러나 이미 살펴보았듯 이승만은 조선인민공화국 주석 취임을 거절하고 본인을 중심으로 하는 통일전선조직이라고 할 수 있는 독립촉성중앙협

---

38) 각주 37)과 동일.

의회에서 운동을 벌였으니 조선공산당도 이에 맞서 새로운 민족통일전선론을 펼 수밖에 없었다. 이승만과 개별 협의를 하기 전날인 10월 30일에 집필되고, 11월 5일 〈해방일보〉 1면에 게재된 박헌영의 서명논설 〈조선공산당의 주장: 조선민족통일전선 결성에 대하여〉는 그 출발점이었다. 또한 이와는 별도로 박헌영은 30일 오전 언론기관 대표 약 100명을 모아 기자회견을 열고, 민족통일전선에 대한 조선공산당의 입장을 설명했다. 39)

그렇다면 새로이 주창된 민족통일전선론은 어떤 것이었을까. 박헌영의 논설과 기자회견은 거의 동일한 내용인데, 핵심은 이승만에 의한 통일공작의 완성을 저지하는 공산당 측의 주장, 즉 친일파 배제였다. 흥미롭게도 박헌영은 이를 세계사적 관점에서 조감하며 논한다. 독일 파시즘의 패배에도 불구하고 오늘날 유럽에서는 여전히 그 잔존세력을 일소하기 위한 투쟁이 계속되고 있다. 이와 마찬가지로 동아시아에서도 일본제국주의 잔존세력과 친일파를 근절하기 위한 투쟁을 전개함으로써 두 번 다시 전쟁이 일어나지 않도록 해야 한다. 이것이야말로 "조선의 완전독립"을 확보하고 "민주주의 국가 건설"을 보장하는 가장 중요한 수단이라고 주장했다. 반대로 아무리 민주주의를 표방하더라도 친일파의 이익을 옹호하는 자는 "진정한 민주주의자"일 수가 없었다. 왜냐하면 박헌영이 인정하는 진정한 민주주의자는 ① 조선의 완전독립을 달성하기 위해 일본제국주의 잔존세력과 친일파를 숙청하려 하고,

---

39) 박헌영, "조선공산당의 주장: 조선민족통일전선 결성에 대하여"(1945년 10월 30일), 〈해방일보〉, 1945년 11월 5일; "박헌영의 기자회견"(1945년 10월 30일), 〈자유신문〉, 1945년 10월 31일.

② 조선인민의 이익을 위해 말뿐 아니라 실제로 투쟁하며, ③ 세계평화와 전쟁방지를 위해 민주주의 국가, 특히 세계평화와 진보를 위한 강력한 방벽인 소련과 우호관계를 맺어야 한다고 주장하고, ④ 진보적 민주주의를 가장 잘 실천하는 조선공산당과의 협력을 거부하지 않는 자들이어야 했기 때문이다. 일본 잔존세력이나 친일파를 배제할 뿐 아니라 소련이나 조선공산당에 **우호적이며 협력을 거부하지 않을 것**, 즉 '연소용공'(連蘇容共)에 동의해야 한다고 주장한 것이다. [40]

이는 완전히 새로운 논리의 도입이었다. 8월 테제나 9월 테제가 발전된 것이라기보다 제2차 세계대전 후 소련의 동유럽 정책에서 형성된 민족통일전선론이 한국혁명에 적용된 것이다. 브레진스키(Zbigniew K. Brzezinski)가 지적한 바와 같이 제2차 세계대전 당시 및 그 직후에 소련의 동유럽 정책에서 가장 중요했던 내용은 첫째, 소련 서부국경 인접지역을 다시는 독일에 넘기지 않도록 영향력을 행사하는 것, 둘째, 동유럽 국가들이 소련에 적대적인 **국내세력**에 지배받지 않도록 하는 것이었다. 사실 1943년 11월 테헤란회담에서 스탈린 수상은 루스벨트 대통령에게 "독일은 15~20년 이내에 완전히 부활할 것이다", "독일에 의한 최초의 침략은 1870년에 일어났고, 그 42(44)년 후 제1차 세계대전이 일어났지만, 제1차 세계대전 종식부터 지금의 전쟁이 시작되기까지 불과 21년밖에 지나지 않았다"고 말해, 독일의 부활에 대한 공포심을 드러냈다. 스탈린은 또 "독일이 다시 일련의 침략을 시작하지 않도록" 하기 위해 독일 국내 내지 독일과의 국경을 따라 어떠한 형태로든 강력한 물리적 거점을 확보할 필요가 있다고 주장했다. 나아가 "일본에

---

40) 박헌영, "조선공산당의 주장", 〈해방일보〉, 1945년 11월 5일.

도 동일한 방식을 적용해야 한다"고 지적하고, 일본의 침략 재개를 방지하기 위해 "일본 부근 도서를 강력한 관리 아래 두어야 할 것"이라고 주장했다. 스탈린이 독일과 일본을 동일시하였기 때문에 소련의 동아시아 정책의 목적이 첫째, 소련의 **동부국경**에 인접한 지역을 두 번 다시 일본에 넘기지 않도록 하고, 둘째, 만주와 한국이 소련에 적대적인 **국내세력**에 지배되지 않도록 하는 것이었다 해도 조금도 이상하지 않다. 한국의 해외지도자들이 귀국하기 시작한 10월 중순 이후 그러한 관점에서 새로운 민족통일전선론이 한국혁명에 도입됐을 것이다. 41)

(2) '전평'과 '전농' 결성

조선공산당은 새로운 통일전선론 제시와 병행해 노동조합과 농민조합을 전국적으로 조직화하고 인민위원회의 대표자회의를 개최하는 데에 주력했다. 노동조합의 경우, 제2차 세계대전 당시 지하에서 명맥을 유지하던 서울의 섬유공조합, 출판노조, 용산지구 금속노조, 인천의 금속노조, 항만노조, 함흥의 화학공조합, 부산의 부두노조 등이 해방과 함께 활동을 공식화했다. 그러나 전국 각지에서 공장, 광산, 회사 등 시설을 접수·관리하거나 해산수당·퇴직금 등 일시금을 요구한 이

---

41) 브레진스키는 나머지 세 가지 목적에 대해 ③ 이 지역을 소련의 경제 부흥을 위해 이용하는 것, ④ 이 지역을 자본주의 세계에 넘기지 않는 것, ⑤ 사회주의 이데올로기의 공세적 요소를 강조하는 것이라고 지적했다. Zbigniew K. Brzezinski, *The Soviet Bloc: Unity and Conflict* (Massachusetts: Harvard University Press, 1960), pp. 4~6; "Roosevelt-Stalin Meeting", 29 Nov. 1943, *FRUS, Cairo and Teheran, 1943*, p. 532.

들은 그곳에 고용된 적이 있는 노동자들이었는데, 그러한 의미에서 해방 직후의 노동운동은 자발적이고 비조직적이었다. 노동계급의 전위(前衛)임을 스스로 인정하는 조선공산당 입장에서는 "인민대중의 자연발생적 투쟁이 올바른 정치노선을 갖지 못한 채, 전국적이며 혁명적인 지도 없이 진행되고 있는" 상황을 극복하기 위해 근로대중의 일상적인 경제적 요구와 공산당의 정치적 요구를 결합하여 대중집회나 시위운동을 전개할 필요가 있었다. 예를 들어 전자는 "쌀 배급량을 늘리자", "최저한의 노동임금제를 정해 두고 노동시간을 단축하자" 등이었으며, 후자는 "조선의 민족통일을 방해하는 민족반역자를 처단하자", "조선인민공화국을 절대 지지하자", "정권을 인민대표회의로" 등이었다. 또한 공산당의 조직사업으로는 "무엇보다 먼저 당의 기초조직인 공장 야체이크(세포)를 확립하는 것이 최우선"이며, 그와 동시에 "대중적 보조단체를 전면에 내세워 대중을 투쟁적으로 동원할" 필요가 있었다. 공장 야체이크가 3, 4개 조직된 도시에서는 "이들 단체와 다른 곳의 가두 야체이크 대표를 소집해 '당도시위원회'를 조직해야" 하며, 그러한 도시와 지방 당조직 대표가 모여 전국대표자회의를 개최하고 그 회의에서 중앙집행위원을 선출하여 중앙위원회를 조직한다는 구상이었다. 보조적인 대중단체로는 노동조합, 농민조합, 공산청년동맹, 소비조합, 부인대표회, 소년대(피오닐), 작가연맹, 문화연맹 등을 상정했다. 42)

---

42) 민주주의민족전선 편, 《한국해방연보》, pp. 158~160; "현 정세와 우리의 임무", 김남식 편, 《'남로당' 연구자료집》, 제1집, pp. 13~17; 〈전국노동자신문〉(전평 준비위원회 발행), 1945년 11월 1일 창간호; 中尾美知子・中西洋, "美軍政・全評・大韓勞總—朝鮮 '解放'から大韓民國への軌跡", 〈經濟學論集〉(東京大學 經濟學會), 第49卷 4号(1984. 1.), pp. 82~84.

산업별 노동조합의 전국 조직인 '전국노동조합평의회'(전평) 결성은 전국 각지의 조합활동, 즉 노동자의 자주적 관리운동, 해고 반대투쟁, 퇴직금 요구투쟁 등을 통일적으로 지도하는 중앙기관을 창설할 필요성에 부응하기 위한 것이었다. 9월 26일 금속, 화학, 출판, 섬유, 토건, 교통 운수, 식료품, 철도, 연료, 피복 등 산업별 노동조합 대표 51명이 경성토건조합사무실에 집합해 이를 위한 논의를 시작했다. 이 모임에서 선정된 김삼룡, 허성택, 박세영 등 전형[詮衡, 선고(選考)] 위원 7명이 28일까지 준비위원을 선출했고, 9월 30일 제 1회 준비위원회를 개최했다. 준비위원회에서는 상임위원 선출, 부서 결정, 기타 중요 사항을 협의했다. 그 후 상임위원회를 개최해 11월 10일까지 전국노동조합평의회를 결성하기로 결정했다. 그러나 조직 실태로 보면 산업별 노동조합 발생이 전국노동조합평의회를 탄생시켰다기보다는 조선공산당이 지도하는 전평 결성이 산업별 조합을 만들어 낸 것으로 보인다. 11월 1일부터 4일까지 결성 준비가 최종단계에 들어섰을 때 전국 규모로 잇달아 산업별 단일조합이 조직됐기 때문이다. 예를 들어 조선광산노동조합은 전국 88개 광산이 가입하면서 11월 1일 결성됐다. 조선섬유노동조합은 전국 11개 지부가 가입하면서 11월 3일 결성됐다. 43)

전국노동조합평의회 결성대회는 11월 5일 오전 9시부터 서울 중앙극장에서 개최됐다. 북한을 포함한 전국 각지에서 금속, 철도, 교통, 토건, 어업, 전기, 통신, 섬유, 식량, 출판, 목재, 화학, 광업, 조선, 합판 등 산업별 노조원 505만 명의 대표 505명이 집결했다. 허성택 준

43) ibid., p. 48; 〈해방일보〉, 1945년 10월 18일; 김남식, 《남로당 연구》(서울: 돌베개, 1984), pp. 63~71.

비위원장의 개회 선언 후 〈애국가〉, 〈적기가〉 합창, 전평기 게양 후 민족해방운동 희생자들에 대한 묵념이 있었다. 이후 대회 임시집행부가 선출됐고 박헌영, 김일성, 레옹 주오(Léon Jouhaux, 세계노동조합연맹 서기장) 등이 명예의장으로 추대됐다. 또 조선공산당, 조선인민공화국, 서울시인민위원회, 조선문화건설중앙협의회, 건국부녀동맹, 조선산업노동조사소, 공산청년동맹, 프롤레타리아예술동맹, 조선인민당 등의 축사가 이어졌다. 대독한 박헌영의 메시지는 "모든 복잡한 문제는 하나의 중심적 문제로 귀착된다"면서 일본제국주의 잔존세력과 친일파, 민족반역자를 일소하기 위한 투쟁을 강화하라고 호소하는 내용이었다. 또한 "이 과업을 실행하지 않고서는 조선의 완전독립은 불가능하다. 나아가 진보적 민주주의 국가 건설도 물거품이 될 것"이라고 격하게 주장했다. 대회는 이어 긴급동의에 따라 ① 조선무산계급의 영도자이자 애국자인 박헌영에게 감사 메시지를 보낼 것, ② 소련, 미국, 중국, 영국의 연합국 노동대중에게 감사 메시지를 보낼 것, ③ 조선 무산계급운동의 교란자인 이영일파(장안파 공산당)를 단호히 배격할 것, ④ 민족통일전선에 관한 박헌영의 노선을 절대적으로 지지할 것을 결의했다. 또한 최저임금제 확립, 8시간 노동제 실시 등 기본적 근로조건 요구를 비롯해 민족반역자 및 친일파가 소유한 모든 기업을 공장위원회가 관리하는 것 등을 포함한 일반행동강령을 채택했다. 마지막으로 규약 검토, 지방대표 전형위원 19명의 집행위원 및 검사위원 선임, 그리고 선임된 집행위원의 호선(互選)에 의해 상임집행위원을 선출한 후, 그날의 일정을 마쳤다. 44)

---

44) 〈해방일보〉, 1945년 11월 7일, 15일; 〈자유신문〉, 1945년 11월 6일.

이튿날 오전 9시에 재개된 결성대회에서는 서두에 허성택 위원장, 박세영·지한종 부위원장을 포함한 집행위원 81명, 상임위원 23명을 발표한 뒤 산업별 노동조합의 보고가 이어졌다. 그리고 경성방적 노동쟁의에 관해 보고한 후 전국노동조합평의회 차원에서 여공의 용감한 투쟁을 지원하기로 결정했다. 이후 상임위원 중 한 명으로 선정된 한철이 일반 정세를 보고하고 ① 자발적인 조직 확대와 강화를 위해 주력한다, ② 민족통일과 산업부흥에 역량을 집중한다, ③ 모든 극좌적 경향을 배격하고 운동을 올바른 노선으로 인도한다, ④ 농민계급과 연대한다는 운동방침이 결정됐다. 또 현훈, 문은종 등의 제안에 따라 근로자 공장 관리, 실업 반대투쟁, 기관지 및 교양(교육) 문제, 국제노동조합 가입, 전평의 조직방침 등을 논의했다. 수일 전 독립촉성중앙협의회와는 달리 대회는 극히 조직적으로 운영됐으며, 회의장에는 "진보적 민주주의 정부를 수립하기 위한 민족통일전선 결성을 하루빨리 촉성한다"는 일관된 정치적 분위기가 넘쳐흘렀다. 결성대회는 오후 5시에 막을 내렸다. 이후 11월 8일에는 전평 중앙집행위원회 상임위원회가 열려 상임집행위원의 부서를 결정해 발표했다.[45] 전평 기관지 〈전국노동자신문〉에는 이 밖에 "박헌영 동무의 메시지", "전평 일반행동강령", "전평의 규약" 등이 게재됐다.

노동조합에 이어 조선공산당은 농민조합의 전국적인 조직화에 착수했다. 전평 결성대회를 위해 상경한 지방활동가 중에서 농민운동 관계자 40명이 11월 8일 실업자동맹 사무실에서 만나 '전국농민조합총연맹'

---

45) 〈해방일보〉, 1945년 11월 15일; 〈자유신문〉, 1945년 11월 7일, 10일; 〈전국노동자신문〉(전평기관지), 1945년 11월 16일.

(전농) 결성준비회를 발족했다. 준비회는 농가 호수로는 23(23.3)퍼센트에 불과한 지주층이 53.8퍼센트에 달하는 소작농민과 23.9퍼센트를 차지하는 자작 겸 소작농민으로부터 50~60퍼센트에 달하는 고액의 소작료를 착취하고 있다고 지적하며, 이러한 농업 생산관계를 근본적으로 해결하지 않으면 조선의 완전해방은 있을 수 없다고 주장했다. 또한 민족통일전선 결성과 진정한 민주주의적 인민정권 수립 과정에 농민의 정치적 요구를 반영하기 위해 도내 농민조합을 구성요소로 하는 농민조합연맹을 각 도에 조직하고, 전국적으로 각 도 연맹과 전국 각 군·도서(島嶼) 조합을 구성요소로 하는 전국농민조합총연맹을 결성해야 한다고 강조했다. 전농의 결성은 전평 이상으로 "위로부터의 조직화"를 통해 진행된 것으로 보인다. 46)

전농 결성대회는 12월 8일 오전 11시 반 서울 경운동 천도교 대강당에서 개막했다. 박경수의 자격심사 보고에 따르면, 11월 말 현재 북한 지역을 포함한 전국 21부(府)와 218개 군에 239개 농업조합이 조직돼 있고 대의원 762명에게 초청장을 발송해서 576명이 출석했다. 북한 지역 28개 군에서 불참한 까닭은 주로 38도선으로 인한 교통차단 때문이라고 했다. 첫날 회의장에는 조선인민공화국 중앙인민위원회, 조선공산당, 인민당, 전평 등 좌파세력 내빈뿐 아니라 충칭에서 귀국한 임시정부 요인인 조소앙, 김원봉, 장건상이 참석해 눈길을 끌었다. 수많은 축하 메시지 낭독 후, 준비위원에서 4명, 각 도 대표에서 13명의 전형위원을 선출했으며, 이들에게 중앙집행위원과 검사위원 선임을 위촉

---

46) 〈자유신문〉, 1945년 11월 28일; 전국농민조합총연맹 서기부, 《전국농민조합총연맹결성대회 회의록》(서울: 조선정판사, 1946), p. 13.

했다. 대회 둘째 날은 서울소극장에서 개최되어 각 도별로 지방 정세를 보고했다. 북한 함흥 및 신의주에서 발생한 학생들의 항의행동, 귀국한 김일성 장군의 근황 등 북한 정세에 대한 질의도 있었다. 이어 셋째 날에는 여운형이 등장해 축사를 했다. 대회는 행동강령, 조직방침, 운동방침 등을 채택했고, 의사진행은 전평 결성대회를 본떴다. 47)

전국농민조합총연맹 결성에 이어 12월 11일부터 13일에는 학병동맹, 학도대, 조선근로청년동맹 등 조선공산청년동맹을 제외한 좌파 청년단체를 묶은 전국청년단체총동맹 결성대회가, 12월 22일부터 24일까지는 건국부녀동맹을 전신으로 하는 조선부녀총동맹 결성대회가 거행됐다. 이듬해 1946년 2월 24일에는 조선문화건설중앙협의회와 프롤레타리아예술연맹이 합동으로 조선문화단체총연맹을 결성했다. 48)

(3) 전국인민위원회 대표자대회 개최

전국인민위원회 대표자대회 소집은 조선공산당 외곽단체의 조직화와는 달랐다. 조선인민공화국은 미군정부의 압력, 이승만을 추대하는 독립촉성중앙협의회의 결성, 그리고 충칭 임시정부 및 김구, 김규식 등 요인의 임박한 귀국 등 여러 도전을 직면했다. 따라서 좌파세력이 조선공산당을 중심으로 구축한 정권조직, 즉 전국적으로 조직한 인민위원

---

47) 〈서울신문〉, 1945년 12월 9일; 〈중앙신문〉, 1945년 12월 11일; 《전국농민조합총연맹결성대회 회의록》, pp. 1~17, 37~48, 56~64; 《조선해방연보》, pp. 165~172.
48) 《조선해방연보》, pp. 178~182, 186~188; 김남식, 《남로당 연구》, pp. 86~88, 96~100.

회를 총점검함으로써 다시 한 번 조선인민공화국의 정통성을 주장하고 좌파 재결집을 도모하려 한 것이다. 그러나 앞서 살펴본 바와 같이 조선인민공화국 중앙인민위원회는 10월 3일, 이듬해 3월 1일 독립선언 기념일을 기해 전국인민대표대회를 소집하기로 결정하고, 그 대표 선정을 여운형, 허헌, 최용달 등 12명에게 위탁한 상태였다. 따라서 11월 4일에 이르러 이와 별도로 11월 20일부터 전국**인민위원회** 대표자대회를 소집한다는 결정은 한 달 전에 세운 방침을 수정하는 긴급조치였다고 할 수밖에 없다. 11월 10일 경기도 인민위원회가 결성되어 전국적으로 인민위원회 조직이 완비되었다는 이유로 내세웠으나 아무래도 부자연스러웠다. 대표자대회를 위해 급히 각 군 인민위원회에서 2명씩, 각 시 인민위원회에서 4명 이상, 각 도 인민위원회에서 5명씩 대표가 선출됐다. 그뿐 아니라, 중앙인민위원회는 제2회 전국인민대표대회를 "내년 3월 1일에 시행될 예정인 일반투표에 의한 총선거에 의거해" 개최한다고 발표했다. 바꿔 말하면 스스로의 손으로 총선거를 실시해서 공식정부를 수립하겠다는 결의를 표명한 것이었다. 이는 미군정부에 대한 정면 도전이라고 할 수밖에 없었다. [49)]

갑자기 소집된 전국인민위원회 대표자대회는 11월 20일부터 22일까지, 즉 전평 결성대회와 전농 결성대회 사이에 천도교 대강당에서 개최됐다. 20일 오후 2시에 사회를 맡은 이강국이 단상에 올랐고, 몸이 안좋은 여운형을 대신해 허헌이 개회사를 맡았다. 개회사에서 허헌은 미군정부와의 협력을 호소하며 "군정은 조선의 민족통일이 완성되어 정부가 수립되기까지 무정부 상태의 혼란을 방지하고, 일본의 잔존세력

---

49) 〈자유신문〉, 1945년 11월 16일.

을 일소하며 조선 독립을 촉진하기 위해, 다시 말하면 조선을 위해 조선에 와 있는 것이다. 제군 모두 오해를 풀고 조선 독립을 위해 군정에 협조해 주길 바란다"고 호소해 눈길을 끌었다. 그러나 이어 내빈으로 등단한 아놀드 군정장관은 "군정청은 한국의 유일한 정부다. 일본의 항복부터 한국의 독립까지 가교 역할을 하는 정부다. 장래 몇 개월간 한국인들이 이 정부를 어느 정도 지지할지, 연합국은 매우 주목하고 있다", "반란이 있어날 시 국가 건설에 장애가 발생한다. 만일 그러한 경우에는 연합국은 한국이 준비가 안 된 것으로 간주하고 동정하지 않을 것이다"라고 경고했다. 개회 직후 축사에서 이 대회의 가장 큰 쟁점이 무엇인지 명시한 것이다. 50)

아놀드의 축사에 이어 대의원 자격심사에 관한 보고가 이뤄지고, 북한 지역을 포함한 25개 시와 175개 군 인민위원회로부터 610명, 도 인민위원회로부터 40명의 대표자가 참가했다고 공표됐다. 또 대회 집행부를 선출한 후 여운형이 쓴 조선인민공화국 탄생 경과보고를 조두원이 대독했다. 내용은 3·1운동 이후의 항일독립투쟁이 국내와 해외로 나뉘어 전개되고, 국내에서는 민족 자본 대부분이 혁명대열에서 탈락하여 일본제국주의자와 타협했기 때문에 근로대중이 혁명의 주체가 되어 공산주의자와 진보적 민주주의자의 지도 아래 수많은 노동쟁의와 총파업을 감행했다는 역사를 강조한 내용이었다. 또한 해방 이후 건국동맹과 공산주의자가 연합한 민족전선이 건국준비위원회를 조직하고, 근로대중의 요구를 존중해 미·소 양국에 실질적인 제안을 하기 위해

---

50) 전국인민위원회, 《전국인민위원회 대표자대회 의사록》(조선정판사, 1946), pp. 1~5; 〈자유신문〉, 1945년 11월 21일.

'역사적 대(大) 결정체인 인민공화국'을 수립했다고 주장했다. 여운형의 보고에 이어 연합국의 네 정상과 연합국군 사령관에 대한 감사 결의를 채택하고 아놀드 군정장관은 퇴장했다. 이후 조선공산당, 인민당, 서울시인민위원회, 건국부녀동맹, 조선전국노동조합평의회, 조선문화건설중앙협의회의 축사가 이어졌다. 대회 첫 날 마지막에는 전북 대표 최홍렬이 남원에서 발생한 사건을 설명했다. 인민위원회 간부가 정당한 사유 없이 구속되자 농민 약 6,000명이 모여 석방을 요구했으나 반역자들의 신고로 출동한 미군이 발포해 3명이 즉사하고 50명이 부상했다고 보고했다. 51)

대회 이틀째는 김계림이 인민위원회 조직 정비에 대해 경과를 보고하며 시작됐다. 그는 남한 148개 군 중 강원도 2개 군과 충청북도 1개 군을 제외한 145개 군에서 인민위원회가 조직되었으며, 강원도 남부에 도인민위원회가 조직되지 않은 것 외에는 전국적 조직이 거의 완성됐다고 선언했다. 정치보고 중 국제정세 부분은 공산당 간부인 강진이 맡았다. 그는 프랑스가 종주국으로서 비민주적 정책을 계속한 탓에 베트남에서 민족해방을 지향하는 혁명군이 프랑스군과 충돌하고 있으며, 영국이 그리스에서 망명정부를 지지하며 파쇼세력과 용감하게 싸운 인민혁명군을 무력으로 진압하고 있다고 지적했다. 나아가 미국이 중국에서 장제스의 팔로군(八路軍) 공격을 지원하는 데에 의문을 표하며 "미국은 중국 내부에 간섭해서는 안 된다"고 주장했다. 또한 작금의 국제정세와 관련해 한 가지 중요한 요소는 각국의 근로대중과 식민지·반(半) 식민지 약소국민의 단결이라는 인식을 드러내며, 소련 외에 완전

51) 《전국인민위원회 대표자대회 의사록》, pp. 5~37; 〈자유신문〉, 1945년 11월 21일.

한 민주주의 국가는 존재하지 않고, 그 밖의 민주주의는 대재벌이 지배하는 체제라고 주장했다. 나아가 중앙인민위원회에 대한 신임투표를 제안하면서 "중앙인민위원회를 무시하는 어떠한 정권도 조선에는 수립할 수 없다"고 결론지었다.[52]

국내 정세보고는 공산당 간부인 이강국이 맡았다. 이강국은 해방 직후에 마주한 여러 어려움에도 불구하고 건국준비위원회 지부를 전국으로 확대하고 조선인민공화국 지지를 호소하는 거리행진을 실시했으나, 미군정부가 급격한 개편과 수정을 피하고 현상을 유지하려는 방침을 따르기 때문에 행정사무가 인민위원회에 인계되지 않은 지방이 많다고 보고했다. 또한 이승만의 통일공작을 "일당파적 입장의 통일론"이라고 강력히 비판하면서 인민위원회의 운동은 자연발생적이고, "아래로부터의 대중적 기운에 의거한 것이며, 현재도 인민위원회를 중심으로 통일전선 결성의 기운이 다시 성숙해 있다"고 강조했다. 나아가 현재까지 미군정부가 시행한 정책을 언급하며 "그 중에는 반인민적 정책도 적지 않다"고 비판하고, 그 예로 10월 18일 연합군 환영시민대회 불허, 〈매일신보〉 발행 정지 및 수원, 경남, 전북 등에서의 인민위원회 탄압을 들었다. 그럼에도 불구하고 이강국은 미군정부에 가능한 한 협조해야 한다고 설득했다. 11월 11일 발표한 〈미군정에 대한 태도방침〉에 나타났듯 인민위원회는 ① 미군정부에 대항적 태도를 취하지 않고 인민위원회의 정당성을 인식시켜, 인민위원회를 통해 지방행정을 집행하도록 행정기관 전면 접수(接收)에 노력한다, ② 미군정부가 조선의 사정을 인식하도록 하고, 군정기관에 적극적으로 참여해 반역자

---

52) 《전국인민위원회 대표자대회 의사록》, pp.37~49; 〈자유신문〉, 1945년 11월 22일.

들의 실태와 음모를 물적 증거를 통해 폭로한다, ③ 미군정과 인민의
마찰을 가능한 한 없애고 불행한 사건이 일어났을 경우에는 조정을 위
해 적극적으로 노력해야 한다고 주장했다. 이후 대회에 반대하는 우파
세력의 장외활동이 거세지는 바람에 경비를 서던 미군 헌병의 요청에
따라 지방정세 보고는 단축하고 의사일정을 종료했다. 53)

　대회 3일 차 논의는 22일 오전 10시에 재개됐다. 서중석이 미군정부
와의 관계에 대해 보고했으나 의장의 요청에 따라 직접 협상을 담당한
허헌이 그 과정을 상세히 설명했다. 이에 따르면 미군정부와 조선인민
공화국의 '협의'는 당초 아놀드 군정장관과 여운형 부주석 사이에서 진
행됐다. 10월 28일 아놀드는 미군정청에 출두한 여운형에게 "인민공화
국의 명칭을 취소하라"는 공식 문건을 전달했다. 여운형은 중앙인민위
원회 논의를 거쳐 다음 날 아놀드와 다시 회담했다. 앞서 살펴본 바와
같은 논리로 조선인민공화국의 정통성을 주장한 것으로 보인다. 하지
만 아놀드는 강경한 태도를 바꾸지 않았다. 오히려 여운형의 당사자 능
력을 의심한 아놀드는 11월 9일 허헌 국무총리에게 출두를 요구했다.
조선인민공화국을 언제 해체할 것이냐는 아놀드의 힐문에 허헌은 "11
월 20일 인민위원회 대표자대회까지 기다려 달라"고 간청할 수밖에 없
었다. 아놀드의 동의 없이는 대표자대회 개최를 허가받을 수 없었기 때
문이다. 그러나 약속 시한을 넘긴 대회 둘째 날(10월 21일) 오후 3시에
하지 사령관이 허헌에게 출두를 요구했다. 하지는 "이틀간 회의 내용을
들었는데 도저히 참을 수가 없어 당신을 불렀다"며 "인민공화국을 선전
하면서 군정에 협조하겠다는 것은 말뿐이었다"고 비난했다. 54)

---

53) 《전국인민위원회 대표자대회 의사록》, pp.49~63; 〈자유신문〉, 1945년 11월 22일.

허헌의 보고를 들은 대의원들은 흥분하며 이구동성으로 "인민공화국 사수"를 외쳤다. "국호를 한 글자라도 바꾸면 이 자리에서 할복하겠다"는 외침이 나올 정도였다. 대표자대회에 이어 다음 날부터 개최된 제1회 확대집행위원회에서는 이듬해 3월 1일 소집할 제2회 전국인민대표대회 대의원 선출 방법, 즉 총선을 실시하는 원칙까지 논의했다. 지방인민위원회가 책임지고 인구 3만 명당 정원 1명을 뽑는 선거구를 설정하고 무기명, 단기(單記), 공개, 자필 원칙으로 실시한다는 방침 등을 결정했다. 한편 12월 12일, 하지 사령관은 조선인민공화국에 대한 불신감을 드러내는 성명을 발표한다. 이에 따르면 조선인민공화국 지도자들은 "11월 20일 대회 소집을 허가만 해 주면" "전 조선인민에게 그들이 정당으로서 재조직될 것임을 명확히 하겠다"며 "경제적 안정 달성과 조선 독립 준비를 위해 군사정부를 지원하겠다"고 약속했다. 미군정부는 약속을 믿고 대표자대회 개최를 허가하고 경찰 보호를 제공했으며, 아놀드 군정장관이 개회식에 참석하기까지 했다. 그러나 "그들은 대회를 이용해 자신들의 정부기능을 더욱 강화하고, 군사정부가 이들 조직의 정부활동을 원조하고 선동하는 것처럼 암시했다"는 것이었다. 이제 조선인민공화국 지도자들에게 타협 의사가 없다는 사실이 분명해졌으니 하지의 대응에도 타협의 여지가 없을 수밖에 없었다. 이날 하지는 "어떠한 정당활동이든 정부로서 행동하려는 것은 불법으로 취급할 것이다"라고 선언하고 "연합국의 특별한 권한 없이 미군 점령지역 어느 곳에서나 정부로서 기능하는 정치조직이 없도록 즉각 필요한 조치를 취하라"고 점령 미군과 군사정부에 명령했음을 분명히 했다.[55]

54) 《전국인민위원회 대표자대회 의사록》, pp. 78~81; 〈자유신문〉, 1945년 11월 23일.

4. 대한민국 임시정부와 김구의 귀국

(1) '독수리' 침투계획의 좌절

1944년 10월에 웨더마이어 중장이 스틸웰의 뒤를 이어 장제스 총통의 참모총장 겸 중국전역사령관에 취임했다. 12월에는 오래 알고 지낸 헤프너(Richard P. Heppner) 대령을 지부장으로 지명하면서 전략첩보국 중국지부(China Theater)의 조직적 개편과 확충이 시작됐다. 1944년 10월까지는 대원이 106명에 불과했지만 1945년 7월에는 1,891명에 이르렀다. 유럽대전의 귀추가 거의 결정된 만큼 전략첩보국으로서는 남은 대일전쟁 승리에서 두드러진 공을 세우는 데에 조직의 미래를 걸었을 것이다. 도노반 국장의 승인을 얻은 헤프너는 4월 9일 야전부대 설치를 명령했고, 이튿날 클라우제(Gustav Krause)가 이끄는 전략첩보국 대원 46명이 쿤밍(昆明)을 출발해 시안(西安)에 도착했다. 이후 시안은 전략첩보국 중국지부의 중요거점이 된다. 한국 침투공작을 주요 임무로 한 독수리계획(Eagle Project)은 일본권내(*Japan's inner zone*) 여러 지역에 침투하기 위해 시안을 거점으로 세운 첫 계획이었다. 임병직에 따르면 1943년 가을 이후 이승만은 워싱턴에서 전략첩보국 굿펠로 대령과 접촉하고 미국에 거주하는 한국계 청년들을 훈련하여 한국에 침투시키려는 계획에 협력했다. 하지만 청년들의 부족한 일본어 실력

---

55) 《전국인민위원회 대표자대회 의사록》, pp. 91~101, 124~126; "Statement from the Commanding General USAFIK", 12 Dec. 1945, *General Hodges Official File* 〔《하지문서집》, 제1권(한림대 아시아문화연구소, 1995), pp. 40~41〕.

등으로 인해 큰 성과를 거두지 못했다. 헤프너는 중국에 사는 한국계 청년, 특히 일본군 부대에서 탈영한 학도병들에 착안해 이러한 침투 시도를 성공시키고자 했을 것이다. 앞서 지적했듯 웨더마이어가 이미 그러한 작전을 시사했고, 이는 3부조정위원회에서 승인한 방침과도 합치했다.[56]

실제로 일본군에서 탈주한 학도병은 일본어에 능통할 뿐 아니라 일본에서 고등교육을 받았고 출신지인 한국 사정도 잘 알았다. 게다가 공작원에게 필수적인 요소, 즉 일본군을 향한 적개심과 임무에 대한 충성심을 갖추고 있었다. 그 지도적 인물 중 한 명인 장준하는 1944년 7월 쉬저우(徐州) 교외에 주둔한 일본군 부대에서 동지 3명과 함께 탈주해, 도중에 안후이성 푸양현 린취안(安徽省 阜陽縣 臨泉)에서 김준엽 등 다른 탈주병과 합류했다. 이들은 뒤에 자세히 설명할 한국인 무관을 위한 특별훈련을 3개월간 받은 뒤 1945년 1월 말에 최종 목적지인 충칭 대한민국 임시정부 청사에 도착했다. 4월 말에는 그중 30여 명이 이범석 장군이 지휘하는 한국광복군 제2지대(支隊)에 합류해 전략첩보국 대원으로서 독수리계획을 위한 훈련을 받기 위해 시안으로 향했다. 그 내용은 미군의 서해안 상륙을 상정하고 사전에 한국 내에 침투해 첩보활동, 정보송신, 후방교란 등을 실행하기 위한 특수훈련이었다. 5월 1일부터 일주일간 예비훈련을 실시한 뒤 5월 11일 독수리계획의 지휘관

---

56) Maochun Yu, *OSS in China: Prelude to Cold War* (New Heeven: Yale University Press, 1996), pp. 214~216, 225~226; 임병직, 《임병직 회상록》, pp. 243~245. 도노반은 정보조정관(C. O. I) 때부터 이승만의 미국 내 활동에 주목했다 [Bradley F. Smith, *The Shadow Warriors: O. S. S. and the Origins of C. I. A* (N. Y. : Basic Books, 1983), p. 130]

인 사전트(Clyde B. Sargent) 대위가 시안의 교외지역인 두취(杜曲)에 있는 훈련기지에 도착해 제2지대원 125명 중 50명을 선발했다. 이들이 1기생이 되어 무선, 유격, 폭파, 낙하산 강하 등 3개월간 훈련에 들어간 것이다. 또한 그중 36명이 8월 4일에 훈련을 마치고 서울, 부산, 평양, 신의주 및 청진 침투작전을 위해 대기 태세에 들어갔다. 장준하는 다른 대원 3명과 함께 서울에 침투할 예정이었다. 57)

독수리계획은 전투작전은 아니었지만 임시정부와 광복군이 미 첩보기관과 전면적으로 협력한 최초의 중요 침투작전이었다. 이에 참여하는 한국인 대원을 격려하기 위해 8월 5일 김구 주석, 이청천 광복군총사령관, 엄항섭 선전부장 등이 미군 항공기편으로 충칭을 출발해 8월 7일에 두취 훈련기지를 방문했다. 김구는 그 기회를 이용해 8월 첫째 주에 중국을 방문하는 도노반 국장과 회담할 예정이었다. 도노반은 5일

---

57) 장준하, 《돌베개》(전면개정판, 돌베개, 2015), pp. 281~290; 김준엽, 《장정 2: 나의 광복군 시절(하)》(파주: 나남, 1989), pp. 195~200. 다만 김준엽은 시안으로 향한 청년이 19명이었다고 기록했다. 김구 발신, 우티에청 수신, "적군에서 탈출해 귀순한 한국 청년 47명을 위해 차관을 요청하는 공함"(1945년 2월 6일), 최종건, 《대한민국 임시정부 문서집람》(서울: 지인사, 1976), pp. 121~122, 370~373; Monthly Reports for Eagle Project, "Sargent to Helliwell and Kurause", 30 May, 29 Jun. and 31 Jul. 1945, *Records of the Office of Strategic Services, Washington Director's Office Administrative Files, 1941~1945*, Microfilm, RG 226, NARA. 독수리 계획에 관한 자료는 《대한민국 임시정부 자료집 13》에 수록되어 있는 것을 사용했다. 이하 날짜를 표기한다. Weekly Report for Eagle Project, "Koger to Handy", 5 Aug. 1945. 또 한국광복군은 그리 대규모는 아니었다. 제2지대 소속인 장준하에 따르면 시안의 제2지대(대장 이범석)는 300여 명의 병력을 가졌지만 충칭에 있는 제1지대(대장 김원봉)는 기껏해야 10여 명, 린취안(臨泉, 치양(岐陽))에 있는 제3지대(대장 김학규)는 학도탈주병 10여 명을 중심으로 150여 명 정도에 불과했다(장준하, 《돌베개》, pp. 333~334).

쿤밍의 전략첩보국 본부를 시찰한 뒤 충칭에서 웨더마이어 사령관을 만나고, 이어 6일 장제스 총통과 비공식 회담을 가진 후 7일에 시안을 시찰했다. 사전트는 8월 5일에 전보 두 통을 보내 대한민국 임시정부 주석 김구가 도노반과 회담하기를 강력히 요청하였음을 전했다. 또한 침투계획에 한국인 청년들이 참여하고 있다며 김구 주석에게 경의를 표하고 훈련기지에서 오찬과 만찬을 함께하길 요청했다. 이것이 주효하여, 8월 8일 이른 아침 도노반 국장은 두취를 방문해 체재 중이던 김구, 이청천, 이범석과 회담했다. 도노반은 작전에 아무런 주저가 없었던 듯하다. 사전트에게 보낸 회신에서 헬리웰(Paul L. E. Helliwell) 대령은 "도노반 장군이 독수리작전에 강한 관심을 갖고 가능한 한 빨리 침투가 이루어지기를 열망하고 있다"고 전했다. 김구의 회상에 따르면 그날 회담은 광복군 제2지대 본부 사무실에서 열렸고 정면 오른편에 태극기, 왼편에 성조기가 놓여 있었다. 도노반이 일어나 "오늘부터 미국합중국과 대한민국 임시정부가 함께 적국 일본에 항거하는 비밀공작이 시작된다"고 선언했다고 한다. 58)

그 이튿날, 즉 8월 10일 사전트 대신 침투팀을 지휘할 버드(Willis Bird) 중령이 독수리계획 훈련기지로 소집되었고, 장준하 등 대원들은 특별대기 명령을 받았다. 버드와 이범석이 4명씩으로 구성한 세 팀을 한국에 침투시키기로 결정한 것이다. 첫 팀은 1주일 이내, 즉 8월 20일 안에 출발할 예정이었다. 그러나 8월 6일에는 이미 히로시마에 원자폭

---

58) "Sargent to Helliwell and Roosevelt", 5 Aug. 1945; "Sargent to Helliwel, Roosevelt and Krause", 5 Aug. 1945; Yu, *OSS in China*, pp. 229~230; 김구, 《백범일지》(서울: 국사원, 1947), pp. 348~351; 장준하, 《돌베개》, pp. 300~304; 김준엽, 《장정 2》, pp. 223~229.

탄이 투하됐고 8월 9일에 소련이 참전했으며, 제 2차 세계대전은 최종 국면에 접어들고 있었다. 10일에는 조건부이긴 하지만 일본 정부가 포츠담선언 수락의사를 전하기도 했다. 헤프너가 그 소식을 듣기 직전에 도노반은 쿤밍에서 워싱턴으로 향하는 특별항공기에 탑승하고 있었다. 시안 시내에 머물던 김구는 종전이 가까웠다는 소식을 오랜 친구이자 산시성(陝西省) 주석인 쭈샤오저우(祝紹周)의 사저에서 들었다. 당시 그는 "아아! 왜적의 항복! 그것은 나에게 낭보라기보다 하늘이 무너져 내리는 사건이었다"고 개탄했다. 김구의 개탄은 독수리계획에 건 기대가 얼마나 컸는지 말해 준다. **침투작전으로서의** 독수리계획은 실시가 유보될 수밖에 없었다. 그러나 도노반도 헤프너도, 그리고 웨더마이어도 이미 준비가 완료된 독수리계획을 완전히 버리지는 않았다. 한국인 요원을 포함한 전략첩보국 팀이 다른 누구보다 먼저 서울에 도착하기를 기대한 것이다. 이들은 무엇보다도 소련이 대일전쟁에 참전해 대북작전을 시작했다는 점을 의식했다. 워싱턴으로 출발하기 전에 도노반은 웨더마이어에게 "만약 러시아인들이 한국과 만주에 도착했을 때 우리가 그곳에 없다면 우리는 두 번 다시 〔그곳에〕 들어갈 수 없을 것"이라고 했다고 기록했다. 59)

결국 독수리계획은 형태를 바꿔 실행됐다. 후에 남한에 진주한 제 24 군단 선발대 일부는 9월 4일 경성제일비행장(김포비행장)에 도착했는데, 그보다 2주나 앞선 8월 18일 이른 아침에 C-47 수송기 한 대가 시

59) "Heppner to Bird", 10 Aug. 1945; "Hector to Heppner", 13 Aug. 1945; "Davies to Heppner", 13 Aug. 1945; "Hector to Heppner", 13 Aug. 1945; "Bird to Heppner", 14 Aug. 1945; "Heppner to Bird", 14 Aug. 1945; 김구, 《백범일지》, pp. 350~351; Yu, *OSS in China*, p. 230.

안비행장을 이륙하여 영등포 상공에서 전단을 살포한 후 정오 조금 전 서울 용산비행장(여의도비행장)에 착륙한 것이다. 버드 중령이 인솔한 전략첩보국 대원 22명과 승무원이 탑승해 있었는데 그중에는 이범석, 장준하, 김준엽, 노능서 등 한국인 대원 4명도 포함돼 있었다. 침투계획은 전쟁포로 구출계획으로 변경되었고, 웨더마이어의 승인과 도노반의 특별명령 아래 실행에 옮겨졌다. 작전 목적은 서울, 인천, 부산의 포로수용소에서 전쟁포로와 접촉하여 철수방침을 지원하고 철수계획안을 마련하는 것이었다. 고즈키 요시오(上月良夫) 사령관, 이하라 준지로(井原潤次郎) 참모장 등과 경비병은 갑작스럽게 날아온 미군 비행기 때문에 놀라 용산비행장에 모였으나, 그 목적이 항복 수속에 관한 것이 아님을 확인하자 도쿄 대본영의 지시가 없었다는 이유로 즉각 퇴거하라고 요구했다. 전략첩보국 팀은 연료 보급을 위해 비행장에서 하룻밤을 묵은 뒤, 다음 날 급유를 받고 이륙할 수밖에 없었다. 같은 8월 19일 제24군단 사령관인 하지 중장이 주한미군사령관에 임명됐다. 이리하여 일본 항복 후 한반도는 곧바로 중국 전역(戰域)에서 분리되었다. 독수리계획 중지가 정식으로 전달된 것은 8월 29일이었다. 60)

---

60) "Bird to Hector", 22 Aug. 1945; Preliminary Report of Mission to Keijo, Korea, for the Relief of Prisoners of War Interned in that Country, "Bird to Heppner", 23 Aug. 1945; "INDIV to Fletcher, Wampler and Krause", 29 Aug. 1945; 장준하, 《돌베개》, pp. 311~317; 김준엽, 《장정 2》, pp. 238~252; 이범석, 《민족과 청년: 이범석 논설집》(서울: 백수사, 1948), pp. 31~32. 버드 대령의 보고에 따르면 비행장에는 일본군 중장 1명 및 소장 1명, 그리고 1개 중대가 기다리고 있었다. 그들은 OSS팀이 점령군과 어떤 관계가 있는지, 항복조건을 논의하기 위해 왔는지 등을 궁금해했다. 이에 버드는 "연합군 포로에게 가능한 원조와 위로를 제공하겠다는 목적만으로 웨드마이어 장군이 파견했다"고 답하고 이를 위한 협조를

도노반이 독수리계획에 걸었던 기대는 끝내 실현되지 못했으며, 그의 도박은 오히려 완전히 실패했다. 8월 17일 김구는 트루먼 대통령에게 일본의 항복을 축하하는 전보를 보내 달라고 헤프너에게 의뢰한다. 그 전보에서 김구는 "우리의 희망은 대일전쟁 마지막 몇 개월 동안 중국에서 시작된 한·미 간 적극적 협력이 지속되고 성장하는 것이다"라고 호소했다. 이를 8월 18일에 대통령에게 전달한 도노반의 각서에는 "우리는 한국에 정보공작원을 보내기 위해 그와 협력하고 있다"는 설명이 붙어 있었다. 그러나 이에 대해 트루먼은 이례적일 정도로 아주 불쾌하게 여겼다. 8월 25일 트루먼은 "미국 정부가 승인하지 않은 자칭 정부 대표들이 내게 메시지를 전달하기 위한 채널로 귀관의 요원을 활용하는 일은 부적절하다"며 도노반에게 매우 빈정대는 투로 충고했다. 도노반에 대한 루스벨트의 신뢰가 트루먼에게는 계승되지 않은 것이다. 제 2차 세계대전 말기의 임무를 끝낸 전략첩보국은 10월 1일에 기능을 정지했다. 61)

요청했다. 또한 가능한 한 빨리 전쟁포로를 철수시키는 데에 관심을 갖고 있으며 이를 위한 조사도 목적에 포함된다고 말했다. 이름은 밝히지 않았지만 참모장으로 보이는 일본군 중장(고즈키 요시오(上月良夫) 사령관인 듯)은 "포로는 안전하고 양호한 상태이며, 적절히 취급받고 있다고 웨드마이어 장군에게 전하라"고 주장하며 그 이상의 정보제공은 거절했다. 한편 제 17군의 간자키(神崎) 참모는 8월 18일 일기에 "용산비행장에 미군기 더글러스 1기 착륙. 시안으로부터 이른 아침 출발해 포로를 위문하러 온 것. 흥분한 일본인과 환영하고 싶어 하는 반도인이 있어 비행장 밖으로 나오지 않고 돌아가기로 했으나, 급유를 위해 1박"이라고 기록했다(神崎 長, 《神崎大佐日記》(防衛省防衛研究所戰史研究センター所藏), p.117). 이는 저자가 발견한 유일한 일본 측 사료이다.

61) "Memorandum for the President by Donovan", 18 Aug. 1945; Yu, *OSS in China*, pp. 229~230, 250~251: Smith, *The Shadow Warriors*, p. 314.

(2) 통일전선조직으로서의 임시정부

한국 독립운동의 가장 불행한 특징은 운동 전체를 통합하는 **단일** 이데 올로기나 리더십이 결여되었다는 사실일 것이다. 그 결과 독립운동은 지리적으로 분산된 채 여러 형태로 개별적으로 전개됐다. 그러나 1919 년 한국에서 일어난 3·1운동은 제1차 세계대전 이후 고양된 민족자결 주의라는 국제조류를 배경으로 전국적 민중봉기를 동반하며 전개됐 다. 이는 해외 독립운동에 큰 충격을 주었고, 일시적이나마 여러 운동 을 통합하는 계기가 됐다. 국내에서 선포된 한성정부, 블라디보스토크 의 대한국민의회, 그리고 상하이에 설치된 대한민국 임시의정원(大韓 民國 臨時議政院)이 9월에 조직적으로 통일되어 상하이에 대한민국 임 시정부가 수립된 것이다. 그러나 세 정부의 통합에 가장 크게 기여한 안창호는 독립전쟁이 가능해질 때까지 실력배양을 위해 노력한다는 민 족자강론자였다. 반면 블라디보스토크에서 와서 국무총리에 취임한 이동휘는 적극적인 독립전쟁론자이자 코민테른의 원조에 의존하는 볼 셰비키였다. 한편 1920년 12월 상당히 늦게 상하이에 도착해 임시대통 령에 취임한 이승만은 앞서 살펴보았듯 외교활동을 중시하는 친미·반 공주의자였다. 이승만이 상하이에 도착한 이후 3자, 특히 '두 사람의 이(李)' 사이에서 이데올로기 및 리더십이 격돌했다. 1921년 1월 이동 휘는 국무총리직을 사임하고 임시정부를 떠나 고려공산당 창립운동에 매진한다. 그러나 1921년 4월에서 5월까지 김규식, 안창호 등의 지도 자가 잇달아 임시정부를 떠나자 이승만도 5월 말 상하이를 떠나 하와이 를 경유해 8월에는 워싱턴으로 돌아갔다. 많은 유력 지도자를 잃은 임 시정부는 통일전선조직으로서의 기능을 상실하면서 거의 명목뿐인 존

재가 되어 버렸다. 62)

1925년 3월 이승만 대통령이 임시의정원에서 탄핵된 후 분열되고 침체된 임시정부를 구한 것은 당초 경무국장에 불과했던 김구였다. 농촌 출신으로 소박한 인품이라고 알려진 김구는 이승만이나 안창호처럼 미국을 경험한 개화파 지식인도, 이동휘처럼 코민테른에 의존한 공산주의자도 아니었다. 그는 농민에 기반을 둔 토착종교인 동학에서 출발해 의병, 계몽운동, 농촌부흥운동을 경험하고 3·1독립운동 후에는 1919년 4월 상하이에 도착해 임시의정원에 참가했다. 상하이에 수립한 임시정부가 대통령제에서 국무령제(의원내각제), 그리고 국무위원제(주석윤번제)로 개편된 뒤 1927년 2월 국무위원으로 선출됐고, 나중에 내무장, 그리고 상하이교민단장에 취임했다. 1930년 11월 재무장에 취임한 김구는 궁핍한 임시정부를 구하기 위해 시카고, 샌프란시스코, 하와이 등에 거주하는 교민들로부터 자금을 조달하려고 애썼다. 또한 1931년 9월 만주사변이 발발하고 만보산(万宝山) 사건 등으로 인해 중국 내 대한(對韓) 정서가 악화하자 애국단을 결성해서 의열투쟁(테러리즘)으로 난국을 타개하려고 했다. 1932년 1월에는 이봉창이 사쿠라다몬(櫻田門) 밖에서 천황에게 폭탄을 투척하고, 4월에는 윤봉길이 상하이 홍커우(虹口) 공원에서 거행된 대관병식과 천장절 경축회를 폭탄으로 습격했으며, 5월에는 조선총독과 관동군사령관 암살을 시도하려

62) 김구, 《백범일지》, pp. 279~283, 288~293; Dae-Sook Suh, *The Korean Communist Movement, 1918~1948*, pp. 11~17; 한시준, 《이승만과 대한민국 임시정부》; 반병률, 《이승만과 이동휘》; 유영익 편, 《이승만 연구》, pp. 188~195, 281~293, 304~310; 김삼은, 《투사와 신사 안창호 평전》(서울: 현암사, 2013), pp. 103~110, 120~129.

던 이들이 발각되어 실패했다. 이 사건들은 모두 김구가 지도한 것이었다. 상하이에서는 윤봉길이 던진 폭탄이 식전(式典) 단상에서 폭파돼 상하이파견군사령관인 시라카와 요시노리(白川義則) 대장이 죽고, 제9사단장 우에다 겐키치(植田謙吉) 중장, 제3함대사령장관 노무라 요시사부로(野村吉三郞) 해군 중장, 시게미쓰 아오이(重光葵) 공사 등이 중상을 입었다. 그러나 일본 관헌(官憲)의 끈질긴 추궁으로 안창호가 체포되고 임시정부도 1932년 5월 항저우(杭州)로 이전할 수밖에 없었다.[63]

김구가 추구한 독립노선의 큰 특징은 테러리즘을 포함한 격렬한 민족주의와 임시정부에 대한 일관된 충성심이었다. 이는 이데올로기를 초월한 것이었다. 공산주의운동에 대해서도 김구는 그 국제주의적 측면만 비판했다. 자서전 《백범일지》에 따르면 김구가 이상으로 삼았던 것은 기미년, 즉 대한민국 원년(1919년) 무렵 "국내외를 막론하고 정신이 일치하고 민족 독립운동에만 매진하던" 때였다. 코민테른의 지도를 받는 이동휘의 권유에 김구는 "우리의 독립운동은 대한민족의 독자적인 운동입니다. 다른 제3자의 지도나 명령에 지배당하는 것은 타인에게 의존하는 것이니 우리 임시정부의 헌장에 위배됩니다"라고 반론했다. 또한 1935년 7월 김원봉을 중심으로 김두봉, 김규식, 이청천, 조소앙, 신익희 등이 좌우 정치세력을 망라한 민족혁명당을 결성해 대일전선 통일을 도모했을 때도 그는 거기에 동참하지 않았다. 김원봉을 비

---

63) 손세일, 《이승만과 김구》(서울: 일조각, 1970), pp. 4~14; 김희곤, 《대한민국임시정부연구》(지식산업사, 2004), pp. 315~348; 김구, 《백범일지》, pp. 288~313.

롯한 일부 세력을 공산주의자로 간주했을 뿐 아니라 임시정부가 해체되는 데 강력히 반대했기 때문이다. 그런 김구의 입장에서 의열투쟁을 통해 거둔 최대 성과 중 하나는 장제스 총통과의 회담이 성사된 것이었다. 두 사람은 천궈푸(陳果夫) 국민당 중앙조직부장 겸 장쑤성(江蘇省) 주석의 중개로 난징(南京) 중앙군관학교 구내에서 회담을 했다. 이때 장제스는 "동방의 각 민족은 쑨중산(孫中山) 선생의 삼민주의에 합치하는 민주정치를 하는 것이 좋을 것"이라고 했다. 또 김구가 일본, 만주, 한국 세 곳에서 폭동을 일으키겠다고 주장하자, 장제스는 향후 독립전쟁을 위해 한국인 무관을 양성할 것을 권하며 1933년 8월에 중앙육군군관학교 낙양분교(안후이성 푸양현 린취안)에 이를 위한 훈련반〔한광반(韓光班)〕을 개설했다. 다만 중·일 전쟁이 시작되기 전까지 장제스는 한국 독립운동을 제한적으로 지원했고, 군관학교 훈련은 김구의 경쟁자였던 김원봉과 이청천에게도 제공했다.[64]

1937년 7월 중·일 전쟁이 시작되자 중국 정부는 난징 함락 이전인 11월 충칭으로 수도를 이전한다고 발표하며 지구전에 들어갈 방침을 분명히 했다. 임시정부와 그 요인들은 우한(武漢), 창사(長沙)를 거쳐 1938~1939년에 류저우〔柳州, 광시성(廣西省)〕 및 충칭〔쓰촨성(四川省)〕교외의 치장(綦江)으로 이동해 1940년 9월 충칭 시내로 들어갔

64) 김구, 《백범일지》, pp. 279~281, 322~324(부록, "나의 소원"도 참조했다); 강만길, 《조선민족혁명당과 통일전선》(서울: 화평사, 1991), pp. 55~56, 120~123, 272~276; 김희곤, 《대한민국 임시정부연구》, pp. 159~160; "1936年の在支不逞朝鮮人の不穩策動狀況", 金正明 編, 《朝鮮獨立運動 II‐民族主義運動編》(原書房, 1967), pp. 558~593; 김준엽, 《장정 1: 나의 광복군 시절(상)》(파주: 나남, 1987), pp. 339~344.

다. 그 사이 장제스는 한국 독립운동 지원을 공식화하고, 좌우 양 세력의 통합을 강력히 요구했다. 1938년 12월에는 김구를, 이듬해 1월에는 김원봉을 충칭으로 초청해 양자에게 대동단결을 강력히 요청했다고 한다. 사실 김구는 충칭 교외에 있는 민족혁명당과 조선의용대 본부를 방문해 "모든 단체를 통일해 **민족주의 단일당**을 만들자"고 제안했다. 김원봉은 구이린으로 가서 부재중이었는데, "그 자리에 있던 사람은 일치해서 찬성해 주었다"고 한다. 그 결과, 1939년 5월 김구와 김원봉은 공동명의로 〈동지동포 제군에 보내는 공개통신〉을 발표한다. 이어 8월에는 두 사람이 합의한 10개 항목을 기초로 단일정당 결성을 위한 7당통일회의가 치장에서 개최됐다. 조선민족해방동맹과 조선전위청년동맹이 퇴장하고, 며칠 후 김원봉마저 탈퇴하며 7당파의 통일은 무산됐지만 민족주의 3당파의 결속은 진전되었으며, 1940년 5월에는 임시정부의 여당이 되는 한국독립당 창립대회가 개최됐다. 또 중국 정부의 승인을 얻은 임시정부는 9월에 이청천을 총사령관, 이범석을 참모장으로 하는 한국광복군을 창설해 시안에 사령부를 설치했다. 임시의정원도 10월에 임시약헌(約憲)을 개정해 국무위원회 주석을 임시의정원에서 선출하고, 주석이 국내외에 임시정부를 대표하고 군대를 총괄하는 주석제를 채택했다. 김구의 지도력이 제도적으로 강화된 것이다. 나아가 1941년 6월에는 워싱턴에 임시정부 주미 외교위원부를 설치하고 이승만을 위원장으로 임명했다. 마지막으로 11월 말, 임시정부는 '혁명적 3균제도'(정치, 경제, 교육의 균등)을 통한 복국(復國)과 건국을 목표로, 김구 주석을 포함한 7명의 국무위원 명의로 〈대한민국 건국강령〉을 제정, 공표했다. [65)

1941년 12월에 미·일 전쟁이 시작되자 중국 정부의 한국 독립운동

지원이 본격화했다. 10월 30일 장제스 위원장의 지시〔함천시육대전(陷川侍六代電)〕에 따라 미·일 전쟁 개전 후인 12월, 중국 정부 군사위원회는 중국 내 모든 혁명당파를 임시정부와 김구 주석 아래에서 지도하고 육성할 것, 시기를 놓치지 말고 임시정부를 승인할 것, 독립운동 무장력을 조속히 한국광복군에 결집할 것, 중국 측의 자금지원 창구를 일원화할 것 등의 방침을 마련했다. 한편 김구와 한국독립당뿐만 아니라 김원봉과 민족혁명당도 이듬해 봄 이후 새로운 정세하에서 좌우합작을 추진한다는 방침을 굳혔다. 다만 김원봉은 "선 군사통일, 후 정치통일"을 주장하며 민족혁명당의 임시정부 참가보다 무장조직의 통합을 선행했다. 1942년 7월 김원봉 휘하에 남아 있던 조선의용대가 한국광복군에 합류해 광복군 제 1지대로 개편됐다. 김원봉은 부사령관에 임명됐다. 또 민족혁명당 및 그 외 정당의 임시정부 참여는 국무회의가 8월에 임시의정원의원 선거 규정을 제정해 10월에 각 당파가 임시의정원의 반수개선(半數改選)에 참여하는 방식으로 실현됐다. 이후 국무위원(각료)도 증원돼 김규식과 장건상이 선전부장과 학무부장에 선출됐다. 그러나 임시정부가 통일전선조직의 면모를 되찾은 것은 1944년 4월 임시헌장 제정에 의해서였다. 이때 국무위원회 주석·부주석제를 채택하고, 국무위원도 대폭 증원했기 때문이다. 김구 주석, 김규식 부주석 외에 한국독립당에서 이시영, 조소앙 등 8명, 민족혁명당에서 김원봉,

65) 김구, 《백범일지》, pp. 342~347; 이현희, 《대한민국 임시정부사》(서울: 집문당, 1982), pp. 319~322, 333~334; 강만길, 《한국민족혁명당》, pp. 243~258; 조범래, 《한국독립당 연구 1930~1945》(서울: 선인, 2011), pp. 175~180, 183~191; 황묘희, 《중경 대한민국 임시정부사》(서울: 경인문화사, 2002), pp. 11~14, 55~56, 67~68, 443~448.

장건상 등 4명, 조선혁명자연맹에서 1명, 조선민족해방동맹에서 1명
을 국무위원으로 선출했다. 임시정부는 여러 정당에 의한 연립정부로
서 가능한 한 좌우합작을 성취한 것이다.[66]

1919년에 수립된 상하이 임시정부와 비교해 1944년 충칭 임시정부
에게는 중·일 전쟁과 미·일 전쟁이라는 독립운동에 유리한 국제정세
가 있었고, 일본이 곧 패배할 것이라는 예감도 있었다. 또한 카이로선
언이 제시한 향후 한국의 자유와 독립에 관한 국제적 서약이 있었을 뿐

---

66) 中國軍事委員會, "對韓國在華革命力量扶助運用指導方案"(1941年 12月), 추
   헌수 편, 《자료한국독립운동 1》(연세대 출판부, 1971), pp. 671~673. 1941년 10
   월 30일 장제스의 지시〔함천시육대전(陷川侍六代電)〕는 그 내용 중 일부가 국민
   정부군사위원회 '쾌우대전'(快郵代電)(장제스 발신, 우티에청 수신, 1942년 10월
   9일)에 인용되어 있다(상동, pp. 673~674). 장제스의 요청에도 불구하고 김구와
   김원봉의 합작은 쉽지 않았다. 장제스의 지시를 발송한 탕쭝(唐縱, 군사위원회 시
   종실 제2처 제6조장)도 그날 기록인 1941년 10월 28일 자 일기에 "한국광복군 편
   입 후, 조선의용대의 김약산(김원봉) 등은 김구 등에 대해 극렬히 반대하였고, 위
   린(毓麟)은 약산 등에 공감을 표했다"(自委座允准成立韓國光復軍後, 朝鮮義勇
   隊金若山等反對極烈, 對金九等不惜破壞, 來言同情熙若山等)고 기록했다〔唐
   縱, 《在蔣介石身辺八年》(台北: 群衆出版社, 1991) p. 236). "대한국재화혁명
   역량부조운용지도방안"(對韓國在華革命力量扶助運用指導方案)은 이듬해 12월
   15일 "부조조선복국운동지도방안"(扶助朝鮮復國運動指導方案)으로 결실을 맺
   고, 25일 장제스의 승인을 얻었다(최종건, 《대한민국임시정부문서집람》, p. 67).
   강만길, 《조선민족혁명당》, pp. 259~260; 조범래, 《한국독립당연구》, pp. 261
   ~264, 278~281; 황묘희, 《대한민국 임시정부사》, pp. 19~21; "1940年の在支
   不逞朝鮮人の不穩策動狀況", 金正明 編, 《朝鮮獨立運動 II》, pp. 655~688.
   권영준은 조선의용대의 광복군 편입은 중국군사위원회의 지시였다고 지적했다. 좌
   우합작 후에도 임시정부 내 당파 분쟁은 심각했고, 김구 주석 등 국무위원이 사표를
   제출한 적도 있다〔權寧俊, "抗日戰爭期における韓國臨時政府の政治活動と中
   國國民政府", 〈縣立新潟女子短期大學紀要〉, 第44号(2007), pp. 257~258).

아니라 물심양면에 걸친 장제스 정권의 지원도 있었다. 김구가 김원봉과의 경쟁에서 우위를 점할 수 있었던 까닭은 김구가 일관되게 임시정부를 수호해 왔기 때문이며 장제스가 그 임시정부를 지지했기 때문일 것이다. 그러나 민족주의 단일정당이 실현되지 않았을 뿐 아니라 애당초 충칭 임시정부라는 통일전선에 참여하지 않은 그룹도 존재했다. 중국국민당보다는 중국공산당을 택한 조선인 공산주의자들이었다. 7당 통일회의 결렬 이후 이를 탈퇴한 민족해방동맹과 전위청년동맹 청년들은 우한 함락 후 중국공산당 지배지역으로 이동해 1941년 1월 산시성 통구(山西省 桐谷)에서 화북조선청년연합회(華北朝鮮靑年連合會)를 조직하고, 이듬해 8월 김두봉, 최창익, 한빈 등의 지도 아래 화북조선독립동맹을 결성했다. 마찬가지로 박효삼 등이 이끌어 온 조선의용대는 중국공산군에 몸담고 있던 무정에 의해 조선혁명청년간부학교에 들어갔으며, 마침내 수백 명 규모의 조선의용군으로 개편됐다. 다만 그 이후 임시정부와 독립동맹의 관계가 중국국민당과 공산당의 관계처럼 늘 적대적인 것은 아니었다. 통합을 거부하면서도 적당한 공조를 유지한 것이다. 그 이상으로 중요한 의미를 갖는 것이 중국 둥베이 지역(만주)에서 중국공산당계 게릴라 조직인 동북항일연군(東北抗日連軍)에 가담해 1930년대 후반 항일유격투쟁을 펼친 김일성, 최현, 김책 등 공산주의자들이다. 이들은 옌안(延安)에 모인 공산주의자들이나 해방 후 남한에서 조선공산당을 재건한 공산주의자와 관계가 없었으며, 대부분 1940~1941년 사이에 겨울을 틈타 만주에서 시베리아로 도망쳐 소련 극동군에 수용됐다. 그 후 중국인 대원과 함께 하바롭스크 교외에서 정찰요원으로서 대일전쟁에 참가하기 위한 훈련에 매진했다. [67]

(3) 〈임시정부의 당면 정책〉 14개조

시안에서 일본의 항복 소식을 들은 김구는 서둘러 두취로 돌아왔지만 서울을 향해 출발하는 독수리작전 대원들을 배웅하지는 못했다. 대원들이 출발하는 18일에 그는 민간기를 타고 충칭에 돌아오기로 되어 있었기 때문이다. 한편 김구가 없는 사이에 열린 임시의정원은 혼란스러웠다. 당파 대립이 재연하면서 임시정부 해산론과 국무위원 총사퇴론이 분출해 사흘간 휴회에 들어간 것이다. 8월 22일 오후 2시부터 열린 회의에서 김구는 "우리의 임시정부는 기미년[1919년] 3월 1일 본토인 국내에서 우리의 피를 흘린 결과로서, 13개도의 대표가 모여 조직했지만 압박이 너무나 심해 상하이에 조직한 것이다. 이후 20여 년간 노력해 왔다. 우리 손으로 왜노(倭奴)를 몰아내지 못해 유감이지만 오늘날 충칭에 와서 정신적으로도 질도 양도 전에 비해 매우 진보한 것 같다"고 지적하고 두 가지 방침을 제시했다. 첫째는 임시정부 국무위원들이 단결해 속히 "내지로 돌아가는 것"이며, 둘째는 중국군이 한국에 들어

---

67) Suh, *The Korean Communist Movement*, pp. 17~230, 281~293; 강만길, 《조선민족혁명당》, pp. 295~303. 중·일 전쟁 종결 직후 이청천 장군은 〈중앙일보〉(충칭)에서 "한국광복군이 성립한 이래 본군을 찾아와 복무하는 열혈청년도 적지 않다고는 하나 불과 5개 지대에 지나지 않았다. … 본부는 교육과 훈련에 열중하느라 무기도 못 구하는 어려운 상황으로 … 전방에서 비록 약간의 전투성과가 있었다고는 해도 동맹군과 어깨를 나란히 해서 대규모 작전을 펼치지 못했다. 그 점이 유감스럽고 부끄럽기 짝이 없다"[이청천, "917 감언", 〈중앙일보〉, 1945년 9월 17일, 추헌수 편, 《자료 한국독립운동 3》(연세대 출판부, 1973), pp. 195~196]고 솔직하게 말했다. 한국광복군은 소규모 병력으로 '참전할 준비'를 했던 데에 불과한 것이다. 추헌수, "중일전쟁과 임정의 군사활동"[〈아세아 학보〉(아세아학술연구회), 제 11집(1975. 6.)] 참조.

갈 때 광복군을 "배합하는(동행시키는)" 것이었다. 또한 김구는 독수리 침투계획의 훈련과 출격도 언급하면서, 전략첩보국 한국인 대원들이 높은 평가를 받고 있다는 것, 8월 14일 한국인 대원을 태우고 서울을 향해 출발한 비행기가 중지 명령으로 일단 돌아와 18일 재출발했다는 것 등을 구체적으로 보고했다.[68]

그런데 이날 오전, 임시의정원을 휴회하고 김구는 중국국민당 중앙 당부에서 우티에청 비서장과 회담했다. 일본 항복 이후 처음 열린 한·중 고위급 회담에서 양측은 솔직하게 의견을 교환하고 이후의 방침을 결정한 것이다. 중국 측 기록에 따르면 우티에청은 ① 한국 국민 및 한국 임시정부에 대해, 일본이 항복해 한국 독립의 희망이 곧 달성될 것임을 축하한다, ② 8년간의 항일전쟁 동안 중국은 한국 독립을 위해 물질적, 정신적으로 막대한 원조를 제공했으며, 카이로선언은 진정 한국의 독립을 보장하고 있다, ③ 우선 한국의 각 당파가 단결해 독립운동을 완수하기를 희망한다, ④ 중국 정부는 임시정부가 조국으로 돌아가 한국 국민을 영도하고 선거를 실시해 민선으로 공식정부를 수립하도록 지원한다, ⑤ 전항을 실천하기 위해 **연합국의 협조하에 한국 독립 관계자들이 공동으로 임시정부를 조직한 후 선거를 실시해 민선정부를 수립하기를 희망한다**, ⑥ 연합국이 한국에 상륙한 후 일종의 과도정부로서 군

68) "김구의 임시의정원 시안 시찰 보고"(제39회 임시의정원 회의, 1945년 8월 22일), 국사편찬위원회, 《대한민국 임시정부 자료집 13》, pp. 257~260; 김구, 《백범일지》, pp. 351~353. 의정원 보고에서 김구는 독수리작전이 실시된 날과 같은 날(18일) 충칭으로 돌아갔다고 증언했다. 그러나 OSS 자료는 김구가 17일에 충칭으로 돌아왔다고 추정했다("Krause to Roosevelt", 18 Aug. 1945). 또한 8월 14일에 서울로 향한 수송기가 되돌아간 까닭은 그날 아침 미 항공모함이 특공기에게 습격을 당했기 때문이다(장준하, 《돌베개》, pp. 309~310).

정을 실시할 경우 한국의 많은 혁명동지들이 여기에 참여하기를 희망한다, ⑦ 한국 북부에는 소련군이 진주하고, 남부에는 **미군과 중국군이 합동으로 상륙해** 적의 무장을 해제하게 될 것이다, ⑧ 개인적으로 추측하건대 한국은 **신탁통치 내지 군정 과도기를 거쳐 향후 폴란드와 같은 방식으로** 통일된 임시정부를 성립할 수 있을 것이라는 등의 내용을 전했다. 김구는 이에 대해 ① 중국국민당과 한국독립당의 역사적 관계가 더욱 깊게 발전하고, 국민당의 더욱 적극적인 지원을 통해 공산주의세력 증대를 방지하길 희망하며, ② 중국 정부가 대한민국 임시정부를 즉각적이고 공식적으로 승인하거나, 만약 그렇지 못할 경우 임시정부가 귀국해 각 방면 지도자를 규합해 **새로운 임시정부를 수립한** 뒤에 이를 앞장서서 승인하도록 요청했다.[69]

앞서 언급한 바와 같이, 이날 오후 열린 임시의정원 회의에서 김구는 한국에 진주하는 중국군에 한국광복군을 동행시키자는 방침을 제시했는데, 이는 한국 남부에 미·중 양국 군대가 상륙한다는 정보를 우티에청을 통해 입수한 데 따른 것이었다. 흥미롭게도 한국 분할점령을 시사하면서도 우티에청은 한반도가 중국을 포함한 연합국에 의해 공동점령될 것으로 이해하고 있었다. 한반도의 공동점령 내지는 신탁통치에 관한 미국의 방침이 중국 정부에 전달된 것이다. 또 우티에청은 임시정부를 과도적 선거관리정부를 수립하기 위한 하나의 모체 이상으로는 간주하지 않았다. 바꿔 말하면 총선거를 실시하려면 독립운동 지도자들을 좀더 광범위하게 망라하는 새로운 임시정부가 필요하다고 본 것

---

69) "吳祕書長接見韓國臨時政府金九主席談話要點"(1945年 8月 22日), 최종건,
《대한민국 임시정부 문서집람》, pp. 429~431.

이다. 폴란드와 같은 방식으로 통일된 임시정부가 무엇을 의미하는지
는 불분명하나 연합국들 간 합의로 세운 정부를 뜻하는 듯하다. 한편
김구는 우티에청에게 임시정부의 즉각적인 승인을 요청했고, 임시의
정원에서도 "서울로 돌아가 전 국민 앞에 정부를 봉환할 때까지 지금
그대로 가는 것이 옳다"고 주장했다. 이후 중국 측에서 얻은 정보와 조
언을 검토하면서 김구가 자신의 정책을 구체화한 것이 9월 3일 김구 주
석 명의로 발표된 〈국내외 동포에게 고함〉이며, 거기에서 함께 표명한
〈임시정부의 당면 정책〉14개조였다. 70)

　김구에 따르면 현재 단계는 "건국의 시기로 들어가려는 과도적 단계"
였다. 건국강령에 따르면 "복국의 임무를 아직 완전히 끝내지 못하고
건국의 초기가 시작되려는 단계"나 마찬가지였다. 그 때문에 임시정부
의 임무는 복잡하고 다양하며, 책임은 막중했다. 아울러 여기에는 치
밀한 분석, 명확한 판단, 그리고 용기 있는 일 처리가 필요했다. 사실
김구가 14개조로 정리한 〈임시정부의 당면 정책〉은 우티에청의 조언
을 반영한 내용으로 결코 경직된 것은 아니었다. 분명 제 9조는 "국내에
과도정부가 성립되기 전에는 국내의 모든 질서와 대외의 모든 관계를 본
정부가 책임지고 유지한다"라고 규정했다. 이는 임시정부를 이끌어 온
사람의 자부심을 보여 준다. 그러나 제 6조는 "국외 임무의 결속과 국
내 임무의 전개가 서로 접속되어 있으므로 필수적인 과도조치를 집행
하되 전국적 보통선거에 의해 정식정권이 수립될 때까지의 **국내 과도정**
권을 수립하기 위해 국내외 각 계층, 각 혁명당파, 각 종교단체, 각 지

---

70) 《대한민국 임시정부자료집 13》, pp. 257~260; 황묘희, 《대한민국 임시정부사》,
　　 pp. 49~50; 김구, 《백범일지》, pp. 351~353.

방대표와 **저명한 민주영수의 회의를 소집하도록** 적극적으로 노력한다"라
고 규정했다. 우티에청이 시사했듯 임시정부를 전국적인 보통선거를
실시하기 위한 국내 과도정권, 즉 선거관리정권을 수립하기 위한 회의
소집의 모체로 자리매김한 것이다. 더욱이 제7조는 "국내 과도정권이
수립되는 대로 본 정부의 임무는 완료된 것으로 인정하고, 본 정부의
직능 및 소유 물건 일체는 과도정부에 교환(交還) 한다"고 규정했다. 71)

(4) 김구와 임시정부의 귀국

김구는 가능한 한 빨리 귀국하고자 했으나 녹록치 않았다. 왜냐하면 첫
째, 임시정부의 귀국은 미군의 남한 점령, 특히 군정 시행과 정면으로
직접 충돌했기 때문이었다. 미군 진주가 대폭 지연된 데다, 10월 중순
에 통합참모본부가 맥아더에게 전달한 〈초기 기본지령〉(SWNCC 176/
8)은 자칭 임시정부나 그와 유사한 정치단체를 공인 또는 이용하지 않
도록 명확히 금지했다. 김구가 임시정부를 이끌고 귀국하도록 허용하
는 일은 미군 당국으로서는 워싱턴의 지령을 거스르고 군사정부의 기
초를 위태롭게 하는 행동이나 마찬가지였다. 둘째, 이미 살펴보았듯
남한 내 좌파세력에 대항하기 위해 맥아더와 하지는 이승만 '개인'의 귀
국을 우선시하고 그의 명성을 이용하고자 했다. 그러므로 이승만을 중
심으로 한 정치통합 실험이 끝날 때까지는 이를 불확실하게 만들 김구
와 임시정부의 귀국은 환영받지 못했다. 셋째, 다양한 객관적 요소가

---

71) 김구, "국내외 동포에게 고함"(1945년 9월 3일), 《백범 김구 전집》, 제5권(대한민
국 임시정부 II)(서울: 대한매일신보사, 1999), pp. 656~657.

김구와 임시정부 요인의 귀국에 불리하게 작용했다. 예를 들어 일본의 항복의사가 명확해지자마자 한국은 중국 전역에서 분리되어 태평양 전역에 편입됐다. 항공병력 중심의 중국 전역에는 남한을 점령할 지상군 부대가 존재하지 않았기 때문이다. 바꿔 말하면 독수리 침투계획은 웨더마이어와 전략첩보국이 관할하는 처음이자 마지막 한반도작전이었다. 이후 남한 입역 허가도, 이를 위한 항공기 준비도 맥아더와 하지에게 의존할 수밖에 없었다. 더욱이 소련군이 한국 북부에 진주하면서 육로를 통해 남한으로 귀환하는 것도 불가능해졌다. 72)

이러한 상황이 종전 당초부터 명확했던 것은 아니다. 김구는 우티에 청과 접촉했고, 이범석은 웨더마이어와 절충을 거듭했다. 난처했던 웨더마이어가 제7함대에 편승해서 귀국하는 방법을 시사했기에 장준하는 9월 3일 쿤밍을 거쳐 상하이로 향했다. 그러나 그러한 희망은 실현되지 않았다. 한편 이미 살펴본 바와 같이 9월 25일 중국 정부의 우궈전 선전부장은 미국대사에게 장제스의 의향을 전달하고, 임시정부 요인들이 귀국하여 어떠한 행정적 자리에 취임하기를 희망했다. 또한 9월 26일 오후 2시에는 장제스와 김구의 회담이 관저에서 개최됐다. 이때 김구는 소련의 지원 아래 북한에서 인민위원회가 조직되고 남한에서는 각종 정당과 사회단체가 난립하여 많은 국민이 임시정부가 하루빨리 귀국해 통일사업을 주도하기를 갈망하고 있다고 주장했다고 한다. 중국 측 기록에 따르면 김구는 구체적으로 두 가지를 요청하면서

---

72) 小此木政夫, "美軍の南朝鮮進駐-間接統治から直接 統治へ", 赤木完爾・今野 茂充 編, 《戰略史としてのアジ冷戰》(慶應義塾大學出版會, 2013), pp. 83~ 105.

장제스에게 미국 정부와 협상해 주길 의뢰했다. 첫째는 임시정부 요인을 비행기로 귀국시켜 주는 것, 둘째는 만약 임시정부 이름으로 귀국하는 것이 불가능하다면 우선 귀국한 뒤 **국내 각 당파와 협력해 임시정부를 설립한 이후 그 임시정부가 전국적 선거를 통해 정식정부를 설립할 수 있도록 하는 것**이었다. 이것이 김구와 임시정부의 정책이자 통일전선론이었다. 〈당면 정책〉에 나타난 김구의 정치적 입장에 변화는 없었다. 그러나 이미 살펴보았듯 이러한 역할이 주목을 받은 것은 이승만의 정치통합운동이 실패로 끝나고 서울에 부임한 랭던 정치고문대리가 통치위원회를 구상하던 무렵, 즉 11월 후반이 되어서였다. 기묘하게도 주중 미국대사관은 그때서야 비로소 맥아더가 10월 상순에 김구의 귀국을 승인했음을 중국 측에 전달했다.[73]

김구 일행, 즉 김구, 임시정부 요인, 수행요원 등 총 29명은 전용기 2대에 탑승해 11월 5일 오전 7시에 충칭을 떠나 상하이로 향했다. 그곳에서 미군기로 갈아타고 귀국하고자 한 것이다. 그로부터 한 달 전, 즉 10월 7일 김구는 장제스에게 이미 요청했던 5천만 위안에 더해 귀국에 필요한 장비 및 제반비용으로 5천만 위안, 그리고 귀국 후 활동비용으로 미화 50만 달러의 차관을 요청했다. 이에 장제스는 10월 23일 첫 5천만 위안 발급을 승인했고, 10월 30일에 추가로 5천만 위안과 미화 20만 달러의 발급을 허가했다. 거기에 더해 장제스는 중국 항공 당국에

---

[73] 장준하, 《돌베개》, pp. 329~332; "總裁接見韓國臨時政府主席金九記錄"(1945년 9월 26일), 《백범 김구 전집》, 제 5권, pp. 672~674; 선우진, "전환기의 내막: 임시정부 귀국", 〈조선일보〉, 1981년 1월 5일~10일; 맥아더가 김구의 입국을 승인했다는 지급전보(吳鐵城 發信, 金九 受信, 1945년 11월 21일), 최종건, 《대한민국 임시정부 문서집람》, pp. 176, 462.

지시하여 김구 일행을 위해 전용기 2대를 준비했다. 출발 전날 밤 장제스 총통은 중국 정부, 국민당, 각계의 인사가 참여하는 성대한 송별연을 개최했다. 그러나 김구와 임시정부 귀국에 대해 중국 정부와 미국 정부 내지 미 점령군 당국 간에 명확한 합의가 있었는지는 의심스럽다. 애초에 미군기가 언제 상하이에 도착할지도 불분명했기 때문이다. 10월 31일 김구는 우티에청에게 치엔다댜오(錢大釣) 시장으로 하여금 숙소 제공에 협조하게 해달라고 요청했는데, 그간의 사정을 "우리 일행이 상하이에 도착하고 다시 미국 비행기로 갈아타 귀국하기 전까지, 기간은 비록 짧지만 숙소 문제는 매우 불편할 것 같다"고 표현했다. 또 먼저 상하이에 체류 중이던 장준하는 김구 일행이 상하이에 도착하기 1주일 전에 미군기를 파견했다는 뉴스를 들었다고 증언했으나 실제로 미군기가 도착한 것은 11월 23일이었다. 그 사이에 약 3주라는 시간이 지난 것이다. 하지가 파견한 C-47 한 대가 장완(江灣) 비행장에 도착한 것은 충칭을 출발한 김구와 임시정부 요인들이 남한에 입국하지 못한 채 상하이에서 대기하고 있다는 사실이 서울에서 물의를 일으킨 후의 일이었다.[74]

이를테면 11월 19일 〈자유신문〉은 김구 주석 일행이 상하이에 도착했다는 소식이 미국 〈UP통신〉 등을 통해 보도되었는데도 불구하고 이들이 왜 입국하지 못하는지를 논하였다. 〈자유신문〉은 군정 당국이 김구 일행에게 "개인 자격"으로 입국을 요구한 데 반해 임시정부 측은

---

74) "승객 명부", 《백범 김구 전집》, 제 5권, p. 698. 11월 23일 기자회견에서 엄항섭은 상하이로 향한 김구 일행이 32명이라고 설명했다. 3명의 추가 탑승자가 있었을 것이다(〈중앙신문〉, 1945년 11월 24일). 최종건, 《대한민국 임시정부 문서집람》, pp. 166~174; 장준하, 《돌베개》, p. 336.

"모종의 승인"을 요구하며 입국 후 가능한 한 조기에 완전 독립정권을 수립할 계획을 갖고 있기 때문이 아니냐고 추측했다. 이에 대해 김석황 임시정부 환영준비위원장은 "임시정부 요인들이 귀환하지 않는 원인은 어디까지나 정부 자격으로 귀환한다는 방침 때문이며 … 개인 자격으로 돌아온다면 우리의 실망이 클 것이다"라고 지적했다. 또 안재홍 국민당위원장은 군정 수뇌가 민족반역자나 친일파를 식별하는 데 어려움을 겪고 있다고 지적하면서 "임시정부가 승인받은 정부 자격으로 돌아와 통일정부를 수립하면 군 정부가 현재 어려움을 느끼는 모든 난제를 쉽게 해결할 수 있을 것"이라고 주장했다. 그럼에도 불구하고 김구와 임시정부에 대한 하지 사령관의 태도는 냉담했다. 서울에서 상하이로 파견된 군용기는 중형수송기 한 대뿐이어서 임시정부 요인 전원을 한 번에 데려오기에 역부족이었다. 하지로서는 임시정부 요인들이 한꺼번에 귀국하면서 '정부' 이미지가 형성되는 상황을 경계했을 것이다. 11월 23일 귀국할 수 있었던 인물은 김구 주석, 김규식 부주석, 이시영 국무위원, 김상덕 문화부장, 엄항섭 선전부장, 유동열 참모총장, 선우 진 등 수행원을 합해 모두 15명에 불과했다. 일행은 오후 1시에 상하이를 떠나 4시 40분경 김포비행장에 도착했다. [75]

장준하에 따르면 김포비행장에는 장갑차 6대가 대기하고 있었다. 임시정부 요인들은 장갑차에 몇 명씩 나눠 타고 외부 접촉이 차단된 상태로 오후 5시 넘어 서대문 부근 죽첨장(竹添莊, 광산왕 최창학의 저택)에 도착했다. 도착한 후 얼마 지나지 않아 오후 6시에 하지 사령관이 "오

---

75) 〈자유신문〉, 1945년 11월 19일; 〈중앙신문〉, 1945년 11월 24일; 장준하, 《돌베개》, p.341.

늘 오후 김구 선생 등 일행 15명이 서울에 도착했다. 오랫동안 망명 중인 애국자 김구 선생은 **개인** 자격으로 서울에 귀향했다"고 발표했다. 그러나 이승만은 김구 일행의 귀국을 사전에 전달받은 듯하다. 그는 오후 6시 넘어 죽첨장을 방문했다. 24년 만의 재회였다. 오후 8시 기자회견에서 엄항섭 선전부장은 준비해 둔 귀국성명과 〈임시정부의 당면 정책〉 14개조를 배포하고 낭독했다. 이 성명에서 김구는 우선 혁명의 선열과 동맹국 용사들에게 조의를 표하고 임시정부를 지원해 준 장제스, 남한에 진주한 미군, 그리고 북한을 해방한 소련에 경의를 표한 뒤 "이 전쟁을 승리한 유일한 원인은 동맹이란 약속을 통해 상호 단결해 협조한 데 있다"고 강조했다. 또한 "또 나와 나의 각료는 각각 일개 시민의 자격으로 귀국했다"고 확인하고 "나와 내 각료는 그저 완전히 **통일되고 독립 자주적인 민주국가**를 완성하기 위해 여생을 바칠 결심을 하고 귀국했다"고 이어갔다. 사실 상하이를 출발할 때부터 김구는 "모든 것을 백지로 대한다", "일당일파를 지지하는 태도가 아니라 국내세력들을 규합해 통일정권 수립을 위해 힘쓰겠다"고 말했다.[76]

이튿날 이른 아침 김구는 송진우, 정인보, 안재홍, 김병로, 권동진, 김창숙 등의 방문을 받은 뒤 돈암장으로 가 이승만을 답방했고, 이어 미 군정청에서 하지 사령관과 아놀드 군정장관을 예방했다. 오후 1시 반에는 귀국 후 첫 기자회견이 열렸다. 전날 기자단과의 약속에 따라 비공식적으로 마련한 자리였다. 첫 번째 질문은 가장 미묘한 통일전선 결성에 관한 것이었는데, 김구는 "나에게 이 박사 이상의 수완이 있으

---

76) 장준하, 《돌베개》, pp. 347~353; 〈자유신문〉, 1945년 11월 24일; 〈서울신문〉, 1945년 11월 24일; 상하이·구익균 발신, 〈중앙신문〉, 1945년 11월 24일.

리라 믿지는 마시오"라며 "우선 통일한 뒤 불량분자를 배제하는 것과 배제한 뒤 통일하는 것, 두 가지가 있는데, 결과적으로 전과 후는 같아질 것", "이는 중대한 문제이므로 경솔하게 얘기할 수 없다"고 주의 깊게 답했다. 또 귀국 첫날의 감상은 "솔직히 말해 내 혼이 돌아온 것인지, 몸이 돌아온 것인지 아직 뭐가 뭔지 모르는 심경입니다"라고 소박하게 표현했다. 그러나 입국 자격에 대해 질문을 받았을 때는 "우리나라에는 현재 군정이 실시되고 있는 관계로 대외적으로는 개인 자격이 될 것입니다. 하지만 우리 한국인 입장에서는 임시정부가 귀국한 것이 틀림없습니다"라고 입장을 분명히 밝혔다. 또한 그 점에 대해 맥아더 장군에게는 "현재 한국에 군정이 있는 이상 완전한 우리 정부가 있을 수 없다는 것은 이해한다"고 전했다고 소개했다. 김구는 이후의 답변을 엄항섭 선전부장에게 맡겼다. 또 그날 오후 8시에 김구는 라디오 마이크를 통해 귀국 인사를 전했다. 그러나 발언 내용을 경계한 미군 당국이 불과 2분밖에 허용하지 않아, 김구는 자신과 각료들이 '평민 자격'으로 귀국했음을 알리고, "앞으로 전국 동포가 하나 되어 우리의 국가 독립시간을 최소한으로 단축시키자"고 호소했을 뿐이었다.[77]

　공식 기자회견은 11월 26일 오전 10시부터 미군정청 제1회의실에서 열렸다. 하지 사령관의 정중한 소개가 있은 뒤 "장래 한국의 건국사업을 위해 어떤 정책이 있는가"라고 기자가 질문했다. 이에 김구는 신중한 어조로 "유감스럽게도 본인은 귀국한 지 며칠밖에 되지 않아 국내의

---

77) 〈자유신문〉, 1945년 11월 25일, 26일; 〈중앙신문〉, 1945년 11월 26일; 서울중앙방송국을 통한 귀국인사(1945년 11월 24일), 장시화 편, 《건국훈화》(서울: 경천애인사, 1945), p.5; 장준하, 《돌베개》, pp.358, 361~372.

제반 사정을 확실히 알 수 없다. 또한 임시정부 각료들이 모두 귀국한게 아니므로 구체적 계획을 수립하지 못해 확언할 수 없다"고만 말했다. 사실 김구는 이튿날 11시 30분부터 각 당파 영수와 연속 회담을 하고 각각의 의견을 청취했다. 처음 도착한 인물은 국민당의 안재홍이었다. 안재홍은 현재의 혼란을 수습하기 위해 과도정부를 새로 수립하지 말고 임시정부가 직접 집권하라고 조언했다. 뒤이어 김구는 한국민주당 송진우와 회담했다. 송진우는 임시정부의 정통성을 역설하고 연합국에 사절 파견, 임시정부 실무조직의 조속한 정비, 광복군을 모체로 하는 국군의 편성 등 5개 사항을 건의했다. 오후 3시에 김구는 인민당의 여운형과도 면담했다. 회고담이 중심이었으나 여운형의 어조는 변명투였다고 한다. 오후 4시에 조선인민공화국의 허헌이 이강국을 데리고 나타났다. 허헌은 인민공화국을 조직한 경과를 실무적 어조로 설명하고 친일파와 민족반역자를 제외한 전국적 대표로서 인민위원 55명을 선출했다고 보고했다. 허헌은 김구의 지도를 요청하면서 자신은 백지로 돌아가 수용하겠다고 강조했다. 이에 김구는 "아직 국내 사정에 어둡고 임시정부 각료도 대부분 아직 귀국하지 못했다"고만 대답했다. 78)

(5) 좌우 양측의 반응과 하지, 이승만

귀국 후 김구는 특징적으로 '총단결'을 주장하고 각 당파에 대해 신중히 대응하는 행보를 이어갔다. 허헌과 회담한 후 조선인민공화국 측이 회

---

78) 〈자유신문〉, 1945년 11월 27일; 〈중앙신문〉, 1945년 11월 28일; 장준하, 《돌베개》, pp. 372~373, 387~393.

담 내용을 유리하게 왜곡해 보도하는 바람에 엄항섭이 거세게 항의한 일이 있었지만, 네 지도자와의 만남에서 김구는 자신의 의견을 거의 밝히지 않았다. 우파세력의 선두에 선 송진우와 한국민주당은 그러한 임시정부의 타협적 태도를 경계하며 임시정부 제 2진이 귀국하기를 고대했다. 그러나 홍진 의정원 의장, 조완구 재무부장, 조소앙 외무부장, 김원봉 군무부장, 최동오 법무부장, 신익희 내무부장, 장건상 국무위원, 성주식 국무위원 등의 도착은 늦어졌다. 12월 1일 미 항공기 편으로 상하이를 출발했지만 기상 악화로 지방비행장에 착륙해 논산에서 하룻밤을 묵은 뒤 12월 2일 저녁에야 겨우 서울에 도착할 수 있었다. 송진우, 김성수, 김준연, 장택상 등 한국민주당 간부들은 12월 4일 신익희 내무부장을 방문해 임시정부를 전면에 내세워 열국의 승인을 받을 때까지 직진해야 한다고 주장했다. 이어 12월 6일 한국민주당은 임시정부를 절대적으로 지지하는 국민운동을 전개하고 국제적 승인을 촉진하기로 결의했다. 미군정부에게도 모든 내정기관을 임시정부에 이양하도록 요청하고, 임시정부는 정부 불(不) 개편, 조선인민공화국 해산 명령, 광복군 정비, 연합국에 외교사절 파견, 애국공채 발행 등을 해야 한다고 건의했다. 송진우는 나아가 12월 9일 기자회견에서 "27년 동안이나 피를 흘리며 싸운 우리의 정부가 현존하는데도 또 다른 정부를 만드는 것은 잘못"이라고 단언하면서 "적색정권으로는 우리는 독립할 수 없다"고 주장했다. 그러나 이러한 한국민주당의 주장은 임시정부에 과잉충성을 표명한 것이었으며, 김구 등이 "국내 각 당파와 협력해 임시정부를 설립하고, 그 후 그 임시정부가 전국적 선거를 통해 정식정부를 설립할 수 있도록 한다"고 세운 방침과도 분명히 대립했다. [79]

한편 좌익세력의 중심인 조선공산당은 김구와 임시정부에 대해 신중하면서도 원칙적으로 대응했다. 11월 30일 서울중앙방송은 〈진보적 민주주의의 깃발 아래〉라는 제목으로 박헌영 대표의 정견(정태식 대독)을 방송했다. 여기서 박헌영은 김구와 임시정부를 직접 언급하지 않은 채 민주주의 통일정권 수립에 대해 "국내와 국외의 정당 몇 개가 결집하여 이뤄지는 것이 아니라, 그 외 대중적 조직인 전국노동조합평의회, 전국청년총동맹, 전국부녀동맹, 천도교 등 각 민주단체도 이에 참가하지 않으면 안 된다"고 주장했다. 그는 반드시 조선인민공화국을 절대시하거나 이를 민족통일전선의 완성형이라고 생각한 것은 아니었다. 실제로 12월 12일 기자회견에서 박헌영은 민족통일전선에 대해 더욱 솔직하게 논하면서 "민족통일전선은 대중을 기초로 아래로부터 결성되는 통일이 가장 중요하며 내용도 충실한 것이다"라고 지적했다. 동시에 "아래로부터의 통일과 위로부터의 통일이 동시에 진행되고 실현돼야만 완전한 민주주의적 통일이 이뤄질 것"이라고 주장했다. 또 "절반씩 세력균형을 가지고 좌우익이 연합하자는 우리의 정당한 제의에 대해, 우익정당은 난색을 표할 뿐만 아니라 과반수의 절대다수를 주장한다"고 비난했다. 이어 임시정부에 대해서는 "망명정부가 일종의 임시정부인 양 선전하는 것은 통일을 위한 노력이 아니라 오히려 분열을 조장하는 행동일 수밖에 없다", "통일정부 수립을 제안하는 국내 진보세력과 접근하는 노력을 아끼지 않아야 하며, 지금 왕가적, 군주적 분위기에서 해탈할 … 필요가 있다"고 비판했다. [80)]

79) 〈중앙신문〉, 1945년 11월 29일; 〈동아일보〉, 1945년 12월 5일; 〈서울신문〉, 1945년 12월 9일; 장준하, 《돌베개》, pp. 408~412.

80) 박헌영, "진보적 민주주의의 깃발 아래: 공산당 정견방송"(1945년 11월 30일), 《박헌영 전집》, 제 2권, pp. 97~100; 박헌영, "민족통일전선과 망명 정부에 대하

공산당과 우파세력 또는 임시정부의 교섭이 어떻게 진전됐는지는 분명하지 않다. 그러나 박헌영의 담화 내용으로 보아 공산당은 대중조직을 기초로 한 좌우 대등합작을 요구한 것 같다. 또한 민족혁명당(김규식, 김원봉) 등 임시정부 내 좌파세력은 애초부터 공산당이 추진하는 민족통일전선으로 기운 것으로 보인다. 그러나 이미 살펴본 바와 같이 한국민주당 등 우파세력은 임시정부 자체의 정통성을 역설하고 있었으며, 임시정부 요인 중 대부분은 명분을 중시했다. 흥미로운 사실은 같은 12월 12일 기자회견에서 임시정부의 조소앙 외무부장은 "국내 통일이 긴급하고 절실하게 요구되는 이때, 국가의 통일 또한 필요하다. … 국기 또한 태극기로 통일되어야 함은 말할 필요도 없고, 나아가 연호도 통일되어야 한다. … 밥 짓기 전에 솥을 두고 싸우는 일이 부당한 것과 마찬가지로, 기계적인 평등 즉 5대 5의 세력으로라는 것보다 … 나는 4를 가지고 상대방에게는 6을 가지라 하고 싶다"고 했다. 12월 20일 임시정부 국무위원 성주식도 같은 취지를 표명했다. 성주식은 "현재로서는 인민공화국도 만족하지 못하고, 또한 임시정부도 완전하다 할 수 없을 것이다. 다만 임시정부는 27년의 역사를 가지고 있다. … 3·1운동 당시 국내에서 보낸 정부를 우리의 손으로 해외에서 보존해 왔는데, 이번에 그것을 다시 가지고 돌아와 국내 동포에게 돌려주기를 바랄 뿐"이라고 답한 것이다. 나이 든 임시정부 지도자들에게 참을 수 없었던 것은 자신들이 반생을 바쳐 수호한 임시정부가 과도적 선거관리정부를 조직하기 위한 잠정적 모체로도 인정받지 못하는 일이었을 것이다. [81]

여"(1945년 12월 12일), 〈서울신문〉, 1945년 12월 13일.
81) 〈서울신문〉, 1945년 12월 13일, 21일; 이호재, 《한국외교정책의 이상과 현실》,

하지 사령관과 고문들이 이승만, 김구, 김규식 등을 중심으로 준정부적인 '확대연합고문회의'나 '통치위원회'를 설치한다는 구상을 가지고 있었음은 이미 살펴본 바와 같다. 이러한 구상은 국무부의 반대로 무산됐지만 하지는 줄곧 김구, 김규식 등의 귀국을 이용해 남한 내 정치통합을 촉진하고 미군정부의 부담을 덜어 줄 유사한 조직을 만들 계획을 가지고 있었다. 그 계획이 임시정부의 주권행사를 인정하는 것은 아니었지만, 그만큼 이승만, 여운형, 안재홍 등의 참여를 가능하게 하는 것이기도 했다. 그런 의미에서 주목받은 것이 11월 30일 하지와 여운형의 회담이다. 회담 후 여운형은 하지가 "임시정부 영수가 귀국한 이때 귀국의 민족통일 문제는 결정적 단계로 접어들었다", "절대적으로 공평한 입장에 입각해 이번 기회에 통일 결성을 완성하고 싶다"고 주장했다면서, 좌우 쌍방이 만족할 만한 복안이 제시되었으므로 거기에 적극적으로 협력하겠다고 말했다고 한다. 마치 이를 증명하듯, 하지 사령관은 12월 6일 미군정청에서 김구, 이승만, 여운형과 개별적으로 회담하고, 다음 날 안재홍, 그 다음 날에는 송진우를 만났다. 그런 상황에서 12월 12일, 하지 사령관은 조선인민공화국이 정부로서 활동하는 것을 비합법화한 것이다. [82]

다만 아놀드 군정장관은 그 전날인 11일 오후에 박헌영과 극비리에 만나 유력 정당의 대표자로 구성하는 '국가평의회'를 조직해 미군정부 아래에 있는 모든 행정기구를 지도한다는 구상을 제시했다. 아놀드는 곧 런던에서 미·영·소 외상회의(실제로는 모스크바에서 개최됐다)가

p. 164.
82) 〈서울신문〉, 1945년 12월 8일; 〈동아일보〉, 1945년 12월 10일.

열려 한국 문제를 논의할 것임을 시사하면서 박헌영의 참여를 강력히 요청했다. 아놀드는 "만약 이 〔외상〕회의에서 남한의 여러 정당 및 사회단체의 연합체가 조직된 사실을 승인받지 못한다면 국가평의회를 타국의 후견에 맡기는 이외에 방법이 없다. 그러니 독립을 획득하기를 원한다면 연합체를 구성하라!"고 요구했다고 한다. 이에 박헌영은 기존 주장을 되풀이했지만 국가평의회가 미군정부의 하부기구로서 미군정부에 복종하는지, 아니면 그 외부에 존재하면서 장차 민족정부 수립을 위한 기초가 되는지에 관심을 나타냈다. 아놀드는 연합체를 미군정부 내부에 두든 외부에 두든 신속하게 결성되어야 하며, 만약 연합체의 노력이 인정되면 미군정부의 권한이 그 조직에 위임될 것이라고 회답했다. 나아가 연합체가 결성되지 않으면 해외에서 귀환하는 한국인에 대한 원조제공 문제, 헌법제정 문제, 식량 문제, 재정 문제, 인플레이션 문제, 일본인 소유 토지의 몰수 문제, 농업정책 문제를 비롯한 기타 문제에 대응할 수 없게 된다고 설득했다. 마지막으로 아놀드는 "만약 당신이 조국을 사랑한다면 이런 제안을 거절해서는 안 된다"고 충고했다고 한다. 또한 12월 19일에는 하지도 박헌영과 회담했다. 하지는 조선인민공화국 정부를 비합법화하고 박헌영의 퇴로를 끊은 다음 미군정부에 적극적으로 협조하도록 압박한 것이다. [83]

한편 하지와 아놀드의 일련의 행동은 이승만의 독립촉성중앙협의회 활동 재개를 촉진했다. 11월 2일 회합에서 내린 결론에 따라 이승만이 소집한 제1회 전형위원회는 전형위원 선정이 당파적으로 편중돼 있어

---

[83] "박헌영 동지와 아놀드의 만남"(1945년 12월 11일), 《박헌영 전집》, 제2권, pp. 110~113; 〈서울신문〉, 1945년 12월 21일.

유회로 끝났지만, 이승만은 새로이 김지웅, 김석황, 안재홍, 김철수, 손재기, 백남훈, 정노식을 전형위원으로 지명하고 12월 5일 제2회 전형위원회를 소집해서 협의회 중앙집행위원 인선에 들어갔다. 이런 움직임을 배경으로 12월 10일 이승만은 독립촉성중앙협의회에 대해 "인민의 여론을 대표하는 기관으로서 우리 정부가 수립될 때까지의 과도기관이므로 임시정부 국무원〔국무위원회인 듯〕과는 직접적인 관련이 없다"고 설명하고, 17일에는 "독립촉성협의회는 정당인의 대표를 규합하려는 것도, 그들에게 정치 논쟁을 시키는 기관도 아니다. 거기에 정당인이 들어오는 일이 있더라도 그것은 정당의 대표로서가 아니라 개인으로서 모이는 것이다. 나라를 되찾으려는 애국자들의 모임이 될 뿐이다"라고 말했다. 정당보다는 개인 활동으로 독립촉성중앙협의회 운동을 추진하겠다는 결의를 표명한 것이다. 나아가 이러한 이승만의 움직임은 여운형과 인민당의 동향에 영향을 미쳤다. 인민당 총무국장인 이여성은 12월 17일 기자회견에서 독립촉성중앙협의회를 매개로 조선인민공화국과 임시정부가 과도적 연립정권을 수립할 가능성을 시사하면서 "근본방침에 있어서 우리 당의 생각과 전혀 배치(背馳)되는 것이 아니라면 중앙협의회 자체를 활용하기 위해 노력할 용의도 있다"고 주목할 만한 견해를 밝혔다. 하지가 여운형에게 제시한 복안이란 이러한 것이었을지도 모른다. 이를 국가평의회라 부르는 것도 불가능하지는 않았다. 84)

---

84) 〈서울신문〉, 1945년 12월 7일, 18일; 〈동아일보〉, 1945년 12월 11일.

5. 이승만의 반공연설: 냉전의 '선취'

새로운 가능성을 모색할 것도 없이 하지와 여운형의 노력은 곧 수포로 돌아간다. 12월 17일 저녁 서울 중앙방송국을 통한 정견방송에서 이승만이 〈공산당에 대한 나의 입장〉이라는 제목으로 반소·반공연설을 폭탄처럼 터뜨리면서 공산당이나 조선인민공화국과의 협력을 불가능하게 만들었기 때문이다. 연설은 "현재 우리의 상태로 보아, 한국은 공산당을 원하지 않음을 세계 각국에게 선언한다"는 첫 구절로 시작해, 폴란드와 중국에서 공산주의 과격분자가 나라의 독립을 파괴하고 있으며 그들은 한국에서도 똑같이 행동하고 있다고 비난했다. 이승만은 연설에서 "이 분자들은 소련을 자기들의 조국이라고 부른다는데, 만약 이것이 사실이라면 우리가 요구하는 바는 이들이 한국을 떠나 자기네 조국으로 돌아가 자기네 나라에 충성을 다하는 것"이라고 극단적으로 언급했다. 또 이승만은 독립촉성중앙협의회 조직을 언급하며 공산주의자를 회유하기 위해 많은 시일을 보냈지만 앞으로는 협력할 수 있는 자들과만 협력하겠다고 밝혔다. 이에 대해 12월 23일 박헌영은 조선공산당 중앙위원회 대표 명의로 발표한 성명에서 이승만을 "민족반역자 및 친일파의 구세주"로 규탄하면서 다음 날 독립촉성중앙협의회와의 모든 관계를 파기했다. 안재홍과 여운형도 이승만의 반공연설로 정치통합 운동이 좌절됐음을 인정하지 않을 수 없었다. 인민당 이여성은 여운형의 대리 자격으로 12월 24일 이승만의 연설을 "파쇼적 독단이며 반통일적 행동"이라고 비난하고 **임시정부의 태도를 주시하겠다**는 담화를 발표했다. 안재홍 또한 12월 25일 임시정부가 기획하는 특별정치위원회가 독립촉성중앙협의회의 계획을 발전시키는 것에 기대를 표명했다. [85)]

이승만의 연설은 계획적이었을 것이다. 이미 12월 13일까지 이승만은 〈뉴욕타임스〉 특파원에게 "미·소관계는 진주만 공격 전의 미·일 관계와 매우 흡사하다", "이 상황이 수습되지 않으면 그만큼 파국을 회피할 가능성이 줄어든다"는 심각한 냉전의식을 드러냈다. 또한 소련에 대한 유화정책 때문에 임시정부의 승인을 저지하고 있다며 미 국무부를 비난했다. 이는 이승만 특유의 냉전 '선취'(先取)를 국제적으로 표명한 것이었다. 임시정부를 지지하는 자세에는 여전히 변화가 없었으나, 이승만은 소련이나 공산당에 유화적인 임시정부의 정책과 결별하고 정치통합보다 '개인의 명성'에 의존하기로 결심했을 것이다. 이후 양자의 정책적 대립은 명백해졌다. 예를 들어 12월 19일 서울운동장에서 개최된 '대한민국 임시정부 개선(凱旋) 전국환영대회'에서 김구는 "임시정부는 결코 한 계급, 한 당파의 정부가 아니라 전 민족, 각 계급, 각 당파의 공동 이해와 입장에 입각한 민주단결의 정부입니다. 따라서 우리 정부의 유일한 목적은 오로지 전 민족을 총단결시키고 일본제국주의를 타도하여 한국에 진정한 민주공화국을 건립하는 것입니다", "우리는 반드시 〔미·소·중〕 3국의 친밀한 합작을 기초로 하여야만 자주독립을 신속히 달성할 수 있습니다"라고 주장하여 이승만의 반소·반공노선과는 명확하게 선을 그었다. 또한 임시정부의 성주식 국무위원은 12월 20일 기자회견에서 "이승만 박사는 임시정부의 외교사절이

---

85) 이승만, "공산당에 대한 나의 입장"(1945년 12월 17일), 〈서울신문〉, 1945년 12월 21일; 박헌영, "공산당의 건설적 역할 무시, 민족독립 파괴행위: 파시스트 이 박사에게 반성요구"(1945년 12월 23일), 《박헌영 전집》, 제 2권, pp. 126~131; 이정 박헌영기념사업회 편, 《이정 박헌영 일대기》, pp. 254~255; 〈서울신문〉, 1945년 12월 25일, 26일; 〈자유신문〉, 1945년 12월 26일.

다. … 이 박사의 발표는 어디까지나 박사 개인이 책임져야 할 문제다"라며 남북한, 좌우양파, 각당각파의 혁명인사를 망라한 통합회의를 개최하고 거기에서 통일 문제를 논의할 것을 제안했다. 이것은 〈임시정부의 당면 정책〉 제6조에 있는 민주영수회의를 가리킨 것이다. 나아가 이튿날 장건상 국무위원도 "좌익세력과 극력 협조하고 악수를 해야 하는 이때, 그런 발언은 우리로서는 상상할 수도 없는 일이며 나는 절대로 그 방송에 찬동하지 않는다"고 밝혔다. 86)

이승만 연설에 대한 임시정부의 반응은 이로 인해 임시정부가 오히려 행동의 자유를 얻었음을 보여 준다. 김구 자신도 12월 27일 〈삼천만 동포에게 고함〉이라는 제목의 서울중앙방송국 정견연설에서 친일파와 민족반역자를 강력하게 비판함과 동시에 "가장 진보한 민주주의를 실현하기 위해 정치, 경제, 교육의 균등을 주장한다"(삼균주의)고 밝히고 보통선거 실시, 토지 및 대형 생산기관의 국유화, 의무교육 국비 실시 등을 주장했다. 이는 모두 1941년 11월의 〈대한민국 건국강령〉에서 주창한 사항이었다. 즉, 임시정부는 내부에 좌파세력을 안고 있는 통일전선정부로서 조선공산당이나 좌파세력과 많은 정책을 공유했다. 이를 의식해 김구는 "가장 진보한 민주주의"를 내세우며 굳이 토지 및 대형 생산기관의 국유화를 표명했을 것이다. 또 친일파와 민족반역자를 숙청하겠다는 주장은 이승만을 둘러싸고 반공노선을 선명히 드러낸 한국민주당 지도자들을 겨냥한 것인지도 모른다. 87)

---

86) Richard J. H. Johnston, "Korea Accuses U. S. of Appeasing Soviet: Says Moscow Policies Hurt World Peace", *New York Times*, 18 Dec. 1945; 이호재, 《한국외교 정책의 이상과 현실》, pp. 162~163; 〈서울신문〉, 1945년 12월 21일, 22일.

6. 마치며

종전 직후 미국 정부, 특히 국무부는 한국인 지도자의 남한 귀국에 신중하게 대응했다. 미군의 남한 진주가 신속했던 것도 아니어서 정치적 영향력을 가진 독립운동 지도자의 이른 귀국이 미군정부 수립이나 군정 시행을 방해할까 우려했을 것이다. 그뿐만이 아니었다. 민족자결원칙을 고집하고 소련과의 공동행동을 중시하는 것이 미국의 전후 한국 구상, 즉 미·소·중·영에 의한 한국 신탁통치의 기본적 틀이었기 때문에 특정 독립운동 지도자의 귀국을 우선시해서 그 지도자의 귀국이 정치적 의미를 지니는 상황을 경계한 것이다. 특히 충칭에 있는 대한민국 임시정부가 정부로서 귀환하는 충격적 사건은 무슨 일이 있어도 피해야만 할 사태였다. 그래서 애치슨 국무장관대리는 독립운동 지도자들이 같은 조건하에 귀국해 군정의 틀 안에서 '개인 자격'으로 협력해야 한다고 요구했다. 그러나 맥아더 총사령관은 이승만의 귀국을 우선시했고, 하지 사령관과 함께 귀국 중인 이승만을 도쿄에서 만나 신화 창조에 협력했다. 이승만은 정치적 혼란을 수습하는 구심점 역할을 하리라는 기대를 받으며 1945년 10월 16일 '민족의 영웅'으로서 귀국했다. 워싱턴과 도쿄·서울 사이에는 귀국하는 독립운동 지도자들을 적극 이용해야 하는지 여부를 두고 정책적 갈등이 존재했다. 하지만 흥미로운 사실은 처음에는 좌파세력도 이승만이 조선인민공화국 주석에 취임하기를 강력히 희망했다는 점이다. 귀국한 이승만은 이에 대한 답변을 유

---

87) 〈동아일보〉, 1945년 12월 30일; "대한민국 건국강령을 제정하고 여기에 공포한다"
    (1941년 11월 28일), 《백범 김구 전집》, 제5권, pp. 95~100.

보하고 "우선은 하나로 뭉치자"고 선언한 뒤 독자적인 정치통합운동을 시작했다. 이승만은 귀국할 때부터 한국민주당을 중심으로 한 우파세력과 긴밀히 연대했을 뿐 아니라 안재홍 등 여러 중도당파의 지지를 얻었다. 조선공산당과 행동을 같이하던 여운형도 이승만의 명성과 미군정부의 압력 앞에, 조선공산당에 한 발짝 거리를 두고 새로운 역할을 모색하기 시작했다. 이후 독립촉성중앙협의회 결성을 계기로 이승만이 조선인민공화국 주석 취임을 거부하고 우파노선을 분명히 하자 조선공산당은 이에 거세게 반발해 독자적인 민족통일전선론을 펴면서 대항했다. 노동운동과 농민운동을 조직화하고 지방인민위원회 조직을 확대하기 위해 전력을 다한 것이다. 이승만의 귀국은 결국 우파세력 강화와 좌우 대립의 격화를 초래했으며, 이는 미·소 냉전의 '선취'에 불과했다.

반면 3·1독립운동으로 시작한 역사를 지닌 대한민국 임시정부는 상하이에서 충칭으로 이전하여 김구 주석, 김규식 부주석 밑에서 다시 통일전선조직으로서 형태를 정비했다. 옌안에 있던 화북조선독립동맹과 1930년대 후반 만주에서 항일무장투쟁에 종사했던 김일성 등 공산주의자를 제외하고, 임시정부는 중국 내의 거의 모든 독립운동조직을 망라했다. 그러나 임시정부와 김구, 김규식의 귀국은 늦어도 너무 늦었다. 이들은 11월 5일 장제스가 마련한 두 대의 중국기에 탑승하여 상하이에 도착했으나 그곳에서 18일간이나 대기했다. 11월 23일 서울행 미군기에 탑승할 수 있던 것은 김구, 김규식 등 제 1진 15명에 불과했다. 상하이에 파견된 미군기가 중형수송기 한 대뿐이었기 때문이다. 미군정부로서는 충칭 임시정부의 집단귀국을 경계해 가능한 한 이를 늦추고 나아가 분리시키려 했을 것이다. 그러나 충칭에서 김구와 장제스 및 측근들이 협의한 내용, 9월 3일 발표한 〈임시정부의 당면 정책〉, 그리고 귀국 후의 실제 행보에서 볼 수 있듯, 종전 직후 임시정부가 시도한 것은 정치적 정통성을 관철하는 것도, 좌우 정치세력 한쪽에 가담하는 것도 아닌 '총단결'이라는 주장 아래 통일전선조직으로서의 역할을 유지하는 일이었다. 또한 북한 지역과 조선공산당을 포함한 정치통합을 실현함으로써 전국적 보통선거를 실시하기 위한 국내 과도정권을 수립하고자 하였으며, 이를 위해 각계 대표와 민주영수가 결집한 회의를 소집하기 위해 애썼다. 이는 이승만이 도달한 반소·반공노선과는 달리, 대한민국 임시정부로서의 역사적 정통성 주장만 빼면 아이러니하게도 오히려 국무부와 미군정부가 기대할 만한 역할이었다. 그러나 이런저런 시행착오를 거듭한 결과, 해방 3개월이 지난 1945년 12월 남한에서는 미군정부 통치하에서 조선인민공화국, 독립촉성중앙협의회, 그리고 대한민국 임시정부라는 세 개의 통일전선조직이 분립해서 각자가 '통일'을 외치며 '분열'을 심화시키는 정치상황이 벌어졌다.

제 5 장

소련군의 북한 점령과 김일성의 대두

민족통일전선과 독자 공산당의 형성

1. 시작하며

제 2차 세계대전 말기에 대일전쟁에 참전하여 만주에 있는 관동군을 격멸한 소련 극동군은 북한의 동해 연안 항구들, 특히 청진과 원산항 점령을 목표로 해륙작전을 실행하여 1945년 8월 22일까지 목적을 달성했다. 또한 8월 24일에는 일본군 제 34군 사령부가 있는 함흥과 북한의 중심도시인 평양에 진주했다. 그렇다면 7월 26일까지 작성해 놓았던 각 방면군, 특히 한반도 북부를 담당한 제 25군과 태평양함대의 작전계획은 어떤 내용이었으며, 큰 변경은 없었을까. 함흥, 평양 및 다른 지역의 진주는 어떻게 진행되었을까. 소련군은 38도선을 어떻게 취급했던 것일까. 또한 소련군은 한반도 북부 점령정책을 어떤 기관을 통해 어떻게 실행했을까. 미군의 남한 점령처럼 소련군도 당초에는 간접통치를 의도했을까. 현지의 공산주의세력이 민족주의세력과 연합하여 조직한 인민위원회는 어떤 역할을 했던 것일까. 본국 정부로부터 온 점령 초기의 기본지령은 언제 제 25군 사령부에 전달되었을까. 그 기본지령은 통일관리와 분할관리 중 어느 쪽을 지향했던 것일까. 또한 미·소의 공동행동은 어떻게 생각했던 것일까. 북한의 민족주의세력은 소련군 당국에 협력적이었을까. 기독교 장로이자 민족적 지도자였던 조만식은 어떻게 행동했던 것일까. 폴란드, 동독 등 소련군이 점령한 동유럽 국가들과 비교하여 북한 특유의 사정은 없었을까. 북한에서도 반파쇼·민주주의 민족통일전선 형성을 추구했던 것일까. 아니면 진주와 함께 소련군이 "조선인민의 진정한 권력기관, 인민위원회에 일체의 권력을 이양하고, 거기에 모든 활동의 자유를 보증했다"고 선언한 이데올로기적 주장은 진실을 전하고 있던 것일까. [1]

소련군 진주 후 몇 개월이라는 기간은 수수께끼가 많은 한국 해방사 중에서도 가장 정보가 부족한 만큼 다양한 해석이 허용된 시기이다. 또 이데올로기 대립의 틈새에서 상당히 무리한 역사 해석, 혹은 수정이 이루어진 시기이기도 하다. 그러나 북한에서 가장 중요한 정치지도자로 등장한 김일성은 이 시기에 착실히 정치권력에 접근하기 시작했다. 1930년대 만주에서 항일무장투쟁에 종사했던 젊은 김일성은 1940년에 소련령으로 피신한 후 그곳에서 무엇을 하고 있었던 것일까. 극동소련군 제88특별여단에서 정찰요원으로 훈련을 받았다는 이해가 옳다면, 소련군이 대일참전을 했을 때 김일성 부대는 어떤 역할을 담당했던 것일까. 장백산 일대의 유격 근거지에서 출격해 소련 군대와 긴밀히 연계하여 일본 침략군을 격멸하면서 노도처럼 조국으로 진격했다는 북한의 공식 견해는 맞는 것일까. 김일성은 언제, 어떻게 귀국하여 어디에서 소련군 당국과 접촉했던 것일까. 북한의 점령행정을 담당했던 소련군

---

1) 김종명, 《조선 신민주주의의 혁명사》(오월서방, 1953), pp. 163~164.

민정부와는 어떻게 관계를 형성했을까. 또 김일성은 민족주의세력, 특히 조만식과 조선민주당을 어떻게 다루었을까. 나아가 김일성은 서울에 있는 조선공산당 중앙위원회와 북한의 지방 공산주의자에게 어떻게 대응했을까. 소련군 당국과 김일성은 왜 조선공산당 북부조선분국 설치를 필요로 했을까. 그것은 소련군의 북한 통치나 국가건설과 어떻게 관계되었던 것일까. 박헌영은 어디에서 실패했던 것일까. 북부조선분국 설치 후 김일성은 어떻게 하여 인민정권 수립과 당 활동 쇄신의 방침을 제시하고 분국 책임비서에 취임했을까. 김일성은 조선의 분단과 통일을 어떻게 이해하고 있었을까. 해방 직후 북한에서 발생했던 가장 심각한 사태, 즉 신의주에서의 학생봉기는 어떤 것이었으며, 김일성은 어떻게 대처했던 것일까. 2)

이 장에서는 먼저 소련군의 한반도작전과 함흥 및 평양으로의 진주, 스탈린의 기본지령, 소련군 민정부의 설치와 초기의 점령정책 등을 검토한다. 이어서 김일성의 귀국 후 정치활동, 특히 민족통일전선론, 북한에 독자적인 공산당 설치, 인민정권 수립과 당 활동 쇄신을 위한 노력, 그리고 당 권력 장악 등에 초점을 맞춘다. 소련군의 점령정책과 김일성의 정치활동을 중첩시켜 하나의 맥락에서 해석하기 위해서이다. 왜냐하면 양자 사이에는 떼려야 뗄 수 없는 밀접한 관계가 있고, 그 관계를 분석하는 일이야말로 가장 중요하다고 생각하기 때문이다. 나아가 그러한 분석은 이른바 김일성의 '민주기지론' 생성과정에도 대단히 흥미로운 관점을 제공할 것이다.

2) 《위대한 수령 김일성 동지 략전》(평양: 조선노동당출판사, 2012), pp. 240~241.

2. 소련군의 대일 참전과 북한 점령

(1) 만주 침공작전과 북한 해방

1945년 8월 9일 오전 0시(자바이칼 시간)를 기해 소련의 자바이칼방면군, 제1극동방면군, 제2극동방면군이 대일전쟁을 개시했다. 소련 극동군총사령관 바실렙스키 원수의 전략 목표는 만주와 한반도에서 일본 관동군을 격멸하고 나아가 남사할린(南樺太)과 지시마열도를 점령하는 것이었다. 메레츠코프(K. A. Meretskov) 원수가 지휘하는 제1극동방면군과 말리놉스키(R. I. Malinovskii) 원수가 지휘하는 자바이칼방면군은 동서 양 측면에서 관동군을 공격하고, 프루카예프(M. A. Purkaev) 상급대장이 이끄는 제2극동방면군은 북쪽으로부터 보조공격을 가하여 "만주의 중심에서 교차하는 3개 방면의 분단공격"으로 관동군을 격멸하려는 구상이었다. 나아가 "창춘-지린 지구에서 악수한 후, 양 방면군은 행동작전 방향을 크게 바꿔 랴오둥반도와 북부 조선으로 직진하고 … 그 지역들을 해방한다"는 계획이었다. 마치 펼친 부채의 양측에서 중앙에 위치한 관동군을 협공하고 합류한 후 최종목표인 랴오둥반도와 한반도 북부를 향해 진격하는 모양새였다. 이 작전을 실시하기 위해 5월 이후 소련군 최고총사령부는 쾨니히스베르크 지구, 프라하 지구, 동프로이센으로부터 9,000킬로미터에서 1만 1,000킬로미터에 달하는 대규모 병력이동을 실시했다. 그 결과 3개 방면군은 11개 제병(諸兵)연합군, 1개 전차군, 3개 비행군, 1개 작전집단으로 구성되었다. 통합병단은 80개 사단, 4개 기갑군단, 6개 저격여단, 40개 기갑여단, 총병력 157만여 명에 달했다. 또한 태평양함대 및 아무르강

〈지도 7〉 소련군의 북한 침공작전(1945년 8월)

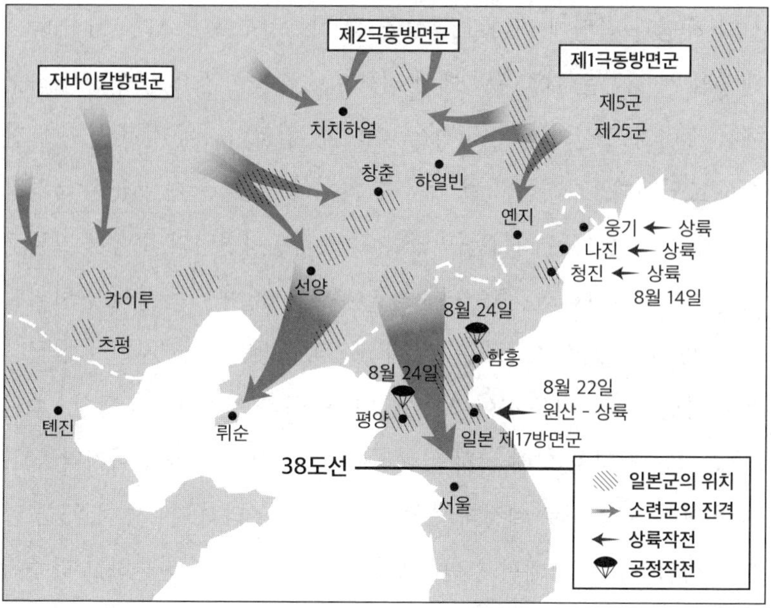

출처: 말리놉스키,《관동군 격멸하다》 부록에 수록된 지도를 참조.

소함대가 행동을 함께했다.[3]

　소련군 최고총사령부의 6월 28일부 명령에 기초하여 7월 26일까지 준비된 각 방면군의 작전구상에 의하면, 좌익을 담당하는 제1극동방면군은 2개 제병연합군, 1개 기계화군단, 1개 기병사단의 병력을 이끌고 그로데코보 지역에서 무단장(牡丹江) 방면으로 주요 타격을 가하

---

[3]　8월 2일 소련군 최고사령부 대본영은 연해집단을 제1극동방면군으로, 극동방면군을 제2극동방면군으로 개칭했다. ソ連共産党中央委員會付屬マルクス・レーニン主義研究所　編，川內唯彦　譯，《第2次　世界大戰史》，第10卷(弘文堂, 1966)，pp. 232~234; マリノフスキー　監修，石黑寬　譯，《關東軍擊滅す—ソ連極東軍の戰略秘錄》(德間書店, 1968)，pp. 86~88, 114~115.

고, 만주 중심부의 지린, 하얼빈, 창춘을 향해 진격할 예정이었다. 조선의 해방과 점령에 커다란 역할을 할 치스차코프(I. M. Chistiakov) 대장의 제25군은 가장 왼쪽에서 남쪽으로 깊숙이 들어가 두만강 하구에서 소련과 조선의 짧은 국경을 따라 285킬로미터에 걸쳐 북방에 전개하고 있었다. 그러나 작전 개시 후 최초의 1주일간 제25군은 국경방위 임무를 맡으라는 지시를 받았다. 제1극동방면군의 주력이 일본군 방위진지를 돌파한 후 주요 타격의 일부로서 8일째에는 둥닝을 탈취할 계획이었다. 제25군 주력은 그 뒤 제1극동방면군으로부터 1개 군단을 증강받아 두만강을 사이에 두고 한반도 동북부에 인접한 왕칭·투먼·훈춘 삼각지역을 향해 남하할 예정이었다. 이 중요한 삼각지역 탈취는 개전 후 25일째로 예정돼 있었다. 또한 보조타격으로서 제25군 일부가 바라바슈 지역에서 투먼·옌지(延吉) 지역으로 진출하고 만주에서 한반도로 이동하는 일본군의 퇴로를 차단할 계획이었다. 나아가 두 번째 보조타격으로 크라스키노 지역에서 소련에 인접한 한반도 동해 연안으로 진격, 동북부 항구들을 점령하겠다고 예정하고 있었다. 샤닌(G. I. Shanin) 소장(제25군 참모장대리)이 지도하는 남부분단(南部分団, 제386보병사단 및 기동지대(支隊))과 태평양함대의 동북부 항구 탈취는 제2장 제2절에서 살펴본 바와 같이 1944년 10월 영·소 참모총장회의(톨스토이)와 관련하여 스탈린이 해리먼과 딘에게 말했던 작전이었다. 그러나 그 작전은 빨라도 개전 후 제2주, 아마도 동만주 삼각지역을 탈취한 후, 즉 제4주에 시작될 것으로 보였다. 4)

---

4) マルクス・レーニン主義研究所 編, 《第2次 世界大戰史》, 第10卷, p. 234; マリノフスキー 監修, 《關東軍擊滅す》, pp. 89, 101~102; Erik van Ree, *Social-*

그러나 소련의 대일참전을 둘러싼 정세는 급격하게 변했다. 참전 다음 날, 즉 8월 10일에 조건부이긴 하지만 일본 정부가 포츠담 선언을 승낙하겠다는 의사를 표명했기 때문이다. 다시 말해 소련군은 미국의 원폭투하에 자극 받아 예정을 앞당겨 참전했을 뿐만 아니라, 일본이 정식으로 항복하기 이전에 만주와 남사할린, 지시마열도에 더하여 한반도에서도 조금이라도 더 많은 지역을 점령해야만 하게 되었던 것이다. 만약 일본이 그대로 정식항복하고 한반도에는 소련군 군인이 한 명도 없다면, 전후 한반도에서 소련의 발언력은 극단적으로 제한받을 수밖에 없었다. 그런 사태를 피하기 위해 스탈린이 직접 한반도 진격과 동북부 항구 탈취를 독촉했던 것이다. 8월 10일 메레츠코프는 치스차코프에게 예정되어 있던 1개 군단(제 17 보병군단)에 더해 예비 제 88보병군단 및 제 10기계화 군단을 제 25군에 배속한다고 통지하고, 조속히 왕칭·엔지·투먼 지역을 탈취하라고 명령했다. 또한 제 88보병군단은 투먼 점령 후에도 계속해서 남하하여 동해 연안을 남하하는 남부분단과 합류할 것으로 보였다. 게다가 남부분단은 **태평양함대와 공동으로** 조속히 북한의 주요 항만인 청진과 원산을 점령하라는 추가임무를 새롭게 받았다. 청진은 일본 본토와 북한, 그리고 동만주를 연결하는 중요한 항만 도시이며, 회령과 남양에서 동만주를 잇는 철도연결역도 있었다. 또 인접한 나남에는 일본군 사관구사령부(제 19사단)가 설치돼 있고, 청진에도 수비대가 주둔하고 있었다. 한편 원산작전에는 포츠담에서 합의한 해군활동의 미·소 경계선 바깥쪽에 위치해야 한다는 미묘

ism in One Zone: Stalin's Policy in Korea, 1945~1947(N. Y. : Berg, 1989), pp. 55~57.

한 문제가 있었다. 5)

사실 개전 직전인 8월 8일 태평양함대는 최고사령부로부터 작전준비 명령 제1호를 받았는데, 그 내용은 수뢰망 부설, 각 위치로 잠수함 전개, 수송선의 호위 준비 등 방어적 성격이었다. 총사령부는 태평양함대의 주요 임무를 일본의 해상교통 차단과 일본 함대의 소련 연안 상륙 저지로 간주하고 있었다. 러일전쟁의 경험으로부터 해상교통을 봉쇄함으로써, 한편으로는 관동군 강화를 위한 예비군 수송을 불가능하게 하고, 다른 한편으로는 관동군이 일본 본토로 철수하지 못하도록 저지하려고 했던 것이다. 그러나 8월 10일에는 태평양함대의 유마세프(I. S. Iumashev) 제독에게도 상륙작전을 앞당겨 실시하라는 명령이 전달된 듯하다. 볼코프(A. A. Volkov) 상좌의 제335보병사단이 새로 태평양함대에 배속되고, 이사코프(F. A. Isakov) 대좌의 393 보병사단이 바라바슈로부터 크라스키노로 이동해서 남부분단에 합류해 한반도작전에 참가했다. 이 두 개 사단이 한반도에서 실제 전투에 참여하는 주력부대가 된 것이다. 이사코프 사단은 8월 11일부터 12일에 걸쳐 야간에 국경을 넘었으며 12일에 태평양함대 상륙부대와 공동작전으로 저항을 거의 받지 않고 웅기와 나진을 점령했다. 그러나 청진에서는 태평양함대가 거의 독자적으로 전투 임무를 수행했다. 8월 13일 정오 무렵에

---

5) マルクス・レーニン主義硏究所 編, 《第2次 世界大戰史》, 第10卷, p. 259; van Ree, *Socialism in One Zone*, pp. 60~61. 소련 측은 미 해군의 적극적인 해상 행동에 의해 소련군의 대일작전이 용이해진다고 이해한 것 같다. 미 해군이 일본 점령을 위해 이 해역을 조기에 떠난 것과 미 공군이 소련군 작전지역, 특히 청진과 나진 두 항구의 입구에 기뢰를 부설한 것을 비판했다(マリノフスキー 監修, 《關東軍擊滅す》, pp. 90~91). 또 일본군이 전투 행동을 중지했기 때문에 8월 22일 원산 상륙은 평온한 상태에서 진행됐다.

정찰대가, 14일에는 해병대대가 상륙했다. 15일에는 주력부대인 제 13독립해병여단이 상륙했고, 뒤늦게 육로로 도착한 남부분단의 부대 도 청진 공격에 참가했다. 일본군 수비대는 8월 15일 종전조칙(옮긴이 주: 천황이 일본 국민에게 발표한 조칙으로 포츠담선언을 수락하고 무조건 항복한다는 내용)을 알지 못한 채 저항을 계속했지만, 격전 끝에 청진은 8월 16일에 완전히 점령됐다. 17일에 나남, 18일에 부령이 점령됐다. 이는 북한에서 벌인 마지막 전투였다. 한편 동만주에서도 16일 제 25 군의 주력부대가 왕칭에 도달했다. 다음 날 보조 타격부대가 투먼을 점 령했고, 18일에 북한으로 진격을 개시했다. 또한 17일부터 19일에 걸 쳐 동해 연안으로 진격할 예정이던 제 386사단과 뒤에 추가된 제 88보 병군단의 일부가 국경을 넘어 남부분단의 한반도작전에 참가했다.[6]

그러나 8월 10일의 작전 변경에도 불구하고, 결국 본격적인 한반도 진격작전(내륙으로의 진격)은 실행되지 않았다. 또한 일본군이 저항을 그만둘 때까지 제 25군에는 그런 여유도 없었다. 한편 제 2장에서 살펴 본 대로 일본 정부가 포츠담선언을 정식으로 수락하자 8월 15일 트루 먼은 스탈린에게 일본군의 항복 수리에 관한 일반명령 제 1호의 초안을 통지했다. 그 문서에는 수도 서울을 포함한 38도선 이남에 있는 일본 군의 항복을 미군이 수리한다고 명시되어 있었지만, 스탈린은 그에 대

---

6) マリノフスキー 監修,《關東軍擊滅す》, pp. 89~90, 170, 217~218; マルクス・ レーニン主義研究所 編,《第2次 世界大戰史》, 第 10卷, pp. 259~260; ワシレ フスキー,《ワシレフスキー回想錄》, 下卷(加登川辛太郎譯, 防衛研究所參考 資料 78ZT-5H), pp. 267~271; van Ree, *Socialism in One Zone*, pp. 60~62; 厚 生省復員局, "對蘇作戰記錄", 森田芳夫・長田かな子 編,《朝鮮終戰の記錄》, 資料篇 第 一卷 收錄, pp. 505~508.

해 반대하지 않았다. 그 시점에서 만주 진격작전은 상당히 진전되었으나 소련군은 여전히 하얼빈과 선양에 도달하지 못했고, 한반도에서도 청진작전이 끝나지 않았다. 그러한 상황에서 8월 18일 바실렙스키 총사령관은 기동부대와 공정부대(空挺部隊)에게 만주 및 북한 주요도시를 신속하게 점령하라고 명령했다. 그러나 같은 날 이른 아침 이후 일본군이 전투행동을 중지했기 때문에 8월 22일 원산 상륙 시에는 전투가 벌어지지 않았다. 8월 24일 함흥과 평양 점령도 소수의 공정부대에 의해 평온하게 달성됐다. 또한 자바이칼방면군의 부대도 강하부대의 선도를 받아 8월 23일에 뤼순, 24일에는 다롄에 입성했다. 이러한 작전은 모두 전투 종결 후 진주를 목적으로 한 긴급발진(스크램블)이나 다름없었다. 당시 미 해군 및 공군의 수송 능력으로 볼 때, 만약 스탈린이 38도선을 경계선으로 항복을 수리하지 않겠다고 거절했다면, 또한 맥아더가 9월 2일 도쿄만에서 일본의 항복을 받겠다고 고집하지 않았다면, 소련군 진주 전에 미군 공정부대가 뤼순, 다롄, 서울, 평양에 도달하는 것도 불가능하지 않았다. 7)

7) マルクス・レーニン主義研究所 編, 《第2次 世界大戰史》, 第10卷, pp. 266; マリノフスキー 監修, 《關東軍擊滅す》, pp. 286~287; ワシレフスキー, 《ワシレフスキー回想錄》, 下卷, pp. 273~274; van Ree, *Socialism in One Zone*, pp. 64~65; Michael C. Sandusky, *America's Parallel* (Alexandria, Virginia: Old Dominion Press, 1983), pp. 245~248, 252. 당시의 군사정세와 소련의 작전에서 볼 때, 스탈린이 38도선 설정에 이의를 제기하지 않았던 것은 당연했다 [河原地英武 "ソ連の朝鮮政策—1945~48", 櫻井浩 編, 《解放と革命—朝鮮民主主義人民共和國の成立過程》(アジア經濟研究所, 1990), pp. 6~7]. 또 제 17방면군이 나남사관사령부에 내린 전투 정지 명령은 8월17일 17시를 지나 항공기 통신통으로 전달되어 다음 날 이른 아침에 실행됐다 (森田・長田 編, 《朝鮮終戰の記錄》, 資料篇 第 1卷, pp. 511~515).

결과적으로 본격적인 한반도 진격작전이 실시되지는 않았지만, 동해 연안의 웅기, 나진, 청진의 무력해방에 이어 소련군은 전투 종결 후에 곧 원산, 함흥, 평양에 진주했다. 예정을 앞당겨 실시한 한반도작전의 기본 목적은 완전히 달성했던 것이다. 소련은 인접한 북한 항구들을 점령함으로써 건너편 해안에 상륙한 적이 블라디보스토크를 공격할 위협으로부터 해방되었다. 더욱이 동해와 타타르해협, 한반도 서해안의 남포, 랴오둥반도의 뤼순 및 다롄 등의 해상교통로를 확보할 수 있었다. 더욱이 평양을 포함한 38도선 이북의 한반도를 점령함으로써 스탈린은 전시회담에서 비공개로 합의한 4대국(미·영·소·중)에 의한 한반도의 국제관리(신탁통치)에서도 유리한 기반을 차지할 수 있었다. 이로 인해 소련의 한반도에 대한 발신력을 4분의1 범위로 제한하는 것은 불가능해졌기 때문이다. 그뿐 아니라 남북한의 잠정적 통일관리조차 소련의 동의 없이는 불가능하게 되었다. 이 사실이 갖는 중요성에 대해 수개월 전 스탈린은 티토(Josip Broz Tito)가 이끄는 유고슬라비아 공산당 대표단에게 명확하게 지적했다. 질라스(Milovan Djilas)에 따르면, 스탈린은 "이 전쟁은 과거의 전쟁과는 다르다. 모두들 자신의 사회제도를 강요하고 있다. 그 군대가 그렇게 할 힘을 갖고 있는 한 모두들 자신의 사회제도를 강요한다. 그 외에 방법은 없다"고 솔직하게 말했다. 한반도 북부 역시 예외가 아니었던 것이다. [8]

---

8) マルクス・レーニン主義研究所 編, 《第2次 世界大戰史》, 第 10卷, p. 235; Milovan Djilas, *Conversation with Stalin* (London: Rupert Hart-Davis, 1962), pp. 30~31.

(2) 함흥과 평양으로의 진주

6월 24일에 역사적인 대독승전 퍼레이드가 모스크바에서 거행됐다. 이틀 후, 극동 근무를 경험한 동료 몇 명과 함께 치스차코프 대장은 소련군 참모본부에 출두했다. 그는 말리놉스키와 짧게 대화를 나눈 뒤, 스탈린 최고사령관에 의해 제25군사령관에 임명됐다. 독소전쟁 최전선에서 싸우면서 사단장, 군단장을 경험하고 제6근위군사령관에 취임했던 치스차코프는 "귀관이 잘 알고 있는 전선은 어디인가"라는 스탈린의 질문에 "6년간 연해주에서 근무해서 그로데코보에서 하산에 이르는 국경을 잘 안다"고 대답했다. 스탈린의 명령으로 치스차코프는 라그틴 (P. F. Lagtin) 중장(제25군 부사령관) 및 펜콥스키 (V. A. Penkovskii) 중장(제25군 참모장)과 함께 6월 29일 극동을 향해 출발했다. 대일전쟁에서는 동만주에서 관동군과의 전투를 지휘하고 일본군의 저항이 끝난 후 8월 24일 옌지에서 항공기로 함흥에 입성했다. 한편 일본군 제34군의 주요 임무는 함흥 부근에 요지를 확보하고 함경도 방면으로 침입한 소련군이 서울 및 평양 방면으로 뚫고 가지 못하도록 저지하는 것이었다. 전투 종결 후 치스차코프가 함흥에 내린 까닭은 거기에 제34군사령부가 설치되어 있었기 때문일 것이다. 제25군의 선발대는 8월 21일 육로로 함흥에 입성하여 평양과 원산을 연결하는 철도(평원선)을 완전히 차단했다. 한편 제1극동방면군 메레츠코프 사령관은 8월 25일 옌지에 있는 제25군 참모부를 9월 1일경까지 함흥 혹은 평양으로 옮기도록 치스차코프에 요구했다. 제25군이 북한 점령을 담당할 것임을 알리고, 치스차코프에게 사령부를 함흥에 설치할지 평양에 설치할지 선택하도록 한 것이다. 함흥에 체재 중이던 치스차코프는 평양을 선택했다. 미 육군 제24군단의 하지 중장이 8월 19일 제10군의 스틸웰 대장을 대신하여 갑작스럽게 남부 한반도 점령을 명령받은 것처럼, 치스차코프 대장의 북부 한반도 점령 임무도 갑작스런 것이었다.[9]

해방 직후 함흥에서도 8월 16일 안재홍의 라디오 연설이 들렸고, 함흥형무소에서 정치범과 경제범 약 200명이 석방됐다. 본래 함경남도에는 1930년대 좌익적인 농민조합이 활동했던 역사가 있었고, 함흥·흥남·원산 지역은 항만 노동자와 일본질소비료 함흥 공장, 오노다시멘트 천내리 공장 등에서 일하는 공장 노동자가 많이 거주하는 곳으로서 노동운동과 좌익운동의 중심지 중 하나였다. 따라서 석방된 송성관과 김재규 등은 당연하게도 과거에 공산주의운동을 한 동지들을 규합해 그날 밤에 함경남도인민위원회 좌익을 결성했다. 또한 수일 후에는 이 기구를 발전적으로 해체하고 함경남도공산주의자협의회를 조직했다. 그와는 별도로 도용호와 최명학 등을 중심으로 건국준비위원회 함경남도지부도 조직됐다. 이렇듯 고양된 정세 속에서 24일 오후 4시에 치스차코프가 함흥에 입성한 것이다. 치스차코프 대장과 샤닌 소장(남부분단)은 구시부치 센이치(櫛淵鍹一) 중장과 군사령부에서 회담한 뒤, 제34군의 무장해제에 관해 협정을 맺고, 기시 유이치(岸勇一) 함경남도지사와 행정권 접수를 협의했다. 서울에서 총독부 관계자가 도착했으나 치스차코프는 교섭을 부하에게 맡기고 30분 만에 자리를 떴다. 흥미롭게도 소련군 측은 **행정권을 도별로 접수하고, 조선총독부를 교섭대상**

---

9) 치스차코프, "제25군의 전투행로", 소련과학아카데미 편, 《레닌그라드로부터 평양까지: 조선해방에 있어 소련장성 11인의 회고록》(서울: 함성, 1989), p. 20, 51; 厚生省復員局, "對蘇作戰記錄", 森田·長田 編, 《朝鮮終戰の記錄》, 資料篇 第1卷, p. 498; van Ree, *Socialism in One Zone*, pp. 91.

으로 삼지 않는다는 방침을 분명히 했다. 기시 지사 등은 25일 오전 중에 다시 소련 측과 교섭하여 당분간 일본인 헌병과 경찰이 치안유지를 담당하고 지사와 도청 직원이 행정사무를 집행하는 데에 합의했다. 이러한 내용을 라디오로 방송하고, 기시 지사와 샤닌 소장은 포고할 준비를 했다. 10) 이는 간접통치의 허용을 시사하는 듯했다.

그러나 상황이 급변했다. 오후 1시 공산주의자협의회에서 송성관, 최기모, 임충석, 김인학, 건국준비위원회에서 도용호, 최명학 총 6명이 함께 사령부의 치스차코프를 방문하여 함경남도임시인민위원회를 설립하고 이 기구에 행정권을 이양해 달라고 건의했다. 치스차코프는 그 건의를 받아들여 임시인민위원회에 행정권을 이양하라고 일본 측에 통고했다. 막 설립된 임시인민위원회에서는 공산주의자협의회와 건국준비위원회의 간부들이 양 조직에서 각각 11명씩 위원을 선정하여 정치, 산업, 금융, 재정, 교통기관 등을 접수할 방안을 철야로 논의했다. 같은 날 오후 9시경에 치스차코프는 함흥 천주교회당에서 소련군 고급장교 회의를 열고 임시인민위원회에서 도용호, 송성관, 최명학 3

---

10) 森田芳夫, 《朝鮮終戰の記錄—米ソ兩軍の進駐と日本人の引揚》(巖南堂書店, 1964), pp. 163~166; 岸勇一(咸鏡南道知事), "ソ連軍による北朝鮮五道行政權の接收—(四) 咸鏡南道", 森田芳夫·長田かな子 編, 《朝鮮終戰の記錄》, 資料篇 第1卷, p. 313; 磯谷季次, 《朝鮮終戰記》(未來社, 1980), pp. 121~122; 厚生省復員局, "對蘇戰記錄", 森田·長田 編, 《朝鮮終戰の記錄》, 資料篇 第1卷, pp. 497~504. 모리타(森田)는 '함경남도임시인민위원회'를 '조선민족함경남도집행위원회'라고 기술했다. 류문화, 《해방후 4년간의 국내외 중요일지》(서울: 민주조선사, 1949), p. 7은 '함경남도인민위원회조직준비위원회'로 기술했다. 당초의 명칭은 일정하지 않다. Charles K. Armstrong, *The North Korean Revolution 1945~1950* (N. Y. : Cornell University Press, 2003), pp. 15, 21~22, 51~52.

명, 일본 측에서 기시 지사와 각부 과장을 소집했다. 치스차코프는 함경남도의 치안과 행정 일체를 임시인민위원회에 넘기도록 명령했고, 기시 지사는 그 자리에서 위양서에 서명하여 인민위원회 측에 전달했다. 접수가 즉시 시작됐다. 예를 들면, 흥남비료공장에는 8월 26일 접수위원이 찾아가 업무를 넘겨받았고, 일본인 종업원은 입장이 금지됐다. 함흥지방교통국은 27일 도용호 위원장에게서 접수를 통고받았다. 관공서, 공공단체시설, 학교, 금융기관, 신문사, 교통기관, 중요 생산기관도 연달아 접수됐다. 함흥경찰서장 이하 30여 명은 소련군에 억류됐고, 기시 지사 이하 21명도 체포됐다. 11)

이후 8월 26일 치스차코프는 군용기로 평양에 도착했다. 북한 전역에 군정을 편다면 분명히 함흥보다도 평양이 적절했다. 평양은 동해안의 원산 및 함흥과 연결된 북한 최대의 도시일 뿐만 아니라, 서울과 신의주, 압록강 건너편 단둥(丹東)을 연결하는 간선철도(경의선)의 중간점이었다. 비행장에는 전날 도착한 라닌(V. M. Lanin) 중좌(제25군 작전부장대리)가 마중을 나갔다. 사령관의 도착을 알고 모여든 한국 민중에게 치스차코프는 소련군은 "정복자가 아니라 해방자로서 왔다", "우리의 질서를 당신들에게 강요하지 않겠다"는 등 짧은 연설을 했다. 그 후 치스차코프는 평양에 제25군사령부를 설치하고, 소련군 사령부 명의로 북한의 해방을 선언했다. 그러나 "조선인민들이여! 소련 군대와 동맹 각국 군대는 조선으로부터 일본 침략자를 몰아냈다"라는 구호

---

11) 森田, 《朝鮮終戰の記録》, pp. 169~173; 磯谷, 《朝鮮終戰記》, pp. 122~123; 轟謙次郎(咸興地方交通局長), "終戰時の咸興地方交通局", 森田·長田 編, 《朝鮮終戰の記録》, 資料篇 第3卷(巖南堂書店, 1980), pp. 444~447; 鎌田正二, "終戰後の興南日窒工場と日本人組織", ibid., p. 528.

를 시작으로 "해방된 조선인민 만세!"로 끝나는 미문조의 포고문에서 정책적 내용은 읽어낼 수 없다. 조선인 스스로 자주적 노력을 해야 한다고 반복해 강조한 점 정도가 주목을 끌 만한 부분이었다. 가장 구체적인 부분으로는 상점·공장·작업소 소유자, 상인, 기업가에게 복구 및 창업을 요청하고, 소련군 사령부가 모든 조선기업소의 재산 보호를 보증하며 정상화를 위해 원조하겠다고 약속한 내용이 있으나, 광범위한 통일전선을 막연히 시사한 것 이상은 아니었다. 게다가 엄밀하게 읽으면 소련군 사령부가 보증한 것은 '조선기업소'의 재산이었지 '조선기업가'의 재산은 아니었다. 또한 조선인 지주의 재산은 재산 규모와 관계없이 일체 언급하지 않았다.[12]

그런데 치스차코프가 입성한 평양은 함흥과는 크게 달랐다. 도시의 규모나 중요성만 다른 것이 아니었다. 평양은 역사적으로 기독교 포교의 중심지였다. 한반도 내 기독교도는 7 대 3 비율로 북한에 편중돼 있었고, 특히 서북지방(평안남북도와 황해도)에 집중되어 있었다. 일본이 한국을 병합한 후에도 기독교는 가장 잘 조직된 집단으로 남아 3·1 독립운동을 추진한 모체 중 하나가 되었다. 사실 1919년 독립선언서에 서명한 지도자 33명 중 절반인 16명이 기독교도였다. 이 때문에 유명한 수원의 제암리교회뿐 아니라, 평안남도 강서의 반석교회, 맹산교회 등에서도 많은 희생자가 나왔다. 또한 평양의 장로회 교회는 1935년

---

12) 치스차코프, "제25군의 전투행로", pp. 51~52; van Ree, *Socialism in One Zone*, p. 66. 8월 26일 성명은 〈해방일보〉(1945년 10월 31일)에 게재되었고, 森田, 《朝鮮終戰の記錄》(pp. 192~193)에 수록되었다. van Ree, *Socialism in One Zone*도 초역을 소개했다(p. 87). 다만, 반 리는 그것이 8월 15일 만주의 사령부에서 발표되었다고 주장한다. 같은 성명이 8월 26일 평양에서 발표되었을 것이다.

10월 이후 조선총독부의 신사참배 요구에 저항했다. 특히 숭실전문학교의 맥큔(George. S. McCune) 교장과 숭의여학교의 스눅(Velma L. Snook) 교장대리는 신사참배를 거부했다는 이유로 1936년 1월에 각각 직위를 박탈당했다. 같은 해 6월에 두 학교의 설립자인 미국 북장로교는 일본의 조치에 항의하여 숭실전문학교와 숭의여학교를 포함한 8개 학교를 폐교하겠다고 결의했다. 1937년 2월에 남장로교 교회도 신사참배를 거부한다는 입장을 명확히 했고, 1938년 이후 남장로교 교회 계열 10개 학교도 문을 닫았다. 그중에는 세브란스의학전문학교와 조선기독교전문학교가 포함돼 있었다. 신사참배에 가장 강하게 저항했던 사람은 평양 산정현교회의 주기철 목사였다. 1939년 이후 네 차례에 걸쳐 관헌에 체포되었으며 1945년에 옥사했다. 이처럼 수많은 목사, 신도, 학생이 일본 총독부의 압정에 저항했던 것처럼, 소련군정에도 기독교 교회는 잠재적 저항세력이었다. 사실 해방 직후 신의주에서는 9월에 제1교회의 윤하영 목사와 제2교회의 한경직 목사가 기독교민주당을 결성했고, 이에 참가한 청년들은 이를 기독교사회민주당이라고 칭하며 공산주의세력에 대항하려 했다. 11월에는 평양에서도 이북5도연합노회가 조직됐다. 13)

13) 閔庚培, 澤正彦 譯, 《韓國キリスト教史》(日本基督教団出版局, 1974), pp. 118~124, 141~144, 147~149; 澤正彦, 《南北キリスト教史論》(復刻版, 日本基督教団出版局, 2006, 初版 1982), pp. 120~125; 柳東植, 《韓國のキリスト教》(東京大學出版會, 1987), pp. 106~112; 徐正敏, 《日韓キリスト教關係史研究》(日本キリスト教団出版局, 2009), pp. 91~95; 한숭홍, 《한경직》(서울: 북코리아, 2009), pp. 115~116. 長田彰文 "日本の朝鮮統治における'皇民化政策'と在朝米國人宣教師への壓力・追放 ─ 神社參拜問題を中心に", 〈上智史學〉, 第54号 (2009. 11.), pp. 1~30; 김권정, 《근대 전환기 한국 사회와 기독교

또한 함흥과 달리 평양에는 민족적 지도자 조만식이라는 존재가 있었다. 조만식은 1883년에 평안남도 강서군 태어나 22세에 기독교에 귀의하여 평양 숭실학교에 입학했다. 일본 메이지대학에 유학하여 김성수, 송진우 등과도 교류했으며 간디(Mahatma Gandhi)의 '비폭력·불복종'에 경도됐다. 귀국 후 평안북도 정주의 오산학교에 부임해서 교장에 취임했다. 주기철과 한경직은 그때 학생이었다. 3·1독립운동에 관련하여 투옥된 후 평양 YMCA 총무와 산정현교회 장로를 역임했다. 1927년에는 민족주의자와 사회주의자가 협력한 신간회 창립에 참여하여 평양지회 회장을 맡았다. 이후 1932년에는 〈조선일보〉 제8대 사장에 취임했다. 조만식은 평양과 기독교의 결합을 상징하는 인물이었다고 할 수 있다. 8월 15일에는 평안남도의 후루카와 가네히데(古川兼秀) 지사가 협력을 구하기 위해 관용차를 보냈지만 조만식은 응하지 않았다. 같은 날 오후 7시에 조만식의 오른팔이라고도 할 수 있는 오윤선 장로가 평양방송국을 통해 주민들에게 냉정하고 침착하도록 호소하는 연설을 했고, 다음 날 오전 11시에는 동지들과 회합을 열고 조만식에게 평양 방문을 재촉하며 자동차를 보냈다. 조만식은 그 차를 타고 17일 오전 2시에 평양에 도착하여 그날 정오에 동지들을 소집했다. 이 회합에서 평안남도 건국준비위원회가 결성됐고, 조만식이 위원장에 추대됐다. 그의 나이 63세였다. 조만식이 신뢰하는 오윤선, 이주연, 김병연이 각각 부위원장, 총무부장, 무임소부장에 취임했다. 저명한 좌파 지도자는 이주연과 한재덕(선전부장)뿐이었다. 18일에는 조만식 위원장 명의의 평안남도 건국준비위원회 성명("과거의 사소한 일들을 청산

수용》(서울: 북코리아, 2016), pp. 331~342.

하고 동포여, 건국에 돌진하자")이 〈평양매일신문〉 호외로 배포됐다.
조선공산당 평안남도위원회의 중심적 지도자인 현준혁도 조만식의 고
결한 인격과 강직한 의지에 경의를 표하며 협력적이었다.14)

　치스차코프는 8월 26일 평양의 철도호텔에서 다케시타 요시하루(竹
下義晴) 중장과 회견하고 일본군 무장해제를 지시했다. 다케시타는 예
비역에서 소집돼 4월에 평양사관구사령관(제 137사단)에 취임하여 7월
에 막 인원 편성을 끝낸 직후였다. 총인원은 1만 명이 채 못 되었고, 화
포도 만주에서 수송 중이라 장비면에서도 빈약한 상태였다. 소련 측의
기록에 의하면 그 후 치스차코프는 "창설된 직후의 **평안남도인민위원회**
와 접촉하고", "당면한 공동사업, 무엇보다도 우선해서 도시와 농촌의
자치 임무를 맡길 인민경찰 조직 문제"를 협의했다. 그러나 그는 "조금
이야기한 후 군사회의의 동지를 빼고, 나와 라닌 중좌만으로는 해결할

---

14) 오영진, 《하나의 증언: 작가의 수기》(부산: 중앙문화사, 1952), pp. 30~36,
　　121; 조영암, 《고당조만식》(부산: 정치신문사, 1953), pp. 42~43; 한근조, 《고
　　당조만식》(서울: 태극출판사, 1970), pp. 369~374; 고당조만식선생기념사업회
　　편, 《고당 조만식 전기: 북한 일천만 동포와 생사를 같이 하겠소》(서울: 기파랑,
　　2010), pp. 239~246. 조만식의 성명은 이 책의 244~246쪽에 수록되었다. 古川
　　兼秀(平安南道知事), "ソ連軍による北朝鮮五道行政權の接收— (二) 平安南
　　道", 森田·長田 編, 《朝鮮終戰の記錄》, 資料篇 第 1卷, pp. 301~305; 森田,
　　《朝鮮終戰の記錄》, pp. 182~183; 和田春樹, "ソ連の朝鮮政策-1945年 8月~10
　　月", 〈社會科學硏究〉, 第 33卷 4号(1981. 11.), pp. 108~110. 《고하 송진우 선
　　생전》(고하선생전기편찬위원회 편, 1965년 발행, p. 303)은 8월 16일 오후 평양의
　　조만식으로부터 송진우에게 장거리 전화가 걸려와 "도지사가 행정권을 받으라고 하
　　는데 받아도 될까"라는 문의가 있었다고 지적했다. 그때 조만식은 김동원, 안동원,
　　오윤선 등과 협의 중이라고 말했다고 한다. 송진우의 회답은 "개인 자격으로 받지
　　말고 민중대회를 열어 민중의 손으로 받지 않으면 안 된다"는 것이었다. 두 사람의
　　관계를 추측하게 하는 대화이다. 다만, 8월 16일은 17일의 잘못일 것이다.

수 없을 정도로 이곳은 문제가 많고 복잡하다"는 사실을 깨달았다고 한다. 회합이 시작되자마자 조만식이 치스차코프에게 "소련군은 점령군인가, 해방군인가"라고 다그쳤다. 치스차코프는 레베데프(N. G. Lebedev) 등 군사회의 위원들에게 28일 평양에 도착하도록 명령하고, 인민위원회 대표와 29일에 협의를 재개하기로 했다. 여기서 인민위원회란 명백하게 평안남도 건국준비위원회를 가리켰다. 그러나 다음 날부터 행정기관, 라디오국, 통신기관 등의 접수가 시작되었기에, 잠정적이긴 했지만 조만식을 위원장으로 한 '인민위원회'가 기능하기 시작했던 것이다. 또한 8월 26일 밤 치스차코프는 일본 측의 후루카와 지사, 경찰을 포함한 각 부장, 민간인 유력자 등과 회담했다. 조만식 이하 건국준비위원회 간부와 조선공산당 현준혁 위원장이 출석한 가운데 차스차코프는 일본의 통치권이 그날 오후 8시를 기해 소멸하고, 신정권(인민위원회)이 이를 인계받은 것, **각 도에 신정권이 발족한 이후 통일정권이 탄생하겠지만 그 통일정권의 소재지가 반드시 서울이라고 단정할 수 없다는 것**, 관리 및 경찰관은 모두 퇴임하고 군인은 포로로 잡으며 통신·철도·공장·은행 등을 접수할 것 등을 밝혔다. 평안남도 도청도 다음 날 접수되었으며 오후 5시에 조만식이 신·구 구청 직원들에게 훈시했다. 15)

---

15) 치스차코프, "제 25군의 전투행로", p. 54; 김국후, 《평양의 소련군정》(한울, 2008), p. 41; 秦郁彦 編, 《日本陸海軍總合事典》(東京大學出版會, 1991), p. 89; 森田, 《朝鮮終戰の記錄》, pp. 184~185; 厚生省復員局, "對蘇戰記錄", 森田·長田 編, 《朝鮮終戰の記錄》, 資料篇 第 1卷, p. 501; 荒木道俊, "終戰後の平壤地方運輸局", 森田·長田 編, 《朝鮮終戰の記錄》, 資料篇 第 3卷, pp. 92~93; 和田春樹, "ソ連の朝鮮政策", 《社會科學硏究》, p. 120. 다만, 아라키(荒木)는 "그 소재지가 평양이라고 단정할 수 없다"라고 인용하고 있다. van Ree,

레베데프 소장과 그 외의 군사회의 위원은 28일 저녁 무렵에 평양에 도착했다. 치스차코프는 정치담당 부사령관이라고 할 수 있는 레베데프에게 함흥에서의 경험과 조만식 등과 협의한 내용을 설명했고, 레베데프는 현준혁, 김용범, 박정애 등 공산당 간부와 협의했을 것이다. 평양에서는 이미 8월 16일 조선공산당 평안남도위원회가 결성되어 있었다. 위원장에 취임한 현준혁은 평안남도 개천 출신으로 연희전문학교 문과, 경성제국대학 법문학부를 졸업한 수재였으며 대구사범학교에서 교편을 잡는 한편 '붉은 독서회'를 조직하여 1932년에 체포되었다. 귀향 후에도 협동조합을 중심으로 공작을 계속하여 체포와 출옥을 반복했고, 1940년 11월에는 김용범, 주영하, 정달헌 등과 함께 평양 감옥 내에서 치안유지법 위반 혐의로 검거됐다. 8월 15일 이후 "즉시 제일선에 나와 조선혁명을 위해 불면불휴로 투쟁했지만", 9월 3일에 테러로 목숨을 잃었다. 42세 장년이었다. 활동 경력과 〈해방일보〉에 게재된 조사를 통해 볼 때, 그는 서울에 설립된 조선공산당(재건준비위원회)과도 긴밀한 관계를 유지하고 있었을 것이다. 또한 현준혁의 죽음을 민족주의세력도 애석하게 여겼음은 주목할 만하다. 공산주의자이긴 했으나 "인민정치위원회에서 점점 신망과 기반을 획득해 나갔고" "노선은 다르지만, 조만식 위원장을 보좌한 것만큼은 틀림없는 사실이었다"고 평가받았다. 뒤에서 살펴보겠지만, 이는 소련군정 당국에게도 매우 커다란 자산이 될 수 있었다. 공산당 평안남도위원회 설립에는 그 외에 코민테른과 관계를 맺고 동방근로자공산대학에 유학한 경력을 가진 김용범과 박정애, 그리고 장시우, 이주연 등이 참가했다. 그러나

<hr>

Socialism in One Zone, pp. 91~92.

소련군이 북한에 진주하여 직접 현지 공산주의자와 접촉함으로써 서울의 공산당 중앙조직과 북한의 지방조직 간 관계에 미묘한 변화가 생기기 시작했다. 16)

8월 29일 재개된 소련군과 평안남도 건국준비위원회의 회담은 레베데프 주재, 소련 태생인 박정애(김용범의 처, 후에 조선노동당 부위원장) 통역으로 진행되었다. 그러나 15명의 명단을 제출한 건국준비위원회 간부들에게는 의외였겠지만, 그곳에는 같은 수의 공산당 간부들이 기다리고 있었다. 레베데프는 건국준비위원회와 공산당의 일대일 합작을 실현하여 새로운 자치행정기관을 설립하려고 했던 것이다. 와다 하루키(和田春樹)가 지적한 것처럼 이는 '함흥 방식'의 재현이었다. 건국준비위원회 측은 이를 받아들이지 않을 수 없었다. 그러나 민족주의자들이 '인민위원회'라는 명칭을 싫어하여 '정치위원회'라는 명칭을 주장했기 때문에 "평안남도 **인민정치**위원회"라는 명칭이 채택되었다. 레베데프의 회상에 의하면, 조만식은 "눈을 감은 채로 팔걸이의자에 가만히 앉아 있어 자고 있는 것 같았고", "가끔 머리를 조금 아래위로 흔들어

---

16) 〈解放日報〉, 1945년 10월 3일; 방인후, 《북한 조선노동당의 형성과 발전》(서울: 고려대 아세아문제연구소, 1967), pp. 85~86; 서중석, 《한국 현대민족주의 운동 연구》(서울: 역사비평사, 1996), p. 157, 주(178); 조영암, 《고당 조만식》, p. 53. 한근조는 "서울에 몸을 숨기고 있던 현준혁이 박헌영과 손을 잡고 평양에 내려와 조선공산당 평남지구당의 조직을 서둘렀으나, 건국준비위원회에 대해서는 오히려 보다 협조하는 태도를 취했다"고 증언했다. 현준혁의 박헌영 및 조만식에 대한 태도를 정확하게 표현하고 있다. 하지만 이미 살펴본 바와 같이 박헌영이 서울로 상경한 것은 8월 17일이며 서울에서의 활동에는 현준혁의 이름을 발견할 수 없다. 〈해방일보〉의 조사(弔辭)가 시사하듯 현준혁은 "8·15 이후 곧바로 제일선에 나와" 평양에서 활동하고 서울과 긴밀하게 연락했을 것이다(한근조, 《고당 조만식》, p. 374).

찬성하거나, 옆으로 흔들어 반대하기도" 했다. 그러나 레베데프가 질문하자 조만식은 "기본 정치노선은 민주주의가 아니면 안 되고 자본주의에 입각한 경제제도를 채택하지 않으면 안 된다", "피압박 민족의 한을 자주독립국가로 풀지 않으면 안 된다", "종교, 언론, 집회, 결사의 자유 등이 보장되지 않으면 안 된다" 등 막힘없이 대답했다. 다음 날 평안남도 인민정치위원회는 산수소학교에서 발족하여 위원장에는 조만식, 부위원장에는 공산당의 현준혁과 건국준비위원회의 오윤선이 취임했다. 위원회에는 8개 국을 설치하고, 당초 그중에서 내무국과 교육국 2개를 공산당이, 재무국, 치안국, 농촌국 등 6개를 건국준비위원회가 차지했다. 또한 평양시장에는 조만식의 측근 중 한 명인 한근조가 취임했으나, 평양 치안(경찰) 서장은 공산당의 송창험이 차지했다. 17)

함흥에서는 좌파세력이 강했기 때문에 공산주의자와 민족주의자의 합작이 비교적 용이하게 진전됐다. 소련군 당국에게 좋은 상황이었다는 것은 두말할 필요가 없다. 소련군 당국이 동독이나 폴란드에서 민족통일전선을 필요로 했듯이, 치스차코프와 레베데프는 북한에서도 같은 방식, 즉 민중의 지지를 받는 민족적 지도자를 전면에 내세우면서 점령 당국이 현지 공산당의 협력을 얻어 지도권을 확보하는 방식을 채용했다. 그런 의미에서 소련군에게 조만식 같은 지도자는 불가결하고

---

17) 치스차코프, "제25군의 전투행로", p. 56; 김국후, 《평양의 소련군정》, pp. 42~43, 47~48; 오영진, 《하나의 증언》, pp. 111~117; 조영암, 《고당 조만식》, pp. 49~52; 한근조, 《고당 조만식》, pp. 378~382; 和田春樹, "ソ連の朝鮮政策", pp. 120~122; Dae-Sook Suh, *The Korean Communist Movement 1918~1948* (Princeton: Princeton University Press), pp. 315~316; van Ree, *Socialism in One Zone*, pp. 92~93.

환영받을 만한 존재였다. 그러나 마치 남한에서 여운형과 박헌영이 그러했던 것처럼, 조만식은 점령군의 역할이 '해방자'에 머물고 점령도 조기에 종결되기를 원했다. 또한 한반도의 조기독립을 기대할 뿐만 아니라 한반도 분단을 거절하는 데에도 일관된 태도였다. 사실 해방 직후에 건국준비위원회 **평안남도지부**를 표방했던 것도 서울의 건국준비위원회 본부와 일체성을 유지하려는 까닭이었다. 요컨대 레베데프와 조만식은 '동상이몽'이었다. 그렇다고 해도 조만식이 처음부터 소련군정 당국을 적대시했거나 협력하지 않았다고 볼 필요는 없다. 양자는 가능한 한 협력하려고 노력했고 최초 수개월간은 협력을 유지했다. 그러나 소련의 점령정책을 받아들이지 못할 경우, 조만식은 어떻게 하려고 했던 것일까. 일본의 식민지 지배에 오랫동안 저항했던 종교인답게 소련의 압정에 대해서도 '비폭력 · 불복종'으로 저항할 결의를 가슴에 품고 있었던 것은 아니었을까. 18)

그런데 함흥과 평양, 즉 함경남도와 평안남도 이외 지역에서는 소련군 진주가 어떻게 진전되었을까. 소련군이 치열한 전투 끝에 처음으로 해방한 함경북도의 웅기, 나진, 청진에서는 서울에서 건국준비위원회가 발족하기 이전에, 혹은 그와 거의 동시에 인민위원회가 조직되었다. 청진에서는 이에 더해 공산주의자의 대표가 위수사령부를 방문해서 약 30명으로 구성된 공산당을 조직했다고 한다. 위수사령부의 지도하에 노동자감시대와 인민경찰을 보유한 자치행정기관(인민위원회) 이

---

18) 오영진, 《하나의 증언》, pp. 114~117; Dae-Sook Suh, "A Preconceived Formula for Sovietization: The Communist Takeover of North Korea", Thomas T. Hammond, ed., *The Anatomy of Communist Takeover*(New Haven: Yale University Press, 1975), pp. 475~489.

조직됐다고 하는데, 이는 소련군의 일반적인 진주 방식이었다. 한편 소련군의 진주가 늦었던 황해도 해주에서는 8월 17일 공산당 황해도위원회와 건국준비위원회 황해도지부가 잇달아 결성되면서 좌우 양파의 주도권 싸움이 격화했다. 8월 25일 소련군 선발대가 해주에 입성했고, 9월 2일 황해도 인민위원회가 발족해서 일본 측으로부터 행정권을 넘겨받았다. 위원장 김응순은 기독교 신자였고 건국준비위원회 위원장이었다. 인민위원회 간부도 민족주의 계열이 대다수였다. 그러나 이 때문에 좌파세력의 반발이 일어났고 위원회 간부에 대한 상해 사건이 발생했다. 그로 인해 많은 간부가 사직하고 행정권이 다시 일본인 지사에게 돌아갔다. 치스차코프 사령관이 해주를 방문한 후, 9월 12일 쓰쓰이 다케오(筒井竹雄) 지사는 다시 인민위원회에 행정권을 넘겨주었다. 이때 인민위원회에는 더 이상 김응순이 없었고, 새로 위원장에 취임한 인물은 공산당 황해도위원장 김영덕이었다. 위원 중 대다수도 공산당 계열 인물로 교체되었다. 마지막으로 평안북도 신의주에 소련군이 진주한 것은 8월 29일이었다. 치스차코프 사령관은 31일 오후 비행장에 내려 그날 밤 야마지 야스유키(山地靖之) 지사와 회견했다. 치스차코프는 다음 날 오전 10시 관계자가 동석한 자리에서 평안북도 **인민정치**위원회에 행정권을 넘겨주도록 일본 측에 명령했다. 평안북도 인민정치위원회는 해방 직후 야마지 지사의 요청으로 한경직과 윤하영 목사가 조직한 민족주의 계열 자치위원회가 이름을 바꾼 조직이었다. 위원장에 추대된 이유필은 상하이에서 독립운동을 하다가 체포된 경력이 있었다. 민족주의자가 우세한 지역의 위원회가 '인민정치위원회'를 자칭한 것이다. 19)

(3) 소련군 민정부의 설치

북한에 진주한 소련군은 8월 23일에 서울 북쪽, 38도선 바로 아래 위치한 개성에 입성했다. 다음 날 서울과 원산을 연결하는 철도(경원선)가 동두천 북쪽에서 차단되었다. 26일에는 평양을 중심으로 하는 열차 운행도 큰 폭으로 제한을 받아 평양 이북은 운행 중지, 평양과 원산 간은 신성천까지, 평양 이남은 사리원까지만 운행했다. 남북 및 동서를 연결하는 주요 철도노선이 끊긴 것이다. 또한 샤닌 소장의 명령에 따라 8월 25일부터 26일에 걸쳐 소련군 수비대가 처음으로 북위 38도선 주변에 배치되었다. 나아가 8월 29일에는 메레츠코프 원수가 치스차코프 사령관에게 명령하여 제 10기계화군단과 제 88보병군단 대부분을 38도선 주변으로 이동시켜 경계선 수비를 맡도록 했다. 이 부대들은 9월 3일부터 12일 사이에 도착했다. 9월 9일에는 메레츠코프 자신이 평양으로 가서 38도선으로 소련군을 이동하는 문제를 토의하고, 모든 과정을 9월 28일까지 완료하도록 했다. 그런데 개성에 진주한 소련군 부대는 그곳이 38도선 이남이라는 지적을 받고도 9월 11일까지 철수하지 않았다. 인천에 상륙한 미군 제 7사단 제 32연대의 1개 중대는 9월 12일 개성에 도착했고, 다음 날 후속부대가 그곳을 점령했다. 진주 직후

---

19) van Ree, *Socialism in One Zone*, pp. 86~89; 筒井竹雄(黃海道知事), "ソ連軍による北朝鮮五道行政權の接收 — (1) 黃海道" 및 山地靖之, "(3) 平安北道", 森田・長田 編, 《朝鮮終戰の記錄》, 資料篇 第 1卷, pp. 299~301, 310~312; 海州日本人會, "終戰後の黃海道" 및 新義州日本人世話人會, "新義州日本人世話會記錄", 森田・長田 編, 《朝鮮終戰の記錄》資料篇 第 3卷, pp. 11~18, 153~154; 森田, 《朝鮮終戰の記錄》, pp. 188~191; 和田春樹, "ソ連の朝鮮政策", pp. 122~123; 한숭홍, 《한경직》, pp. 114~115.

일본군의 시설과 무기를 접수하고, 발족 직후의 인민위원회에 가능한 여러 가지 원조를 제공했던 것은 도, 시, 군 단위에 설치된 소련군 위수사령부였다. 당연하게도 위수사령부는 소련군이 주도하는 사회개혁을 방해하는 '적대적 반민족세력'을 용인하지 않았다. 정치적으로 훈련된 경험 있는 지휘관과 활동가가 모이고, 위수사령관과 정치담당 부사령관은 매일같이 인민위원회의 활동가들과 회합을 가졌다. 제25군 군사회의는 점령지역 내 113개소에 위수사령부를 설치하도록 요구했으나, 9월 28일 시점에 기능했던 것은 54개소였다. [20]

　그동안 서울과 평양의 미·소 양군 사령부 사이에 아무런 연락이 없었던 것은 아니다. 뒤늦게 수립된 미군 사령부는 전쟁 중에도 서울에 있던 소련총영사관의 폴랸스키(Aleksandr. S. Polianskii) 총영사와 접촉하여 9월 11일에 군단 참모장대리 스트로자 대위를 평양에 파견하는 데 이미 성공했다. 물론 그 최대 목적은 남북에서 만나는 미·소 양군 사이에 연락을 확립하고 예측할 수 없는 사태를 회피하는 것이었다. 스트로자는 같은 날 소련군 사령부에서 펜콥스키 참모장과 회담하고 선발부대 간 무선주파수 교환, 소련군 아래 있는 연합국 포로 등의 인수, 소련 측의 기상데이터 입수, 그리고 연락장교 교환을 포함한 사령부 간 연락체계 확립을 요청했다. 이에 대해 다음 날 소련 측은 포로 인도가

---

20) 森田, 《朝鮮終戰の記錄》, pp. 174~176; 森田·長田 編, 《朝鮮終戰の記錄》, 資料篇 第3卷, p. 91; van Ree, *Socialism in One Zone*, pp. 66, 96; *History of the United States Army Forces in Korea*, part I, Historical Manuscript File, Office of the Chief of Military History, Department of Army, chap. IV, p. 13; 레베데프 "이행하지 않으면 안 되는 의무를 자각하고", 《레닌그라드로부터 평양까지》, p. 94.

진행 중이며, 돌아오는 현장에서 주파수를 교환할 것이고, 나아가 연락장교 교환과 통신 분견대의 평양 배치가 실현될 것이라고 전했다. 사실 스트로자가 동반했던 8~9명의 통신반이 평양에 잔류했고, 9월 말에는 소련 측 연락장교도 서울에 도착했다. 그러나 소련 측은 기상데이터 제공에는 응하려 하지 않았다. 한편 9월 15일 워싱턴으로 보낸 제1호 보고에서 베닝호프 정치고문은 미·소 양군 사령부 간에 접촉이 이루어진 사실을 언급하면서 한반도가 상반되는 정치원리를 가진 두 부분으로 분할점령되어 **통합된 사령부**가 존재하지 않는 것이 "믿기 어려운 상황"을 초래하고 있다고 주장했다. 남한이 석탄과 전력의 대부분을 북한에 의존하고 있는 점, 전년도 수확이 대량으로 일본에 갔기 때문에 곡물이 부족하다는 점을 지적하고 정치적, 경제적 통합이라는 원칙에 기초하여 남북조정을 위한 교섭이 불가결하다고 주장했다. 21)

그러나 소련군 당국이 남북한의 통일적 관리와 인적 및 물적 교류에 적극적 관심을 갖고 있었는지는 의문이다. 확실히 펜콥스키는 스트로자의 평양 방문을 받아들였지만, 이는 점령 초기 소련 측의 '정책부재'를 반영한 것이 아닐까. 그보다도 ① 북한 진주가 전투 종결 후의 긴급 발진(스크램블)이었다는 것, ② 38도선 이북 지역의 점령 임무가 8월 25일에 갑자기 제25군 치스차코프 대장에게 맡겨진 것, ③ 9월 말에

---

21) "Benninghoff to Byrnes", 15 and 26 September 1945, *The Foreign Relations of the United States, 1945*, vol. VI, pp. 949~1053, 1059~1060; Kenneth C. Strother, "Experiences of a Staff Officer, Headquarters XXIV Corps in the Occupation of Korea, September-November, 1945"(ケネス C ストロウザー, 高橋久志 譯, "朝鮮占領における第24軍団の一參謀の体験—1945年 9月~11月", 防衛研修所戰史部參考資料85 Z T-1 H)을 참조.

서울에 파견된 소련군 측 연락장교가 10월 중순에 철수한 것, ④ 주둔
지역, 특히 평양에 많은 정치적 반대파가 있어서 저항에 직면했다는 것
등 진주 후 소련군이 경험한 상황들은 ③을 제외하면 미군이 남한 진주
후 직면한 사태를 떠올리게 만든다. 치스차코프와 레베데프는 점령군
사령부를 평양에 설치하고 각 도마다 인민위원회와 인민정치위원회를
설치했지만, 북한 내에 통일된 정권기관을 수립하는 데에 반드시 적극
적이지는 않았다. 정권 수립을 위해 사전에 준비된 정책을 갖고 있었는
지도 의문스럽다. 심지어 소련군 당국이 조선 공산주의운동과 그 지도
자에 대해 충분한 지식을 갖고 있었다고도 생각할 수 없다. 그 점은 폴
란드를 침공하기 전에 소련군이 친소적 공산주의자와 반소적 민족주의
자를 충분히 조사하여 이후 전자를 양성하고 후자를 배제했던 것과 크
게 달랐다. 다만, 부족한 준비에도 불구하고, 소련군은 진주 당초부터
경계선을 확실하게 수비하고 미·소 점령지역을 명확하게 분리하려고
했다. 또한 한반도 북부의 민족주의세력이 지닌 영향력을 일정 한도 내
로 억제하려고 했다. 조만식을 지도자로 인정한 것은 잠정적이기는 하
나 동유럽 국가들에서 실시했던 민족통일전선 방식을 북한에 적용했기
때문일 것이다.[22]

한편 제25군이 주둔한 후에 직면한 민정 임무는 방대했다. 소련군
이 북한에 진주했을 때, 북한의 공장 및 기업 1,034개소 중에서 1,015
개소가 조업 불능 상태였다. 교량과 터널도 많이 파괴돼 철도도 상태가
좋지 않다고 보고되었다. 또한 빈곤, 주택 부족, 높은 문맹률, 질병 등

---

22) van Ree, *Socialism in One Zone*, p. 97; Dae-Sook Suh, "A Preconceived
Formula for Sovietization", pp. 479~480.

이 심각했다. 직면한 상황을 검토하면서 치스차코프는 "전투에 임하는 군사 임무보다 이러한 '민정' 임무를 해결하는 일이 훨씬 곤란하다"는 사실을 확인했다. 골수까지 군인이었던 치스차코프는 진주 후에 "조선 주민에 대한 원조사업"을 전문적으로 담당하는 기관, 즉 민정부가 필요하다는 결론에 도달하고 이를 메레츠코프에 진언했다. 메레츠코프는 소련군 사령부 내에 민정부를 설치하고, 제35군 군사회의 위원인 로마넨코(A. A. Romanenko) 소장을 민정담당 부사령관(민정사령관)에 지명했다. 치스차코프는 로마넨코의 선임을 "거물급 정치활동가의 임명"이라며 환영했다. 로마넨코는 9월 후반에 평양에 도착했다. 이그나티예프(A. M. Ignatiev) 정치부장, 셰티닌(B. V. Shchetinin) 사법부장, 라자레프(G. R. Lazarev) 통신부장, 일라톱스크(A. T. Ilatovsk) 재정부장, 카디셰프(I. I. Kadishev) 농업부장 외에 보건위생, 군민관계 등을 담당할 여러 영관급 전문가와 함께였다. 10월 3일 구(舊) 평양 세무서에서 소련군 민정부가 발족했는데 군 내부에서는 '정치사령부', 외부에서는 '로마넨코 사령부'라 불렀다. 또한 이와는 별도로 9월 21일 주일 소련대사관에 근무한 발라사노프(Gerasim M. Balasanov)가 치스차코프 사령관의 정치고문에 임명되어 몰로토프가 이끄는 외무인민위원회에 직속됐다. 게다가 다음 해 4월 초에는 소규모 정치고문단이 조직되어 이윽고 경성총영사관에서 부총영사로 근무했던 샤브신이 부관으로 부임했다. 23)

---

23) 치스차코프, "제25군의 전투행로", pp. 57~58; 김창순, 《북한 15년사》(서울: 지문각, 1961), p. 52; Dae-Sook Suh, *Kim Il Sung: The North Korean Leader* (N. Y. : Columbia University, 1988), pp. 60~66; van Ree, *Socialism in One Zone*, pp. 97, 102~105. 로마넨코는 10월 초에는 이미 적극적으로 활동하고

〈그림 1〉 소련군의 민정기구(1945월 10일)

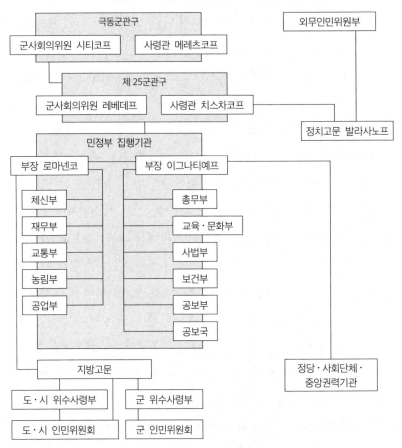

출처: Erik van Ree, *Socialism in One Zone* (p. 103)에서 작성.

있었다. 후술하는 것처럼 10월 13일 서북5도 공산당대회에 출석했고 다음 날 평양
시 소련군환영 민중대회에도 참석했다. 그러나 제25군에 민정담당 부사령관이라
는 직제가 정식으로 도입된 것은 11월 말이었다. 또한 남한에서처럼 '소련군정부'가
발족해 '군정장관'이 임명되는 일은 없었다. 전현수, "소련군 북한 진주와 대북한정
책", 〈한국독립운동사 연구〉, 제9호(독립기념관 한국독립운동사연구소), pp.
358~360을 참조 바란다.

로마넨코를 민정부의 책임자로 추천한 인물은 연해주군관구(9월 초
에 제1극동방면군에서 개칭)의 군사회의 위원 시티코프(T. F. Shtykov)
대장이었다. 시티코프는 레닌그라드 공방전을 지휘하여 스탈린의 후
계 후보 중 한 명으로 주목받는 즈다노프(A. A. Zhdanov) 레닌그라드
공산당위원회 제1서기와 긴밀한 관계를 갖고 있었다. 시티코프는 그
의 밑에서 제2서기를 맡았다. 시티코프는 "기초적인 군사훈련조차 받
은 적이 없다"고 전해질 정도로 순수 정치공작자였다. 메레츠코프 군관
구사령관이 "머리에서 발끝까지 군인이었다"면, 시티코프는 "장군의
복장을 하고 있어도 민간인 같았다"고 한다. 그는 독소전쟁이 끝나고
얼마 안 돼 핀란드에 가까운 카렐리아 지방에서 메레츠코프와 함께 극
동으로 부임했다. 시티코프야말로 "미스터 조선"이었다. "당시 그가 조
선에 있든지, 군관구 참모실에 있든지, 혹은 모스크바에 있든지에 관
계없이 북한에서는 그의 관여 없이는 어떠한 일도 일어나지 않았다."
이러한 시티코프가 제25군과 제35군의 정치공작자들을 통합하고, 나
아가 다른 군의 전문가도 더하여 북한 점령을 위한 네트워크를 만들어
로마넨코를 민정사령관에 지명했으니, 로마넨코는 시티코프의 민정
대리인이었다고 해도 과언이 아니다. 두 사람의 관계는 제1극동방면
군이 연해주방면군으로 불린 시기까지 거슬러 올라가는데, 그 무렵에
로마넨코는 시티코프의 부하였다. 요컨대 그러한 인적 네트워크에 의
해 새롭게 설립된 소련군 민정부는 연해주군관구 군사회의와 직결돼
있던 것이다. 만년의 김일성은 "대일작전을 앞둔 어느 날" 모스크바에
서 즈다노프를 만났던 때를 회고하면서 시티코프가 동석했다고 기록했
다. 즈다노프는 "스탈린의 위임에 따라" 회견한다고 말하고 김일성에
게 "조선인은 나라가 해방된 후에 몇 년이 있으면 독립국가 건설을 실

현할 수 있겠는가"라고 질문했다고 한다. 김일성은 "길어도 2, 3년이면 할 수 있을 것이다"라고 대답했다고 한다. 만약 이 대화가 사실이라면, 시티코프와 로마넨코의 북한 네트워크는 즈다노프를 통해 소련공산당 중앙위원회 정치국과 스탈린 개인에게까지 도달해 있었다는 이야기가 된다. 24)

물론 직접적으로 현지 정세를 장악하고 점령 업무를 통해 북한 정치에 커다란 영향을 끼친 인물은 로마넨코 소장만이 아니었다. 그의 오른 팔 역할을 한 인물은 당시 40세였던 이그나티예프 대좌였다. 이그나티예프도 군대 밑바닥에 있을 때부터 일관되게 정치부문을 걸어서 제 35군 정치부장에까지 오른 유능한 정치장교였다. 로마넨코는 민정담당 부사관령관으로서 도, 시, 군의 행정조직을 통괄했으며, 제 25군 소속 사단 정치부장과 군 정치기관 요원 등을 위수사령부에 민정고문으로 파견했다. 그 수는 도 단위의 경우 장교와 병사 약 50명, 시 및 군 단위에서는 약 20명에서 30명이었다. 도, 시, 군의 위수사령부는 도 고문의 지휘를 받았고, 도 고문은 로마넨코 직속이었다. 북한의 6개 도, 7개 시(평양, 진남포, 청진, 흥남, 신의주, 해주, 원산), 85개 군에 위수

---

24) van Ree, *Socialism in One Zone*, pp. 101~103; Andrei Lankov, *From Stalin to Kim Il Sung: The Formation of North Korea 1945~1960* (Hurst: London, 2002), pp. 2~3; 셰티닌, "해방 후의 조선에서", 《레닌그라드로부터 평양까지》, pp. 223~225; 和田, "ソ連の朝鮮政策", pp. 115~117. 이밖에 민정부는 외무인민위원부 (외무부)의 인원으로 구성한 '소규모의 정치고문기관'을 갖고 있었다. 도쿄의 소련 대사관에 근무했던 발라사노프가 치스차코프 사령관의 정치고문 역할을 담당했다. 그는 1946년 가을에 서울의 소련총영사관에 부총영사로 근무했던 샤브신과 교대했다. 김일성, 《세기와 더불어》, 제 8권(평양: 조선노동당 출판사, 1998), pp. 451~452. 이에 따라 일부에서 제기하는 해방 전 스탈린·김일성 회담설은 부정된다.

사령부가 설치되었으며, 로마넨코 아래에 체신부, 재무부, 교통부, 농림부, 공업부의 5개 부가 설치되어 전문성을 가진 고급 군인이 각각 책임자에 취임했다. 한편 이그나티예프는 북한의 정당, 사회단체, 정치기관과의 관계를 담당하고, 도의 고문들을 통솔하는 한편 자신도 평양을 감독했다. 인내심이 강하며 근면하고 침착하여 타인에게 좋은 인상을 주었다고 한다. 이그나티예프 밑에도 총무부, 교육·문화부, 사법부, 보건부, 공보부의 5개 부가 설치됐다. 이렇듯 소련군 민정부 직속 부국이 나중에 '행정10국'으로 성장한 것으로 보인다. 반 리(van Ree)가 지적한 것처럼, 규모는 비교적 작았고 명칭도 수수하게 '민정부'라 했음에도 불구하고, 지휘계통과 조직의 양면에서 볼 때 소련군 민정부는 확실히 북한에 수립된 소련군 정부였다. 최고권력기관으로서 민정부의 권능은 1946년 2월 김일성을 수반으로 하는 북조선 임시인민위원회가 설립될 때까지 계속됐다.[25]

이 부분에서 소련군의 한반도 점령에 직접적으로 참가한 조선계 러시아인, 혹은 소련에 거주했던 조선인 그룹의 존재를 언급하지 않을 수 없다. 이들은 대부분 1930년대 후반 스탈린의 명령에 의해 연해주에서 중앙아시아(우즈베키스탄, 카자흐스탄 등)로 강제이주한 조선인 2세대로서, 과거에 조선 국내에서 일어난 공산주의운동과는 아무런 연고가 없었다. 러시아어와 한국어에 능통한 까닭에 소련의 점령정책을 원활하게 수행하기 위해서 이용된 것이다. 레베데프에 의하면 대일참전 이

---

25) 레베데프, "이행하지 않으면 안 되는 의무를 자각하고" 및 셰티닌, "해방 후의 조선에서", 《레닌그라드로부터 평양까지》, pp. 94~96, 231; van Ree, *Socialism in One Zone*, pp. 102~105; 김국후, 《평양의 카레이스키 엘리트들》(서울: 한울, 2013), pp. 13~14; 전현수, "소련군 북한진주와 대북한정책", p. 357.

전에 소련 극동군총사령부가 이들을 평양에서 활용하려는 착상을 소련 공산당 중앙위원회에 전달했고, 스탈린의 재가를 받아 실행에 옮겼다. 8월 29일에 제 1진 28명이 제 25군 민정요원에 이어 트럭 2대로 연해주에서 평양에 도착했다. 또 9월 초에는 우즈베키스탄으로부터 26명이 도착했다. 그중 많은 이들이 시인, 작가, 기자 등 문필가였다. 이들은 평양역 앞에 〈소련군 신문사〉를 설립하여 조선어로 신문을 발행했다. 중심인물로서 그들을 인솔한 강미하일(Mikhail Kang) 소좌는 민정부 수석통역관으로서 소련군 사령부와 조선인 지도자를 연결하는 가교가 되었다. 사실 강미하일은 평안남도 인민정치위원회와 조선공산당 평안남도위원회의 활동을 돕거나, 후술하는 것처럼 뒤늦게 귀국한 김일성의 옹립에 협력하기도 했다. 강미하일뿐만 아니라 이봉길 등의 통역관도 남한에서 윌리엄스 해군소령이나 이묘묵이 담당한 '통역정치' 이상의 역할을 담당했다. 나아가 제 2, 제 3의 조선계 러시아인 그룹이 12월에 평양에 도착했다. 26)

26) 林隱, 《北朝鮮王朝成立秘史—金日成伝》(自由社, 1982), p. 137. 林隱은 許鎭 재(在)소 고려인협회 부회장의 필명이라고 한다. 김국후, 《평양의 카레이스키 엘리트들》, pp. 14~15, 26~30; Dae-Sook Suh, "Soviet Koreans and North Korea", Dae-Sook Suh, ed. , *Koreans in the Soviet Union* (Honolulu: Center for Korean Studies, University of Hawaii, 1987), pp. 103~109.

3. 소련군정 초기의 기본정책: 부르주아 민주정권 확립

(1) 스탈린의 기본지령

소련군 최고사령부가 스탈린과 안토노프의 명의로 바실렙스키 장군, 연해주군관구 군사회의, 제25군 군사회의에 북한 점령에 관한 초기 기본지령을 하달한 것은 9월 20일이었다. 바꾸어 말하면 진주 후 약 1개월이 되어서야 마침내 소련군의 북한 점령 기본방침이 나온 것이다. 문서는 내부적 성질을 갖는 대외비의 정책명령이었고, 내용상 미국 정부가 맥아더에게 보낸 〈미군 점령하의 한국 지역 민사행정을 위한 태평양육군총사령관에 대한 초기 기본지령〉(SWNCC-176/8)과 비교할 만한 것이다. 사실 1981년 간행한 자료집에 공표된 내용은 그중 제3항부터 제6항까지였다. 다만 내용의 상세함에 있어서는 미국 정부의 지령에 크게 미치지 못하여 단순한 조목별 정리에 지나지 않았다.[27]

냉전 종결 후에 공개된 가장 중요한 제1, 2항은 "1. 북조선 영토 내에 소비에트〔의회〕및 다른 소비에트 정권의 기관을 수립하지 않고, 또한 소비에트 질서를 도입하지 않는다", "2. **북조선에** 반일 민주정당 및 조직의 광범위한 블록〔연합〕을 기초로 한 **부르주아 민주정권을** 확립한다'는 것이었다. 또한 제3항은 "붉은 군대가 점거한 조선 각 지역에 반일적인 민주정당 및 조직이 형성되는 것을 방해하지 말고, 그 활동을 원조한다"는 내용이었다. 이 지시들이 의미하는 바는 북한을 소비에트

---

27) van Ree, *Socialism in One Zone*, p. 55; 和田春樹, "ソ連の朝鮮政策", pp. 128~129.

연방에 편입한다는 의혹을 초래하지 않으면서 북한에 광범위한 반일 민족주의 통일전선을 형성하고, 이를 기초로 하여 '부르주아 민주정권'을 확립하라는 것이었다. 이 기본지령에는 남한 지역에 대한 지시가 없었다. 와다 하루키는 이 지령을 "소련이 점령한 북조선에 정권을 만들라. 공산당이 참가하는 정권이어야만 한다"라고 요약하고, "소련은 조선의 통일을 생각하지 않고 자신들이 점령한 지역에 친소적 정부를 만드는 일을 진행해도 좋다고 생각했다"고 해석했다. 제4항은 두 부분으로 나뉘며, 붉은 군대가 "북조선에 소비에트 질서를 도입하고 조선 영토 획득을 목적으로 하지 않는다"는 것, 또한 "북조선의 사유재산 및 공적재산은 소련군 당국의 보호하에 둔다"는 점을 북한 주민에게 충분히 설명하도록 지시하는 내용이었다. 제5항과 제6항은 "북조선 주민에게 공업·상업, 공영 및 기타 기업의 통상활동을 보증하고, 소련군 당국의 명령과 요구를 수행하며 사회질서 유지에 협력하도록" 주민들에게 호소하고, 북한 주둔 부대가 "규율을 지키고 주민의 감정을 해하지 않으며 예의 바르게 행동하도록" 지시했다. 또한 제7항은 북한의 민정업무를 연해주군관구 군사평의회가 지휘한다는 내용을 확인하는 것이었다.[28]

이러한 스탈린의 지령, 특히 공산당이 참가하는 부르주아 민주주의 정권을 북한에 확립하는 것이 북한 점령에서 가장 중요하고 기본적인 소련군의 정책이 되었다고 한다면, 이를 실행에 옮긴 가장 중요한 예는

---

28) 스탈린과 안토노프 명의의 "전보(암호전달) 최고기밀"(no. 11130), 1945년 9월 20일; "ブルジョワ民主政權を確立せよ", 〈毎日新聞〉, 1993年 2月 26日; 和田春樹, 《北朝鮮現代史》(岩波書店, 2012), pp. 24~25.

9월 25일 조선공산당 평안남도위원회의 자기비판, 즉 '바른 노선'의 채택이었을 것이다. 평안남도위원회는 소련군 사령부의 소재지인 평양시를 포함하는 중요한 공산당 조직이었다. 더욱이 앞서 살펴본 바와 같이 9월 3일에 위원장 현준혁을 테러로 잃는 불행을 겪었다. 정치노선에 대한 자기비판, 즉 스스로 정치강령을 수정한 일이 소련군정 당국의 의사와 전혀 무관했다고는 생각하기 어렵다. 소련군 진주지역 중 가장 중요한 곳인 평안남도의 공산당 조직이 새로 채택한 강령은 북한의 다른 지역뿐 아니라, 남한에서도 존중받을 권위 있는 견해가 아니면 안되었을 것이다. 그러나 학계는 조선공산당 평안남도위원회 제4차 확대위원회가 9월 15일에 개최되었다는 학설을 폭넓게 받아들였기 때문에, 그 자기비판을 9월 20일에 내려온 스탈린의 기본지령과 연계해서 논의하지 않았다. 사실 이미 9월 13일에 처음으로 정치강령을 채택한 평안남도위원회가 9월 20일 스탈린의 지령에 직면하고, 9월 25일에 국제 및 국내 정치, 토지 문제에서 자신들의 좌경적 입장을 대폭 수정하여 새로운 행동강령을 채택한 것이다. 9월 13일의 강령이 서울에서 채택한 조선공산당 재건파의 8월 테제를 답습했다면, 새 강령은 조선공산당 중앙위원회에 대한 비판도 포함하고 있었을 것이다. 북조선에 부르주아 민주정권을 확립한다는 스탈린의 지령이 조선공산당의 민족통일전선론과 조선인민공화국과의 관계에서 남북 쌍방의 공산주의자들에게 새로운 문제를 제기했던 것이다. 29)

---

29) 〈해방일보〉(1945년 10월 31일)에 게재된 결정서와 신 강령에 날짜가 기재되어 있지 않아 오해를 낳았다. 더욱이 스칼라피노와 이정식이 9월 15일설을 채용했기 때문에 광범위하게 유포됐다(Robert A. Scalapino and Chong-Sik Lee, *Communism in Korea, Part 1: The Movement* (Berkeley: University of California

사실 제 4차 확대위원회의 결정서(〈정치노선에 관해서〉)는 3가지 자기비판으로 구성되었다. 첫 번째 오류는 처음 강령이 "소연방 및 평화적 민주주의 국가와는 친선을 도모하고 제국주의 재침략을 방비한다"고만 규정함으로써 미국, 영국 등 연합국들의 '현재의 역사적 진보성'을 애매하게 취급했다는 것이다. 따라서 평화적 민주주의 국가를 '미국, 영국 등의 민주주의 국가'라고 명확하게 지적해야 한다는 비판이었다. 두 번째 오류란 조선혁명이 현재 '자본혁명단계'에 있기 때문에 반일을 목적으로 한 민족통일전선을 결성하고, 국내외 각 당, 각 파, 각 단체, 각 계층이 대동단결하여 일본제국주의의 잔재와 친일적 요소를 철저하게 숙청하고 일소하도록 주장해야 하지만 그렇게 하지 않았다는

Press, 1972), p. 322〕. 12월 20일에 개최된 공산당 평안남도위원회 제 1차대회 문헌은 그때까지의 활동을 2단계로 나누고, 9월 25일 제 4차 확대위원회가 좌경적 오류를 청산하여 정확한 노선을 수립했음을 높이 평가하고 "우리당 발전 역사에 하나의 획을 그은 일"이라고 했다〔"조선공산당 평남도 제 1차 대표자대회 보고 연설", 《조선공산당문건 자료집(1945~46)》(한림대 아시아문화연구소, 1993), pp. 64~ 66〕. 또한 현준혁 암살사건에 대해서도 당초 김창순의 9월 28일설이 폭넓게 받아들여져 논의에 혼란을 불러왔다〔김창순, 《북한15년사》(서울: 지문각, 1961), p. 68〕. 9월 28일설이 옳다면 평안남도위원회의 자기비판은 현준혁 위원장 아래서 진행된 것이기 때문이다. 그러나 이후 서대숙이 9월 3일로 수정해서 현재는 그러한 견해가 정착되었다〔예를 들면, 徐大肅, 《金日成と金正日》(岩波書店, 1996), p. 51 및 和田, 《北朝鮮現代史》, p. 24〕. 결과적으로 이 건에 관해서는 오영진의 '9월 초'설(오영진, 《하나의 증언》, p. 121)과 한근조의 '9월 2일'설(한근조, 《고당 조만식》, p. 382)이 거의 정확한 것이 된다. 후임은 거의 무명에 가까운 김유창이었다. 저자가 참관한 평양의 조선노동당사적관 전시(2014년 10월 12일)도 성대한 장례식 모습을 전한 〈인민신문〉(1945년 9월 5일)의 기사를 인용해 9월 3일설을 채용하고 있었다. 이에 따르면 현준혁이 조만식과 함께 철도호텔에서 치스차코프 사령관을 방문한 뒤, 오후 1시 40분에 두 사람이 동승한 화물자동차에 올라탄 청년이 현준혁에게만 총격을 가했다고 한다.

것이었다. 아마도 9월 13일에 채택한 처음 강령에는 반일투쟁보다 계급투쟁을 중시하는 경향성이 존재했을 것이다. 세 번째 오류는 구 강령이 대지주의 토지 제한몰수(자기의 경작지만을 유보)를 일반적으로 규정하고 비친일가(非親日家)가 재산과 토지를 소유하도록 용인하지 않은 것이었다. 이는 나중에 진전된 급진적 토지개혁과 관련해서 주목받은 부분이다. 요컨대 공산당 평안남도위원회의 신 강령에 드러난 새로운 정치노선의 특징은 국제적으로는 반파쇼 공동전선을 유지할 필요성을 강조하고, 국내적으로는 광범위한 반일 민족통일전선 결성을 중시했다는 것이다. 새로운 강령은 이전의 "좌경적" 오류를 청산하고 스탈린의 기본지령에 따라 "북한에 반일 민주주의 정당과 조직의 광범위한 연합을 기초로 하여 부르주아 민주정권을" 확립하도록 요구했다. 30)

그러나 첫 번째인 국제정세에 관한 인식은 차치하더라도, 두 번째 및 세 번째의 오류를 청산하는 과정에서 평안남도위원회 지도자들은 서울에서 채택한 8월 테제와의 정합성을 유지하는 데에 곤란함을 느꼈을 것이다. 물론 서울의 조선공산당 중앙위원회도 8월 테제를 조금 보충해서 9월 20일에 〈현 정세와 우리의 임무〉라는 제목의 잠정강령을 채택했다. 잠정강령은 조선혁명이 여전히 부르주아 민주주의혁명 단계에 있음을 강조하면서 노동자와 농민을 중심으로 모든 진보적 요소가 참가하는 민족통일전선을 결성해야 한다고 주장했다. 앞 장에서 살펴봤듯이 박헌영이 민족통일전선의 주요한 목적으로 '친일파 배제'를 내걸고 한국민주당과 제휴한 이승만의 통일공작에 명확히 반대를 표명

---

30) 조선공산당 평남지구확대위원회, "정치노선에 관하여", 〈해방일보〉, 1945년 10월 31일.

한 것은 독립촉성중앙협의회 결성을 둘러싼 대립이 심각해진 **10월 말이후**의 일이었다. 조선공산당 평안남도위원회의 자기비판에 의하면, 이러한 행보는 민족주의좌파와 강하게 결합하지 못하고 이른바 '거물 중심주의'에 빠졌음을 의미했다. 또한 평안남도위원회 지도자들은 사유재산 및 사유토지를 승인하는 데에도 고심했음에 틀림없다. 8월 테제나 9월 테제는 "대지주의 토지를 몰수하고 토지가 없는 농민에게 분배하지 않으면 안 된다"고 주장하면서 해당 대지주가 친일적인지 반일적인지는 묻지 않았기 때문이다. 그러나 나중에 채택된 〈토지문제결정서〉에 의하면, 토지를 몰수당한 것은 친일적 반동지주에 한정되었으며 그 정의도 상당히 느슨했다. 31)

반일 민족통일전선 결성 요구에는 분할점령에서 기인하는 미묘한 문제가 부수되어 있다는 점에 유의해야 할 것이다. 왜냐하면 소련의 점령 정책이 명확해지기 이전에 이미 서울에서는 조선공산당(재건준비위원회)의 주도하에 9월 6일 조선인민공화국의 수립을 선언했기 때문이다. 조선공산당 중앙위원회는 적어도 형식적으로는 북한 지역의 공산당에게도 조선인민공화국의 정통성을 승인하라고 요구하고 있었다. 평안남도위원회의 자기비판은 조선인민공화국의 정통성과 남북한의 통일성을 주장하는 목소리에 대해 소련군정 당국이 반드시 긍정적이지는 않았다는 사실을 보여준다. 예를 들면 신 강령은 제 1항에서 인민대표회의를 소집하여 인민공화국을 수립한다는 지침을 내걸었다. 그러나 인민대표회의의 소집은 차치하더라도 새롭게 인민공화국을 수립한다

---

31) 〈해방일보〉, 1945년 10월 31일; "토지문제결정서"(날짜 없음, 10월 16일), 조선공산당 북부조선분국 기관지 〈정로〉, 1945년 11월 1일.

면, 이는 이미 서울에 수립된 국가와는 별개의 것이어야만 했다. 평안 남도위원회의 자기비판을 통해 소련군정 당국은 서울에 수립된 조선인민공화국의 정통성에 커다란 의문을 던진 셈이었다. 본래 소련군정 당국으로서는 서울의 조선공산당 중앙위원회가 북한 지역을 포함하는 '통일' 조선정부 수립을 주장한 행동이 적절하다고는 생각하지 않았을 것이다. 조선인민공화국 조직에 있어서도 주석, 내무부장, 재무부장 자리에 각각 이승만, 김구, 조만식을 추대한 것 등을 두고 많은 비판이 존재했을 것이다. 이에 더하여 군정 당국은 북한 지역 지방공산당의 조직적 산만성, 좌경적 오류 등이 불만스러웠고, 이를 서울의 공산당 중앙위원회의 책임과 연결시키는 경향이 있었다. 32)

스탈린의 기본지령에 기초한 초기 점령정책이 실시된 두 번째 예로서, 소련군정 당국은 북한의 정당과 사회단체, 특히 공산주의자와 긴밀하게 제휴하여 인민정권기관(인민위원회)이 경제부흥과 사회 · 경제 · 정치개혁을 구체적으로 입안하도록 **협력하려** 했다. 또한 군정 당국은 이를 위한 조직으로서 사령부 내에 10개의 행정국을 설립하려고 했다. 이러한 구상은 단독정부 수립처럼 졸속적이지 않고 좀더 억제된 정책, 즉 '지방기구 정비 및 통일'의 일환으로서 실행에 옮겨졌다. 10월 8일부터 10일까지 개최된 '북조선 5도 인민위원회 연합회의'는 이를 위한 중요한 계기가 됐다. 이 회의에는 북한 5도(평안남북도, 함경남북도, 황해도)의 인민위원회에서 온 대표 75명이 출석했을 뿐만 아니라, 치스차코프 사령관 외에 로마넨코, 이그나티예프 등 민정부 간부도 참가했

---

32) 〈해방일보〉, 1945년 10월 31일; 전현수, "소련군 북한 진주와 대북한정책", pp. 365~366.

다. 의제는 ① 농산물 확충과 식량 공출, ② 군수공장의 민수공장으로의 개편, ③ 금융재정, ④ 지방기구의 정비와 통일이었고, 각 문제를 다루는 4개 분과위원회가 설치됐다. 정치적 의미에서 특히 주목받은 것은 네 번째 의제였다. 회의는 중앙에서 지방에 이르는 인민위원회 기구(도, 시, 군, 면) 정비를 결정하고 각 단위에서 정확한 인민위원의 수, 선출방법, 조직구성 등을 확정했다. 치스차코프는 개회사에서 "조선에 민주주의 국가를 수립하겠다"고 약속하고, "먼저 5도의 행정을 총괄적으로 수행하기 위해서 이 대회를 소집했다"고 선언했다. 33)

물론 북한 행정국들을 통해 한국인 관료들이 "중앙집권적 방법으로 북한의 경제, 행정, 정치생활의 기본분야를 지도할" 수 있도록 조력한다는 군정 당국의 시도가 꼭 순조로운 것은 아니었다. 위원장에 취임해 달라고 요청받은 조만식은 "평남 인민정치위원회만으로도 내게는 과분하다"고 하여 고사했다. 따라서 '북조선 5도 행정국' 등과 같은 이름으로 10개국 전체를 통합한 단일 행정기관이 발족했던 것은 아니다. 사실 행정10국이 조직되고 **각각의** 책임자(공업국장 정중택, 교통국장 한희진, 농림국장 이순근, 상업국장 한동찬, 체신국장 조영렬, 재정국장 이봉수, 교육국장 장종식, 보건국장 윤기영, 사법국장 조송파, **보안국장 최용건**)를 발표하기까지는 1개월 이상이 걸렸다. 또한 행정국 규모도 크지 않아 각 국마다 10명에서 50명의 인원이 배치됐을 뿐이었다. 그러나 11월 19일 발족한 북한 행정국들은 각자 "관계하는 사업방면의 지도기

33) 셰티닌, "해방 후의 조선에서", 《레닌그라드로부터 평양까지》, p. 232; 류문화, 《해방 후 4년간의 국내외 중요일지》(평양: 민주조선사, 1949), p. 10; van Ree, *Socialism in One Zone*, pp. 108~109.

관"이었다. "북한 각 도 사이의 기관 및 개인 간 경제 제휴를 설정하는 일에 필요한 모든 방책은 행정국을 경유해서 제시하고 실천"해야 했다. 바꿔 말하면 각 행정국은 각 도 인민위원회를 통제하는 권한을 부여받았던 것이다. 다만 각 국장 아래에는 소련군 사령부 소속의 고문이 배속되어 최종적인 결정권을 유보했다. 이는 미군정 아래의 남한에서 실시된 양국장제와 닮은 데가 있었다. 소련군 사령부도 권한을 현지 관료에게 점진적으로 이양하여 '배태기의 정권'을 육성하려고 한 것이다. 한편 보안국장에 최용건이 발탁된 사실은 소련군정 당국의 신뢰를 얻은 항일유격대 간부가 이 무렵부터 요직에 진출했음을 보여 주는 것으로서 흥미로운 부분이다. 나중에 지적하겠지만, 그때 이미 최용건은 조선민주당 부위원장에 취임해 있었다. 34)

(2) 조선공산당 북부조선분국의 설치

스탈린의 지령에 기초한 초기 기본정책의 세 번째 예로서, 소련군정 당국은 점령지역에서 독자적인 공산당, 즉 서울의 조선공산당 중앙위원회로부터 독립적인 조선공산당 북조선조직위원회(조직뷰로)를 설립하기 위해 노력했다. 그러한 노력은 조선공산당 북부조선분국을 탄생시

---

34) 〈정로〉, 1945년 11월 25일, 12월 5일; 셰티닌, "해방 후의 조선에서", 《레닌그라드로부터 평양까지》, p. 232; 오영진, 《하나의 증언》, pp. 133~139; van Ree, *Socialism in One Zone*, pp. 110~111; 김용복, "해방 직후 북한인민위원회의 조직과 활동", 《해방전후사의 인식 5》(서울: 한길사, 1989), pp. 214~217; 藤井新 著, 平岩俊司・鐸木昌之・坂井隆・礒崎敦仁 編, 《北朝鮮の法秩序 ── その成立と変容》(世織書房, 2014), pp. 102~103.

켰다. 별도의 독립적 조직을 세워야 했던 이유는 스탈린의 지령이 "북조선에서 부르주아 민주주의 정권을 확립"하도록 요구했고, 민족통일전선 방식을 따르는 한 그 중핵에는 공산당의 지도가 불가결했기 때문이다. 그러나 미군 점령하의 서울에 있는 조선공산당 중앙위원회는 북한에서의 정권 수립을 위해 적극적이고 적절하게 행동할 수 없었다. 그런 관점에서 10월 13일 오전 11시, 로마넨코, 이그나티예프 등 소련군 민정부 간부가 입회한 가운데 지방 공산당의 유력자가 모여 '서북5도 당 책임자 및 열성자대회'(서북5도 당대회)를 평안남도 당위원회 회의실에서 개최하고 조선공산당 북부조선분국의 설치를 결정한 것이다. 대회에서 논의를 주도한 것은 '김영환'(金永煥)이라는 가명으로 등장하여 조직 문제를 보고한 김일성이었다. 김일성은 그밖에 당 규약 기초(起草), 당원증 발행, 그리고 전당대회 소집을 제의하였고, 각 안건은 모두 만장일치로 가결됐다. 대회는 북부조선분국 설치 필요성을 미·소 양군이 진주하면서 발생한 '지역적 특수성'과 '5도의 행정적 통제 필요성'으로 설명하였다. 그러나 동시에 조선공산당 북부조선분국이 '당 중앙에 직속'되어 중앙에 '복종할 의무'가 있다는 점도 확인했다. 격론이 있었을 것이다. 김일성은 "당 중앙기관은 반드시 소련군이 주둔한 북조선에 두어야만 한다", "미제 통치하의 남조선보다도 소련군이 진주한 북조선이 우리 혁명의 정치적 중심지가 되지 않으면 안 된다"고 주장했음에 틀림없다. 대회가 끝난 것은 오후 6시 30분이었다. [35)]

---

35) "5도 당원 및 열성자 연합대회 회의록", 조선산업노동조사소 편, 《바른 노선을 위하여》(서울: 우리문화사, 1945), pp. 46~57; 萩原遼編, 《米國國立公文書館所藏·北朝鮮の極秘文書》, 上卷(夏の書房, 1995)에 수록. 〈정로〉, 1945년 11월 1일; 선우몽룡, 《인민정권 수립과 당의 공고화를 위한 조선노동당의 투쟁》(평양:

서북5도 당대회의 결정을 개관해 보면, 조선공산당 평안남도위원회가 9월 25일에 채택한 3가지 자기비판과 새로운 강령의 내용을 거의 충실하게 반영했음을 알 수 있다. 그에 더하여 ① 조선공산당 북부조선분국 설치의 결정, ② 당조직 원칙의 제시, ③ 조선 북부 공산당 전체의 좌경적 오류와 이영, 최익한 일파의 좌경적 분파행동에 대한 비판 등 새로운 요소도 섞여 있었다. 대회는 상임위원 5~6명, 결의안 기초위원, 그리고 중앙에 파견할 대표를 선정하는 일을 대회집행부에 일임했다. 흥미로운 사실은 이 대회에 북한 5도 및 평양의 대표만이 아니라, 서울에서 온 대표도 출석했다는 점이다. 조선공산당 평안남도위원회의 김용범이 사회를 담당했고, 국제정세 보고는 형제 당원(소련군 대표)의 강연으로 대체하였으며 공산당 함경남도위원회의 오기섭이 정치 문제 보고를 담당했다. 그러나 대회 소집의 목적을 좀더 명확하게 설명한 것은 11월 1일 창간한 공산당 북부조선분국 기관지 〈정로〉(正路)의 발간사였다. 이 글은 평안남도위원회의 신 강령을 더욱 발전시켜 "당은 아직 어리고 약하다. **대중적 볼셰비키당 없이는** 노동계급의 궁극적 해방을 성공시킬 수 없을 뿐만 아니라, 현 단계에서 전 조선인민의 이익을 대표하는 **통일되고 자주적인 인민공화국**을 수립하지 못하며, 토지 문제를 해결할 수 없다'고 논했다. 교묘하면서도 눈에 띄지 않는 중점의 이동, 즉 북한에 대중적 볼셰비키 정당을 조직하고 이를 기반으로 통일적이고 자주적인 인민공화국을 수립한다는 새로운 주장의 공개

조선노동당출판사, 1958), pp. 18~20. 조직 문제 보고 담당자가 '회의록'에는 '김 ○○', 〈정로〉에는 '김영환'으로 되어 있다. 그러나 '김영환'이 '김일성'의 가명이라는 것은 이후에 김일성 자신의 회고를 통해 확인됐다. 김일성, 《세기와 더불어》, 제8권(평양: 조선노동당출판사, 1998), p. 483.

야말로 조선공산당 평안남도위원회의 자기비판에서 시작해 조선공산 당 북부조선분국 설치, 북조선 임시인민위원회 발족, 그리고 북조선노 동당 창립과 조선민주주의인민공화국 수립으로 이어지는 정치노선의 출발점이었던 것이다. 36)

다만 그러한 주장을 전개한 김일성은 물론, 소련군정 당국조차도 1945년 10월 당시에는 서울에 있는 조선공산당 중앙위원회의 박헌영 총비서와 사전협의를 하지 않고 그렇게 중요한 결정을 내리는 일은 불 가능했을 것이다. 박헌영은 남북한 지역에 강력한 기반을 가진 카리스 마 혁명가였기 때문이다. 더욱이 남북으로 분할점령된 한반도 정세는 폴란드 정세보다도 훨씬 복잡했다. 그러나 김일성은 서북5도 당대회를 소집하는 과정에서 북한 내 지방 공산주의자의 종파주의를 예리하게 비판했을 뿐, 서울로부터의 저항에 대해서는 아무 언급도 하지 않았 다. 이러한 부자연스러움을 해소할 수 있는 것은 10월 5일 예비회의에 서 분규가 일어난 후 주영하와 장순명이 박헌영의 의견을 청취하기 위 해 김일성의 특사로 서울에 파견되었고, 10월 8일 개성 북쪽의 소련군 38도선경비사령부에서 김일성과 박헌영이 비밀리에 회담했다는 박병 엽의 설명뿐이다. 해방 후 북조선노동당 지도원, 그 후 조선노동당 중 앙위원회 후보위원·부부장을 역임하고, 1980년대 초에 한국에 망명 한 박병엽에 의하면, 김일성과 박헌영은 다음 날 이른 아침까지 5, 6시 간 동안 회담을 계속했다. 또한 회담에는 로마넨코 민정사령관이 동석

---

36) "5도 당원 및 열성자 연합대회 회의록", pp. 58~68; 〈정로〉, 1945년 11월 1일. 또 한 형제당 동지에 의한 국제정세에 대한 강연은 萩原遼 編, 《北朝鮮の極秘文書》, 上卷, p. 95에 수록되었다.

했다. 김일성의 가장 중요한 주장은 혁명의 참모부인 조선공산당 중앙을 소련군 해방지역인 북한에 두어야 하며, 조선공산당 중앙위원회가 채택한 8월 테제에 입각하면서도 그 지역적 특성에 맞춰 북한에서는 독자적인 정치노선과 조직노선을 결정해야 한다는 것이었다. 논의 과정에서 김일성과 로마넨코는 공산당 중앙을 북한에 두고 박헌영이 지도하도록 제안했다고 한다. 사실 소련군정 당국에게 있어서 조선공산당 중앙위원회를 평양으로 옮길 수만 있다면, 그야말로 가장 마찰이 적은 선택지였다. 37)

격렬한 논의 후에 박헌영은 조선공산당 중앙위원회 직속 조선공산당 북부조선분국을 평양에 설치하고, 중간적 지도기관으로서 서북5도 공산당을 통일적으로 지도하는 것을 용인했다. 김일성의 주장에 그 나름대로 합리적 근거가 있었으며, 무엇보다도 소련군정 당국의 의사를 반영했기 때문일 것이다. 로마넨코의 견해를 최종적으로 확인한 박헌영이 직접 이를 제안했다고 한다. 그 이후의 사태 전개로 볼 때, 박헌영이 평양으로 가지 않았던 것은 커다란 실패였다. 박헌영은 서울이야말로 한반도 통치의 중심지라는 역사적, 지리적 고정관념에 사로잡혔거나, 아니면 서울의 긴박한 정치무대로부터 떠나지 못한 채 냉전이라는 2극 대립의 발흥과 일독(日獨)의 부흥을 확신하는 스탈린의 지정학적 불안감을 과소평가했거나 오해했을 것이다. 나아가 당시 33세에 불과

---

37) 박병엽, 《김일성과 박헌영 그리고 여운형》(서울: 선인출판사, 2010), pp. 15~24. 그 외의 문건에서도 "당 중앙기관은 반드시 소련 군대가 진주해 있는 북조선에 있지 않으면 안 된다"라는 김일성의 지적이 해방 직후부터 있었다고 기록했다. 예를 들면 선우몽룡, 《인민정권 수립과 당의 공고화를 위한 조선노동당의 투쟁》, pp. 19~21을 참조 바란다.

했던 김일성이 막 귀국한 북한에서 오기섭, 정달헌, 이주하 등 유력한 지방 공산주의자와 권력을 다투고 승리하리라는 것도 상상하기 어려웠을 것이다. 그러나 김일성은 "**북조선**에 부르주아 민주주의 정권을 확립한다"는 스탈린의 지령에 의해 보호받고 있었다. 〈해방일보〉에 게재된 각 도 당위원회에 대한 통지에 의하면, 10월 23일 박헌영은 조선공산당 중앙위원회 총비서 명의로 "**10월 13일** 평양에서 열린 서북5도 당책임자 및 열성자대회의 조선공산당 북부조선분국의 설립에 관한 결정을 옳다고 인정하고 승인한다"는 것을 공식적으로 확인했다. 한편 분국 책임자에 취임한 김용범은 10월 24일 "우리의 당 사업을 더욱 강고히 하고 볼셰비키화하며 대중화하기 위해서 **중앙지도부에서 개최된** 서북5도 당책임자 및 열성자대회에서 결정한 조선공산당 북부조선분국의 설치"가 공산당 중앙위원회에서 결제, 승인되었다는 사실을 각 도 당부에 통지했다. 북한에도 이미 중앙지도부가 존재했던 것이다. [38]

주목되는 것은 11월 7일 〈정로〉에 박헌영 당 중앙집행위원회 총비서 명의로 게재된 조선공산당 중앙위원회의 지시와 북부조선**분국 비서** 'O · K · S'(오기섭 이외에 해당하는 인물은 없다)가 중앙의 지시를 위한 투쟁을 호소하며 쓴 장문의 논문이다. 두 문건은 모두 ① 당 북부조선분국이 서울 중앙의 지도하에 있음을 확인하고, 동시에 ② 조선 북부의 각 도 당위원회가 분국의 지도를 받음을 명확히 했다. 그러나 흥미롭게도 중앙위원회 지시에서 박헌영은 "신국가 건설을 위해 투쟁하는 혁명적 정치노선"이 안팎으로 난관에 봉착하였음을 인정하고, 조선 북부가

---

38) 박병엽, 《김일성과 박헌영 그리고 여운형》, pp. 23~24; 〈해방일보〉, 1945년 11월 15일.

"반신불수상태에 있는 조선 남부에 대한 **수혈의 원천**이 될 것"이라고 지적했다. 또한 북부조선분국의 역할을 "중앙의 지도와 연락의 중계기관"으로 표현하고 "정치행동을 좀더 효과적으로 할 것"을 요청했다. 각 도 당위원회에도 "북부조선분국의 지도와 지령을 준수하고 긴급연락과 강고한 조직으로 볼셰비키당의 대중화에 노력하며 조선의 완전해방이라는 역사적 사명을 실현한다"는 역할을 요구했다. 당 북부조선분국 비서에 취임한 오기섭은 박헌영의 지시를 인용하면서 북한을 "전 조선통일의 '힘'의 **저수지와 요새**"로 표현했다. 그에 덧붙여 "북부조선분국은 민족통일전선 결성을 위해 투쟁하는 것을 게을리 하지 않는다"고 했다. 이른바 민주기지론은 갑자기 출현한 것도, 김일성의 전유물도 아니었다. 북부조선분국 설치를 배경으로 조선혁명에 있어서 조선 북부의 역할을 어떻게 정의하느냐 하는 심각한 논의가 시작된 것이다. 다만 이 단계에서는 아직 '민주기지'라는 용어가 사용되지 않았다. 39)

4. 김일성의 '조국 개선': 정치지도자의 탄생

(1) 정찰대원에서 정치공작자로

1912년 4월 평양 교외에서 태어난 김일성(金日成), 본명 김성주(金成柱)는 소년 시절에 만주로 건너가 1926년 공산주의청년동맹에 가입했

---

39) 〈정로〉, 1945년 11월 7일. 당중앙위원회의 지시 날짜는 '11월'로 표시되어 있을 뿐이었다.

고, 1931년 중국공산당에 입당했다. 1932년 봄 항일유격대에 투신했는데, 그때 이미 김일성이라는 이름을 쓰고 있었다. 조선인 공산주의자의 유격투쟁 최대 목표는 동만주에 '소비에트구'(근거지)를 건설하는 것이었는데, 일시적이기는 했지만 옌지, 왕칭, 훈춘 등 한반도 배후지에서 그 목표를 실현했다. 그 후 김일성은 1935년 중국공산당의 항일무장조직인 동북인민혁명군에서 두각을 나타냈다. 동북인민혁명군은 1936년 1월 양징위(楊靖宇)의 지휘 아래 동북항일연군으로 재편성되어 1937~1938년에 전성기를 맞이했다. 조선인 대원이 가장 많았던 부대는 제1로군 제2군으로 김일성은 제6사장(師長)으로서 활약했다. 1937년 6월 김일성 부대는 국경을 넘어 함경북도 혜산진에 가까운 보천보의 파출소를 습격했는데, 〈동아일보〉가 이를 보도했다. 그러나 1939년 10월 이후 노조에 마사노리(野副昌德) 소장의 지휘하에 관동군이 만주국군, 경찰대와 공동으로 대규모 소탕작전을 전개했기 때문에 양징위 총사령관과 김일성의 직속 상사인 왕더타이(王德泰)를 포함한 많은 수의 유격대 간부가 전사, 병사하거나 투항했다. 궁지에 몰린 김일성 부대는 1940년 3월 추격해 온 마에다 다케이치(前田武市) 중대를 잠복 공격하여 거의 전멸시켰다. 궁지에 몰린 쥐가 고양이를 문 것과 같은 승리였다. 1940년 10월 김일성 등은 소부대로 나눠서 소련령으로 피신했고, 이어 제2로군 총사령관 저우바오중(周保中) 등도 소련령으로 피신하였다. 유격대원들은 하바롭스크 근교 뱌츠코예와 보로실로프(현재의 우수리스크)에 있는 두 캠프에 수용됐다. 미·일 전쟁 발발 후 항일연군 부대는 소련 극동군 제88특별독립보병여단으로 재편성되어 1942년 8월 뱌츠코예에서 정식으로 발족했다. 항일연군 380명을 기간으로 하여 소련군에서 50명, 만주국군에서 71명이 합류했다.

여단장은 저우바오중이었고, 부참모장에 최용건(최석천)이 취임했다. 4개 대대가 조직되어 김일성이 제1대대장에, 안길, 강건(강신태), 김책이 대대 정치위원에 임명되었다. [40]

김일성의 항일무장투쟁 기록은 해방 당시 33세에 지나지 않았던 청년이 벌인 활동 자체로서 충분히 자랑할 만한 것이다. 사실 김일성은 제1로군 간부 중에서 유일하게 투항하지 않은 생존자였다. 1941년 7월과 9월 저우바오중은 소련군 연락장교에게 보낸 서한에서 "김일성은 가장 우수한 군 간부이고 중국공산당의 고려인 동지 중 가장 우수한 한 사람"이며, "만주 남부와 압록강 동쪽, 조선 북부에서 상당히 중요한 활동 능력을 보여 주었다"고 평가하고, 양징위와 웨이정민(魏拯民)의 사후, 남만주에서 지도적 책임을 수행할 수 있는 인물은 '김일성뿐'이라고 주장했다. 그러나 이미 지적한 것처럼 항일연군의 투쟁은 1941년 12월 미·일 전쟁이 개시될 때까지 완전히 종식되어 있었다. 김일성 부대가 중국공산당의 무장조직 및 소련 극동군에 소속되어 활동을 전개

---

40) Dae-Sook Suh, *The Korean Communist Movement*, pp. 275~288; Dae-Sook Suh, *Kim Il Sung*, pp. 17~29, 34~39; 和田春樹, 《金日成と滿洲抗日戰爭》 (平凡社, 1992), pp. 183~188, 270~274; 和田, 《北朝鮮現代史》, pp. 5~17. 저우바오중이 바실렙스키 앞으로 보낸 긴급 보고(1945년 8월 24일), 김국후, 《평양의 소련군정》, pp. 55~58, 66; 沈志華, 朱建榮 譯, 《最後の'天朝'》, 上卷(岩波書店, 2016), pp. 58~64. 항일무장투쟁에 투신하기까지의 김일성에 대해서는 서대숙(Dae-Sook Suh)의 위 문헌 제1장을 참조 바란다. 김일성은 1925년 초 압록강을 건너가 다음 해 14세에 아버지를 잃었다. 1926년에는 만주에 있는 조선인학교, 이어서 중국인 학교인 육문(毓文) 중학교에 입학했으나, 1929년 비합법활동으로 일본 관헌에게 체포됐다. 1930년 석방되었으나 가족에게 돌아가지 않았다. 1932년 어머니가 사망했다. 양친 모두 독실한 크리스천이었다. 이후의 혁명활동과 관련하여 서대숙은 김일성이 중국인 중학교에 다닌 것의 의의를 강조했다.

한 것도 틀림없다. 하지만 그런 사실이 해방 후에 큰 의미를 갖게 되었다. 1945년 8월 대일전쟁에 참전한 소련군이 김일성 부대와 공동으로 어떤 작전을 실시했다는 사실은 존재하지 않는다. 본래 전략첩보국의 감독 아래 시안 교외에서 훈련받은 한국광복군 대원들과 마찬가지로 김일성 부대는 일본군과 정면으로 대치할 수 있는 정규 전투부대가 아니었다. 그럼에도 불구하고 1945년 여름의 정세에 대해 김일성의 회고록 《세기와 더불어》는 다음과 같이 기술했다. 41)

원동쏘련군[소련 극동군] 총사령부의 소재지는 하바롭스크였습니다. 나는 하바롭스크에 드나들면서 와씰렙스끼[바실렙스키]와도 낯을 익히고 말리놉스끼[말리놉스키]와도 친교를 맺었습니다.

1945년 여름에 이르러 원동쏘련군총사령부는 련합작전을 위한 회의를 자주 소집하였습니다.

와씰렙스끼는 쏘련군 총사령부의 작전 구상에 대하여 우리에게 구체적으로 설명해 주었습니다. 그는 관동군 주력을 포위하고 그것을 몇 개로 고립 분단하여 일거에 소멸하려 한다고 하였습니다.

우리는 조국해방과 관련해서는 종래의 작전적 방침을 시종 일관하게 견지하였습니다.

그때 우리는 간백산 일대에 집결한 조선인민혁명군 부대들은 예정된 통로로 진출하여 각 도들을 해방하며 원동의 훈련기지에 결집되어 있는 조선인민혁명군 부대들은 평양지방을 비롯한 여러 지역에 항공기편으로 신속히 진출하여 이미 꾸려 놓은 비밀근거지들을 차지하고 전격적인 군사작전을 벌리

---

41) Dae Sook-Suh, *Kim Il Sung*, pp. 52~54; 沈志華, 《最後の '天朝'》, 上卷, pp. 64~68; 김일성, 《세기와 더불어》, 제8권, pp. 448~449.

도록 계획하였습니다.

이와 함께 국내에서 활동하는 조선인민혁명군 소부대와 정치공작원은 항일조직을 대대적으로 늘여 인민들을 전민항쟁에 불러일으킴으로써 온 민족이 이르는 곳마다에서 조선인민혁명군의 진격에 합세하도록 하였습니다.

나는 **지금도** 이 작전계획이 그 당시 우리나라가 처한 군사정치 정세하에서 조국의 해방을 단시일 내에 이룩할 수 있는 가장 정확한 방도였다고 생각합니다. 국내의 모든 도들에 락하산을 타고 내린 빨찌산 부대들이 왁왁 쓸어나와 전민항쟁 부대들과 함께 사방에서 적들을 답새길 판인데 무엇이 어려울 것이 있었겠습니까(옮긴이주: 이하 《세기와 더불어》 인용문은 원문을 그대로 인용).

김일성은 자신이 소련 극동군 수뇌와 긴밀한 관계에 있었음을 시사하는 한편, 장백산 근거지와 극동훈련기지에 있던 조선인민혁명군 두 개 부대를 연계시켜 조선 국내에 진격하는 계획을 입안했지만 일본의 갑작스런 항복 때문에 실현하지 못했다고 주장한 것이다. 이는 김일성에게만 가능한 '우회적 고백'을 포함했다. 그럼에도 불구하고 2012년에 간행된 《위대한 수령 김일성 동지 략전》은 변함없이 "[조선인민혁명군 부대는] 대일전쟁에 참가한 소련 군대와의 긴밀한 연계하에 일본 침략군을 격멸 소탕하면서 노도처럼 조국으로 진격했다"고 명기하였다. 그러나 더욱 흥미로운 점은 '조국 개선'에 관한 김일성 자신의 기술일 것이다. 김일성 회고록은 귀국 당시의 사정에 대해 "소련 군대와의 연합작전 계획에 따라 부대별로 각각 지정된 경계선을 지키며 전투행동에 들어갔으나, 갑작스럽게 일제가 무조건 항복했기" 때문에 "조선인민혁명군은 몇 개로 나뉘어 조국에 돌아왔습니다"라고 설명했다. "국내 각지에 낙하산으로 출격하기 위해 훈련기지에서 대기하고 있던 부대는

하바롭스크, 무단장, 왕칭, 투먼을 거쳐 육로로 조국에 가기로" 되어
있었다. 더욱이 관동군 패잔병에 의해 무단장의 남쪽에 있던 터널이 폭
파되고 우회로로 연결되는 교량과 비행장의 활주로까지 파괴되었기 때
문에 "도중에 그 계획을 포기하고" 다시 극동으로 돌아가 "블라디보스
토크에서 군함을 타고 귀국길에" 올랐다고 회고록은 이야기했다. 김일
성 자신도 그중에 있었다. 그들은 도중에 배에서 1박을 하고 9월 19일
원산항에 상륙했다고 한다. 요컨대 극동의 훈련기지에 있던 김일성은
결국 대일작전에 참가할 기회를 얻지 못했던 것이다. 서해 지방에서 활
동하게 된 동지들과 함께 김일성은 9월 20일 열차로 원산을 출발하여 9
월 22일 오전 중에 평양에 도착했다. 소련군 대표가 도중의 부래산역
까지 마중을 나왔다고 한다. 42)

---

42) 《위대한 수령 김일성 동지 략전》, pp. 240~241; 《金日成同志略伝》에는 소련군
에 대한 언급조차 없었다〔金日成同志略伝編纂委員會, 《金日成同志略伝》(復刻
發行, 東京: 九月書房, 1972), pp. 289~299〕; 김일성, 《세기와 더불어》, 제 8
권, pp. 473~474, 479. 20일 원산을 출발하여 22일 마침내 평양역에 도착했다
는 설명도, 소련군 대표가 부래산역까지 마중을 나왔다는 설명도 석연치 않은 점이
있다. 먼저 20일부터 22일까지 이동했다면 시간이 너무 걸렸다. 또한 부래산역은
함경남도 고산군 산간의 작은 역이다. 원산역까지 그리 멀지도 않고, 이웃한 고산
역 쪽이 마중을 나가기에 더 편리하다. 김일성과 동행한 소련 국적 조선인 대원 유
성철(이후 북한군 작전국장)에 따르면, 김일성이 실제로 원산을 출발한 것은 21일
오후 1시였다. 치스차코프가 원산역까지 마중을 나온다고 해서 출발시간을 늦췄는
데 도착하지 않았다고 한다. 그 후 김일성을 태운 평양행 열차와 치스차코프를 태운
원산행 열차가 산간부에서 정면충돌할 뻔했다는 것이다. 그것이 부래산역 부근이
었다면 이해할 수 없는 것도 아니다. 그러나 대장이 대위를 마중하는 것은 여전히
상식에 어긋난다. 보다 낮은 계급의 소련군 장교가 원산으로 향했으나, 도중에 사
고를 만나 결과적으로 '도중인 부래산역까지 마중을 나가게' 되었는지는 모른다. 그
렇다면 김일성이 22일에 평양에 도착한 이유도 설명 가능하다("유성철의 증언", 한

그러나 이러한 구체적 설명에도 불구하고, 김일성이 참전의 기회를 얻지 못한 까닭은 일본군이 갑작스럽게 항복했기 때문이 아니었다. 김국후와 선즈화(沈志華)의 지적에 의하면, 소련 영내에 있던 제88특별여단은 폴란드와 체코슬로바키아 등의 빨치산 부대를 모범으로 삼은 조직으로, 군사·정치전문가를 양성할 뿐 아니라 붉은 군대와 함께 일본제국주의를 타도하는 투쟁에 적극적으로 참가하기 위한 군부대로서 1945년 6월까지는 작전준비를 모두 완료하고 있었다. 그러나 8월 9일에 대일참전을 했음에도 불구하고, 극동군총사령부는 그로부터 4일 후에 제88여단의 작전계획을 전면적으로 취소하고 말았다. 대기 상태가 계속되는 데에 당혹한 여단장 주바오중은 8월 24일 바실렙스키 총사령관에게 여단본부를 창춘으로 이동시킬 것을 건의했으나, 총사령관은 이미 새로운 임무를 준비하고 있었다. 총사령부 참모부 정찰부대장과 제2극동방면군 참모부 정찰부대 부(副)대장이 공동으로 입안하여 7월 6일에 바실렙스키에게 제안한 〈제88정찰여단의 규모와 빨치산 출신 중국인과 조선인의 이용계획〉이라는 제목의 보고서에 따르면, 제88특별여단의 조선인과 소련 국적 조선인 103명 중 47명을 북한의 각 도·시 위수사령부의 부사령관으로, 15명을 군정사령부와 위수사령부의 통역관으로, 37명을 지방의 자위대 및 기타 기관에 배속하도록 계획하고 있었다. 그러나 특히 흥미로운 점은 이 보고서가 제1대대장 김일성 대위를 평양시 위수사령부 부사령관에, 제2대대장 강건 대위를 청진시 위수사령부 부사령관에, 그리고 같은 대대 정치 부(副)대장 김책 대위를 함흥시 위수사령부 부사령관에 지명했다는 사실일 것이다. 같은

국일보사 편, 《증언: 김일성을 말한다》(서울: 한국일보사, 1991), pp. 53~56.

방식으로 중국인 여단장 주바오중 대령은 창춘시 부사령관, 제3대대 정치 부(副)대장 장서우첸(張壽錢) 소령은 하얼빈시 부사령관에 지명했다. 대일작전에 따른 정찰 임무에서 제외된 제88특별여단의 조선인 대원들에게 각지 위수사령부의 부사령관으로서 소련군의 점령을 보좌하는 정치공작 임무를 부여하려 했던 것이다. 43)

이후 사태는 신속하게 전개됐다. 제88특별여단 대원들을 만주와 북한으로 파견하는 계획이 작동하면서, 8월 25일에는 북조선에서 활동할 제2극동방면군 제88특별정찰여단 제1대대 명단으로 김일성 부대 60명의 이름이 제출됐다. 여기에는 김일성, 김일 등은 평양, 림춘추는 사리원, 오진우는 안주, 최현은 개성, 안길은 청진, 김책은 함흥으로 파견한다는 계획도 명시되어 있었다. 이들이 해방 후 북한에 파견된 이른바 '조선공작단'이다. 또한 8월 27일에는 특별여단 18명이 적기(赤旗) 훈장을 수여받았다. 명단 제1순위는 치린스키(T. N. Chirinski) 참모장, 제2순위는 저오바오중 여단장이었고, 김일성은 제5순위였다. 이후 미국 전함 미주리호 선상에서 항복문서가 서명되던 날, 즉 제2차 세계대전이 정식으로 종료된 9월 2일에 제88특별여단의 중국인 및 조선인 대원에게 마침내 출동 명령이 하달됐다. 김일성 부대가 출발한 것은 9월 5일이었다. 그 후 원산항에 도착할 때까지의 과정은 김일성이 회상한 대로일 것이다. 8월 9일 대일 선전포고로부터 9월 2일 귀국 명령까지 3주 이상, 그로부터 원산에 입항하기까지 또 2주 이상, 합하여 약 6주가 소요된 것이다. 어선을 개조한 소련 함정 푸가초프호는 제88

---

43) 김국후, 《평양의 소련군정》, pp. 53~55, 60; 沈志華, 《最後の'天朝'》, 上卷, pp. 65~71.

특별여단의 조선인 대원과 소련군 출신 조선인 약 70명을 태우고 추석(중추절) 전날인 9월 19일 오전에 조용히 원산에 입항했다. 소련군 위수사령부, 원산시 인민위원회 등에서 온 8명이 항구로 마중을 나왔다. 그중 한 사람이자 소련 군인으로서 청진 상륙작전에 참가하고 원산에 진주한 정률(정상진, 원산시 인민위원회 교육부차장)에 따르면, 김일성은 가슴에 적기훈장을 달고 배에서 내려 악수할 때 "김성주입니다"라고 이름을 밝혔다고 한다. 44)

김일성과 함께 귀국한 유격대원들의 회상기에 따르면 "장군을 태운 배는 동해의 파도를 헤치고 오로지 조국을 향해 쾌속으로 질주했다. 김일, 최현, 박성철, 오진우, 서철, 림춘추, 전문섭, 한익수, 박영순이 갑판에 나와 설레는 마음을 억누르면서 바다 저편에 조국의 모습을 그렸다"고 한다. 그 외에도 선상에는 김책, 안길, 최춘국, 류경수, 조정철, 이을설, 김일철 등이 있었다. 원산항에 상륙한 일행은 항구에서 가까운 국숫집의 2층에 숙소를 정했다. 다음 날이 추석이었기 때문에 씨름을 구경하거나 명절요리를 즐기기도 했다. 그러나 함경남북도와 철원으로 향하는 대원, 즉 김책, 안길, 최춘국, 류경수, 조정철 등은 추석을 열차에서 맞이해야 했다. 또한 평안남북도로 향한 김일성, 김일 등도 야간열차로 평양으로 향했다. 유격대원들의 회상기는 이것이 김일성의 작전인 양 묘사하였으나, 앞서 지적한 대로 하바롭스크를 출발하기 전 이미 각 위수사령부에 파견할 정찰대원 수에 이르기까지 상

---

44) 김국후, 《평양의 소련군정》, pp. 60~70; 沈志華, 《最後の'天朝'》, 上卷, p. 71. 정율은 승선자 수를 72명이라고 특정했다(김국후, 《평양의 카레이스키 엘리트들》, pp. 23~25, 36~37).

세한 지시가 내려와 있었다. 이 지시에 따르면 평양과 신의주에 4명, 청진, 혜산진, 강계, 함흥, 해주 등에 3명 등 합계 22개 시에 정찰대원 55명이 배치될 예정이었다. 그러나 당초부터 조선공작단에 속하지 않은 채 김일성과 별도로 행동한 대원들도 있었다. 강건(강신태)은 '백두산 동북부 예비대 부대장'으로서 "중국의 해방작전에 적극적으로 참가하여 프롤레타리아 국제주의의 모범"을 보였다고 한다. 그는 9월 5일 옌지를 향해 출발하여, 그곳에서 소련군 위수사령부의 부사령관으로서 정치공작에 종사했다. 또한 최용건은 9월 8일 저우바오중과 함께 비행기를 타고 창춘으로 향했다. 그는 옌안에서 파견한 중국공산당의 펑전(彭眞), 천원(陳雲), 우슈취안(伍修權) 등을 9월 18일 선양에서 맞이한 후, 평양을 향해 귀국길에 올랐다. 김광협은 8월 말에 이미 무단장 위수사령부에 부임해 있었다. 저우바오중은 이 조선인 대원들을 중국공산당 소속 항일연군의 일원으로 간주하고 있었던 것이다. [45]

(2) 정치공작자에서 '민족의 영웅'으로

원산시 위수사령관이 김일성 부대의 원산 도착을 알리자, 평양 소련군 사령부의 치스차코프는 곧바로 김일성을 평양으로 파견하도록 명령했

---

45) 金一・崔賢・朴成哲・吳振宇 ほか, 《チュチェの光のもと抗日革命20年》, 日本語版, 第5卷(平壤: 外國文出版社, 1986), pp. 112~113, 123~124; 沈志華, 《最後の'天朝'》, 上卷, p. 70; 김국후, 《평양의 소련군정》, pp. 68~69; "유성철의 증언", 한국일보 편, 《증언: 김일성을 말한다》(서울: 한국일보사, 1991), pp. 55~56; 和田, 《金日成と滿洲抗日戰爭》, pp. 337~344. 이에 따르면 림춘추는 강건과 동행했다.

다. 그로부터 수일 후, 김일성은 비서로 근무하던 소련계 조선인 문일의 안내를 받아 군복 차림으로 소련군 사령부를 방문했다. 시티코프는 레베데프에게 전화를 걸어 김일성을 "평양시 위수사령부 부사령관에 임명한 후 **지방순찰** 등 정치훈련을 시키도록" 지시했다. 레베데프는 처음에 김일성을 맞아 고급 자동차를 준 날을 회상하며 그때 나눈 대화는 한 가지뿐이었는데, 김일성이 북한에서 어떤 일을 할 것인가에 대한 내용이었다고 증언했다. 레베데프의 질문에 김일성은 "북조선에 공산당을 조직하고 싶다"고 분명히 말했다고 한다. 김일성을 위해 준비한 숙소는 레베데프의 숙소에서 50미터밖에 떨어져 있지 않았기 때문에 이후 두 사람은 매일같이 만나 가족 단위로 교류를 쌓아 갔다고 한다. 레베데프는 김일성이 마음에 들었는지 "대단히 유능하고 박력 있는 지휘관처럼 보였고 매우 쾌활한 용모가 인상적이었다", "일에 대한 이해가 매우 빠르고 상황에도 신속하게 익숙해졌다. 게다가 겸손하고 정중하며 교양이 있었다", "사려 깊은 인물이며 자신이 해야 할 일을 잘 알고 있었다" 등의 인물평을 남겼다. 46)

김일성이 북조선에 공산당을 조직하고 싶다고 말한 것은 그가 야심가였기 때문만이 아니다. 김일성의 대답은 그가 정세를 정확히 읽는 판단력을 가졌음을 보여 준다. 그때 레베데프는 "조선에는 이미 공산당이 있다. 서울에 당중앙 박헌영이 있고 북조선에서도 함흥의 오기섭 등이 공산당 활동을 하고 있다. 그러나 남조선에서처럼 활발하지 않다. 모

---

46) "レベジェフの証言", 饗庭孝典・NHK取材班, 《朝鮮戦争—分断38度線の眞實
を追う》(日本放送協會, 1990), pp. 116~117; "レベジェフ元ソ連軍少將會見
記", 〈産経新聞〉, 1992年 4月 14日; 김국후, 《평양의 소련군정》, pp. 74~76.

스크바의 소련공산당과 협의해 보겠다"고 대답했다고 한다. 김일성이 평양에 도착한 것이 9월 22일이었으므로 이러한 대화는 결코 부자연스럽지 않다. 오히려 3일 후인 9월 25일에 조선공산당 평안남도위원회가 자기비판을 하고 새로운 정치노선을 채택한 것에서 알 수 있듯, 레베데프로서도 북한에 독자적인 공산당을 조직하는 일은 중요한 과제였다. 물론 평양에 막 도착한 김일성이 평안남도위원회의 자기비판에 어떠한 영향을 주었다고는 보기 어렵다. 그러나 정치공작자로 등장한 김일성에게 그 일이 흔하지 않은 학습 기회였음은 틀림없다. 새로 나온《김일성 주석 혁명활동사》(2011년 판)는 "주석은 각지에 분산되어 활동하던 국내의 공산주의자와 만나 **통일적 당 창립의 방침**을 알리고 그들을 당 창립 위업의 실현으로 인도했다"고 한 뒤, 그 당시의 사정에 대해 "〔북한 내의〕 통일적인 당 창립에 있어서 평안남도 당위원회의 위치와 역할을 헤아리고, 1945년 9월 하순 도당(道黨)의 책임간부와 만나 우리에게는 당 창립 이외에 긴급을 요하는 과제가 없다고 지적하고 평안남도 당위원회의 활동방향을 제시했다"고 교묘히 표현했다.[47]

한편 레베데프의 지론도 "북조선에는 공산당이 필요하다", "서울의 당과 관계없이 북조선에 조직위원회를 만들지 않으면 안 된다. 나중에 하나로 한다고 해도 북조선에 **조직위원회**를 두자"는 것이었다. 로마넨코와 이그나티예프가 도착할 때까지 레베데프보다 더 가까이서 김일성의 정치공작에 협력한 사람은 제25군 정치장교 메클레르(I. G. Mekler) 중좌였다. 이후 김일성은 메클레르와 수석통역관 강미하일의

---

47) 김국후,《평양의 소련군정》, pp. 77~78; 朝鮮勞働黨中央委員會黨歷史硏究所,《金日成主席革命活動史》, 2011年版(日本語版, 平壤, 2012), p. 158.

직접적인 조력을 얻어, 군정 당국에 인정받는 정치공작자로서의 특권을 충분히 활용해 당 북조선조직위원회 결성에 나섰다. 김일성은 "평안남도를 비롯한 **각 지방의 당조직을 방문하여** 당 창립 준비"를 하고, 각지에 파견된 대원을 통해 "지방의 당조직을 정비하고 공장, 기업소와 농촌에 당세포를 조직"하거나 당 간부 양성을 위해 노농정치학교를 포함한 각종 간부 양성기관을 설립하기도 했다. 공산당 평안남도위원회에서는 당연히 코민테른 공작원이었던 김용범, 박정애와 긴밀하게 협력했을 것이다. 또한 김일성은 공산주의운동이 가장 활발했던 함흥, 흥남, 원산을 방문해 오기섭, 주영하, 정달헌, 이주하 등과 협의했을 것이다. 이렇게 하여 김일성이 평양에 도착한 지 2주 후, 즉 10월 5일에 각 지방대표가 모여 통일적인 당 창립을 위한 예비 회의를 평양에서 개최했다. 《조선노동당 역사교재》(1964년 판)에 따르면, 이 예비회의는 조선공산당 북조선조직위원회 창설 문제를 토의했다. 이에 반대하는 이들은 "저들의 추악한 본성을 드러내 놓으면서 소위 '서울 중앙'을 지지한다는 구실 밑에 북조선조직위원회의 창설을 반대하여 나섰으나 김일성 동지의 강력한 원칙적 투쟁에 의하여 종파분자들의 반항은 분쇄되였다"(옮긴이주: 이하 《조선노동당 역사교재》 인용문은 원문을 그대로 인용)고 한다. 48)

---

48) 레베데프는 '조직위원회'라는 말을 사용하여 그것을 '당'이라고 말했다. 중앙일보특별취재반, 《조선민주주의인민공화국》, 상권(중앙일보사, 1992), p. 113; 朝鮮勞働党中央委員會党歷史研究所, 《金日成主席革命活動史》, 1982年版(日本語版, 平壤: 外國文出版社, 1983), pp. 160~161; 조선노동당 중앙위원회 직속 당역사연구소, 《조선노동당 역사교재》(평양: 조선노동당출판사, 1964), pp. 130~131. 《조선노동당 역사교재》에서는 '조선공산당 북조선조직위원회'라고 표현했으나 《김일성 주석 혁명활동사》에서는 '북조선 공산당 중앙조직위원회'로 표기했다.

그 결과 10월 13일에는 서북5도 당책임자 및 열성자대회가 개최돼 북조선조직위원회는 조선공산당 북부조선분국이라는 이름으로 창설됐다. 앞서 살펴본 대로 〈정로〉와 〈해방일보〉는 서북5도 당대회가 10월 13일에 개최되었다고 보도했다. 당시 발행된 일지와 연감도 대회가 그날 하루 안에 종료되었다고 기록했다. 무엇보다도 대회 의사록이 존재한다. 그러나 그로부터 13년 후인 1958년에 갑자기 북한 당국은 조선노동당 창건기념일을 10월 10일로 확정하고, 지금까지 이날에 기념행사를 거행하고 있다. 이 때문에《조선노동당 역사교재》는 회의 일정을 4일간으로 확대해서 "1945년 10월 10일부터 10월 13일에 걸쳐 조선공산당 북조선조직위원회 창설을 위한 북조선 5도 당책임자 및 열성자대회가 소집되었다"고 기술했을 것이다. 또한 백봉의《김일성전》제2권에 따르면 그 대회에는 대표 70여 명이 참가했는데, 그 구성은 극히 복잡하였고 "일찍이 일본제국주의와 최후까지 굴하지 않고 싸워 온 견실한 혁명가와 선진적인 노동자 출신의 당 열성자"뿐 아니라, "역으로 조선혁명과 노동운동에 커다란 해악을 끼친 분파분자, 지방할거주의자"도 적지 않게 참가했다. 그 때문에 조선공산당 북조선조직위원회 창설은 '심각한 사상투쟁'을 거쳐야 했다. 그러나 김일성은 "수차례에 걸친 발언과 개인적인 설득"을 통해 반대파를 누르고 대회를 성공적으로 끝냈다. 더욱이 이 대회에서 김일성은 좌경 및 우경적인 견해에 철저히 반대하고 "로동계급이 령도하는 반제 반봉건적 민주혁명, 인민 민주주의혁명을 위한 정치로선"(《조선노동당 역사교재》)을 제시했다. 이를 구체화한 것이 민주주의인민공화국 건립을 위한 **4대 당면과업**이었고,

김일성,《세기와 더불어》, 제8권, p. 483.

이는 "김일성 동지의 **민주기지로선**과 불가분적으로 결합되어 있었다" (《조선노동당 역사교재》)고 한다. 다만 앞서 지적한 것처럼 당시 김일성은 여전히 김영환이라는 이름을 쓰고 있었을 것이다. 49)

한편 다음 날 오후 1시부터 개최된 '평양시 민중대회'의 주인공은 바로 김일성이었다. 평양시 공설경기장에 군중을 7만 명을 모아 개최한 소련군 환영 평양시 민중대회는 김일성 장군의 등장이 예고되었기 때문에 실질적으로 김일성 장군 환영대회로 바뀌어 있었다. 이는 10월 20일 서울 미군정청 앞에서 거행된 연합군 환영회가 실질적으로는 이승만 환영식이 된 것과 비슷했다. 서울의 환영식은 서울시민이 주최하고 실제로는 한국민주당을 중심으로 한 보수세력이 운영했으나, 평양

---

49) 〈정로〉, 1945년 11월 1일; 〈해방일보〉, 1945년 11월 5일; 《해방 후 4년간의 국내외 중요일지》, p. 11; 《조선중앙년감 국내편 1949》, p. 233; 《조선노동당 역사교재》, pp. 131~132; 白峰, 《金日成伝》, 第 2巻(日本語版, 雄山閣, 1969), pp. 25~30; 강성윤, "조선노동당 창건사에 대한 역사적 재고찰", 〈통일문제연구〉, 통권 39호(서울: 평화문제연구소, 2003), pp. 51~75. 《인민정권 수립과 당의 공고화를 위한 조선노동당의 투쟁》, p. 21은 회의명과 일시를 명확히 하지 않고 "1945년 10월 혁명적 당 창건을 위한 회의가 평양에서 소집됐다. 회의에서는 김일성 동지로부터 조직 문제에 관한 보고를 청취, 토의하고 **미리 김일성 동지가 제시한 당의 정치노선과 조직노선**의 정당성을 모두가 확증하고 조선공산당 북조선조직위원회를 창설하는 것을 결정했다. 이어 회의에서는 당 중앙기관을 선출했다"고 기술했다. 여기에 시사된 "미리 김일성 동지가 제시한 당의 정치노선과 조직노선"이 약 20년 후에 당 창건대회에서 김일성의 보고 "우리나라에 있어서 마르크스·레닌주의 당의 건설과 당의 당면 임무에 대하여"(10월 10일) 라는 제목으로 조선노동당중앙위원회, 《김일성 저작집》, 제 1권(평양: 조선노동당출판사, 1979), pp. 304~328에 수록되었다. '4대 당면과업'도 여기에 포함됐다. 그 모든 의사일정을 하루(10월 13일) 만에 마치는 것은 불가능하다. 당 중앙기관 선출을 언급하면서 그 내용을 소개하지 않은 것도 흥미롭다.

의 환영식은 평안남도 인민정치위원회가 주최하고 실제로는 메클레르와 강미하일 등 소련군 민정부와 공산당 평안남도위원회가 준비했다. 소련군 사령부의 치스차코프, 레베데프, 로마넨코 등 최고 간부가 단상에 올랐고, 김용범의 사회로 조만식도 연설했다. 김일성은 이 행사가 김용범 등이 야단스럽게 준비한 행사였다고 겸허하게 회고했다. 그러나 이때 레베데프와 로마넨코는 북조선에 부르주아 민주정권을 확립하기 위해서는 북조선조직위원회를 설치하는 것만으로 충분하지 않다는 결론에 도달해 있었을 것이다. 조만식과 협력하여 반일 민주주의 정당과 조직의 광범위한 연합을 북한에 조직하는 일은 불가능했고, 박헌영은 서울에 머물며 조선인민공화국 수립과 미군정부와의 주권 논쟁에 열중했다. 따라서 조선 북부에서는 김일성을 '민족의 영웅'으로 옹립해야만 했던 것이다. 어찌됐든 레베데프, 조만식에 이어 "10여만 군중의 뜨거운 열기와 환호를 한 몸에 받으며" 등장했을 때, 김일성은 "일생에서 가장 행복한 순간"을 체험했다. 그것은 영웅의 탄생을 촉진하기 위한 이데올로기 장치가 작동하는 순간이었다. [50]

---

50) 《해방전후 4년간의 국내외 중요일지》, p. 11; "조선인민의 민족적 영웅 김일성 장군 입성", 《조선중앙연감 국내편 1949》, pp. 62~63; "금수강산을 진동시킨 10만의 환호, 위대한 애국자 김일성 장군도 참가, 평양시 민중대회 성황", 〈평양민보〉, 창간호, 1945년 10월 15일〔한재덕, 《김일성 장군 개선기》(민주조선사, 1947), pp. 99~102〕; 중앙일보특별취재반, 《조선민주주의인민공화국》, 상권, pp. 84~90; 김일성, 《세기와 더불어》, 제8권, pp. 483~484. 물론 그 이데올로기 장치는 간단히 작동한 것이 아니다. 레베데프에 따르면 너무 젊은 김일성 장군을 본 군중의 일부가 '가짜'라고 떠들기 시작했기 때문이다. 그러한 의문을 해소하기 위해서 메클레르와 강미하일이 김일성의 '고향 방문'을 연출했다(김국후, 《평양의 소련군정》, p. 82).

그렇다고는 해도 항일무장투쟁으로 시작하여 소련 극동군 정찰요원으로서 훈련을 쌓은 김일성에게도, 또한 최용건, 김책, 안길 등에게도 새로운 국가의 건설과 운영은 완전히 미지의 분야였다. 비록 소련군 민정부의 지원이 있다고는 해도 풍부한 경험을 가진 조선계 러시아인 혹은 소련 거주 조선인 그룹의 귀국 없이는 불가능했을 것이다. 8월 말에서 9월 초에 제25군 민정요원과 함께 도착한 제1진에 이어, 마치 소련군 민정부와 5도 행정국 발족에 맞춘 듯이 우즈베키스탄을 출발한 제2진 56명이 10월 초순에 평양에 도착했다. 12월 중순에도 김일성이 당권력을 장악하도록 지원하려는 듯 우즈베키스탄과 카자흐스탄에서 모은 제3진 약 60명이 평양에 도착했다. 소련군정 당국은 평양에 도착한 이들에게 김일성을 지도자로 옹립하려는 당국의 의사를 알렸다. 특히 제3진에는 허가이(조선노동당 부위원장), 방학세(내무상), 박의완(부수상, 국가건설위원장), 김승화(건설상) 등 이후 조선노동당, 각종 행정기관, 군대, 사법, 선전 등의 중요기관에서 책임자나 부상(차관)을 맡을 인재가 많았다. 또한 김재욱(평안남도 당위원장), 허빈(평안북도 당위원장), 김열(함경남도 당위원장), 김영수(함경북도 인민위원회 위원장) 등 지방 당위원장과 인민위원회 위원장을 지낸 인물도 적지 않았다. 이 집단의 총수였던 허가이는 우즈베키스탄공화국 타슈켄트주 지구당위원회 서기로 활동하다가 전출되어 왔는데, 북한에서 당 사업 체계화와 행정기관 제도화를 선두에서 지도했기 때문에 김일성 정권의 조산부 중 한 명이었다 해도 과언이 아니다. 다음 해 8월에 도착한 제4진 36명 중에는 남일(외상) 등이 포함되어 있었다. 51)

---

51) 김국후, 《평양의 카레이스키 엘리트들》, pp. 38~46, 54~58; 林隱, 《北朝鮮王

5. 김일성의 리더십

(1) 반일 민주주의 민족통일전선

김일성이 평양에 도착하기까지의 과정으로 판단하면, 소련군 당국이 처음부터 김일성을 북한의 가장 유력한 지도자로 옹립하려 했다고는 보기 어렵다. 사실 김일성은 이승만처럼 미군기로 도착한 것도 아니었고, 도착했을 때 대대적으로 기자회견을 열지도 않았다. 유격대원들과 개선행진을 하지도 않았다. 그는 북한 내에 확실한 정치적 기반이 없는 상태에서 소련군의 점령행정을 보좌하기 위한 정치공작자로서 귀국하여, 나중에 소련군의 권위를 배경으로 유력한 정치지도자가 되었다. 김일성에게 행운이었던 것은 9월 22일이라는 평양 도착 시점이었다. 북한에 진주한 지 약 1개월이 경과되고 스탈린으로부터 초기 점령지령이 도착했는데도 불구하고, 소련군 당국은 아직 신뢰할 만한 유능한 현지 공산주의 지도자를 찾지 못하고 있었다. 가장 유력한 지도자이자 조선공산당 총서기인 박헌영은 서울에서 전국적인 혁명운동과 건국운동에 몰두하고 있었고, 평안남도 당위원장이자 조만식 등 민족주의세력과 연대한 현준혁은 9월 초순에 암살당하고 말았다. 함경남도의 오기

朝成立秘史》, pp. 138~140; Dae-Sook Suh, *Korean Communism, 1945~1980: A Reference Guide to the Political System* (Honolulu: University Press of Hawaii, 1981), pp. 282~291, 448~449. 그 후에도 몇몇 그룹이 도착하여 1949년 1월까지 그 수는 총 427명에 달했다고 한다. 다만, 소련군 철수 후에도 북한에 잔류하여 북한 정치에 참가한 사람은 50명도 되지 않았다(林隱, 《北朝鮮王朝成立秘史》, pp. 138~139).

섭은 김일성의 라이벌로 꼽히는 유력한 지도자였으나, 지방 공산주의자 대표에 지나지 않았다. 바꿔 말하면 치스차코프도 레베데프도 로마넨코의 도착을 기다리며 스탈린의 지령을 수행할 수 있는 지도체제를 구축하려고 했다. 그 시점에 김일성이 귀국했던 것이다. 결과적으로 보아 군정 당국은 북한 내에 김일성 이상으로 신뢰할 수 있는 유능한 조선인 지도자를 발견하지 못했다. 혹은 젊고 야심만만하며 과거 조선 공산주의운동과는 무관하고 소련군에게만 충성을 서약하는 김일성에게서 '새로운 피'를 발견했을 것이다. 게다가 김일성에게는 칭송받을 만한 항일무장투쟁 경력이 있었다. 가명으로 활동했던 김일성이 소련군 환영 민중대회에서 민족의 영웅으로 데뷔한 것은 평양에 도착한 지 겨우 22일째의 일이었다. [52)

　평양의 위수사령부에 부임한 김일성 대위를 처음에 맞이한 것은 제25군 군사회의 위원인 레베데프였다. 민정부 설치 후에 김일성은 로마넨코와 이그나티예프와 협의하면서 자신의 정치적 입장을 확고히 해나갔다. 당시 정치상황에서 소련군정 당국이 김일성에게 요구한 내용은 소련군 점령지역에 부르주아 민주주의 정권을 확립하기 위해 ① 북한 내에 반일 민족통일전선을 결성하고, ② 남한에서 독립한 공산당을 조직하라는 것이었음에 틀림없다. 그러한 목표를 향해 전진함으로써 김일성은 군정 당국의 신뢰를 획득하고 북한의 정치지도자로서 지위를 공고히 했던 것이다. 한편 북한의 지방 공산주의자들은 반일 민주주의 민족통일전선의 중요성을 정확히 이해하지 못한 채 급진적 토지강령을 내걸었고, 서울의 조선공산당 중앙위원회에 충성을 맹세하고 있었다.

---

52) Suh, *The Korean Communist Movement*, p. 313.

그러한 혼란 속에서 10월 14일 소련군 환영 민중대회 이후, 소련군정 당국과 김일성의 사이에 모종의 상호의존관계가 발생했다. 서대숙은 이그나티예프야말로 북한의 소비에트 체제를 실질적으로 구축한 인물이자 김일성을 권좌에 앉히고 유지한 중심인물이었다고 강조했다.[53]

김일성이 두 정치노선 중에서 전자, 즉 반일 민족통일전선을 기초로 하여 부르주아 민주주의 정권의 수립에 매우 충실했다는 점은 몇 안 되는 당시의 문헌에서도 충분히 확인할 수 있다. 예를 들면 서북5도 당책임자 및 열성자대회가 조선공산당 북부조선분국 설치를 결정한 10월 13일 밤에 김일성은 소련군 장성들과 함께 평양 시내 평화회관을 방문해 평안남도 인민정치위원회 주최 환영간담회에 참석했다. 그는 그 자리에서 김용범, 이주연, 김광진의 권유를 받고 "앞으로는 무엇보다도 일제를 완전히 몰아내고 친일파와 민족반역자를 제외한 각파, 각층의 인민이 통일단결하여 민주주의 국가, 완전한 국가를 건설하기 위해 힘을 모으자"고 인사했다. 또한 평안남도 인민정치위원회는 10월 18일에도 평양 시내 대동관으로 김일성의 가족, 친척, 새로운 친구 수십 명을 초대하여 소련군 대표와 평양 시내의 각계 대표 백수십 명과 함께 김일성 장군 환영회를 겸한 가족위안회를 열었는데, 그곳에서도 김일성은 "새로운 민주주의 국가 건설이 우리들의 과제이다"라고 지적하고 "우리는 진정으로 나라를 사랑하고 진정한 민주주의적 입장에 서서 전 민족을 굳게 통일하는 민주주의 민족통일전선을 수립하지 않으면 안 된다. 우리에게는 통일된 유일전선이 없다. 우리의 민주건국 의욕을 한 곳으로 모으기 위해서 우리는 민주주의 통일전선을 갖지 않으면 안 된다"고

---

53) Suh, *Kim Il Sung*, p. 63.

강조했다. 54)

10월 14일 평양시 민중대회에서 한 김일성의 연설에서도 비슷한 발언을 확인할 수 있다. 당시 평양 시내 노동조합, 농민단체, 부인단체, 기타 각 학교에서 모여든 학생 등 민중이 7만 명 혹은 10만 명이었다고 하며 태극기와 소련 국기를 번갈아 내건 특설연단의 중앙에는 치스차코프, 레베데프, 로마넨코, 조만식, 그리고 공산당을 포함한 각 단체 대표가 늘어앉아 있었다. 평양방송은 민중대회의 상황을 해방 후 처음으로 실황중계하였고, 미국의 '외국방송 정보서비스'(FBIS) 도 이를 수신했다. 소련 국가와 애국가가 연주되면서 숙연해졌을 때, 먼저 레베데프가 등단하여 소련군 진주의 의의와 진의를 설명하고 조선 해방을 축하하며 조선인민을 격려했다. 이어서 주최자인 조만식이 연설한 후, 김일성이 처음으로 공개석상에 등장했다. 김일성은 항일무장투쟁 경력을 언급하지 않고, 이데올로기 냄새가 나지 않는 짧은 연설로 소련 군대에 감사하고 민족의 대동단결을 호소했다. 그 핵심은 "우리의 해방과 자유를 위하여 싸운 붉은 군대에게 진심으로 감사를 드린다. 36년간 우리를 압박하던 일본제국주의는 쏘련을 비롯한 연합국에게 멸망을 당하였다. … 조선 민족은 이제부터 새 민주조선 건설에 힘을 합하여 나아가야겠다. 어떠한 당파나 개인만으로 이 위대한 사명을 완수할 수는 없는 것이다. 로력(勞力) 을 가진 자는 로력으로, 지식이 있는 자는 지식으로, 돈 있는 자는 돈으로, 참으로 나라를 사랑하고 민주를 사랑하

54) "조선해방을 위한 혈투 20년, 민주 건국을 말하는 김일성 장군", 〈평양민보〉, 1945
   년 10월 15일, 16일 (한재덕, 《김일성 장군 개선기》, pp. 93~98) ; "산업을 급속하
   게 회복, 통일적 전선을 수립", 〈평양민보〉, 1945년 10월 20일 (한재덕, 《김일성
   장군 개선기》, pp. 104~110) ; 《조선중앙년감 국내편 1949》, pp. 63~64.

는 전 민족이 완전히 대동단결하여 민주주의 자주독립국가를 건설하자! 조선독립만세! 쏘련 군대와 쓰딸린〔스탈린〕대원수 만세! 조선 민족의 굳은 단결 만세!"(옮긴이주:《조선중앙연감》에서 원문 그대로 인용)라는 내용이었다. 그로부터 약 3년 후 북한에 수립된 국가가 '조선민주주의인민공화국'이라고 명명된 것은 결코 우연이 아니었다.[55]

그런데 김일성의 반일 민주주의 민족통일전선론은 소련군정 당국에게 충성을 증명하기 위한 것만이 아니라, 정치논쟁에서 국내 공산주의자들에게 승리하기 위한 이데올로기적 무기이기도 했다. 흥미롭게도 김일성은 원산에 입항한 날에 원산시 당위원회를 방문하거나 노동조합 활동가와 만나 의견을 교환하기도 했다는 기록이 있다. 원산시 당위원회에서 조선공산당 중앙위원회와도 긴밀한 관계가 있는 이주하도 만났다고 한다. 그러나 김일성이 얻은 전체적인 인상은 "국내의 어느 당파나 어느 조직도 인민들에게 똑똑한 건국로선을 제시하지 못하고 있다"(《세기와 더불어》)는 것이었다. 어떤 당 활동가는 소비에트를 꿈꾸며 사회주의혁명을 당장 해야 한다고 주장했고, 원산시 당청사의 벽에는 "공산주의 기치 아래 프롤레타리아트는 단결하라!"는 슬로건이 걸려 있었다. 이를 본 김일성은 "당신들은 로동계급의 힘만으로 새 조국 건설을 하려 하는가"라고 물었는데, "로동계급밖에 믿을 것이 있습니까"라는 대답을 들었다고 한다. 원산시 당 활동가와는 저녁식사 전후까지 대화를 나눴는데, 그날 김일성은 "우리나라에 세워질 정권 형태는 민주주

---

55) 〈평양민보〉, 1945년 10월 15일; 오영진,《하나의 증언》, pp. 140~144;《조만식 전기》, pp. 288~291.《조선중앙년감》에 수록된 연설의 핵심은 〈평양민보〉의 기사를 전재한 것이지만 미묘하게 수정되었다(《조선중앙년감 국내편 1949》, p. 63).

의인민공화국으로 되여야 한다"(는 주장을 피력했다고 기록되어 있다. 김일성은 이주하 등의 당 활동가를 만나 보고 "8·15 해방 후 즉시 건당, 건국, 건군의 3대 과업을 내용으로 하는 새 조선 건설의 리정표를 작성" 해서 귀국한 것이 매우 정당한 일이었다고 회상했다. 물론 이런 기술이 사실(史實)인지는 의심스럽다. 그럼에도 불구하고 이는 김일성이 지방 공산주의자의 주장을 좌경적인 급진주의이자 건국노선의 부재라는 관점에서 이해했다는 점을 보여 준다. 김일성이 굳이 이주하의 이름을 거론한 것도 그에 대한 비판이었다. 56)

되돌아보면 김일성이 항일무장투쟁에 참가한 1930년대에도 조선에서는 전국적인 공산당 조직을 재건하려는 노력이 계속되었다. 1940년대 초에도 박헌영과 권오직 등이 콤그룹 결성을 위해 지하활동을 했다. 그러나 그와 병행해서, 제각각 단명하긴 했으나 특정 목적을 가진 지역적 활동도 활발하고 광범위하게 전개됐다. 남한에서는 이승엽이 부산 및 그 주변에서 볼셰비키 모임을 조직하거나 현준혁이 대구사범학교에서 반전공작을 실행하기도 했다. 평양에서는 주영하, 김용범, 박정애 등이 군수공장에서 일하는 노동자를 조직하여 적노회(赤勞會)를 조직했고 함경남북도에서는 오기섭이 공산청년회를 부활시키기도 했다. 북한에 귀국한 후 김일성이 직면한 것은 이주하를 비롯한 이들 지방 공산주의자들의 저항이었다. 평양에 부임한 김일성은 소련군정 당국의 지지를 배경으로 평안남도 당위원회에 소속된 김용범, 박정애, 장순

---

56) 김일성, 《세기와 더불어》, 제 8권, pp. 475~477. 김일성이 해방 후 곧바로 제시한 '신조선 건설의 이정표'는 《김일성 저작집》, 제 1권에 수록된 "해방된 조국에서의 당, 국가 및 무력건설에 대하여"(1945년 8월 20일)을 가리키는 듯하다. 이것도 역사의 복원이다.

명, 주영하, 장시우, 이주연 등의 협력을 얻었을 것이다. 북한에서 김일성의 최대 라이벌이던 오기섭은 1925년 2월 고려공산청년회에, 다음 해 3월 제2차 조선공산당에 가입하여 8월에 검거됐다. 1930~1932년에 모스크바 동방근로자공산대학에서 배우고 귀국한 후 직업혁명가로서 고려공산청년회 재건에 종사하였으나, 체포되어 징역 6년을 선고받았다. 신의주감옥에서 해방을 맞았는데, 석방되자 곧바로 함흥에서 공산당 조직 재건에 착수했다. 함흥, 흥남과 함경남북도를 중심으로 정달헌, 이봉주, 김채룡 등과 연대해서 공산주의활동을 재개했다. 또한 원산과 강원도 지역에서는 이주하, 해주와 황해남북도 지역에서는 김덕영, 송봉욱이 활약했다. 김일성과 함께 원산에 입항하여 함경남도에 파견된 김책은 북한에 통일적 공산당을 설치하기 위해 공작했으나, "하나의 국가에 두 개의 공산당은 있을 수 없다"는 오기섭의 주장 앞에서 아무것도 할 수 없었다.[57]

그러나 김일성은 오기섭의 주장을 정면으로 반론했던 것 같다. 그로부터 2년 후 1947년 8월 북조선노동당 창립 1주년 기념일을 맞아 김일성 자신이 당시를 회상하며 "1945년 8 · 15 해방 직후 우리 당의 전신인 **공산당 북조선분국을 창건할 때**, 우리 당의 기본적인 정치주장이 확립됐다. 그때 이미 우리 당은 조선에 민주주의적인 인민공화국을 건립하기 위해 투쟁하는 것을 전 조선인민, 그리고 당의 기본적 임무로 제출했다"고 지적하고, 당면한 과업에 대해 이하 4가지 항목을 내걸었다고 주장했다(옮긴이주: 4개항은 〈로동신문〉에서 원문 그대로 인용).[58]

57) Suh, *Korean Communist Movement*, pp. 189~199; 김창순, 《북한15년사》, pp. 90~94; 안문숙, 《오기섭 평전》(전북대 출판문화원, 2013), pp. 13~18.

① 광대한 **민주주의 민족통일전선**을 전개하야 애국적이고 민주주의적인 각당 각파와의 통일전선을 전개하야 광대한 민주주의적인 력량을 집결하야 우리 민족의 완전자주독립을 보장하는 **민주주의인민공화국**을 건립하기에 노력할 것이다.

② 민주주의적 건국사업의 제일 장애물인 일본제국주의의 잔재세력과 국제파시쓰트 주구들을 청산하야 우리 민족의 민주주의 발전을 순리롭게 할 것이다.

③ **전 조선의 통일적인 민주주의 림시정부를** 수립하기 위하야 우리는 위선 각 지방에 인민의 진정한 정권인 인민위원회를 조직하며 **민주주의적 모든 개혁을 실시하야** 인민의 생활을 향상하며 일제가 파괴하고 간 모든 공장 기업소들을 복구하며 철도운수를 회복하야 민주주의 독립국가 건설의 기본토대를 닦을 것이다.

④ 이와 같은 임무와 과업을 달성하기 위하야 우리는 자기의 당을 더욱 확대 강화하며 당 주위에 광대한 군중들을 단결하기 위하야 각층 각계 군중을 조직하는 사회단체들을 강력히 추진할 것을 주장하였다.

여기에서 소개한 네 개의 당면과업은 그로부터 약 30년 후 《김일성 저작집》제 1권에 대폭 살을 붙인 형태로 수록되어 10월 10일의 김일성 보고 〈우리나라에 있어서 마르크스·레닌주의 당의 건설과 당의 당면과업에 대해서〉의 일부분을 구성했다. 그러나 제 1항과 제 2항은 차치하더라도, 제 3항이 제시한 전 조선의 통일적 민주주의 임시정부 수립은 1945년 12월 미·영·소 외상회의에서 합의한 모스크바협정의 한

---

58) 김일성, "창립1주년을 맞은 북조선노동당", 〈로동신문〉, 1947년 8월 28일. 이는 '4대 당면과업'의 첫 등장으로 보인다.

반도 관련 내용을 앞선 것이었다. 서북5도 당책임자 및 열성자대회에서 보고된 내용 중 일부였다고 하더라도 쉽게 믿을 수 없다. 4대 당면과업의 내용은 아마도 10월 서북5도 당대회부터 이 연설을 한 1947년 8월 사이에 단계적으로 형성되었을 것이다. [59)]

다만 네 개의 당면과업이 모두 사후 정당화의 산물이었다거나, 소련 군정 당국의 정책을 대변하는 것이었다고 주장한다면, 이는 공정하지 못하다. 서북5도 당대회가 개최된 10월 중순까지 김일성이 '민족 대동단결'과 '민주주의적 자주독립국가'를 반복해 강조한 것은 사실이고, 그 무렵 김일성은 이미 '반일 민족통일전선론'을 자기 나름대로 소화하여 한반도의 현실에 적용할 만한 이론적 수준에 도달해 있었다고 생각되기 때문이다. 그뿐 아니라 김일성의 반일 민족통일전선론에는 중국의 항일 민족통일전선론에서 받은 영향이 농후했다. 예를 들면, 이 시기에 발표된 것으로 보이는 〈민족 대동단결에 대하여〉라는 제목의 담화 중에서 김일성은 유럽의 반파쇼 '인민유일전선'과 식민지화의 위험 때문에 제국주의에 반대한 동양의 '민족통일전선'이 형태상으로 어떻게 다른지 차이를 지적하면서 중국의 항일 민족통일전선(국공합작) 경험을 조선의 현 상황에 적용해야 할 모델로 간주했다. [60)]

담화 중에서 김일성은 제2차 국공합작을 위해 중국공산당은 **자신의의 토지강령을 포기**하고 홍군을 국민혁명군이라고 개칭했을 뿐만 아니라, 일본제국주의를 중국에서 몰아낸 후에도 민족통일전선을 유지하

---

59) 《김일성 저작집》, 제1권, pp. 318~328.
60) 김일성 술(述), 《민족 대동단결에 대하여》(조선공산당 청진시위원회, 1946), pp. 1~19.

여 '삼민주의적 공화국'을 건설하자고 주장하고 있는 데에 주의를 환기시켰다. 사실 10월 14일 평양시 민중대회에서의 연설에서도 중국공산당이 항일 민족통일전선 결성을 호소한 8·1선언(1935년)에서 인용한 듯한 구절("돈 있는 사람은 돈을…. ")이 존재했다. 또한 김일성이 제1차 국공합작 실패 후 천두슈(陳獨秀)의 우경적 오류를 지적하고, 마오쩌둥(毛澤東)의 '신민주주의론'을 언급하면서 "무산계급의 독자성과 공산당의 독립성"을 잊으면 안 된다고 경고했던 점도 주목된다. 김일성은 한반도에 수립되어야 할 정부의 형태가 "조선적이고 진보적인 **신민주주의적 정부**"라며 중국 혁명이론 특유의 표현으로 말하고는 "중국공산당은 가장 민주적이었기에 민중이 따랐다"고 결론지었다. 한편 국내 공산주의자와의 논쟁이라는 관점에서 흥미로운 점은 김일성이 제2차 세계대전을 계급해방전쟁이라고 규정한 이영·최익한 등의 견해를 비판했을 뿐만 아니라, "(지주의) 토지를 몰수해서 농민에게 준다"는 슬로건을 부정하고, "**일본인 앞잡이**의 토지를 몰수하여 농민에게 준다"는 슬로건을 긍정했던 사실이다. 앞서 살펴본 대로 이는 박헌영의 8월 테제나 9월 테제에 대한 비판이기도 했다. 또한 나중에 비판받는 것처럼 박헌영은 "미제의 충복 리승만을 대통령으로 하는 '인민공화국', 즉 친미적인 부르죠아 공화국을 수립할 것을 주장"(옮긴이주: 〈정로〉에서 원문 그대로 인용)하는 '우경 투항주의'적인 잘못을 범하고 있었다. 그런 관점에서 본다면, 10월 말 이후에 전개된 박헌영의 민족통일전선론에는 김일성과의 사이에서 전개된 이데올로기 논쟁이라는 측면이 있었을지도 모른다. 61)

---

61) 위의 책, pp. 6~19; 《조선노동당 역사교재》, p. 131. 10월 30일에 집필한 박헌영

(2) 조만식과 조선민주당에 대한 대응

9월 초에 조만식에게 협력적이었던 현준혁 조선공산당 평안남도위원장이 암살되는 일도 있었기 때문에, 평안남도 인민정치위원회 내에서는 공산주의자와 민족주의자의 대립이 점점 격화돼 갔다. 또한 당초에는 15 대 15였던 양자 간 세력균형도 점차 움직였는데, 민족주의 인사로 간주되었던 사람이 공산주의를 지지하거나, 민족주의 측 결석이 증가하면서 점점 공산주의 측에 유리해졌다. 양 세력이 대립한 최대 쟁점은 소작료와 토지 문제였는데, 양자의 갈등은 일찌감치 9월 12일에 정점에 달했다. 공산주의 측은 테이블 위에 권총을 놓고 논의하는 위압적 태도를 취했다고 한다. 그해 가을의 수확에 대해 민족주의 측은 지주와 소작인의 배분을 3 대 7 (3·7제) 로 나누자고 주장했으나, 공산주의 측은 소작인이 전부 받아가는 것 (전수) 을 요구했다. 또한 공산주의 측은 민족주의 측의 반대에도 불구하고 토지몰수까지 논의하기 시작했다. 민족주의 측의 한근조가 중국의 사례와 소련군 사령부의 방침을 제시하며 재산권 존중을 요구하자 공산주의 측의 김용범은 "한 위원의 이야기를 들어보면 아직 친일의 잔재가 있는 것 같다"고 비난했다. 이에 격노한 조만식이 "총이 아니라 대포를 갖고 와도 무섭지 않다"고 내뱉고는 위원회 자리를 박차고 나가 버렸다. 당황한 공산주의 측은 구수회의를 거듭하여 소련군 사령부에 보고했으나, 사령부의 정치장교는 민족

의 서명이 들어간 논문 "민족통일전선 결성에 대하여"는 11월 5일 자 〈해방일보〉에 게재되었을 뿐 아니라, 11월 14일 자 〈정로〉에도 게재됐다 (〈정로〉, 1945년 11월 14일).

주의 측 주장을 인정하고 "앞으로는 조만식의 의견에 복종하라"고 질책했다고 한다. 그해 가을의 수확은 3·7제에 따라 분배하게 되었다. 62)

여기서 흥미로운 점은 아마도 서울에 있는 조선공산당 중앙위원회의 견해를 반영한 평안남도의 지방 공산주의자가 소련군 사령부보다도 좌경적인 주장을 전개했다는 것이다. 앞서 살펴보았듯이, 그러한 경향이 9월 25일 개최된 평안남도 당위원회 제4차 확대집행위원회에서 비판받은 것이다. 사실 공산당 북부조선분국 성립 후, 10월 16일 당분국 중앙 제1회 확대집행위원회에서 채택된 〈토지문제결정서〉는 "일본 제국주의자의 토지 및 친일적이고 반동적인 조선인 지주의 토지를 모두 몰수하여 농민에게 나눠 주고 그 노동력으로 경작시킨다"고 규정했으나, 친일적이고 반동적인 지주의 정의는 상당히 느슨했다. 즉, 정의를 "한일합방에 공헌한 매국노 및 그 후계자"와 "일본제국주의의 강도적 시설〔총독부 행정기관을 뜻하는 듯〕에 악질적으로 협력한 자 및 일본의 침략주의전쟁에 직접·간접으로 협력한 자"로 한정했으며, "공식적으로 관공리(官公吏)에 임명되었더라도 근린 주민 및 소작인에 의해 자신의 본의가 아니었다는 사실이 증명된 경우에는" 비친일가(非親日家)로 분류해 토지소유권을 인정했다. 더욱이 비친일 조선인 지주의 토지 소작료에 대해서는 지주가 3할을 받되, 조세는 지주가 지방정권에 납부(3·7제)하도록 명시했다. 스탈린의 기본지령이 요구한 것처럼 여기에서도 반일 민주주의 정당이나 조직의 광범위한 연합 형성을 우선한 것이다. 또한 흥미롭게도 이 〈토지문제결정서〉는 북조선공산당 중앙조직위원회 제1차 확대집행위원회(10월 17일)에서 채택된 것으로서 《김일

---

62) 오영진, 《하나의 증언》, pp. 122~123; 한근조, 《고당 조만식》, pp. 386~389.

성 저작집》에 수록되어 있다. 즉, 김일성이 결정서 작성에 직접적으로 관여했다는 의미다. 그렇다면 이 문제를 둘러싼 논쟁에서 김일성은 김용범 등 지방 공산주의자들의 주장을 누르고 조만식의 신뢰를 얻으려 했는지도 모른다. 63)

가장 중요한 민족적 지도자로 대두한 조만식과 김일성은 메클레르 중좌의 중개로 9월 30일 일본 요정(料亭)에서 처음으로 회담했다. 김일성이 평양에 도착한 지 8일째였다. 연회 장면을 전하는 사진 몇 장에서 엿볼 수 있는 것은 조선식 두루마기를 입고 흰 수건을 두른 조만식과 3점 세트 양복(옮긴이주: 웃옷, 바지, 조끼)에 넥타이를 맨 청년 김일성이 메클레르를 사이에 두고 나란히 자리에 앉아 테이블에 가득한 호화 요리를 둘러싸고 있는 모습이다. 강미하일 소좌가 통역을 하거나 조만식이 웃고 있거나 김일성이 담배를 문 장면도 남아 있다. 연장자 앞에서 담배를 무는 것은 예의에 어긋났지만, 중요한 문제를 토의할 때 나타나는 김일성의 '버릇'이었다. 조만식은 기독교 장로라는 이유로 술을 입에 대지 않았으나, 김일성은 술과 요리를 만끽한 것 같다. 메클레르의 증언에 따르면, 두 사람을 만나게 한 이유는 2주 후 평양시 민중대회를 개최하기 위함이었다. 김일성을 데뷔시키기 위해서는 두 사람을 대면하도록 하여 조만식의 협력을 얻을 필요가 있었다. 메클레르는 조만식에게 소련군정에 협력하도록 요청했지만, 조만식은 메클레르에게 '민족통일국가 건설'에 협력하라고 반복해 요구했다. 조만식과 김일성 사이에는 그다지 대화가 없었다. 조만식은 김일성이 너무 젊었기 때문에 상대가 정말로 김일성인지 진위를 확신할 수 없었던 것 같다. 그러

---

63) 〈정로〉, 1945년 11월 1일;《김일성 저작집》, 제1권, pp. 354~356.

나 건국 문제가 화제에 오르면서 김일성이 "완전자주독립과 각계각층의 단결"이 필요하다고 강조하자 조만식도 공감을 표시했다. 그 후 김일성이 몇 번인가 조만식을 찾아갔고, 조만식은 평안남도 인민정치위원회가 평양시 민중대회를 주최하는 데에 동의했다. 64)

　　이 무렵 조만식은 소련군과 김일성에게 협력적이었다. 전술한 것처럼 평안남도 인민정치위원회는 10월 18일 김일성 장군 환영회를 겸한 가족위안회를 평양 시내 대동관에서 개최하였으며, 나이 들어 몸이 불편한 조부를 제외하고 김일성의 조모, 숙부 부부, 그 외 친척, 소학교 시절의 친구까지 초대했다. 다만 이는 결코 양자가 정치노선 및 건국노선을 공유하고 있었음을 의미하지 않는다. 예를 들면 조만식이 민족통일국가 건설을 주장할 때, 이는 조국이 38도선에 의해 분단되어서는 안 되며, 미국과 소련의 분할점령이 조기에 끝나야 한다는 뜻이었다. 이러한 주장은 **북한**에 부르주아 민주주의 정권을 수립하려는 소련군정 당국과 김일성의 건국노선과 정면으로 충돌했다. 또한 10월 14일 평양시 민중대회에서 조만식은 김일성과 똑같이 "여러분, 백의민족의 정신을 살리기 위해서 우리는 마음과 뜻을 모아 힘을 합치지 않으면 안 됩니다"라고 호소하면서도 "우리나라는 해방된 국가이며 우리는 자유를 얻은 국민입니다. … 해방과 자유는 하나님이 주신 커다란 선물입니다.

---

64) 중앙일보특별취재반, 《조선민주주의인민공화국》, 상권, pp. 48～56; 김국후, 《평양의 소련군정》, p. 79. 요정의 이름은 "花房"이라고 되어 있으나, 오영진은 "花扇"(《하나의 증언》, p. 150), 조영암은 "歌扇"(《조만식》, p. 63)이라고 했다. 조만식은 자신의 사무소에서 김일성과 만난 후, 아들인 조연명에게 "내가 들은 만주 북지에서의 애국투사 김일성 씨는 내 나이보다 많을 텐데, 어찌된 셈인지 지금 만나본 김일성이라는 사람은 연령이 너처럼 젊구나"라고 말했다(한근조, 《고당 조만식》, p. 385).

여러분, 하나님이 주신 선물은 누구도 빼앗을 수 없습니다"라고 외쳤다. 이 구절은 진주 직후 치스차코프에게 "소련군은 점령군인가, 해방군인가"라며 다그쳤던 것과 마찬가지로 기독교도로서 조만식의 긍지를 나타내는 것이었다. 그러나 일본군과 싸워 조선 해방을 쟁취한 소련군 당국과 김일성에게 조만식의 연설은 모욕과도 같았다. 김일성은 이 구절을 오랫동안 기억했던 모양인데, 자신의 회고록에서 이를 비꼬기도 했다.[65]

그런데 당 북부조선분국 설치에 앞서, 그 전날인 10월 12일에 소련군정 당국은 치스차코프 사령관과 펜콥스키 참모장 명의로 〈북조선 주둔 소련 제25군 사령관의 성명서〉를 발표했다. 성명서는 스탈린과 안토노프의 9월 20일 지령을 충실하게 반영했는데, 제3항부터 제6항은 북한 주민에게 포고한 것이라 해도 좋았다. 특히 중요한 내용은 첫째, 자기의 강령과 규약을 지방자치기관과 소련군 위수사령관에 등록하고 지도부 명단을 제출한다는 조건하에 반일 민주주의 정당과 사회단체의 결성과 활동을 허가한 것이다. 이는 물론 스탈린 지령의 제3항, 즉 "붉은 군대가 점령한 조선 각 지역에 반일적인 민주주의 조직·정당이 형성되는 것을 방해하지 않고 그 활동을 원조한다"는 지령을 공식적으로 실행에 옮긴 것이다. 그러한 정책에 응하여 최초로 조선공산당 북부조선분국이 발족했다고 주장하고 싶었을 것이다. 아무튼 이는 조만식을 당수로 한 조선민주당 결성을 촉진하는 계기였다. 둘째, 북한 내 모든

---

65) 〈평양민보〉, 1945년 10월 20일 (한재덕, 《김일성 장군 개선기》, pp. 104~105) ; 고당기념사업회, 《조만식 전기》, p. 290; 김일성, 《세기와 더불어》, 제8권, p. 484.

무장조직을 해산하고 무기·탄약·군용물자를 소련군 위수사령관에게 제출하라고 요구했다. 대신 소련군 위수사령부와의 협의하에 각 도 인민위원회가 일정 일원으로 보안대를 조직하는 것을 허가했다. [66]

그러나 조만식으로서는 민족주의 정당, 즉 조선민주당을 결성하겠다고 결단하는 일이 그리 쉽지 않았다. 조만식이 주저한 까닭은 당의 결성이 민족통일국가 건설에 이바지할 것이라고 생각할 수 없었기 때문이다. 조만식은 북한 지역만의 행정제도나 정당을 조직하는 것에도, 토지개혁과 같이 중대한 정책을 실시하는 것에도 반대했다. 한편 레베데프는 자신만이 아니라, 로마넨코, 발라사노프, 이그나티예프 등도 민주당을 창설하도록 설득했으나, 조만식의 소련군 혐오 때문에 성공하지 못했다고 증언했다. 메클레르가 김일성과 최용건을 통해 조만식을 설득시키는 안을 생각해 냈다고 한다. 사실 메클레르 자신도 "솔직하게 털어놓는다면 초창기 나의 주 임무는 김일성과 조만식의 거중 조정이었습니다. 두 사람과 여러 차례 밀실대좌를 했지요. 그때마다 건국 문제 등을 놓고 서로 공명하는 점도 있었습니다"라고 회상했다. 김일성은 "나는 공산주의자도 무엇도 아니다", "나도 그 민주주의 정당을 만드는 일에 협력하겠습니다. 소련군 사령부도 큰 역할을 해줄 것으로 믿습니다"라며 열심히 조만식을 설득했다고 한다. 민족통일전선을 결성하기 위해서는 조만식의 협력이 불가결했기 때문이다. 또한 조만식으로서도 현실적 계산이 없었을 리 없다. 왜냐하면 소련군정 당국의 지지를 받는 김일성의 협력이 없다면 조만식이 신당을 설립하더라도 이를 유지하기 곤란했기 때문이다. 다만 이후 조만식이 김일성에게 신당

---

66) 《조선중앙년감 국내편 1949》, p. 58; 김창순, 《북한15년사》, p. 49~51.

가입을 권유하자 김일성은 "내 부하들 중에는 민족주의자도 사회주의자도 공산주의자도 있기 때문에 일당 일파에 소속할 수 없다", "나는 이미 결성한 북조선공산당과 새롭게 탄생할 조신민주당의 사이에서 양당의 친선과 우의를 도모하는 역할을 하겠다"고 대답했다고 한다. [67]

그러나 사실 조선민주당의 결성은 소련군정 당국을 배경에 둔 김일성과의 교섭물이었다. 조만식 측의 한근조와 김일성 측의 김책이 실무 교섭을 담당하여 신당의 정강을 두고 논의했으나, 전혀 합의점을 찾지 못했다고 한다. 한근조에 따르면, 마지막에 김일성이 고려호텔로 조만식을 찾아가 두 사람만 회담을 했다. 10월 하순이었다. 회담은 불과 5분 만에 끝났고 조만식은 한근조에게 "아무것도 아니다. 잘 됐다"고 말했다. 조만식이 내세운 3원칙, 즉 ① 민족독립, ② 남북통일, ③ 민주주의 확립을 김일성이 전면적으로 받아들였다고 한다. 교섭이 장기화하는 것을 염려한 김일성이 그 원칙들을 일시적으로 승인했을 것이다. 마치 이를 대신하듯, 김일성은 자기가 신뢰하는 최용건과 김책을 민주당 지도부에 들여보내는 데 성공했다. 최용건은 김일성보다 열두 살 많은 선배다. 1900년에 평안북도 용천군에서 태어났으며, 조만식이 교장을 지낸 오산학교 재학 중에 3·1독립운동에 참가했다. 그 후 중국으로 건너가 운남육군강무학교(雲南陸軍講武學校)를 졸업하고 1926년 중국공산당에 입당했다. 광저우(廣州) 코뮌에서 살아남아 1928년 만주로 파견되어 동북항일연군의 항일무장투쟁에 참가했다. 이때 강무

---

67) 고당기념사업회, 《조만식 전기》, pp. 284~285; 김국후, 《평양의 소련군정》, p. 126; 중앙일보특별취재반, 《조선민주주의인민공화국》, 상권, p. 98; 한근조, 《고당 조만식》, p. 390; 오영진, 《하나의 증언》, p. 161; 조영암, 《조만식》, pp. 64~65.

학교 동기생인 저우바오중 밑에서 제2로군 참모장으로 활약했다. 한편 김책은 1903년 함경북도에서 태어나 가족과 함께 간도로 이주했다. 1927년 조선공산당에, 1930년 중국공산당에 입당했고 항일무장투쟁에 투신했다. 북만주를 활동무대로 1939년 항일연군 제3로군 제3군 정치위원을 맡았다. 두 사람 모두 1940년 말에 시베리아로 피신했고, 나중에 제88특별여단에 편입됐다. 앞서 지적한 것처럼 각각 여단 부참모장과 제3대대 정치위원을 지냈다. 김일성과는 별도로 창춘을 경유하여 귀국한 최용건은 예전 오산학교에서 가르침을 받았던 조만식을 찾아갔다고 한다. 그러한 인연이 최용건으로 하여금 조선민주당 참가를 용이하게 했던 것 같다. 김책은 당초에는 함흥에서 활동했고 곧 평양으로 이동했다. 68)

조만식이 조선민주당 창설을 결단하도록 한 것은 북한 내 민족주의 세력이었다. 1919년 독립선언서에 이름을 올린 김병연을 비롯한 한근조, 우제순, 조명식, 이종현 등 저명한 기독교인과 민족주의자들이 공산당의 적극적 활동에 자극을 받아 민족주의세력을 결집할 수 있는 대중적 정당을 창립하자고 주장했던 것이다. 또한 조선민주당 창설은 소련군의 만행과 공산당의 횡포에 떠는 북한 주민의 목소리를 반영하는 자위수단으로도 여겨졌다. 조선민주당은 10월 중에 "소련, 미국, 중국, 영국 등 연합국가들에 대한 절대적 경의와 감사"를 표명하고, "대중을 본위로 하는 민주주의 정체로서의 자주독립국가"를 수립하여 근

---

68) 한근조, 《고당 조만식》, pp. 390~392; 和田, 《金日成と滿洲港日戰爭》, pp. 219~222, 234~236, 243~254, 344; 和田, 《北朝鮮現代史》, pp. 15~20; 고당기념사업회, 《조만식 전기》, pp. 308~309; 중앙일보특별취재반, 《조선민주주의인민공화국》, 상권, pp. 101~104.

로대중의 복리를 증진하고 민족문화를 부흥한다고 서약하는 선언을 발표했다. 또한 6개 항목의 정강을 발표했다. 제1항은 "국민의 총의에 의해 민주주의공화국의 수립을 기한다"고 명시했고, 제5항은 "반일적 민주주의 각 당파와 우호협력하여 전 민족의 통일을 도모한다"고 서약했다. 나아가 민주당이 내건 12개 항목의 정책 중 제1항은 언론, 출판, 집회, 결사, 신앙의 자유 및 선거권과 피선거권의 보장이었고, 제2항은 의회제도와 보통선거 실시였다. 이러한 민주적 권리가 보장되고 민주정치가 실현될 수 있을지 불안감을 안고 있었을 것이다. 다만 친일 행위를 범한 민족반역자는 이 5대 자유와 공민권을 박탈당해야 한다고 했다. 또 농업정책으로는 "소작제도의 개선, 자작농 창설의 강화, 농업기술의 향상"을 내걸었다. 일본인과 민족반역자의 토지와 자본의 박탈은 차치하더라도 조신인 지주의 토지를 박탈하는 등 급진적 토지개혁에는 반대한 듯하다. 나아가 "노동운동의 정상적 발전을 원조한다"고 약속하고 "노사 문제의 일치점을 찾아 생산에 지장이 없도록 한다"는 것과 함께 실업자 대책을 수립하고 공장법, 산재보험, 건강보험, 최저임금제 등을 제정하겠다고 약속했다. 69)

그 외에 18조로 된 〈조선민주당 규약〉을 발표하고 총무부, 정치부, 조직부, 재정부, 문교부, 그리고 청소년부로 구성된 사무국을 설치할 것과 당수 1명, 부당수 2명, 위원 몇 명, 서기장 1명, 사무국장·차장 각 1명, 부장 각 1명을 두는 것 등을 정했다. 창당대회는 11월 3일 평

---

69) 고당기념사업회, 《조만식 전기》, pp. 308~309; "朝鮮民主党綱領, 政策, 宣言", 萩原遼 編, 《北朝鮮の極秘文書》, 上卷, p. 18, 20; 박명수, 《조만식과 해방전후 한국정치》(서울: 북코리아, 2015), pp. 118~121.

양제일중학교 교정에서 개최되었고, 당수에는 조만식, 부당수에는 최용건과 이윤영 목사가 취임했다. 발기인 105명 중에 중앙집행위원 33명이 선출되었다고 한다. 또한 민주당은 '가장 대중적인 정당'이 되는 것을 목표로 각 도에 지방당을 조직했다. 당 규약에 따라 당원 두 명의 추천을 받은 사람이 당수의 결재를 받아 입당했는데, 당원 수는 **결당 후 불과 1개월 만에** 약 6,000명에 달했다. 이와는 별도로 9월 신의주에서 결성한 기독교사회민주당은 김구가 지도하는 대한민국 임시정부에 대한 지지를 표명하며 약 1,000명의 당원을 모았다. 한편 조선공산당 입당은 그렇게 활발하지 않았는데, 12월 17일 연설에서 김일성은 **과거 3개월간** 공산당이 4,530명의 당원을 획득했다고 보고했다. 12월 9일 당시 그중에서 1,151명이 평양시 당위원회 소속이었다. [70]

그런데 12월 중순에 소련군 총정치부장 시킨(I. V. Shikin)이 스탈린의 오른팔인 몰로토프 외무인민위원 앞으로 보낸 장문의 북한 정세 보고서는 주목할 만한 내용을 담았다. 보고서는 연해주군관구와 제25군 군사회의가 "북조선에서 질서를 확립하고 지방자치기관을 조직하며 민주정당·사회단체를 결성하는" 일에 성공하지 **못하고 있다**고 지적하고, 이를 "심각한 결함"이라고 표현했다. 스탈린의 기본지령을 언급하면서 북조선에서 반일 민주주의 정당 및 조직의 광범위한 연합을 기초로 한

---

70) "朝鮮民主黨規約", 萩原遼, 《北朝鮮の極秘文書》, 上卷, p. 19; 한근조, 《고당 조만식》, p. 392; 김국후, 《평양의 소련군정》, pp. 127~134; 김일성, "북부조선 당공작의 착오와 결점에 대하여: 조선공산당 북부조선분국 중앙 제3차 확대집행위원에서의 보고", 1945년 12월 17일, 《당의 정치노선 및 당사업 총괄과 결정·당문헌집 ①》, p. 1; "평양시당 제1차 대표대회 순서(공작 총결 보고 초안)", 1945년 12월 20일, 한림대 아시아문화연구소 편, 《조선공산당 문건 자료집(1945~46)》(춘천: 한림대 아시아문화연구소 출판부), p. 41.

부르주아 민주주의 정권을 확립한다는 정치노선이 **대담하게 관철되지 않았다**고 비판한 것이다. 구체적으로는 "제 25군 민정담당 부사령관의 기구가 너무 작을 뿐만 아니라, 북조선 6도의 정치·경제활동을 조직할 만한 유능하고 숙련된 간부로 구성되지 않았다. 이 기구는 새로운 부르주아 민주정권기관과 민주주의단체를 지도할 능력이 있는 지방 민족간부의 발탁·천거사업을 제대로 수행하지 못했다"고 지적하고 북한의 상황을 강하게 비판했다. 또 이 보고서는 조선공산당에 대해 "공산당 중앙위원회 비서는 노련한 당 활동가 박헌영이며 북조선 담당 중앙위원회 조직국 비서는 김용범이다. 인민에게 인기가 있는 저명한 당 활동가가 있는데, 이는 과거에 조선과 만주에서 빨치산 활동을 지휘했던 김일성이다"라고 3명의 지도자를 나란히 소개했다. 나아가 공산당은 "초창기에 심각한 좌경적 오류"를 범했고, 이후 바른 노선을 회복했으나 "오늘에 이르기까지 … 부르주아 민주진영 출신 사회활동가를 광범위하게 받아들이지 않았다. 지방자치기관과 북조선의 경제·정치생활의 일체를 지도할 **능력 있는 단일정당이 존재하지 않는** 것이 북조선 정치정세에 심각한 영향을 미치고 있다"고 주장했다. 조만식의 옹립과 조선민주당의 창립만이 아니라, 반일 민주주의 정당과의 광범위한 연합과 공산당 북부조선분국의 조직 강화, 그리고 부르주아 민주주의 정권의 확립을 달성하는 것이 현지 군정 당국에게 지상명제가 된 것이다. 김일성도 이를 성공시키는 데에 자신의 정치생명을 걸고자 했다. 71)

---

71) "시킨이 몰로토프에게 보낸 보고서", 1945년 12월 25일, 김국후, 《평양의 소련군정》, pp. 127~134. 다만, 당 북부조선분국 제 3차 확대집행위원회(1945년 12월 17일~18일)의 결과가 반영되지 않아, 이 보고서는 12월 전반기에 작성된 듯하다. 시킨의 역할에 대해서는 van Ree, *Socialism in One Country*, p. 272. 참조.

(3) 인민정권 수립 결정과 당 활동 쇄신

1945년 10월 13일의 조선공산당 북부조선분국 설치 결정이 반드시 김일성의 당 권력 장악을 의미하는 것은 아니었다. 누가 분국 책임비서에 취임할지를 둘러싸고 서북5도 당대회 개최 이전부터 권력투쟁적 내부 대립이 있었고, 10월 5일 이후 예비토론에서 김용범이 분국 책임비서에, 오기섭이 제 2비서에, 그리고 김일성은 조직부장에 취임한다고 잠정적으로 결정되었던 것 같다. 그래서 10월 13일 서북5도 당대회에서 김용범이 사회를, 오기섭이 정치 문제 보고를, 김일성(김영환)이 조직 문제 보고를 담당했을 것이다. 1948년 3월 북조선노동당 위원장이던 김일성은 당시를 회고하여 "오기섭 동무는 처음에 분국이 **생기려 할 때에는** 자기가 책임자가 되리라고 생각해서 반대하지 않았으나, 김용범 동무가 책임자가 되자 반대하기 시작했습니다. 정달헌 동무는 해외에서 온 사람들을 반대하여 서울에 있는 중앙을 지지한다고 말했으나, 사실은 자신이 함남(咸南) 중앙을 만들지 못했기 때문에 분국에 반대했던 것입니다. 그때 나는 누가 그 자리를 맡아도 좋으니 일만큼은 제대로 하라고 말하고 **그들에게 그대로 지위를 맡겼습니다**"라고 주장했다. 그런 사정을 반영하여 《조선노동당 역사교재》를 포함한 노동당사에 관한 공식문헌은 당 북부조선분국 지도부 인사에 대해 아무것도 언급하지 않았다. 사실상의 설립자인 김일성이 책임비서에 취임하지 않았기 때문일 것이다. 1954년에 편찬된 《김일성 선집》제 1권도 첫 문건으로 김일성이 책임비서에 취임한 조선공산당 북부조선분국 중앙 제 3차 확대집행위원회의 조직 문제 보고(12월 17일)를 수록했다. 다만 앞서 지적했듯이 10월 23일 박헌영이 분국 설치를 승인하고, 다음 날 김

용범이 분국책임자로서 분국 설치를 조선 북부의 각 도 당부에 통지한 것은 확실하다. [72)]

따라서 당 북부조선분국 중앙 제 1·2차 확대집행위원회가 언제 개최되어 무엇을 토의했는지는 명확하지 않다. 당 북부조선분국의 중간적이고 애매한 성질을 생각하면, 김일성이 지적한 대로 지방 공산주의자들이 적극적으로 협력했다고도 생각하기 어렵다. 상황이 바뀐 것은 당 북부조선분국 중앙 제3차 확대집행위원회가 개최되고 김일성이 12월 18일 책임비서에 취임했을 때부터일 것이다. 이는 명백히 당 권력 장악이었다. 그러나 목표 설정이라는 관점에서 보면, 11월 15일에 개최되었다는 제2차 확대집행위원회가 커다란 전환점이었다. 왜냐하면 이후 《김일성 저작집》에 수록된 "인민의 정부를 수립하기 위해서"라는 제목의 연설을 포함해 이 회의에 대한 몇 안 되는 설명들이 한결같이 그 자리에서 김일성이 인민정권 수립 문제를 제기했으며, 이미 존재하는 조선인민공화국과 관련해 격심한 논쟁이 벌어졌다고 기록하고 있기 때문이다. 예를 들면 《조선노동당 역사교재》는 김일성이 "북조선의 중앙 정권기관을 시급히 수립할 것"을 제기하고, 나아가 "정권이란 몇몇이 모이여 선포하는 것으로 수립될 수 없다", "〔남조선의〕'인민공화국'은 아무런 대중적 지반도 가지고 있지 못하다"라고 박헌영과 서울의 공산당 중앙을 솔직하게 비판했다고 기술했다. 김일성은 나아가 "'인민공화국'을 지지하는 것은 정권에 대한 당의 령도를 포기하며 반동세력에

---

72) 소련군 총정치부 사포즈니코브(B. Sapojunikov)가 드미트로프(G. Demitrov)에게 보낸 보고서(1945년 11월 5일)는 10월 6일에 3명이 그러한 지위에 선출되었다고 기록했다(김국후, 《평양의 소련군정》, p. 107). 북조선노동당 중앙위원회, 《북조선노동당 제2차 전당대회 회의록》(평양, 1948), p. 178.

게 령도권을 넘겨주려는 반당적 투항주의적 립장이며 광범한 통일 전
선에 기초하여 진정한 인민정권을 수립하려는 당의 투쟁을 방해하는
반혁명적 책동이라고 규탄하였다"고 한다. 그 결과 "이 회의 이후 종파
분자들은 당의 정치로선을 감히 공개적으로 반대하여 나서지 못하였
다"는 것이다. 소련군정 당국의 강력한 요구를 배경으로 김일성은 북한
에 인민정권을 수립하는 것을 결의하고 이를 분국 중앙 제 2차 집행위
원회에서 결정했다. 이는 새로운 목표의 설정이었다. 사실 11월 19일
앞서 언급한 행정10국이 정식으로 발족하여 조선 북부는 '인민정권 발
전의 제 2단계'에 들어갔다. 73)

그러나 제 2차 확대집행위원회가 인민정권 수립만 논의한 것은 아니
었다. 조선노동당 중앙당학교에서 교재로 사용된 《조선노동당투쟁사
강의속기 ①》(1958년)에 따르면, 김일성은 주권 수립(인민정권 수립)
의 필요성만이 아니라, **이를 추진하기 위한 대책**으로서 대중의 지지를
쟁취하는 문제, 조선민주당에 대한 공산당의 태도, 그리고 공산주의청
년동맹을 민주주의청년동맹으로 개편하는 문제 등도 논의했다. 이 중
에서 특히 주목되는 부분은 창당한 지 얼마 안 되는 조선민주당에 대한
공산당의 태도이다. 교재에 따르면, 그 회의에서 김일성은 "민주당이
소련을 지지하고 공산당과 협력하여 민주주의적 과업의 해결을 위해

---

73) 《조선노동당 역사교재》, pp. 142~144; 선우몽룡, 《인민정권의 수립과 그 공고화
   를 위한 조선노동당의 투쟁》, p. 24. 박병엽은 제 2차 확대집행위원회의 11월 15일
   개최설을 강하게 부정하고, 11월 23~24일 평양에서 개최되었다고 주장했다. 그러
   나 그러한 일정은 신의주사건(11월 23일) 발생과 완전히 겹쳐 11월 24일 김일성이
   신의주에 도착했다는 설과 정면으로 충돌한다. 이에 관해서는 박병엽, 《조선민주
   주의인민공화국의 탄생》(서울: 선인출판사, 2010), p. 24 및 뒤에 나오는 신의주
   반공학생사건 항목을 참조하기 바란다.

노력한다면, 현 단계에 있어서 우리들의 혁명의 성격에서 출발하여 우리 당은 민주당의 활동을 인정하고 그들을 **민주주의 민족통일전선에 끌어들이지 않으면 안 된다**", "그렇게 하는 것만이 민주당의 계급적 토대가 되어 있는 민족 부르주아지 및 부농, 일부 소자본 계급을 민주주의적으로 교육해서 우리 당 주위에 결집시킬 수 있다", "만약 민주당의 활동을 억제한다면, 오히려 혁명에 손실을 주게 된다"고 교시했다고 한다. 요컨대 '연소용공', 즉 ① 소련을 지지하고, ② 공산당과 협력하는 두 가지가 민주주의 민족통일전선에 참가하기 위한 필수조건이었던 셈이다. 또한 대중을 결집하는 문제에 대해서 김일성은 "광범위한 대중적 기초 위에서 민족통일전선을 형성하는 것이 가장 긴급한 과제이다"라는 관점에서 노동자, 농민, 여성 등을 통일, 단결시키기 위한 사회단체를 조직하는 사업을 적극적으로 전개할 필요성을 강조했다. 나아가 김일성은 이미 존재하는 공산주의청년동맹을 개편하여 더 광범위한 기초 위에서 청년을 조직할 수 있는 민주주의청년동맹을 결성하는 문제를 제의했다. 74)

한편 전술한 시킨의 보고 직후, 12월 17일 및 18일에 개최된 제3차 확대집행위원회는 해방 후 수개월간의 공산당 조직, 특히 북부조선분국의 활동을 점검하고 대열을 정비하는 사업을 총괄하기 위한 회의였다. 게다가 자기비판과 상호비판에 의해 "당의 영도와 당 내부의 일체의 착오를 무자비하게 해부하고", "북부조선당의 노선을 정확하고 엄정한 규율의 노선으로, 대중의 이익을 위한 대중적 노선으로 전환"함으

---

74) 《金日成同志略伝》, pp. 323~324; 《조선노동당 투쟁사: 강의 속기 ①》(평양: 조선노동당출판사, 1958), p. 197.

로써 "역사적으로 중요하고 의미 깊은" 회의가 되었다고 보도됐다. 사실 17일 회의에서 김일성은 〈북부조선당 공작의 착오와 결점에 대하여〉라는 제목의 대담하고 솔직한 보고를 담당했다. 조선 북부의 공산당이 4,530명(11월말)의 당원을 보유할 정도로 성장한 것, 각 도, 각 군, 각 시에 당위원회를 조직하고 많은 지방에서 당세포를 조직한 것, 5개의 기관지를 갖게 된 것, 그리고 당원 자신이 조선 북부의 현 정세를 바르게 이해하고 많은 당위원회도 초기에 범했던 좌경적 경향을 바로잡은 것을 평가하면서, 그럼에도 불구하고 여전히 중대한 착오와 결점을 범하고 있다고 강하게 비판했다. 김일성은 그 예로 당조직과 당원에 대한 정확한 통계가 정리되지 않아 당원에게 유일당원증을 발행할 수 없는 점, 당위원회가 아직 상당수 활동가들을 보충하지 못해 아직도 많은 공장, 제조소, 면에 당세포가 조직되어 있지 않은 점, 나아가 지방에서는 입당 절차가 정리되지 않았기 때문에 공산당 대열에 친일분자가 잠입하여 군중 속에서 공산당의 위신을 실추시켜 통일을 파괴하고 있는 점을 지적하고 실제 사례를 들었다. 또한 김일성은 공산당원의 사회적 성분으로 노동자 30퍼센트, 농민 34퍼센트, 지식분자·산업가 등 36퍼센트라는 수치를 제시하고, 당의 발전이 농민과 지식분자에 편중돼 진행된 탓에 공산당이 노동계급의 당이 되지 못하였다고 주장했다. 그리고 입당을 지원하는 노동자에 대해서 1년 이상의 당력을 가진 보증인을 요구하는 등 노동자의 입당에 인위적 제한이 설정되어 있다고 비판했다. [75]

---

75) 〈정로〉, 1945년 12월 21일; 김일성, "북부조선당 공작의 착오와 결정에 대하여: 조선공산당 북조선분국 중앙 제3차 확대집행위원회에서의 보고", 《당의 정치노선 및

김일성의 비판과 추궁은 더 나아가 세부적인 사항에까지 이르렀다. 예를 들면 당의 통일과 규율에 대해서 황해도, 평안북도, 함경남도의 당조직 내부에 각종 소조직이 생겨나 당의 역할과 위신을 손상시키는 위험한 현상이 나타나는 것, 일부 지방위원회가 **중앙위원회 조직뷰로**의 지시를 무시하고 민주집중제를 위반하는 것, 일부 도 당위원회가 자기 사업과 당 단체의 사업에 대해 조직뷰로에 정기적으로 보고할 필요를 인정하지 않는 것, **분국 조직뷰로**가 함경남도 ○○시에 파견한 동지를 도 당위원회가 받아들이지 않은 것, 조직뷰로의 지시가 몇 번이나 있었음에도 불구하고 함경남도 공산주의청년동맹이 민주청년동맹에 합류하지 않은 것 등을 비판했다. 또한 당과 대중의 연락과 지도에 대해서는 당에 노동자 당원이 많이 없기 때문에 대중과의 연대가 약하고 당의 기관도 대중에 대한 교육사업을 충분히 조직할 수 없는 것, 당 간부가 공장, 기업소, 탄광, 농촌 등에 들어가지 않기 때문에 지방의 실정을 알지 못하는 것, 그 결과 "신의주에서는 사회민주당이 조직한 중학생들이 무장하여 도당위원회를 습격하는 사태를 보게 되었다"는 것 등을 지적하고, "만일 우리가 사무실에 앉아만 있는다면 우리 쪽으로 대중을 끌어들일 수 없으며 인민이 우리를 따라오지 않을 것이다"라고 강하게 비판했다. 흥미로운 점은 당의 통일 및 규율 문제가 북부조선분국 조직뷰로와 지방 당위원회의 대립으로 묘사되었다는 사실이다. 문맥에서 판단하여 알 수 있듯 여기서 말하는 중앙위원회 조직뷰로와 분국 조직뷰로는 북부조선분국 그 자체가 아니라 김일성이 책임자였던 조직부(국)를 말하는 것이다. 초기에 양자는 그처럼 미분화한 상태였을 것이다.

당사업 총결과 결정 · 당문헌집 ①》, pp. 1~3.

김일성의 비판은 더 나아가 당의 지도기관이 직업동맹을 지도하는 데에 별 관심을 기울이지 않는 것, 간부의 양성과 배치가 바르게 되지 않은 것, 민주적 정당들과 통일전선을 결성하는 활동이 만족스럽게 이루어지지 않고 지방에서는 공산당원과 민주당원이 서로 반대하기도 하는 것도 지적했다.[76]

다음 날 회의를 재개한 제3차 확대집행위원회는 김용범의 조직 문제에 관한 보고와 이에 대한 토론 후, 전날의 보고와 토론에 기초하여 "**신노선으로 전환하는** 유일당의 중대한 과제를 실천, 완성하기 위해서 집행위원의 보선과 부서 개조"를 단행하여 김일성, 김용범, 무정, 오기섭 등 19명을 집행위원으로 선출했다. 또한 "해외에서 다년간에 걸쳐 일본제국주의와 혈전분투한 민족적 영웅 김일성 동지"를 조선공산당 북부조선분국의 책임자로 결정했다. 그것은 "당면의 국내외 정세와 북부 조선의 구체적인 정세가 강력하고 유력하며 위엄과 덕망 있는 영도자를 요구했기" 때문이었다. 이에 대해 김일성은 "당내의 사상적 통일에 의해서만이 당내 친일분자와 이색분자의 숙청이 가능하며 철칙에 의한 공고한 유일당을 형성할 수 있다. 이러한 목적을 위해 당내에서는 단호한 사상투쟁, 즉 볼셰비키 조직원칙을 쟁취하기 위한 투쟁이 격렬하게 전개되지 않으면 안 된다"고 응했다. 요컨대 김일성은 격렬한 사

---

76) 《당의 정치노선 및 당사업 총결과 결정·당문헌집 ①》, pp. 3~10. 소련의 문헌에서는 '조선공산당 북부조선분국'이라는 용어를 사용하지 않는다. 예를 들면, 샤브시나가 1940년대 말에 집필한 《제2차 세계대전 후의 조선》은 "1945년 10월에는 **북조선공산당 중앙위원회의 조직국**이 만들어져 국민의 영웅이며 대정치가로 유명한 김일성이 그 기구의 지도자가 되었다"라고 기록했다. ジューコフ, E. M. 編, 民族問題研究會 訳, 《植民地体制の危機 — 極東アジア諸國民の民族解放鬪爭》, 下卷 (ソ同盟科學アカデミー太平洋問題研究所, 發行年不詳), p. 156.

상투쟁을 통해 일본의 식민지 지배에 그저 형식적으로만 저항한 지식인과 혁명가들의 공산당을 노동자 계급을 기반으로 다시 조직하고, 규율에 의해 통제하는 공산당으로 개조하고 싶었을 것이다. 또한 그러한 과정 없이는 민주주의 민족통일전선을 주도하고 부르주아 민주주의 정권을 수립할 수 없다고 확신했을 것이다. 김일성 책임비서에 취임하면서 조선공산당 북부조선분국은 서울의 조선공산당으로부터 독립하여 사실상 '북조선공산당'으로 변신했다. 이는 전후 문제를 토의하는 모스크바 3국외상회의를 목전에 둔 소련군정 당국의 절박한 요구이기도 했을 것이다. 77)

다만 제3차 확대집행위원회 보고의 결론 부분에서 김일성이 '민주기지'에 대해 말했다는 북한의 주장은 받아들이기 어렵다. 그 주장에 따르면 김일성은 첫 번째 과업으로서 "현 단계에 있어서 북조선에서 우리 당의 정치적 총노선과 실제 활동은 모든 민주주의 정당들과 사회단체와의 광범위한 연합이라는 기초 위에서 우리나라에 통일적 민주주의 정권을 수립하고 **북조선을 통일적 민주 독립국가 건설을 위한 강력한 정치, 경제, 문화적 민주기지로 만들어낸다**"고 주장했다고 한다. 이는 《김일성 선집》 초판(1954년) 이래 일관된 주장이다. 그러나 그 당시에 발행된 노동당 문헌집에 수록된 김일성의 보고에는 그 중요한 문구가 존재하지 않는다. 김일성은 "모든 반일 민주주의 정당과 정치단체와의 폭넓은 연합의 기초 위에 부르주아 민주주의 정권을 수립하는 것을 돕지

---

77) 〈정로〉, 1945년 12월 21일. 무정은 12월 초순에 평양에 도착하여 조선공산당에 입장했다. 동행한 조선독립동맹주석 김두봉, 부주석 최창익, 한빈 등은 다음 해 1월 신민당을 결성했다.

않으면 안 된다"고 주장했을 뿐이다. 이미 지적한 것처럼, 조선혁명에 있어서 북부 조선의 역할에 대해 박헌영은 "반신불수 상태에 있는 남부 조선의 수혈의 원천"이라고 표현했고, 오기섭은 "조선 통일의 힘의 저수지와 요새"라고 표현했다. 모두 남부 조선을 지탱하는 병참기지 이미지이다. 그러나 당시 김일성은 소련군정 당국과 마찬가지로 북부 조선에 인민정권을 수립하려고 했을 뿐 남북 조선의 관계에 대해서는 아무것도 말하지 않았다. 김일성이 북부 조선을 "조선에 있어서 민주개혁의 원천지", "전아시아 민주주의의 발원지", "민주주의의 근거지" 등으로 표현했던 것은 그해 12월 말 미·영·소 3국외상이 모스크바에서 '조선 임시민주주의정부' 수립에 합의하고, 1946년 2월 발족한 북조선 임시 인민위원회가 북한에서 토지개혁, 산업국유화 등 각종 민주적 개혁을 실시하며 8월 북조선노동당 창립대회를 준비하는 과정에서였다. [78]

"민주주의의 근거지"라는 말에서 알 수 있듯, 김일성의 민주기지론에는 1930년대 동만주에 소비에트구(근거지, 해방구)를 구축하려 했던 항일유격투쟁의 경험이 투영되었을 것이다. 아마도 그 기억의 연장선에서 김일성은 먼저 북한에 민주주의인민공화국을 수립하고 이후에 북한에 건설되는 '근거지'에서 남한을 해방하고 조국을 통일한다는 꿈을 꾸고 있었을 것이다. 그런 의미에서 민주기지론은 김일성의 단독정부론(선 단독정부, 후 통일정부)이자 무력통일론이었다. 앞에서 인용한 조선노동당 창립대회 회의록에는 "조선인민의 반수, 바꿔 말해 남조선

---

78) 김일성, 《김일성 선집》, 제 1권(평양: 조선노동당출판사, 1954), p. 16; 《당의 정치노선 및 당 사업 총결과 결정·당문헌집 ①》, p. 9, 26~27; 북조선노동당중앙 위원회, 《북조선노동당 창립대회 회의록》(평양, 1946), p. 18, 63.

인민들은 일본제국주의 아래 있었을 때와 똑같이 반동파들의 모략과 탄압에 억눌려 있습니다. 우리가 **남조선까지 완전하게 해방해야만** 전 조선의 완전독립이 있는 것입니다"라는 김일성의 답변·결론을 수록했다. 그럼에도 불구하고 김일성이 민주기지라는 구체적 표현을 처음으로 사용한 때는 아마도 1948년 3월 북조선노동당 제2차 전당대회 활동보고에서였을 것이다. 조선민주주의인민공화국의 수립을 전망할 수 있는 단계에 이르러 김일성은 처음으로 북한을 "아메리카 제국주의자들의 식민지 예속화 정책에서 우리 조국을 구원하는 강력한 **민주세력의 기지**"로 표현했던 것이다. 다만 그 보고에서도 '민주세력의 기지'와 '민주주의적 근거지'가 혼재되었다. 이후에도 한국전쟁의 개시에 이르기까지 김일성의 민주기지론은 단계적으로 형성 내지 표현되고 있었던 것이다. [79]

---

79) 북조선노동당 중앙위원회, 《북조선노동당 창립대회 회의록》, p. 63; 김일성, "북조선노동당 중앙위원회 사업결산 보고", 북조선노동당 중앙위원회 기관지 〈로동신문〉, 1948년 3월 29일; 鐸木昌之, "北朝鮮における党建設", 櫻井浩 編, 《解放と革命 — 朝鮮民主主義人民共和國の成立過程》(アジア經濟硏究所, 1990), pp. 53~58. 1945년 11월 중순 오영진이 친구 두 사람과 함께 김일성의 자택을 방문해서 그의 투쟁경력을 청취한 후, "앞으로 남북의 교통은 어떻게 되겠습니까?"라고 질문하자, 김일성은 단호한 태도로 "남조선이라고? 동무들, 남조선은 생각하지 않아도 좋다! **북풍이 불어 남조선을 석권하지 않으면 안 된다**"(원문 강조) 고 대답하고, 나아가 "우리는 피를 흘리지 않으면 안 된다"고 덧붙였다고 한다(오영진, 《또 하나의 증언》, pp. 177~178). 김일성은 1950년 신년사에서 "우리 조국 북반부를 **강력한 군사**, 정치, 경제, 문화적 **기지**로 구축함으로써 조국통일을 위한 투쟁에 궐기한 애국적 인민에게 **민주력량의 승리를 보장하는 새 힘의 원천지로 만들기 위하여**"(〈로동신문〉, 1950년 1월 1일. 옮긴이주: 원문 그대로 인용) 라고 표현했다. 이에 대해서는 "民族解放戰爭としての朝鮮戰爭 — 革命と戰爭の交錯〔シンポジウム 'アジアの冷戰構造'에서 발표, 〈國際問題〉, 1975年 5月号(日本國際問題硏究所),

(4) 신의주 반공 학생사건

11월 15일 제2차 확대집행위원회 후 평안북도의 중심도시이며 압록강을 끼고 중국령 안둥(단둥)을 마주보는 신의주에서 중학생들이 봉기하는 사건이 일어났다. 평안북도 공산당위원회와 인민위원회의 횡포, 그리고 그 배후인 소련군 당국에 대한 격렬한 항의였다. 학생봉기는 11월 23일 발생하여 비무장한 중학생 23명이 살해되었고 약 700명이 부상했다고 한다. 사회정의에 예민한 중학생이 주역이었다는 의미에서 일본 통치기인 1929년에 발생한 광주학생사건과 1960년 한국 학생혁명(4·19의거)의 도화선이 된 마산사건을 연상시킨다. 이미 지적한 것처럼 제3차 확대집행위원회 보고에서 김일성은 이 학생봉기에 대해 "신의주에서 **사회민주당이 조직한** 중학생들이 **무장하여** 도당위원회를 습격했다"고 표현했다. 그러나 김일성은 그 사건이 공산당과 대중의 연대, 당 기관의 교양사업, 지방의 실정에 대한 당 간부의 무지 등 '당 공작의 착오와 결점'에서 기인하였음도 숨기지 않았다. "공산당은 오늘 소수의 노동자 당원을 갖고 있는 것에 불과한데, 이는 대중과의 결합이 한쪽에 치우친 결과이다. 당 기관은 대중 속에서 교양사업을 잘 조직하지 못했고, 지도자들은 공장, 제조소, 탄광, 농촌 등에 들어가지 않았다. 그 때문에 그들은 지방의 실정을 잘 모른다"고 지적했다. '그 결과'로서 신의주사건이 발생했고, "그 외에도 이와 유사한 사건이 있었다"고 인정했다. 80)

pp. 38~48)를 참조하기 바란다. 생각해 보니, 저자가 처음으로 '민주기지'를 논한 이후 40년 이상이 지났다.

사건의 발단은 신의주에서 황해 방향으로 조금 내려간 용천군의 하구 마을 용암포읍에서 1월 18일에 열린 집회였다. 일설에 의하면 그 집회는 인민위원회를 지지하고 환영하기 위한 관제집회였다. 그러나 각계 대표에 이어 나타난 학생자치대 대표가 해방 이후 공산당의 소행을 비난하고, 이용흡 용암포 인민위원회 위원장(공산당원)을 비판하거나 소련군에 접수된 용암포 수산학교의 반환을 요구하기도 했다. 인민위원회 지지집회가 공산당 규탄집회로 변했던 것이다. 열세에 빠져 일시적으로 퇴장했던 공산당원들은 나중에 무장한 소련 군인과 보안대원들을 이끌고 돌아와 집회를 폭력적으로 해산시켰다고 한다. 그뿐 아니라 곤봉과 쇠망치를 든 폭력배가 귀로의 학생들을 습격하여 중경상을 입혔고, 이를 만류하던 용암제일교회 홍석황 목사를 때려 숨지게 하고 말았다. 다만 그날 집회에 대해서는 민족주의계열 청년조직(고려청년동맹)의 주최였다거나, 기독교단체의 관여를 강조하는 견해도 있다. 앞서 살펴본 바와 같이 김일성도 기독교와 사회민주당의 직접적 관여를 지적했다. 용암포를 포함하는 용천군은 평안도의 곡창지대 중 하나로 기독교 및 기독교를 기반으로 한 사회민주당의 영향력이 강한 지역이었다. 또한 반공연설을 시작한 사람에 대해서도 학생자치대 대표였다거나, 신의주 동중학교에서 참가한 학생이었다거나, 민주당 선전부장인 김두삼이었다거나 하는 등 몇 가지 설이 제기된다. 여하튼 용암포의 비보가 신의주 학생자치대 본부에 전해지자 21일 밤부터 시내 6개 남자중학교 대표가 동중학교 등에 모였다. 이들은 용암포사건은 물론 신

---

80) 김일성, "북부조선 당공작의 착오와 결정에 대하여", 《당의 정치노선 및 당사업 총결과 결정·당문헌집 ①》, p. 4.

의주에서 소련군이 벌인 약탈행위, 공산당 특히 평안북도 당위원회의 한웅 보안부장이 저지른 횡포와 학원 간섭 등을 비난하면서 항의의사를 굳혔다. [81]

사태가 급하게 전개된 것은 22일 밤이었다. 현지 상황을 확인하기 위해 파견한 학생보다 한발 앞서 고향의 용암포에서 돌아온 의주농업학교의 장원삼이 사건에 대해 보고했던 것이다. 학생들은 철야 논의를 시작해 23일 정오(나중에 오후2시로 변경)에 총궐기한다는 방침을 결정했다. 총인원 약 3,500명인 시내 각 중학교 학생들을 세 그룹으로 나눴는데, 동중학교와 제1공업학교 학생이 평안북도 인민위원회와 보안부, 제2공업학교와 사범학교 학생이 공산당 평안북도위원회, 그리고 평안중학교와 상업학교 학생이 신의주시 보안서(경찰서)를 목표로 항의행동을 결행하기로 하였다. '설마 무기를 갖지 않은 중학생에게 발포는 하지 않을 것이다'라는 전제가 있었다. 결행을 앞두고 채택한 결의문은 "현재 평북〔평안북도〕공산당은 평북 도민의 여론에 반하고 있을 뿐만 아니라, 소련군의 군사력을 악용하여 약탈과 관권 남용, 불법사기 등 여러 가지 학정을 스스로 행하고 있다. 그리고 평북도 인민위원회 보안부는 이러한 폭정의 본거지인 평북공산당의 지령을 받아 도민의 생명과 재산을 빼앗고 있다. 그뿐 아니라 무제한적인 학원 간섭과 적색 제국주의 사상 침투를 감행하고 있고 민족문화 말살을 획책하고 있다. 따라서 우리 청년 학도들은 이러한 사실을 좌시할 수 없으므로

---

81) 신의주반공학생의거기념회, 《압록강변의 햇불: 신의주 반공학생의거의 진상기》 (청구출판사, 1964), pp. 19~25; 고당기념사업회, 《조만식 전기》, pp. 320~321; 중앙일보특별취재반, 《조선민주주의인민공화국》, 상권, pp. 163~164.

총궐기하여 공산당의 통치에 결사반대하는 투쟁을 전면적으로 전개하는 바이다"라고 호소하고 마지막에 "소련군은 나가라!"라고 끝맺었다. 공산당 평안북도위원회와 인민위원회 보안부가 중학생들의 증오의 대상이 되었던 것이다.[82]

　그날 인민위원회 문교부장으로 청사에서 근무하던 함석헌은 학생들이 궐기하여 함경북도 인민위원회에 돌입했을 때의 상황을 전했다. 정오를 지나 학생들이 "한웅 나와라!"라고 외치고 돌을 던지면서 정문을 향해 돌격하자 태세를 갖추고 기다리던 보안대가 발포했다. 보안부장 한웅과 차장 차정삼의 명령에 따른 것이었다. 총성을 들은 함석헌이 직원 몇 명과 함께 달려가 보니 학생 3명이 쓰러져 있었다. 두 명은 이미 숨을 거두었고 나머지 한 명도 가망이 없었으나 안아서 병원으로 옮겼다고 한다. 그 후 관여를 의심받은 함석헌은 공산당 본부로 연행됐다. 안뜰에 들어서자 교복 차림으로 죽은 학생들의 시신 10~20구 정도가 누워 있었다. 학생 약 800명이 공산당 본부로 돌격하였고 일부가 단숨에 3층까지 뛰어올라 갔다가 소련 군인과 보안대원의 총에 맞아 숨진 것이다. 김인덕(신의주 반공학생의거기념회 전 회장)은 사망자가 15명, 부상자 168명이라고 추산했다. 데모가 진압되고 1,000명 이상이 체포되었으나 다음 날 아침까지 구류되었던 사람은 김인덕을 포함한 7명에 불과했다. 김인덕은 보안대 구치소에서 함석헌과 같은 방을 썼고, 일주일 후에 소련 군인으로부터 "김일성 장군의 선처로 내보내 준다"는 통보를 받고 석방됐다. 소련군정의 대응이 의외로 유연하다고 느꼈다고 한다. 다만 함석헌은 다음 해, 즉 1946년 1월까지 구류되었고 1947

---

82) 신의주 반공학생의거기념회, 《압록강변의 횃불》, pp. 29~32.

년 2월에 북한을 탈출했다. 83)

　홍미로운 점은 김일성의 반응이다. 사건 다음 날인 11월 24일 김일성은 오전 10시에 평양을 출발하여 하루에 단 한 편뿐인 신의주행 열차를 타고 예정된 시간대로 오후 10시에 도착하여 그대로 역사에 부설된 철도호텔로 들어갔다. 당시 열차 운행 사정으로 볼 때, 이는 예외적인 것이었다. 김일성의 일정이 정확하게 남아 있는 까닭은 평양에서 발행되던 《평북일보》가 김일성의 신의주 파견을 사전에 보도하고 다음 날 지면에 인터뷰를 게재하기 위해서 기자들이 김일성의 도착을 기다리고 있었기 때문이다. 그러나 김일성은 마중 나온 공산당 간부를 포함해 누구와도 만나지 않았다. 아마 그대로 소련군 위수사령부 간부와 비밀리에 회담했을 것이다. 25일 많은 학생과 시민이 평양역에서 가까운 동중학교 교정에 모여 김일성의 연설을 들었다. 소련군 병사가 멀리서 에워싸 감시하고 군중 중에는 사복 경찰관도 배치되었다. 김일성은 2시간 정도 열변을 토했다. 먼저 사건에 대해서 유감의 뜻을 표명한 다음 그것이 "위대한 소련군의 해방자, 원조자로서의 역할에 대한 오해"와 "공산당의 사명과 정책에 대한 인식의 착오"에서 발생했다고 지적하고, 나아가 "학생들은 대부분 이용당한 것에 불과할 뿐이다", "사실은 친일적, 민족반역자, 반동분자들의 눈에 보이지 않는 책동의 결과이다", "이러한 자들은 철저하게 조사하여 처단하지 않으면 안 된다"고 주장했

---

83) 신의주 반공학생의거기념회, 《압록강변의 횃불》, pp. 36~41; 함석헌, "내가 경험한 신의주 학생사건", 《씨알의 소리》, 1971년 11월호, pp. 41~48; 중앙일보특별취재반, 《조선민주주의인민공화국》, 상권, pp. 163~168; 和田春樹, "ソ連の朝鮮政策 — 1945年 11月~1946年 3月", 〈社會科學硏究〉, 第33卷 6号(1982. 3.), pp. 55~66.

다. 그리고 "평북 신의주에서 이러한 불상사가 발생한 것은 결국 이 지역의 공산당과 각기관장, 특히 인민위원회 '보안부'의 간부들이 잘못을 범했기 때문이다"라고 말하여 김휘, 박균, 이황 등 평안북도 당 간부들, 특히 도민의 '원망의 표적'이 되었던 보안부장 한웅과 그 일파의 죄과를 열거하고, "소련군 측은 우리들을 매우 소중하게 생각해 주고 있다"고 주장했다. 김일성은 학생을 회유하고 친일파와 민족반역자에게 책임을 지웠을 뿐만 아니라, 평안북도의 지방 공산주의자들을 엄하게 단죄했으며, 나아가 무엇보다도 소련군을 옹호했다. [84]

그러나 백봉의 《김일성전》과 《김일성 저작집》의 기술은 이와 상당히 다르다. 백봉은 신의주사건이 12월에 발생했다고 언급했을 뿐 정확한 일자를 특정하지 않았다. 당 북부조선분국 제3차 확대집행위원회 개최와 연결하여 **"마침 이러한** 1945년 12월, 조만식을 두목으로 하는 극악한 반동분자들이 평양에서 멀리 떨어진 변경 도시 신의주에서 일부 불순한 학생들을 부추겨 소란을 일으켰다"고 기술했다. "신의주에서 급보를 받았을 때" 김일성은 "평양의 어떤 극장에서 시민을 모아 연설"하고 있었다. 연설이 끝나자 김일성은 곧 신의주를 향해 출발하여 현지에 도착하자 "위험을 무릅쓰고 학생과 군중으로 북적이는 **공설운동장**으로 들어갔다"고 한다. 사건 당일 김일성의 대응에 대한 기술이 정확하다면, 이는 12월이 아니라 11월 24일이나 25일이어야 한다. 연단에 오른 김일성이 얼굴에 미소를 띠며 장내를 천천히 둘러보았을 때,

---

84) 신의주 반공학생의거기념회, 《압록강변의 횃불》, pp. 44~50; 중앙일보특별취재반, 《조선민주주의인민공화국》, 상권, pp. 167~169; 和田春樹, "ソ連の朝鮮政策— 1945年 11月~1946年 3月", 〈社會科學研究〉, pp. 63~64.

누군가 "장군도 공산당원입니까?"라고 물었다. 김일성은 "그렇습니다. 나는 공산당원입니다"라고 대답하고 만주에서 일본군에 대항해 무장투쟁한 15년을 이야기하기 시작했다. 이윽고 김일성의 연설에 감동한 청중으로부터 "김일성 장군 만세!"라는 환호성이 터졌다고 한다. 85)

한편 《김일성 저작집》 제1권에 의하면, 김일성은 11월 26일 평안남도 민주청년단체 결성대회에서 〈애국적 청년은 민주주의의 깃발 아래 단결하라〉는 제목으로 연설을 했다. 당연히 평양에서였다. 그러나 다음 날, 즉 27일 신의주 시민대회에서 〈해방된 조선은 어느 길로 나아가야 하는가〉라는 제목으로 연설했다. 평양에서 신의주로 간 김일성의 동선은 분명하지 않으나, 시민대회에서 연설한 것은 사건이 발생한 뒤 4일이 지난 시점이었다. 시민대회가 개최된 장소는 특정하지 않았으나, 그 내용은 동중학교 교정에서 한 연설과 중복되는 부분이 적지 않다. 연설의 역점도 친일파와 민족반역자를 규탄하고 강고한 민주주의 민족통일전선 결성을 호소하는 데에 있었다. 백봉의 설명과 같이 연설 도중에 김일성은 "방금 '장군도 공산주의자인가'라는 질문이 있었는데, 저도 공산주의자입니다"라고 말하고, "우리는 진정한 공산주의자와 사이비 공산주의자를 확실히 식별할 수 있지 않으면 안 됩니다. 공산당 내에 잠입한 몇몇 불순분자의 바르지 못한 행동을 보고 공산당원은 좋지 않다고 말하거나 공산당을 나쁘게 생각해서는 안 됩니다"라고 말을 이었다. 다만 학생 간부였던 김인덕과 임창수를 포함하여 집회에 참가한 사람들 중에서 그렇게 인상적인 의견교환을 기억하는 사람은 없다. 86)

---

85) 白峯, 《金日成伝》, 第2卷(日本語版, 雄山閣, 1969), pp. 52~55.

이상에서 살펴본 것처럼 신의주사건에 관해서는 오늘날에도 분명하지 않은 부분이 많다. 봉기한 학생들의 증언, 1960년대 말에 간행되어 광범위하게 선전된 백봉의 《김일성전》 제2권의 기술, 그리고 1970년대 말에 간행된 《김일성 저작집》 제1권의 기술은 크게 혹은 미묘하게 다르다. 이는 비단 신의주사건이 공산당에 저항한 봉기였기 때문만은 아닐 것이다. 본래 귀국 후 김일성의 행동은 작위적이었다. 북한에 귀국해서 10월 14일 민족의 영웅으로 데뷔하기까지 몇 주간, 정치공작상 편의를 위한 것이었는지 자신의 데뷔를 극적으로 연출하기 위한 것이었는지는 분명하지 않지만, 김일성은 자신의 귀국을 숨기고 '김영환'이라는 가명으로 활동했다. 또한 공산당 북부조선분국의 실질적 조직자였음에도 불구하고 제3차 확대집행위원회에서 공산당 권력을 완전히 장악하기까지 김일성은 자신이 공산당원인 것을 공언하지 않았다. 그렇기 때문에 11월 하순이 되어도 "장군도 공산주의자입니까?"라는 질문이 나올 여지가 있었을 것이다. 앞서 지적한 대로 이는 조만식을 옹립한 조선민주당의 설립 공작과 관련되어 있었다. 그러나 전후 관계가 애매하게 되어 있음에도 백봉이 당 북부조선분국 제3차 확대집행위원회와 신의주사건을 연계하여 논한 것은 충분히 이해할 만하다. 왜냐하면 앞서 살펴본 바와 같이 김일성은 신의주사건을 수습하고 총괄하는

---

86) 조선노동당 중앙위원회, 《김일성 저작집》, 제1권, pp. 438~448; 중앙일보특별취재반, 《조선민주주의인민공화국》, 상권, pp. 168~169. 임창수에 따르면, 김일성은 시민대회 다음 날에도 동중학을 방문하여 학생대표와 간담회를 가졌다. 자신이 압록강을 넘나들며 일본군과 싸웠던 얘기 등을 한 뒤, 도당간부들을 인민재판에 넘겨 처벌하겠다고 약속했다고 한다. 어떤 집회에서도 "장군도 공산당원입니까"라는 인상적인 질의는 없었다고 단언했다.

과정에서 수많은 '당 공작의 착오와 결점'을 폭로하고 지방 공산주의자들의 좌익적 착오, 규율위반, 파벌주의, 무능력, 현장 무시 등을 호되게 비판하였으며 소련군 사령부에 자신의 지도력을 실증할 수 있었기 때문이다. 그런 관점에서 보면, 신의주사건에서 확실한 한 가지는 김일성이 평양을 출발하기 전에 소련군정 당국과 충분히 협의하고 사태를 수습함으로써 커다란 신뢰를 획득했다는 것이다. 그에 반비례하여 지방 공산주의자들은 군정 당국의 신뢰를 잃어버렸다. 87)

6. 마치며

소련군은 히로시마 원폭투하에 자극을 받아 예정을 앞당겨 1945년 8월 9일 오전 0시(자바이칼 시간)에 만주 침공작전을 개시했다. 개전 후에도 당분간 국경수비 임무를 맡을 예정이었던 제25군은 다음 날 조선 북부에 인접한 왕칭·투먼·훈춘 삼각지역을 향해 진격했고, 그 작전을 종료한 후 시작할 예정이었던 남부분단과 태평양함대의 동해 연안 나진, 청진 및 원산 점령작전도 곧바로 실행에 옮겼다. 특히 후자가 예정을 앞당겨 실시되지 않았다면, 전쟁 종결 시점에 소련은 한반도에 한

---

87) 김일성과 함께 푸가초프호에서 내린 유성철(후에 북한군 작전국장)의 증언에 따르면, 다음 날 원산 거리에 나온 대원들에게 김일성은 자신들이 김일성 부대의 선발대이며 본대는 나중에 도착한다고만 말하고 김일성의 개인정보를 비밀로 하도록 지시했다(한국일보 편,《증언: 김일성을 말한다》, pp. 53~54). 또 배에서 내린 김일성이 '김성주'라고 이름을 댄 일은 제3절에서 소개했다(김국후,《평양의 카레이스키 엘리트들》, p. 25).

사람의 군인도 두고 있지 못했을 것이다. 그러나 8월 14일 일본이 포츠담선언을 정식으로 수락하고, 그 다음 날 트루먼이 스탈린에게 38도선 설정을 포함한 일반명령 제1호의 초안을 제시하기까지 태평양함대 해병대는 나진을 점령하고 청진에 상륙해 있었다. 소련군은 전투 종결 후 8월 22일에 원산에 상륙해 진주하였으며, 소수의 공정부대가 8월 24일에 함흥과 평양을 점령했다. 이렇게 하여 소련군은 38도선 이북 한반도에 확실한 발판을 구축할 수 있었다. 소련군은 주둔한 지역에서 도·시·군 단위로 위수사령부를 설치했고 현지 공산주의자와 민족주의자는 인민위원회를 결성했다. 가장 중요했던 점은 스탈린과 안토노프가 9월 20일에 내린 기본지령이었다. 이 지령은 소련군 부대의 북한 점령에 관한 것으로서 치스차코프 사령관에게 "북조선에 반일 민주주의 정당과 조직의 광범위한 연합을 기초로 한 부르주아 민주주의 정권을 확립하라"고 요구했다. 한반도에서 소련 점령지역을 미군 점령지역에서 분리하고 가능한 한 조기에 소련 점령지역에 단독정권을 수립하는 것이야말로 소련 점령정책의 핵심적 부분이었다. 10월 초 로마넨코 소장 밑에 소련군 민정부가 발족했고, 소련은 동유럽 국가들에서처럼 북한에서도 반파시즘과 민주주의를 기초로 한 민족통일전선과 이를 지도할 북조선공산당 결성을 서둘렀다.

그러나 소련군정 당국은 한반도 분할점령에 따른 커다란 곤란에 직면했다. 민족통일전선을 결성하기 이전에 이를 지도할 북조선공산당을 창립하는 데에서 난항을 겪었기 때문이다. 소련군이 북한에 진주했음에도 불구하고, 조선 공산주의자와 좌익세력의 중심은 서울을 무대로 정치활동을 전개하였으며 북한 정세와는 관계없이 새로운 국가의 수립을 선언했다. 사실 박헌영 등 재건파 공산주의자들은 미군 점령지역에 조선공산당 중앙위원회를 설치했을 뿐만 아니라, 민족통일전선의 기초 없이 조선인민공화국 수립을 선언하고 정부의 조각 명부(이승만 대통령)까지 발표했다. 그 뒤에도 그들은 남한에서의 혁명활동, 즉 우파세력과의 투쟁과 미군정에 대한 저항에 힘을 소진하는 바람에 북한에서의 당 활동과 국가 건설에 큰 관심을 쏟지 못했다. 소련군정 당국을 더 곤혹스럽게 한 것은 평양을 포함한 북한 지역에서는 전통적으로 기독교 세력이 강력하여 함경남도 등 일부 지역을 제외하면 공산주의운동이 그렇게 활발하지 못했고, 지방 공산주의자들도 습관적으로 서울 중앙의 지시를 바랐다는 점이었다. 게다가 그들은 좌경적 오류를 범하였고 민족주의자와의 협조에 소극적이었다. 사실 레베데프가 제일 먼저 착수한 일은 북한 지역 공산당 조직의 중심인 평양남도 당위원회의 정치노선 수정, 즉 자기비판이었다. 따라서 만주에서 항일무장투쟁을 벌였으며 소련 극동군에서 정찰요원으로 훈련을 받았던 김일성 등이 평양에 도착한 것은 로마넨코와 이그나티예프에게는 하늘의 도움이었다. 그들의 협력 없이는 조선공산당 북조선조직위원회, 즉 당 북부조선분국을 설치할 수 없었을 것이다. 9월 22일 평양에 도착한 김일성은 10월 13일 개최된 서북5도 당책임자 및 열성자대회에서 북한에 독자적인 공산당 조직을 발족시키는 데에 성공했다. 로마넨코와 이그나티예프가 회의에 입회했던 사실에서 알 수 있듯, 이는 소련군정 당국과 김일성의 공동작품이었다. 이렇게 하여 다음 날 소련군을 환영하는 평양시 민중대회에서 김일성은 민족의 영웅으로서 등단할 수 있었다.

다만 이때 김일성은 여전히 조선공산당 북부조선분국의 책임자가 아니었고, 곧 수립될 북조선 임시인민위원회의 수반이 될 존재도 아니었다. 김일성은 북한의 민족적 지도자였던 조만식을 설득하여 조선민주당을 창립하게 만들고 '반일·민주주의' 민족통일전선 형성을 서두르는 동시에 11월 중순 공산당 북부조선분국 중앙 제2차 확대집행위원회가 북한에 인민정권을 수립한다고 결정하도록 해야만 했다. 그 후 신의주에서 공산당의 횡포에 반대하는 학생봉기가 발생했으나, 김일성은 솔선하여 사건을 수습하였고 12월 중순의 제3차 확대집행위원회에서 마침내 당 북부조선분국 책임비서에 취임했다. 그 과정에서 김일성은 당의 수많은 '공작의 착오와 결점'을 폭로하고 지방 공산주의자들의 좌경주의, 규율위반, 파벌주의, 무능력, 현장 무시 등을 강하게 비판했으며 소련군 사령부에 대해서 스스로 조직적 지도력을 실증하는 데 성공했다. 이는 박헌영과 김일성의 입장이 역전되었음을 의미했다. 그러나 민족주의자와의 연합이라는 측면에서 12월 말 모스크바에서 개최된 미·영·소 외상회의의 합의가 공표되고 신탁통치 문제를 둘러싼 좌우 대립이 심각해지기까지는 조만식이야말로 곧 수립될 북한의 잠정적 정권기관의 수반으로 여겨지고 있었다. 김일성도 또한 조만식을 포함한 민족 부르주아지를 공산당의 주위에 결집시키려고 했다. 남북한의 고참 공산주의자와 민족주의자의 원칙적이고 비타협적인 태도야말로 김일성 등 빨치산 그룹이 정치권력에 접근하는 것을 가능하게 하는 동시에 가속화했다. 또한 1946년 2월 임시인민위원회가 발족하고 다음 날 급진적 토지개혁에 착수하기까지 김일성의 이른바 민주기지론도 수면 아래에서 축적되어 있었던 것에 불과하다. 김일성이 추구한 바는 여전히 북한에서의 단독정부, 즉 조선민주주의인민공화국의 수립이었다. 일시적인 분단의 용인이야말로 조선의 통일 독립의 지름길이라고 생각했을 것이다.

[부록] 《김일성 저작집》의 추가문헌: 역사의 복원과 수정

소련군이 북한을 해방할 당시, 그리고 그 후 한동안 김일성이 벌인 활동에 대해서는 냉전 종결 후에 공개된 구소련의 사료와 북한 점령 관계자들의 청취 등을 통해 불충분하나마 많은 의문이 해소되었다. 특히 한국인 연구자의 노력과 〈중앙일보〉 특별취재반의 열정적 취재는 높이 평가할 만하다. 또한 그 뒤 간행된 김일성 회고록 《세기와 더불어》 제8권(1998년)의 기술도 이전까지의 공식 견해에 대한 미묘한 수정과 중요한 보충을 포함했다. 그러나 당연하게도 새로운 사실의 발굴은 새로운 역사 해석을 필요로 한다. 그동안 북한 당국에 의해 자행된 역사의 은폐, 복원, 그리고 수정도 주의 깊게 검토하지 않으면 안 된다. 거기에 북한 당국으로서 바람직한 역사와 그렇지 않은 현실이 존재하고 있으므로 그 차이를 검토하는 작업은 흥미로운 역사 연구 방법이 될 수 있을 것이다.

김일성의 권력접근이라는 관점에서 보면, 1945년 8월 9일 소련이 대일참전을 한 때로부터 서북5도 당책임자 및 열성자대회가 열린 다음날, 즉 10월 14일 김일성이 평양 시민 앞에 모습을 나타낼 때까지의 약 2개월이라는 기간이 특히 중요하다. 물론 북한의 역사가들은 김일성의 활동을 칭찬하는 것만 아니라, 이를 상세하게 기술하는 데에도 상당한 노력을 기울였다. 백봉의 《김일성전》(1968년)은 최초의 큰 성과였다. 더욱이 환갑을 기념하여 발행된 《김일성 동지 략전》(1972년)은 '략전'이라는 이름과는 달리 860쪽에 달하는 방대한 문헌이다. 김일성의 40세 생일에 간행된 《김일성 장군의 략전》(1952년)이 겨우 68쪽에 불과했다는 것을 생각해 보면, 그동안 기울인 노력의 정도를 알 수 있다.

그러나 이러한 전기가 기술한 '공백의 2개월'은 독자를 충분히 만족시킬 수 없었다. 왜냐하면 김일성의 고희를 축하해 출판된 《김일성 주석 혁명활동사》(1982년)를 포함하여 이들 문헌에는 김일성의 '조국 개선'을 언급하면서 그 모습은커녕 그날이 며칠이었는지조차 기록하고 있지 않기 때문이다. 이와 관련한 역사적 사실은 김일성 회고록 《세기와 더불어》 제8권에 의해 마침내 공식적으로 확인된 것이다.[88]

그에 더하여 1979년 4월 간행된 《김일성 저작집》 제1권은 연구자들을 대단히 고민하게 만들었다. 왜냐하면 김일성의 고희를 기념하기 위해 간행된 저작집에 갑자기 이 공백의 2개월에 했다는 김일성의 연설이나 '로작'이 몇 건이나 수록되었기 때문이다. 이 기록들에 따르면, 김일성은 1945년 8월 20일에는 ① 〈해방된 조국에서의 당, 국가 및 무력건설에 대하여〉라는 제목으로 역사적 연설을 했고, 거기에서 건당·건국·건군이라는 3대 과업을 제시했다. 또한 9월 20일에는 지방에 파견되는 정치공작원에게 ② 〈조선 건설과 공산주의자의 당면과업〉을 교시하고, 10월 3일에 평양노농정치학교에서 ③ 〈진보적 민주주의에 대하여〉라는 제목으로 강의했다. 또한 10월 10일에는 북조선공산당 중앙조직위원회 창립대회에서 ④ 〈우리나라에서의 맑스-레닌주의 당 건설과 당의 당면과업에 대하여〉를 보고하고, 10월 13일에는 각 도의 당

---

88) 朝鮮勞働党中央委員會宣伝扇動部, 《金日成將軍略伝》(復刻發行, 東京: 學友書房, 1952); 白峯, 《金日成伝》, 全3卷(日本語版, 東京: 雄山閣, 1969~1970); 金日成同志略伝編纂委員會, 《金日成同志略伝》(復刻發行, 東京: 九月書房, 1972); 朝鮮勞働党中央委員會党歷史研究所, 《金日成主席革命活動史》(日本語版, 平壤: 外國文出版社, 1983); 김일성, 《세기와 더불어》, 전 8권(평양: 조선노동당출판사, 1992~1998).

책임간부 회합에서 ⑤〈새 조선 건설과 민족통일전선에 대하여〉를 연설하였으며, 나아가 평양시 각계 대표의 환영연에서도 ⑥〈모든 힘을 새 민주조선 건설을 위하여〉라는 제목으로 연설했다고 한다.[89]

이 6개 문헌 중 《김일성 저작선집》 제1권(1967년) 및 《김일성 선집》 제1권(1963년)에 수록된 것은 10월 13일 각 도의 당 책임간부 회합에서 연설한 내용뿐이다. 이는 해당 문헌이 가진 중요성을 시사하는데, 정작 《김일성 선집》 제1권 초판(1954년)에는 이조차 포함되지 않았다. 만약 그것이 서북5도 당책임자 및 열성자대회에서 김영환이라는 이름으로 맡았던 조직 문제 보고가 아니라면, 김일성은 해방 후 가장 중요한 공산주의자의 회합에 출석하지 않고 별도의 장소에서 개최된 각 도 당 책임자 회합에 나가 연설한 것이 된다. 그러나 앞서 살펴본 바와 같이 김일성 자신이 회고록에서 김영환이 김일성임을 공표함으로써 그러한 의문은 해소됐다. 한편 8월 20일 〈해방된 조국에서의 당, 국가 및 무력건설에 대하여〉라는 제목의 이른바 '3대 과업 연설'의 존재는 비교적 빠른 시기에 알려졌지만, 그것도 1970년대에 들어선 이후였던 듯하다. 백봉의 《김일성전》(1968년)은 이를 언급하지 않았기 때문이다. 게다가 흥미롭게도 미군이 한국전쟁 당시 북한에서 노획한 방대한 양의 자료 중에서는 이들 문서 중 어떤 것도 발견되지 않았다. 오히려 노획문서 일부는 《김일성 선집》 초판조차도 문헌 내용을 약간 수정을 가해 수록했을 가능성을 시사했다. 따라서 이러한 의문들이 해소되지 않는 한 1979년 판 《김일성 저작집》에 새롭게 수록된 문헌은 모두 대폭 수정 내지는 복원된 것이라고 볼 수밖에 없다. 그 외에는 해방 후 20년

---

89) 《김일성 저작집》, 제1권, pp. 250~345.

에서 30년 사이에 그 문헌들을 세상에 공개하지 않았던 이유를 상상할 수 없다. 90)

다만 이러한 사실은 김일성 전기의 기술이 모두 허위라거나 《김일성 저작집》에 수록된 문헌에는 진실이 조금도 포함되지 않았음을 의미하지 않는다. 왜냐하면 연구자가 역사적 기술의 수정과 문헌의 복원에 임할 때는 일정한 원칙에 기초해서 핵심적으로 이용할 수 있는 사실을 최대한 이용했다고 볼 수 있기 때문이다. 예를 들면, 와다 하루키는 복원된 김일성의 문헌이 ① 본인 및 사람들의 기억에 남아 있는 말과 문장, ② 현재에서 볼 때 당시 그렇게 말했다고 추정되는 내용, ③ 불리한 사실의 수정, ④ 현재의 사상에 의한 내용의 수정으로 구성된다고 정리했다. 그리고 이 중 ①에 대해서는 역사적 사료로서 가치를 인정하였다. 또 그 외의 수정과 복원에 대해서도 왜 필요했는지 물으며 저자의 의도를 추측하고 역사적 사실을 확인하는 접근이 중요할 것이다. 이를 통해 새로운 해석이 탄생할지도 모른다. 91)

그런 관점에서 본다면, 일련의 김일성 전기가 김일성의 몇 가지 해방 직후 활동을 공통적으로 언급하였는데, 시간이 경과함에 따라 이 활동들에 이러저러한 살을 붙였다는 사실이 흥미롭다. 예를 들면 첫째, 김일성 자신에 의한 공장·기업소·농촌공작을 들 수 있다. 백봉의

90) 〈정로〉, 1945년 11월 1일; 《김일성 선집》, 제1권(평양: 조선노동당출판사, 1954년판, 1963년판); 《김일성 저작선집》, 제1권(평양: 조선노동당출판사, 1967). 白峯, 《金日成伝》, 第2卷, p. 9; 鐸木昌之, "朝鮮解放直後における金日成路線 — 史料批判をとおしてみた'朝鮮共産党北朝鮮分局'創設と金日成演說", 《アジア経濟》, 第30卷 2号(1989. 2.), pp. 49~50. 《金日成同志略伝》(1972)에 '3대 과업' 연설의 내용이 상세히 소개되었다(pp. 301~306).
91) 和田, "ソ連の朝鮮政策 — 1945年 11月~1946年 3月", p. 65.

《김일성전》은 조국 개선 직후에 김일성이 "수많은 동지들과 토론을 거듭하여 공장, 기업소, 농촌에 나가 노동자, 농민과 무릎을 맞대고 이야기하고 새로운 생활을 창조하는 쪽으로 그들을 조직 동원했다"고 기술하고, "평양에 개선하고 나서 1개월 가까이 되려는" 어느 날 김일성이 평양 교외 강선제강소를 방문했을 때의 상황을 소개했다. 한편 《김일성 주석 혁명활동사》는 김일성이 9월 동평양에 있는 전기부문 기업소를 방문하여 전국 전기공업의 부흥발전 대책을 세우기도 하고, 평양 곡물가공 공장에 나가 자력으로 공장을 복구하도록 조치를 강구하기도 했다는 이야기를 덧붙이며 "당의 창립을 하루 앞둔 10월 9일" 강선제강소를 방문했다고 밝혔다. 그때 김일성은 "자력으로 대철강공장을 재건하는 웅대한 전망을 제시하고 노동자의 생활에 대한 배려를 숙고했다"고 서술하고, "현지지도의 새로운 역사는 실로 이때부터 시작되었다"고 강조했다. 1950년대 후반에 시작된 김일성의 '현지지도'의 출발점을 해방 직후까지 거슬러 올라간 것이다. [92]

　둘째, 정치공작원의 지방파견이다. 《김일성 동지 략전》은 건당, 건국, 건군의 3대 과업에 기초해 김일성이 "항일무장투쟁 시기에 직접 기른 다수의 혁명 투사를 전국 각지에 파견하여 당 창립을 방해하는 종파분자와 지방 할거주의자의 책동을 폭로, 분쇄하면서 공산주의자를 단단히 결속시켜 지방의 당조직을 견고히 하고 군중 속에서 정치활동을 적극적으로 진행시키도록 면밀하게 지도했다"고 기술하였다. 《김일성전》은 "조국 개선의 그날부터 김책, 안길 동지를 비롯한 수많은 항일 투사들을 원산, 함흥, 길주, 혜산, 무산, 청진, 철원, 해주, 남포, 강

---

92) 白峯, 《金日成伝》, 第1卷, pp. 422～423; 《金日成主席革命活動史》, p. 158.

계, 신의주 등 각지에 파견했다"고 구체적으로 소개하였다. 그러나 이 점에서는 무엇보다도 새로운 《김일성 저작집》을 주목하지 않을 수 없다. 왜냐하면 《김일성 저작집》에는 9월 20일의 김일성 담화 〈새로운 조선 건설과 공산주의자의 당면과업〉이 지방에 파견되는 정치 공작원을 대상으로 행한 교시라고 수록되었기 때문이다. 앞서 살펴 본 바와 같이 이는 원산에 입항한 다음 날이었다. 김일성은 그날 함경남북도와 철원으로 향하는 일부 대원들을 배웅하고 자신도 당일에 평양으로 향했다. 장래의 계획과 연락에 대해 그때 가능한 한 사전지시를 했다고 생각된다. 그 기억이 담화 형식으로 복원된 것이다. 물론 사후 정당화도 이루어졌을 것이다. 93)

셋째, '조국 개선' 상황과 '만경대의 갈림길' 일화이다. 앞서 살펴본 바와 같이 일련의 김일성 전기는 모두 김일성의 귀국을 조국 개선으로 기술했는데, 그 일이 언제 있었고 어떤 것이었는지는 구체적으로 언급하지 않았다. 그 대신 "어디까지나 겸허한 김일성 장군은 모든 영광을 환영하는 동포에게 돌리고, 휴식도 없이 새로운 조국 건설을 위한 싸움을 지도했다"고 일치하여 기술했다. 《김일성 주석 혁명활동사》에 따르면, "평양과 서울을 비롯해 전국 각지의 인민은 김일성 장군 환영준비위원회를 조직하고 연일 다채로운 집회를 열어 주석과의 대면을 일일천추의 마음으로 기다리고 있었지만", 김일성은 끝내 환영집회에 나타나지 않았다. 《김일성전》은 "평양이 안정된 후에도 조국 개선을 공표하지 않았다"고 기록하였다. 또한 모든 김일성 전기는 김일성이 조부모

---

93) 《金日成同志略伝》, pp. 311~312; 白峯, 《金日成伝》, 第2卷, pp. 8~9; 《김일성 저작집》, 제1권, pp. 269~279.

와 친척이 기다리는 고향 만경대 방문을 뒤로 미루고 강선제강소로 향한 일을 '만경대의 갈림길'이라는 고상한 미담으로 묘사했다. 그 갈림길에는 김일성의 뜻을 배우고 후세에 길이 전하기 위해 비를 건립했을 정도이다. 정작 김일성 자신은 원산에 상륙했을 때 "소련군 측이 우리의 움직임을 비밀로 했기 때문에 부두에는 환영하는 군중이 나타나지 않았다"고 설명하고, "평양에 입성한 다음 날부터 전우들과 함께 건당, 건국, 건군의 3대 과업을 수행하기 위한 사업에 착수했다. 내가 8·15 해방 후에 가장 바쁘게 보낸 시기는 바로 이 시기였다"고 술회했다. 94)

마지막으로 이렇게 복원된 사실과 《김일성 저작집》 수록 문헌의 구성에서 보이는 현저한 편집상 치우침이 해방 후 김일성 활동의 원점이라고 할 수 있는 3대 과업 연설에 대해 몇 가지 중요한 시사점을 준다. 흥미롭게도 《김일성 저작집》은 공백의 2개월 중 전반부 약 6주간, 즉 소련이 대일참전한 8월 9일부터 김일성이 지방에 파견되는 정치공작원들에게 교시한 9월 20일까지의 기간에는 단 하나의 연설을 예외적으로 수록했다. 바로 8월 20일의 3대 과업 연설이다. 일본이 이미 포츠담선언을 정식으로 수락하고 조선에서도 8월 16일 청진이 해방되고 소련군이 북한 각지에 진주하려 하던 때였다. 김일성 부대를 포함한 제88특별여단은 대일참전 기회를 잃고 대기 중이었다. 김일성 회고록 《세기와 더불어》에 따르면, 그때 김일성은 "조선인민혁명군 군사정치간부회의를 소집하여 우리 혁명의 주체적 역량을 강화하기 위한 새로운 전

---

94) 白峯, 《金日成伝》, 第 1 卷, p. 422; 《金日成主席革命活動史》, p. 153; 白峯, 《金日成伝》, 第 2 卷, p. 7; 《金日成同志略伝》, pp. 319~321; 김일성, 《세기와 더불어》, 제 8 권, p. 474, 480.

략적 과업으로서 건당, 건국, 건군의 3대 과제〔과업〕을 제시했다"는 것이다. 따라서 3대 과업 연설이야말로 김일성이 귀국을 앞두고 발표한 '조선혁명의 테제'였다고 할 수 있다. 3대 과업이 이 시점에 제시된 이유는 쉽게 상상할 수 있다. 같은 8월 20일에 서울에서 조선공산당 재건위원회가 개최되어 박헌영이 기초한 〈현 정세와 우리의 임무〉(8월 테제)가 채택되었기 때문일 것이다. 김일성의 3대 과업 제시가 8월 테제보다 늦어서 좋을 리 없었다. 이는 창작에 가까운 내용일 것이다. 그러나 3대 과업 연설이 공표되고 나서 북한 역사가들은 **북한에 공산당을 조직하고 나서** 평양시 환영 군중대회에 임하는 것이 김일성의 당초부터의 방침이었다고 주장할 수 있게 되었다. 사실 김일성 회고록은 자신의 조국 개선에 대해 "**당을 창건한 후** 10월 14일이 되어 평양시 환영 군중대회에서 조국의 인민에게 처음으로 인사했습니다"라고 기록했다. [95]

---

95) 김일성, 《세기와 더불어》, 제 8권, pp. 472~473. 477. 483.

제 6 장

냉전의 시작과 분단으로 가는 길

단독행동과 새로운 정치통합

1. 시작하며

북위 38도선을 경계선으로 한반도는 미국과 소련에 의해 분할점령되었다. 그러나 그로 인해 미국과 소련이 한반도에서 곧바로 극렬한 대립상태에 빠져, 경계선 양측에서 비타협적이고 독자적인 정치경제체제 구축을 시작했다고 결론짓는다면 이는 성급한 판단이다.

폴란드 문제를 둘러싸고 상호불신이 확대됐지만, 미국과 소련은 전후 한동안 동아시아에서도 여전히 전시동맹이 유지될 것이라고 인식하고 있었다. 그렇다면 양국은 무엇을 두고 대립하고, 어떻게 목표의 비양립성을 확인하여 각자 배타적인 단독행동으로 이행했을까. 그런 의미에서 주목할 사건은 전쟁 종결 후 바로 개최된 두 차례의 연합국 회담, 즉 9월의 런던 외상이사회와 12월의 미·영·소 모스크바 외상회의다. 더구나 두 회의는 모두 미국의 번스 국무장관과 소련의 몰로토프 외상의 지휘 아래 진행되었고 각각의 의제도 밀접히 연관되었다. 바꿔 말하면 두 회의의 논의나 결정이 한반도에서 양국이 어떤 형태로 대립할지를 상당 부분 결정짓게 된 것이다. 제2차 세계대전 중에 루스벨트가 주도하고 스탈린의 동의를 얻은 전후 한반도 구상, 즉 미·소·영·중에 의한 한반도 신탁통치는 두 회담에서 어떻게 논의되었을까. 윌슨의 민족자결주의를 배경으로 한 미국 한반도 정책의 기본원칙, 즉 한반도 인민의 자유의사 존중, 한반도 통일관리, 그리고 미·소 공동행동은 그대로 유지된 것일까. 한편 지정학적 불안을 해소하기 위해 자국주변에 방어적 공간을 확보하려던 스탈린의 안전보장정책은 전후 한반도에 어떻게 적용된 것일까. "북한에 부르주아 민주주의 정권을 확립한다"는 스탈린의 기본지령은 모스크바 외상회의를 거쳐 어떻게 실행되었을까. 1946년 2월부터 3월 사이에 진행된 김일성 정권의 수립, 북한 토지개혁, 그리고 제1차 미·소 공동위원회의 유산(流産)은 세계적 냉전(冷戰)의 개시와 어떻게 관련된 것일까. 또 소련군과 김일성 정권의 단독행동은 남북한의 정치통합에 어떠한 영향을 미친 것일까.

미·소 대표 사이에 복잡한 거래가 오간 결과, 모스크바협정은 한반도에서 국제적 신탁통치를 실시하기 이전에 미국과 소련 양국 군대의 사령부 대표로 구성된 공동위원회를 설립하고, 남북한의 민주주의적 정당 및 사회단체와 협의하여 한반도 임시민주정부 수립을 한다는 결론을 내렸다. 그럼에도 남한에서는 즉각 독립을 요구하는 신탁통치 반대운동이 격렬하게 전개되었다. 그 중심적 추진세력이었던 김구와 대한민국 임시정부는 무엇을 주장하고, 어떻게 행동한 것일까. 그로 인해 미군정(美軍政)과의 관계는 어떻게 변화했을까. 이승만과 한국민주당도 비슷하게 행동했을까. 또한 박헌영이 지도하며 조선인민공화국을 수립하려던 조선공산당은 지금까지의 정치적 주장을 유지할 수 있었을까. 모스크바협정을 지지하고 한반도 임시민주정부를 수립하려는 운동은 조선인민공화국을 부정할 수밖에 없었다. 북한에서 조선민주당을 결성한 조만식 등 우파 민족주의세력은 모스크바협정에 어떻게 반응했을까. 소련군 주둔 이후 공산주의자와 민족주의자의 연대는 유지된 것일까. 김두봉과 무정을 중심으로 한 옌안파(延安派) 공산주의자들은 북한에 돌아온 후, 복잡한 정세에 직면하여 어떻게 행동했을까. 나아가 북한에서 김일성 정권(북조선 임시인민위원회) 수립은 어떠한 인식과 정책에 근거하여 실현된 것일까. 불과 1개월 사이에 무리하게 실행한 북한 토지개혁은 어떻게 이해해야 할까. 세계적 냉전이 발흥하는 사이에, 서울에서 개최된 미·소 공동위원회는 한반도 민주임시정부를 수립하는 데에 성공한 것일까. 아니면 38도선을 '철의 장막'의 일부로 바꾼 것에 불과할까.

2. 모스크바 외상회의: 분수령

(1) 런던 외상이사회: 번스 외교의 실패

미국 전함 미주리호에서 항복문서에 서명한 후, 미국·영국·소련·프랑스·중국은 1945년 9월 11일 런던에서 외상이사회를 개최하고 10월 2일까지 회의를 계속했다. 후에 유엔 상임이사국이 되는 5대국에게 이 회담은 대일전쟁 종결 후에 개최한 최초의 주요국 회의이자 이탈리아, 루마니아, 불가리아, 헝가리, 그리고 핀란드와의 평화조약을 기초(起草)하고 연합국에 제안하기 위한 중요한 기회였다. 그러나 미국과 영국은 불가리아와 루마니아의 잠정정부를 승인하는 데에 반대했다. 서방 측 기자가 자유롭게 입국해서 검열 없이 기사를 쓰도록 허용되지 않는 한, 얄타회담에서 채택한 〈해방유럽선언〉이 요구하는 조건, 즉 모든 중요한 민주적 정파를 폭넓게 대표하는 잠정적 정부기관을 만들고, 그 기관이 가능한 한 빠른 시기에 자유선거를 실시한다는 조건이 충족되지 않는다고 주장한 것이다. 번스 국무장관은 9월 19일에 두 개의 각서를 제출하고, 임시정부 개편과 자유선거에 의한 정부수립을 확약하지 않는 한, 불가리아 및 루마니아와의 평화조약 교섭에 응하지 않겠다는 태도를 명확히 했다. 또 이탈리아와의 평화조약을 둘러싼 협의에서는 북아프리카에 있는 구식민지(트리폴리타니아, 키레나이카, 이탈리아령 소말릴란드 등) 처분에 관해 의견을 교환하고, 이들 지역에 유엔 헌장의 신탁통치 조항을 적용하기로 일반적 합의를 이뤘다. 다만 앞서 1장에서 봤듯, 누가 어떻게 신탁통치를 담당할 것인지는 포츠담 회담에서 미국·영국과 소련의 의견이 크게 대립했다. 미국은 신탁통치의 목적이 식민지 인민의 자치를 촉진하는 것이지, 신탁통치국을 풍요롭게 하거나 그 경제력·군사력 등을 확대하는 것이 아니라고 주장했다.[1]

후술하듯이, 두 문제는 각각 별개의 형태로 한반도 독립논의에 큰 영향을 미쳤다. 처음에 부상한 것은 구 이탈리아 식민지, 특히 소련이 요구하는 트리폴리타니아(구 이탈리아령 리비아의 중심지역)의 신탁통치를 둘러싼 논쟁이었다. 스탈린은 북아프리카 신탁통치를 지정학적

---

1) "Report by Secretary Byrnes", 5 October 1945, Department of State, *A Decade of American Foreign Policy: Basic Documents, 1945~1949* (Washington, D.C., 1985), pp. 45~46; "Memorandum by the United States Delegation to the Council of Foreign Ministers", 19 September 1945, *Foreign Relations of the United States* (Hereafter cited as *FRUS*), 1945, vol. II, pp. 263~267.

관점에서 이해하고, 그곳에서 신탁통치 영역을 획득해서 다르다넬스 해협을 터키와 공동관리하기 위한 논거로 삼으려 했을 것이다. 따라서 미국과 소련의 신탁통치안은 크게 대립할 수밖에 없었다. 9월 14일 오후의 본회의에서, 몰로토프 외상은 ① 이탈리아가 10개 사단과 3개 검은셔츠여단으로 스탈린그라드, 북 코카서스, 그리고 크리미아까지 침공한 점, ② 다민족국가인 소련은 다른 민족과 우호적 관계를 수립하는 데 풍부한 경험이 있다는 점을 지적했다. 그러므로 유엔의 권위를 높이기 위해 소련의 권위를 이용해야 한다고 주장하며, 트리폴리타니아 신탁통치를 스스로 책임지겠다고 제안했다. 몰로토프는 또 10년 안에 유엔으로부터 위임받은 임무를 충분히 달성하고, 그 지역을 독립시킬 수 있다고 보증했다. 번스 국무장관은 그에 대해 명확한 결론을 내지 않은 채, 리비아와 에리트레아의 신탁통치 기간을 10년으로 할지, 식민지는 유엔 신탁통치이사회에서 결정한 특정 국가 내지 개인이 관리해야 하는지, 만약 특정 국가가 관리한다면 어떤 국가가 어느 식민지에 책임져야 하는지 등의 문제를 제기하며, 집단적 신탁통치하에서 1인의 집정관이 책임지는 방식이 합의하기 쉬울 것이라고 지적했다. 수개월 후 모스크바에서 전개된 한반도 신탁통치에 관한 미·소 논쟁은 이미 런던에서 시작되었던 것이다. 2)

---

2) *Ibid.*, pp. 163~173. 트리폴리타니아에 대한 스탈린의 집착은 *ibid.*, pp. 775~776을 참고하라. 번스는 한 명의 집정관 아래에 미국, 영국, 소련, 프랑스, 이탈리아와 인민대표로 구성한 자문이사회를 설치하는 방식을 구상한 것 같다. James F. Byrnes, *Speaking Frankly* (N. Y. : Harper & Brothers, 1947), pp. 77~78, 94~95; W. Averell Harriman & Elie Abel, *Special Envoy to Churchill and Stalin, 1941~1946* (N. Y. : Random House, 1975), pp. 488, 492~493, 499~500; Roger Bullen & M. E. Pelly, eds., *Documents on British Policy Overseas:*

한편 이들 문제와는 별도로 소련은 런던 외상이사회에서 대일관리 문제가 논의될 것을 강하게 기대했다. 포츠담선언 서명을 거부당한 것에 분개한 스탈린은 일본이 최초로 항복의사를 표명했을 때, 천황과 일본 정부가 복종해야 할 연합군 최고사령관으로 한 명이 아닌 두 명, 즉 맥아더와 바실렙스키를 임명하도록 요구해서 해리먼 대사를 놀라게 할 정도였다. 스탈린이 그렸던 대일전쟁의 이미지는 미국과 소련에 의한 연합전쟁이었으며, 유럽에서의 대독전쟁과 마찬가지로 두 국가가 공동으로 각각 태평양과 아시아대륙에서 일본군을 타도한 것이었다. 따라서 스탈린은 루스벨트의 요청으로 준비한 대일전쟁의 성과를 트루먼과 원자폭탄 때문에 최후의 단계에서 박탈당하려 한다고 여겼을 것이다. 그러나 원자폭탄을 손에 넣은 번스 국무장관은 런던 외상이사회를 자신의 교섭방식을 관철하는 기회로 생각한 듯하다. 해리먼 대사는 포츠담회의 이후 스탈린 및 몰로토프와 나눈 대화를 사전에 전달할 필요를 느끼고, 8월 23일 번스에게 외상이사회가 개막되기 전에 런던에서 개인적으로 만나 달라고 요청했다. 대일이사회를 둘러싸고 예상되는 문제에 대해 경고하고, 나아가 "우리는 조선에서도 곤란에 빠져 있다"고 지적한 것이다. 그러나 해리먼의 면담 요청에 대해 번스는 무뚝뚝하게도 "회의 시작 며칠간은 아주 바빠서 당신과 만족할 만한 회담을 할 시간이 없을 것이다. 9월 20일경에 만나면 어떨까"라고 회답했다. 번스는 자신의 교섭방식이 흐트러질까 염려한 듯하다. 해리먼은 번스 외교

Conferences and Conversations 1945: London, Washington and Moscow (Hereafter cited as *DBPO*), series I, vol. II (London: Her Majesty's Stationery Office, 1985), pp. 26~35.

에 대하여 "상원에서처럼 잘 다룰 수 있다고 생각하고 포츠담에 간 것 같다"고 평가했다. 사실 상원의원 시절에 번스는 동료 정치가와 교섭하면서 차이점을 얼버무리는 데에 풍부한 경험이 있었으며, 교묘한 수법으로 상대를 굴복시키고 체면을 세울 만한 방안을 제안하는 이면교섭 기술이 뛰어났다.[3]

이러한 방식은 런던에서도 발휘됐다. 영국 애틀리 노동당 내각의 외상에 취임한 베빈(Ernest Bevin)은 8월 15일에 번스 국무장관과 몰로토프 외상에게 편지를 보내, 외상이사회에서 먼저 이탈리아와의 평화조약, 이어서 헝가리, 루마니아, 불가리아 그리고 핀란드와의 평화조약, 페르시아에서의 철군, 이탈리아 식민지의 처분, 그리고 국제수로에 대해 논의하자고 제안했다. 이와 함께 해리먼처럼 베빈도 "극동 정세라는 관점에서 일본에 관한 문제를 논의하는 일이 틀림없이 긴요할 것이다"라고 주장했다. 나아가 베빈은 9월 4일에도 번스에게 "우리는 몇 가지 극동 문제가 9월 회의에서 논의할 기운이 무르익었을 가능성을 배제해서는 안 된다고 생각한다"고 지적했다. 따라서 이 사안이 의제가 되지 못했던 것은 전적으로 번스의 동의를 얻지 못했기 때문이었다. 9월 11일 런던에서의 첫 전체회의에서, 베빈은 각국이 표명한 요청을 수용하는 형태로 몇 가지 의제를 제시했다. 여기에 일본 관련 문제는 포함되지 않았다. 몰로토프 외상은 "베빈의 의제에는 일본 문제가 포함돼 있지 않다"고 지적하고, 이를 의제에 포함하도록 요구했다. 그러나

---

3) Harriman & Abel, *Special Envoy to Churchill and Stalin*, pp. 504~505; Michael Dobbs, *Six Months in 1945: From World War to Cold War* (London: Arrow Books, 2013), p. 319; *Time*, 17 September 1945.

베빈은 소련 이외의 정부로부터 특별한 제안이 없었다고 변명하며 일본 문제를 의제에 포함시키려 하지 않았다. 한편 번스는 "미국 대표단은 극동 문제가 검토된다고는 이해하지 않았다"고 주장하며 베빈을 옹호했다. 미국과 영국의 연합공세에 직면한 몰로토프는 불만과 불신을 품는 것밖에는 달리 방법이 없었다. 4)

소련에게 있어 런던 외상이사회의 중요한 목적 중 하나는 대일 관리기관을 설립하고 소련이 여기에 적극적으로 참가할 수 있도록 자리를 확보하는 것이었다. 그런데 일본 문제를 논의하지 않고 불가리아와 루마니아에 대해 계속 비난할 뿐이라면, 소련으로서는 이사회 자체의 의의를 의심하지 않을 수 없었다. 이런 국면을 타개하기 위해 몰로토프 외상은 9월 22일 회의에서 갑자기 외상이사회 개편을 주장하며 지금까지 참가했던 프랑스와 중국을 핀란드, 루마니아, 불가리아, 헝가리와의 평화조약에 관한 논의에서는 배제하도록 요구했다. 그것이 포츠담회담의 합의였다고 주장하기 시작한 것이다. 또한 이러한 요구가 수용되지 않으면 이사회 참가를 거부할 수밖에 없다고 강력하게 주장하고, 포츠담합의에 위반하는 이사회의 초기 결정을 시정하는 것이 스탈린의 의향이라며 강조했다. 입장을 명확히 표명한 지 이틀 후인 9월 24일에 몰로토프는 〈일본의 연합국 관리기관〉(*Allied Control Machinery in Japan*)이라는 제목의 각서를 읽어 내리고, 도쿄에 즉시 대일이사회 (Allied Control Council)를 설립하자고 제안했다. 그는 예전에 영국 정부가 외교채널을 통해 대일이사회와 극동자문위원회를 설립할 것을 제

---

4) "Bevin to Balfour", 14 August 1945 and 4 September 1945, *DBPO*, series I, vol. II, pp. 5~6, 49~50; *FRUS, 1945*, vol. II, pp. 99~109, 112~123.

안했다고 지적하며 이를 긴급의제로 삼아야 한다고 요구한 것이다. 그러나 베빈은 그 제안을 기꺼이 논의할 것이라고 하면서도, 그전에 이미 합의한 의제를 논의해야 한다고 다시금 반론했다. 5)

한편 몰로토프가 배포한 각서는 모두(冒頭)에서, 일본 점령이 지금까지와 같이 순수한 의미에서 군사적 단계라면 다양한 권한을 연합국 최고사령관에게 집중하는 것도 이해하겠지만, 이제 연합국이 일본에서 직면한 임무는 주로 정치, 경제, 재정적 성질의 것이라고 지적했다. 더구나 그 궁극적 목표는 일본의 군국주의를 파괴하고, 새로운 침략 가능성을 제거하기 위한 조건을 만드는 데에 있다고 강조했다. 이를 달성하기 위한 책임은 미국뿐 아니라, 연합국 4개국에 있다고 주장하며 소련이 제안한 5개 안을 심의하라고 촉구했다. 그 제안이란 다음과 같았다. ① 미국 대표를 의장으로 하고 미국, 영국, 소련, 중국 대표가 참여하는 대일이사회를 도쿄에 설립한다. ② 대일이사회의 임무는 정치, 군사, 경제, 재정, 그 밖의 사안에 대해 연합국의 일본정책을 정의하고 형성한다. 이사회가 결정할 수 없다고 판명된 문제는 모두 4개국 정부가 선택한 적절한 경로를 통해 해결한다. ③ 대일이사회가 만든 정책을 실시하기 위한 수단은 이사회 집행기관을 통해 의장이 실행한다. ④ 도쿄수비 임무는 4개국 군대가 공동으로 수행한다. ⑤ 대일이사회의 조직과 관련된 다른 문제, 또는 다른 국가들의 자문이사회 참가에 대해서는 이후 다시 논의할 수 있으며 외상이사회에서 현재의 회기에 논의

---

5) *FRUS, 1945*, vol. II, pp. 313~315, 335~339, 357~358; *DBPO*, series I, vol. II, pp. 327~329. 영국 정부의 상세한 입장은 다음 문헌을 참고하라. "Control of Japan", Memorandum by Far Eastern Department, 10 September 1945, *ibid.*, pp. 96~100.

해도 좋다. 이 중 미국이 동의하기 어려웠던 것은 ②와 ④였을 것이다. 전자는 소련 정부에게 사실상 거부권을 부여함을 의미했으며, 후자는 병력은 제시하지 않았어도 소련군의 도쿄 주둔을 가능하게 만드는 내용이었기 때문이다.[6]

번스가 대일이사회에 대한 논의를 회피한 까닭은 어느 정도는 미국의 일본 단독점령을 기정사실화하기 위해서였지만, 일부는 소련이 헝가리에서 그랬듯이 미국도 일본에서 단독으로 행동할 수 있음을 보여주고 싶었기 때문이었다. 그러나 9월 25일 회의에서 몰로토프는 트루먼 대통령이 승인한 대일정책성명(〈항복 후 초기의 대일정책〉)을 9월 23일 미 국무부가 공표한 것을 언급하며, 다른 3국 정상이 여기에 전혀 관여하지 않았던 것에 놀라움을 표명했다. 후에 지적하듯, 스탈린은 이러한 기정사실화의 진행을 접하고는 만약 대일이사회의 설립을 논의하지 않은 채 소련이 일본 점령정책에서 배제될 상황이라면 런던 외상이사회 자체를 실패로 끝나게 해도 좋다고 생각하기 시작했다. 그러나 번스는 소련 측의 강경한 대응에 스탈린의 의사가 반영되었다고 보지 않았다. 몰로토프가 개인적으로 비타협적이며 원자폭탄이 국제정세에 던지는 의미도 제대로 이해하지 못한 탓이라고 해석한 것이다. 이에 번스는 울분을 토하듯, 9월 21일 저녁 "만약 몰로토프가 추방되지 않는다면 그는 히틀러가 독일을, 무솔리니가 이탈리아를 이끈 것과 같은 운명으로 러시아를 이끌 것이다. 몰로토프는 큰 그림을 보지 못하는 흐리멍덩한 인물이다"라고 말할 정도였다. 이 때문에 번스는 몰로토프를 경유하지 않고 스탈린에게 직접 호소하려고, 트루먼 대통령에게 스탈린을

---

6) *FRUS, 1945*, vol. II, pp. 357~358.

설득할 서신을 보내도록 요청했다. 그러나 몰로토프는 스탈린의 지시에 충실했던 것이었으므로, 번스의 도박은 예상을 빗나갈 수밖에 없었다. 번스 외교의 '크나큰 첫 시도'는 지금에 와서는 '20세기 최악의 외교적 실패'로 평가받는다. 번스는 런던에서 워싱턴으로 귀국하며 외상이사회 결렬에 대한 미국 여론의 반응을 염려할 수밖에 없었다. 7)

(2) 단독행동주의의 맹아

그래도 미국의 지도자들은 전시동맹이 전후에도 지속될 것이라고 단순하게 믿고 있었던 것일까. 혹은 쉽게 붕괴할 것이라고 생각하고 싶지 않았던 것일까. 그렇지 않다면 일본과의 전쟁 종결 후에 개최한 외상이사회에서 대일 관리에 관한 논의를 회피하여 소련 지도자들을 화나게 하고는, 그 때문에 회의가 결렬된 데에 당황하지는 않았을 것이다. 반면 스탈린이 이해하기로는 유럽의 대국은 전쟁이 끝날 때마다 국경선을 조정하고, 그 후 평화를 만들어 왔다. 세계 각지에서 전후처리를 둘

7) *DBPO*, series I, vol. II, pp. 354~358; "United States Initial Post-Surrender Policy for Japan", *Department of State Bulletin*, 23 September 1945, pp. 423~427; Robert L. Messer, *The End of an Alliance: James F. Byrnes, Roosevelt, Truman, and the Origins of the Cold War* (Chapel Hill: The University of North Carolina Press, 1982), pp. 126, 133~136; Charles Bohlen, *Witness to History, 1929~1969* (N. Y.: Norton, 1973), p. 247; "Truman to Stalin", "Stalin to Truman", and "Truman to Stalin", 22 and 23 September 1945, Ministry of Foreign Affairs of the U. S. S. R., *Correspondence Between the Chairman of the Council of Ministers of the U. S. S. R. and the Presidents of the U. S. A. and the Prime Ministers of Great Britain During the Great Patriotic War of 1941~1945* (Moscow: Foreign Language Publishing House, 1957), vol. II, pp. 271~273.

러싼 전승국 간 격렬한 외교교섭이 계속돼도 그것이 반드시 미·소 대결로 확대된다고는 이해하지 않았다. 이 시기에 스탈린이 가장 우려했던 것은 독일이나 일본의 부흥이었고 복수전이었다. 그런 의미에서 스탈린에게는 런던 외상이사회에서 대일 관리기관 설립이 논의되지 않았다는 사실이 충격적이었음에 틀림없다. 어쨌든, 런던 외상이사회 결렬은 스탈린에게 단독행동의 불가피성을 인식하도록 했다는 의미에서 나중에 냉전(冷戰)이라고 불리는 미·소 대결의 최초 징후가 되었다. 사실 회의 결렬 약 3주 후, 해리먼 대사와 단둘이 회담하며 스탈린은 처음으로 전후 소련이 '혼자서 간다' 정책(a go-it-along policy)을 전개할지 모른다고 시사했다. 스탈린은 "긴 시간, 미국에서는 고립주의자들이 권력을 장악해 왔다"며 자신은 "그런 정책을 좋아하지 않는다"고 전제한 후 "어쩌면 지금이야말로 소련이 그런 정책을 채용해야 할지 모르겠다"고 말한 것이다. 해리먼은 스탈린이 "고전적인 미국식 고립을 채용하려는 것이 아니라, 단독행동정책에 점차 비중을 두고 있다"고 이해했다. 고립정책이란 "소련의 동유럽 지배를 유지하면서, 서유럽이나 그 외 지역에서 소련의 영향력을 확대하는 수단으로써 공산당이 사용하는 정책"을 의미한다고 생각한 것이다. 8)

런던 외상이사회에서는 한반도 독립 문제를 논의하지 않았다. 그러나 외상이사회의 논의가 한반도 문제를 둘러싼 이후의 논의, 특히 12월 말 모스크바에서 개최한 미·영·소 외상회의에 큰 영향을 미친 것은 분명하다. 구 이탈리아 식민지를 둘러싼 미국과 소련 간 신탁통치

---

8) Harriman & Abel, *Special Envoy to Churchill and Stalin*, pp. 514~515; 橫手愼二, 《スターリン》(中公新書, 2014), pp. 237~238.

논쟁은 모스크바에서 벌어진 한반도 신탁통치 논쟁의 전초전이었다. 이에 대해 어떤 형태로든 합의가 성립되지 않으면, 혹은 성립되더라도, 스탈린은 한반도 통일관리나 신탁통치를 조금씩 무너뜨리는 방식으로 이를 부정하고, 소련군이 주둔한 북한을 루마니아나 불가리아처럼 취급할지도 몰랐다. 또 소련이 대일관리에서 배제당해 '혼자서 가는 정책'이나 '고립정책', 즉 단독행동주의로 기울면, 이는 유럽이나 일본뿐 아니라 한반도에도 적용될 수밖에 없었다. 미군이 일본을 단독으로 점령하고 맥아더가 대일 점령정책을 독점하면, 스탈린은 그만큼 소련군이 단독으로 점령하는 지역, 즉 동유럽이나 북한에서 자유롭게 행동할 수 있다는 역설이 존재했던 것이다. 그러한 의미에서 한반도 독립문제를 논의하기 위한 구조는 런던 외상이사회에서 만들어졌다고 해도 과언이 아니다. 더욱이 런던 외상이사회 결렬이 모스크바 외상회의에 미친 심리적 영향도 적지 않았다. 타협의 명수인 번스 국무장관으로서는 런던에서 실패했기 때문에 모스크바에서는 반드시 합의를 달성시켜 성공해야만 했다. 9)

그런데 런던 외상이사회 결렬 이후, 스탈린은 단독행동정책을 실제로 실행하기 시작했다. 아니면 그런 태도를 보였다. 예를 들면 소련군의 제2차 세계대전 영웅이었던 주코프(Grigori K. Zhukov) 원수는 미국 방문 예정 이틀 전인 10월 3일에 병을 이유로 돌연 방문을 연기했다. 주코프의 방문은 아이젠하워 원수가 8월에 소련을 방문한 데 대한

---

9) 런던 외상이사회의 중요성을 일찍이 지적한 사람은 오충근이다. 吳忠根, "朝鮮分斷の國際的起源 — 原則の放棄と現狀の承認", 〈朝鮮半島の國際政治〉(日本國際政治學會 編, 〈國際政治〉, 第92号, 1989), pp. 96~115를 참조하라.

답방으로 계획된 것이었다. 또 미국 전함 미주리호에서 소련을 대표하여 항복문서에 서명하고 그 후 도쿄의 연합국 최고사령부(GHQ)에 파견되었던 데레비앙코(Kuzma N. Derevyanko) 중장이 같은 무렵 본국으로 소환돼 10월 5일 모스크바에 도착했다. 북한에서도 그 후 얼마 지나지 않아 서울 주재 폴랸스키 총영사가 평양의 소련군 사령부를 방문해 새로운 정책방침과 치스차코프 사령관의 편지 두 통을 받아서 10월 10일 서울에 돌아왔다. 치스차코프는 하지에 보낸 서신에서 미국과 소련 양 정부의 결정이 있기까지는 군사 수준의 교섭이 있을 수 없다고 시사했다. 편지를 받은 하지는 9월 말까지 서울에 주재한 소련군 연락반이 철수 중이며, 그에 상응해서 평양에 있는 미군 연락반의 수용도 거부될 것이라는 전망 등을 맥아더에게 보고했다. 또한 폴랸스키와 소련군 사령부의 회담에 모스크바에서 파견한 정치고문이 참가한 것으로 보인다고 덧붙였다. 상호 관심사를 논의하기 위해 하지는 이미 소련군 사령관을 서울에 초대하는 서한을 보냈지만 치스차코프가 회답을 보류하고 있었다. 런던 외상이사회가 결렬되자 점령 후에 막연하게나마 존재했던 현지의 느슨한 상호연대가 철회된 것이다. 10)

반면 38선 설정에도 불구하고 분할된 남북한의 점령정책을 통합하고, 가능한 빠른 시기에 군정을 종식하며, 국제적 신탁통치를 통해 통일 독립국가를 수립한다는 미국의 한반도 정책에 변화는 없었다. 앞서 논했던 것처럼, 이는 제2차 세계대전 중에 형성된 기본원칙이자 남한 점령 후에도 국무부가 여러 번 확인한 정책이었기 때문이다. 그러나 점

---

10) 吳忠根, "朝鮮分斷の國際的起源", pp. 101~102; *FRUS, 1945*, vol. II, pp. 1065~1066, 1071~1072.

령당국에게는 워싱턴이 교섭해야 할 신탁통치보다도 미·소 점령행정의 조정이나 통합이 현실적으로 절실한 문제였다. 왜냐하면 공업적인 북한과 농업적인 남한은 많은 점에서 상호보완적 관계이며, 특히 남한은 석탄과 전력의 많은 부분을 북한에 의존하고 있었기 때문이다. 현지 교섭이 곤란하다는 것이 판명된 후, 11월 초 국무부는 ① 북한으로부터 석탄 및 전력의 정기적 공급 보장, ② 철도 그 외 연결수단의 재개, ③ 통화, 환율 등 공통의 재정정책 수립, ④ 연안 해운의 재개, ⑤ 난민, 귀환 문제의 질서 있는 해결, ⑥ 최소한의 일용품 교역 정상화 등에 대해 정부 간 교섭을 추진하기로 방침을 정하고 모스크바 주재 해리먼 대사에게 훈령을 내렸다. 흥미로운 사실은 미군이 경기도 전체를 점령하고, 황해도 전체를 소련군 점령지역에 편입하고, 강원도의 경계선을 조정하는 등 38선의 수정에 관한 하지 사령관의 요구도 워싱턴에 전달돼 있었다는 점이다. 번스 국무장관의 지시를 받은 해리먼 대사는 11월 8일 몰로토프 외상에게 보내는 서한 형태로, 이 문제들에 대해 양국이 잠정적 합의에 도달할 가능성을 타진했다. 소련 정부가 북한에 있는 소련군 사령관에게 교섭권한을 부여하거나, 혹은 이를 정부 간에 직접 협의하도록 요청한 것이다. 하지만 비신스키 외무차관의 11월 21일 자 회답은 미국 정부의 제안을 소관 당국에서 검토하고 있다고 전할 뿐이었다. 11)

---

11) SWNCC 176/8, 13 Oct. 1945, *FRUS, 1945*, vol. Ⅵ, pp. 1073~1081; SWNCC 79/1, 22 Oct. 1945, *ibid.*, pp. 1093~1096; SWNCC 101/4, 24 Oct. 1945, *ibid.*, pp. 1096~1103; "Vincent to Vittrup", 7 Nov. 1945, *ibid.*, pp. 1113~1114; "Vincent to Acheson", *ibid.*, pp. 1127~1128; "Byrnes to Harriman", 3 Nov. 1945, *ibid.*, pp. 1106~1109; "Harriman to Byrnes", 9 Nov. 1945, *ibid.*,

이 무렵 해리먼 주소련 미국대사는 한반도에 대한 소련의 태도를 지정학적 관점에서 명확히 이해하기 시작했다. 런던 외상이사회 전인 8월 23일 해리먼은 "4대국에 의한 신탁통치를 통해 독립시킨다는 스탈린의 합의에도 불구하고, 소련은 이 나라〔한반도〕를 지배하고 싶어 한다는 것이 나의 인상이다. 소련은 극동에서 일방적인 목적을 가진 채, 우리와 어디까지 함께 갈 수 있을지 확인하고 있다"고 지적했다. 11월 12일에 보낸 해리먼의 경고는 이것보다 훨씬 구체적이었다. 소련의 간행물이나 한반도 내 정당의 성명을 분석하여, 해리먼은 이들이 한반도 독립을 주창하고 있을 뿐 신탁통치를 언급하고 있지 않은 데에 주목했다. 소련이 전자에 찬성하고, 후자에 반대하고 있다고 이해한 것이다. 더욱이 해리먼은 핀란드, 폴란드, 루마니아와 마찬가지로 소련은 역사적으로 한반도를 '소련 공격의 도약대'로 간주하고 있다고 지적하며, 3분의 1, 혹은 4분의 1의 투표권을 의미하는 데 불과한 국제적 후견제도보다는 '독립우호' 한반도 수립을 통한 소련의 '우위'(paramountcy)를 확보하려 한다고 이해했다. 소련은 또 논의보다 행동을 중시해서, "북한의 정치통합과 남한 침투에 노력을 집중하고, 문민지배 문제가 제기될 때까지는 정치적 토대를 마련할 것이다"라고 예측했다. 더욱이 보고서 말미를 "만약 소련 정부가 순종적이고 상대적으로 강력한 한국군을 보유하고 그 배후에 민병대를 둘 수 있다면, 적군(赤軍)이 된 한반도에서 철수를 희망하면서 우리에게 우리 부대도 동시에 철수시키도록 압력을 가할 우려가 충분히 있다"라고 끝맺었다. 그 후의 사태전개를 보면 외

---

p. 1119; "Harriman to Byrnes", 23 Nov. 1945, *ibid.*, p. 1133; "Harriman to Molotov", 8 Nov. 1945, *FRUS, 1945*, vol. II, p. 627.

교의 최전선에 있던 해리먼이 놀라운 통찰력을 보여줬다고 말하지 않을 수 없다. 사실, 한반도 독립 문제는 12월 말에 해리먼이 예측한 듯한 정치상황 아래서 미·영·소 모스크바 외상회의의 의제가 된 것이다. 소련이 미·소 양군을 한반도에서 조기에 동시 철수하자고 정식으로 제안한 것은 1947년 9월이었다. 12)

(3) 스탈린과 해리먼의 회담

런던 외상이사회가 결렬된 후, 몰로토프 외상이 모스크바로 향한 것은 10월 4일 오후였다. 다음 날 소련정부 기관지 〈이즈베스티아〉는 1면에 런던 외상이사회의 결렬이라는 사태를 심각하게 보도했다. 만약 미·영 대표가 이전의 합의(포츠담합의)를 위반하는 태도를 계속하면, "3대국 협조의 기초가 위태로워질 것이다"라고 지적했다. 그러나 10월 6일 소련공산당 기관지 〈프라우다〉는 이러한 격한 반응을 억제하고 외상이사회가 몇 가지 합의를 이뤘다고 전했다. 이 때문에 며칠 후에는 당초 소련의 태도를 전술적인 것으로 이해하고 오히려 크렘린이 회의의 재개, 특히 미국의 이니셔티브를 기대하는 것은 아니냐는 관측도 나온 것이다. 한편 런던 외상이사회 결렬이 미·소 협조를 붕괴시킬 것이라는 불안은 미국에도 존재했다. 회의 마지막에 번스 국무장관은 점차 소련과의 대립을 지속하는 것을 주저하며 해리먼, 던, 볼런, 코헨(Benjamin V. Cohen), 덜레스(John Foster Dulles)에게 조언을 구했

---

12) Harriman & Abel, *Special Envoy to Churchill and Stalin*, p. 504; "Harriman to Byrnes", 12 Nov. 1945, *FRUS, 1945*, vol. II, pp. 1121~1122.

다. 또한 영국 대표는 미국이 주의 깊게 사전준비를 하지 않은 채 계속 일방적으로 행동하는 데에 불만을 느끼고 있었다. 그럼에도 몰로토프가 어떤 형태로든 타협안을 제시하지 않는 한, 회의를 중단하는 것 이외에는 방법이 없었다. 루스벨트 사후에 퇴임 기회를 엿보며 이 회의를 최후의 임무로 생각했던 해리먼 주소련 대사는 회의 종료 전에 번스 국무장관에게 자신의 사직을 요청했다. 그러나 번스는 "이렇게 교착상태에 있으니, 열차를 궤도에 다시 올려놓기까지는 기다려야 한다"고 대답했다. 해리먼은 이에 동의하고, 자신이 직접 트루먼 대통령의 서신을 스탈린에게 전달하겠다고 제안했다. 몰로토프 외상을 거치지 않고 직접 스탈린에게 호소하는 방법을 택한 것이다. [13]

해리먼은 10월 4일 런던을 출발해서 베를린, 빈 그리고 부다페스트를 거쳐 모스크바로 향했다. 주코프 원수의 갑작스러운 방미 연기에 혼란스러웠던 베를린에서 그는 클레이(Lucius D. Clay) 군정장관대리 및 머피(Robert D. Murphy) 대사와 의견을 교환했다. 헝가리 부다페스트에서는 10월 7일 실시한 의회선거에서 반공적 소자작농민당(the Smallholders' Party)이 과반수(50.5퍼센트)를 획득해 공산당과 사민당 연합(42.8퍼센트)에게 승리했고, 거리는 환호로 넘쳐났다. 소련에게는 충격적인 결과였지만 일부 군중은 성조기를 휘날리며 승리를 자축했다. 점령지역 곳곳에서 적군(赤軍) 병사의 난폭행위가 사람들에게 강한 적의를 불러일으키고 있었다. 그러나 해리먼이 도착했을 때 모스크바에서는 스탈린이 중병으로 누워 있다거나 사망했다는 소문이 난무

---

13) *DBPO*, series I, vol. II, pp. 492~494, 501; *FRUS, 1945*, vol. II, p. 561; Harriman & Abel, *Special Envoy to Churchill and Stalin*, pp. 508~510.

했다. 10월 10일 스탈린이 휴식을 위해 모스크바를 떠날 것이라고 발표했기 때문이었다. 〈타스 통신〉의 전례 없는 보도가 다양한 억측을 낳은 것이다. 해리먼은 15일 몰로토프와 만나 스탈린에게 개인적으로 전할 트루먼 대통령의 메시지가 있다고 알렸다. 몰로토프는 스탈린이 휴식을 취하고 있다고 밝히며 그 메시지를 스탈린에게 전달하겠다고 대답했지만 해리먼은 "그가 돌아올 때까지 기다릴 수 있다"고 말했다. 또 몰로토프가 스탈린은 11월 세 번째 주까지 6주 정도 자리를 비울 예정이라고 말하자 해리먼은 "어디에 있는가", "기꺼이 만나러 가겠다"고 응수했다. 그러자 몰로토프는 조금은 주저하면서도 가능한지 확인해 보겠다고 대답했다. 3일 후 해리먼은 스탈린이 10월 24일이나 25일, 혹은 26일에 크리미아의 가그라에서 만날 수 있다는 회답을 받았다. 해리먼은 가장 빠른 24일을 택했다. 14)

그날 해리먼은 거의 시야가 확보되지 않을 만큼 구름 낀 상공을 남쪽으로 날아갔다. 비행기가 캅카스산맥을 왼쪽에 두고 로스토프에 근접하자 흑해 일대는 눈부실 정도로 맑게 개어 있었다. 그곳은 평탄하고 단조로운 모스크바 교외와는 다른 별세계였다. 해리먼은 소치공항에 내린 뒤 강풍이 부는 흑해 동북 해안도로를 한 시간 정도 달려 산뜻하게 벽을 칠한 별장에 도착했다. 그 별장은 베리야(Lavrenti Beria) 내무인민위원부(NKVD) 의장이 그루지야공산당 총서기 시절에 애용하던 휴가용 은신처였다. 스탈린이 거기에서 마중을 나온 것이다. 인사를 나

---

14) "Harriman to Byrnes", 14, 18 October 1945, *FRUS, 1945*, vol. II, pp. 563~565; Harriman & Abel, *Special Envoy to Churchill and Stalin*, pp. 510~511; Jörg K. Hoensch, translated by Kim Traynor, *A History of Modern Hungary 1867~1986* (London and N.Y.: Longman, 1988), p. 172.

눈 후, 스탈린은 해리먼이 가져온 트루먼 대통령의 편지를 주의 깊게 읽었다. 그리고 고개를 들고 "여기에는 일본 문제가 언급되어 있지 않다"라고 반응을 보였다. 사실 트루먼의 서신은 루마니아와 불가리아 정부 승인에 관한 미국 정부의 정책이 소련에 대한 비우호적 태도에서 기인한다는 몰로토프의 주장을 부정하면서, 이는 번스가 얄타회담에서 수용한 루스벨트 대통령의 정책을 실행하려고 했던 것에 불과하다고 설명했다. 또한 런던 외상이사회 결렬의 직접적 원인이 됐던 회의 절차 문제에 대해서는 프랑스나 중국 정부를 배려하는 입장을 정중하게 설명하고 이를 수용하도록 스탈린에게 촉구했다. 그러나 편지는 확실히 일본 관리 문제를 언급하지 않았고, 어떠한 문제에 대해서든 해리먼과 협의할 수 있다고만 쓰여 있었다. 트루먼 서신에는 런던에서 오간 토의, 즉 일본 문제를 경시한 번스의 입장이 반영되어 있었다. 그러나 이 문제에 대해 해리먼은 런던에서 소련 측에 '불필요한 의심'을 갖게 해서는 안 된다고 여러 차례 번스에게 지적했다. 이를 위해 번스에게 3통의 각서를 전달했을 정도였다. [15]

힐문하는 스탈린에게 해리먼은 일본 문제를 현재 국무부와 육군부,

---

15) *Ibid.*, pp. 508~509, 511~512; "Memorandum of Conversation between Stalin and Harriman", 24 October 1945, *FRUS, 1945*, vol. VI, p. 782; "Byrnes to Harriman", 12 October 1945, *ibid.*, pp. 562~563; "Truman to Stalin", 24 October 1945, Ministry of Foreign Affairs of the U. S. S. R., *Correspondence between the Chairman of the Council of Ministers of the U, S, S. R. and the Presidents of the U. S. A and the Prime Ministers of Great Britain during the Great Patriotic War of 1941~1945* (Moscow; Foreign Languages Publishing House, 1957), vol. II, pp. 274~276; James F. Byrnes, *All in One Lifetime* (N. Y. : Harper, 1958), p. 319.

그리고 맥아더와 대통령이 서로 논의하고 있으며 10월 30일 극동자문위원회가 열리기 전까지는 제안서를 작성할 전망이라고 대답했다. 덧붙여 비공식적 입장에서 워싱턴의 전반적인 생각을 포괄적으로 설명했다. 항복 후 최초 단계에서 일본은 미군 단독으로 무장해제했지만, 다음 단계에서는 미국이 영국, 소련, 중국 군대에 일정 부분 참가를 요청할 것으로 예상한다고 설명했다. 더욱이 워싱턴에서는 연합군 사령관들이 모여 다양한 정책 문제를 맥아더와 토의하는 군사이사회(Military Council) 설립을 검토하고 있다고 부언했다. 그러나 만약 그들이 합의하지 못한다면, 최종적 결정권은 맥아더에게 있다고 덧붙였다. 스탈린은 "그 말을 들으니 매우 기쁘다"고 언급했다. 스탈린은 독일과 달리 일본에는 정부가 있으므로 연합국의 대일관리기관을 '관리이사회'(control council)가 아닌 '관리위원회'(control commission)로 불러야 한다고 언급한 후, 관리위원회는 결코 맥아더의 권위를 훼손하지 않을 것을 보장하며 소련군만 주둔하는 헝가리와 루마니아도 최종적인 결정권은 각 관리위원회의 소련 의장이 확보하고 있다고 말했다. 요컨대 스탈린은 도쿄에 있는 맥아더의 우월한 입장에 반대하지 않겠다면서, 오히려 부다페스트와 부쿠레슈티에서 전례를 발견한 것이다. 이는 같은 해 4월 스탈린이 한 발언이라고 질라스가 기록한 바, 즉 "이 전쟁은 과거의 전쟁과는 다르다. 모두가 자신의 사회제도를 강압하고 있다. 그 군대가 그런 힘을 가지고 있는 한 모두가 자신의 사회제도를 강압한다. 그 외의 방법은 없다"는 사실을 재확인한 것이었다. 말할 필요도 없이 한반도 북부에는 소련군이, 남부에는 미군이 주둔하고 있었다. 16)

---

16) *FRUS, 1945*, vol. Ⅵ, pp. 782~785; Harriman & Abel, *Special Envoy to*

이러한 논의는 이튿날까지 이어졌다. 다음 날 오후 7시에 두 사람이 회담을 재개했을 때, 스탈린은 그렇게 유쾌한 듯 보이지 않았다. 소련 정부는 "일본에 관한 정책결정에 소련은 한 번도 상담하지 못했고 통보도 못 받았다"고 불만을 토로한 것이다. 스탈린은 소련이 '태평양에 있는 미국의 위성국'으로 취급받고 있다고 주장하며, 몰로토프가 런던에서 대일관리위원회 문제를 제기한 것은 그 때문이라고 지적했다. 해리먼은 그에 항의하며, "만약 오해가 있다면 지금이야말로 시정할 때다"라고 언급했다. 또한 스탈린이 맥아더의 일처리 방식을 포함해 불만스러운 지점을 열거하자, 해리먼은 미국이 과거 수개월에 걸쳐 워싱턴에 자문위원회를 설치하고 점령정책을 태평양 동맹국과 협의하려고 했으나 소련은 대표를 보내지 않았다고 반론했다. 그러나 스탈린은 자문위원회를 '잘못된 해결법'이라 말하며, 도쿄에 연합국 관리위원회를 설치하는 것만이 올바른 방법이라고 주장했다. 이어 앞서 소개한 '소련은 혼자서 간다'는 고립정책에 관한 스탈린의 발언이 있었던 것이다. 여기에서 해리먼은 소련 지도부가 새로운 전후정책, 즉 '전투성과 자립성을 증대하는 정책'을 토의하고 결정했다는 징후를 읽어 냈다. 스탈린은 불가리아, 핀란드, 헝가리, 이탈리아 그리고 루마니아와의 평화조약을 기초하기 위해 외상이사회를 재개하고, 그 후에 평화회의를 개최한다는 제안에 동의했다. 그러나 평화회의에 중국, 노르웨이, 네덜란드, 벨기에, 룩셈부르크, 폴란드 그리고 인도가 참가하는 데에 강하게 반대했다. 그래서 해리먼은 그 이상 논의하는 것을 단념했다. 17)

Churchill and Stalin, pp. 513~514; Milovan Djilas, *Conversations with Stalin* (London: Rupert Hart-Davis, 1962), pp. 30~31.

두 번의 회담에서 가장 중요한 사실은 스탈린 자신이 소련 외교의 판단기준을 제시했다는 것이다. 스탈린에게 있어 런던 외상이사회를 결렬시키고 발칸 문제의 해결을 좌절시킨 것은 몰로토프의 완고한 태도가 아니라 소련을 일본 점령에서 배제하려 한 미국의 동아시아정책이었다. 대일관리위원회를 조직하지 않아 소련이 거기에 참여할 수 없다면, 미·영·소 삼국협조는 불가능하며 스탈린은 외교적 고립, 즉 단독행동의 길을 걸을 수밖에 없던 것이다. 해리먼이 받은 인상에 의하면, 스탈린은 단순하게 사실을 언급할 뿐 무슨 공갈을 하지는 않았다. 테헤란회담 이후, 스탈린이 동아시아에서 두려워했던 것은 일본군국주의의 부활이었다. 스탈린은 "일본이 두 세대에 걸쳐 극동의 안전에 위협이었기에, 이제 소련은 그 위협에서 안전해지지 않으면 안 된다"고 느끼고 있었다. 해리먼이 외상이사회를 다시 궤도에 올려놓으려 하자 몰로토프는 다시 연합국의 대일관리위원회에 거부권을 부여하려고 했다. 그러나 해리먼은 미국 정부가 맥아더에게 정책지령을 보내는 종래의 방식을 바꾸려 하지 않았다. 스탈린과의 회담에 기초해 해리먼은 미국 정부 내에서 빨리 대응방침을 굳히면 좋겠다고 생각했지만, 번스 국무장관은 더욱 신중하게 소련의 태도를 살피려고 했다. 그러는 중에도 앞서 봤던 것처럼 소련의 태도는 급속하게 변했다. 해리먼은 그것이 불만이었다. 헝가리에서 11월 7일 전국선거가 실시됐다. 소자작농민당의 득표율이 57퍼센트에 달한 것에 비해 공산당은 겨우 16.9퍼센트밖

---

17) "Memorandum of Conversation between Stalin and Harriman", 25 October 1945, *FRUS, 1945*, vol. VI, pp. 787~793; Harriman & Abel, *Special Envoy to Churchill and Stalin*, pp. 514~516.

에 획득하지 못했다. 이때의 참패 이후, 스탈린은 두 번 다시 자유선거를 허용하려 하지 않았다. 18)

(4) 모스크바협정 체결: '총명한 타협'의 함정

절차적 문제를 이유로 결렬된 외상이사회를 재개하기 위해서는 이를 절차적으로 극복하기 위한 지혜가 필요했다. 11월 23일 번스는 혼자서 조용히 책상을 정리하면서 여기에 생각이 미쳤다. 얄타회담에서 미·영·소 외상이 적어도 3개월이나 4개월에 한 번 회담하기로 합의한 사실을 떠올린 것이다. 미·영·소 외상회의 방식이라면 소련의 요구대로 프랑스와 중국을 제외할 수 있다고 생각했을 것이다. 더구나 이미 샌프란시스코, 포츠담, 런던에서 3국 외상이 회담을 했으니 남은 곳은 모스크바뿐이었다. 트루먼 대통령의 동의를 얻은 후, 그날 바로 번스는 이 발상을 몰로토프에게 전했다. 1946년 1월 상순에 런던에서 첫 유엔총회가 개최될 예정이었기에 12월 후반이 최적의 타이밍이었다. 몰로토프는 그러한 구상을 수용하고 회담 개시일을 12월 15일로 정했다. 번스가 몰로토프에 제시한 의제는 원자력 에너지, 외상이사회 재개, 대일이사회와 극동위원회 설립, 한반도 독립정부 수립, 중국 문제, 이란 문제, 불가리아 및 루마니아 정부의 승인 등이었다. 이제서야 한반도 독립 문제가 처음으로 외상회의의 정식의제로서 모습을 드러낸 것

---

18) "Roberts to Sargent", 27 October 1945, *DBPO*, series I, vol. II, pp. 506~509; "Harriman to Byrnes", 13 Nov. 1945, *FRUS*, vol. VI, 849~851; Harriman & Abel, *Special Envoy to Churchill and Stalin*, pp. 516~519; Hoensch, *A History of Modern Hungary*, p. 173.

이다. 의제조정 과정에서 번스는 한반도 독립정부 수립에 대해 자신의 생각을 영국에 설명하고, "우리는 한반도 독립정부 수립을 압박할 생각이다. **만약 그것이 수용되지 않으면**, 이탈리아 식민지를 위해 시사한 것과 마찬가지로 유엔 아래에서의 한정적인 기간의 신탁통치에 찬성한다"고 주장했다. 다만 한반도 독립정부 수립이 구체적으로 무엇을 의미하는지, 그것을 어떻게 수립하는지 등은 꼭 명확하지는 않았고, 이는 이후 의제에 혼란을 초래했다.[19]

미·영·소 외상의 모스크바 회의는 예정보다 하루 늦은 12월 16일에 개막했다. 미국 대표단 8명 중 한반도 독립 문제에 관한 논의와 관계된 사람은 번스 국무장관, 해리먼 대사, 빈센트 극동국장 그리고 통역을 겸한 볼런 국무장관보좌 등 4인이었다. 소련 관계자는 몰로토프 외상, 비신스키 외무차관, 그리고 도쿄 주재 말리크 대사(Yakov A. Malik)였다. 첫 의제 설정에서 몰로토프는 번스가 제출한 8개의 의제를 승인하고, 토의 순서를 변경하거나 내용을 약간 수정했다. 그때 번스는 제3의제가 된 '한반도 독립정부 수립'을 '한반도 독립정부 수립을 향한 한반도 통일관리의 실현'으로 수정하자고 요청해서 몰로토프의 동의를 얻었다. 그러나 이에 이은 예비토론 단계에서 주요한 논쟁이 발생했다. 번스는 이 문제를 해리먼이 11월 8일에 몰로토프에 보낸 편지

---

19) Byrnes, *All in One Lifetime*, pp. 326~327; "Byrnes to Winant", 29 November 1945, *FRUS, 1945*, vol. II, pp. 587~589; "Winant to Byrnes", 29 November 1945, *ibid.*, pp. 599; "Harriman to Molotov", 7 December 1945, *ibid.*, pp. 599 ~600; "Molotov to Harriman", 7 Dec. 1945, *ibid.*, p. 601; "Kerr to Bevin", *DBPO*, series I, vol. II, pp. 635~636; "Teletype Conversation between Bevin and Byrnes", 27 November 1945, *ibid.*, pp. 639~641.

(앞서 본 것처럼 석탄과 전력을 포함한 남북 간의 일용품 교환, 철도 및 해운 등 연락수단의 재개, 공통의 재정정책 수립 등을 위해 현지 혹은 정부 단위의 미·소 교섭을 요청했다)에 기초하여 논의할 것을 주장하며 복사본을 배포하고 러시아어로 읽도록 했다. 아마 해리먼 등과 협의한 후 번스는 현실의 분단상황을 해소하기 위한 구체적 조치, 즉 통일관리 실현부터 논의하려 했을 것이다. 몰로토프가 해리먼의 편지는 이 의제의 전반적 측면을 전혀 반영하고 있지 않다고 지적하자, 번스는 서신이 시사하는 바야말로 이 의제가 설정한 목적을 달성하기 위한 첫걸음이라며 반론했다. 그러나 구체적 문제를 논의하는 것이 불리하다고 여겼는지, 몰로토프는 해리먼 서신에는 한반도 정부에 대한 언급이 없다고 지적하며 그런 관점에서 전반적 문제를 논의하자고 했다. [20]

신탁통치 문제를 논의할 때에도 번스의 태도는 똑같았다. 그는 미·영·소 합의가 존재한다는 점을 확인한 후, 그것이 **즉시 달성되지 않기** 때문에 해리먼 서신의 제안을 실현하는 것이 가장 바람직하며, 한반도의 심각한 상황을 구제하기 위한 조치를 실시한 후, 그에 이어 신탁통치 방식을 논의할 수 있다고 강조했다. 그러나 몰로토프는 다시금 해리먼의 서신이 한반도 정부 문제도 신탁통치 수립도 언급하지 않았다고 지적하며, 번스가 교역·철도, 난민 문제와 정부형태 문제를 연계할 것이라고는 생각하지도 못했다고 반론했다. 번스는 다시금 미국이 **한반도 전체의 통일관리**를 목표로 하고 있으며, 이는 해리먼 편지가 제시

---

20) "U. S. Minutes of the First Session", 16 December 1945, *FRUS*, *1945*, vol. II, pp. 610~618, 627; "British Record of the First Meeting", 16 December 1945, *DBPO*, series I, vol. II, pp. 722~726.

한 방법으로 달성할 수 있다고 주장했다. 그뿐 아니라, 번스는 좀더 솔직하게 남북한에 있는 **미·소 양 군사령관이 상기 문제들과 그 밖의 문제에 대해 논의하고** 현재 별개로 존재하는 두 개의 행정부 대신에 **하나의 통일행정부를 만들도록** 도와주자고 독려했다. 일단 두 행정부가 통합되면 "다음에 합의된 4대국 신탁통치의 단계"로 이행하는 일이 쉬울 것이기 때문에, 현재 두 사령관이 협력하지 않거나 한반도의 두 행정부가 즉시 통일하지 않아야 할 이유는 존재하지 않는다고 열변을 토했다. 요컨대 1단계에서 미·소 점령당국이 공동으로 통일관리(통일행정부)를 실현하고, 2단계에서 4개국 신탁통치로 이행하고, 마지막으로 한반도 독립정부를 수립한다는 3단계 방식이었다. 이에 몰로토프는 해리먼 서한이 통일관리, 신탁통치, 독립정부를 언급하지 않았으므로 이들 문제에 대한 미국 정부의 견해를 회의에 제출하도록 요구했다. 번스는 미국 대표단이 전반적 문제에 대한 문서를 준비해서 다음 회의에 제출하겠다고 약속했다. 한반도 독립 문제에 대한 미·소의 첫 논쟁은 이렇게 끝났다. 그 사이 번스는 시종일관 남북한의 통일관리 실현을 우선했고 몰로토프는 이를 경계했다.[21]

12월 17일 제2차 회의에 제출된 미국 각서의 제목은 〈한반도 통일관리〉(*Unified Administration for Korea*)였다. 카이로선언과 포츠담의정서를 언급하고, 미·영·소가 한반도의 조기독립에 명확히 관여했음을 상기시키면서, 중국을 더한 4개국 신탁통치에 관해서도 그 기간이 '독립적이며 대의적(代議的)이며 효율적인 정부'를 구성하는 데 필요한 기간을 넘지 않아야 한다고 확인했다. 각서의 가장 큰 특징은 전날의

---

21) *DBPO*, series I, vol. II, pp. 726~728; *FRUS*, *1945*, vol. II, pp. 618~621.

예비논의에 이어 미국이 남북한 통일관리 실현에 빨리, 그리고 구체적으로 관여하도록 요구한 것이었다. 사실 이 각서는 "한반도의 민족적 이익에 대한 모든 문제에 공통으로 대처하는 **두 명의 군사령관하에 통일 관리를 창설한다**"는 것이 긴급한 목적이라고 주장하며, "**통일된 행정부** 하에 가능한 한 많은 한국인을 행정관이나 사령관의 고문·조언자로 기용할" 것을 장려했다. 그것이 통일 독립정부의 수립과 이를 위해 광범위한 기초를 갖는 비군사 행정부를 향한 과도기적이지만 불가피한 조치라고 지적한 것이다. 신탁통치 협정의 내용에 대해 잠정적이지만 미국 대표는 ① 유엔과 조선인민을 위해 행동하는 관리기관일 것, ② 자유 독립 한반도 정부가 수립되기까지 한반도의 효과적인 관리를 위해 필요한 행정, 입법, 사법권을 행사할 것, ③ 관리기관은 유엔헌장 제76조(신탁통치제도)에 규정된 기본목적에 따라 행동할 것, ④ 관리기관은 권한 및 기능을 1인의 고등판무관(a High Commissioner)과 1국 1인 대표로 구성하는 집행이사회(an Executive Council)를 통해 행사할 것, ⑤ 고등판무관과 집행이사회는 가능한 한 신속히 조선인민의 진보적 정치, 경제, 사회 발전을 독려하며, 일반 선출된 한반도 입법기관 그리고 충분한 한반도 사법제도를 수립할 것, 그리고 ⑥ 한반도 독립정부 수립을 위한 모든 조치는 5년 내에 종료하지만, 관리기관을 대표하는 4개국 합의에 따라 5년을 넘지 않는 기간 내에서 연장할 수 있을 것이라고 제안했다. 이를 읽은 베빈 외상은 원칙에서 크게 대립하지 않는다면 전문가의 연구와 조언을 얻는 것이 좋겠다고 했으나 몰로토프는 먼저 문서를 검토하지 않으면 안 된다고 주장했다. 22)

---

22) *Ibid.*, pp. 641~643; *DBPO*, series I, vol. II, p. 741.

그러나 다음 날(12월 18일)에 개최된 제3차 회의에서도 몰로토프는 미국의 제안에 대한 검토가 끝나지 않았다는 이유로 한반도 문제에 대한 논의를 회피했다. 소련으로부터 회답을 얻은 것은 대일이사회와 극동위원회에 대한 논의가 실질적으로 종료한 후인 12월 20일 제5차 회의에서였다. 회의 시작 부분에서 몰로토프는 소련 안을 정식으로 제시하기 전에, 의제의 제안을 둘러싼 미국의 혼란을 비아냥거리며 "이번에는 어떤 방법으로 문제를 제기할 것인가"라고 질문했다. 이에 번스는 처음에 시사했던 '한반도 독립정부'나 해리먼 서신이 아니라, 제2차 회의에 제출한 미국 안(〈한반도 통일관리〉)에 대해 논의하자고 대답했다. 몰로토프는 드디어 미국 대표가 긴급 문제와 장기 문제를 구별한 것은 "쉽게 이해할 수 있으며" "옳다"고 지적하고, "북한에 소련군이, 그리고 남한에 미군이 존재하기 때문에 **긴급문제 해결은 그들에게 맡겨야 한다**"고 주장했다. 또한 장기적 문제에 대해서도 소련 정부는 한반도에 미·영·소·중의 신탁통치가 수립되는 데에 동의한다고 명언했다. 미국 안의 기본적 틀을 승인한 듯이 보인 것이다. 그러나 베빈의 질문에 대답하며 몰로토프는 미국과 소련이 제시한 두 가지 안을 함께 검토할 것을 희망하며 곧 소련 안을 제출하겠다고 약속했다. 실제로 소련 안은 그날 회의가 종료되기 전에 제시되었다. 반면, 번스는 미군 점령지역에 유입된 난민 106만 명이 가장 긴급한 문제이며, 그 난민 중에 절반 정도는 만주와 소련군의 한반도 점령지역으로부터 온 사람이라고 강조했다. 23)

---

23) *FRUS, 1945*, vol. II, pp. 660, 696~698; *DBPO*, series I, vol. II, pp. 792~793.

제출된 소련 안은 4개항으로 구성됐다. 제1항은 한반도를 독립국가로 부활시켜 민주적 기초 위에서 발전할 수 있는 조건을 정비하고, 장기간에 걸친 일본의 한반도 지배를 빨리 청산하기 위해 **한반도 임시민주정부를 수립**하는 것이었다. 소련 안은 이 임시민주정부가 공업, 운송, 농업 그리고 한반도 민족문화를 발전시키기 위해 필요한 다양한 조치를 취하도록 하자고 제안했다. 제2항은 한반도 임시민주정부의 수립을 지원하고 적절한 시책을 예비적으로 만들기 위해 남한의 미군 사령부와 북한의 소련군 사령부 대표로 구성하는 **공동위원회를 설치**하자고 요구했다. 또한 시책을 만들 때 **공동위원회는 한반도의 민주주의적 정당 및 사회단체와 협의**하고, 공동위원회가 만든 권고는 각 정부가 검토하도록 하자는 것이었다. 제3항은 약간 복잡하고 중복적이었다. 그 내용은 한반도 임시민주정부와 한반도의 민주적 단체의 참가를 얻어, 공동위원회에 조선인민의 정치적, 경제적, 사회적 진보, 민주적 자치의 발전, 한반도 독립정부의 수립을 촉진하고 원조(신탁통치)하기 위한 시책을 만들 권한을 부여하도록 규정하자는 것이었다. 또 **5년을 기한으로 하는 4개국 한반도 신탁통치 협정을 만들기 위해**, 한반도 임시민주정부와의 협의에 이어 공동위원회 제안을 4개국 정부(미·영·소·중)가 공동으로 검토해야 한다고 주장했다. 제4항은 남북한과 관련된 긴급문제를 검토하고, 행정과 경제분야에서 양 사령부 간의 항구적인 조정을 확립하기 위한 시책을 만들기 위해 2주를 기한으로 미군 및 소련군 양 사령부 대표의 공동회의를 개최한다는 내용이었다.[24]

---

24) "Regarding Korea", Memorandum by Soviet Delegation, 20 December 1945, *FRUS, 1945*, vol. II, pp. 699~700; *DBPO*, series I, vol. II, pp. 795~796. 소

요컨대 미국 안이 1단계에서 미·소 양 군사령관하의 남북한 통일관리(통일행정부)를 실현하고, 2단계에서 이를 미·영·중·소에 의한 신탁통치로 이행하려고 한 데 비해, 소련 안은 미·소 양 군사령부 대표로 구성하는 미·소 공동위원회 설치를 우선하고 이 위원회가 한반도의 민주주의적 정당이나 사회단체와 협의해서 한반도 임시민주정부를 수립하고 초기 정책의 형성을 지원한다는 것이 골자였다. 소련 안은 더 나아가 한반도 임시**민주**정부 수립이나 **민주주의적** 정당 및 사회단체와 협의할 필요성을 강조하였다. 이미 동유럽 여러 나라나 한반도에서 적용한 것처럼 이 경우에 '민주주의' 개념은 소련식 민주주의 민족통일전선과 밀접히 관련되어 있었다. 연소용공(聯蘇容共), 즉 소련이나 공산당에 우호적이거나 적어도 반소반공(反蘇反共)이어서는 안 된다는 의미인 것이다. 소련은 동유럽 여러 나라, 특히 폴란드에서 추구했던 임시민주정부 수립방식을 분할 점령된 한반도에서 적용하기 위해 미·소 공동위원회 방식을 고안했을 것이다. 그러나 미·소 공동위원회와 한반도 임시민주정부를 조합해 보면, 그 과정에서 자유선거는 사라질 수밖에 없다. 미국 안에도 소련 안에도 전국적인 자유선거는 명시되지 않았다. 샤브시나에 의하면 모스크바협정을 실현하기 위해 가장 중요한 요건은 미국과 소련이 수용한 의무, 즉 '한반도의 **민주적** 정당들 및 단체와 협의한다는 의무'를 이행하는 것이었다. 요컨대 그 의무가 자유선거를 대체한 것이다. 또한 소련 안은 신탁통치에 형식적 관심만 보였을 뿐, 이를 유엔헌장이 제시한 신탁통치와 연계하려고는 하지 않았다.

련 안은 러시아어로 배포된 듯하다. 미국과 영국에서 공개한 문서에는 번역상의 차이가 있다.

오히려 모스크바회의 이전의 내부 초안단계에서 이를 주의 깊게 회피했다. 구 이탈리아 식민지를 둘러싼 번스와의 논쟁을 경험한 몰로토프에게는 4개국 대표로 구성하는 집행위원회 설치 시도는 소련의 발언권을 4분의 1로 제한하고 "고등판무관의 권력 밑에 한반도를 〔미국의〕 위임통치지역으로 하려는" 미국의 간계에 불과했을 것이다.[25]

다만 소련이 처음부터 양국 군사령부 대표로 구성하는 공동위원회를 구상했다고 보는 것은 섣부른 판단이다. 전현수의 면밀한 연구에 의하면, 모스크바회의 이전에 한반도 독립정부 수립을 검토했던 외무인민위원부의 초안은 한반도 임시정부에 관련된 문제를 논의하기 위해 미·영·중·소의 대표로 구성된 위원회를 조직하고, 그 위원회가 한반도의 민주적이자 반파시즘적인 정당 및 사회단체와 협의하는 일을 상정하고 있었다. 바꿔 말하면, 그 뒤 16일 예비논의에서 미국에게 구체적 견해를 제출하라고 촉구하고, 다음 날 제시된 제안을 면밀히 검토한 소련 대표단은 미·소 양 군사령부 대표로 구성된 공동위원회와 한반도 임시민주주의 정부를 조합한 새로운 방식을 구상한 것이다. 공동위원회를 조직한다는 아이디어는 아마 "두 명의 군사령관하에 통일관리를 창설한다"는 미국 안에서 얻었을 것이다. 해리먼과 볼런이 참가한 21일의 비공식회의에서 번스 국무장관은 작은 수정을 요구했을 뿐 소련

<hr />

25) *FRUS, 1945*, vol. II, pp. 699~700; F. E. シャブシーナ, "第2次 世界大戰後の朝鮮", E. M ジューコフ 編, 《植民地体制の危機 — 極東アジア諸國珉の民族解放闘爭》, 下卷(ソ同盟科學アカデミー太平洋問題研究所, 東京: 民族問題研究會, 發行年不詳), pp. 162~165; E. M ジューコフ 監修, 《極東國際政治史 1840~1949》, 下卷(日本語版 江口朴郎 監修, 平凡社, 1957), pp. 340~343; 전현수, "소련군의 북한 진주와 대북한정책", 〈한국독립운동사연구〉, 제 9권(독립기념관 한국독립운동사 연구소, 1995. 12.), p. 374.

안을 그대로 수용했다. 번스가 요구한 것은 제2항을 수정해서 공동위원회가 작성한 권고를 미·소 양국뿐만 아니라 미·영·중·소 4개국 정부가 검토한다는 것이었다. 22일 몰로토프가 이를 수용해서 수정한 소련 안을 즉시 기초위원회에 송부했다. 26)

번스 국무장관은 왜 소련 안을 그대로 수용한 것일까. 이는 모스크바 외상회의를 둘러싼 최대의 의문이다. 미국 안과 소련 안의 공통점이나 소련 안의 적극성에 안심한 것일까. 아니면 소련 안을 거절해도 다른 적당한 대안이 없었다고 판단한 것일까. 혹은 처음에 한반도 통일관리를 강하게 요구했기 때문에 번스는 몰로토프 외상으로부터 바람직한 대안을 얻을 수 있었다고 생각했을까. 번스뿐 아니라 해리먼과 볼런도 이에 대해 거의 아무런 언급도 하지 않았다. 그러나 다음 해 1월 19일에 공표된 국무부와 육군부 관계자 간담회에서 빈센트 극동국장은 "우리를 용기 나게 했던 것은 그들〔소련 측〕의 초안이 우리의 견해와 매우 유사했다는 것이다"며 솔직하게 얘기했다. 번스를 포함한 미국 대표는 미·소 공동위원회와 한반도 임시민주정부를 조합한 방식이 한반도에서의 미·소 공동행동을 의미하며, 남북한 통일관리를 촉진한다고 호의적으로 이해한 것이다. 더구나 공동위원회는 한반도의 민주적 정당 및 사회단체의 의사를 반영하기로 되어 있었다. 여러 차례 지적했듯, 조선인민의 자유의사 존중은 카이로선언 이래 미국의 한반도 정책 기본원칙 중 하나였다. 모스크바에서 귀국한 직후, 12월 30일 라디오연설에서 번스는 "한반도 임시민주정부와 협력해서 미·소 공동위원회는

---

26) 전현수, "소련군의 북한 진주와 대북한정책", pp. 372~376; *FRUS, 1945,* vol. II, pp. 716~717, 721, 820~821.

신탁통치를 불필요하게 만드는 방법을 발견할지도 모른다. 우리의 목표
는 한반도가 국제사회의 독립된 일원이 되는 날을 하루라도 빨리 맞이
하는 것이다"라고 낙관적으로 언급했다. 27)

흥미롭게도 수개월 전, 런던 외상이사회 결렬을 보고하는 중에 번스
는 "지금까지 나는 타협적이라고 비판받거나 타협적이 되라는 말을 들
어 왔다. 그러나 사실을 말하면 국제문제에서 평화와 정치적 진전은 국
내정치에서와 같이 '총명한 타협'(intelligent compromise)에 달려 있다고
정말로 믿고 있다"고 말했다. 그렇다면 모스크바협정의 한반도 관련 결
론은 번스에게 미국과 소련의 '총명한 타협'이었을지도 모른다. 한편
미국 및 영국과의 의견 대립에도 불구하고 한반도 신탁통치를 수용한
것이기에 이러한 결과는 소련에게도 타협의 산물이었다. 그러나 한반
도 임시민주정부 수립과 미·소 공동위원회를 조합시키는 방식에 도달
함으로써 그 손실은 충분히 보상받았음에 틀림없다. 왜냐하면 수개월
후에 판명되었듯 이 방식은 소련 측에 단독행동을 위한 토대를 제공했
기 때문이다. 28)

---

27) "Korea and the Far East", Radio Broadcast, 19 January 1946, *Department of
State Bulletin*, 27 January 1946, pp. 104~110; "Report by Secretary Byrnes",
30 Dec. 1945, *ibid.*, pp. 1033~1036, 1047; "Report by Secretary Byrnes", 5
October 1945, *ibid.*, pp. 507~512. 물론 번스가 연설할 무렵에는 남한 내에 격렬
한 신탁통치 반대운동이 표면화했다. 번스의 연설에는 이를 달래려는 측면이 있었
을 것이다.

28) "Report by Secretary Byrnes", 5 October 1945, *ibid.*, pp. 507~512.

3. 모스크바협정에 대한 대응

(1) 반탁운동 전개: 김구와 임시정부

모스크바의 미·영·소 합의는 한반도 임시민주정부의 수립을 중시하고 4개국 신탁통치의 역할을 큰 폭으로 후퇴시켰다. 그러나 이러한 이해가 한반도에는 침투하지 않은 듯했다. 서울의 랭던 정치고문은 모스크바 외상회의가 개최되기 전 1945년 12월 11일 "한국인은 〔아이들처럼〕 **숟가락으로** 밥을 먹여주는 것을 참지 못하고, 독립을 의식하여 그것을 행사하기를 열망하고 있다"고 지적하며, 그 사실이 3부 조정위원회의 분석에서 빠졌다고 주장했다. 또한 "이러한 분위기에서 중요한 양보를 하는 것만이 우리의 점령지역에서 상황을 장악하고 분쟁을 피하며 협력을 얻을 수 있는 길이라고 믿는다"고 강조했다. 더욱이 랭던은 "우리 자신의 명확한 행동만이 한국의 지도자들에게 그들의 독립에 대한 우리의 의도가 순수하다는 점을 확신시켜 줄 수 있다. 이 방법으로 공산주의자와의 싸움, 혼란 그리고 대중의 적의를 깨부술 수 있다"고 주장했다. 신탁통치의 초기 주창자이자 하지 사령관의 정치고문으로 국무부에서 파견한 랭던이 11월 20일의 각서에 이어 다시금 국무장관에게 신탁통치 철회를 진언한 것이다. 제2차 세계대전 중에 루스벨트나 웰스 국무차관이 구체화했던 한반도 신탁통치 구상은 전후 한반도 상황에 더 이상 적합하지 않았다.[29]

　랭던이 의견을 밝힌 며칠 뒤에 하지 미군사령관도 중요한 한반도 정

---

29) "Langdon to Byrnes", 1 Dec. 1945, *FRUS, 1945*, vol. VI, pp. 1140~1142.

세보고를 맥아더에게 보냈으며, 그 내용이 통합참모본부를 경유해 육군부와 국무부에 회부됐다. 하지는 보고서에서 미·소에 의한 남북한의 이원적 점령이 "건전한 경제를 수립하고 장래의 한반도 독립을 준비한다는 점령임무에 불가능한 조건을 부여하고 있다", "한국인은 무엇보다도 독립을, 그것도 즉시 독립을 바라고 있다", "남한 정세는 공산주의 수립에 매우 비옥한 토양을 만들고 있다", "장기적 배상정책과 구일본 재산의 최종적 처분이 절대적으로 필요하다" 등의 의견과 함께, "신탁통치가 모든 한국인의 마음속에 다모클레스의 검처럼 다가오고 있다. 만약 실제로 그것이 부과되면, 곧바로 혹은 장래 언제든지 실제로 그리고 물리적으로 반란을 일으킬 수도 있다"라고 보고하고, 신탁통치를 방기하는 명확한 성명이 "특별히 그리고 긴급히 필요하다"고 주장했다. 며칠 전 랭던이 주장했던 것이 미군 사령관에 의해 보강된 것이다. 더욱이 하지는 보고 말미에 "현재 그대로의 조건에서 앞으로도 어떠한 행동조정이 이루어지지 않는다면, 미·소 쌍방이 동시에 군대를 철수시키고 한반도를 흐름에 맡겨 불가피한 내부 대변동에 의해 정화되길 기다리는 안을 미국과 소련이 진지하게 고려"하도록 호소했다. 이는 워싱턴에 대한 최후통첩에 가까웠다. 다모클레스의 검은 미 점령 당국의 머리에도 다가오고 있던 것이다. 30)

이러한 정세하에 모스크바협정은 워싱턴 시간 27일 오후 10시, 런던 시간 28일 오전 3시, 모스크바 시간 같은 날 오전 6시에 각 수도에서 동시에 발표됐다. 한반도 관련 부분이 도쿄를 경유해 서울에 도달한 것은 〈UP통신〉과 〈AP통신〉의 보도보다 늦은 29일 정오 가까운 시각이었

---

30) "MacArthur to JCS", 16 Dec. *1945, ibid.*, pp. 1140~1148.

다. 그러나 모스크바협정 발표보다도 먼저, 남한 내에는 신탁통치에 대한 관심이 급격히 증대해 있었다. 12월 27일 미군을 대상으로 하는 〈성조지〉(Stars and Stripes)가 번스 국무장관은 한반도 즉시 독립을 촉구하는 훈령을 갖고 모스크바회의에 참가해 소련의 신탁통치 주장에 반대하고 있다고 보도했기 때문이다. 이 뉴스가 알려지면서, 28일 〈동아일보〉는 신탁통치에 대한 임시정부나 한국민주당 등 우파세력의 반발, 나아가 공산당 등 좌파세력의 당혹감을 대대적으로 보도했다. 바꿔 말하면 모스크바협정 내용이 알려지기 전에, 이미 반소(反蘇) 반탁(신탁통치 반대) 분위기가 남한 내에 조성되고 있었다. 이에 더해 보도된 모스크바협정문 번역본에는 적지 않은 문제가 있었다. 〈합동통신〉이 워싱턴발로 보도하여, 29일 〈동아일보〉가 게재한 내용은 협정 사항 중 신탁통치에 비중을 두어 "미·영·중·소 4개국에 의한 신탁통치를 실시함과 동시에 한반도 임시정부를 수립하여 한반도의 장래 독립을 준비하는데, 신탁통치 기간은 최고 5년으로 한다"고 소개한 것이었다. 29일 정오, 하지 사령관은 공산당을 포함한 각 당 영수를 미 군정청에 초청해 막 도착한 전문 내용을 털어놓으며 모스크바협정을 이해해 달라고 촉구했다. 미·소 양군 대표가 공동위원회를 조직하는 것, 그 위원회가 한반도의 각 정당 및 사회단체를 모아 임시정부를 조직하는 것, 한반도 독립을 원조하는 4개국 신탁관리가 필요한지 여부는 4개국 관리위원회가 결정한다는 것 등을 지적하며 신탁통치가 주권 침해는 아니라는 점을 강조했다. 그러나 그 자리에는 충칭 임시정부 대표의 모습은 없었다. 나아가 오후 4시 30분부터 열린 기자회견에서도 하지는 협정문을 배포하면서 정확한 이해를 요청했으나 이미 진전된 사태를 다시 되돌리기는 쉽지 않았다. 〈동아일보〉에 정확한 협정문이 게

재된 것은 30일이었다. [31]

12월 말 남한에 신탁통치 실시가 알려졌을 때, 가장 강력하게 반대한 것은 11월과 12월 두 차례에 나눠 귀국하고, 민주영수회의를 소집하기 위해 당파적 활동을 최소한으로 억제했던 김구와 충칭 임시정부 지도자들이었다. 하지의 기자회견보다 하루 빠른 28일 오후 4시에 김구 주석은 **임시정부 긴급국무회의**를 소집해서 김규식 부주석 이하 국무위원 전원이 참가한 가운데 신탁통치에 반대하는 4개 항목의 결의를 채택했다. 그 내용은 ① 각계각층 및 교회와 국민의 이름으로 신탁통치에 철저하게 반대하며 불합작(비협력) 운동을 단행한다, ② 즉시 서울에 있는 각 정치집단을 소집하여 본 정부의 태도를 표명하고 금후 정책에 대해 절실한 동의와 협조를 요청하고 각 신문기자도 거기에 배석시킨다, ③ 미·영·중·소 4국에게 신탁통치에 반대하는 전문을 긴급히 발송한다, ④ 즉시 미·소 군정 당국에게 질문하여 우리의 태도를 표명한다는 강경한 어조의 성명이었다. 또 회의에서 임시정부 국무위원회 김구 주석과 조소앙 외무장관 명의로 채택한 〈4국 원수에게 보내는 결의

---

31) *Ibid.*, pp. 1150~1151; *G-2 Periodic Report*, 30 December 1945, Headquarters USAFIK; XXIV Corps History Section, "Trusteeship: Third Draft", Box 29, RG 332, WNRC; C. Leonard Hoag, *American Military Government in Korea: War Policy and the First Year of Occupation: 1941~1946* (Draft Manuscript, the Office of the Chief of Military History, Department of Army, 1970), pp. 341~342; *History of United State Army Force in Korea* (Draft Manuscript, the Office of the Chief of Military History, Department of Army), chap. IV, part II, pp. 72~73; 〈동아일보〉, 1945년 12월 28일, 29일, 30일. 위의 G-2 보고는 전보가 "정오 무렵에 도착했다"고 기록했다. 그러나 하지는 당일 기자회견에서 "금일 오후 1시 15분에 공문을 접하고, 삼국 외상회의의 한반도 관련 내용을 알았다"고 말했다. 전보는 각 당 영수에게 설명하고 있는 도중에 도착한 것일까.

문)은 신탁통치의 한반도 적용이 민족자결원칙과 한민족 총의에 위배되며, 제2차 세계대전 중의 연합국 서약에 위반되며, 유엔헌장 신탁통치 조항과 일치하지 않으며, 더욱이 극동의 평화와 안전을 파괴하는 것이라고 강하게 주장하는 내용이었다.[32]

긴급국무회의 후에도 임시정부는 신속하게 행동했다. 결의에 기초하여 각 정당 대표 2인, 각 종교단체 대표 1인, 신문기자 70명을 경교장에 모아 동일 오후 8시부터 다음 날 아침까지 비상대책회의를 개최했다. 여기서 신탁통치 반대(反託) 국민총동원위원회를 설치하고 임시정부 국무위원회 지시하에 '일대 민족적 불합작운동'을 전개할 것을 결정했다. 또한 국민총동원위원회의 조직 조례를 기초할 김구, 조소앙, 김약산, 김규식, 신익희 등 장정(章程, 세칙) 위원 9인을 선정했다. 회의를 시작하며 "지금부터 새롭게 출발하여 **독립운동을 전개할 수밖에 없게 되었다**"고 말한 김구의 인사, 그리고 "우리에게는 피로 건국한 독립국과 정부가 이미 존재한다는 것을 다시금 선언한다. 5천 년의 주권과 3천만의 자유를 쟁취하기 위해 우리의 정치활동을 옹호하고 외래의 신탁세력을 배제한다. 우리의 혁혁한 혁명을 완수하려면 민족이 일치하여 최후까지 분투할 뿐이다. 일어나라 동포여!"라는 성명이 회의의 흥분된 분위기를 생생하게 전달했다. 다음 날 제정된 조직 조례에 따르면, 국민총동원위원회는 전국 각 정당, 종교, 사회단체, 그리고 그 외의 유지(有志)를 조직하였으며, 중앙회를 서울에 두고 지방회를 각 도, 군, 면에 두었다. 26년 만에 조국에 귀환한 임시정부 지도자들은 지금까지 보여 준 신중한 태도에서 벗어나 임시정부운동을 전개하는

---

32) 〈동아일보〉, 1945년 12월 30일.

각오를 다졌을 것이다. 김구가 이를 '새로운 독립운동'이라 정의했다는 사실은 이 운동의 성질을 단적으로 보여 준다.[33]

12월 29일에 개최된 각 정당 사회단체 대표자 회의는 안재홍을 임시의장으로 장시간 토의한 후, "임시정부에 **즉각적인 주권행사**를 간절히 바란다"고 결의하고, 인민들에게도 "국민적 책임을 완수하라"고 요청했다. 나아가 "좌우익이 협력하여 각 정당, 각 단체, 시민, 각계각층을 총망라하는 신탁관리 반대의 일대시민시위대회"를 12월 31일에 단행하기로 결의했다. 그 후 30일에 개최된 장정위원회의에서 국민총동원위원회 중앙위원 76명을 선정했고, 다음 날 중앙위원회의에서 좌파세력을 포함한 상임위원 21인을 선정했다. 국민총동원위원회 위원장은 3·1독립운동 서명자 중 한 명이었던 권동진을 지명하고, 부위원장에 안재홍, 비서장에 서충세가 취임했다. 같은 무렵 발표된 〈9대 행동강령〉은 "3천만이 죽음으로 자유를 쟁취하자", "반독립적 언동을 일절 배격하자", "탁치(託治) 순응자는 반역자로 처단하자", "대한민국 임시정부를 절대 사수하자", "임시정부의 명령에 복종하고 규율 있는 행동을 하자", "외국 군정의 철폐를 주장하자", "탁치 정권을 불합작으로 격퇴하자" 등 과격한 내용이었다. 사실 31일 임시정부는 드디어 내무부 포고 제1호를 발표하여, "전국의 행정청에 소속한 경찰기관 및 한인 직원은 모두 본 임시정부의 지휘하에 예속한다"고 명령했다. 미군정 당국은 이를 "경찰력의 통제권을 탈취하여 쿠데타를 시도했다"고 해석했다. 임시정부는 라디오 방송을 통해 포고를 발표하려 했지만 미군 담당관에게 거절당했다. 그러나 서울 시내 경찰서 10곳 중 창덕궁경찰서와

---

33) 〈동아일보〉, 1945년 12월 30일; 〈서울신문〉, 1945년 12월 30일.

영등포경찰서를 제외한 8개 경찰서장이 신익희 내무부장을 방문하여 임시정부의 지시를 받았기 때문에, 미 군정청의 조병옥 경무부장은 이 경찰서장들을 파면하지 않을 수 없었다. [34]

12월 31일 오후 2시, 국민총동원위원회의 지휘 아래 서울 시민의 시위행진이 시작됐다. 종로네거리 부근에 운집한 남녀노소 군중은 안국동에서 미 군정청을 향했다. 행진은 광화문, 서대문, 서울역 앞, 종로, 서울운동장으로 이어졌는데, "행진이 아니라 인파의 분류(奔流)"가 되어 거리를 뒤덮으며 "을미만세〔3·1독립운동〕 때를 연상시키는 우리 민족의 항쟁 표시"라고 표현할 만했다. 참가자들은 "신탁통치 절대 반대" 등을 쓴 횡단막이나 깃발을 들고 행진했으며 가두에서는 메가폰을 든 사람이 "만세"를 외쳤다. 전에 없을 정도로 열광적인 시위행진이었다. 그날 오후 4시 서울운동장에서 개최한 시위대회에서는 ① 대한민국 임시정부 승인 요구, ② 4국 원수에게 신탁통치 반대 통고, ③ 미·소 양군의 즉시 철퇴, ④ 반탁운동의 사활적 계속을 결의했다. 미 군정청이나 서울시청에 근무하는 한국인 직원도 포고에 따라 신탁통치 반대의사를 표명하고 파업에 돌입했다. 3,000명 정도의 군정청 직원 중 직장에 머문 사람은 900여 명이었고 한다. 반탁 결의는 교통국, 체신국(전신·전화), 전기회사, 철도회사, 경전(京電), 서울대 교직원, 서울의사회, 서울변호사회 등에도 파급됐지만 시민생활에 많은 영향을 미치는 파업은 피했다. 또한 가무·음악이나 유흥 목적의 영업은 일

---

34) 〈동아일보〉, 1945년 12월 30일, 31일, 1946년 1월 2일; 〈서울신문〉, 1946년 1월 1일; *G-2 Periodic Report*, 2 January 1946; 수도관구경찰청 편, 《해방 이후 수도경찰 발달사》(발행인 장택상, 1947), pp. 126~127; 조병옥, 《나의 회상록》(서울: 민교사, 1959), p. 168.

절 금지됐다. 35)

　그러나 임시정부의 과격한 행동에 격노한 하지는 1946년 1월 1일 오후 2시에 미군 사령부에서 김구와 회담하고 "솔직하고 단호한 태도로 김구를 완전히 두들겨 팼다"고 한다. 김구와 임시정부 요인에게 해외추방을 포함한 강제조치를 시행하겠다고 시사했을 것이다. 조병옥의 증언에 의하면 그 전날인 31일 오후에 사령부를 방면한 조병옥에게 하지는 "군정을 접수하려는 임시정부 요인들을 처벌하지 않을 수 없다"고 알리고, 그날 저녁에 방송할 예정인 원고를 보여 주고 의견을 구했다. 거기에는 미군정의 법과 질서 유지에 복종한다고 서약하고 입국했음에도 불구하고 임시정부 요인들이 군정 접수라는 폭거를 저지른 것을 비난하고, 그들을 "오늘 밤 0시를 기해 인천 소재 전(前) 일본군 포로수용소에 수용하고 중국으로 추방한다"는 문구가 들어 있었다. 경악한 조병옥이 경교장을 방문해 김구를 설득해서 다음 날 하지와 김구 회담이 실현된 것이다. 회담 결과로서 1일 오후 8시에 임시정부 선전부장인 엄항섭은 김구를 대리하여 〈중앙방송〉 마이크 앞에 서서 "나는 질서정연한 시위활동에 충분한 경의를 표한다. 나는 그것이 신탁통치에 반대하는 것이지 결코 연합국의 군정에 반대하거나 우리 동포들의 일상생활에 혼란을 주기 위한 것이 아니라고 믿는다"고 언명했다. 흥미롭게도 엄항섭은 더 나아가 "오늘 워싱턴에서 온 소식에 따르면, 미국 국무장관 번스 씨는 우리나라에 신탁통치를 실행하지 않을 가능성도 있다고 언급했는데, 나도 그렇게 될 것으로 믿는다. 그러나 불행히도 신탁통

---

35) 〈동아일보〉, 1945년 12월 31일, 1946년 1월 1일, 1월 2일; 〈중앙일보〉, 1946년 1월 1일; XXIV Corps History Section, "Trusteeship: Third Draft", pp. 10~11.

치가 결정되는 경우에는 당연히 다시 반대운동에 일어설 것이다. 〔국 민은〕 이제부터 생업을 계속하며 평화적 수단으로 신탁통치를 배격하는 것이 적당하다고 생각한다"고 주장했다. 12월 30일 번스 국무장관의 라디오 연설에 대해 미군정 당국으로부터 설명을 들었을 것이다. 마지막으로 엄항섭은 "특히 군정청에 근무하는 직원들은 일제히 직무에 복귀하고, 지방에서도 파업을 중지하고 직무에 복귀할 것을 바란다"고 부언했다. 3일간의 새해 연휴가 끝나고 나서야 미군정청은 정상적으로 기능했다. 36)

국민총동원위원회가 전개한 반탁운동이 한국 민중의 민족감정을 대변하고 있었다는 점은 부정할 수 없다. 정치지도자와 민중 대다수에게 신탁통치론은 "한국인에게는 자치능력이 없다"는 식민통치 논리와 동일했으며, 이는 민족 자존심에 큰 상처를 주었다. 사실 많은 한국인은 "신탁통치라는 것은 한국을 지배하는 국가가 하나의 대국〔일본〕에서 복수의 대국〔미·영·중·소〕이 되는 것이다"라고 이해했다. 따라서 임시정부를 중심으로 하는 우파세력이 반탁운동의 주도권을 쥐게 된 것은 해방 후 남한 정치의 조류가 크게 변했음을 의미했다. 바꿔 말하면 우파세력이 주도하는 반탁운동이 좌파세력의 대중적 기반을 위협할 정도로 파괴력을 지니게 된 것이다. 조선공산당은 여전히 가장 잘 조직된 정당이었지만, 소련이 모스크바협정에 조인했다는 사실은 신탁통치 반대를 불가능하게 만들었고 공산당을 조선 민족주의로부터 멀어지게 했다. 또 새로운 임시민주정부 수립을 결정함에 따라 모스크바협정은

---

36) *Ibid.*, p. 11; *G-2 Periodic Report*, 2 January 1946; 〈동아일보〉, 1946년 1월 1일; 조병옥, 《나의 회상록》, pp. 165~167.

충칭 임시정부의 정통성뿐 아니라, 공산당이 주도하는 조선인민공화국의 존재도 부정했다. 더 나아가, 반탁운동의 융성은 독립을 달성하기 위해서는 하나로 단결해야 한다는 이승만과 김구의 주장이 옳다는 것을 입증하는 듯 보였다. 37)

(2) 모스크바협정 지지: 박헌영과 조선공산당

김구와 임시정부가 반탁 국민총동원위원회를 조직하는 사이에도 신탁통치 반대운동은 다양한 형태로 들끓었다. 12월 31일까지 한국민주당, 조선국민당, 인민당, 천도교 청우당, 조선혁명당, 신한민족당 등의 정당이나 이승만, 송진우, 홍명희, 정태식, 이여성 등 정치지도자들이 연이어 신탁통치 반대 성명이나 담화를 발표했다. 그 의미나 방법론적 차이는 별도로 하더라도 조선공산당, 인민당, 조선인민공화국 등 좌파 세력 또한 신탁통치에 강하게 반발했다. 12월 29일에 발표된 비공식 담화에서 조선인민공화국 중앙인민위원회 대변인은 "한반도 신탁통치가 3국 외상회의에서 결정되었다는 보도를 방금 읽고 너무 의외라서 놀라움을 금치 못한다"고 한 뒤, "어떠한 의미에서라도 한반도의 자주독립이 침해받는다면, 우리는 과거에 일본제국주의에 저항한 것 이상으로 단호하게 싸우지 않으면 안 된다"고 언명했다. 또 조선공산당 정태식도 개인 의견으로 "만약 한반도 신탁통치가 사실이라면, 우리는 그것에 절대 반대한다. 5년은커녕 5개월의 신탁통치라도 우리는 절대 반대

---

37) 李昊宰, 長澤裕子 譯, 《韓國外交政策の理想と現實》(法政大學出版局, 2008), p. 189.

한다"고 주장했다. 이러한 반응은 인민당 이여성도 마찬가지여서, 그는 "이것이 사실이라면 민중운동을 일으켜 전면적으로 반대할 뿐만 아니라, 이 부당한 신탁관리제를 없애기 위해 투쟁하지 않을 수 없다"고 단언했다. 이들은 신탁통치에 반대하며 조선인민공화국 사수를 호소하고 싶었을 것이다. 38)

12월 30일 홍명희를 위원장으로 추대하고 좌파정당, 노동조합, 사회단체를 망라해서 결성한 '반파쇼 공동투쟁위원회'도 신탁통치에 반대하면서, 국민총동원위원회를 중심으로 하는 우파세력의 결집과 공세에 대항하려 했다. 공동투쟁위원회는 다음 날 〈신탁통치안 철폐요구 성명서〉와 〈국민대표대회 소집반대 성명서〉를 채택했다. 전자의 성명은 친일파, 반역분자, 독재정치주의자의 민족분열 선동으로 통일이 저해되고 신탁통치가 실시되는 것이라고 주장하며 신탁통치를 철폐하기 위해서는 민족통일전선 결성을 시급히 실현해야 한다고 호소했다. 또한 후자의 성명은 임시정부가 국민대표대회를 소집하고 정식 정부수립을 기도하는 데에 반대한다는 내용이었다. 그러나 그것만이 아니었다. 12월 31일 저녁에 갑자기 중앙인민위원회 대표인 홍남균, 홍동식, 이강국, 정백이 임시정부 대표인 성주식, 장건상, 최동오와 회담하여 두 정부의 통합을 기도하는 움직임이 표면화했다. 나아가 다음 날 아침 중앙인민위원회는 ① 쌍방이 몇 명의 위원을 선출하여 통일위원회를 구성하고 여기에 전권을 위임할 것, ② 위원회는 시급히 통일정부 수립에 관한 구체안을 결정할 것, ③ 위원회는 다음 해 1월 5일까지 안이 통과

---

38) 〈동아일보〉, 1945년 12월 29일, 30일; 〈서울신문〉, 1945년 12월 29일; 〈자유신문〉, 1945년 12월 29일, 30일.

되도록 노력할 것을 정식문서로 제안했다. 흥미롭게도 이 제안은 1월 5일까지 합의에 도달하지 않으면 안 되는 이유를 "미·소 공동위원회 개최 이전에 완수해야 하는 긴박한 필요"에서 찾았고, 1월 2일 오전 10시까지 회답을 받을 수 있도록 하라고 요구했다.[39]

총동원위원회를 중심으로 신탁반대운동을 전개하는 한편 부분적이나마 주권행사마저 실행하려고 했던 임시정부는 좌파세력이 주장하는 '즉시 대등 합작' 제안에 응하려 하지 않았다. 임시정부가 중앙인민위원의 제안을 거절한 후 양자의 교섭은 1월 2일에 재개되었지만, 교섭 석상에서 임시정부 대표 김원봉과 김창숙은 각 당, 각 단체를 총망라한 연합회의를 개최하고 그 자리에서 통일위원을 선출하자고 요구했다. 이 제안의 취지는 1월 4일 김구가 명확히 설명했는데, 〈임시정부의 당면 정책〉 제6항 및 제9항에 기초하여 각계 영수를 망라하여 임시정부를 확대강화하고, 그 후 비상정치회의(민주영수회의)를 개최해서 과도정부를 수립한다는 것이었다. 나아가 임시정부는 한편으로는 종래의 정책을 고집하는 동시에, 다른 한편으로는 신탁통치 반대를 위한 대중운동을 계속하겠다는 결의를 보였다. 총동원위원회 중앙상무위원회는 1월 2일 반탁운동을 독립운동으로 재출발시켜, 신탁통치안이 완전히 취소될 때까지 시위운동, 비협조, 상점 휴업, 파업, 유흥 금지 등의 방법으로 운동을 계속하기로 결정한 〈반탁 지도요령〉을 발표하고, 이를 위한 지도원을 지방에 파견했다. 대중적으로 고조되는 신탁통치 반대운동을 배경으로 임시정부의 자세가 더 강경해진 것이다. 바꿔 말하면 임시정부는 인민공화국 중앙인민위원회에 자신의 운동에 합류하도록

---

39) 〈서울신문〉, 1946년 1월 1일; 〈조선일보〉, 1946년 1월 1일.

요구한 셈이다. 40)

두 정부의 통합교섭은 이렇게 실패로 끝났지만, 그 원인을 교섭 내용을 통해 분석하는 일은 적절하지 않을 것이다. 왜냐하면 교섭 도중에 신탁통치에 대한 인민공화국과 공산당의 태도가 돌변했기 때문이다. 예를 들어 인민공화국 중앙인민위원회는 1월 2일 갑자기 모스크바 외상회의 결정을 전면적으로 지지한다는 결정서를 채택했다. 조선공산당 중앙위원회도 같은 날 〈해방일보〉 호외를 발행해서 "모스크바 회의 결과를 신중하게 검토한 결과", 이를 "세계민주주의 발전의 일보 전진", "미·영 양국이 얄타회담에서 결정한 민주주의노선을 더욱 강하게 재인식시킨 것" 등으로 높게 평가하고 지지하는 성명을 발표했다. 나아가 "김구 일파의 반탁운동"을 미·영·소 3국의 "우호적 원조와 협력(신탁)을 마치 제국주의적 위임통치제로 왜곡하고 과거 일본제국주의 침략과 동일시하여 한민족을 호도하며, 민주주의적 연합국과 적대하려는 방향으로 대중을 기만하는 정책"이라고 강하게 비난했다. 동시에 친일파, 민족반역자, 국수주의자를 제외한 '조선민족통일전선' 완성이 급선무라고 호소했다. 또 조선공산당 중앙위원회 선전부가 다음 날 발표한 담화문은 모스크바협정의 각 항목을 신중하게 검토하고, 첫째, 임시민주정부가 민주주의 원칙하에서 조직되는 점, 둘째, 신탁통치 기간이 5년 이내로 한정된 점, 셋째, 미·소 공동위원회가 임시민주정부뿐 아니라 민주주의적 정당 및 사회단체와도 협의한다고 약속한 점을 강조했다. 박헌영 공산당 총서기도 1월 5일 기자회견에서 모스크바 외

---

40) 〈동아일보〉, 1946년 1월 3일; 〈서울신문〉, 1946년 1월 4일; 〈중앙일보〉, 1946년 1월 4일; 〈조선일보〉, 1946년 1월 4일; 〈서울신문〉, 1946년 1월 5일.

상회의 결정에 찬성하는지 또는 반대하는지 문제는 한반도 통일을 위한 원칙이라고 강조하며, 이는 **정당 간 합작으로만 가능하며** 임시정부와는 합작이 불가능하다고 주장했다. 모스크바협정이 한반도 임시민주정부 수립에 합의했기 때문에 조선인민공화국은 존재할 의의를 상실해버린 것이다. 해방 후 남한에서 전개된 공산주의운동이 중대한 전기를 맞고 있었다. 41)

조선공산당의 갑작스러운 태도 변화에는 어떤 배경이 존재했던 것일까. 이미 지적한 것처럼 서울에서는 모스크바협정의 내용이 정확히 전달되기 전, 즉 28일 오후 4시에 임시정부 긴급국무회의가 소집됐다. 한편 사태의 중요성을 고려해서 박헌영이 28일 저녁에 38도선을 넘어 다음 날 오후에 평양을 방문했다는 견해가 유력하다. 그러나 평양에도 상세한 정보는 존재하지 않았다. 모스크바에 파견된 로마넨코 소장과 폴랸스키 총영사는 12월 30일이 되어서야 평양에 귀임해서 박헌영이나 김일성과 회담한 것이다. 로마넨코는 "미국이 신탁통치를 주장해서 어쩔 수 없이 절충안으로 5년간의 후견제를 실시하게 되었지만, 후견제는 신탁통치와 근본적으로 다르다"고 설명했다고 한다. 또 다음 날 오전에 공산당 북부조선분국 중앙집행상무위원회가 개최되었는데 그 자리에 박헌영이 참가했다고 한다. 바꿔 말하면 소련군정 당국 및 김일성이 모스크바의 결정을 지지하는 방침을 결정했고, 평양을 찾은 박헌영도 이를 수용함으로써 조선공산당의 갑작스러운 방침전환을 가능하게 한 것이다. 박헌영은 1월 1일 신년 연회에 참석한 후, 그날 저녁에 다

---

41) 〈조선일보〉, 1946년 1월 4일; 〈해방일보〉, 1946년 1월 6일 (호외 재록) ; 〈서울신문〉, 1946년 1월 6일, 1월 8일.

시 38도선을 넘어 다음 날 이른 아침에 서울에 도착했다. 그 결과, 앞서 언급한 공산당 성명이 1월 2일에 발표되었다. 한편 1월 3일 오후 1시에 서울시 정회(町會) 연합회와 서울시 인민위원회를 중심으로 반파쇼 공동투쟁위원회에 참가하는 정당과 사회단체가 서울운동장에 모여 신탁통치 반대 서울시민대회를 개최할 예정이었다. 그러나 전날의 방침전환 때문에 그 반탁 집회 및 뒤이은 행진도 신탁통치 반대가 아닌 "모스크바 결정 지지"를 주장하는 것으로 전환되지 않을 수 없었다. 연단에 오른 공산당 이승엽은 모스크바협정의 진의에 대해 보고하고 결의문을 낭독한 후 "자주독립만세"를 3창했다. [42]

신탁통치 반대운동이 민족적 지지를 얻는 중에 굳이 모스크바협정 지지를 주장한 일은 조선공산당의 대중적 기반에 큰 타격을 주지 않을 수 없었다. 그럼에도 불구하고 새로운 방침에는 나름대로 이점도 존재했다. 왜냐하면 우파세력의 신탁통치 반대는 모스크바협정, 즉 미·영·소의 국제합의에 대한 반대를 의미했기 때문이다. 다시 말해 신탁통치를 반대하는 세력은 확실히 민족적 지지를 얻었지만 국제적 지지는 모스크바협정을 찬성하는 쪽이 받았던 것이다. 따라서 좌파세력은 적어도 논리적으로는 국제적 입장을 강화하고 미국 정부나 미군정과 우파세력의 관계에 쐐기를 박을 수 있었다. 12월 31일 평양에서 개최된 위원회에서는 곧 수립될 한반도 임시민주정부에 북한과 남한의 좌파세

---

42) 중앙일보특별취재반, 《조선민주주의인민공화국》, 상권 (중앙일보사, 1992), pp. 186~192; 박병엽, 《김일성과 박헌영 그리고 여운형》(서울: 선인, 2011), pp. 25 ~35. 다만 한재덕이 박헌영의 평양 비밀방문에 대해 증언했다[박갑동, 《박헌영》 (인간사, 1983), pp. 135~136]. 〈중앙일보〉, 1946년 1월 3일; 〈조선일보〉, 1946년 1월 4일; 〈동아일보〉, 1946년 1월 4일.

력이 개별적으로 참가하여 남북한 전체에서 우파세력과의 구성비율을 '2 대 1'로 만드는 방침이 결정됐다고 한다. 사실 그 후 개최된 미·소 공동위원회에서 소련군 측은 모스크바협정에 반대하는 세력을 반민주주의라고 규정하고, 임시민주정부 수립을 위한 협의대상에서 배제하려고 했다. 따라서 모스크바협정은 남한에 새로운 형태의 좌우 대립, 즉 좌파세력을 고립시키려는 우파세력과 국제적 연대에서 우파세력을 배제하려는 좌파세력의 대립을 일으켰다. 그러나 진행되는 과정에서 박헌영 등 조선공산당은 대중적 기반을 상실하고, 마침내 남한 내의 저항운동으로 제한되었다. 43)

(3) 이승만과 한국민주당의 반탁운동

모스크바협정에 대한 이승만의 첫 반응은 "이 신탁통치에 대해서는 국무부 극동부장 빈센트가 그때그때 사적 서한과 공식선언으로 표명해 왔기 때문에, 이런 결과가 될 것이라고 예측했고 미리 준비했다. 그 방침대로 집행할 결심이다. 동포는 5년의 단축기간이라는 감언에 현혹되지 말고 일제히 일어나 예정대로 실행할 것을 바란다. 전 국민이 결심을 표명할 때, 미·영·중은 이해해 줄 것이라 믿는다"는 것이었다. 사실 모스크바협정 발표 전인 12월 26일 라디오 연설에서 이승만은 신탁통치 문제를 거론하며, "워싱턴에서 온 통신에 의하면, 한반도 신탁통치를 주장하는 자들이 아직도 있는 듯하다. 우리는 이러한 자들에게 한국이 이 안을 거부하고 완전독립 이외의 어떤 것도 용인할 수 없다는 것

---

43) 박병엽, 《김일성과 박헌영 그리고 여운형》, p. 31.

을 알리고 싶다. … 만약 우리의 결심을 무시하고 신탁통치를 강요하는 정부가 있다면 우리 3천만 민족은 국가를 위해 싸워 죽는 한이 있어도 이를 용인할 수 없다"고 주장했다. 그러나 함께 신탁통치 반대운동을 전개하더라도 이승만의 운동은 확실히 김구나 충칭 임시정부를 중심으로 하는 운동과는 다른 것이었다. 같은 연설에서 이승만은 "모든 정당은 최근 결성된 독립촉성중앙협의회에 통합하기 위해 만반의 노력을 경주해 왔다. … 신탁통치를 거부하기로 결의한 이상, 주저 없이 중앙의 지부를 각 지방에 조직하고 조직이 완성되면 관련단체의 연락도 직접 실현할 것이다"라고 언명했다. 이승만은 자신의 통일전선조직인 독립촉성중앙협의회를 확대하면서 이를 통해 신탁통치 반대운동을 전개하려 한 것이다. 44)

사실 그 무렵 이승만은 "임시정부 요인은 가령 개인 자격으로 입국했다 하더라도, 그 행동에 여러 가지 약속이 있으며 또한 책임도 있기 때문에 임시정부가 승인될 때까지 대외적으로 그 역량을 발휘할 수 없다. 만약 미국 국무부의 친일파가 신탁통치를 주장한다면 누가 이에 반박할 것인가. 혹은 임시정부를 승인하지 않는다면, 누가 그 정통성을 주장할 것인가. 그것은 조직된 여론과 개인 자격의 자유로운 입장이 아니면 할 수 없다. 그런 의미에서 임시정부를 엄호하는 단체가 필요하고, 그것이 중앙협의회이다. 그렇기에 임시정부와 중앙협의회는 어떠한 관계도 없이, 개별단체로서 활동하지 않으면 안 된다. 중앙협의회의 존재를 필요 없다고 보는 의견은 임시정부와 중앙협의회를 이간질하려는 것에 불과하다"고 말했다. 따라서 이승만으로서는 신탁통치 문제로

---

44) 〈동아일보〉, 1945년 12월 28일, 29일.

임시정부가 독립촉성중앙협의회와 별개로 신탁통치 반대 국민총동원위원회를 조직한 것이 불만이었다. 한국민주당의 백남훈에 따르면, 이승만은 임시정부의 이러한 행보가 "중앙협의회가 필요하지 않다"는 인식 또는 "무시하는" 태도라고 해석했다. 그에 반발한 이승만이 중앙협의회 해산을 시사했기에 한국민주당 간부들은 경악하고 당혹해하지 않을 수 없었다. 본래 한국국민당은 임시정부 절대지지를 내걸고 결성했지만, 김구 등 임시정부 요인보다도 빨리 귀국한 이승만과 먼저 긴밀한 관계를 구축했으며, 임시정부 요인이 귀국한 후에는 이승만과 김구를 중심으로 한 민족주의 진영의 대동단결을 추진해 왔다. 그 중심인물이 송진우였다. 송진우가 한국민주당에 총재직을 두지 않고 스스로 '수석총무'에 취임한 것은 언젠가 이승만, 김구, 김규식 등을 추대하기 위해서였다. 45)

김구의 주장이 민족감정을 직접적으로 반영하여 반탁운동을 "새로운 독립운동"으로 부르고 임시정부 주권행사를 시도하는 등 배타적 색채를 띠었던 데에 비해, 이승만은 한반도 독립에 있어서 유럽 및 미국이나 군정 당국의 지지를 얻는 것을 여전히 중시했다. 아놀드 군정장관과 회담 후 12월 31일 기자회견에서 이승만은 "이 〔반탁〕 결심을 세계에 표명하려는 결의로, 전국의 동포는 즉시 일어나 우리가 원하는 것을 알리기 위해 시위운동을 개시했기 때문에 누구도 그것을 불가하다고 할 수 없을 것이다"라고 말했다. 하지만 이와 동시에 "미국 정부에 대해 결코

45) 〈동아일보〉, 1945년 12월 27일; 백남훈, 《나의 일생》(서울: 해온백남훈선생기념사업회, 1968), p. 165; 김도연, 《나의 인생백서》(서울: 상산회고록출판동지회, 1967), p. 161; 고하선생전기편찬위원회 편, 《고하 송진우선생전》(서울: 동아일보출판국, 1965), p. 319.

오해가 있어서는 안 된다. … 미국 정부는 우리를 해방한 은인이며 군정 당국은 절대로 독립에 찬성하기 때문에 신탁통치 문제 발생 후 여러 번에 걸쳐 자기 정부에 반박과 공격의 공문을 보내고 있다. 그럼에도 우리가 독립의 친구를 잊고 은혜를 원수로 대우한다면 그것은 오히려 독립을 저해하는 것이 된다"고 강조했다. 이러한 입장은 "외래의 신탁세력을 배격한다"고 주장한 김구나 임시정부의 신탁통치 반대운동과는 확연히 다른 것이었다.46)

한편 신탁통치 반대운동을 실시하는 방법에서 한국민주당의 송진우도 임시정부 요인들과 의견을 달리했다. 송진우가 수석총무로 있던 한국민주당은 소련이 한반도 신탁통치를 주장했다는 잘못된 보도를 접하고, 이미 12월 27일 오후에 긴급중앙집행위원회를 개최하여 소련의 제안을 국제신의에 반하는 것으로 배격하고 독립을 관철하기 위해 매진할 것을 결의했다. 29일에는 송진우 자신도 "남녀노소 불문하고 3천만이 하나도 빠짐없이 일대국민운동을 전개하고 반대하지 않으면 안 된다", "이 땅 위의 동지는 피 한 방울도 남김없이 결사적으로 투쟁하여 당당하게 당연한 민족주권을 획득하지 않으면 안 된다"고 역설했다. 그러나 가장 중요했던 사건은 12월 28일 오후 8시부터 국무위원회에 이어 개최한 비상대책회의였다. 김구, 이시영 등 임시정부 요인이 참석한 회의에 송진우는 김준연과 함께 참석해 임시정부가 미군정부를 부인하고 주권을 행사해야 한다는 강경론에 강력하게 반론하며 미군정부와의 충돌을 피해야 한다고 주장했다. 이는 이승만의 주장과 같은 것이었는데, 송진우는 미국이 여론의 나라이기 때문에 국민운동으로 반대

---

46) 〈동아일보〉, 1946년 1월 2일.

의사를 표명하면 신탁통치안은 철회될 수 있을 것이라고 지적했다. 그리고 한반도 독립을 강하게 지지하는 중국의 존재를 환기하며, 미군정부와의 충돌은 미국 및 민주주의 국가와의 충돌을 야기해서 공산당에게 어부지리(漁父之利)를 줄 것이라고 강조했다. 그러나 격론이 전개되는 사이에 송진우의 주장은 마치 신탁통치에 찬성하고 임시정부에 적대하는 듯이 오해를 받았다. 임시정부 측은 고압적으로 송진우를 '찬탁파'로 단정했지만 송진우는 그에 겁먹지 않고 다음 날 아침 4시까지 논의했다고 한다. 원서동 자택에서 취침 중이던 송진우가 한현우 등 암살자 6명의 흉탄에 쓰러진 것은 12월 30일 오전 6시 10분이었다. 송진우의 시체에는 서로 다른 권총에서 발사된 4발의 총탄이 남아 있었다. 미군 방첩부대(CIC)가 사전에 경호 필요성을 지적한 이후 벌어진 범행이었다. 47)

송진우는 해방 후 남한에서 발생한 일련의 암살사건의 첫 희생자였는데, 그 사건의 진상은 아직까지 불명확하다. 한현우는 범행을 인정했지만, 동기에 대해서는 그 어떤 말도 하지 않았다. 그러나 한국민주당 지도자 사이에서는 그 사건을 12월 28일 비상대책회의에서 일어난 송진우와 임시정부 간의 논쟁과 결부해서 이해하는 사람이 적지 않았다. 사실 충칭에서 돌아온 임시정부 요인들 사이에는 조선 해방을 국내에서 맞이한 한국민주당 지도자들을 친일행위에 가담한 기회주의자로 간주하고, 그들에게 정치자금을 받아서는 안 된다고 주장하는 '국내인

---

47) 〈동아일보〉, 1945년 12월 28일, 29일, 30일; 《고하 송진우 선생전》, pp. 336~339; 인촌기념회, 《인촌 김성수전》(서울: 인촌기념회, 1976), pp. 494~495; 이경남, 《설산 장덕수》(서울: 동아일보사, 1981), pp. 334~337.

사 친일론'이 존재했다. 반면 한국민주당 지도자들 사이에도 임시정부 요인들을 개인적으로는 아무것도 할 수 없는 '무식쟁이들'로 간주하고 오히려 미군정부와 적극적으로 협력해야 한다고 생각하는 사람들이 있었다. 앞서 3장에서 지적했듯 송진우, 조병옥, 장덕수, 장택상 등이 군정기를 어떤 의미에서 '훈정기'(訓政期)로 간주한 것도 임시정부 측으로부터 불쾌와 오해를 산 이유가 된 듯하다. 그러나 임시정부와 한현우 사이에 어떠한 관계도 확인할 수 없었다. 다음 해 1월 7일 송진우의 죽마고우이며 동문이며 동지이고 후견인이자 경성방직 사장, 〈동아일보〉 사장, 보성전문학교(지금의 고려대) 교장 등을 역임한 호남 재벌의 총수인 김성수가 본인 승낙도 없이 한국민주당의 제 2대 수석총무로 선출되어 정치 제 1선에 등장했다. 어쨌든 송진우 암살사건을 계기로 임시정부와 한국민주당의 관계는 급격히 악화했고, 이에 반비례하듯 이승만과 한국민주당의 관계는 긴밀해졌다. 48)

(4) 조만식과 조선민주당의 저항

평양의 조만식도 신탁통치에는 절대 반대였지만 소련이 점령한 지역에 있었기에 모스크바협정에 대한 정확한 정보를 바로 접할 수 없었다. 소련군 당국이 여러 정보수단을 차단한 데다, 공식적이든 비공식적이든 그 내용을 외부에 전달하려 하지 않았기 때문이다. 조만식이 군정 당국

---

48) 《고하 송진우선생전》, pp. 330~332; 김도연, 《나의 인생백서》, p. 163; 이경남, 《설산 장덕수》, pp. 335~337; 《인촌 김성수전》, pp. 494~497; *G-2 Periodic Report*, 31 Dec. 1945; 박태균·정창현, 《암살》(역사인, 2016), pp. 73~81.

으로부터 설명을 들은 때는 아마 로마넨코가 모스크바에서 귀임한 12월 30일 이후였을 것이다. 치스차코프 사령관이 조만식을 저녁식사에 초대하여 모스크바에서 결정된 것이 신탁통치가 아닌 후견제라고 여러 번 설명하고 조선민주당이 지지를 발표하도록 요청했다. 조만식은 그 요구에 응하지 않았지만 그때 소련군 측은 조만식을 위압하려고 하지는 않았다고 한다. 치스차코프는 조만식도 언젠가 모스크바협정을 지지하지 않을 수 없을 것이라고 판단한 것이다. 저녁식사에는 로마넨코를 포함한 정치장교 5명이 배석했다. 그러나 다음 해 1월 1일 평양을 탈출한 '신뢰할 만한 조선인'의 정보에 의하면, 〈G-2 정기보고〉는 치스차코프 사령관이 31일에 조만식을 초대하여 신탁통치와 관련해 김일성과 공동성명을 발표하도록 요청했다고 기록하였다. 충분한 정보가 모자란 점, 동료들과 협의할 시간이 필요한 점 등을 이유로 조만식은 이를 거부했다. 이에 치스차코프는 신탁통치 관련 항의행동이나 공표를 금지했다. 조만식은 그날 바로 측근들을 모아 협의하고 "러시아의 정보만으로 행동하고 싶지 않기에 하지 장군의 성명을 들어보고 싶다"고 말했다고 한다. 다음 날 조만식은 민주당 중앙위원회를 1월 2일 소집했다. 49)

조만식은 신탁통치에 명확하게 반대했지만 미·소 합의라는 사태의 중대성을 인식하여 모스크바협정에 대해 태도를 신중히 했다. 소련군 당국과 정면으로 충돌하는 일 없이 충분한 정보를 수집해서 집단적으

---

49) 김국후, 《평양의 소련군정》(서울: 한울, 2008), pp. 141~142; 고당조만식선생 기념사업회 편, 《고당 조만식 전기: 북한 일천만 동포와 생사를 함께 하겠소》(서울: 기파랑, 2010), p. 338; 박명수, 《조만식과 해방 후 한국정치》(파주: 북코리아, 2015), pp. 166~167; G-2 Periodic Report, 6 January 1945.

로 결정을 내리려 했던 것 같다. 사실 1월 2일의 조선민주당 중앙위원회 결의는 ① 한반도에 완전한 독립국으로서 자유정부가 출현할 수 없음을 유감으로 생각한다, ② 신탁통치는 찬성할 수 없다, ③ 우리 당은 **국내외 정세의 추이를 냉정하게 관찰한 후에** 완전한 태도를 표명하겠다는 내용이었다. 결의문은 즉시 치스차코프 사령관에게 전해졌지만 제 3항에서 알 수 있듯 여전히 최종 결정은 아니었다. 또한 조만식과 민주당이 반대한 것은 신탁통치이지 모스크바협정 그 자체는 아니었다. 다만 최용건, 김책 등 공산주의자는 이들 회합에서 배제된 듯하다. 한편 같은 1월 2일에 조선공산당 북부조선분국 책임비서 김일성, 조선노동조합 전국평의회 북부조선총국 위원장 현창경, 평남농민위원회 위원장 이관엽, 여성총동맹위원장 박정애, 민주청년동맹위원장 방수영, 조선독립동맹대표 김두봉 6명은 〈조선에 관한 소·미·영 3국 외상 모스크바 회의 결정에 대하여〉라는 이름으로 공동성명을 발표했다. 성명에 따르면 "모스크바 회의의 결정에 기재된 조선의 민주주의적 임시정부 창설은 조선의 완전하고 자유로운 국가적 독립을 달성하기 위한 가장 중요한 출발점"이고, 이는 "현재의 남북조선의 분단상태를 철폐하고 전 조선을 통일하는" 것이며, 나아가 산업, 운수, 농업, 통신 등을 긴급히 복구 발전시켜 인민생활의 향상과 민족문화의 부흥 및 발전을 위해 필요한 제반 조건을 창조하는 것이었다. 신탁통치에 대해서는 "5년 이내의 기한으로 **후원제를 실시한다**"고 표현했다. 치스차코프가 요구한 것은 조만식이 이 공동성명에 이름을 올리는 것이었을 것이다. [50]

---

50) 《고당 조만식 전기》, pp. 338~340; 박명수, 《조만식과 해방 후 한국정치》, pp. 168~170; 和田春樹, "ソ連の北朝鮮政策―1945年 11月~1946年 3月",

확실히 '조선민주당 조만식'이 빠진 구멍은 작지 않았다. 성명에 조만식의 이름이 있었다면 그를 상징적 지도자로 추대하는 민족통일전선 체제가 정비되었을 것이기 때문이다. 따라서 그 전후로 김일성과 최용건뿐 아니라 로마넨코, 이그나티예프 등 군정 간부들도 후원제 혹은 후견제를 받아들이도록 조만식을 열심히 설득했다. 레베제프에 따르면 로마넨코는 "후견제에 찬성하는 성명만 발표해 주면 조만식 선생을 초대 대통령으로 모시겠다"고 말했다고 한다. 하지만 회유가 실패한 후의 군정 당국의 행동은 신속하고 단호했다. 분수령이 된 것이 1월 5일 오전 11시 개최된 평남 인민정치위원회 긴급회의였다. 모스크바 외상회의 결정을 토의하고자 군정 당국이 주도하여 소집했던 회의에는 치스차코프 사령관을 시작으로 레베제프, 로마넨코, 이그나티예프, 발라사노프 등이 참석했다. 공산주의자 측 위원은 전원 참석했지만 민족주의자 측은 조만식을 포함해 이윤영, 김병연, 박현숙, 이종현 등뿐이었다. 레베제프가 모스크바 외상회의 결정에 대해 설명하고 공산주의자 위원이 이를 지지하는 성명을 채택하도록 요구했지만 의장인 조만식은 표결을 거부하고 위원장을 사직하겠다는 의사를 표명했다. 〈정로〉의 보도에 따르면 "위원장 조만식 씨는 이 결정[모스크바협정]에 반대하는 태도를 보였고 일부 위원들도 추종함으로써 조 씨는 위원장을 사임하게 됐다"고 한다. 후임 임시위원장에는 조선민주당의 홍기주를 만장일치로 선출했다. 이후 평남 인민정치위원회는 7일 오후 4시 30분에 회의를 재개하고 상기 5명 대신 박근창 등 신임위원 4명을 선출했다. 51)

〈社會科學研究〉(東京大學社會科學研究所), 第33卷 6号(1982. 3.), pp. 81〜82; 〈정로〉, 1946년 1월 3일.

사임에 즈음해 조만식은 "신탁에 찬성한다고 해도 반대한다고 해도, 모두 우리 조선인의 자유의사가 아니면 안 된다", "어떠한 구실을 대도 신탁통치라는 것은 어느 국가가 다른 국가의 정치에 간섭하는 것이다", "우리나라의 완전독립을 진정으로 도와주려고 한다면 왜 신탁통치를 강요하는가"라며 강하게 반론했다고 한다. 그 논리는 이승만이나 한국 민주당보다도 김구나 임시정부의 주장과 닮았고 "외래의 신탁세력을 배격한다"는 듯했다. 회의 종료 후 조만식은 대기하던 승용차로 고려호텔에 호송되어 연금됐고, 이후 외부와의 연락이 차단됐다. 평남 인민 정치위원회의 1월 5일 결정은 성명서로서 1월 8일 자 〈정로〉에 게재됐지만 조만식과 각 위원의 이름은 함께 실리지 않았다. 논의 내용은 소개하지 않은 채 이미 1월 3일에 채택한 10인의 북한 행정국 국장과 1인의 부국장 성명서에 전면적인 동의를 표명하고, "조선 임시민주주의정부 조직의 기초인 민족통일전선의 공고화를 위해" 조선인민에게 모스크바회의 결정을 지지하자고 호소했다. 그리고 성명서의 발표를 기다렸다는 듯, 다음 날 즉 1월 6일에는 모스크바 외상회의 결정을 지지하기 위해 5도 행정국, 평남 인민정치위원회, 평양시 인민위원회, 조선공산당 북부조선분국, 각 정당, 노동조합, 사회단체 등 30여 개 단체와 시민 10여만 명이 참가한 대규모 군중대회와 시위행진이 거행됐다. 전해 10월 14일 소련군을 환영했던 평양시 민중대회 이후로 열린 대규

---

51) 김국후, 《평양의 소련군정》, pp. 143~144; 《고당 조만식전기》, pp. 342~343; 和田春樹, "ソ連の北朝鮮政策 ― 1945年 11月~1946年 3月", pp. 83~84. 모스크바협정 전문은 〈정로〉(1946년 1월 3일)에 소개되었지만 신탁통치는 '후견제'로 번역되었다. 1월 2일에 발표된 조선공산당 북부조선분국 외의 공동성명서에는 '후원제'로 되어 있다(〈정로〉, 1946년 1월 3일).

모 집회였다. 노동자, 농민을 시작으로 각계각층에서 동원된 사람들은 "대지를 흔드는 만세소리와 함께 친일분자, 민족반역자를 타도하자! 모스크바회의 결정에 반대하는 것은 친일 민족반역자와 파시스트뿐이다"라고 외쳤다. 52)

(5) 민족통일전선 참가: 김두봉과 무정

반일과 민주주의 민족통일전선과 관련하여 특히 주목할 만한 사실은 1월 2일 발표한 모스크바협정을 지지하는 6명의 정당·사회단체 대표의 공동성명에 '조선독립동맹 대표 김두봉'의 이름이 있었다는 점이다. 또한 앞서 언급한 것처럼 조선의용군 사령관 무정은 전년 12월 18일 공산당 북부조선분국 중앙 제3차 확대집행위원회에서 중앙집행위원 19명 중 한 사람으로 선출됐다. 중국공산당과 운명을 같이하며 중국 북부에서 활동했던 이 조선인 공산주의자들은 어떻게 북한에 귀국했고 어떻게 활동을 개시했던 것일까. 또한 이들은 모스크바협정에 어떻게 대응했을까.

1938년 당시 중국 우한을 거점으로 활동했던 조선인 혁명단체, 즉 조선민족혁명당, 조선민족해방동맹, 조선청년전위동맹, 그리고 조선무정부주의자연맹이 연합하여 조선민족연합전선이라는 이름으로 항일무장투쟁을 목표로 하는 조선의용대를 결성했다. 그러나 같은 해 10월에 우한이 함락된 후 1939년 8월에 7당 통일회의가 결렬되자, 거기

---

52) 《고당 조만식전기》, pp. 344~349; 〈정로〉, 1946년 1월 8일; 류문화, 《해방 후 4년간의 국내외 중요일지》(민주조선사, 1949), p. 21.

서 탈퇴한 조선민족해방동맹과 조선청년전위동맹의 많은 젊은이들은 1940년 말부터 중국공산당 지배지역에 들어갔다. 이미 항일군정대학 등에 다니던 혁명청년들과 합류해 다음 해 1월 팔로군 본부 소재지였던 산시성(山西省) 저우취안현 퉁위(左權縣 桐峪)에서 화북조선청년연합 회를 조직했다. 창립대회에서 무정이 회장으로 추대되고, 참석했던 펑 더화이(彭德懷)는 중조(中朝) 단결과 광범위한 반일 통일전선 결성을 호소했다. 또한 1942년 4월에는 김두봉이 옌안에 들어가자 펑더화이 가 마중을 나왔다. 활동경력이 풍부한 지도자이자 인망이 두터웠던 53 세의 김두봉은 중국공산당 통일전선공작의 이상적 대상이었을 것이 다. 그 후 7월에 화북조선청년연합회는 제2회 대표대회를 열어 화북 조선독립동맹으로 명칭을 바꾸고 김두봉을 주석으로 추대했다. 또 청 년전위동맹의 핵심간부였으며 한발 앞서 옌안에 들어온 최창익과 한빈 의 부주석 취임도 결정했다. 조선의용대도 조선의용군으로 개칭하고 사령관에 무정, 정치위원에 1937년 옌안에 들어온 박일우, 참모장에 황포군관학교를 졸업하고 조선의용대 결성에 참여한 박효삼을 세웠 다. 이러한 조치에 따라 두 조직에 대한 중국공산당의 지도가 확립되었 을 것이다. 이 대회에도 펑더화이가 참가해서 축사를 했다.[53]

김두봉(백연)은 1889년에 경남 기장군에서 태어나 서울의 기호학

53) 崔昌益, "朝鮮獨立同盟と朝鮮義勇軍", 朝鮮歷史編纂委員會 編, 朝鮮歷史硏 究會 譯, 《朝鮮民族解放鬪爭史》(三一書房, 1952), pp. 326~330; 심지연, 《조선신민당연구》(동녘, 1988), pp. 24~38; 강만길, 《조선민족혁명당과 통일전 선》(서울: 화평사, 1991), pp. 250~260; 심지연, 《잊혀진 혁명가의 초상: 김두 봉연구》(인간사랑, 1993), pp. 74~77; 沈志華, 朱建榮 譯, 《最後の'天朝'— 毛澤東・金日成時代の中國と朝鮮》, 上卷(岩波書店, 2016), pp. 46~52.

교, 배재학교에서 공부하고 주시경 밑에서 한국어와 한글을 연구했다. 3·1운동 후, 상하이 임시의정원에서 사료와 사전 편찬에 종사하면서 한국독립당 운동에 참가해 1935년 6월에 김원봉, 김규식 등과 함께 조선민족혁명당을 설립했다. 난징 함락 후, 충칭으로 이동하여 민족혁명당 중앙위원으로 활약하고 조선의용대 창설에 깊이 관여했다. 상고한 민족주의자로서 옌안 도착 후에도 중국공산당에 입당하지 않고, 조선혁명군정학교장을 겸임하며 국제 반(反) 파시즘 통일전선의 일익을 담당했다. 그러나 펑더화이가 가장 신뢰한 사람은 무정이었다. 무정은 1905년 함북 경성군에서 태어나 중학교 시대부터 혁명운동에 참가했다. 3·1독립운동 후, 1923년 중국에 건너가 다음 해 북방군관학교에 입학했다. 1925년에 중국공산당에 입당하고 광저우 봉기에 참가했다. 1934년 루이진(瑞金)에서 옌안으로 가는 대장정에 참가하여 조선인 혁명가로서 유일하게 살아남았다. 중·일 전쟁 발발 후 팔로군 포병사령관을 지내며 주더(朱德)나 펑더화이의 두터운 신뢰를 받았다. 한편 최창익과 한빈은 조선 내에서 공산주의운동에 참가하다 중국으로 도망쳐 조선민족혁명당 활동에 참가하고, 나아가 청년전위동맹을 조직했다. 김학무, 김창만, 이익성, 이상조 등이 그들과 행동을 같이했다. 박일우는 1904년 중국 동북지방의 가난한 농가에서 태어나 1933년부터 중국공산당 지하활동에 참가했다. 항일군정대학에서 공부하고 조선혁명군관학교 부교장을 지냈다. 그밖에 장지락(금산)과 같이 1905년에 평북 용천군에서 태어나 1925년에 중국공산당에 입당하고 광저우 봉기에 참가하여 하이러우펑(海陸豊)의 소비에트 구역에 들어간 사람도 있었다. 1929년에 북상해서 베이핑(北平) 시 당위원회 조직부장으로 있었으나 중국 관헌에 체포당해 조선으로 연행됐다. 그 후 1936년에 조선

민족해방동맹 대표로서 옌안에 도착했지만 간첩 혐의를 받아 1938년 처형됐다(1983년에 명예회복). 54)

어떤 경우든 소련군의 대일참전을 계기로 8월 10일부터 11일 사이에 옌안총사령부는 주더 총사령관 이름으로 각 해방구의 무장부대에 7개 명령을 연속적으로 내렸다. 그중 제6호 명령(11일 12시)은 조선의용대 사령관 무정, 부사령관 박효삼 및 박일우에게 내린 지시였다. "즉시 소속 부대를 이끌고 팔로군 및 구 동북군 각 부대와 함께 동북으로 진군해서 적 괴뢰를 섬멸하고, 동북 주재 조선인민을 조직하여 한반도 해방의 임무달성을 유리하게 이끌도록 명령한다"는 내용이었다. 그 명령을 받고 조선독립동맹 본부는 각지 분회에 타전하여 조선 거류민에게 팔로군, 신 4군에 협력해서 실지를 회복하고 독립동맹 또는 의용군에 참가하여 한반도로 진격하도록 호소했다. 박일우에 따르면 그 무렵 중국 공산당과 팔로군의 지휘 아래 조선독립동맹은 7개 분회, 2개 학교, 1천 명 이상의 회원을 확보하고 있었다. 또한 흥미로운 점은 옌안총사령부 명령을 받은 김두봉 주석의 담화였다. 그는 소련군에 협력하여 한반도를 해방하고 둥베이와 화베이의 조선인을 조직할 뿐만 아니라, "중국과 닮은" "**신민주주의** 공화국으로서의 새로운 한반도"를 수립할 것을 주장한 것이다. 김두봉 등이 북한에서 만든 정당을 '조선신민당'으로 명

---

54) "김두봉 선생의 혁혁한 투쟁사", 〈정로〉, 1946년 2월 1일; "북조선 임시인민위원회 부위원장 김두봉의 담화와 약력", 〈정로〉, 1946년 2월 14일; "북조선 임시인민위원회 각 위원의 포부, 무정동지의 담화와 약력", 〈정로〉, 1946년 2월 20일; 沈志華, 《最後의 '天朝'》, 上卷, pp. 28, 46~52; 심지연, 《조선신민당연구》, pp. 34~37; 중앙일보특별취재반, 《조선민주주의인민공화국》, 상권, pp. 135~143; 심지연, 《잊혀진 혁명가의 초상》, pp. 74~77.

명한 것은 결코 우연이 아니었다. 그것은 소련 혁명이론과 거리를 둔 중국혁명 특유의 개념이었다. 55)

그러나 개전과 동시에 소련군이 거친 물결처럼 만주를 침공하고 북한에도 상륙했기에, 9월 말에 옌안을 출발한 조선독립동맹과 의용군 병사들이 10월 말부터 11월 초까지 도보로 선양에 도착했을 때 옌안 총사령부가 내린 명령은 이미 달성되어 있었다. 한편 일본 항복 후 공통의 적을 잃어버린 중국국민당과 중국공산당은 서로 일촉즉발의 상태였다. 장제스와 마오쩌둥의 쌍십협정(1945년 10월 10일)에도 불구하고 국공내전 재발은 불가피한 듯했다. 그래서 마오쩌둥, 류사오치(劉少奇) 등 공산당 지도부는 열하(熱河, 지금의 청더시), 외몽골, 소련, 한반도를 배후지로 하는 중국 동북부의 군사적 중요성에 착안한 것이다. 이러한 정세를 배경으로 11월 4일 선양에서 개최한 조선의용군 전군회의에서 사령관인 무정은 소수의 간부를 한반도에 보내고 지휘요원과 전투요원 대부분은 둥베이 근거지 건설에 참가할 것을 선언하고, 나아가 둥베이 주재 조선인을 동원하여 군대를 확충하고 **중국혁명과 한반도혁명을 위한** 역량을 축적할 것을 호소했다. 이는 중국공산당의 방침을 반영했을 것이다. 이후 조선의용군은 셋으로 나뉘어 제1지대(지대장 김웅, 정치위원 방호산)가 남만주, 제2지대(지대장 이상조, 정치위원 주

---

55) 김오성, 《지도자군상》(서울: 대성출판사, 1946), pp. 71~80; "延安總部命令", (〈解放日報〉, 1945년 8월 12일), 日本國際問題研究所中國部會 編, 《新中國資料集成》, 第 一卷(日本國際問題研究所, 1963), p. 82; 심지연, 《조선신민당 연구》, pp. 80~81; 沈志華, 《最後の'天朝'》, 上卷, p. 52. 신민주주의와 중·소의 이론 갈등에 대해서는 平松成雄, "中ソの'人民民主主義' 論", 〈法學研究〉(慶應義塾大學法學研究會), 第 37卷 4号(1964. 4.), pp. 85~88.

덕해)가 북만주, 제 3지대(지대장 이익성, 정치위원 박훈일)가 동만주 지역에 진출했다. 앞서 보았듯 제 88특별여단에 소속해 조선의용군보다 먼저 둥베이에 진출했던 일부 조선인 공산주의자, 예를 들어 강건, 최강, 박낙권 등은 9월에 무단장을 거쳐 옌볜에 들어가 무장세력을 조직하여 민주대동맹을 설립하고 11월에는 옌안에서 온 의용군 간부들과 합류했다. 모든 간부가 조선민족의 무장화를 위해 노력한 것이다. 56)

조선으로 향한 조선독립동맹과 의용대의 지도간부 약 70명은 신의주를 경유하여 12월 초 땅거미 지는 평양역에 도착했다. 그곳에는 김두봉, 무정, 최창익, 한빈, 김창만 등이 있었다. 그러나 이 공산주의자들에 대한 대우는 소련군 당국에게도 김일성에게도 어려운 문제였을 것이다. 사실 조선의용군 본대와는 별도로 두 개 부대가 만주에서 북한에 들어와 무장해제당하고 추방된 사건이 발생했다. 처음에 북한으로 귀국하려고 했던 것은 해방 후 선양에서 모집한 약 1,000명의 선발대였으며, 10월 12일 한청 대장, 주연 정치위원이 안둥에서 신의주로 이끌고 들어왔다. 더욱이 김두봉과 무정이 출발한 후, 12월에도 의용군의 김호(지대장)와 김강(정치위원)이 안둥에서 압록강 지대(支隊)를 결성해서 신의주로 들어갔다. 그러나 이들 부대는 무장해제를 당하고

---

56) 沈志華, 《最後の'天朝'》, 上卷, pp. 85~88; 金景一, "歷史的視角からみた朝鮮民族部隊の歸國", 赤木完爾 編著, 《朝鮮戰爭 — 休戰50周年の檢証・半島の內と外から》(慶應義塾大 出版會, 2003), pp. 73~74. 전군회의의 개최에 대해서는 김경일이 인용한 이창역의 증언("朝鮮義勇軍及其第五支隊", 金東和 編, 《閃光的靑春》(延边人民出版社, 1992) 외에, 그 개최일이 11월 10일이라는 홍순관의 증언도 있다. 두 증언 내용은 중요한 점에서 거의 일치하지만, 홍순관은 그 회의가 중국공산당과의 합동회의였다고 주장했다(중앙일보특별취재반, 《조선민주주의인민공화국》, 상권, pp. 157~159).

안둥으로 돌아가지 않을 수 없었다. 먼저 들어온 한청은 부대를 주연에게 맡기고 평양에서 김일성과 담판을 벌여, 귀국한 부대에 무슨 임무라도 부여해 달라고 요청했으나 김일성도 소련군 사령부도 동북으로 돌아가라고만 했다고 한다. 김두봉은 "적이 저항을 멈추기 전에 소련군과 어깨를 나란히 하고 입국할 계획이었지만 실현되지 않았다"고 회고하며, 이 사건에 대해 "신의주에 도착한 후 기대했던 우군에게 무장해제를 당했다"고 실망을 드러냈다. 10월 12일에 포고한 〈소련 제25군사령관 성명서〉에 의해 북한 내 모든 무장조직이 무기와 탄약을 반납하고 해산당했음을 언급할 필요도 없이, 소련군 당국도 김일성도 자신의 지휘 아래 있지 않은 무장세력이 북한에 들어오는 일을 경계했을 것이다. 그러나 몇 년 후 국공(國共) 내전에서 승리한 조선인 부대 2개 사단이 북한에 귀환해서 조선인민군에 편입됐다. 김일성이 한국전쟁을 준비하던 1949년 7월이었다. 마지막 1개 사단은 다음 해 2월에 귀국했다. 이들 역전의 부대가 다음 해 6월에 남침하는 북한군의 선두에 섰다. 57)

다만 10월 12일 성명서는 강령과 규약을 지방자치기관과 소련군 경무(警務) 사령부에 등록하는 조건으로 반일적인 민주주의 정당과 사회단체의 결성과 활동을 허가했다. 민주주의 민족통일전선을 결성하기 위해 반일적이며 연소용공(聯蘇容共)인 정당과 사회단체는 환영 받을 만했던 것이다. 조선공산당에 입당한 무정은 그 무렵 우즈베키스탄공

---

57) 중앙일보특별취재반, 《조선민주주의인민공화국》, 상권, pp.148~162; 김두봉, "조선독립동맹의 회고와 전망 ①", 〈정로〉, 1946년 2월 13일; 김창순, 《북한 15년사》(서울: 지문각, 1961), pp.61~65; 심지연, 《잊혀진 혁명가의 초상》, pp.92~96; 沈志華, 《最後の'天朝'》, 上卷, pp.72~74; 金景一, "朝鮮民族部隊の歸國", 赤木完爾 編著, 《朝鮮戰爭》, pp.76~82.

화국에서 도착한 소련계 조선인 허가이와 함께 일시적이기는 하지만, 당 북부조선분국 간부로 후대를 받았다. 북한 민중들에게 이 시기 무정은 김일성, 박헌영, 그리고 김두봉과 견줄 만한 지도자로 받아들여졌다는 증언도 있다. 북부조선분국 중앙 제3차 확대집행위원회에서는 김일성이 책임비서, 김용범이 제2비서로 취임하고 오기섭이 조직부장에 취임했는데, 무정은 간부부장, 허가이도 노동부장에 취임했다. 바꿔 말하면 무정도 허가이도 단순한 집행위원이 아니라 소수의 당 간부로 취급받은 것이다. 실제로 조선민주청년동맹이 주최하여 12월 22일부터 1주일간 연속적으로 열린 시국강좌의 강사로서 무정은 김일성에 이어 두 번째로 등단해 23일 〈중국공산당의 신민주주의와 중화민족〉이라는 제목으로 강연했다. 세 번째 강사는 최용건, 네 번째는 오기섭이었으며, 조만식도 26일에 다섯 번째 강사로 등단해 〈조선민주당의 현 정치노선〉에 대해 강연했다. 이것이 조만식의 마지막 일이었을지도 모른다.58)

그러나 한국어가 유창하지 않았던 허가이는 그렇다 치고, 7인의 강사 중 김두봉의 이름은 없었다. 나중에 모스크바협정이 발표되고 조만식의 민주당이 신탁통치에 반대하여 소련군 당국과 김일성에 반기를 들면서, 김두봉이 이끄는 조선독립동맹의 존재가치가 급상승했을 것이다. 조선독립동맹의 〈1개월 전에 압록강을 건넜다〉라는 귀국 제1성명은 1946년 1월 15일이 되어서야 비로소 〈정로〉 1면에 〈조선 동포에 고한다〉는 제목으로 크게 게재됐다. 또 2월 1일에는 모스크바협정과

---

58) 중앙일보특별취재반, 《조선민주주의인민공화국》, 상권, p. 144; 和田春樹, 《北朝鮮現代史》(岩波書店, 2012), pp. 29~30; 〈정로〉, 1945년 12월 26일.

후견제에 대한 김두봉의 논고가 게재되었고 "김두봉 선생의 빛나는 투쟁사"도 소개되었다. 귀국 후 조선공산당에 입당한 무정, 최창익, 김창만, 박일우, 그리고 독립동맹에 남은 김두봉, 한빈 등의 사이에는 미묘한 정치적 갈등이 있었을지도 모른다. 소련군 당국과 김일성도 중국의 영향을 받은 조선독립동맹과 그 지도자들을 같은 공산주의자로서 조선공산당에 흡수할 것인가, 아니면 독립된 존재로 취급할 것인가, 중요하지만 어려운 선택에 직면했을 것이다. 그러나 여기에 하나의 해답이 12월 28일에 발표된 모스크바협정이었다. 이 협정은 미 · 소 공동위원회가 한반도의 민주적 정당 및 사회단체와 협의하도록 요구했기 때문이다. 조만식을 배제한 조선민주당을 빨리 재건하고, 동시에 조선독립동맹을 조선공산당과는 다른 독립된 민주주의 정당으로 인정하는 일이 정치적으로 중요한 의미를 갖게 된 것이다. 어찌 됐든 소련군 당국의 지원을 받은 공산당 북부조선분국의 김일성은 조만식 등 반소 반공 민족주의세력을 배제하고, 나아가 소련파와 옌안파 공산주의자의 협력을 얻어 1946년 2월 북조선 임시인민위원회를 수립했다. 59)

---

59) 〈정로〉, 1946년 1월 15일, 2월 1일. 한국전쟁 당시, 소련군 고문단장이었던 라주바예프의 《6 · 25전쟁보고서》, 1권(서울: 한국국방부 군사편찬연구소, 2001)에 수록된 북한 정치가 일람은 최창익, 박일우가 조선공산당에 재적했다고 기록했다. 또 김창만도 당 분국 기관지 〈정로〉(1946년 1월 3일)에 기고("진보적 민주주의 문화를 건설하기 위해 싸우자")한 사실이 확인됐다. 심지연, 《잊혀진 혁명가의 초상》, pp. 101~104.

4. 북한 정권 수립과 토지개혁

(1) '통일관리' 거절: 모스크바협정의 역설

모스크바협정에 대한 소련의 태도는 기묘했다. 발표 직후부터 그 내용을 자기 방식대로 해석하여 자신이 점령하는 북한 지역 내에서 독자적인 체제 만들기를 시작했기 때문이다. 제2차 세계대전 전후 처리를 끝낸 스탈린이 냉전이라는 새로운 시대를 맞이할 준비에 착수한 것이다. 이 사실이 명확히 나타난 것은 1946년 1월 8일이었다. 그날 치스차코프 사령관은 하지 사령관에게 서한을 보내 12월 28일(모스크바 시간)에 발표한 모스크바협정 제4항 규정에 근거해 남북한 관련 긴급문제를 검토하고 행정과 경제분야에서 "항구적인 조정을 확립하기" 위해 미·소 양 군사령부 대표회의를 1월 15일부터 20일 사이에 개최하자고 제안했다. 이는 미·소 공동위원회와는 별도의 긴급회의였지만, 치스차코프는 소련 측 대표로 시티코프 군사회의 위원, 차랍킨(S. K. Tsarapkin) 특별공사, 샤닌 소장, 로마넨코 소장, 발라사노프 정치고문 등을 지명하고 미국 대표와 회담할 준비가 갖춰져 있다고 했다. 모스크바협정을 실행하는 중요한 타이밍에 드디어 스탈린의 대리인이라고도 할 수 있는 시티코프가 평양에 도착했다. 그리고 이를 반영하듯 8일 오전 10시에 김일성, 김두봉, 최창익, 최용건, 최용달, 현창형 등 유력 정당과 사회단체 지도자들이 참석한 가운데 조선민주청년동맹 평남 대표대회를 개최하고 ① 모스크바회의 결정에 반대하는 자는 민주주의 원칙을 부정하는 반동분자이며, 서울의 이승만 같은 자가 그 대표적 인물이다, ② 이후 창건될 민주주의 조선 임시정부에는 반민주주의 정당과 사회단체는 절대 참가시키지 않는다, ③ 진보적 민주주의 정당과 사회단체와 협력하여 친일 반동분자나 반민주적 민족반역자를 철저히 숙청하고 확고한 민족통일전선을 결성한다는 등 몇 가지 중요한 원칙을 확인했다. 미·소 양 군사령부 간 첫 접촉을 앞두고, 조만식뿐 아니라 "서울의 이승만"도 신탁통치에 반대하는 반민주주의 반동분자로서 숙청하고 장래의 한반도 민주임시정부에서 배제한다고 결의한 것이다.[60]

그 내용의 중요성에서 판단하건대, 이 원칙들은 북한 내에서 결정되었기보다는 시티코프 평양 도착과 관련해 모스크바에서 확인한 내용이었을 것이다. 따라서 소련 국영미디어가 그 방침을 지지하는 보도를 시작했더라도 조금도 이상하지 않았다. 예를 들어 1월 12일 〈이즈베스티아〉는 1945년 8월 이래 '부흥 도상에 오른 조선'에 대해 스몰렌스키(V. Smolenskii) 논평원의 첫 장문기사를 게재했다(당시 외무부와 정보국의 차관을 겸임했던 로좁스키가 감수했다고 한다). 이 기사에서 스몰렌스키는 일본인과 반역자의 토지 몰수 및 농민 무상분배, 은행과 교통기관 및 산업설비의 국유화 등 광범위한 민주개혁의 필요성을 주장하고, 한반도의 반동분자들이 "정부를 자칭하는 김구와 대통령을 자인하는 이승만의 지도 아래 모스크바 3국 외상회의의 한반도 관련 결정에 반대하는 운동을 조직하고 … 많은 소란을 일으키고 있다"고 격하게 비난했다. 김구의 '정부'나 이승만의 '대통령'은 폴란드의 런던 망명정부의 한반도 판처럼 이해되었을 것이다. 당시 모스크바 대사관에 근무했던 케넌(George F. Kennan) 참사관은 그 기사에 주목하며 "만약 한반도에

---

60) "Hodge to Byrnes", 12 January 1946, *FRUS*, *1946*, vol. VIII, pp. 608~609; 〈정로〉, 1946년 1월 12일. 〈정로〉, 1946년 1월 12일.

적용될 만한 '민주주의적'이라는 단어의 해석에 의문이 존재한다면, 그 것은 이제 이승만, 김구 및 그 지지자에 대한 〈이스베스티아〉의 공격을 통해 일소되어야 한다. 이 인물들은 실천적이지 않고 거의 조직되어 있지 않지만, 그럼에도 불구하고 소련이 지원하는 현재의 '민주적인' 정당이나 사회단체 그리고 소련이 지배할 장래의 임시정부 개념에 대해 친미적인 이의를 주창하고 있다"고 지적했다. 스몰렌스키의 글에서 케넌은 소련 정책의 질적인 전환을 읽어 낸 것이다. 61)

사실 1월 23일 워싱턴에 귀임하는 해리먼 대사와 마지막으로 회담했을 때 스탈린의 태도는 바뀌어 있었다. 해리먼이 화제를 한반도로 바꾸자, 그곳에서 "좋은 뉴스가 들어오고 있지 않다"고 불평하며 한반도에서 온 전보를 읽어 내려갔다. 스탈린이 문제시한 것은 ① 현지의 미국 대표가 신탁통치 결정이 폐기될 것이라고 주장하고, ② 이러한 요구를 공공연하게 표명하기 위한 집회가 개최되면서, ③ 현지 신문에 미국이 아니라 소련만 신탁통치를 주장하고 있다는 기사가 게재됐다는 것이었다. 스탈린은 처음에 신탁통치를 제안한 것은 루스벨트이며 "소련 정부

---

61) 스몰렌스키, "부흥도상의 조선", 조소문화협회 함흥지부 편찬, 《해방후의 조선: 소련신문 논설집》(1946), pp. 29~36. 스몰렌스키의 논문은 한국어로 번역되어 〈정로〉(1946년 2월 7일, 8일)에 게재됐다. 和田春樹, "ソ連の北朝鮮政策 — 1945年 11月~1946年 3月", 〈社會科學研究〉, p. 85. 또 스몰렌스키와 로좁스키의 관계에 대해서는 다음 문헌을 참고하라. 河原地英武, "ソ連の朝鮮政策 — 1945~1948", 櫻井浩 編, 《解放と革命 — 朝鮮民主主義人民共和國の成立過程》(アジア経濟研究所, 1990), pp. 23~24. "Kennan to Byrnes", 25 January 1946, FRUS, 1946, vol. VIII, pp. 619~621; "Erick van Ree", Socialism in One Zone: Stalin's Policy in Korea 1945~1947(Oxford, N. Y., Munich: BERG, 1989), p. 145.

는 이제는 신탁통치를 필요로 하지 않는다"고 명언했다. 나아가 "만약 쌍방이 그러고 싶다면 신탁통치는 폐지할 수 있다"고 부언했다. 이에 해리먼은 수일 후 서울을 방문하는데 현지 정세를 직접 확인하고 싶다고 대답하며, 미국 정부는 모스크바 회의결정을 확실하게 이행할 것이라고 약속했다. 또 12월의 외상회의에서는 다른 문제에 비해 한반도에 대한 불일치가 적었다고 지적하며, 번스 국무장관이 한반도에서의 실험을 "미국과 소련이 어떻게 협력할 수 있는지 과시하는 훌륭한 기회"로 생각하고 있다고 말했다. 흥미로운 사실은 스탈린이 현지정세, 즉 신탁통치에 호의적이지 않았던 소련 정부가 모스크바협정을 옹호하고 신탁통치를 주도했던 미국 정부가 모스크바협정에 반대하는 이승만과 김구를 옹호하는 역설적 정세를 명확하게 이해하고 있었다는 점이다. 또한 쌍방이 합의하여 신탁통치를 폐지할 가능성까지 언급한 점도 주목할 만하다. 한편 해리먼의 응답은 미국 정부가 소련의 단독행동, 즉 냉전정책으로의 전환에 대응하지 못함을 보여 주었다.[62]

스탈린의 발언은 즉흥적인 생각이 아니었다. 이틀 후 1월 25일에 소련 국영매체 〈타스통신〉이 "당국에게 위임받은" 성명을 발표하여 남한 내 "가짜 보도를 부정하고 사실을 명확히 했기" 때문이다. 바꿔 말하면 모스크바협정이 "몇 가지 본질적인 점에서 당초 미국 초안과 다르다"는 점을 폭로한 것이다. 성명은 앞서 보았듯 미국 초안은 두 명의 군사령관 아래 발족하는 단일정부 창설로 시작해서, 이어 1인의 고등판무관과 1국 1인 대표로 구성하는 관리기관에 의한 신탁통치를 상정한 데 반

---

62) "Harriman to Byrnes", 25 January 1946, *FRUS*, *1946*, vol. VIII, p. 622; Harriman & Abel, *Special Envoy to Churchill and Stalin*, pp. 532~533.

해 소련 대표는 한반도 민주임시정부 수립, 미·소 공동위원회 설치, 한반도의 민주주의 정당 및 사회단체와의 협의 등을 요구한 사실을 확인됐다. 또 미국 안이 신탁통치 기간을 5년으로 하고 4개국 합의에 따라 5년을 초과하지 않는 범위 내에서 이를 연장할 수 있었던 데에 비해, 소련 안은 신탁통치를 5년 이내로 했음을 강조했다. 이후 이 성명의 중요성을 시사하는 듯, 1월 29일 김일성, 김두봉, 최용건, 현창형, 박정애 등 지도자 10인이 각 정당과 단체를 대표해서 〈타스통신〉의 성명을 지지하는 공동성명을 발표했다. 한편 〈타스통신〉의 성명을 검토한 미국 국무부는 "내용적으로 타당하다"고 인정하지 않을 수 없었다. 그러나 케넌의 견해는 그뿐이 아니었다. 스몰렌스키의 논평과 〈타스통신〉의 성명을 검토한 그는 "소련이 한반도 문제와 관련한 모든 사안에서 다른 대국(大國)을 조기에, 그리고 완전히 배제하려는 데에 의문의 여지가 없다"고 결론지었다. 또한 케넌은 "모스크바 회의에 회부된 〔소련〕 문서는 그러한 목적을 달성하기 위해 설계된" 것이라고도 주장했다. 요컨대 소련 안에 기반한 모스크바협정이야말로 소련이 장래에 단독행동을 할 수 있는 토대가 되었다고 해석한 것이다.[63]

흥미롭게도 〈타스통신〉 성명이 발표된 시점은 모스크바협정을 실시하기 위한 첫 미·소 협의, 즉 전술했던 미·소 양 군사령부 대표회의가 1월 16일부터 서울에서 한창 열리던 도중이었다. 바꿔 말하면 소련은 남한 내 여론의 지지를 얻을 뿐 아니라 미·소 양군 회의에서 자기

---

63) "TASS Statement on the Korean Question", 25 January 1946, *The Soviet Union and the Korean Question* (London: Soviet News, 1950), pp. 9~11; *FRUS, 1946*, vol. VIII, p. 617~622; 〈정로〉, 1946년 1월 31일.

주장의 정당성을 호소하기 위해 모스크바 외상회의에서 나눈 논의를 공표할 시점을 선택했을 것이다. 더욱이 앞서 살펴보았듯, 소련 측 대표단을 인솔한 이는 연해주군관구 군사회의 위원인 시티코프 대장이었다. 소련은 첫 양군 사령부 대표회의가 갖는 중요한 의미를 정확하게 인식하고 있었다. 반면 미군 사령부를 대표한 이는 군정장관이었던 아놀드 소장, 민생장관이었던 러치(Archer L. Lerch) 소장, 군사사절단의 일원으로 모스크바에 근무했던 스폴딩(Sidney P. Spalding) 소장, 베닝호프 정치고문, 군정장관 보좌관 부스(Robert. H. Booth) 대령 등이었다. 계급으로나 정치경험으로나 양자 간에 균형이 결여돼 있었다. 사실 하지는 맥아더의 주의를 환기하며, 다가올 미·소 공동위원회를 위해 국무부 고관과 3성 장군(중장) 혹은 4성 장군(대장) 등 고급장교의 파견을 요청했다. 한편 러시아인을 상대하는 데 당혹해하던 하지는 2월 초에 서울을 방문한 해리먼 대사에게 조언을 구했다. 하지는 소련 측에 너무 강경한 태도를 취해 미·소 회의를 파괴해 버리는 것을 두려워했다. 그러나 해리먼의 대답은 "심사숙고해서 행동하거나 관대한 태도로 선의를 얻으려 해도 거의 아무것도 얻을 수 없다"는 것이었다. 다만 해리먼은 한반도 전체에 권위가 미치는 한반도 정부를 남한에 수립하려는 것에 반대하며 "최종적 통일을 위한 문"을 열어두는 것이 중요하다고 조언했다. 그것이 문제의 본질이었다. 또 러시아인을 다뤄 본 경험이 있는 장교를 남한에 파견해야 한다고 생각한 해리먼은 제2차 세계대전 중에 군사 사절단장으로서 모스크바에서 근무한 딘 소장을 번스 국무장관에 추천했지만 육군부는 받아들이지 않았다. [64)

---

64) Hoag, *American Military Government in Korea*, pp. 375~377; Harriman &

미국 측은 양군 대표회의에서 전년 11월 8일 해리먼 서신이 지적한 문제를 해결함으로써 모스크바협정이 규정하듯 남한의 미군사령부와 북한의 소련군사령부 사이에 "경제·행정 문제의 항구적 조정"을 확립하기를 기대했다. 따라서 워싱턴의 3부성 조정위원회도 1월 5일 경제 및 행정 문제에서 소련군 대표에게 가능한 한 많은 동의를 얻으라고 명령했다. 회의에는 맞추지 못했지만 1월 28일 3부 조정위원회가 채택한 포괄적 지침인 〈조선을 위한 정치정책〉(SWNCC 176/18)도 미·소 간에 합의한 조치가 미·소 공동위원회의 중앙통제에 의해 가능한 한 빨리 남북한의 '민사행정의 통합'으로 발전하여 궁극적으로는 '문민화'하는 것을 기대했다. 그러나 1월 20일까지 15개 토의사항에 합의한 후, 경제, 행정 그리고 운수의 3개 분과회를 설치했지만, 미·소 양군회의의 논의는 그 이상 진전이 없었다. 왜냐하면 미국 측이 38선의 장벽을 철폐하여 남북의 수송망이나 공공시설을 단일행정기관 아래 결속하고, 은행, 통화, 상업활동에 획일적인 재정정책을 적용하며, 나아가 상품이나 특정인들의 자유로운 왕래를 보장하자고 주장한 데에 대해, 소련 측은 그러한 통일관리를 거절하고 이 사안들을 모두 두 점령지역 간의 교환이나 조정 문제로 취급했기 때문이다. 더구나 회의가 진전됨에 따라 소련군 측의 최대 목적이 남한에서 쌀을 조달하는 것임이 판명되었다. 소련군 측은 전력, 석탄, 화학제품 등과의 교환으로 쌀을 얻으려고 한 것이다. 미군 측은 남한에서도 쌀이 부족하다는 이유로 이를 거부했지만, 1월 25일 소련군 측은 지체 없이 쌀을 제공하지 않으면 남한 송전을 중지하겠다고 경고했다. 결국 이 문제에서 양측이 대립한 끝

　Abel, *Special Envoy to Churchill and Stalin*, pp. 541~544.

에, 미·소 양군회의는 거의 아무런 성과도 얻지 못한 채 2월 5일에 종료했다.[65].

한편 그 사이 북한에서는 1월 14일 평남 인민정치위원회의 결정에 따라 평남 각 시·군의 각계각층을 대표하는 위원 144명을 선출하고, 1월 23일 및 24일에 평남 인민정치위원회 확대위원회를 개최했다. 개회를 선언한 홍기주 임시위원장은 "모스크바 3국 외상회의 결정을 이해하지 않는 일부의 반동분자"가 드디어 퇴진하고 "조 전위원장이 추방됐다"는 점을 강조했다. 또 축사를 한 김일성도 조만식이 이주연과 홍기주의 설득에도 불구하고 민주주의에 반대하는 반동진영에 몸을 던졌다고 비난했다. 김일성은 반면 인민정치위원회가 인민의 생활과 직결되는 지방행정기관으로서 수십 개 공장을 활발하게 가동하고 농업정책에서 3·7제를 실시하는 등 성과를 올리고 있다고 칭찬했다. 사업 총괄보고에서는 이주연 부위원장이 ① 식량 문제 해결을 위해 곡물매수를 완수한다, ② 남녀공학을 실시한다, ③ 군수공장을 평화산업으로 전환한다는 등을 강조했다. 마지막으로 평남 인민정치위원회를 평남 인민위원회로 개칭하고 공산당 9명, 민주당 9명, 그리고 각 사회단체 11명으로 구성한 신임위원과 그 부서를 결정했다. 위원장에는 민주당의 홍기주, 부위원장에 공산당의 이주연과 민주당의 홍기황이 선출됐다. 소련군

---

65) SWNCC 176/13, "JCS to McArthur", 5 January 1946, *FRUS, 1946*, vol. VIII, pp. 607~608; "Political Policy for Korea"(SWNCC 176/18), 18 January 1946, sent to McArthur on February 11, *ibid.*, pp. 623~627; "Benninghoff to Byrnes", 15 February 1946, *ibid.*, pp. 633~636; *United States Policy Regarding Korea, Part III, December 1945~June 1950*(Division of Historical Policy Research, Office of Public Affairs, Department of States, 1951), pp. 2~3; Hoag, *American Military Government in Korea*, pp. 378~387.

정 당국으로서는 북한 진주당시 직면했던 어려운 문제 중 하나, 즉 반소 반공적 평남 인민정치위원회의 해산이 드디어 실현된 것이다. 더욱이 유명무실해진 조선민주당은 2월 5일 조선민주당 열성자협의회를 개최하고 중앙위원을 다시 뽑아 임시위원장 겸 총무부장에 김일성의 외숙부인 강양욱 목사가 취임했다. 최용건은 부위원장과 중앙집행위원장을 맡았다. 또 2월 8일에는 민족종교 천도교에 기초를 둔 천도교 청우당이 발족했는데, 그 강령과 정책을 발표함과 동시에 모스크바협정을 지지한다고 선언했다. 66)

정당의 외곽단체라고도 할 수 있는 사회단체는 전년 11월 후반부터 조직되기 시작했다. 가장 중요한 산업별 노동조합의 전국조직인 조선노동조합 전국평의회는 앞서 4장에서 봤듯, 11월 5, 6일 서울에서 결성됐다. 북한에서는 11월 30일 6도 대표자 300여 명이 모여 북부조선총국 결성대회를 개최했다. 조직준비위원회 보고 후 오기섭의 보고와 토론을 만장일치로 승인했다. 발족 당시 '전평' 북부조선총국(현창형 위원장)에는 서울 중앙의 영향력이 컸던 듯하다. "조선인민공화국 만세"를 외치거나 "조선 무산계급의 영수 박헌영 동무"에게 메시지를 보냈다는 점에서 이를 확인할 수 있다. 한편 청년단체의 통일조직인 북조선민주청년동맹에서는 김일성의 영향력이 컸다. 10월 28일 개최된 공산주의청년동맹 열성자회의에서 김일성은 '공청'을 '민청'으로 개편하는 결정을 채택시키고 10월 30일 북조선민주청년동맹 조직위원회를 발

---

66) 〈정로〉, 1946년 1월 16일, 26일, 27일, 2월 7일, 13일. 중앙위원 인사에 대해서는 〈정로〉(1946년 2월 13일)를 참조하라. 그러나 2월 7일 자 〈정로〉는 당수를 홍기황, 부당수를 최용건으로 보도했다. 유문화, 《행방 후 4년간의 국내외 중요일지》, p. 30; 김창순, 《북한 15년사》, pp. 164~166.

족했다. 조직위원회는 가맹자 40여만 명을 모아 다음 해 1월 16일 및 17일에 북조선민주주의 청년단체대표자회의를 개최하고 조선민주청년동맹 북조선위원회(방수영 위원장)를 결성했다. 첫날 회의에서 오기섭의 축사가 있었고, 둘째 날에는 김일성, 소련군 민정부의 메클레르 중좌, 그리고 장종식 교육국장이 축사를 했다. 1월 31일 전국농민조합총연맹 북조선연맹(강진건 위원장) 결성대회가 개최되어, 이순근 농림국장이 "예전 조선의 농업이 봉건적 토지소유관계와 일본제국주의 침탈관계의 이원적 성격 아래에서 신음했다"고 보고했다. 흥미롭게도 이들 북한 사회단체는 어느 경우든 서울에 있는 전국 조직의 북한 지역 대표라는 형식을 취했다. 그러나 조기에 결성된 조선노동조합 전국평의회는 그렇다 치고 민주청년동맹이나 전국농민조합총연맹은 서울 중앙에 종속했다기보다는 미·소 공동위원회나 통일민주임시정부를 의식하여 남북 양 지역에 걸치는 조직적 통일성을 강조했던 듯하다. 소련군정 당국이나 김일성은 한반도 통일관리를 거절하면서도 남한의 좌익계 사회단체에 대한 정치적 영향력을 확보하려 했을 것이다. [67)]

(2) 김일성 정권의 수립: 북조선 임시인민위원회

모스크바협정 그 자체는 미·소 타협의 산물이었지만 스몰렌스키 평론이나 〈타스통신〉성명에서 볼 수 있듯, 이후 몇 주 동안에 소련의 한반

[67)] 〈정로〉, 1945년 12월 5일, 1946년 1월 23일, 25일; 白峯, 金日成伝翻譯委員會 譯, 《金日成伝》, 第 2卷 (雄山閣, 1969), pp. 61~72; 이순근, "전농 북조선연맹 결성대회 총괄보고", 〈정로〉, 1946년 2월 6일. 다만 북조선여성총동맹(박정애 위원장)의 결성은 11월 18일이며 전국부녀총동맹보다 앞섰다.

도 정책은 전환하기 시작했다. 일본, 중국, 루마니아, 불가리아는 물론, 발칸, 이란, 만주, 다르다넬스 해협과 마찬가지로 이제 한반도도 세계적으로 확대하는 미·소 대립의 갈등지역 중 하나가 된 것이다. 그러나 한반도에서 미·소의 단독행동은, 말할 필요도 없이 미·소 양국 군대에 의한 한반도 분할점령이라는 지역적 특징을 반영하고 있었다. 미·소는 각각의 점령지역 내에 각각 독자적인 정치, 경제, 이데올로기 체제를 구축하려 한 것이다. 물론 당초 그 의식에는 큰 격차가 존재했다. 모스크바협정에 관한 미국의 이해는 상당히 순진했던 반면, 소련은 그 후의 전개를 예지했던 듯했다. 바꿔 말하면 확실히 소련이 먼저 단독행동에 나섰다. 미국은 상당히 당혹했다. 또한 케넌이 지적할 정도로 계획적이었는지는 별도로 하더라도, 뒤에서 보는 것처럼 소련 측 초안을 기본으로 했던 모스크바협정의 내용이 소련의 단독행동 전환을 용이하게 만들었던 사실도 부정할 수 없다. 더욱이 북한에서 조만식의 저항은 소련 군정 당국이나 김일성의 예상을 넘어선 것이었고, 이는 남한의 이승만이나 김구가 일으킨 반대운동보다도 심각한 의미가 있었다. 왜냐하면 조만식의 저항이야말로 민족주의자와의 연합을 통해 북한에 부르주아 인민정권을 수립한다는 협조노선을 유지할 수 없게 만들었기 때문이다. 68)

이러한 정세 속에서 북한의 통합적 정권기관을 수립하기 위한 회합, 즉 '북부조선 각 정당, 각 사회단체, 각 행정국 및 각 도, 시, 군 인민위

---

68) John Lewis Gaddis, *Russia, the Soviet Union, and the United States: An Interpretive History* (N. Y. : John Wiley and Sons, 1978), pp. 180~183; 和田春樹, "ソ連の北朝鮮政策 ― 1945年 11月 ~ 1946年 3月", 〈社會科學研究〉, pp. 84~85.

원회 대표확대협의회'가 1946년 2월 8일 오후 5시 넘어 평양에서 열려 '북조선 임시인민위원회' 수립을 선언했다. 주민선거나 사전고시 등 절차를 거치지 않은, 일방적이고 갑작스러운 김일성 정권의 수립이었다. 사실 임시인민위원회 수립은 모스크바협정을 지지하는 11개 '민주적' 정당, 사회단체, 행정조직, 그리고 지방인민위원회 대표 150여 명으로 구성한 집회에서 결의한 것이다. 김두봉이 개회를 선언하고 임시집행부를 선출한 후, 김일성이 〈목전의 조선 정치정세와 북조선 임시인민위원회의 조직 문제에 대하여〉를 보고하고, 이에 대한 토론을 거쳐 북조선 임시인민위원회 수립을 선언했다. 8일의 의사일정은 고작 4시간이었으며 오후 9시에 종료했다. 또 다음 날 오전 11시에 재개된 회의에서 김일성 위원장, 김두봉 부위원장, 강양욱 서기장을 포함해 무정, 최용건, 이문환, 한희진, 이순근, 이봉수, 한동찬, 장종식, 윤기령, 방우용, 최용달, 홍기주, 현창형, 이기영, 강진건, 박정애, 홍기황, 강영근, 방수영, 김덕영 등 위원 23명을 선출했다. 그러나 이 결정이 법률로 뒷받침된 것은 약 1개월 후인 3월 6일에 제정된 〈북조선 임시인민위원회 구성에 관한 규정〉(임시인민위원회 결정 제3호의 1)에 의해서였다. 이는 북한 '최고 행정주권기관'의 권한, 임무, 조직 등에 관한 최초의 법령이 됐다. 통치기구를 규정한 헌법조항에 상당하는 것이다. 종래의 행정10국은 기능을 지속하고, 그 외에 선전, 기획 및 총무의 3부를 설치했다. 다만 아직까지 입법과 행정이 미분화 상태였는데, 중앙행정기관에 대응하는 중앙입법기관(인민회의)을 별개로 두지 않았다. 따라서 북조선 임시인민위원회는 그만큼 절대적 권한을 행사할 수 있었다. 69)

김일성의 보고에 따르면 북조선 임시인민위원회가 필요했던 이유는, 첫 번째로 소련군에 의한 북한 해방 후 "대중적 정당과 사회단체가 자유롭게 발생하여" 민주당, 공산당 그리고 조선독립동맹이 활동을 개시하였고, 노동조합, 여성동맹, 민주청년동맹, 농민동맹, 조소(朝蘇) 문화협회 등의 "대중적 민주단체"가 조직되었는데, 이들 모두가 "유일한 민주주의적 인민전선의 기초 위에 자유롭고 민주주의적인 조선 독립국가를 조기에 실현하는" 것을 목표로 내걸었기 때문이었다. 바꿔 말하면 민주주의 민족통일전선이 결성되고 이를 기초로 삼아 북조선 임시인민위원회가 수립되었다고 주장한 것이다. 두 번째로 지방인민위원회와 행정10국이 조직되었음에도 불구하고 이를 통합적으로 지도할 "유일한 북조선 중앙주권기관"이 존재하지 않아, 북조선의 정치, 경제, 문화생활을 지도하는 데에 큰 장애가 되고 있다는 사정을 지적했다. 김일성에 따르면 중앙행정기관, 즉 임시인민위원회를 조직하려는 의견은 먼저 민주적 제 정당과 사회단체의 지도자가 제기했다. 이들 지도자들이 '발기부'(發起部)를 조직하여 소련군 사령관에게 진정했고 찬동을 얻어 확대협의회가 개최되었다는 것이다. 그러나 세 번째로 북조선 임시인민위원회 결성은 모스크바협정이 예정한 한반도 임시민주정부 설립과 밀접하게 연관되어 있었다. 김일성은 위원회가 "모스크바 외상회의의 결정을 실천에 옮기고 민족통일전선의 기초 위에 장래 수립될 민주주의 조선 임시정부의 건설을 촉진하기 위해" 필요하다고 역설했다. 요컨대 남한에 앞서서 북한에 정권기구를 설립하려고 한 것이다. 2월 10일자 〈정로〉 사설은 북조선 임시인민위원회 지도부에 대해

---

69) "인민의 정권 북조선인민위원회 수립!", 〈정로〉, 1946년 2월 10일; 藤井新, 《北朝鮮の法秩序 — その成立と変容》(世織書房, 2014), pp. 111~113.

"조선의 민족적 영웅 김일성 장군을 수반으로 하여", "위대한 영웅적 지도자들이 우리의 신망과 기대에 부응하여 출마했다"고 언급했을 뿐만 아니라, "전국적으로 통일된 민주주의 중앙정부를 조직하기 위한 기초적 규범이 되고 추진력이 될 것이다"라고 북한 인민에게 호소했다.[70]

더욱이 북조선 임시인민위원회 수립과 동시에 김일성이 급진적인 토지개혁 실시를 주장한 점도 주목할 만하다. 북조선 임시인민위원회가 직면한 11개 과제를 열거한 김일성은 그중 첫 번째로 정권기관에서 친일파나 반민주주의 분자를 일소할 것을 내걸었다. 그리고 두 번째로 주장한 사항이 "일본 제국주의와 민족반역자 및 조선의 대지주 수중에 있던 사용가능한 토지와 산림을 국유화하는" 것을 기초로 하여 "소작제도를 없애고 토지를 농민들에게 무상분배하는 일을 준비하고 실시한다"는 것이었다. 나아가 김일성은 "봉건적 토지소유자는 무엇보다도 농촌에 봉건세력을 보존하려고 하며, 어떠한 민주주의적 개혁에 대해서도 모두 반대한다. … 이를 개혁하지 않고는 농촌 경제의 발전과 부흥은 불가능할 뿐만 아니라, 자유민주주의적 조선국가의 건설도 불가능하다"고 주장했다. 확대협의회도 북조선 임시인민위원회 창설에 이어 "단기간 내에 토지개혁을 실시한다"는 정책을 채택했다. 이제 "토지 문제의 해결은 목전의 조선 민주정치에 있어 위대하며 가장 중심적 과업의 하나이다", "친일분자, 대지주의 토지를 농민에 무상분배하자"라는 표어가 내걸렸다. 이러한 주장은 모두 비친일 조선인 지주의 토지소유를 인정

---

70) "인민의 정권 북조선인민위원회 수립!", 사설 "북조선 임시인민위원회의 탄생" 및 김일성, "목전의 조선정치정세와 북조선 임시인민위원회 조직 문제에 대해서", 〈정로〉, 1946년 2월 10일.

하고, 3·7제를 기본으로 하는 소작제를 용인한 전년 10월 〈토지문제 결정서〉의 온건한 내용에서 크게 변화한 것이었다. 북조선 임시인민위원회, 즉 김일성 정권의 수립과 토지개혁 실시는 확실히 한 쌍을 이룬 정책이었다. 71)

이틀에 걸친 회의를 마치고 후 2월 10일, 민중 10만 명이 모여 북조선 임시인민위원회 수립을 축하하는 경축 시위가 평양시청 앞 광장에서 개최됐다. 그날 아침은 "춥지도 덥지도 않은 매우 청명한 날이었고", 각 정당, 노동단체, 사회단체, 학생, 시민들이 태극기와 연합국기, 그리고 인민정권을 지지하고 옹호하는 깃발을 높게 휘날렸다. 그 사이를 꽃다발 등으로 장식한 김일성과 김두봉의 거대한 초상화를 선두로 한 악대 행렬이 힘차게 나아갔다. 오후 1시 반, 김일성, 김두봉, 강양욱을 비롯한 위원들이 발코니에 나와 '크고 힘찬 만세소리'로 환영받았다. 평남 인민위원회 홍기주의 개회사에 이어 김일성 위원장이 당면과제를 설명하고, 김두봉 부위원장이 "오늘의 이 출발이야말로 우리나라의 완전한 독립을 위한 역사적 출발이기에, 우리는 가장 성대하게 경축하지 않으면 안 된다"고 강조했다. 이어 경축 구호와 만세를 외치고, 김일성과 김두봉의 초상화를 선두에 받쳐 든 가두행진이 출발했다. 요컨대, 김일성을 중심으로 하는 북한 공산주의자들은 조선독립동맹과 재출발한 조선민주당이 연합함으로써 북한에 결성될 민족통일전선을 토대로 북조선 임시인민위원회를 만들고, 곧바로 북한만의 급진

---

71) 김일성, "목전의 조선정치정세와 북조선 임시인민위원회 조직 문제에 대해서", "결정서", "표어", 〈정로〉, 1946년 2월 10일; 선우몽룡, 《인민정권의 수립과 그 공고화를 위한 조선노동당의 투쟁》(평양: 조선노동당 출판사, 1958), pp. 25~28.

적 토지개혁에 착수함으로써 모스크바협정이 약속한 통일적 한반도 임시민주정부의 수립을 위한 주도권을 확보하려고 한 것이다. 72)

(3) 토지개혁의 추진: '격렬한 계급투쟁'

그렇다면 토지 문제에 대한 온건한 방침은 언제 변경된 것일까. 그러한 측면에서 치스차코프 사령관과 펜콥스키 참모장이 1월 2일 자로 발령한 북한 주둔 소련군 사령관의 제2호 명령서가 주목할 만하다. 왜냐하면 그 명령서는 ① 북한 각 도에 있어 "전 농가를 개별적으로 조사하여, 각종 토지사용자들의 소유지(농민, 소작농, 지주, 절 소유지, 기타)와 모든 국유지, 이전 일본인 소유지를 면밀하게 조사하여 등록할" 것을 요구했을 뿐 아니라, ② 농림국장과 각 도 인민위원장에게 2월 15일까지 토지조사를 완료하도록 명령하고, ③ 각 도의 군경무사령관(軍警務司令官)에게 기일까지 조사가 완료되도록 각 방면으로 협력하라고 요구했기 때문이다. 이렇게 이중, 삼중으로 내린 명령의 내용으로 보건대, 확실히 소련군정 당국은 농촌의 토지소유 실태를 엄밀히 조사하여 신뢰할 수 있는 통계자료를 획득할 시급한 필요에 직면했을 것이다. 이 명령이 1월 2일에 발령되었기에 여기에서도 전년 12월 말 모스크바협정 체결이 분수령이 되었다. 물론 이전에도 '농업개혁'의 필요성을 인

---

72) 〈정로〉, 1946년 2월 12일. 사실 조선공산당 북부조선분국 중앙 제6차 확대집행위원회(1946년 4월 10일)에서 김일성은 토지개혁의 역사적 의의에 대해, "북조선 농촌을 민주주의의 근거지로 변환시킬" 뿐만 아니라 "북조선 임시인민위원회가 통일임시정부의 핵심이 되고 모범이 된다"는 관점에서 정당화했다(《당정치노선 및 당사업총괄과 결정·당문헌집 ①》, pp. 26~27).

식하고 있었음을 부정할 수는 없다. 예를 들어 소련군정 내부에서도 **북한의 소작제를 청산하는 것**의 중요성을 강조하고, 헝가리의 경험을 참고해서 일본인 및 그 적극적 협력자가 소유한 토지 **무상몰수**, 자신은 경작하지 않고 토지를 전부 소작을 주는 지주의 토지 **강제매입**, 5헥타르(1정보 = 0. 99헥타르) 이상의 토지소유자가 일부만을 경작하는 경우에는 소작을 주는 토지 강제매입, 이렇게 몰수 내지 구입한 토지의 인민위원회에 의한 관리, 20년 분할상환 토지판매 등 개혁안을 검토했다. "일본인과 반역자의 토지를 몰수하여 농민에게 무상분배한다"는 스몰렌스키(로좁스키)의 논평도 이러한 개혁안의 내용을 반영했을 것이다. [73)

그런 의미에서 2월 8일 김일성이 보고에서 소작제 철폐는 물론 토지국유화까지 주장한 것은 지나쳤을지도 모른다. 왜냐하면 이 시점에는 치스차코프와 펜콥스키가 요구한 농촌의 토지소유 실태조사가 완료되지 않았기 때문이다. 사실 2월 15일에 개최된 조선공산당 북부조선분국 중앙 제4차 확대집행위원회 보고에서 김일성은 토지개혁 내용에 대

---

73) 한림대 아시아문화연구소 편, 《조선공산당 문건자료집 (1945~46)》(춘천: 한림대 출판부, 1993), p. 75; 이재훈 역, 《러시아문헌 번역집》, 제 26권 (러시아연방국방부 중앙문서보관소 소재 문헌, 서울: 선인, 2017), pp. 22~25. 농촌의 토지소유 실태 조사를 어떻게 실시했는지는 명확하지 않지만, "소련 군사령관의 명령에 따라 지주, 자작농, 소작농은 모두 등록하게 되어 있어서, 이달 6일부터 11일까지 평양시 산업부 농림과를 방문해 신고하라"는 요구를 받았다. 그 신고 내용에는 '소와 말의 소유주'도 포함되었다 (〈정로〉, 1946년 2월 7일). 또한 "농민위원회 평안남도연맹에서는 도내 토지관계에 관련된 기본조사를 완성하여, 토지 문제의 근본적 해결을 위한 자료를 작성하기 위해 전 직원을 총동원하여 도내 각지에 파견했다"(〈정로〉, 1946년 2월 17일).

해 많은 말을 하지 않았다. 이 위원회의 결정서도 "토지 문제에 관해 최단기간 내에 토지의 수목(數目)과 등별(等別)〔면적과 등급〕, 인구수와 노동력 상태에 대해 자세히 조사해서", "토지에 관련하여 **농민 대중의 의견을 절실하게 수집하고**, 농민 대중의 의견과 요구에 따라 토지 문제를 정리한다"고 주장했을 뿐이었다. 아마도 2월 8일 김일성 보고에서 나타난 급진적 토지개혁안은 많은 저항에 직면하고 있었을 것이다. 김성보에 따르면 북한의 토지개혁 방침을 둘러싸고 2월 말부터 3월 초까지 소련 국방부와 외무부 사이에 논쟁이 발생했으며, 소련공산당 중앙위원회 내에서 메레츠코프와 시티코프의 무상몰수·국유화·무상분배안과 로좁스키의 무상몰수·유상분배안이 대립했다고 한다. 메레츠코프와 시티코프가 2월 중순에 몰로토프, 불가닌(Nikolai A. Bulganin), 그리고 안토노프에게 제출했다고 보이는 중요한 보고서는 5헥타르를 넘는 토지를 소유하는 자를 '지주'로 인정하는 것 등을 전제로 ① 모든 조선인 지주와 개인 토지의 국유화, ② 반타작(半他作) 소작의 완전한 금지 및 모든 소작지의 국유화, ③ 모든 일본인 및 조선인민의 적이 소유하는 토지의 몰수, ④ 지주의 영향력을 배제하기 위해 지주들의 토지를 다른 군에 분배 등을 내용으로 하는 토지개혁법령안을 작성했음을 보고하고 이에 대한 지시를 요청했다. 나아가 2월 23일 평양에서 농민대회를 개최해서 토지개혁에 대한 법령안을 토의한 것도 보고했다. 김일성의 보고는 이 국방부안과 내용상 일치했다.[74]

---

74) "목전의 당내 정세와 당면의 과업: 조선공산당 북조선분국 중앙 제4차 확대집행위원회의 결정", 1946년 2월 15일, 《당정치노선 및 당사업총괄과 결정·당문헌집 ①》, pp. 19~24; 김성보, "북한의 토지개혁(1946년)과 농촌계층 구성 변화: 결정과정과 지역사례", 《동방학지》, 제87집(연세대 국학연구원, 1995), pp. 72~75;

실제로 토지개혁의 도화선이 된 것은 평남 강동군, 성천군, 그리고 순천군의 농민들이었다. 각각 2월 18일에 농민대회를 개최하여 토지 요구 결의문과 김일성 장군에게 보내는 탄원서를 채택한 것이다. 예를 들어 강동군의 농민은 춘경(春耕) 전에 농지를 무상으로 분배하고 "일제가 보존한 봉건적 토지소유관계"를 청산해서, "완전독립을 촉진하기 위해 토지 문제를 해결하지 않으면 안 된다"고 결의했다. 또 성천군 농민들은 해방 후에 3·7제가 발령되었지만 소작인을 위협해서 비밀리에 5·5제를 강요하는 지주가 많다고 호소하고, 미온적인 3·7제를 유지해서 민족통일전선의 장애가 되기보다는 "토지를 지주에게서 몰수해서 국유화하고 농민의 노동력에 따라 적정하게 경작권을 부여할" 것을 요구했다. 나아가 순천군 농민들은 "우리 농민의 가장 절실한 요구, 즉 토지를 소유하고 싶다는 희망이 장군과 북조선 임시인민위원회에 의해 성취될 것을 굳게 믿는다"고 호소했다. 《조선노동당 역사교재》에 따르면, 김일성은 "토지개혁에 앞서 직접 농촌에 나가 많은 농민들의 의견을 청취하고 농촌의 실정을 정밀히 분석했다"고 하며, "1946년 2월 하순에 **당 지도하에** 각지 농민 대표가 농민대회를 소집해서 토지개혁 문제를 전면적으로 토의했다"는 것이다. [75)]

《러시아 문헌번역집》, 제 26권, pp. 28~31.

75) 〈정로〉, 1946년 2월 25일; 조선노동당중앙위원회직속 당역사연구소, 《조선노동당 역사교재》(평양: 조선노동당출판사, 1984), p. 161. 토지개혁을 총괄하는 문헌에 따르면, "토지 문제의 해결에 있어서 근본적 의의를 갖는 몰수대상을 올바르게 규정하기 위해", 김일성은 평안남도 숙천군을 시작으로 "각지 농촌에 나가서 1개월 정도나 살갑게 농민과 지내면서 그들과 얘기를 나누고 상담하는 과정을 통해 복잡하게 엉킨 토지소유 관계를 깊게 이해했다"고 한다[《わが國における土地改革の歴史的経験》(日本語版, 平壤: 外國文出版社, 1974), p. 77].

이들 농민대회에 이어 2월 23일부터 26일까지 '전국농민조합총연맹 북조선연맹 대표자대회'가 평양시의 평안남도 인민위원회 회의실에서 개최되었다. 북한 6도의 도 대표 각 3인, 군 대표 각 1인에 여성 대표를 더해 111명이 모여 3개의 분과위원회(토지, 증산, 식량)로 나뉘어 토의를 거듭했다. 당 북부조선분국 중앙 제4차 확대집행위원회 결정서에 나타나 있듯, "토지에 관해 농민 대중의 의견을 절실하게 수집"할 뿐만 아니라 "농민 대중의 의견과 요구에 따라 토지 문제를 정리한다"는 방침이 견지되었을 것이다. 또 27일에 토의결과를 정리한 후, 3·1운동 기념일을 제외하고 2월 28일부터 3월 3일까지 3일간 대표자대회 본회의가 개최되어 토지개혁에 대한 종합적 논의가 전개되었다. 첫날(2월 28일) 회의는 대표 150명이 모였으며 오후 3시에 시작했다. 강진건 위원장의 개회사와 김일성 위원장의 임시인민위원회 수립 경과보고가 있었는데, 3·1운동기념일을 하루 앞두고 〈북조선 임시인민위원회에 보내는 메시지〉를 채택하고 종료했다. 총연맹 대표들은 북조선 임시인민위원회의 "토지를 농민에게 분배한다"는 결정에 감사하며, 노동자 계급과 농민의 견고한 동맹을 기초로 임시인민위원회를 수립한 것을 환영했다. 토지개혁을 위한 농민의 요구는 다음 날, 오히려 3·1운동기념행사에서 분출됐다. 2월 초부터 준비한 3·1운동 27주년 기념행사를 계기로 북한 각지에서 민중시위대회가 거행되고, 많은 농민이 "토지는 경작하는 농민에게!", "우리는 토지개혁을 요구한다!"는 등 슬로건을 내걸고 참가했다. 사실상 그 기념행사가 토지개혁을 시작하는 신호탄이 된 것이다. [76]

76) 〈정로〉, 1946년 2월 27일, 3월 1일, 4일; 《わが國における土地改革の歷史的経

3월 1일 평양역 앞 광장에 집결한 30만 민중 중에는 평남 각지에서 열차로 달려온 농민이 적지 않았다. 오전 11시 반 이주연(평남 인민위원회 부위원장)의 개회 선언이 있었고, 애국가 제창으로 기념식의 막이 열렸다. 김일성, 김용범, 홍기주, 최창익, 그리고 최용건의 기념연설과 이그나티예프 대좌의 축사가 이어졌다. 이 기념 연설 중에 김일성은 "농민 문제, 즉 자기 동포가 자기 민족을 착취하는 소작제를 없애고, 농민에게 토지를 주는, '경작하는 사람에게 토지를 준다'는 원칙 아래 토지 문제를 해결해야 한다. 이렇게 해서 농산물을 증산하고 동포가 동포를 착취하는 현상을 없애야 한다"고 역설했다. 또 3·1운동 기념행사를 끝내고 3월 2일 오전 11시 반에 재개한 전국농민조합총연맹 북조선연맹대회에서는 공산당 북부조선분국의 김용범을 시작으로, 2월 26일에 신민주주의를 내걸고 막 발족한 신민당(구 조선독립동맹), 민주당, 천도교 청우당, 여성동맹, 전평 북조선총국, 민주청년동맹 등의 대표가 축사한 후, 분과위원회에서 기초한 토지 문제와 농업증산에 관한 건의안을 논의했다. 마지막 날인 3월 3일에는 이순근 북조선 임시인민위원회 농림국장의 종합보고가 있었고, 사법국장 최용달, 조선공산당 평안남도 책임비서 장시우 등 8인의 토론이 이어졌다. 그 후 토지개혁 원칙에 대한 합의가 이루어지고, 뒤이어 김일성이 연설했다. 김일성은

<hr>

驗》, p. 61. 3·1독립운동을 기념하는 공동준비위원회는 북한의 각 정당, 사회단체 대표를 모아 2월 5일 발족했고, 조선공산당 북부조선분국의 오기섭이 위원장에, 조선민주당 홍기주와 조선독립동맹 최창익이 각각 부위원장에 취임했다(〈정로〉, 1946년 2월 12일). 북한 각지에서 개최된 민중시위대회에 동원된 사람 수는 평양 30만 명을 시작으로 함흥 13만 명, 신의주 10만 명, 진남포 6만 명, 함경남도 전체는 86만 8,000명으로 기록됐다. (류문화, 《해방 후 4년간의 국내외 중요일지》, p. 32).

토지개혁이 농민혁명이며 그 과정에서 전개된 **계급투쟁**에 관심을 제고하도록 주의를 환기했다. 나아가 전농 북조선연맹이 토지 문제 해결을 위한 건의안을 임시인민위원회에 제출하기로 만장일치로 가결해 최용건을 위원장으로 하여 각 도 대표 2명으로 구성한 법안작성위원 13인을 선출했다.[77]

흥미로운 점은 이순근의 보고에도, 그 후에 채택된 〈북조선농민연맹 대표대회 결정서〉에도 "토지를 국유화한다"는 문구가 존재하지 않는다는 것이다. 이순근은 "지주의 압박에서 해방되어 농민으로 하여금 지주에 예속되지 않도록 하고, **개인경영에 의거하도록 하여** 소작제를 철폐한다"고 하였으며, "몰수한 토지를 무상으로 분배하고, 농민이 **영원히 이용하도록**"하자고 제안했다. 또한 몰수한 산림이나 관개시설에 대해서도 국유화가 아니라 '인민화'라고 표현했다. 그것이 최대쟁점이었을 것이다. 반면 〈대표대회 결정서〉도 토지를 "농민에게 영원한 소유로서 양도"하도록 임시인민위원회에 요청하고, 이순근 보고서에 있는 "인민화"를 "인민화(국유화)"로 표기했다. 소작제 폐지와 함께 농민 자신의 토지소유나 경영을 인정한 것이다. 어찌 됐든 토지개혁 법안에 대한 최종 토의는 3월 5일 정오에서 오후 6시까지 **김일성 위원장 지도하**에 북조선 임시인민위원회 위원과 각 국장에 의해 "열렬하고 진지하게" 진행됐다. 그날 공포된 〈북조선 토지개혁에 대한 법령〉 제1조는 "일본인의 토지소유와 조선 지주의 토지소유 및 소작제를 철폐하고, **토지**

---

77) 〈정로〉, 1946년 3월 4일; 심지연, 《조선신민당 연구》, pp. 80~81. 치스차코프와 레베데프가 시티코프에게 보낸 북조선농민연맹 대표대회에 대한 보고는 《러시아문헌 번역집》, 제26권, pp. 28~31을 참고하라.

이용권을 경작자에게 부여한다"라고 토지개혁의 과제를 정의하고, "북조선의 농업제도는 지주에 예속하지 않는 **농민의 개인소유**인 농민경영에 의거한다"는 것을 명확히 했다. 또 몰수한 산림과 관개(灌漑) 시설은 "임시인민위원회의 처리에 위임한다"고 했다. 김일성의 '국유화' 주장은 관철되지 않은 것이다. [78]

그러나 북한 역사문헌에 따르면 토지개혁의 즉각적인 실시와 그 기본방침을 결정한 것은 3월 초에 개최된 조선공산당 북부조선분국 중앙 제5차 확대집행위원회였다. 또 이상한 점은 이 위원회에서 김일성이 〈토지법령에 대한 **해석보고**〉라는 제목으로 한 연설은 《김일성 선집》 (전 4권)은 물론 《김일성 저작선집》(전 10권)에도, 더욱이 《김일성 저작집》(전 47권)에도 수록되지 않았고 위원회 개최일시도 공표되지 않았다는 점이다. 후일 발굴된 이 위원회 결정서(날짜 없음)는 "이번에 북조선 임시인민위원회에서 **공포된** 토지개혁법령은 현 단계의 국제적, 국내적 여러 정세에서 볼 때 가장 적절한 것"이며, "북조선분국은 [이 법령을] 승인하고, 절대적 지지를 표명함과 동시에 이 법령의 실행을 결의한다"고 했다. 위원회가 토지개혁법령을 공포한 후 개최된 것은 명백하다. 다만 그럼에도 거기에서 확인할 수 있는 것은 "지주계급을 완전히 소멸시키기" 위해 "봉건적 착취제도인 소작제도를 완전히 철폐"할 뿐만 아니라, "민족반역자와 친일파의 악행을 폭로"하고, "민주주의에 반대하는 반공, 반소분자의 경제적 근거를 완전히 청산"하며, 나아가

---

78) 이순근, "종합보고" 및 "북조선농민연맹대표대회 결정서"(모두 1946년 3월 3일), 〈정로〉, 1946년 3월 7일; "북조선 토지개혁에 대한 법령"(1946년 3월 5일), 〈정로〉, 1946년 3월 8일.

"당내의 불순분자와 실천을 통해 철저히 싸워 그들을 정리함으로써 당 조직을 더욱 공고하게 한다"는 내용이었다. 국유화 주장을 철회한 김일 성이 토지개혁 법령의 온건한 개혁노선에 '해석적인' 수정을 가했을 것 이다. 결정서에 제시된 계급투쟁적 토지개혁노선이야말로 김일성이 양보할 수 없는 사항이었다. 3월 6일에 개최된 평남 당 제3차 확대위 원회 결정서가 이 분국 위원회의 결정서를 인용하면서 토지개혁의 철 저한 수행을 결의한 것으로 보아, 북부조선분국 중앙 제5차 집행위원 회는 그 이전, 즉 3월 5일에 아마도 임시인민위원회에 이어 개최되었 을 것이다. 당시 보고 중 가장 김일성의 것으로 보이는 내용이 날짜는 기록하지 않은 채 3월 9일자 〈정로〉에 담화로서 게재되었다. 이 보고 는 "지주에 예속되었던 농촌경영을 농민 개인소유의 경영으로 한다"는 사항을 포함해 북조선 임시인민위원회가 공포한 토지개혁 법령을 절대 지지하고 "누구든지 이 법령에 반대하는 것은 민주주의에 반대하는 것 이다"라고 경고했다. 79)

20여 년 후에 당과 국가기관의 간부를 앞에 두고, 김일성은 "우리나

---

79) 〈조선노동당 역사교재〉, p. 161; 白峯, 《金日成伝 I》, 第2卷, p. 90; 《わが國に おける土地改革の歴史的経験》, p. 64. 이 중에 《金日成伝》제2권이 회의 날짜를 3월 4일이라고 특정했지만, 본문 중에 열거한 이유로 보아 이는 아무래도 부자연스 럽다. "조선공산당 북조선분국 제5차 확대집행위원회 결정서", 날짜 없음 및 "조선 공산당 평남도 제3차 확대위원회 결정서", 1946년 3월 6일, 《조선공산당 문헌자료 집(1945~46)》, pp. 223~226, 188~191; 김일성 담화, "토지개혁법 발포는 민 족적 복리에서 출발", 〈정로〉, 1946년 3월 9일. 그러나 놀랍게도 《김일성 전집》 제3권(평양: 조선노동당출판사, 1992)이 마침내 당분국 중앙 제5차 확대집행위 원회에서 김일성의 결론으로서 "토지개혁을 실시하는 것에 대하여"(1946년 3월 4 일)를 수록했다.

라에서는 지주의 토지를 몰수하여 국유화하지 않고, 토지에 대한 농민들의 세기적 숙원을 고려하여 농민 소유로 양도했다. 이는 농민들에 큰 기쁨을 주었고 그들의 노동에 대한 열의와 적극성을 불러일으키는 데 크게 작용했다"고 솔직하게 얘기했다. 국유화하는 일보다 농민의 숙원을 만족시키는 것이 우선이었기에, 이는 확실히 김일성의 '양보'였다. 그러나 이와 함께 그는 "우리는 지주에게서 몰수한 토지를 농민들 소유로 인도하면서 … 분배된 토지를 타인에 팔거나 소작을 주는 것은 불가능하며 스스로 경작하지 않는 경우에는 국가에 반환해야 한다고 말했다. 이러한 조치는 사실상 지주에게서 몰수한 토지를 국유화한 것과 다름이 없다"고도 말했다. 나아가 김일성은 북한 토지개혁의 또 하나의 특징으로 "그것이 철저하게 수행되었다"는 점을 들면서, 북한보다 먼저 토지개혁을 실시했던 외국의 경험을 언급하고 "우리는 5정보 이상을 소유한 지주의 토지를 **전부** 무상으로 몰수하여, 토지를 소유하지 않거나 혹은 조금밖에 소유하지 않은 농민에 무상으로 분배했다. … 만약 우리나라가 5정보가 아니라 8~10정보 이상을 지닌 지주의 토지를 몰수 대상으로 규정했거나, 혹은 몰수대상으로 규정된 지주의 토지를 **전부 몰수하지 않고** 적지 않은 토지를 지주에게 남겨주고 그 남은 부분만 몰수했다면, 일부 지주는 토지를 전혀 몰수당하지 않거나 조금밖에 몰수당하지 않은 채 부농으로 전환했을 것이다"라고도 했다. 80)

---

80) 김일성, "우리나라의 민주주의 혁명과 사회주의 혁명의 몇 가지 경험에 대하여" (1969년 10월 11일), 《김일성 저작선집》, 제5권(평양: 조선노동당출판사), pp. 343~344. 이러한 김일성의 지적과는 별도로, 당시 농촌에는 "타인의 토지, 더군다나 본인들의 생활을 전면적으로 지탱해 왔던 지주의 토지를 빼앗아 무상으로 자신의 것으로 삼는 일이 어떻게 가능하겠는가"라는 죄의식 비슷한 정서가 광범위하게 존

그러나 이러한 김일성의 주장은 자신이 3월 8일 비준하고 이순근 농림국장이 그날 공시한 〈토지개혁 법령에 대한 세칙〉의 규정을 확연하게 위반하고 있다. 왜냐하면 세칙 제 2장 제 5는 "5정보를 초과하는 토지를 소유하고 있어도 **토지의 일부**를 자력으로 경작하고 일부만 소작을 준 토지소유자는 소작을 준 토지만을 몰수한다"고 명기하고 있기 때문이다. 더욱이 토지개혁 법령은 자기 소유지를 몰수당한 지주라도 "자기의 노력으로 경작하려는 지주는 … 농민과 동등한 권리를 가지고 다른 군에서 토지를 소유할 수 있다"(제 6조 3)고 규정했다. 실제로 4월 22일 농림국장이 발표한 〈북조선 토지개혁 총결산〉에 따르면, "타군에 이주하는 지주"들은 9,622정보의 토지를 할당받았다. 또 북조선인민위원회 기획국이 편찬한 《1946년도 북조선 인민경제 통계집》은 "이주한 지주" 868가구에 전답과 부지 총 1,207정보를 분배했다고 기록했다. 숫자 차이가 어디에서 기인하는지는 불명확하지만, 월남한 사람의 증언에 의하면 토지몰수나 지주 추방의 실태는 지역에 따라 상당히 달랐고, 소작지만 몰수당하고 자작지는 그대로 갖게 된 사례도 있는 반면, 벽지로 추방되거나 이주지를 지정받지 않은 상태로 추방된 사례도 있었다. 다른 군에도 정주할 수 없었던 지주가 적지 않았을 것이다. 그러나 흥미롭게도 이순근은 지주들이 "무능한 기생충 생활을 하지 않고, 용감하고 진취성 있는 건국투사로서 다른 산업방면에서 활약"하는 것을 기대하고 "지주들이 상공방면에 적극적으로 진출하는 것을 얼마든지 장려

재했다는 유력한 지적도 있다. 이런 정서 때문에 지주들을 타군으로 이주시키는 방안이 필요했을지도 모른다. 김경호, "북한토지개혁의 특징에 관한 고찰", 《토지법학》, 제 21호(서울: 2005), p.137.

하고 애호(愛護)한다"고 말했다. 아무튼 세칙 제1장에 규정했듯, 북한의 토지개혁은 각 도·시·군 인민위원회의 책임 아래에서 실시했다. 각 농촌의 피고용 농민, 토지가 없는 소작인, 그리고 토지가 적은 소작인 총회에서 그 농촌의 인구수에 따라 5인 내지 9인의 농촌위원을 선출해서 농촌위원회를 조직했다. 이 농촌위원회가 토지의 몰수나 분배에 큰 역할을 담당한 것이다. 법령(제17조)에 따르면 토지개혁은 3월 말까지, 즉 세칙을 공포한 지 약 3주 안에 종료하는 것으로 정해져 있었다. 81)

그렇다면 왜 김일성은 전년 말까지 온건했던 정책을 변경해서 계급투쟁적인 토지개혁 노선을 추진했던 것일까. 여기에는 조만식 숙청 이후 '반민주주의' 세력과의 투쟁 격화 및 시티코프의 계급투쟁 노선이 크게 작용한 듯하다. 시티코프는 미·소 공동위원회를 설치하고 한반도의 민주주의적 정당 및 사회단체와 협의하면서 조선 임시민주주의정부를 수립한다는 모스크바협정을 소지하고 1월 상순에 평양에 도착했다.

---

81) "토지개혁법령에 대한 세칙"(1946년 3월 8일), 〈정로〉, 1946년 3월 12일; 木村光彦·鄭在貞, "北朝鮮の土地改革 — 農地沒收と再分配をめぐる諸問題", 〈アジア経済〉, 第37卷 10号(アジア経済研究所, 1996), pp. 55~56; "북조선토지개혁 총결산", 〈정로〉, 1946년 4월 22일; "토지개혁 총괄표", 《1946년도 북조선 인민경제통계집》(북조선인민위원회 기획국편찬, 1947), p. 153. 이순근 농림국장 담화, "지주여! 영예로운 건국에 용왕매진하라", 〈정로〉, 1946년 3월 9일. 토지개혁 종료 직후에 개최된 당 북부조선분국 중앙 제6차 확대집행위원회(1946년 4월 10일)에서 김일성이 보고한 바에 의하면, 평안남도의 농촌위원회는 2,360개, 위원은 1만 7,592명이었다. 여섯 개 도 전체에서는 농촌위원회 1만 2,001개, 위원 9만 697명에 달했다. 김일성은 또 "당 제5차 확대위원회 결정대로 예정 기간 내 이 사업을 순조롭게 승리하였다"고 보고했다. 김일성, "토지개혁 사업의 총괄과 금후의 과업", 《당정치노선 및 당사업총괄과 결정·당문헌집 ①》, pp. 25~27.

〈표 5〉 토지개혁 총괄표

(단위: 정)

구별		경작지		과수원	부지	기타	총면적	호수
	논	밭	합계					
토지개혁 이전의 소유상황								
몰수토지 · 일본 국가 및 일본인 단체	75,640	35,021	110,661	900	1,062	4,771	117,394	12,919
민족반역자, 도주자의 땅	6,291	6,100	12,291	127	754	53	13,325	1,366
5정보 이상 소유한 지주의 땅	152,397	78,335	230,732	984	6,030	1,236	238,982	29,683
전부 소작을 주는 자의 땅	181,441	77,417	258,858	292	4,236	744	264,130	11,069
간헐적으로 소작을 주는 땅	265,563	88,149	353,712	381	3,960	1,004	359,057	228,866
성당, 절, 종교단체의 땅	10,184	4,724	14,908	8	279	95	15,290	4,124
합계	691,516	289,746	981,262	2,692	16,321	7,903	1,008,178	288,027
몰수에 해당하지 않는 땅	647,845	112,075	759,920	21,695	25,687	4,618	811,920	311,586
총면적	1,339,361	401,821	1,741,182	24,387	42,008	12,521	1,820,098	599,613
토지개혁 이후의 소유상황								
분배토지 · 고용자에게 분배	7,905	4,734	12,639	37	427	–	13,103	14,071
땅이 없는 농민에게 분배	414,333	182,075	596,408	35	14,030	975	611,464	443,934
땅이 적은 농민에게 분배	229,904	91,523	321,427	55	8,135	356	329,973	329,376
이주한 지주에게 분배	978	205	1,183	–	24	–	1,207	868
합계	653,120	278,537	931,657	127	22,616	1,331	955,731	788,249
인민위원회의 공유지가 된 땅	17,707	2,262	19,969	1,223	1,295	5,904	28,391	2,723
분배할 수 없는 휴개지	33,417	8,286	41,703	5	481	1,163	43,352	–
분배되지 않은 자작농지	621,252	108,767	730,019	21,674	17,312	3,820	772,825	292,991
학교 기타 단체의 자경지	2,065	3,435	5,500	20	266	36	5,822	837
공로자의 자경지	150	66	216	1	10	–	227	417
경작권을 농민에게 준 땅	16,736	3,398	20,134	1,381	105	25	21,645	25,010
총면적	1,327,711	401,353	1,729,064	23,050	41,980	12,254	1,806,348	1,085,117

출처: 《1946년도 북조선 인민경제 통계집》(북조선 인민위원회 기획국 편집, 1947년 12월 간행), p.153.

시티코프는 북한에 시급히 인민정권(임시인민위원회)을 만들어 토지개혁을 추진함으로써 북한에 독자적인 정치경제체제를 구축하면서 미군 대표와의 협의를 준비하려고 했다. 이 사실이야말로 토지개혁을 시급하면서도 급진적으로 추진해야 했던 최대의 이유였을 것이다. 더 말할 필요도 없이, 이러한 계획을 실현하기 위한 현지 파트너가 바로 김일성이었다. 사실 시티코프는 김일성의 적극적 협력 없이는 이러한 사업의 성공을 기대할 수 없었을 것이다. 이는 김일성에게도 마찬가지였다. 와다 하루키는 "조선에 조만식과 같은 사람은 한 사람뿐일까? 몇백 명도 더 있다. 그들은 아직도 타격을 줄 것이다. 그래서 동지 치스차코프여, 경계해야 한다. 조선의 동지들에게 좀더 계급투쟁의 본질을 가르쳐야 한다"라는 2월 말 시티코프의 경고와 "그 후 나는 종종 시티코프의 이 말을 떠올렸다"고 하는 치스차코프의 회상을 인용하며, 시티코프의 계급투쟁 노선이 연출한 역할을 명확히 설명했다. 더구나 시티코프가 스탈린이나 즈다노프에게서 배운 계급투쟁론에 의하면 "국내의 적은 국외의 적의 앞잡이"였다. 82)

토지개혁 과정에서 김일성이 계급투쟁의 필요성을 강조한 또 다른 이유는 3·1운동 기념대회를 무대로 김일성 암살미수 사건이 있었기 때문이었다. 현장에 있었던 치스차코프는 그 사건을 회상하며 "공산당과 인민위원회의 지도자, 소련군 사령부 대표가 나란히 서 있던 연단을 따라 민중의 시위행진이 시작할 때, 갑자기 한 대열에서 연단을 향해

---

82) 和田春樹, 《北朝鮮現代史》, p. 31; 和田春樹, "ソ連の北朝鮮政策 — 1945年 11月~1946年 3月", 〈社會科學研究〉, pp. 84~85; 치스차코프, "제 25군의 전투행로", 소련과학아카데미 편, 《레닌그라드에서 평양까지》(서울: 함성, 1989), pp. 60~61.

수류탄이 날아왔다"고 묘사했다. 연단 밑에 서 있던 노비첸코(Ia. T. Novichenko) 소위가 뛰어들었는데 처리가 힘들자 "수류탄을 몸으로 덮쳤던" 것이다. 노비첸코는 목숨을 건졌지만, 오른손을 잃어버리고 왼손 뼈와 발가락이 부서졌다. 이 사건은 남한에서 파견된 반공비밀결사 '백의사'(白衣社) 결사대원들이 벌인 범행으로, 테러의 표적은 김일성이었다. 그들의 행동거점이던 평양 이화여관의 아들 김인호의 증언에 따르면 백의사는 신익희 임시정부 내무부장과 연락하는 조직으로서, 이화여관은 식민지 때부터 임시정부 관계자의 연락장소로 이용되었다. 그러나 김일성 암살에 실패하고 투척자가 체포되자 남은 대원들이 이후 최용건과 김책을 습격했으나 다시 실패했다. 암살자들은 3월 11일 김일성의 외숙부인 북조선 임시인민위원회 서기장 강양욱의 집에 폭탄을 투척해서 강양욱의 아들과 그 약혼자를 살해했다. 일련의 테러가 김일성에게 던진 충격이 얼마나 컸을지 상상하기는 어렵지 않다. 3월 17일자 〈정로〉는 "테러·강도단의 두목 이승만·김구를 타도하자"는 제목으로 1면 전면에 남한의 이승만, 김구, 그리고 한국민주당을 비난하는 기사를 게재하고 이를 다음 날까지 연재했다. 흥미롭게도 그 기사는 **"토지개혁 법령의 실현**은 민족반역자에게 치명상을 안겼다"고 지적하며, "이·김 일파는 암살단을 조직하여 북조선에 보내, 인민위원회의 주요 영도자들의 암살을 계획하고 … 북조선의 정치를 혼란에 빠트리려고 한다", "**임정 내무부**는 북조선에 테러를 수송하기 위해 분망하고 있다"고 주장했다. 김일성은 테러단이 신익희 명령으로 파견되었다고 확신한 것이다. [83]

---

83) 치스차코프, "제 25군의 전투행로", 《레닌그라드에서 평양까지》, p. 61; 김인호

더욱이 3월 13일 함흥에서 발생한 반공학생사건도 신의주 학생사건과 마찬가지로 김일성에게 계급투쟁의 중요성을 확신시켰을 것이다. 당시 공산당 함흥시위원회에 많은 친구가 있었고 일본인 피난민 구제에 분주했던 이소가야 스에지(磯谷季次)는 3월 13일 일기에 "오늘 흥남으로 가는 도중 함흥을 향해 진행하는 학생들을 보았다. 함흥에서 개최되는 데모에 참가하는 것. 약 200명, 며칠 동안 사회 불안 격화하다"라고 썼으며, 다음 날 일기에는 "어제 함흥 시내에 학생·소시민의 폭동이 있었다고 들었다. 시 당부 이달진 군은 폭도 때문에 부상했다. … 폭동의 원인은 현재의 〔북조선 임시인민〕위원회 정치에 대한 지주·자본가·소시민 등의 불만에 의한 것이며, 직접 원인은 **토지개혁 법안에 대한 반대**를 식량 문제에 결부시킨 것. 사망자 수 명, 보안대 부상자 십수 명에 이른 듯"이라고 분석했다. 이에 대해 얼마 안 있어 김일성은 "토지개혁 후 계급투쟁은 더욱 첨예화했다. 농민들은 지주를 증오하고, 지주들은 최후의 발악을 한다. 반동들의 파쇼적 테러행위는 그대로 이어지고 있다", "함흥에서는 전문·중학생들의 시위가 있었다. 그것은 함경남도 도당과 함흥시 당에 경계심이 부족했다는 것을 증명한다"고 지적했다. 나아가 후에 "토지개혁 법령이 발포되자 반동분자들은 토지개혁을 파탄시키려고 파괴·은밀 책동을 감행했다. 그러나 당시 우리에게는 임시인민위원회라는 인민정권이 있었고, 인민의 무장

"1946년 백의사 김일성 암살미수사건에 가담", 〈월간조선〉(서울: 조선일보사), 2016년 9월호; 〈정로〉, 1946년 3월 17일, 18일; "김구, 이승만 도당의 살인방화의 죄악행위", 《파쇼·반민주분자의 정체》(평양: 조선 3·1기념공동위원회, 1946), pp. 23~26; 도진순, 《한국민족주의와 남북관계: 이승만 김구시대의 정치사》(서울: 서울대출판부, 1997), pp. 76~80.

력인 보안간부훈련소가 있었고, 보안기관이 있었다. 이렇듯 우리는 자기의 권력기관을 갖고 있었기 때문에 적의 반혁명적 책동을 그때그때 철저하게 분쇄할 수 있었다"고 솔직히 말했다. 김일성 정권 수립과 급진적 토지개혁 추진은 역시 한 쌍이었다. 미·소 공동위원회 개최를 앞에 두고 토지개혁은 치열한 계급투쟁 중에 진행되었고, 김일성은 강력한 혁명적 의지로 승리하려고 했다. 84)

5. 미·소 공동위원회의 실패: 냉전인식과 단독행동

(1) 냉전 개시 중에 열린 미·소 협의

미·소 공동위원회가 서울에서 개막한 1946년 3월은 2월 9일 스탈린의 '신 5개년계획' 연설로 시작해, 2월 22일 케넌의 '장문의 전보'를 거쳐, 3월 5일 처칠의 '철의 장막' 연설에 이르는 시기였다. 주요 국가의 지도자들이 교섭 불가능성이라는 냉전인식을 공유하기 시작한 것이다. 예를 들어 스탈린은 2월 9일 라디오 연설에서 소련 국민에게 "세계 경제의 자본주의체제는 위기와 전쟁의 요소를 품고 있다"면서, 자본주의 발전의 불균형에서 기인하는 자원과 시장의 쟁탈로 인해 "자본주의 세계

---

84) 磯谷季次, 《朝鮮終戰記》(未來社, 1980), pp. 73~74; 김일성의 조선공산당 북부조선분국 제6차 확대집행위원회에서의 보고, "토지개혁사업의 총괄과 금후의 과업"(1946년 4월 10일), 〈정로〉, 1946년 4월 10일; 김일성, "우리나라의 민주주의 혁명과 사회주의 혁명의 몇 가지 경험에 대하여"(1969년 10월 11일), 《김일성 저작선집》, 제5권, pp. 339~340.

는 두 적대적 진영으로 나뉘어 전쟁을 벌일 것이다"라고 주장했다. 이는 레닌의 제국주의론에 근거한 제2차 세계대전의 설명이자 제3차 세계대전의 예언이었다. 전쟁의 불가피성을 확신했던 스탈린은 전전(戰前) 3차례의 5개년계획 덕분에 독일에게 승리할 수 있었기에 중공업 우선 정책과 집단농업 방침을 견지하면 앞으로 3차례의 5개년계획, 총 15년이 지난 후에 소련은 "어떠한 예측 불가능한 사태에 대해서도 안전할 것이다"라고 주장했다. 모스크바에서의 임무를 끝내고 막 귀국한 해리먼 대사는 그 연설이 "근본적으로 소련 국민을 향한 것이다"라고 지적하면서, 스탈린이 세계대전으로 피폐한 소련 국민에게 새로운 5개년계획에 헌신하도록 요구한 것이라고 해석했다. 나아가 러시아인은 외국인을 경계할 뿐만 아니라 "자국의 후진성을 잘 알고 있다"고 부언했다. 그러나 많은 미국인에게 스탈린의 연설은 자본주의와 공산주의가 평화적으로 공존할 수 있는 가능성을 부정한 것으로 "전쟁 종결 이후 어느 주요한 정치가도 입에 올린 적이 없는 호전적 언사"에 다름 아니었다. [85]

또한 모스크바 대사관에 근무했던 케넌 참사관은 스탈린 연설 2주 후라는 효과적 시점에 국무부에 장문의 전보를 보냈다. 케넌은 세계가 두 개의 진영으로 분열하고 평화공존이 불가능하다는 소련의 주장이

---

85) Joseph Stalin, 9 February 1946, "New Five-year Plan for Russia", *Vital Speeches of the Day* (N. Y. : City News Publishing, 1946), vol. 12(10), pp. 300 ~304; Harriman & Abel, *Special Envoy to Churchill and Stalin*, pp. 546~547; William O. McCagg, Jr., *Stalin Embattled 1943~1948* (Detroit: Wayne State University, 1978), pp. 223~227; John Lewis Gaddis, *The United States and the Origins of the Cold War 1941~1947* (N. Y. : Columbia University Press, 1972), pp. 299~301.

외부정세에 대한 객관적 분석을 통해 도달한 결론은 아니라고 명확히 지적했다. 러시아인이 수 세기에 걸쳐 필요하다고 느낀 전제적 지배를 정당화할 필요에 직면해, 크렘린 지도자들이 이를 마르크스주의 이데올로기를 통해 실행하고 있다고 설명했다. 그러나 소련이 권력과 영향력을 증대시킬 뿐만 아니라 "숨은 코민테른, 즉 모스크바와 긴밀히 조율하며 지령 받는 세계 공산주의 지하활동의 집행기관"을 통해 활동한다는 케넌의 설명은 불길했으며 선정적이었다. 반면 미국 각지에서 강연하던 처칠 전 수상도 3월 5일 미주리주 풀턴의 웨스트민스터대학에서 미국 국민에게 명확한 메시지를 전달하려 했다. 미국 대통령에게 소개받는 영광을 누리며 단상에 올라 "영어를 말하는 인민의 동맹"을 애기한 것이다. 처칠은 전쟁과 전제정치의 위협을 지목하며 "모든 영광을 상실한 유럽과 아시아 대부분이 공포의 파멸을 목도하고 있다"고 지적한 후 냉전사(冷戰史)를 장식할 유명한 일절을 주창했다. "발트해의 슈체친에서 아드리아해의 트리에스테까지 대륙을 횡단하여 철의 장막을 쳤다. 그 배후에는 중앙유럽 및 동유럽 고대국가의 모든 수도가 있었다. 바르샤바, 베를린, 프라하, 빈, 부다페스트, 베오그라드, 부쿠레슈티, 그리고 소피아. 이 모든 유명한 도시들 및 그 주변의 주민은 소련권 내에 있으며, 어떤 형태로든 소련의 영향력을 받을 뿐 아니라 더 강도 높고 증대하는 모스크바의 통제력에 종속되고 있다"고 말한 것이다. 86)

---

86) "Kennan to Byrnes", 22 February 1946, *FRUS, 1946*, vol. VI, pp. 696~709; George F. Kennan, *Memoirs 1925~1950* (Boston: Little Brown, 1967), pp. 292~295; Gaddis, *The Origins of the Cold War*, pp. 302~304; Winston Churchill, "Alliance of English: Speaking People", 5 March 1946, *Vital*

미·소 공동위원회가 덕수궁에서 개막된 것은 그에 이은 시기였다. 2월 5일 미·소 양군회의가 종료했을 때, 하지와 시티코프는 미·소 각 5인의 위원으로 구성한 10명의 공동위원회를 설치할 것과 서울을 개최지로 하지만 필요한 경우에는 위원회가 평양을 방문할 것, 위원회는 남북한 쌍방의 민주주의적 정당과 사회단체와 협의할 것, 위원회는 미·소 양군회의 종료 후 1개월 이내에 활동을 개시할 것 등을 합의한 문서를 교환했다. 그럼에도 하지 사령관은 소련이 북한 지역을 폐쇄하고 보도관제를 펴는 것에 강한 불만을 품고, 공동위원회를 시작하며 소련 측에 남북한에서의 언론, 보도, 그리고 이동의 자유를 강하게 요구하겠다고 계획하고 국무부에 허가를 구했다. 그러한 자유가 보장되지 않으면 공동위원회는 남북한 정당 및 지도자와 자유롭게 접촉하거나 조선인의 생생한 목소리를 들을 수 없다고 주장한 것이다. 또 하지는 그러한 요구가 국무부를 통해 소련 측에 전달되기를 희망하고, 그 일이 실현되면 그만큼 "소련에 지배당하는 공산주의 한반도 정부보다도 진실로 민주적인 한반도 정부를 수립할 수 있는 기회가 커진다"고 주장했다. 나아가 그는 북한에서 중앙정부(임시인민위원회)가 수립됐다고 보고하고, 소련이 한편으로는 그 정부를 북한의 민주주의 정부로서 받아들이라고 주장하면서 다른 한편으로는 남한에서도 공산주의자의 대표권을 요구하는데, 이는 미·소 공동위원회에 의해 수립될 한반도 임시정부를 공산주의의 지배하에 두려고 하는 것임이 틀림없다고 경고했다. 이에 대항하기 위해 2월 14일 하지는 자신의 자문기구로서 이승만을 의장으로, 김구와 김규식을 부의장으로 하는 한국 대표 남한민주의

원(Korean Representative Democratic Council of South Korea)을 발족했다. 그 권위를 높임으로써 한반도 내에서 지지를 견고하게 만들려고 한 것이다.[87]

　그러나 국무부는 미국 대표단이 미·소 공동위원회 석상에서 북한지역 개방을 강하게 요구하도록 승인했지만, 이를 정부 차원에서 소련 측에 요구하는 데에는 소극적이었다. "이 문제를 제기함으로써 무엇인가 얻을 수 있는 것은 없다"고 한 해리먼의 견해를 소개하면서, 오히려 현지 미군 당국이 "자유롭고 독립적인 한국"을 위한 미국의 정책을 명확하게 표명해야 한다고 강조했다. 한편 하지와 베닝호프가 보낸 정보를 통해 국무부도 소련 당국이 동유럽에서 많은 정부를 지배한 것과 같은 전술을 한반도에도 적용하고 있다고 판단했다. 그럼에도 국무부는 남북한 통일관리뿐 아니라 공동행동을 기본원칙으로 하는 전후 한반도 정책에 집착하여 이를 바꾸려 하지 않았다. 예를 들어 앞서 언급했던 정치방침(SWNCC 176/18)은 임시민주정부를 구성하는 한국인 지도자들에 대해 "가능한 한 한국인의 의사를 대표하는 지도자는 전국의 모든 민주적 정당 및 사회단체와 완전한 협의를 거친 후 선발돼야 한다"고 요구했고, 나아가 "좌우 극단론자가 아니라 명확한 다수파인 강력하고 유능한 지도자"를 발견하고 선발하기 위해 특별한 노력을 기울여야 한

---

87) "Agreement on Establishment of a Joint Commission", 20 February 1946, *FRUS, 1946*, vol. Ⅷ, pp. 637~638; "MacArthur (from Hodge) to JCS", *ibid.*, pp. 632~633; "MacArthur (from Hodge) to Byrnes", 24 February 1946, *ibid.*, pp. 640~642; 〈동아일보〉, 1946년 2월 15일; 〈조선일보〉, 1946년 2월 16일. 또한 남조선민주의원은 정식으로는 "재남조선 대한국민대표 민주의원"으로 불렸다.

다고 주장했다. 소련과의 공동행동을 우선한 것이다. 더욱이 이 방침은 가능하다면 지도자 선발을 선거를 통해 실현하길 선호했다. 다만 미·소 합동위원회가 그러한 선발방법이나 지도자 구성에 합의하지 못하는 경우에는 양군 사령관이 각자 점령지역에서 인구비례에 따른 임시정부의 구성원을 개별적으로 선발해야 했다. 그마저 불가능하다면 미군 사령관은 독자적으로 자문 역할을 할 조직을 세울 수 있었다.[88]

따라서 미·소 공동위원회 개막 이전, 하지 사령관이 이승만을 의장으로 하는 자문기관으로서 남한민주의원을 조직한 것은 명백한 지령 위반이었다. 바꿔 말하면 국무부의 방침과 현지 한반도의 실제 정책 사이에는 간극이 존재했다. 사실 2월 28일 국무부는 이를 메우기 위한 메시지를 하지 사령관에게 보내, 다시금 "김구와 관련된 그룹도, 소련에 지배당한 그룹도 아닌, 한국을 위해 진보적 계획을 확고하게 추진할 수 있는 지도자"를 발견하기 위해 전력을 다하라고 요구했다. 국무부가 보기에는 이러한 그룹이 "4가지 자유[언론과 표현의 자유, 신앙의 자유, 결핍으로부터의 자유, 공포로부터의 자유]와 기초적 토지개혁, 재정개혁을 강조하는 진보적 계획을 상세히 만들어", "소련에 지배당한 공산주의 그룹에 대항하는" 것이야말로 바람직했다. 국무부는 또 중국국민당의 지지를 받으며 오랜 시간에 걸쳐 국무부와 만족할 만한 관계를 맺지 못했던 김구와 이승만 그룹을 편애해서는 안 된다고 솔직히 지적하고, 상기한 "진보적 지도자 그룹"을 발견할 수 없는 경우에는 김구 그룹이 진보적 정책을 채용해 실행하도록 해야 한다고 주장했다. 아마도 국무

88) "JCS to MacArthur", 28 February 1946, *FRUS*, *1946*, vol. VIII, p. 644; SWNCC 176/18, 28 January 1946, *ibid.*, pp. 623~627.

부는 신탁통치 반대운동의 선두에 섰던 김구나 남한민주의원 의장으로 취임한 반공적인 이승만이 불필요한 언동으로 소련 측 위원과 마찰을 일으키고 임시민주정부 탄생을 방해하지는 않을지 경계했을 것이다. 이는 미·소 공동행동을 파탄시키는 행위였다. 이런 사정을 반영해서 공동위원회 개막 전날, 즉 3월 19일 이승만은 건강이 안 좋다는 이유로 남한민주의원 의장직을 사퇴했으며, 중도파인 김규식 부의장이 이를 겸임했다. 89)

(2) 협의대상: 연소용공을 요구한 소련

미·소 공동위원회가 정식으로 개막한 것은 3월 20일 오후 1시였다. 미국 측 위원은 아놀드 소장, 랭던 정치고문, 워싱턴에서 대소련 교섭 전문가로 파견된 세이어(Charles W. Thayer) 국무부 대표, 부스 대령, 그리고 도쿄 총사령부에서 파견된 브리튼(Frank H. Britton) 대령 등 5명이었다. 한편 소련을 대표한 것은 시티코프 대장, 차랍킨 특별공사, 레베데프 소장, 발라사노프 정치고문, 코르쿨렌코(T. I. Korkulenko) 대좌였다. 다수의 전문가와 기술자가 수행한 소련 대표단은 규모가 총 102명에 달했다. 그러나 역설적이게도 공동위원회 토의에서 전문가나 기술자의 도움이 필요한 상황은 벌어지지 않았다. 라디오로 중계된 모두연설에서 시티코프 수석대표가 소련 측의 비타협적 자세를 명언했기

---

89) "State Department Message to MacArthur", 28 February 1946, *ibid.*, pp. 645 ~646; "Langdon to Byrnes", 10 April 1946, *ibid.*, pp. 658~659; 우사(尤史) 연구회 편, 심지연 저, 《송남헌 회고록》(서울: 도서출판 한울, 2000), pp. 71~73. 〈서울신문〉, 1946년 3월 21일.

때문이다. 계급투쟁론 신봉자였던 시티코프는 민주적 제도를 만들기 위한 북한에서의 노력을 소개한 후, 그러한 활동이 반동세력과 반민주 세력으로부터 격하게 방해받고 있다고 비난하며 "장래의 조선 임시민주정부는 **모스크바 외상회의의 결정을 지지하는** 모든 민주적 정당과 조직의 광범위한 연합을 기초로 해서 수립되어야 한다"고 주장했다. 또한 "그러한 정부만이 일본 지배의 정치적 및 경제적 잔재를 완전히 일소하고, 국내의 반동적이고 반민주적인 세력에 대항해 결정적 투쟁을 개시하며, 경제부흥을 위한 급진적 정책을 실행하고, 나아가 조선인에게 정치적 자유를 줄 수 있다"고 지적했다. 또한 시티코프는 "소련은 조선이 진실로 민주적이며 독립적인 국가가 되고, 소련에 충실하며〔우호적이며〕, 장래 대소련 공격을 위한 기지가 되지 않는 것에 중대한 관심을 갖고 있다"고 언명하면서, 한반도에 대한 소련의 기본적 목적을 공식적으로 설명했다. 90)

공동위원회 제1회 회의에서는 모스크바협정 제2항(III-2)이 규정했듯 ① 한반도 임시민주정부 형성을 지원하고, ② 적절한 정책을 예비적으로 만드는 일을 논의했다. 미·소 공동위원회가 한반도의 민주적 정당 및 사회단체와 협의하여 권고서를 작성할 때, 최종 결정 이전에 미·영·중·소 정부가 권고서를 심의하게 되어 있었다. 미국 대표단은 전

---

90) "Text of statement of Shtikov", opening session of US-Soviet Joint Commission, 20 March 1946, *ibid.*, pp. 652~654; *US-USSR Joint Commission: Report of US Delegation*, box 34, XXIV Corps History Section, USAFIK, RG332, WNRC; Hoag, *American Military Government in Korea*, pp. 414~415. 시티코프의 모두 발언 중 "우호적" (*friendly*) 이란 단어는 "충실한" (*faithful*) 으로 번역해야 한다는 유력한 지적이 존재한다. *History of USAFIK*, chap. IV, part II, p. 166; 〈서울신문〉, 1946년 3월 23일.

자에 관하여서는 공동위원회와 함께 활동하면서 한반도 임시민주정부를 구성할 후보자를 선정하는 협의기관을 한국인 정치지도자로 구성하여 설치하자고 제안했다. 또 후자에 관해서는 남북한의 행정적 통합, 다양한 통신시설의 재통합, 남북 여행 규제의 철폐, 그리고 라디오·신문·공개연설에 의한 정보의 자유로운 전달 실현을 제안했다. 반면 소련 대표단은 공동위원회의 활동을 ① 한반도 임시민주정부의 수립, ② 한국인의 정치, 경제, 사회적 진보를 위한 보조와 원조(신탁통치)라는 2단계로 구분했다. 그리고 전자와 관련해서 모스크바협정에 반대하는 한반도의 정당 및 단체는 협의대상이 될 자격이 없다고 주장했다. 시티코프는 반소 반공세력을 공동위원회의 협의대상에서 배제하려 했을 것이다. 이 주장은 이후로도 미·소 간 논쟁의 초점이 됐다. 또 아마 같은 이유로 소련 측은 협의기관 설치에 반대했다. 미국 측 위원은 모스크바협정, 특히 '민주주의' 개념의 일방적 해석에 강하게 반론하며 정당과 사회단체를 협의대상에서 제외할 기준으로 그 단체가 신탁통치를 싫어한다는 이유를 들어서는 안 된다고 주장했다. 사실 소련 측의 주장을 엄격하게 적용한다면 신탁통치에 찬성했던 조선공산당을 제외하고, 남한에는 임시정부 수립을 지원하기 위한 협의대상이 될 정당과 사회단체는 존재하지 않았다. 기껏해야 김규식 정도가 이후 민족자주연맹으로 결집하는 김병로나 홍명희와 함께 신탁통치에 반대하기보다는 임시민주정부 수립을 우선했을 뿐이다. 91)

---

91) *US-USSR Joint Commission*, pp. 4~5; *United States Policy Regarding Korea*, part III, pp. 5~6; *History of USAFIK*, chap. IV, part II, pp. 169~171; 심지연, 《미소 공동위원회 연구》(서울: 청계연구소, 1989), pp. 31~37: 우사연구회·강만길·심지연 저, 《우사 김규식 1 : 반일독립투쟁과 좌우합작》(서울: 도서출판 한

3월 29일까지 공동위원회는 미·소 각 위원이 공동의장을 맡는 3개 분과회를 설치하고, 이 분과회에서 ① 민주적 정당 및 사회단체와의 협의조건, 순서 등, ② 임시민주정부의 기구, 조직원칙 등, ③ 임시민주정부의 정강, 법규 문제 등에 대해 논의하기로 했다. 하지만 가장 중요한 문제, 즉 협의대상 선정을 두고 존재하는 원칙적 대립은 조금도 해소되지 않았다. 4월 9일 미·소 공동위원회는 드디어 암초에 걸렸다. 이유는 명확하지 않으나 이후 4월 16일까지 소련의 자세는 한결 부드러워진 듯했다. 모스크바협정 제3항(Ⅲ-3)에 대해서도 랭던과 세이어는 "신탁통치"라는 삽입구를 사용하지 않는 성명을 준비하자고 소련 측을 설득했다. 한편 보고를 받은 국무부는 교섭의 진전을 환영하고, 정치적 견해의 여하에 관계없이, 비타협적 극단론자를 협의대상으로 선정하지 않는 것의 중요성을 재확인했다. 이렇게 해서 아놀드가 의장 역할을 한 4월 17일 회의에서 미국과 소련은 드디어 난관을 돌파한 듯 보였다. 미국은 자문기관 설치를 단념하고 즉시 남북 양 지역의 민주적 정당 및 사회단체와 협의하자고 제안하고, 협의대상에 대해서도 형식적으로 소련의 주장을 수용하여 "그 목적과 방법에 있어 진정으로 민주적인 정당과 사회단체"와 협의하기로 합의한 것이다. 다만 다음 날 발표된 미·소 공동위원회 제5호 성명은 민주적 정당 및 사회단체가 모스크바협정 제1항(Ⅲ-1)에 언급된 "한국에 관한 결정의 목적"을 지지하고, 제2항(Ⅲ-2)을 이행하기 위해 "한반도 임시민주정부를 결성하기 위한 공동위원회의 결정"을 지키며, 나아가 "한반도 임시민주정부

울, 2000), pp. 178~179; 정용욱, 《해방전후 미국의 대한정책》(서울: 서울대출판문화원, 2003), pp. 219~222.

에 참가하여 공동위원회가 제 3항(Ⅲ-3)에 예견한 제반 시책에 관한 제안을 작성하는 것에 협력한다"는 서약서를 제출하도록 요구했다. 92)

따라서 남은 문제는 그러한 미국 대표단의 노력에도 불구하고 신탁통치에 강하게 반대하는 한국 내 우파정당과 사회단체가 미·소 공동위원회의 합의를 수용하고 제 5호 성명이 요구하는 선언서에 서명할 것인지 여부였다. 사실 김구, 조소앙, 조완구, 김창숙, 정인보 등 남한민주의원 중 비상국민회의 계열(충칭 임시정부 계열) 원로의원들은 김규식의 설득에도 불구하고 "공동위원회에 협력하여 정부를 수립하는 것은 신탁통치에 굴복하는 것이다"라며 서약서에 서명하기를 거부했다. 그 때문에 4월 22일 하지 사령관은 모스크바협정의 각 조항과 신탁통치의 의미를 다시금 상세히 설명하고 서약서에 서명하라고 촉구하는 담화를 발표하지 않을 수 없었다. 하지는 4월 27일에도 특별성명을 발표하여 "서약서에 서명하는 정당과 사회단체에는 신탁통치 찬성 내지 반대하는 의견을 발표할 특전을 보장한다", "선언서에 서명했다고 해서 그 정당과 사회단체가 신탁통치에 찬성한다거나 혹은 지지한다는 언질을 주는 것은 아니지만, 서명하지 않은 자는 공동위원회 협의대상이 되지 않는다"는 점을 확인했다. 이에 4월 30일 비상국민회의도 "신

---

92) "Byrnes to Certain Diplomatic Officer", 11 April 1946, *FRUS, 1946*, vol. VIII, p. 659; "Langdon and Thayer to Byrnes", Received 14 April 1946, *ibid.*, p. 660; "Byrnes to Langdon", 16 April 1946, *ibid.*, pp. 660~661; "Acheson to Certain Diplomatic Officer", 23 April 1946, *ibid.*, p. 661; *United States Policy Regarding Korea, Part III*, p. 6; "Joint Communique no. 5", 17 April 1946, *US-USSR Joint Commission*, pp. 53~55; *History of USAFIK*, chap. IV, part II, pp. 193~197; 〈동아일보〉, 1946년 4월 19일; 정용욱, 《해방 전후 미국의 대한정책》, pp. 213~215, 223~225.

탁통치를 전제로 하는 모든 문제를 절대 배격한다"고 하면서도 제5호 성명을 수용한다는 방침을 결정했다. 그러나 5월 1일 남한민주의원 명의로 발표한 결의문은 선언서에 서명하는 일이 "미·소 공동위원회와 협의하여 임시정부 수립에 참가하고 신탁통치에 반대할 수 있는 계기가 된다"고 더 솔직하게 발표하고 산하 각 정당과 사회단체에 제5호 성명에 찬성하도록 촉구했다. 이렇게 해서 이미 제5호 성명에 찬성을 표명한 이승만을 포함한 우파정당과 사회단체가 일제히 태도를 결정하고 공동위원회와의 협의에 참가하는 태세를 갖춘 것이다.[93]

그러나 시티코프와 소련 대표단에게는 이승만과 김구 등을 협의대상에서 배제하는 일은 반드시 달성해야 할 목표였다. 하지의 설득이 시작되자 4월 23일 공동위원회에서 소련 측은 논의를 처음으로 되돌리고 말았다. 과거에 모스크바협정의 신탁통치 조항에 반대한 적이 있는 개인은 어느 정당이나 사회단체도 대표할 수 없다는 주장을 전개한 것이다. 소련 측의 주장을 수용하면 신탁통치에 강하게 반대했던 김구와 충칭 임시정부 요인, 그리고 이승만과 한국민주당 지도자들은 한반도 임시정부 수립에 참가할 수 없었다. 사실 정용욱이 발굴한 내부 문서에 따르면, 소련이 구상한 임시정부 각료 명단에는 김일성, 최용건, 무정, 김두봉, 오기섭, 최창익 등 유력한 북한 공산주의자들이 올라 있으며, 남한에서는 여운형, 박헌영, 김규식, 허헌, 홍남표를 기용했을

93) 〈서울신문〉, 1946년 4월 20일; 〈조선일보〉, 1946년 4월 24일; 〈동아일보〉, 1946년 4월 28일; 〈조선일보〉, 1946년 5월 3일; 이정식, 《김규식의 생애》(서울: 신구문화사, 1974), pp. 134~136; 서중석, 《한국 현대민족운동연구》(서울: 역사비평사, 1996), pp. 377~379; 우사연구회·강만길·심지연 저, 《우사 김규식 1》, pp. 181~184; 심지연, 《미소 공동위원회 연구》, pp. 11~13.

뿐이었다. 여운형과 김규식을 수상 및 부수상으로 입각시킨 것은 시사적이지만, 가장 유력한 이승만과 김구, 그리고 비상국민회의와 한국민주당 지도자는 모두 배제되었다. 미국 측 위원은 소련 측의 주장이 "정당 숙청"이며, 언론 자유의 원칙에 위반하는 것이라고 비판했다. 그 후 5월 6일 제24회 회의에서 아놀드 수석대표는 마침내 "협의 문제, 즉 임시정부 수립이 무기한 연기될 것이 분명하다"면서 "6월 1일까지 **경계선을 철거하는 것**을 목표로 공동위원회가 취해야 할 조치를 검토"하자고 제안했다. 그러나 시티코프는 5월 1일의 남한민주의원 성명을 격하게 비판한 후 "38도선〔의 철거〕에 대해 말하면 이는 사탕으로 어린아이를 어르는 것과 같다. 조선인은 만약 정부가 수립되면 그것이 통일조선일 것임을 충분히 이해하고 있다. 만약 어떠한 임시정부도 수립되지 않는다면 이는 조선정부가 아니다"라고 주장하며 미국의 제안을 거부했다. 토의해야 할 의제를 상실하자 아놀드는 마침내 공동위원회의 무기한 연기를 요청했다. 94)

미·소 공동위원회가 논의를 중단한 후, 5월 8일 10시 시티코프 수석대표와 하지 사령관이 회담을 열었다. 이때 시티코프는 모스크바협정에 대한 남한 내 반대는 '반동적 반대'이며 소련 측 위원으로서는 하지 사령관의 4월 22일 담화를 이해할 수 없다고 지적했다. 그 담화를

---

94) "Hodge to Byrnes", 9 May 1946, *FRUS, 1946*, vol. VIII, pp. 665~667; *US-USSR Joint Commission*, pp. 56~59; *United States Policy Regarding Korea, Part III*, pp. 6~7; 정용욱, 《해방 전후 미국의 대한정책》, p. 214. 미군 방첩부대 (CIC)도 부산과 인천 인민위원회가 발행한 유사한 내부문서를 입수했다. 그것에 따르면 배제돼야 할 반동적 지도자는 이승만, 김구, 안재홍, 김성수, 조완구, 조만식, 장덕수, 조소앙이었다. *FRUS, 1946*, vol. VIII, p. 702.

이용해서 민주의원이 5월 1일에 결의를 채택했지만 이는 모스크바협정에 대한 '일방적 해석'이라고 주장한 것이다. 이어서 소련 측이 특정 인물을 협의대상에서 배제하라고 요구한 이유에 대해 시티코프는 매우 솔직하게 "소련은 조선의 긴밀한 이웃국가이며, 그 때문에 조선에 소련에 충실한 임시민주정부가 수립되는 데에 관심을 갖고 있다. 모스크바협정에 반대하고 목소리를 높여 소련을 비판하는 지도자는 소련을 중상(中傷)하고 얼굴에 먹칠을 했다. 만약 그들이 정권에서 권력을 장악하면 그 정부는 러시아에 충실하지 않게 되고 그 국민은 … 소련에 반대하는 적대행동을 조직하기 위한 수단이 될 것이다"라고 말했다. 따라서 미·소 공동위원회 제1회 회의 모두연설 및 무기한 휴회 후 하지와의 회담에서 시티코프는 두 차례에 걸쳐 소련의 한반도 기본정책을 같은 내용으로 솔직하고도 명확하게 정의한 것이다. 이는 소련이 인접한 한반도에 반소 통일정부가 탄생하는 데에 대한 지정학적 불안감이었다. 시티코프와 하지가 회담한 다음 날, 즉 5월 9일에 시티코프를 포함한 소련대표단은 서울을 떠났다. 95)

(3) 결렬의 충격: 부분적 단독행동으로

공동위원회의 실패는 미국과 소련의 한반도 정책의 기본적 대립, 즉 비(非) 양립성을 드러냈다. 미국이 윌슨주의적 민족자결주의에 기반을 두고 자유·독립·통일 한반도를 추구하는 전후정책을 유지한 반면,

---

95) *US-USSR Joint Commission*, pp. 60~61; *History of USAFIK*, chap. Ⅳ, part Ⅱ, pp. 212~213.

소련은 그러한 미국의 정책에 지정학적 불안을 느끼고 북한지역에 독자의 친소체제를 구축하고 나아가 미·소 공동위원회가 수립할 통일임시정부에서 남한 내 반소 반공세력을 배제하려 했다. 그러한 뜻에서 미국의 정책은 공격적(보편적)이자 통일 지향적이며, 소련의 정책은 방어적(국지적)이자 분단지향적이었다. 다만 반소 반공세력이 배제된 통일임시정부는 친소 통일정부일 수밖에 없다. 그러므로 소련의 정책은 의도는 방어적이었어도 행동은 현저하게 확장적이었다. 이러한 '방어적 확장'은 말할 필요도 없이 러시아인의 특유한 대외 행동이었다. 사실 트루먼 대통령을 포함한 미국의 정책결정자들은 소련의 비타협적 태도에 충격을 받고 한반도 문제를 지역적 틀을 넘어선 전략 문제로 인식했다. 예를 들어 5월 29일부터 6월 4일까지 대통령의 배상 문제 특사로서 북한(평양, 수풍, 원산지구)을 방문한 폴리는 6월 22일 트루먼 대통령에게 보낸 서한에서 "한국은 소국이며 우리의 군사력 전체에서 보면 작은 부담이지만, 그곳은 이데올로기의 전쟁터이며 아시아에서 우리의 성공 전체가 거기에 의존할지도 모른다"고 역설했다. 폴리는 "소련군은 확실하게 장기 주둔할 태세다"라고 확신하고, 그 목적을 지정학적으로 분석했다. 또한 폴리는 배상의 일부로서 필요한 공업시설을 일본에서 한반도로 이전할 것, 미국이 좀더 많은 기술원조를 제공할 것 등을 진언했다. 트루먼은 이에 전면적으로 찬동하며 미군의 남한 장기 주둔을 승인했다. 하지 사령관에게 충분한 지원을 약속했을 뿐 아니라, 이를 패터슨(Robert P. Patterson) 육군장관에게 요청했다. 96)

---

96) "Pauley to Truman", 22 June 1946, *FRUS, 1946*, vol. VIII, pp. 706~709; "Truman to Pauley", 16 July 1945, *ibid.*, pp. 713~714; "Truman to Patterson",

다만 폴리에 대한 트루먼의 답신은 국무부가 시간을 두고 검토했다. 답신은 7월 6일 러벳 극동국장이 기안하고 애치슨 국무차관을 경유하여 트루먼 대통령의 승인을 얻었다. 따라서 여기에는 공동위원회 실패 후 새로운 정세에 대한 국무부, 육군부, 그리고 해군부의 견해가 반영되었다고 봐도 무방하다. 실제로 6월 6일 힐드링(John Hilldring) 점령지역 담당 국무차관보는 SWNCC 176/18을 대신할 〈한반도 정책의 잠정지침〉(Policy for Korea) 작성을 이끌었다. 그러나 흥미롭게도 미·소 공동위원회 실패가 미국의 한반도 정책에 미치는 영향은 최소한으로 억제됐다. 미국의 목적을 "외국의 지배로부터 독립하고 유엔 회원국 자격을 지니는 자치정부의 수립"이라고 명확히 정의했으며, 미·소 공동위원회 교섭을 통해 한반도 임시정부를 수립한다는 기본방침도 유지했다. 제 2차 세계대전 중에 수립한 한반도 정책의 원칙을 여전히 유지한 것이다. 다만 이를 실현하기까지 남한에서 단독행동을 할 수 있도록 부분적으로 허용했다. 그 상한선이 바로 기본목적 달성을 용이하게 만들기 위한 미군의 장기주둔, 즉 '남한 군사점령' 지속이었다. [97)]

---

not dated, *ibid.*, pp. 721~722; "Statement by Edwin W. Pauley", *Department of State Bulletin*, 4 August 1946, p. 233; 〈서울신문〉, 1946년 6월 5일. 러시아 대외행동의 특징은 "9세기 초반부터 지금에 이르기까지, 러시아인의 주요한 원동력은 공포였다. 야심보다도 공포가 러시아 사회의 조직과 확장의 주요한 원리였다"는 할레의 분석을 참조하기 바란다. 한반도에서 소련의 목표는 한반도 전체의 '연소용공'이었으며 북한에서의 친소정권 수립이었을 것이다. Louis J. Halle, *The Cold War as History*(N.Y. : Harper & Row, 1967), pp. 12, 67~69. 폴리가 대통령에게 지적한 소련의 지정학적 목적은 ① 소련 남동부국경 방어, ② 만주 및 화북에 대한 전략적 위치, ③ 장래 일어날 수 있는 대일(對日) 전에서의 배려, ④ 극동에 있는 부동항(不凍港) 확보 등 4가지였다.

97) "Hilldring to OPD", War Department, Annex "Policy for Korea", 6 June 1946,

그 외의 단독행동으로서 국무부는 남한에서 광범위한 선거를 실시하여 미군 사령관에게 자문 역할을 수행할 입법기관을 설립하도록 기획했다. 일시적이라고는 하지만 미·소 공동위원회가 실패로 끝났기에 미군정부는 남한에 민주주의를 정착시키기 위해 필요한 조건을 만들어 내지 않으면 안 되었고, 이를 위해서는 건설적인 경제 및 교육개혁이 필요했기 때문이다. 후에 김규식 원장 아래 '남한과도입법의원'으로 출발한 입법기관이 그러한 개혁을 입안하고 실시하기 위한 법안을 작성하는 역할을 하리라 기대했고, 모든 주요한 개혁은 이 입법기관을 통해 추진해야 했다. 또 새롭게 선출한 입법기관은 좌파세력을 포함하지 않았던 민주의원보다도 강력했는데, 남한 내 전 당파를 대표해야만 했다. 하지 사령관과는 달리 국무부는 여전히 "일본 항복 후 해외에서 귀국한 고령의 한국인 지도자"에 대한 불신감을 품고 있었으며, 그 정치적 존재가 소련과의 합의 달성을 현저히 곤란하게 만들어 "미국의 목적 달성을 돕기보다도 전체적으로 방해하고 있다"고 이해했다. 98)

6. 마치며

1945년 9월 중순에 시작한 런던 외상이사회에 앞서 번스가 의도한 것은 소련군 점령하의 불가리아나 루마니아에서 모든 중요한 민주적 당파를 대표하는 임시정부(*interim governmental authority*)를 수립해 자유

FRUS, 1946, vol. VIII, pp. 692~699.

98) *Ibid.*, pp. 693~694.

선거를 실시하는 것, 즉 얄타회담에서 채택한 〈해방유럽선언〉을 실행에 옮기는 것이었다. 반면 일본군국주의 부활을 경계한 스탈린과 몰로토프는 런던 외상이사회에서 대일관리기관 설립에 합의하고 소련의 적극적 참가를 실현하려 했다. 그 때문에 번스의 의도로 이 문제가 의제에서 빠지자 스탈린은 회의 자체를 결렬시키고 말았다. 일본 점령에서 소련을 배제하려는 미국의 정책에 분개한 스탈린이 '혼자서 간다'(단독행동)는 결의를 굳힌 것이다. 한반도에서도 10월 중순까지는 막연하게나마 존재했던 미·소 양군 사령부 간의 느슨한 연대가 철회되었다. 따라서 12월 후반에 모스크바에서 개최된 미·영·소 3국 외상회의가 불가리아와 루마니아 문제뿐 아니라, 한반도 독립 문제를 정면에서 논의하기 위한 최초이자 최후의 연합국회의가 될 것임은 미국과 소련 양국 정부가 충분히 인식하고 있었다. 사실 모스크바협정이 체결됐을 때 번스는 한반도 독립 문제를 충분히 논의하고 소련과 "총명한 타협"에 도달했다고 이해했다. 그러나 그 과정에서 몰로토프는 한반도 임시민주정부 수립과 미·소 공동위원회에서의 논의를 조합하여 전국적 자유선거 실시를 교묘히 회피하고, 반소 반공적 통일 한반도 정부 수립을 저지하기 위한 장치를 설계하는 데 성공했다. 그것이야말로 '분단의 씨앗'이었다. 사실 3월에 미·소 공동위원회가 개최되자 소련 측은 모스크바협정에 반대하는 남한의 정치세력을 '반민주주의적'이라 정의하고 공동위원회의 협의대상에서 배제했다. 이는 얄타협정에 반대하는 폴란드의 런던 망명정부 지도자들을 '반민주주의적'으로 정의하고 임시민주정부 수립을 위한 회의에서 배제한 것과 같은 방식이었다. 소련에게 있어 모스크바협정은 〈해방유럽선언〉의 한반도 판에 다름 아니었다.

한편 모스크바협정이 한반도 임시민주정부 수립을 결정한 것은 남한 정치세력, 특히 김구가 지도하는 대한민국 임시정부와 박헌영이 지도하는 조선공산당에 큰 충격을 주었다. 왜냐하면 임시민주정부는 이미 존재하는 대한민국 임시정부나 조선인민공화국 정부와는 달리 미·소 공동위원회가 남북한의 민주적 정당, 사회단체와 협의하여 수립하는 정부였기 때문이다. 김구는 반탁 국민총동원위원회를 조직하여 신탁통치 결정에 격렬하게 저항하는 운동을 전개했으며, 대한민국 임시정부의 주권행사까지 시도해서 하지 사령관의 분노를 샀다. 또한 박헌영은 조선인민공화국을 방기했을 뿐 아니라, 모스크바협정을 지지하는 운동을 전개함으로써 남한의 민족주의세력과 격렬하게 대립할 수밖에 없었다. 반면 이승만과 한국민주당은 신탁통치에 반대하면서도 미군정부에 대한 비난을 억제하며 협력을 유지하려고 했다. 그 대가로 한국민주당은 수석총무였던 송진우를 잃었다.

그러나 북한 정세의 변화는 더욱 극단적이었다. 1946년 1월 초순 시티코프 대장의 평양 부임과 함께 단극적 내지 냉전적 정치통합이 일거에 진전된 것이다. 모스크바협정 수용을 거부한 조만식과 조선민주당을 정치무대에서 배제했을 뿐 아니라, 김일성을 수반으로 하는 북조선임시인민위원회를 설립하고 북한 전역에서 급진적 토지개혁을 추진했다. 김일성 정권의 수립과 토지개혁의 추진은 가까운 장래에 한반도 민주주의임시정부가 수립되는 것을 상정하고 그 주도권을 확보하기 위한 한 쌍의 조치였다. 시티코프와 김일성에게는 이에 저항하는 자야말로 반혁명분자이자 격렬한 계급투쟁의 대상이 되었다. 북한의 농촌은 이제 '민주주의의 근거지'로 바뀌고 있었다. 또 남한의 반탁운동 고양에 직면한 소련 정부는 당초부터 관제미디어를 통해 이승만과 김구를 '반민주주의적' 반동분자로 규탄했다. 서울에서 개최된 미·소 공동위원회에서도 모스크바협정에 반대하는 우파세력을 협의대상에서 제외하도록 강력하게 요구하며 공동위원회 논의를 파탄시키고 말았다. 더욱이 이러한 일련의 사태는 흥미롭게도 스탈린의 냉전선언, 즉 2월 9일의 신 5개년계획 연설, 그리고 3월 5일 처칠의 철의 장막 연설과 나란히 진행됐다. 이제 한반도는 미·소 냉전이 벌어지는 또 하나의 무대가 됐다.

이념의 세계와 현실의 세계

제2차 세계대전 중 스탈린의 태도에는 이념적 색채가 희박했다. 스탈린은 연합국선언에 참가했고 카이로선언을 분명히 지지했지만, 주요 관심을 두었던 것처럼은 보이지 않는다. 미국 루스벨트 대통령의 주장에 이의를 제기하지 않은 채, 스탈린은 태평양이나 극동의 군사정세 추이를 주의 깊게 관찰하고 있었다. 스탈린이 1944년 10월에 구상했던 대일전쟁 계획은 "미군이 일본 수비대를 남방제도에서 분단시키고, 소련군이 일본 지상군을 중국에서 분단시킨다"는 것이었다. 미군과 영국군이 노르망디에 상륙하여 제2전선을 구축한 것처럼, 소련군이 만주와 중국에 침공해서 미국과 연합작전으로 대일전쟁에서 승리한다는 구상이었다. 유럽과 아시아에 걸친 소련의 지정학적 조건을 반영해, 스탈린이 대일전쟁에 도박을 걸려는 결단은 결코 작지 않았다. 또한 주목할 만한 것은, 이때 이미 스탈린이 "북한의 여러 항구는 소련 지상군과 해군이 점령해야 한다"고 말한 점이다. 블라디보스토크에 인접한 나진항이나 청진항에 관심을 보인 것이다. 그러나 1945년 6월 안토노프 참모총장 밑에서 작성한 작전계획은 제1단계 공세로 소련의 3개 방면군이 관동군을 만주 중앙부에서 분단시킨다는 내용이었다. 그 만주작전에 웅기, 나진, 청진 3개 항구를 목표로 한 소규모 상륙작전을 추가했다. 한반도에서의 본격적인 작전(서울을 향한 진격)은 사할린이나 지시마 열도의 작전과 마찬가지로, 랴오둥 반도를 향한 진격과 함께 추진하는 제2단계 공세의 일부였다. 아마도 미군의 상륙작전이 실시될 가능성을 배려해서 서울 이남으로의 진격은 예상하지 않았을 것이다.

흥미롭게도 같은 무렵 작성한 미국의 전쟁계획은 한반도를 일본열도나 만주와 구별해서, 미·소 양국 군대가 수륙공동작전을 실시할 제3의 작전구역으로 상정하고 있었다. 그러나 미군은 남부 규슈 침공작전(올림픽작전)을 11월 초 개시할 예정을 세우고, 맥아더 원수는 그를 위해 총력을 결집하고 있었다. 따라서 한반도에서의 미·소 공동작전은 너무나 비현실적인, 정치 우위의 구상이었다고 하지 않을 수 없다. 원폭개발 성공이라는 거대한 군사기술 혁명이 없었다면 제1단계 만주작전이 종료된 후, 아마도 1945년 9월 하반기부터 10월 상반기까지 소련군이 서울을 점령하고 부산 쪽으로 남하하려고 했을 것이다. 바꿔 말하면 히로시마 및 나가사키 원폭투하가 미·소 간 군사적 균형을 다시 맞추게 했고, 한반도 분단의 첫 번째 계기를 제공한 것이다. 그뿐 아니라 트루먼 대통령과 번스 국무장관은 원자폭탄을 투하함으로써 소련이 참전하기 전에 일본이 항복하기를 기대하고 있었다. 이 때문에 포츠담에서 열린 미·소 참모장회의에서 마셜 육군참모총장은 미·소 육상작전의 경계선을 논의하려 하지 않았다. 원폭실험이 성공했다는 정보를 접한 마셜은 "한반도 공격의 가능성은 규슈 상륙 후에 결정해야 한다"고 강하게 주장했다. 그러나 이때 헐 중장은 번스의 요청으로 몇 명의 작전참모를 모아서 미·소 상륙작전의 경계선을 검토하여 "38도선은 아니었지만, 그 근처이면서 38도선을 따라가는" 경계선을 책정했다. 마셜이 이를 소련 측에 제시하지 않은 것도, 번스가 유동적인 사태에 대비하여 '작은 원폭외교'를 시도했기 때문일 것이다. 만일 소련이 참전하기 전에 일본이 항복한다면, 육상 경계선의 존재가 소련군의 북한 진주에 불필요한 근거를 제공할 수 있었다.

장기간에 걸친 봉쇄와 폭격, 원자폭탄의 연속 투하, 그리고 8월 9일 소련군 참전이라는 충격으로 인해 8월 10일, 일본 정부는 조건을 붙이긴 했으나 포츠담선언 수락 의사를 표명했다. 이에 따라 미·소 간 육상작전의 경계선을 설정하는 문제가 다시 부상했다. 게다가 그 경계선은 단지 진주하는 미·소 양국 군대의 충돌을 방지할 뿐만 아니라, 일본군의 항복을 정식으로 수리하고 각자의 점령지역을 획정하기 위한 중요한 경계선이 되었다. 바꿔 말하면 육상작전 경계선은 조만간 포고할 일반명령 제1호의 일부였다. 번스의 의향에 따라 링컨 준장과 3명의 대령은 육군부 초안을 작성하였으며, 이때 미군 작전지역인 남쪽에 한반도의 중심도시인 서울과 주요 항만을 포함하고 영국과 중국의 점령부대를 수용할 만큼의 여유를 주는 북위 38도선을 선택했다. 이후 그 경계선을 통합작전계획위원회, 3부 조정위원회, 그리고 통합참모본부가 검토했으며 8월 15일 트루먼 대통령이 승인했다. 또한 같은 날, 대외적으로도 소련, 영국, 중국의 3정상, 즉 스탈린, 애틀리, 장제스에게 이를 통지했다. 물론 그 경계선은 단순한 군사적 편의에 따라 설정된 것은 아니었다. 사실 미 국무부는 "미군이 최대한 북쪽에서 항복을 받아야 한다"고 주장했고, 해군은 39도선을 고집했다. 트루먼이 제안하고 스탈린이 이의를 제기하지 않았으므로, 38도선을 경계선으로 한 미·소 양국의 한반도 진주는 틀림없이 제2차 세계대전 최후의

'미·소 공동작전'이었다.

　물론 이러한 사실이 해방된 유럽을 둘러싸고 소련과 미·영 간에 상호불신이 커졌음을 부인하는 것은 아니다. 특히 심각했던 갈등은 폴란드 독립 문제를 둘러싼 대립이었다. 폴란드 국내외의 주요 정당으로 구성된 민족통일임시정부를 수립하고 자유선거를 실시하는 문제가, 얄타회담에서 이미 미·영과 소련 사이에 최대 정치적 쟁점이 되었다. 처칠은 스탈린에게 "국경선보다 폴란드 주권과 독립에 관심이 있다"고 솔직하게 지적하고, 영국은 "독일 침략으로부터 폴란드를 지키기 위해" 목숨을 걸고 참전했다고 주장했다. 그러나 스탈린은 소련에게 폴란드의 장래는 "전략적 안전보장"의 문제라고 지적하고, "역사적으로 폴란드는 러시아를 공격하는 회랑이었다. … 과거 30년간 독일은 이 회랑을 두 번이나 통과했다. … 소련은 강력하고 독립된, 민주적인 폴란드를 희망하고 있다"고 반박했다. 그 후 소련은 런던 망명정부의 지도자들을 반민주적이라고 배제하고, 6월 말 무리하게 친소적인 '민족통일' 정부를 수립했다. 또 하나의 합의사항이던 자유선거는 형식적으로라도 실시할 생각이 없었다. 포츠담회담 전날 밤, 스팀슨 육군장관이 한반도 독립 문제를 "극동에 이식된 폴란드 문제"로 표현한 배경에는 그러한 복잡한 유럽 정세가 존재했다. 조금 엄밀하게 관찰하자면, 폴란드 독립 문제는 스탈린의 지정학적 불안감을 자극했고, 원자폭탄의 개발과 투하는 38도선 설정을 가능하게 했다.

　그 후 1년도 채 지나지 않은 단기간에 폴란드나 독일 문제만이 아니라 원자력 에너지, 대일관리기관, 불가리아와 루마니아 정부승인 문제, 이란 문제, 중국 문제 등에서 미국과 소련의 목표가 서로 양립할 수 없음이 확인되면서 1946년 봄까지 냉전이 불가피해졌다. 그 결과,

한반도에서도 미·소 양국 군대를 분리하려고 설정한 육상경계선이 두 체제를 나누는 '철의 장막'의 일부로 바뀌었다. 폴란드 문제나 38도선의 설정이 제2차 세계대전의 종막을 알리는 냉전의 서막이었다고 한다면, 한반도 분단을 유발한 두 번째 계기는 냉전의 시작이었다. 분단은 두 대전의 틈바구니에서 태어난 '귀신'이었다. 유럽과 아시아에서 '두 개의 적'과 싸운 스탈린이 가장 두려워한 것은 사반세기 후에 독일이나 일본의 제국주의 내지 군국주의가 부활하여 폴란드나 한반도를 대소련 공격의 회랑이나 도약대로 이용하는 것이었다. 이번에는 미국제국주의가 침략을 뒤에서 밀어 줄지도 모를 일이었다. 윌슨적 정치이념과 스탈린의 지정학적 불안감이 충돌한 것이기에, 안전보장상의 중요도는 차이가 있어도 폴란드 문제와 한반도 문제는 본질적으로 같았다. 1945년 12월 미국, 영국, 소련의 외무장관이 모스크바협정에 합의했을 때, 소련 측은 폴란드 문제와 관련한 기시감을 느꼈을 것이다. 조만식 등 '반동분자'를 숙청하고 김일성을 수반으로 하는 북조선 임시인민위원회를 수립하는 과정은 이미 폴란드에서 실험을 끝낸 일이다. 더구나 다음 해 3월 통일적인 조선 임시민주정부를 수립하려고 미·소가 공동위원회를 개최했을 때 시티코프 대표가 "소련은 조선이 진정으로 민주적인 독립국가가 되고, 소련에 우호적이며, 장래에 대소련 공격을 위한 기지가 되지 않는 데에 중대한 관심을 가지고 있다"고 밝혔다. 이에 따라 폴란드와 한반도 사이에 존재하는 약 1년간의 '냉전의 시차'가 일거에 해소되었다.

앞서 살펴본 것처럼 한반도 분단은 명백히 국제정치의 산물이었다. 그렇다면 한국의 독립운동이나 해방 후 한국정치는 분단에 아무런 역할도 하지 않았을까. 또는 국제정치에 의해 얼마나 영향이나 제한을 받앉던 것일까. 그런 관점에서 본다면 미국 전후정책의 최대 특징은 한반도에 4대국에 의한 신탁통치를 실시하려고 한 점이다. 물론 연합국선언이나 카이로선언은 민족자결이나 영토 불확대의 원칙 등, 윌슨적인 이상주의를 토대로 하고 있었다. 따라서 그것은 다분히 이념의 세계에 속한 것이다. 현실세계에서는 태평양의 전황이 연합국에 유리하게 진전되면서, 루스벨트 대통령이나 국무부 관계자들도 한국의 독립 문제를 둘러싼 국제 권력관계의 복잡성에 주목하지 않을 수 없었다. 특히 장제스 총통은 이 지역들에 대한 소련의 지정학적 야심을 경계하면서 대한민국 임시정부의 영향력을 강화해 국제적으로 승인하는 데 적극적이었다. 인도 독립 문제를 안고 있는 영국은 한국의 즉각적인 독립에 반대했다. 나아가 미 국무부는 해외에서 전개된 독립운동이 조직적으로 통합돼 있다고도, 국내와 충분한 연락을 유지하고 있다고도 생각하지 않았다. 그런 강대국 간의 이해대립을 조정하고 미국의 리더십을 확보하면서, 장래에 한국의 '자유와 독립'을 확실히 하기 위해 루스벨트 대통령과 국무부는 신탁통치를 구상했다. 일반적 이해와는 달리, 1943년 12월에 미국, 영국, 중국 정상이 발표한 카이로선언도 한국의 장래 '자유와 독립'을 표명했을 뿐만 아니라, '적당한 시기에'라는 한정 문구를 붙여 잠정적 신탁통치를 시사했다. 루스벨트에게 신탁통치 구상은 '4인의 경찰관' 구상과 마찬가지로 이념의 세계와 현실의 세계를 조화시키려는 노력이었다.

그러나 그러한 구상이 전후 한반도 정치에 미친 영향은 헤아릴 수 없을 만큼 컸다. 사실상 신탁통치 구조를 토대로 했기 때문에 미국의 전후 한반도 정책에는 몇 가지 명확한 정책적 원칙이 설정될 수밖에 없었다. 그루 미국 국무장관대리가 전쟁 종결 약 두 달 전에 표명한 것처럼,

첫째는 한국 인민의 자유로운 의사표명, 즉 전후에 수립될 정부의 '궁극적 형태나 인적 구성을 선택할 권리'를 존중하는 것이었다. 그러나 두 번째 원칙은 소련과의 공동행동이며, 세 번째 원칙은 점령행정의 통일관리(중앙관리)였다. 얼핏 봐도 분명하듯이 제2차 세계대전 중의 미·소 협조가 전후까지 유지되지 않으면 어떤 원칙도 실현될 수 없었다. 따라서 미국의 정책핵심은 소련과의 공동행동이며, 그에 따라 남북한 행정의 통일관리를 실현하며, 나아가 한반도를 4대 강국의 신탁통치 아래 두고 국제적 이해대립을 조정하면서 장래의 독립에 대비시키는 것이었다. 이는 어떤 의미에서도 한반도 분단을 지향하는 것이 아니었다. 그러나 거기에 커다란 모순이 존재하고 있었음을 부인할 수 없다. 왜냐하면 신탁통치 구상 또한 이념이 우선하는 세계로서, 미국이 한반도의 통일관리를 주장하면 할수록 북한을 점령한 소련을 자극했기 때문이었다. 소련에게는 미국과의 공동행동이나 남북의 통일관리보다도 북한 지역 내 자신의 안전에 기여할 체제를 구축하는 것이 훨씬 용이하고 알기 쉬웠던 것이다. 따라서 그러한 미·소 간 정책대립이 심각해지면서 한반도 분단을 부추겼다.

한편 미군이 진주하기 전에 남한을 지배하던 것은 여러 종류의 기회주의였다. 일본 정부가 포츠담선언을 수락한 사실을 알고 난 후 조선총독부의 엔도 류사쿠 정무총감은 1945년 8월 15일 아침에 여운형을 초대해 치안유지에 대한 협력을 요청했다. 소련군의 서울 진주를 예상한 엔도는 정치범을 사전에 석방함으로써 그에 따른 혼란을 최소한으로 억제하고자 했다. 그러나 여운형의 행동은 엔도가 요청한 범위를 넘어섰다. 소련이 수일 내에 서울에 진주한다는 조선총독부의 정세 판단에 의존해서, 그날 바로 조선건국준비위원회를 발족한 것이다. 더구나 미군 진주가 분명해진 후에도 발족 예정일 전날인 9월 6일 여운형과 제휴한 공산주의세력이 주도해 조선인민공화국 수립을 선언했다. 이는 핵심 좌파세력 수백 명에 의한 기정사실화에 다름 아니었다. 따라서 이틀 후 남한에 진주한 하지 미군 사령관은 남한점령 시작부터 군정 당국에 도전하는 남한 내 좌파세력과 대치하지 않으면 안 되었다. 폴란드 문제와 비교한다면, 가장 중요한 것은 충칭에 있는 대한민국 임시정부를 어떻게 다루느냐 하는 것이었다. 충칭 임시정부는 독일군에게 쫓겨난 폴란드 정부, 즉 런던 망명정부와는 분명히 다른 것이었다. 그러나 대한민국 임시정부는 대규모 민중봉기와 함께 일어난 3·1독립운동을 계승하는 조직이고, 상하이에서 충칭으로 이전하여 해방 당시에는 김구 주석과 김규식 부주석 아래 다시 통일전선조직으로서 형태를 갖추고 있었다. 더구나 남한에서는 조선인민공화국에 대항하는 민족주의 우파세력이 충칭 임시정부를 절대적으로 지지하고 있었다. 좌파세력이 조선인민공화국을 수립하고 이승만을 주석으로 추대한 것은, 부분적이긴 하지만 충칭에서 귀국하는 대한민국 임시정부에 대항할 만한 정부조직을 필요로 했기 때문이었다.

따라서 국제적 신탁통치를 구상하는 미국 정부에게 대한민국 임시정부와 김구 주석은 가장 경계해야 할 존재였다. 왜냐하면 그들은 스스로 임시정부라고 부르길 주저하지 않았는데, 그 배후에 중국 정부나 장제스 총통의 지지가 있다고 믿었기 때문이다. 김구 주석이 9월 3일 발표한 〈임시정부의 당면 정책〉 14개조는 매우 온건한 내용이었지만, 그래도 만일 충칭 임시정부가 조기에 귀국해서 미군정부의 기초가 굳어지기 전에 정부로서 행동한다면 남한은 커다란 정치적 혼란에 빠졌을 것이다. 임시정부의 권력행사는 미군정부의 직접통치, 미·소의 공동행동, 그리고 신탁통치 구상에 대한 정면 도전을 의미했기 때문이다. 김구 주석과 김규식 부주석을 포함한 임시정부 요인들의 귀국은 난항을 겪으며, 11월 23일에야 실현됐다. 제2진은 12월 1일에 귀국했다. 대한민국 임시정부와 김구의 저항은 12월 말 모스크바협정이 발표될 때 정점에 달했지만, 그때까지 미군정부는 확고한 기반을 다지고 있었다. 한편 미국에 거주 중이던 이승만은 10월 16일 개인자격으로 귀국하여, 다음 날 하지 중장의 사회로 미군정청 회의실에서 기자회견을 했다. 그뿐 아니라, 귀국 도중 도쿄에서 이승만은 맥아더 및 하지와 회담했다. 혼란한 한반도 정국을 수습하기 위해 두 사람은 이승만 '개인'을 정치적 구심점으로 이용하려고 했다. 환호를 받으며 귀국한 이승만은 잠시 조선인민공화국에 대한 태도를 분명히 하지 않은 채, 대한민국 임시정부와도 일정한 거리를 두면서 독자적인 통일전선조직인 독립촉성중앙협의회를 조직하는 데 노력했고, 마침내 반공적 입장을 노골적으로 드러내면서 좌파세력이나 소련과 대결할 자세를 밝혔다.

한편 북한에 진주한 소련군정 당국은 미군정 당국과는 다른 어려움에 직면했다. 스탈린의 지령에 따라 반일 민주정당과 조직의 광범위한 연합을 기초로 북한에 부르주아 민주주의 정권을 확립하려 했지만, 지도적인 역할을 해야 할 조선공산당 중앙위원회와 박헌영 총비서가 서울을 무대로 정치투쟁에 몰두했고, 북한에서 정당 활동이나 정부를 수립하는 데 큰 관심을 보이지 않았기 때문이다. 게다가 북한의 중심지역인 평양이나 평안남도는 전통적으로 기독교세력이 강했다. 더욱이 지방 공산주의자들은 습관적으로 서울의 지시를 따랐고, 좌경화 실수를 저질렀다. 이러한 상황에서 군정 당국의 협력자로서 두각을 나타낸 것이 1930년대 후반 만주에서 항일무장투쟁에 헌신하고 해방 당시 하바롭스크 교외에서 군사훈련을 받은 김일성 대위 그룹이었다. 이그나티예프나 로마넨코의 지지를 얻어 조선공산당 북부조선분국을 조직한 것도, 소련군 환영 민중대회에서 '민족의 영웅'으로 소개된 것도, 행정기관의 조직 강화에 몰두한 것도 김일성이었다. 또한 모스크바 외상회의 이후 평양에 도착한 시티코프와 함께, 김일성은 북조선 임시인민위원회를 조직하고 그 수반으로 취임해 급진적인 토지개혁을 실시했다. 김일성이 북한을 '민주주의의 근거지'로 바꿈으로써 시티코프는 미·소 공동위원회에서 남한의 반소련 우파세력을 배제하도록 요구하면서 통일적인 임시민주정부 수립을 주장할 수 있었다. 이후에도 김일성은 1946년 7월에 북조선 민주주의 민족통일전선을 결성하고, 나아가 북조선공산당과 조선신민당의 합당을 추진하여 8월 말에 근로대중의 이익을 대표하는 북조선노동당을 창건했다.

그러나 북한에서 단독행동이 진전되고 있음에도 불구하고, 미·소 공동위원회가 결렬된 후 미국 정부나 미군정 당국이 소련군정 당국과 마찬가지로 행동했다고 생각하는 것은 섣부른 판단이다. 6월 초순 미 국무부 힐드링 차관보가 육군부와 해군부의 동의를 얻어 맥아더에 전달한 정책문서는 기존 한반도 정책의 목적을 달성하기 위해 미국 정부가 여전히 '공동위원회에서의 더욱 강력한 교섭'과 '남한에서의 단독행동'을 연계하려고 했음을 보여 준다. 바꿔 말하면 미국 정부는 새로이 남한 점령(미군 주둔)을 계속하기로 결의하고, 남한에 입법기관(남한과도입법의원)을 설립해 사회적, 경제적 개혁안을 입안시키는 등의 조치를 취하려고 했다. 트루먼 대통령은 거기에 토지 재분배나 특정산업의 국유화가 포함되기를 희망했다. 또 미군정부는 좌우의 극단론자를 배제하고 김규식과 여운형을 중심으로 한 좌우합작, 즉 중도파 연합을 통해 정책을 추진하려고 했다. 그러나 좌우합작운동에서 배제된 이승만은 그만큼 반공주의와 남한 단독정부론에 기울지 않을 수 없었다. 미국의 한반도 정책이 냉전정책으로 전환된 것은 1947년 5월에 재개된 제2차 미·소 공동위원회가 7월에 결렬되고 난 이후였다. 이는 미국, 영국, 소련의 파리 외상회담이 결렬되고 냉전이 '돌아올 수 없는 다리'를 건넌 것과 밀접한 관계가 있다. 그 후 9월 말 소련 정부는 미·소 양국 군대가 한반도에서 조기에 동시 철군할 것을 제안했고, 미국은 10월 한국의 독립 문제를 국제연합에 의뢰했다. 한반도의 냉전은 유럽 냉전과 나란히 진전하였고, 분할점령은 한반도 분단으로 모습을 바꿨다.

제2차 세계대전 중에 루스벨트와 처칠은 이념세계와 현실세계의 균형을 추구했지만, 스탈린은 이념의 세계에 거의 관심을 보이지 않았다. 1946년 2월부터 3월까지 미국 및 영국과의 정면대립을 각오하고, 스탈린은 일찌감치 스스로의 정책을 사회주의 이데올로기로 무장했다. 조지 케넌이 지적한 것처럼 스탈린은 냉전을 이겨내기 위해 전제적 지배를 필요로 했고, 이를 정당화하기 위해 전쟁 불가피성이나 계급투쟁(폭력투쟁)의 필연성을 강조했다. 비록 그것이 허구였다 할지라도 미·소 양국에게 이념의 세계는 현실의 세계를 설명하는 유일한 수단이었다. 바꿔 말하면 이념의 세계를 배제한 현실의 세계는 존재하지 않았다. 그러나 이념과 현실이 너무나 괴리되면 거기에는 혼란과 비극만 남게 된다. 과잉 이념이 남북한에 두 개의 단독정부를 수립시키고 무력통일을 촉진한 것이다. 제2차 세계대전과 미·소 냉전이라는 두 대전의 틈바구니에서 진행된 한반도 분단에서 한국 민족지도자의 역할은 그다지 크지 않았다. 38도선에 의한 미·소의 분할점령이나 냉전의 발흥이라는 현실을 고려한다면, 남북한 지도자들에게 폴란드나 체코슬로바키아 지도자들 이상으로 선택의 여지가 있었다고는 볼 수 없다. 핀란드와 비교하기에는 주어진 여건이 너무나 달랐다. 분단을 피하기 위해 이승만이나 김구가 솔선해서 소련의 요구를 수용하고 김일성이 이를 존중하는 일이 가능했을까. 그것이야말로 핀란드의 방식이었지만, 1939년 '겨울전쟁'에서 보여 준 격렬한 저항이나 파시키비(J. K. Paasikivi)의 사려 깊고도 통합적인 리더십은 핀란드 고유의 것이었다. 이승만도, 김구도, 김일성도, 그리고 박헌영도, 여운형도, 김규식도, 조만식도 자기주장을 굽히지 않았지만, 그만큼 자신의 운명에서 벗어날 수는 없었다.

저자 후기

왜 한반도 분단에 대해 집필했는지 묻는다면 대답은 두 가지이다.

첫 번째 동기는 젊은 학자 시절에 한국전쟁에 대해 연구했기 때문이다. 그때부터 한국전쟁의 진정한 원인은 한반도 분단에 있는 게 아닐까 하는 심각한 의문을 품었다. 사실 그 전쟁의 발생은 국제정치적 대립뿐만 아니라 남북한 지도자 및 민중이 품은 민족통일이라는 내셔널리즘과 분리할 수 없었다. 이 책에서 살펴본 것처럼, 이 사실은 한반도 분단이 강대국이 주도한 국제정치의 산물이었다는 것에 대한 반증이기도 하다.

두 번째 동기는 언뜻 보면 분명하게도, 한반도 분단이 일본 현대사와 떼려야 뗄 수 없는 관계이기 때문이다. 일본제국 멸망의 한 단면이었다는 의미에서 한반도 분단은 일본 현대사의 일부라 해도 과언이 아니다. 하지만 왠지 역사를 좋아하는 일본인이 이를 금기처럼 취급하고 깊이 관여하지 않는다. 그런 의미에서 이 책은 한반도 연구자의 '의분' (義憤)에서 시작됐다.

일본 해군의 진주만 공격에서 시작한 책의 서술은 미·소 냉전이 시작되고 1946년 5월 제1차 미·소 공동위원회가 결렬된 시점에서 끝난다. 미·소 대립의 확대, 좌우합작과 단독정부론, 남북협상 등 한반도에 두 개의 국가가 성립되기까지의 역사를 지켜봐야만 했다는 후회가 없는 것은 아니다. 하지만 집필이 장기간 이어졌을 뿐 아니라 이미 700쪽에 육박하는 장편이 되고 말았다. 두 대전의 '틈바구니'에 초점을 맞춰 분단의 기원을 논하는 것만으로 만족하며 독자 제현의 양해를 구할 따름이다.

내가 이 책을 집필하기로 마음먹은 것은 40년에 걸친 게이오대학 근무가 끝나 갈 무렵이었다. 그동안 집필했던 것을 정리하고 싶다고 생각했다. 그러나 실제 작업은 새로 집필하는 데에 가까웠고, 퇴직 후 얼마 지나지 않아 완성해야 할 것이 상당히 늦어져 버렸다. 미·일 전쟁 군사사(軍事史)에 집중하게 된 것, 최근 10~15년 사이에 한국에서 사료 발굴, 편집, 연구에 큰 진전이 있어 그 성과들을 흡수하기 위해 많은 시간을 들인 것 등이 원인이다. 게다가 최근까지 북한의 핵 및 미사일 개발, 판문점에서의 남북정상회담, 그리고 싱가포르에서의 북미정상회담 등 한반도에서 현상분석을 필요로 하는 사태가 속출했으니, 거기에도 많은 시간을 들일 수밖에 없었다. 관대하게도 이 책을 게이오대학 법학연구회 총서의 한 권으로 간행할 수 있게 허락해 주신 게이오대학 법학연구회, 편집을 담당해 준 게이오대학 출판회, 그리고 끈기 있게 이 책을 완성시켜 준 같은 출판회 요쓰노야 미도리 씨께 진심으로 감사드리며, 또 깊이 사과 말씀을 올린다.

제대로 하려면 여기에 많은 선생님과 지인, 동료, 그리고 후배들을 위해 고유명사를 거론하며 감사를 해야만 한다. 게이오대학과 연세대학에서 공부하던 시절의 지도교수, 선배들, 그리고 동료들, 또한 하와

이대학과 조지워싱턴대학에 유학하거나 미국 국립공문서관과 의회도서관에 다니던 시절에 신세를 졌던 여러 분들에게는 특별히 고마운 마음을 갖고 있다. 그중 몇 분은 이미 돌아가셨다. 또한 이 책 집필에 즈음해 학술적 조언을 해 주신 선배들, 그리고 사료수집과 정리에 협조해 준 후배들에게도 깊이 감사드린다. 일일이 이름을 거론하지는 않겠지만 진심으로 감사하고 있다. 또한 참고문헌 일람 작성에는 최경원 준교수(규슈대학 한국연구센터)에게 큰 도움을 받았다.

분단 70년(2018년) 더운 여름날에

참고문헌

1. 공문서관 사료·미간행 초고(마이크로필름 포함)

영어 문헌

Decimal File 1940~1944, Central Records of the Department of State, RG 59, National Archives and Records Administration at College Park, Maryland.

The Occupation of Japan, Part 1: U. S. Planning Documents, 1942~1945, microform(Washington, D. C.: Congressional Information Service, 1987).

Post World War II Foreign Policy Planning: State Department Records of Harley A. Notter, 1939~1945, microform(Division of Special Research, Department of State).

Records of the United States Joint Chiefs of Staff, RG 218, NARA.

Records of the Joint Chiefs of Staff, Part 1, 1942~1945, microform(University Publications of America, 1981).

Records of the Office of Strategic Services, Washington Director's Office Administrative Files, 1941~1945, microfilm, RG 226, NARA.

ABC File, Records of the War Department, RG 165, NARA.

OPD File, Records of the War Department, RG 165, NARA.

General and Special Staffs File, Records of the War Department, RG 165, NARA.

"BLACKLIST" Operations File, Records of the General Headquarters, United States Army Forces, Pacific, RG 4, MacArthur Memorial Archives in Norfolk, Virginia.

Incoming Messages File, "Korea: Oct. 1945 to Dec. 1946", Radio and Cable Center, Records of the General Headquarters, United States Army Forces, Pacific, RG 9, MMA.

XXIV Corps History Section File, United States Army Force in Korea, WW II, RG 332, Washington National Records Center in Suitland, Maryland.

John R. Hodge Official File, 1944~1948, Records of the US Army Field Command, 1940~1952, RG 338, WNRC.

The Entry of the Soviet Union into the War against Japan: Military Plans, 1941~1945, Unpublished Manuscript, Office of Military History, Department of the Army.

Headquarters USAFIK, *G-2 Periodic Report*, XXIV Corps History Section, RG 332, WNRC.

_____, *G-3 Operation Report*, XXIV Corps History Section, RG 332, WNRC.

_____, *US-USSR Joint Commission: Report of US Delegation*, XXIV Corps History Section, Box 34, WNRC.

U. S. State Department, *United States Policy Regarding Korea, 1834~1941* (Division of Historical Policy Research, Office of Public Affairs, Department of States, 1947).

_____, *United States Policy Regarding Korea, Part II 1941~1945* (Division of Historical Policy Research, Office of Public Affairs, Department of States, 1950).

_____, *United States Policy Regarding Korea, Part III, Dec. 1945~Jun. 1950* (Division of Historical Policy Research, Office of Public Affairs, Department of States, 1951).

History of United State Army Force in Korea, Draft Manuscript, the Office of the Chief of Military History, Department of the Army.

History of United States Military Government in Korea, Part I: Period of Sept. 1945~30 Jun. 1946, Historical Manuscript File, the Office of the Historical Research Division, United States Army Military Government in Korea.

McGrath, Paul, *United States Army in the Korean Conflict*, Draft Manuscript, Office of the Chief of Military History.

Hoag, C. Leonard, *American Military Government in Korea: War Policy and the First Year of Occupation: 1941~1946*, Draft Manuscript, the Office of the Chief of Military History, Department of the Army, 1970.

Strother, Kenneth C., "Experiences of a Staff Officer, Headquarters XXIV Corps in the Occupation of Korea, Sept.-Nov., 1945". Personal Manuscript.

Strother, Kenneth C., "Experiences of a Staff Officer, Headquarters XXIV

Corps in the Occupation of Korea, Sept.-Nov., 1945". Personal Manuscript.

일본어 문헌

《終戰時朝鮮築電報綴》, 1945年 8月 (防衛省 防衛研究所戰史研究センター).

《朝軍特命綴》, 日本軍連絡部, 1945年 9月 (防衛省 防衛研究所戰史研究センター).

神崎長, 《神崎大佐日記》, 1944年 1月~1946年 7月 (防衛省 防衛研究所戰史研究センター).

朝鮮軍殘務整理部, "朝鮮における戰爭準備", 宮田節子 編·解說, 《朝鮮軍概要史》(不二出版, 1989).

井原潤次郎參謀長の証言, 宮田節子 監修, 宮本正明 解說, 《朝鮮軍·解放前後の朝鮮》, 朝鮮總督府關係者 錄音記錄 ⑤(學習院大學東洋文化研究所, 2004).

2. 공적간행물·자료집

영어 문헌

U.S. President, *Public Papers and Addresses of Franklin D. Roosevelt*, 1941~1945, Compiled by Samuel I. Rosenman (N.Y. : Russell & Russell, 1969).

_____, *Public Papers of the Presidents of the United States*, *Harry S. Truman*, 1945~1950 (Washington, D.C. : Government Printing Office, 1961~1965).

Committee of International Relations, U.S. House of Representatives, Selected Executive Session Hearings of the Committee, 1943~50, *United States Policy in the Far East*, Part 2 (Washington, D.C. : Government Printing Office, 1976).

Committee of Foreign Relations, U.S. Senate, *The United States and Korean Problem : Documents 1943~1953* (Washington, D.C. : U.S. Government Printing Office, 1953).

United States Statutes at Large, XXX (Washington, D.C. : Government Printing Office, 1899).

U.S. State Department, *Department of State Bulletin*, Feb. 28, 1942~Aug. 4, 1946.

U. S. State Department, *Foreign Relations of the United States, The Conferences at Washington, 1941~1942, and Casablanca, 1943* (Washington, D. C. : Government Printing Office, 1968).

_____, *Foreign Relations of the United States, 1942*, vol. I, 1960.

_____, *Foreign Relations of the United States, 1942, China*, 1956.

_____, *Foreign Relations of the United States, 1943, Washington and Quebec*, 1970.

_____, *Foreign Relations of the United States, 1943, China*, 1957.

_____, *Foreign Relations of the United States, 1943*, vol. III, 1963.

_____, *Foreign Relations of the United States, 1943, Cairo and Teheran*, 1961.

_____, *Foreign Relations of the United States, 1944*, vol. V, 1965.

_____, *Foreign Relations of the United States, 1945*, vol. I, 1969.

_____, *Foreign Relations of the United States, 1945*, vol. II, 1967.

_____, *Foreign Relations of the United States, 1945*, vol. VI, 1969.

_____, *Foreign Relations of the United States, 1945*, vol. VII, 1969.

_____, *Foreign Relations of the United States, Berlin (Potsdam), 1945*, vol. I, 1960.

_____, *Foreign Relations of the United States, Berlin (Potsdam), 1945*, vol. II, 1960.

_____, *Foreign Relations of the United States, 1945, Malta and Yalta*, 1955.

_____, *Foreign Relations of the United States, 1946*, vol. I, 1973.

_____, *Foreign Relations of the United States, 1946*, vol. VI. 1972.

_____, *Foreign Relations of the United States, 1946*, vol. VIII, 1971.

U. S. State Department, *A Decade of American Foreign Policy: Basic Documents, 1941~1949* (Revised Edition, Washington, D. C. : Government Printing Office, 1985).

Cabinet Papers, Public Record Office, microfilm (London: Adam Matthew Publications, 1999).

Bullen, Roger & Pelly, M. E. eds. , *Documents on British Policy Overseas: Conferences and Conversations 1945: London, Washington and Moscow*, series I, vol. II (London: Her Majesty's Stationery Office, 1985).

Correspondence Between Chairman of the Council of Ministers of the U. S. S. R. and the President of the U. S. A. and the Prime Ministers of Great Britain During the Great Patriotic War of 1941~1945, Two Volumes (Moscow: Foreign Language Publishing House, 1957).

Cline, Ray S. , *Washington Command Post: The Operation Division* (Washington, D. C. : Office of the Chief of Military History, Department of the Army, 1951).

Appleman, Roy E., *South to the Naktong, North to the Yalu* (Washington, D.C.: Office of the chief of Military History, Department of the Army, 1961).

Reports of General MacArthur: *The Campaigns of MacArthur in the Pacific*, I, Prepared by his General Staff (Washington, D.C.: Government Printing Office, 1966).

Schnabel, James F., *Policy and Direction*: *The First Year* (Washington, D.C.: Office of the chief of Military History, Department of the Army, U.S. Government Printing Office, 1972).

Hayes, Grace Person, *The History of the Joint Chiefs of Staff in World War II*: *The War Against Japan* (Annapolis: Naval Institute Press, 1982).

Young Ick Lew, ed., *The Syngman Rhee Correspondence in English, 1904~1948*, vol. 7 (Institute for Modern Korean Studies, Yonsei University, 2009).

일본어 문헌

《朝鮮民主主義人民共和國重要法令集》(政治経濟研究所, 1949).

金日成選集刊行委員會 編譯, 《金日成選集》, 第1卷, 第2卷, 補卷 (三一書房, 1952).

朝鮮歷史編纂委員會, 朝鮮歷史研究會 譯, 《朝鮮民族解放鬪爭史》(三一書房, 1952).

山名酒喜男, 《朝鮮總督府終政の記録 ①》(友邦協會, 1956).

日本國際問題研究所 編, 《新中國史料集成》, 第1卷 (日本國際問題研究所, 1963).

森田芳夫, 《朝鮮終戰の記録 ― 米ソ兩軍の進駐と日本人の引き上げ》(巖南堂書店, 1964).

外務省 編, 《終戰史録3》(北洋社, 1977).

神谷不二編集代表, 《朝鮮問題戰後資料》, 第1卷 (日本國際問題研究所, 1976).

大藏省財政室 編, 《昭和財政史3 ― アメリカの對日占領政策》(東洋経濟新報社, 1976).

森田芳夫・長田かな子, 《朝鮮終戰の記録 ― 資料編 第1卷: 日本統治の終焉》(巖南堂書店, 1979).

森田芳夫・長田かな子, 《朝鮮終戰の記録 ― 資料編 第2卷: 南朝鮮地域の引揚と日本人世話會の活動》(巖南堂書店, 1980).

森田芳夫・長田かな子, 《朝鮮終戰の記録 ― 資料編 第3卷: 北朝鮮地域日本人

の引揚》(嚴南堂書店, 1980).

萩原遼 編, 《米國國立公文書館所藏 · 北朝鮮の極秘文書》, 上卷(夏の書房, 1996).

《京城日本人世話會關連資料》(九州大學韓國硏究センター, 2009).

한국어 문헌

안재홍, 《신민족주의와 신민주주의》(민우사, 1945).

민주주의민족전선 편, 《조선해방년보》(문우인서관, 1946).

광주부 총무과 공보계 편, 《해방전후 회고》(광주부, 1946).

전국인민위원회, 《전국인민위원회대표자대회 회의록》(조선정판사, 1946).

조선인민당, 《인민당의 노선》(신문화연구소, 1946).

정시우 편, 《독립과 좌우합작》(경성삼의사, 1946).

전국농민조합총연맹 서기부, 《전국농민조합총연맹 결성대회 회의록》(조선정판
　　사, 1946).

수도관구경찰청 편, 《해방 이후 수도경찰 발달사》(장택상 발행, 1947).

양우정 편저, 《이승만대통령 독립노선의 승리》, 하권(독립정신보급회, 1948).

내무부 치안국, 《미군정 법령집》(내무부 치안국, 1956).

대검찰청 수사국, 《좌익사건 실록》, 제1권(대검찰청 수사국, 1965).

추헌수 편, 《자료 한국독립운동》, 제1~4권(연세대 출판부, 1971~1975).

국사편찬위원회, 《자료 대한민국사》, 제1권, 제2권(탐구당, 1973).

대한민국 국회도서관, 《대한민국임시정부 의정원 문서》(1974).

김남식, 《'남로당' 연구자료집》, 제1집, 제2집(아세아문제연구소 공산권 자료총
　　서, 고려대 출판부, 1974).

최종건 편역, 《대한민국 임시정부 문서 총람》(지인사, 1976).

한국정신문화연구원, 《한국 독립운동사 자료집(중국인사 증언)》(박문사, 1983).

김남식 · 이정식 · 한홍구, 《한국 현대사 자료 총서(1945~1948)》, 1~15(돌베개,
　　1986).

한림대 아시아문화연구소 편, 《조선공산당 문건 자료집(1945~46)》(한림대 출판
　　부, 1993).

한림대 아시아문화연구소 편, 《북한경제 통계집 1946 · 1947 · 1948년도》(한림대
　　출판부, 1994).

한림대 아시아문화연구소 편, 《하지 문서집》, 제1권(한림대 출판부, 1995).

우남 이승만문서 편찬위원회 편, 《우남 이승만 문서 동문편》(건국기), 제13~15
　　권(연세대 현대한국학연구소 · 중앙일보사, 1998).

국사편찬위원회, 《미군정기 군정단 · 군정중대문서 1》(2000).

한국국방부 군사편찬연구소 편, 《라주바예프의 6 · 25전쟁 보고서》, 제1권
　　(2001).

정용욱, 《미군정 자료 연구》(선인, 2003).

국사편찬위원회, 전현수 역·해제, 《슈티코프 일기, 1946~48년》(2004).

국사편찬위원회, 《대한민국 임시정부 자료집 13》, 한국광복군IV(2006).

이재훈 역, 《러시아문서 번역집 XXVI》, 러시아연방 국방부 중앙문서보관소 소재
　　　문헌(동국대 대외교류연구원 자료총서, 선인, 2017).

조선어 문헌

김일성 장군 술(述), 《민족대동단결에 대하여》(조선공산당청진시위원회, 1946).

오기섭, 《모스크바삼상회의의 조선 문제에 관한 결정과 반동파들의 반대투쟁》
　　　(1946).

《당의 정치노선 및 당사업 총결과 결정·당 문헌집 ①》(발행일과 발행소 기재
　　　없음).

북조선노동당 중앙위원회, 《북조선노동당 창립대회 회의록》(1946).

북조선인민위원회 기획국 편찬, 《1946년도 북조선인민경제통계집》(1947).

북조선노동당 중앙위원회, 《북조선노동당 제2차 전당대회 회의록》(1948).

김일성, 《조선민주주의인민공화국 수립의 길》(조선노동당출판사, 1948).

김일성, 《당의 공고화를 위하여》(조선노동당출판사, 1952).

조선노동당 중앙당학교 교재, 《조선노동당 투쟁사: 강의 속기 ①》(조선노동당출
　　　판사, 1958).

조선노동당중앙위원회 직속 당역사연구소, 《조선노동당 역사교재》(조선노동당출
　　　판사, 1964).

중국어 문헌

中華民國重要史料初編編集委員會 編, 《中華民國重要史料初編 ― 對日抗戰時
　　　期》, 第3篇, 戰時外交(台北: 中國國民党中央委員會党史委員會刊行,
　　　1959).

3. 회상록·저작집

영어 문헌

Byrnes, James F., *Speaking Frankly*(N. Y.: Harper & Brothers, 1947).

_____, *All in One Lifetime*(N. Y.: Harper & Brothers, 1958).

Churchill, Winston S., *The Grand Alliance, The Second World War* (London:
　　　Cassell, 1950).

_____, *Triumph and Tragedy, The Second World War*(London: Cassell, 1954).

Dilks, David, ed. *The Diaries of Sir Alexander Cadogan, 1938~1945*(N. Y. : G. P. Putnam's Sons, 1971).

Eden, Anthony, *The Reckoning*(Boston: Houghton Mifflin, 1965).

Ferrell, Robert H. , ed. , *Off the Record: The Private Papers of Harry S. Truman*(N. Y. : Harper & Row, 1980).

Harriman, W. Averell & Elie Abel, *Special Envoy to Churchill and Stalin, 1941 ~1946* (N. Y. : Random House, 1975).

Hull, Cordell, *The Memoirs of Cordell Hull*, vol. II(N. Y. : Macmillan, 1948)

King, Ernest J. , *Fleet Admiral King: A Naval Record*(N. Y. : Norton, 1952).

Leahy, William D. , *I Was There*(N. Y. : Whittlesey House, McGraw-Hill, 1950).

Millis, Walter, ed. (with B. S. Duffield) , *The Forrestal Diaries*(N. Y. : Viking Press, 1951).

Stillwell, Joseph W. , *The Stillwell Papers*(N. Y. : William Sloane Associates, 1948).

Truman, Harry S. , *Memoirs: Year of Decisions*(N. Y. : Doubleday, 1955).

Wells, Sumner, *The Time for Decision*(N. Y. : Harper & Brothers, 1944).

일본어 문헌

磯谷季次, 《朝鮮終戰記》(未來社, 1980).

金日成, 《金日成著作集 1》(日本語版, 平壤: 外國文出版社, 1980).

朝鮮勞働党中央委員會党歷史研究所, 《金日成主席革命活動史》(日本語版, 平壤: 外國文出版社, 1983).

白峯, 《金日成伝》, 全3卷(雄山閣, 1969~1970).

八木信雄, 《日本と韓國》(增補改定版, 大阪: 日韓文化出版社, 1983).

한국어 문헌(가나다순)

김구, 《백범일지》(국사원, 1947).

_____, 《백범 김구 전집》, 제5권, 대한민국임시정부II(대한매일신보사, 1999).

김도연, 《나의 인생백서·상산 회상록》(상산김도연박사회고록출판동지회, 1967).

김준엽, 《장정1: 나의 광복군시대 (상)》(나남출판, 1987).

_____, 《장정2: 나의 광복군시대 (하)》(나남출판, 1989).

몽양 여운형선생 전집발간위원회, 《몽양 여운형 전집 1》(한울, 1991).

백남훈, 《나의 일생》(해온 백남훈 선생 기념사업회, 1968).

서재필·김도태, 《서재필 박사 자서전》(수선사, 1948).

안재홍선집 간행위원회 편, 《민세 안세홍선집》, 제 2권(지식산업사, 1983).

우남실록편찬회, 《우남실록 1945~1948》(우남실록편찬회, 1976).

우사연구회 편, 심지연 저, 《송남헌 회고록》(도서출판 한울, 2000).

이정 박헌영전집 편집위원회 편, 《이정 박헌영 전집》, 제 2권(역사비평사, 2004).

임병직, 《임병직 회상록: 근대 한국외교의 이면사》(여원사, 1964).

장준하, 《돌베개》(전면개정판, 돌베개, 2015).

조병옥, 《나의 회상록》(민교사, 1959).

조선어 문헌(가나다순)

김일성, 《김일성 선집1》(조선노동당출판사, 1954).

_____, 《김일성 저작선집 1》(조선노동당출판사, 1967).

_____, 《김일성 저작선집 5》(조선노동당출판사, 1967).

_____, 《김일성 전집 3》(조선노동당출판사, 1972).

_____, 《김일성 저작집 1》(조선노동당출판사, 1979).

_____, 《김일성 동지 회고록: 세기와 더불어 8》(조선노동당출판사, 1998).

김일성동지략전편찬위원회, 《김일성 동지 략전》(복각발행, 동경: 九月書房, 1972).

《김일성 주석 혁명 활동사》(1982년판, 조선노동당출판사, 1982).

《위대한 수령 김일성 동지 략전》(조선노동당출판사, 2012).

조선노동당 중앙위원회 선전선동부, 《김일성 장군 략전》(복각발행, 동경: 學友書房, 1952).

4. 단행본

영어 문헌

Alperovitz, Gar, *Atomic Diplomacy: Hiroshima and Potsdam* (London: Pluto Press, 1994, First Published in the USA by Simon & Schuster, 1965).

Armstrong, Charles K., *The North Korean Revolution 1945~1950* (N. Y.: Cornell University Press, 2003).

Bohlen, Charles, *Witness to History, 1929~1969* (N. Y.: Norton, 1973).

Brzezinski, Zbigniew K., *The Soviet Bloc: Unity and Conflict* (Cambridge, Massachusetts: Harvard University Press, 1960).

Cho, Soon Sung, *Korea in World Politics, 1940~1950* (Berkeley: University of

California Press, 1967).

Cumings, Bruce, *The Origins of the Korean War: Liberation and the Emergence of Separate Regimes 1945 ~1947* (Princeton, New Jersey: Princeton University Press, 1981).

Dallek, Robert, *Franklin D. Roosevelt and American Foreign Policy, 1932~ 1945* (N. Y.: Oxford University Press, 1979).

Deane, John R., *The Strange Alliance: The Story of Our Efforts at Wartime Co-operation with Russia* (N. Y.: The Viking Press, 1947).

Djilas, Milovan, *Conversation with Stalin* (London: Rupert Hart-Davis, 1962).

Dobbs, Charles M., *The Unwanted Symbol: American Foreign Policy, the Cold War and Korea, 1945 ~1950* (Kent, Ohio: Kent State University Press, 1981).

Dobbs, Michael, *Six Months in 1945: FDR, Stalin, Churchill, and Truman- From World War to Cold War* (London: Arrow Books, 2013).

Dunn, Dennis J., *Caught Between Roosevelt & Stalin: America's Ambassadors to Moscow* (Kentucky: University Press of Kentucky, 1998).

Eckert, Carter J., *Offspring of Empire: The Koch'ang Kims and the Colonial Origins of Korean Capitalism 1876 ~1945* (Seattle: Univ. of Washington Press, 1991).

Feis, Herbert, *Churchill Roosevelt Stalin: The War They Waged and the Peace They Sought* (Princeton, New Jersey: Princeton University Press, 1966).

_____, *The China Tangle: The American Effort in China from Pearl Harbor to the Marshall Mission* (Princeton, N. J.: Princeton University Press, 1972).

Frank, Richard B., *Downfall: The End of the Imperial Japanese Empire* (N. Y.: Random House, 1999).

Gaddis, John Lewis, *The United States and the Origins of the Cold War, 1941 ~ 1947* (N. Y.: Columbia University Press, 1972).

_____, *Russia, the Soviet Union, and the United States: An Interpretive History* (N. Y.: John Wiley and Sons, 1978).

_____, *The Long Peace: Inquiries into the History of the Cold War* (N. Y.: Oxford University Press, 1987).

_____, *We Now Know: Rethinking Cold War History* (N. Y.: Oxford University Press, 1997).

_____, *The Cold War: A New History* (N. Y.: The Penguin Press, 2005).

Grew, Joseph G., *Turbulent Era: A Diplomatic Record of Forty Years*, II (Boston: Houghton Mifflin, 1952).

Halle, Louis J., *The Cold War as History* (N. Y.: Harper& Row, 1967).

Halsey, William F. & J. Bryan Ⅲ, *Admiral Halsey's Story* (N. Y. : Whittlesey House, McGraw-Hill, 1947).

Hart, B. H. Liddell, *History of the Second World War* (London : Cassell, 1970).

Henderson, Gregory, *Korea: The Politics of the Vortex* (Massachusetts : Harvard University Press, 1968).

Hoensch, K. , translated by Kim Traynor, *A History of Modern Hungary 1867 ~1986* (London and N. Y. : Longman, 1988).

Holloway, David, *Stalin and the Bomb: The Soviet Union and Atomic Energy 1939-1956* (New Haven : Yale University Press, 1994).

Hoyt, Edwin P. , *How They Won the War in the Pacific: Nimitz and His Admirals* (N. Y. : Weybright and Talley, 1970).

James, D. Clayton, *The Years of MacArthur: Triumph and Desarster 1945 ~ 1964* (Boston : Houghton Mifflin, 1985).

Jakobson, Max, *Finnish Neutrality: A Study of Finnish Foreign Policy Since the Second World War* (London : Hugh Evelyn, 1968).

Kennan, George F. , *Memoirs 1925 ~1950* (Boston : Little, Brown, 1967).

Kennedy, Paul, *Engineers of Victory: The Problem Solvers Who Turned the Tide in the Second World War* (N. Y. : Allen Lane, 2013).

Kim, Seung-young, *American Diplomacy and Strategy toward Korea and Northeast Asia, 1882 ~1950 and After: Perception of Polarity and US Commitment to a Periphery* (N. Y. : Palgrave MacMillan, 2009).

LaFeber, Walter, *America, Russia, and the Cold War 1945 ~1975* (third edition, N. Y. : Wily and Sons, 1976).

Lankov, Andrei, *From Stalin to Kim Il Sung: The Formation of North Korea 1945 ~ 1960* (Hurst : London, 2002).

Mastny, Vojtech, *Russia's Road to the Cold War: Diplomacy, Warfare, and the Politics of Communism, 1941 ~1945* (N. Y. : Columbia Univ. Press, 1979).

Mastny, Vojtech, *The Cold War and Soviet Insecurity: The Stalin Years* (N. Y. : Oxford University Press, 1996).

Matray, James Irving, *The Reluctant Crusade: American Foreign Policy in Korea, 1945 ~1950* (Honolulu : University of Hawaii Press, 1985).

McCagg, William O. , Jr. , *Stalin Embattled, 1943 ~1948* (Detroit : Wayne State University Press, 1978).

McCoy, Donald R. , *The Presidency of Harry S. Truman* (Lawrence : University Press of Kansas, 1984).

Meade, R. Grant, *American Military Government in Korea* (N. Y. : King's Crown Press, Columbia University, 1951).

Messer, Robert L. , *The End of an Alliance: James F. Byrnes, Roosevelt, Truman, and the Origins of the Cold War* (Chapel Hill: The University of North Carolina Press, 1982).

Mikolajczyk, Stanislaw, *The Rape of Poland: Pattern of Soviet Aggression* (Connecticut: Greenwood Press, 1972, Originally Published in 1948 by Whittlesey House).

Myant, Martin, *Poland: A Crisis for Socialism* (London: Lawrence and Wishart, 1982).

Nagorski, Andrew, *The Greatest Battle: Stalin, Hitler, and the Desperate Struggle for Moscow That Changed the Course of World War II* (N. Y. : Simon & Schuster, 2007).

Oliver, Robert T. , *Syngman Rhee: The Man Behind the Myth* (N. Y. : Dodd Mead, 1954).

_____, *Syngman Rhee: The Man Behind the Myth* (Westport, Connecticut: reprinted by Greenwood Press, 1973).

Rhee, Syngman, *Japan Inside Out: The Challenge of Today* (N. Y. : Revell, 1941).

Roberts, Geoffrey, *Stalin's Wars: From World War to Cold War, 1939~1953* (New Haven: Yale University Press, 2006).

Sandusky, Michael C. , *America's Parallel* (Alexandria, Virginia: Old Dominion Press, 1983).

Scalapino, Robert A. & Chong-Sik Lee, *Communism in Korea, Part 1: The Movement* (Berkeley: University of California Press, 1973).

Sherwin, Martin J. , *A World Destroyed: The Atomic Bomb and the Grand Alliance* (N. Y. : Vintage Books, 1977).

Sherwood, Robert E. , *Roosevelt and Hopkins: An Intimate History* (N. Y. : Harper and Brothers, 1948).

Smith, Bradley F. , *The Shadow Warriors: O. S. S. and the Origins of C. I. A* (N. Y. : Basic Books, 1983).

Smith, Robert, *MacArthur in Korea: The Naked Emperor* (N. Y. : Simon and Schuster, 1982).

Stimson, Henry L. & McGeorge Bundy, *On Active Service in Peace and War* (N. Y. : Harper and Brothers, 1947).

Suh, Dae-Sook, *The Korean Communist Movement 1918~1948* (Princeton: Princeton University Press, 1967).

_____, ed. , *Documents of Korean Communism 1918~1948* (Princeton: Princeton University Press, 1970).

_____, *Korean Communism, 1945~1980: A Reference Guide to the Political*

System (Honolulu: University Press of Hawaii, 1981).

_____, *Kim Il Sung: The North Korean Leader* (N.Y.: Columbia Univ. Press, 1988).

Szymanski, Albert, *Class Struggle in Socialist Poland* (N.Y.: Praeger, 1984).

Thorne, Christopher, *Allies of a Kind: The United States, Britain, and the War against Japan, 1941~1945* (London: Hamish Hamilton, 1978).

Toll, Ian W., *Pacific Crucible: War at Sea in the Pacific, 1941~1942* (N.Y.: Norton, 2012).

Tuchman, Barbara W. *Stillwell and the American Experience in China, 1911 ~ 45* (N.Y.: Macmillan, 1970).

van Ree, Erik, *Socialism in One Zone: Stalin's Policy in Korea 1945~1947* (Oxford, N.Y., Munich: Berg, 1989).

Walker, J. Samuel, *Prompt & Utter Destruction: Truman and the Use of Atomic Bombs against Japan* (Chapel Hill: The University of North Carolina Press, 2004).

Williams, William Appleman, *The Tragedy of American Diplomacy* (second Edition, N.Y.: Dell, 1972).

Yu, Maochun, *OSS in China: Prelude to Cold War* (New Heaven: Yale University Press, 1996).

일본어 문헌

饗庭孝典・NHK取材班, 《朝鮮戰爭—分斷38度線の眞實を追う》(日本放送協會, 1990).

赤木完爾, 《第2次 世界大戰の政治と戰略》(慶應義塾大 出版會, 1997).

家近亮子, 《蔣介石の外交戰略と日中戰爭》(岩波書店, 2012).

五百旗頭眞, 《米國の日本占領政策》, 上・下卷(中央公論社, 1985).

_____, 《占領期—首相たちの新日本》(講談社, 2007).

林隱, 《北朝鮮王朝成立秘史—金日成正伝》(自由社, 1982).

李昊宰 著, 長澤裕子 譯, 《韓國外交政策の理想と現實—李承晚外交と米國の對韓政策に對する反省》(法政大學出版局, 2008).

入江昭, 《日米戰爭》(中央公論社, 1978).

神谷不二, 《現代國際政治の視角》(有斐閣, 1966).

金正明 編, 《朝鮮獨立運動II—民族主義運動篇》(原書房, 1967).

金一・崔賢・朴成哲・吳振宇 ほか, 《チュチェの光のもと抗日革命20年》, 第5卷 (日本語版, 平壤: 外國文出版社, 1986).

櫻井浩 編, 《解放と革命—朝鮮民主主義人民共和國の成立過程》(アジア経濟研究所, 1990).

澤正彦, 《南北キリスト教史論》(復刻版, 日本基督教団出版局, 2006, 初版 1982).

サンケイ新聞社, 《蔣介石秘錄》, 第14卷(1977).

高峻石, 《南朝鮮勞働党史》(勁草書房, 1978).

沈志華 著, 朱建榮 譯, 《最後の‘天朝’—毛澤東・金日成時代の中國と北朝鮮》,
　　　　上卷(岩波書店, 2016).

ソヴィエット同盟科學 アカデミー東洋研究所 編, ジューコフ, E. M 監修,
　　　　江口朴郎監 譯, 《極東國際政治史 1840~1949》, 下卷(日本語版, 平凡
　　　　社, 1957).

徐正敏, 《日韓キリスト教關係史研究》(日本キリスト教団出版局, 2009).

徐大肅, 《金日成と金正日—革命神話と主体思想》(岩波書店, 1996).

外山操 編, 《陸海軍將官人事總覽 陸軍篇》(芙蓉書房, 1981).

ソ連共産党中央委員會付屬マルクス, レーニン主義研究所 編, 川內唯彦 譯,
　　　　《第2次 世界大戰史》, 第10卷(弘文堂, 1966).

中澤志保, 《ヘンリー, スティムソンと‘アメリカの世紀’》(國書刊行會, 2014).

長田彰文, 《日本の朝鮮統治と國際關係—朝鮮獨立運動とアメリカ1910~1922》
　　　　(平凡社, 2005).

長谷川毅, 《暗鬪—スターリン, トルーマンと日本の降伏》(中央公論新社, 2006).

秦郁彦 編, 《日本陸海軍總合事典》(東京大學出版會, 1991).

福田茂夫, 《第2次 大戰の米軍事戰略》(中央公論社, 1979).

藤井新, 《北朝鮮の法秩序—その成立と変容》(世界織書房, 2014).

マリノフスキー 著, 石黑寬 譯, 《關東軍擊滅す—ソ連極東軍の戰略秘錄》(德間
　　　　書店, 1968).

閔庚培 著, 澤正彦 譯, 《韓國キリスト教史》(日本基督教団出版局, 1974).

橫手愼二, 《スターリン—‘非道の獨裁者’の實像》(中公新書, 中央公論社, 2014).

柳東植, 《韓國のキリスト教》(東京大學出版會, 1987).

和田春樹, 《金日成と滿州抗日戰爭》(平凡社, 1992).

＿＿＿, 《北朝鮮現代史》(岩波新書, 岩波書店, 2012).

한국어 문헌

강만길, 《조선민족혁력당과 통일전선》(화평사, 1991).

고당 조만식선생 기념사업회 편, 《고당 조만식 전기: 북한 일천만 동포와 생사를
　　　　같이 하겠소》(기파랑, 2010).

고하선생전기 편찬위원회 편, 《고하 송진우선생전》(동아일보사, 1965).

김국후, 《평양의 소련군정》(한울, 2008).

＿＿＿, 《평양의 카레이스키 엘리트들》(한울, 2013).

김권정, 《근대 전환기 한국사회와 기독교 수용》(북코리아, 2016).

김기조, 《38선 분할의 역사: 미·소 간의 전략대결과 전시외교 비사》(동산출판사, 1994).

김기협, 《해방일기》, 제1권(너머북스, 2001).

김남식, 《남로당 연구》(돌베개, 1984).

김삼웅, 《투사와 신사 안창호 평전》(현암사, 2013).

김오성, 《지도자 군상》(대성출판사, 1946).

김운태, 《미군정의 한국통치》(박영사, 1992).

김준연, 《독립노선》(제6판, 시사시보사 출판국, 1959).

김종명, 《조선신민주주의 혁명사》(오월서방, 1953).

김창순, 《북한15년사》(지문각, 1961).

김희곤, 《대한민국임시정부 연구》(지식산업사, 2004).

남시욱, 《한국 보수세력 연구》(나남, 2005).

도진순, 《한국 민족주의와 남북관계: 이승만·김구시대의 정치사》(서울대 출판부, 1997).

박갑동, 《박헌영》(인간사, 1983).

박명수, 《조만식과 해방 후 한국정치》(북코리아, 2015).

박병엽, 《김일성과 박헌영 그리고 여운형》(선인출판사, 2010).

_____, 《조선민주주의인민공화국의 탄생》(선인출판사, 2010).

박일원, 《남노동당 총비판》, 상권(극동정보사, 1948).

박태균·정창현, 《암살》(역사인, 2016).

방인후, 《북한 조선노동당의 형성과 발전》(고려대 아세아문제연구소, 1967).

파냐 이시악꼬브나 샤브시나 저, 김명호 역, 《1945년 남한에서》(한울, 1996).

서중석, 《한국 현대 민족운동 연구: 해방후 민족국가 건설운동과 통일전선》(역사비평사, 1996).

소련과학아카데미 편, 《레닌그라드로부터 평양까지》(함성, 1989).

손세일, 《이승만과 김구》(일조각, 1970).

_____, 《이승만과 김구》, 제6권(조선뉴스프레스, 2015).

송남헌, 《해방3년사 I(1945~1948)》(까치, 1977).

_____, 《한국 현대정치사》, 제1권(성문각, 1980).

신의주 반공 학생의거 기념회, 《압록강변의 햇불: 신의주 반공 학생의거의 진상기》(청구출판사, 1964).

심지연, 《한국 민주당 연구》, 제1권(풀빛, 1982).

_____, 《한국 현대정당론》(창작과 비평사, 1984).

_____, 《조선신민당 연구》(동녘, 1988).

_____, 《미·소공동위원회 연구》(청계연구소, 1989).

_____, 《인민당 연구》(경남대 극동문제연구소, 1991).

_____, 《잊혀진 혁명가의 초상-김두봉 연구》(도서출판 인간사랑, 1993).

안문석, 《오기섭 평전》(전북대 출판문화원, 2013).

안진, 《미군정과 한국의 민주주의》(한울아카데미, 2005).

여연구, 《나의 아버지 여운형》(김영사, 2001).

여운홍, 《몽양 여운형》(청문각, 1967).

오영진, 《하나의 증언: 작가의 수기》(중앙문화사, 1952).

우사연구회·강만길·심지연 저, 《우사 김규식 1·항일독립투쟁과 좌우합작》(도
　　서출판 한울, 2000).

유영익, 《이승만의 삶과 꿈: 대통령이 되기까지》(중앙일보사, 1996).

_____, 《이승만 대통령 재평가》(연세대 출판부, 2006).

유진오, 《미래로 향한 창: 역사의 분수령에 서서》(일조각, 1978).

이강국, 《민주주의 조선의 건설》(조선인민보사, 1946).

이경남, 《설산 장덕수》(동아일보사, 1981).

이기하, 《한국정당발달사》(의회정치사, 1961).

이동현, 《한국 신탁통치 연구》(평민사, 1990).

이만규, 《여운형 투쟁사》(민주문화사, 1947).

이범석, 《민족과 청년: 이범석 논설집》(백수사, 1948).

이승만, 《독립정신》(동서문화사, 2010).

이완범, 《38선 획정의 진실: 1944~1945》(지식산업사, 2001).

이원순 편, 《인간 이승만》(신태양사출판국, 1965).

이정식, 《김규식의 생애》(신구문화사, 1974).

_____, 《이승만의 청년시대》(동아일보사, 2002).

_____, 《이승만의 구한말 개혁운동: 급진주의에서 기독교 입국론으로》(배재대
　　출판부, 2005).

이현희, 《대한민국임시정부사》(집문당, 1982).

이혜숙, 《미군정기 지배구조와 한국사회》(선인, 2008).

인촌기념회, 《인촌 김성수전》(1976).

임경석, 《이정 박헌영 일대기》(역사비평사, 2004).

장시화 편, 《건국훈화》(경천애인사, 1945).

정병준, 《우남 이승만 연구》(역사비평사, 2005).

정용욱, 《해방 전후 미국의 대한정책》(서울대 출판문화원, 2003).

조규하·이경문·강성재, 《남북의 대화》(한얼문고, 1972).

조범래, 《한국독립당 연구 1930~1945》(선인, 2011).

조선산업노동조사소 편, 《바른 노선을 위해》(우리문화사, 1945).

조영암, 《고당 조만식》(정치신문사, 1953).

중앙일보 특별취재반, 《비록 조선민주주의인민공화국》, 상·하권(중앙일보사,
　　1993).

최영희, 《격동의 해방3년》(한림대 아시아문화연구소, 1996).

한국일보 편, 《증언 김일성을 말한다》(한국일보사, 1991).

한근조, 《고당 조만식》(태극출판사, 1970).

한승홍, 《한경직》(북코리아, 2009).

한표욱, 《이승만과 한미외교》(중앙일보사, 1996).

함석헌, 《인간혁명》(일자사, 1961).

_____, 《뜻으로 본 한국역사》(제일출판사, 1977).

황묘희, 《중경 대한민국임시정부사》(경인문화사, 2002).

KBS광복60주년 특별프로젝트, 《8·15의 기억》(한길사, 2005).

조선어 문헌

류문화, 《해방 후 4년간의 국내외 중요 일지》(민주조선사, 1949).

선우몽룡, 《인민정권 수립과 당의 공고화를 위한 조선노동당의 투쟁》(조선노동
당출판사, 1958).

스모렌스키, 《조선임시인민정부의 창설에 대한 문제에 관하여》(1946).

《파쇼·반민주분자의 정체》(조선삼일기념공동준비위원회, 1946).

주영하, 《북조선노동당 창립 1주년과 조선의 민주화를 위한 투쟁에 있어서의 그
역할》(출판사 불명; 1947).

한설야 편, 《반일투사 연설집》(8·15회보1주년기념중앙준비위원회, 1946).

한재덕, 《김일성 장군 개선기》(민주조선사, 1947).

중국어 문헌

梁敬錞, 《開羅會議》(台北: 台湾商務印書館, 1973).

唐縱, 《在蔣介石身辺八年》(台北: 群衆出版社, 1991).

5. 논문

영어 문헌

Bernstein, Barton J., "Roosevelt, Truman, and Atomic Bomb, 1941~1945:
A Reinterpretation", *Political Science Quarterly*, Spring 1975.

Bernstein, Barton J., "The Atomic Bombing Reconsidered", *Foreign Affairs*,
Jan./Feb. 1995.

Friedrich, Carl J., "Military Government and Democratization: A Central
Issue of American Foreign Policy", *American Experiences in Military
Government in World War II* (N.Y.: Rinehart and Company, 1948).

Grey, Arthur L. Jr., "The Thirty-Eight Parallel", *Foreign Affairs*, vol. 29, no. 3, 1951.

Kim, Seung-Young, "The Rise and Fall of the United States Trusteeship Plan for Korea as a Peace-maintenance Scheme", *Diplomacy & Statecraft*, vol. 24, 2013.

Lauterbach, Richard E., "Hodge's Korea", *The Virginia Quarterly Review*, vol. 23, no. 3, 1947.

McCune, Shannon, "The Thirty-Eight Parallel in Korea", *World Politics*, vol. 1, no. 2, Jan. 1949.

Snow, Edgar, "We meet Russia in Korea", *The Saturday Evening Post*, vol. 218, no. 39, Mar. 30, 1946.

Suh, Dae-Sook, "A Preconceived Formula for Sovietization: The Communist Takeover of North Korea", Thomas T. Hammond, ed., *The Anatomy of Communist Takeover* (New Haven: Yale University Press, 1975).

_____, "Soviet Koreans and North Korea", Dae-Sook Suh, ed., *Koreans in the Soviet Union* (Honolulu: Center for Korean Studies, University of Hawaii, 1987).

Taylor, Philip H., "Military Government Experience in Korea", Carl J. Friedrich and Associates, *American Experiences in Military Government in World War II* (N. Y.: Rinehart and Company, 1948).

Weathersby, Kathryn, "Soviet Aims in Korea and the Origins of the Korean War, 1945~1950: New Evidence from Russian Archives", Working Paper no. 8, Cold War International History Project, Woodrow Wilson International Center for Scholars, Nov. 1993.

Zhukov & Zabrodin, "Korea, Short Report", 29 Jun. 1945, Kathryn Weathersby, "Soviet Aims in Korea and the Origins of the Korean War, 1945~1950: New Evidence from Russian Archives, Working Paper no. 8, Cold War International History Project, Woodrow Wilson International Center for Scholars, Nov. 1993.

일본어 문헌

家近亮子, "中國の抗日戰爭と戰後構想", 《東アジア近現代通史 ⑥》(岩波書店, 2011).

遠藤柳作, "政權授受の眞相を語る", 《國際タイムス》, 1957年 8月 16日.

大畑篤四郎, "日露戰爭", 外務省 外交資料館 日本外交史辭典 編纂委員會 《日本外交史辭典》(山川出版社, 1992).

河原地英武, "ソ連の朝鮮政策 —1945~1948", 櫻井浩 編, 《解放と革命 — 朝

鮮民主主義人民共和國の成 立過程》(アジア経濟研究所, 1990).

菅英輝, "原爆投下決定をめぐる論爭", 〈海外事情〉(拓殖大學海外事情研究所), 1996年 4月.

木村光彦・鄭在貞, "北朝鮮の土地改革—農地沒收と再分配をめぐる諸問題", 〈アジア経濟〉(アジア経濟研究所), 第37卷 10号, 1996.

權寧俊, "抗日戰爭期における韓國臨時政府の政治活動と中國國民政府", 《縣立新潟女子短期大學研究紀要》, 第44号, 2007.

吳忠根, "戰時米ソ交渉における朝鮮問題 — ポツダム會談を中心に", 〈法學研究〉(慶應義塾大學法學研究會), 第56卷 6号, 1983.

_____, "朝鮮分斷の國際的起源 — 原則の放棄と現狀の承認", 日本國際政治學會 編, 〈國際政治—朝鮮半島の國際政治〉, 第92号, 1989.

崔昌益 著, 朝鮮歷史研究會 譯, "朝鮮獨立同盟朝鮮義勇軍", 朝鮮歷史編纂委員會 編, 《朝鮮民族解放史》(三一書房, 1952).

シャブシーナ, エフ・イ "第2次 世界大戰後の朝鮮", ジューコフ, E. M. 編, 民族問題研究所 訳, 《植民地体制の危機 — 極東アジア諸國珉の民族解放鬪爭》, 下卷 (ソ同盟科學アカデミー太平洋問題研究所, 東京: 民族問題研究會, 發行年不詳).

鐸木昌之, "朝鮮民族解放運動をめぐる國際關係—中國共產党および中國政府を中心に", 中村勝範 編著, 《近代日本政治の諸相—時代による展開と考察》(慶應通信, 1989).

_____, "北朝鮮における党建設", 櫻井浩 編, 《解放と革命 — 朝鮮民主主義人民共和國の成立過程》(アジア経濟研究所, 1990).

_____, "朝鮮解放直後における金日成路線 — 史料批判をとおしてみた 朝鮮共產党北朝鮮分局 創設と金日成演說", 〈アジア経濟〉, 第30卷 2号, 1982.

段瑞聰, "一九四二年蔣介石のインド訪問", 〈中國研究〉(慶應義塾大學日吉紀要), 第3号, 2010.

金景一, "歷史的視角からみた朝鮮民族部隊の歸國", 赤木完爾 編著, 《朝鮮戰爭 — 休戰50周年の檢証・牛島の內と外から》(慶應義塾大 出版會, 2003).

中尾美知子・中西洋, "米軍政・全評・大韓勞總 — 朝鮮'解放'から大韓民國への軌跡", 《経濟學論集》(東京大學経濟學會), 第49卷 4号, 1984.

長田彰文, "日本の朝鮮統治における'皇民化政策'と在朝米國人宣教師への壓力・追放 — 神社參拜問題を中心に", 〈上智史學〉, 第54号, 2009.11.

平松茂雄, "中ソの'人民民主主義'論—中ソ關係の一考 ①", 〈法學研究〉, 第37卷 4号, 1964.

フランク, リチャード・B 著, 赤木完爾 譯, "'決号'—1945年における日本の政治戰略・軍事戰略", 〈法學研究〉, 第89卷 8号, 2016.

_____, "アジア・太平洋戰爭の終結—新たな局面", 《歷史からみた戰爭の終

結》(戰爭史研究國際フォーラム報告書, 防衛省防衛研究所, 2016).

フェリス, ジョン, "太平洋戰爭後期における連合國側の戰略", 《太平洋戰爭とその戰略》(戰爭史研究國際フォーラム報告書, 防衛省防衛研究所, 2010).

細谷雄一, "'ユナイテッド・ネーションズ'への道 ① —イギリス外交と'大同盟'の成立, 1941~42年", 〈法學研究〉, 第83卷 4号, 2010.

_____, "'ユナイテッド・ネーションズ'への道 ① —イギリス外交と'大同盟'の成立, 1941~42年", 〈法學研究〉, 第83卷 5号, 2010.

_____, "國連構想と地域主義 ① —グラッドウィン・ジェブと大國間協調の精神, 1942~43年", 〈法學研究〉, 第83卷 9号, 2010.

森田芳夫, "朝鮮における終戰 —10年前の8・15 ②", 〈親和〉(日韓親和會) 第22号, 1955.

横手愼二, "第2次 大戰期のソ連の對日政策—1941~1944", 〈法學研究〉, 第71卷 1号, 1998.

ヨシハラ, トシ, "比較の視点からみた接近阻止 —大日本帝國, ソ連, 21世紀の中國", 《統合及び連合作戰の歷史的考察》(戰爭史研究國際フォーラム報告書, 防衛省防衛研究所, 2015).

和田春樹, "ソ連の朝鮮政策 —1945年8月~10月", 〈社會科學研究〉, 第33卷 4号, 1981.

_____, "ソ連の北朝鮮政策 —1945年11月~1946年3月", 〈社會科學研究〉, 第33卷 6号, 1982.

_____, "朝鮮共産党 北部朝鮮分局の創設", 〈社會科學研究〉, 第42卷 3号, 1990.

한국어 문헌

강성윤, "조선노동당창건사에 대한 역사적 재고찰", 평화문제연구소, 〈통일문제연구〉, 통권 39호, 2003년 상반기호.

고정휴, "대한민국임시정부 대통령으로서의 이승만", 유영익 편, 《이승만 대통령 재평가》(연세대 출판부, 2006).

김경호, "북한토지개혁의 특징에 관한 고찰", 〈토지법학〉, 제21호, 2005년.

김성보, "북한의 토지개혁(1946년)과 농촌계층 구성 변화: 결정과정과 지역사례", 〈동방학지〉, 제87집, 1995년 가을호.

김용복, "해방 직후 북한인민위원회의 조직과 활동", 《해방전후사의 인식 5》(한길사, 1989).

김창진, "8・15 직후 광주지방에서의 정치투쟁: 1945~46년 인민위원회 운동과 미군정의 성격", 역사문제연구소 편, 《역사비평》, 제1집(역사비평사, 1987).

김학준, "38선 획정에 관한 논쟁의 분석", 〈한국정치학회보〉, 제10집, 1976년.

도진순, "한반도 분단과 일본의 개입", 《분단의 내일, 통일의 역사》(당대사, 2001).

문제안, "이제부터 한국말로 방송한다", 문제안 외, 《8·15의 기억》(한길사, 2005).

반병률, "이승만과 이동휘", 유영익 편, 《이승만 연구: 독립운동과 대한민국 건국》(연세대 출판부, 2004).

안재홍, "8·15전후의 우리의 정계", 〈새한민보〉, 1949년 9월.

이란, "해방전후의 여운형", 이정식 편, 《여운형: 시대와 사상을 넘어선 융화주의자》(서울대 출판부, 2008).

이완범, "미국의 38선 확정 과정과 그 정치적 의도: 1945년 8월10일~15일", 〈한국정치학회보〉, 제29집 1호, 1995년.

이용희, "38선 확정 신고: 소련 대일참전사에 연하여", 〈아세아학보〉, 제1집, 1965년.

이인, "해방전후편록", 〈신동아〉, 1967년 2월.

이정식, "여운형과 건국준비위원회", 〈역사학보〉, 제134·135합병호, 1992. 9.

전상인, "해방공간과 보통사람의 일상생활", 김영호 편, 《건국60년의 재인식》(기파랑, 2008).

전현수, "소련군의 북한 진주와 대북한 정책", 〈한국독립운동사연구〉, 제9권, 독립기념관 한국독립운동사연구소, 1995년 12월.

추헌수, "중일전쟁과 임시정부의 군사활동", 아세아학술연구회, 〈아세아학보〉, 제11집, 1975년 6월.

한시준, "이승만과 대한민국임시정부", 유영익 편, 《이승만연구: 독립운동과 대한민국 건국》(연세대 출판부, 2004).

함석헌, "내가 경험한 신의주 학생 사건", 〈씨알의 소리〉, 1971년 11월호.

_____, "내가 맞은 8·15", 〈씨알의 소리〉, 1973년 8월호.

조선어 문헌

김두봉, "조선독립동맹의 회고와 전망 ①", 〈정로〉, 1946년 2월 13일.

스모렌스키, "부흥도상의 조선", 《해방 후의 조선: 소련신문 논설집》(조소문화협회 함흥지부, 1946).

중국어 문헌

胡春惠, "中國爲韓國獨立問題在外交的奮鬪", 王大任·林秋山主 編, 《中韓文化論集》(台北: 中華學術院 韓國研究所, 1975).

각 장별 초출(初出) 일람

프롤로그: 새로 씀.

제 1장: "朝鮮獨立問題と 信託統治構想—四大國 '共同行動'の模索", 〈法學研究〉, 第 82卷 8号(2009. 8.).

제 2장: "三八度線設定の地政學—對日軍事作戰と國際政治", 《慶應の政治學國際政治》(慶應義塾大學法學部, 2008).

제 3장: "米軍の南朝鮮進駐—間接統治から直接統治へ", 赤木完爾・今野茂充編著, 《戰略史としてのアジア冷戰》(慶應義塾大 出版會, 2013).
               "南朝鮮解放の政治力學—米軍進駐と左右對立の構図", 〈法學研究〉, 第 88卷 4号(2015. 4.).

제 4장: "南朝鮮解放の政治力學(2・上)—海外指導者の歸國と國內政治の再編成", 〈法學研究〉, 第 88卷 8号(2015. 8.).
               "南朝鮮解放の政治力學(2・上)—海外指導者の歸國と國內政治の再編成", 〈法學研究〉, 第 88卷 10号(2015. 10.).

제 5장: "ソ連軍政初期の金日成政治・組織路線—'民族統一戰線'と'獨自の共産党'をめぐって", 〈法學研究〉, 第 65卷 2号(1992. 2.).

제 6장: 새로 씀.

에필로그: 새로 씀.

* 단, 제 1장, 제 2장 및 제 5장은 대폭 가필했다.

찾아보기

인물

빈센트   323, 324, 325, 326, 341,
545, 553, 570

사전트   366, 367

샤넌   408, 415, 416, 428, 589

샤브시나   236, 261, 496, 551

서대숙   441, 454, 471

서상일   255, 258, 336, 338

서재필   258, 344, 345

서중석   250, 252, 253, 254, 264,
268, 272, 275, 362, 424

설의식   255

성주식   391, 393, 398, 565

세이어   626, 629

셔우드   63, 65

송성관   415, 416

송진우   195, 227, 228, 239, 240,
241, 242, 243, 244, 245, 246,
255, 256, 257, 258, 259, 261,
272, 280, 285, 291, 292, 296,
303, 335, 336, 339, 348, 388,
390, 391, 394, 420, 421, 564,
572, 573, 574, 575, 638

스눅   419

스몰렌스키   590, 591, 593, 598,
605

스탈린   20, 27, 29, 53, 54, 58, 59,
61, 62, 65, 66, 67, 76, 78, 80,
81, 83, 85, 88, 90, 92, 94, 96,
98, 100, 102, 105, 110, 129,
130, 133, 135, 137, 141, 143,
148, 150, 152, 156, 162, 170,
173, 175, 177, 181, 182, 184,
185, 190, 192, 199, 266, 275,
325, 350, 351, 405, 408, 411,
412, 414, 434, 435, 437, 439,
440, 444, 447, 450, 451, 469,
470, 473, 480, 483, 488, 509,
522, 524, 525, 526, 530, 531,
533, 536, 538, 540, 542, 544,
589, 592, 617, 620, 621, 637,
639, 641, 643, 645, 649, 651

스테티니어스   86, 89

스틸웰   53, 115, 196, 197, 198,
364, 415

스팀슨   86, 89, 91, 95, 97, 98, 99,
101, 102, 122, 136, 137, 143,
149, 150, 312, 644

스폴딩   594

시크   220, 222, 277, 278, 282, 296

시킨   488, 489, 493

시티코프   433, 434, 435, 462, 589,
590, 594, 606, 610, 615, 617,
623, 626, 627, 628, 631, 632,
633, 638, 645, 650

신용호   240

신익희   69, 270, 274, 373, 391,
559, 561, 618

심지연   253, 256, 258, 291, 294,
297, 339, 581, 583, 584, 586,
588, 610, 626, 628, 631

쑨커   39

쑹메이링   49, 50

591, 592, 594, 595, 621, 624

해리스　208, 209, 216, 269

허가이　468, 587

허정　256, 258, 336

허헌　247, 253, 254, 269, 270,
273, 274, 285, 293, 334, 335,
358, 362, 363, 390, 631

헐　31, 35, 43, 45, 47, 48, 51, 54,
57, 68, 72, 86, 129, 130, 152,
159, 160, 166, 176, 191, 223,

315, 642

현준혁　260, 421, 422, 423, 424,
425, 440, 441, 469, 474, 479

현창형　589, 593, 597, 600

혼벡　30, 49

홉킨스　55, 86, 89, 90, 92, 93, 94,
137, 143

홍기황　596, 597, 600

히로타　163

힐드링　635, 650

용어

694

지은이 약력

오코노기 마사오(小此木政夫)
게이오기주쿠대 명예교수로 일본에서 손꼽히는 한국 전문가이다.
연세대 정치외교학과에서 (박사과정) 교환유학생으로 수학했으며(1972~1974년), 이후 게이오기주쿠대에서 법학박사를 받았다. 미국 하와이대 및 조지워싱턴대에서 객원연구원으로도 활동했다(1981~1982년). 한일 교류에 적극 참여하여 한일공동연구포럼, 한일문화교류회의, 한일역사공동연구위원회(제1차), 한일신시대공동연구프로젝트 등에서 일본 측 대표 또는 간사로 활동하였으며, 현재는 한일포럼 일본 측 의장을 맡고 있다.
주요 저서로는《朝鮮戰爭: 米國の介入過程》(1986),《ポスト冷戰の朝鮮半島》(編著, 1994),《金正日時代の北朝鮮》(編著, 1999),《市場·國家·國際体制》(共編著, 2001),《東アジア地域秩序と共同体構想》(共編著, 2009) 등이 있다.

옮긴이 약력

류상영 연세대 국제학대학원 교수
(전) 연세대 김대중도서관 관장
　　　삼성경제연구소 수석연구원

심규선 서울대일본연구소 객원연구원
(현) 국민대 국제지역학과 석박통합과정
(전)〈동아일보〉도쿄특파원, 편집국장

이영채 게이센여학원대 교수
(현) 오사카 경제법정대 객원연구원
(전) 와세다대 아시아연구기구 객원연구원

최희식 국민대 일본학과 교수
(현) 국민대 일본학연구소 소장

서승원 고려대 일어일문학과 교수
(전) 고려대 글로벌일본연구원 원장

양기호 성공회대 인문융합학부 교수
(현) 외교부 정책자문위원

최경원 규슈대 한국연구센터 교수
(전) 게이오대 동아시아연구소 연구원